三国争霸

渤海小吏 著

上

中国大百科全书出版社

图书在版编目（CIP）数据

三国争霸 . 上 / 渤海小吏著 . -- 北京：中国大百
科全书出版社，2022.11
　　ISBN 978-7-5202-1231-1

　　Ⅰ . ①三… Ⅱ . ①渤… Ⅲ . ①中国历史－三国时代－
通俗读物 Ⅳ . ① K236.09

中国版本图书馆 CIP 数据核字（2022）第 202905 号

出 版 人	刘祚臣	
策 划 人	赵 易	
责任编辑	赵春霞　鞠慧卿	
封面设计	末末美书	
责任印制	魏 婷	
出版发行	中国大百科全书出版社	
地　　址	北京市阜成门北大街 17 号	邮政编码　100037
电　　话	010-88390969	
网　　址	http://www.ecph.com.cn	
印　　刷	三河市宏达印刷有限公司	
开　　本	710 毫米 × 1000 毫米　1/16	
印　　张	65.25（全三册）	
字　　数	844 千字（全三册）	
印　　次	2023 年 1 月第 1 版　2024 年 4 月第 10 次印刷	
书　　号	ISBN 978-7-5202-1231-1	
定　　价	178.00 元（全三册）	
审 图 号	GS（2022）4812 号	

本书如有印装质量问题，可与出版社联系调换

总目录

序

从本书开始，我们将要进入中国几千年古代史中，堪称最难写的一个系列。

我们要和一部脍炙人口的伟大小说打擂台。

它虽然三分真、七分假，但它伟大到了让后人以为那些艺术的加工就是真实的历史。

这部小说大家都知道，罗贯中先生的《三国演义》。

没有这部小说，这段历史不会有今天的知名度与历史地位，提到关老爷和诸葛丞相，基本上甭说东南亚地区的传播范围了，即使放在全世界范围内也都能挤进东方古代名人榜的前几名。

说到成为世界范围内的跨国界、跨文化、跨时代的牛人其实非常少，因为它的要求实在太高，得够鲜明，腕够大，有剧情，多反转，无限正能量，最好再惨点儿。

这是跨越历史长河广泛传播的几大要素。

古往今来，最大能量的前三名是宗教教主：释迦牟尼、耶稣、默罕默德，这三位排名一直铁打不动，然后呢？

然后的其实就很难进行排名了，各自占据高大领域，都是平级的牛人。

提到西方，你脑子第一时间可能会想起恺撒、拿破仑、达·芬奇、牛顿、爱因斯坦。

提到东方，同样，印入外国人脑海里的，就会是孔子、老子、秦始皇、成吉思汗、关公、诸葛亮，这么少数的几个人。

上述的这些人名，全都代表着中国几千年传承下来文化浓缩的烙印与符号。

比如恺撒、拿破仑是西方人的功业担当，两人都有人性中的毛病，但又都充满英雄之美；达·芬奇是艺术担当，我们说人家小时候没完没了地画鸡蛋，不知道这种杜撰出来的"刻意练习法"误导了多少家长和孩子；牛顿、爱因斯坦则是科学担当，开启了全世界的新篇章。

除了这几位，提到西方文明，很多人再能说出个希腊、罗马、文艺复兴之类的也就差不多了。

到了东方这儿，孔子、老子代表着中华文明原生文化的儒和道；秦始皇和成吉思汗是政治结构与扩张潜力的始祖；关二爷一人扛两大重担，他代表着中国文化中极其重要的忠与义；诸葛亮则代表着中华两千年儒家文明的人格极致："鞠躬尽瘁，死而后已。"

而且拜《三国演义》所赐，诸葛亮在民间还承担了高水平老道的代言人职能，既能求雨又可火攻，那是相当牛。

一个文明，在最终删去所有可以删去的东西后，只会留下最浓缩的几个人、几件事。它们是这个民族、这个文明最璀璨光明的内丹魂魄。

像老子，像孔圣人，像关羽，像诸葛亮，这都是我们中华民族千年的文化之光。

老子与孔圣人不用说，是两个学派的开宗大家，但像关羽和诸葛亮，为什么能成为历史化繁为简后的最终璀璨的明珠了呢？

很大程度上，要得益于一代代的戏说与文化加工。像《三国演义》，就是文化加工最终的集大成者。

像忠义之事，其实历朝历代太多了，我们中国最不缺的就是忠臣孝子，但为什么就留下个关二爷为符号担当呢？因为关公他老人家段子多、剧情硬嘛！斩将报恩来去明白，挂印寻兄千里走单骑，华容道义放曹操，会鲁肃单刀赴会，水淹七军逼曹操差点儿迁都，走麦城宁死不降。

但真正的史实是什么呢？

关公确实从曹营回到了刘备那里，但根本没有过五关斩六将，小说中的路线只要仔细地看看就知道，那五关南辕北辙；华容道上，曹操确实是跑了，但当时关老爷可并不在那儿。单刀赴会这事儿确实有，但主人公是他大哥刘备。

像关老爷的许多让我们击节喝彩的经典桥段，其实都是罗贯中先生加的戏。比如温酒斩华雄，那是孙坚带队干的；比如三英战吕布，哥仨根本没那么打过，而且同是山西猛男，真打起来关老爷不一定还用得着那哥俩帮忙；比如刚才我们所说的过五关斩六将和华容道放曹操，还包括他那把八十二斤重的青龙偃月刀，全是虚构出来的。

但是，这不妨碍《三国演义》是中国文学史上最伟大的历史演义作品，没有之一。因为《三国演义》不仅主体贴合史料，而且加戏的这个度，拿捏得特别好。

只要涉及加工，就总会有个添油加醋的过程。

像同样精彩的隋唐那段历史，就属于被加工过了火的。

隋唐的那堆好汉，你看小说或听评书时会觉得，那就是纯粹胡扯出来的，李元霸有四象不过之力，两铁锤四百斤一个却舞得跟花枪似的，胯下"万里云"日行一万夜走八千，赶上飞机了。

更可怕的是堂堂隋唐英雄第二好汉宇文成都的最终结局是被第一名给"手撕鬼子"了。

颜良要是让二爷给手撕了，你是否还会看《三国》呢？

瓦岗寨的那帮好汉你看完后就觉得：真精彩，但该吃饭去了。

同样是加工，三国这帮好汉，当你看完后就会联想，张飞和马超要是再打几百回合谁能赢呢？赵子龙这七出七入太拉风了！但前提是曹操爱才不让放箭。这大白脸够意思！张三爷在当阳桥头那大喝得多大声音呢？貂蝉得有多好看呢？要不吕布顶不住呢！这谁顶得住啊！诸葛亮舌战群儒和骂死王朗时得多过瘾哪！当年的草船借箭得多悬哪……

这就是水平问题了，罗贯中先生在给主角加戏上是顶级大师。

《三国演义》虽然演义了，但往往演义得恰到好处。它虽然三分真、七分假，但这七分假却全都是协助主线以及弘扬价值观的，而且最重要的是，能力上它夸大得并不多。

比如二爷斩华雄后酒还是温的，一般人做饭宰只鸡有可能茶缸子里沏的茶刚能喝，罗贯中就拿华雄当鸡宰了。而且这只华雄鸡前面大翅膀还扇死好多大将，但二爷一上去就把这只斗鸡捅死了，还捎带脚地把鸡头带了回来。

这就用一场开门红将二爷非凡的武力凸显出来了。

在正史中确实有华雄这么个人，是董卓帐下的都督，不是无名小卒，分量不高不低，杀了还不影响剧情，拎出这么一位当鸡宰就很合适。

比如青龙偃月刀八十二斤，一般人也许能扛着三四十斤的大刀抢一抢，他就会想象，关公真牛，八十斤的刀抢起来当玩，比我牛一倍！

但要说关公抢四百斤的刀砍人，你会哈哈一乐，产生不了任何想象。

这就是度的拿捏。

诸葛亮在《三国演义》中多智近于妖，又是借东风，又是玩火攻，弄得人家跟个妖道赛似的，但同样白帝托孤、挥泪斩马谡、秋风五丈原等关键描写又把一个丞相所能达到的忠贞与无力回天描绘到了极致。

多面一对比，大丞相的形象就立体了，就深入人心了。

整个《三国演义》，其实就是一大帮天才进行的可歌可泣的奋斗史诗。注意，是天才，不是神仙；是艰苦卓绝的奋斗，而不是两派神仙主导的武王伐纣；是三国阵营中每个人的可歌可泣，却不是正义与邪恶的简单对打。

虽然《三国演义》存在着一定程度上的尊刘倾向，但曹操、司马懿这些貌似的反派却让你往往恨不起来。

曹操在《三国演义》中说出了"宁教我负天下人"的国贼级臭流氓黑话，但他死的时候让人记住的却是那股浩荡英雄气。

司马懿面对诸葛亮北伐那叫一个贴身紧逼不下脚，活活地耗死了我们的伟大丞相，但你回想起他时却总能记起来他对诸葛亮英雄惜英雄般评论的那句"天下奇才"。

除了糜芳、傅士仁、范疆、张达这些配角小人物，你很难恨上《三国演义》中的那些大牌角色。

这是《三国演义》的伟大之处：剧情好看、层次丰富、俗而典雅、气势恢宏。

伟大说完了，该说说它坑咱的地方了。

它那些加戏的描写，太过深入人心了。

比如，战斗场面，动不动就大战好几十回合，而且一个超一流武将还能打一群，赵云在长坂坡揣着个累赘能砍死曹军五十余将，到了七十多一把白胡子了还能干死韩家五个青壮年；张三爷和马超举办数万观众单挑擂台赛，白天打不够还要挑灯夜战；主将打赢后一挥手，大军就掩杀过去了，然后对方就大败了。

这比较符合老百姓的想象，说书先生和戏班子也能在这两个大将PK时进行多种艺术加工。

但它全是假的。

那时还没有双马镫，最多只有单马镫，是为了方便上马用的，根本没办法达成重武器的对打效果，而且战场上的马战对打其实一点儿也不好看。

真实的马战对打，就是双方策马狂奔，然后各自蜷缩成皮皮虾藏起来。等快碰面时再把长枪或长槊挺起来，争取找空档一回合把对方捅死。死亡率极高，偶然性极大。武器往往是一根枪杆再配上锋利的枪头，追求的是一扎就透的一回合买卖。

所以吕布的方天画戟、二爷的青龙偃月刀、三爷的丈八蛇矛这些影响穿透效果的武器全都是假的。这种武器不光捅起人来费劲，更烦人的是即便你把对手捅死了，拔的时候兵器还容易卡在骨头里。

萝卜拔晚了顶多糠了，战场上枪拔晚了命可就没了。

真正的万人军阵中上将取上将首级的（捅死然后砍脑袋带回来），整个三国只有一位大神做到了——关二爷。

人家牛不是没有理由的。

颜良确实是被二爷亲手干掉的，但绝对不是好几万人搁那儿看着然后二爷一个人飞进去了，武打场面也不是大吼一声大砍刀抢死的，而是刺。

真实场面还原大概是张辽和二爷当时都是先登军，二爷抽冷子率小股部队突入敌阵，开着大功率的赤兔马迅速地躲开多方敌军协防，一溜烟儿地捅死颜良然后又轰油门蹿了出来。

但你要是这么描写，关老爷就不高大了，成快马飞贼了。

你觉得不高大，但实际上已经是极其难能可贵了，二爷的武力到了两晋南北朝成了勇武标杆，猛将的标准是“堪比关张”，就是因为战阵万马丛中，上将亲斩对方上将的概率太罕见了。

再比如，诸葛亮是顶级的政治家、顶级的战略家、顶级的治国者、顶级的治军者，一级的军事主帅与谋略家。

结果小说中光说他那一级技能了，前面一大堆顶级的技能全没提。《三国演义》中主要侧重了诸葛亮真实中比较一般的军事和谋略，把诸葛亮描绘成了一个半仙状态的军师。

当然，人家诸葛亮比较一般的技能都是大神级水准，“蹈一州之土”就能打出“慨然有饮马河、洛之志”的姿态，“仲达据天下十倍之地”，却被打得“凉、雍不解甲，中国不释鞍”。

要知道，司马宣王这位人精这辈子在战场上向来都是“你赶紧乖乖躺好，我这就搞死你”的姿态。

比如，功劳的各种篡改，夏侯惇在博望坡是被刘备暴打的，赤壁之战周瑜是主力，诸葛亮既没借箭也没借东风更没有去人家东吴满世界地得罪人。

总之，许多的地方，已经失真了。

现在，我们想重新串联起一个真实历史的脉络，三国阶段在主线上，就要和《三国演义》做剥离了。

看一下这个时代吧，这是一个英雄豪杰大杂烩的时代，我们永远不可能面面俱到地全都写，如果只让我们留下历史的几个关键人物呢?

应该是下面这十位。

曹操、刘备、孙权、诸葛亮、关羽、司马懿、荀彧、袁绍、孙策、周瑜。

这个名单可能会出乎很多人的意料。

三位大领导不用说了，诸葛亮、司马懿异议也不大。关羽、荀彧、袁绍、孙策、周瑜这五位，相对来说，会有争议。

为什么说这五个人同样极其关键？因为他们都是决定历史走向或者推动历史转向的关键性人物。

这十个人里面，分两个级别。

一个是给历史改道的级别，比如刘备、关羽、孙策、孙权、周瑜。

一个是决定历史大势的级别，比如曹操、诸葛亮、司马懿、荀彧、袁绍。

分开来说。

先说孙家。孙家在三国中一直是老二，但他最终决定历史大趋势了吗？

并没有，历史的大趋势就是北方曹魏接过来汉家天命打好基础，最终被司马家收尾统一天下，孙家自始至终仅仅是拖了后腿而已。这个过程中，还时不时地帮北方奠定最终优势。

孙策出现在这份榜单上的原因，是如果没有他年纪轻轻在江东闯下地盘，曹操极大概率最终会在有生之年统一天下。

提到魏、蜀、吴三国，大家可能觉得刘备的江山得来的最不容易也最传奇，老孙家给我们的印象往往是没怎么着就"已历三世……此可与为援而不可图"了，但吴、蜀得国各有各的惊心动魄与顶级难度，孙家的剧本也绝没有三国陪审团那么简单。

尤其在创业初期，孙策是以士族眼中臭街的袁术部将的名义进入江东，然后逮谁杀谁、血腥抢地盘的。

没有孙策这位小霸王往江东的这一蹦，历史绝对是另一番样子！但是，他的分量也就到此为止了。孙家大分量的是老二孙权。

先说说孙权牛在了哪里。说他是个"守成之主"是不准确的。他不仅接住了他哥哥给他留下来的那摊子麻烦，还一路东推，甚至能够在失去整个淮河防线的情况下把中国古代历史中战力排到前五的曹魏政权死死地钉在了长江一线。

自古"守江必守淮"，但孙权先生能够在长江一线拖住强悍的北方长达百年，这是他能够上榜这个时代风云人物的筹码。

但是，终他一朝，虽然打出了南方政权在中国历史上罕见的防御战绩，却自始至终作为综合实力第二的一方打出了最平淡的历史影响。

纵观孙氏一朝，合肥和襄阳两个中原桥头堡死活也拿不下来，而且无论老天给多大脸他都拿不下来，孙权先生还靠着一己之力给曹操的东线将领们集体刷封地。

左右历史的事件只有赤壁和襄樊那两次战役，一次决定曹操的上限，一次决定南方的上限。

再来说说江东进入榜单的最后一位，周瑜。

没有他，赤壁不一定真能拿得下；没有他，孙、刘不一定能拿下江陵；他不死，刘备不一定借得到荆州。

周瑜是咱们要细说的人物，他的自生到死，都在做大孙、刘的蛋糕；他和关羽都是决定孙、刘上限的人物。尤其是关羽。

关公到了三国中期真正算得上是一人决定魏、蜀、吴三国走向的人物。

给历史改道级别的五人中，最后说说刘备。

刘备一辈子不容易，往往历史需要一个倒霉蛋儿过渡剧情了，就把刘备拎过来了。放心，随便造，不仅死不了，而且心态好。

他是汉末最坚韧不拔的突围者，从大东北一直折腾到大西南，最终闯下块地盘，搅动了历史，对于历史进程的推进也比孙家要重要得多。

多个历史关键点，你就看去吧，刘备总是以各种存在感进行掺和，有股本的时候当主角，没筹码的时候当配角，但基本上人家永远踩在历史的前沿。

位置虽然很关键，剧情虽然很重要，奈何玄德能力确实有短板。他开创的蜀汉，严格意义上来讲，基因是姓诸葛的。

再来看看第二个级别，决定历史大势的。

先来说袁绍，袁绍作为早期的绝对主角，他并没有那么窝囊，当时曹操最多算是袁大哥的头马。袁绍是大导演，后来由一个区区勃海太守一步步地混成了北方第一大势力。

他和曹操，某种意义上是背靠背、补位信赖式地互相成就。两位大佬都是从绝境浩劫中闯出来的雄杰。

其实官渡之战也被夸大了，他这辈子就错过了一次关键抉择，他的失败也在于死得有点儿不是时候。他才是曹操人生中最大的一个对手，可不是什么刘备、孙权，那二位其实连边儿都贴不上。

再说说荀彧，他能留到现在，令很多人意外。

但从曹操的发迹史就会看到，没有荀彧，曹魏能否最终立国都要打个大大的问号。这个人身肩的那个担子，叫作颍川士族集团。荀彧本身的职能，类似于萧何加张良的结合体。在身份上，荀彧也更类似于合伙人，并非单纯的臣子，他是曹魏集团中最重要之人，没有之一。

还剩下三个，三国三大咖：魏武挥鞭、诸葛逆天、司马谋国。

曹操开创了这个时代，诸葛亮承接了这个时代，司马懿收尾了这个时代。

曹操这个不光彩的宦官子弟起家后，打击士族为时代强行改道；诸葛亮作为士族，本身却具体问题具体分析地打击士族扛起了后三国的腰；最终司马懿这个二流士族收回了这个士族的时代。

如果非要对这三位的重要性比个高低呢？

司马懿先下去吧，没办法，你这个摘桃的比那两位还是差点儿。

你是下个时代的开始，却并非这个时代的最亮闪光。

再删呢？

诸葛丞相您也去吧，您是强撼危局第一人，某种意义上您也是司马家的终极恩人。

诸葛家一门三方为冠盖，蜀得其龙，吴得其虎，魏得其狗；但是，这三冠盖也分别给了司马家三父子历史级别的点炮抬点。父斗龙；兄搏虎；弟擒狗；诸葛与司马，堪称中国历史上冥冥之中最谜样的两大家族。

最终，十尊大神中只剩下了一尊。

天下大势与走向终究是这最后一尊大神一手创下了的。这个时代，最终剩下的那个代表，曹操。

曹操，是中国历史上一直被低估的人。

一提起他，奸雄、汉贼一堆很不友好的称谓。那张大白脸说实话着实不厚道。

实际上，人家可是中国几千年历史中罕见的一位综合性大咖。

他刚开始创业的时候，是个被中央通缉的逃犯。天下已经大乱，各式各样的山头势力全部现世在华夏大地上，自己老家还是州牧的治所，拉队伍都得偷着干，还各种被撵。

是他，几乎以一己之力，一步步地将九州重归一统，十几年间从一无所有到将天下十三州拿回了九州半，天下三分得二还要多，并且开启了传奇的建安风骨，并强烈地影响了后面两百年的魏晋风华。

这种政局与文化的双重引导，放在中国历史上，是罕见的存在。

能达标的就是上一位大神，既中兴国祚又中兴儒家的光武帝刘秀。

曹操某种意义上是弱化版的刘秀，他们俩有很多相似度：

基本上都是开盘就是地狱级难度；大量的英雄豪杰跟割韭菜似的一茬茬地被这超大乱世所抛弃。两人都引领了后世的时代风貌。刘秀用儒与谶导演了东汉两百年的文化生态；曹操则一手创建了建安风骨，影响了两晋乃至后面的南北朝。

很多开国之君的风貌影响大量地体现在政治风向上。

比如说宋太祖留下的祖宗家法将两宋带成了中国历史中最另类的传奇存在。

别看朱元璋不是文化人，但他留下的祖训深刻地影响了大明乃至后面的大清，他的那套权力结构被后来的大清全框架吸收采用，影响时至今日。

曹操比他们就全面多了，人家可是政治、文化双引导的两栖明星，曹操无论哪首诗随便拎出来都是雄浑浩瀚的扑面英雄气。

文治武功一相加，曹操综合分相当高。

从现在开始，我们的三国系列将以真正的历史走向视角书写：

魏武开国扫北，孙刘南方攒局；

关云长扛大腰；

诸葛亮托后场；

最终司马三父子收尾。

第 *1* 战

群雄讨董：璀璨纷杂的时代

一、曹嵩生的败家儿子

话说桓帝时期有黄星现于楚、宋分野，有个叫殷馗的风水士说："五十年后当有真人起于梁、沛之间，其锋不可当。"

后来这片地方被证实了，是沛国谯县（**今安徽亳州**）。

中国的疆域非常广大，但有一个小区域却特别有意思，这块地方诞生了三个主导中国历史大方向的开国之君：刘邦起于沛县，主导开创了两汉四百年的风风雨雨；四百年后，曹操于谯县接棒，魏晋风华然后天下大乱四百年；又一千二百年后，在安徽的凤阳，朱重八小朋友呱呱坠地去放牛了，随后的五百年，是中央集权制度完善到极致的五百年。

这三位，都是纯种汉人。

在曹操到朱元璋的这一千二百年中，有三次历史的标志性转舵：一个是老李家开创盛唐，一个是老赵家的两宋风云，一个是老铁家的鞭笞世界。

老李家非纯种汉族，身兼游牧血统；老铁家纯种蒙古族，往上倒八辈儿是游牧民族；老赵家虽然是汉人，但却是篡权得的国，还死活拿不回幽云与西北；后面再算上渔猎的满族人两次起于白山黑水之间，综合后你会发现，真正汉族政权引领时代的龙兴之地，是在今天安徽与江苏交界的那一小块地方。

沛县向西南两百公里到了谯县；沛县向南两百公里到了凤阳；谯县向东南两百公里又到了凤阳。

这个神奇的三角真真正正的王气爆棚，不仅出的帝王都是牛人，当地给搭配的班子也全都是历代王朝的顶级配置。

曹操的班子算是差了点儿，但仍然把起步的武班子给搭齐了，刘邦和朱元璋起家时那可真是要什么给什么！如果你在这块地方出生要自豪，此乃汉族两千年王气所在。

公元 155 年，曹操出生。

因为这位大神比较实在，早年间各种"破四旧"，后面净说大实话，写实主义的革命思想又开创了建安风骨，导致了自他开始到两晋结束，魏晋各位帝王的降生都再罕见祥瑞之兆。

曹操那么大的一尊神都是正常生下来的，其他帝王怎么好腆着大脸说自己的出生和大龙有关系？

不过东晋偏安时，北方走马灯的各少数民族又开始在出生时的不寻常上做文章。

没办法，第一次少数民族入主中原，没有神仙帮着撑腰说话总归不硬气。

不过，他老曹家后来没往脸上贴金，没说曹操出生时"满屋金光大龙盘旋"，这跟他的出身还是有很大关系的。这个"金"也实在是没法贴。

曹操一生中有一个最大的污点，他家是太监世家。曹操的父亲曹嵩是个大贪官，做大、做强是因为认了一个历任四朝的大宦官曹腾当干爹，后来承袭了曹腾的费亭侯，最终还靠着买官做到了三公中的太尉，花了一亿万，顶级贪官。

这个"一亿万"是虚数，形容特别多的意思，这就好比"三公"的工资是"万石"，照理说比下一级的"中两千石"多出五倍，但实际上就是个虚数，工资大约是两千石的两倍多，即四千二百石左右，只是形容大领导特别尊贵的叫法；同样，这个"一亿万"也是史官变相地骂灵帝满脑子光认钱臭不要脸和曹家贪污腐化的规模水平。

还是那句话，文化人很可怕。

曹操最终的起步腾飞，其实也叫祖上有德。

曹操他爹认的这个干爹曹腾，别看是宦官，但却挺有德行的。

曹腾得宠于顺帝，开始为小黄门，后迁至中常侍大长秋，掌权三十多年，历事四帝，从来没犯过错。

曹腾作为一个宦官对于士族的各种弹劾与中伤，基本上不报复；对于名声较好的贤能人才往往会加以推荐。比如陈留的虞放、边韶，南阳的延固、张温，凉州三明的张奂，全都是曹公公打过招呼上来的。

当然，从后来曹嵩能花这么多钱买官也说明曹公公家的经济来源肯定不干净，但在那个时代，曹腾总体来讲是个厚道的太监。

比如汉晚期的名臣种皓，年轻时弹劾曹腾，按当时的士宦斗争惯例来讲，这就是阶级敌人在开战，双方随后就是不死不休地互相踏上一万只脚，让对方永世不得翻身了。

皇帝自然是站在曹公公这边的，但种皓的口碑和每年报上来的政绩显示他是个好官，曹公公不仅不落井下石，反而经常美言帮种皓一把。

岁月流转，政绩卓著的种皓晚年当上了"三公"，此时他已经快六十岁了，回顾一生，这位大领导深情地对宾客们说"我能有今天，都是当年曹常侍的提携帮助"。非亲非故，不同阶级，却最终让一个志在百世流芳的口碑名臣在阶级斗争愈演愈烈的大环境下，在暮年不惜留下污名地赞叹一位宦官，这是很罕见的。

这也从侧面体现了奉事四朝的曹腾深厚的人品积淀，因为啥事儿都有个成本，种暠即便再心底无私天地宽，也肯定是衡量过赞美曹腾在自己圈子里不会受到打击排斥才敢说这话的。

曹腾作为四朝巨宦的费亭侯，是需要后人来继承的，曹嵩作为曹腾的养子进入官场，干上了司隶校尉，灵帝时又拜了大司农、大鸿胪，后来代崔烈为太尉。

官虽然大，钱虽然多，曹腾虽然口碑不错，但曹家的这个宦官出身却始终让曹家人在某个特殊群体那儿抬不起头来。人家士族即便最后输了，但知识分子骨子里的那股劲儿却是永远抹不平的。

党锢之祸使得宦官集团与士族集团的矛盾彻底炸裂，而且各地下界的妖孽也多是宦官后人。结果朝廷和地方上有话语权的士大夫们在艺术创作和品头论足中把宦官集团骂了个狗血喷头。

汉末的知识分子是惹不起的能量集团，他们当年牛的时候能自己评"三君""八杰""八俊"；颓了以后照样不耽误在民间生态中继续占领思想高地。

这也就导致了虽然你位高权重，享尽荣华富贵，但他们只要说你是宦官后人，你马上就气短愤怒。这跟骂街是差不多的。

不过即便如此，这个出身对曹操来讲却还是很重要的。因为没有这顶丑陋的帽子，曹操不会年纪轻轻的就走入帝国的中央，不会早早地见到广阔的世面，不会认识那一大帮后来天下大乱时当主角的官二代们。

曹操年纪轻轻加入当时的"洛阳 N 少"行列中，可以说是他这辈子最重要的背景经历。没有这个，他压根就上不了赌桌，他连摸牌的资格都没有。没有他这个污点的家族，就不会有他这极其灿烂的人生。

宦三代的曹操从小得到了一流的教育，这孩子很快地就展现了全方面发展的通才潜质：他酷爱读书，尤其爱看课外书，比如兵法；在诗歌、书法、音乐方面有着很高的造诣；体育也特别拿分，据说武艺高强。

从古至今，穷文富武贵艺术，没钱、没势力是培养不了全才的。曹操的这些技能没有一项是省钱的，他的这堆烧钱技能在未来几乎也都成为最关键的竞争优势。

比如说曹操的武功高到了什么程度呢？他后来在去扬州募兵的时候遇上了兵变叛乱，曹操提着剑砍死好几十人冲出大营。曹操要是没有一身武功和那副禁折腾的好身体，在他的人生剧本中早就死八回了。

曹操的家庭背景还使得他交了一堆官二代的朋友，比如说丫鬟生的袁绍。他跟袁公子后来组成了洛阳城鸡飞狗跳二人组，总给家里惹麻烦，两人还总搞兴趣小组，叫一帮狐朋狗友在河上唱歌喝酒，偶尔扯淡大汉的未来，最牛的一次在人家结婚的时候把新娘子都偷出来了。这搁什么时候都是纨绔子弟的混蛋流氓行径，但很多时候，历史就是由这些人推动的。

曹操这淘小子在成年后经司马防（司马懿他爹）举孝廉当上了洛阳北都尉，然后不畏强权地干了点儿好事，把太监蹇硕的叔叔打死了。此时的蹇硕还是小黄门，还没掌管西园军，否则曹操是不敢这么牛气的，而且这活儿也就是曹操这种的宦三代能干出来，家里有人嘛！宦官子弟嘛！你当青天大老爷那么好当的啊！

后来一大堆找曹操麻烦的报告打上来，曹嵩就把曹操调到地方上去了，去顿丘出任县令。没办法，这小子放在京城忒惹事儿，总得给他擦屁股。

类似于每个惹完事儿的熊孩子都不会觉得自己做错了一样，后来快六十岁的曹操在出征孙吴时跟曹植说："我干顿丘令的时候是二十三岁，回想当年的所作所为，到今天都不后悔啊，你小子今年也二十三了，不能不努力啊！"

他大概没忘他是怎么去顿丘上班的，因为曹操对于不畏权贵打死坏蛋这件事是相当看重的。

他死前跟关老爷在襄樊斗法前把指挥部设在洛阳，在这个时候专门命人装修了洛阳北都尉的办公室。

这个芝麻官是他人生的仕途起点，也是他对士族集团示好投诚的第一份工作，他相当自豪。

曹操非常不喜欢自己的出身，他希望通过自己的努力洗清宦官背景的关系。他交的朋友基本上都是士族翘楚，他打击的对象基本上都是宦官亲属。

只是不知他在回忆自己的青葱年少时，有没有想念那个为他擦了十多年屁股的老爹，那个后来他忽略家属住址，盲目地开战后被他坑死的老爹。

后来风头过了，曹嵩又把曹操调回洛阳做了议郎。

然而没多久曹操又差点惹了大祸。

他回京干议郎的时候，在顶级反革命窦武一党被剿灭后，疯子一般地敢顶着雷去上书鸣冤！①

我相信曹嵩看到自己生了这么个王八蛋儿子心中是无比愤怒的！地上的祸不惹，他惹天上的。

当时窦武犯下的罪被定性为顶级反革命的案件，黏上就死，别人避还来不及，这小子非得顶着雷上，不知道老子天天在中央给你擦屁

---

① 《三国志·武帝纪》：太祖上书陈武等正直而见陷害，奸邪盈朝，善人壅塞，其言甚切；灵帝不能用。

股、装孙子有多艰难吗！

要知道，在党锢之祸八年后，士族集团扔出永昌太守曹鸾上书为"党人"鸣冤去做试探，结果曹鸾不仅被弄死，还使得党锢的范围被扩大到了五族，又刮起了超大规模的腥风血雨！

年轻时的曹操可以说是非常不懂事的任性宦三代。他从来没有想过自己的那一大堆鲁莽的做法会带来多么严重的后果。要不是曹操他爹和他爷爷在宦官圈子里的根子超级深厚，曹操早早地就该离开历史舞台了。

同年龄段比曹操大几岁的袁绍则成熟得多，自家在党锢之祸后地位丝毫没有影响，还背地里继续跟被打压的党锢士族们打得火热，还不让人抓到把柄。

虽然最终曹操依旧什么事都没有，还因为这个渐渐地成了士族圈子里的人，或者说可利用的宦三代。

但是，总体来讲，他似乎永远没有那么深的城府。他活得永远很真实。他并没有袁绍那种做大局的思维套路。他的人生有另一套算法。他这辈子基本上都在用自己对时局的判断去规划，并一往无前，勇猛、精进地实践自己的人生。

不过别以为这是好话。

他的这套人生算法是无法推广普及的。他犯的随便哪一个错，搁一般人直接就投胎去了。为他这套死亡率极高的人生算法保驾护航的，是古往今来罕见的超级幸运。比如说，年少时有个幸运的爷爷和爹。

184 年，黄巾之乱爆发。

这一年的曹操三十岁了，他的最大天赋展现出来了：非凡的军事才能。

曹操在老爹的疏通下出任骑都尉，本希望他沾点儿军功以便将来好提拔，但曹嵩并没有想到，自己这儿子并不是混资历去的，而是表现非常亮眼，还因战功升到了济南相。

在济南，曹操又展现出了治郡之才，上来就砍掉了百分之八十的贪官污吏，将十几个县的济南国治理得"政教大行，一郡清平"。

曹操仗着自己的强大后台开始一点点地实验自己的人生方向。

总结下就是干好事，然后得罪人，最后老爹擦屁股的套路。此时的他，和当年的王莽一样，有着满脑子的理想。

但是他比王莽幸运，王莽是个苦孩子，从小就要夹着尾巴，左右逢源，必须要等到自己忍成最牛的那一个，才能去实现自己的理想。

绝对的理想配上绝对的权力带来的就是绝对的毁灭。因为所谓理想，永远是空中楼阁。也许那个虚幻的楼阁真的存在，但你想爬上去靠着你幻想的那把梯子可没戏。

曹操的家世背景给了他足够的成才物质保障，给了他高阶层的人脉圈子，更关键的是，给了他极其可贵的实验梦想荒唐性的试错空间。

去完成自己的理想，必须从刚起步的时候就不断地去朝着这个理想方向去试错，在不断地磕碰与迭代中发现适合自己人生的算法以及自己的人生剧本。而不是务实地隐藏了一辈子，然后整一把大的！

所谓的"理想"，如果真的侥幸达成了，走的绝对不是你当初幻想的那条路。而且你站在山顶后往往发现，当初的理想是笑话，这个笑话引出来的人生旅程倒是上苍的恩赐和精彩。是在这一次次的小范围试错中，曹操看到了这个世界的现实和梦想的巨大差别。

在一次次的上书和对乌烟瘴气朝堂的上书建议中，身穿曹嵩软猬甲的曹操在一个个的太监眼中，就是个不懂事的混蛋小辈，是个一眼能看到底的小把戏，能有多大的能量，一杆傻枪罢了，不是看他爷爷、看他爹的面子早弄死他了。

倒是袁家那个笑眯眯的袁绍是个危险人物，葫芦里到底卖的是啥药？

在朝堂上不断地使出浑身解数后，曹操开始变得沉默，渐渐地学会了保护自己。

在治郡的过程中，曹操看明白了这个世道的艰难，也在尽最大的努力去关心地方的疾苦。比如他在济南时，再次不给家里省心地干了件受累不讨好的大事。这件事，最终种花得柳地成了他后来人生关键腾飞的一次名誉背书。

二、董卓窃国，谯县起兵

曹操在济南断绝了当地的"淫祀"。

首先不要顾名思义地认为大济南的祭祀方式比较开放，可以搞坟头蹦迪这种前卫活动。

"淫"在这里是过分的意思。"淫雨霏霏""富贵不能淫"都是过分的意思。

当年城阳王刘章在诸吕之变中极其威猛立有大功，但封王后的第二年就"神奇"地病逝了。他哥哥齐王刘襄在诸吕之变后不到一年也"神奇"地离开了齐国人民。

这哥俩在政变之前喊打喊杀最凶猛，都早早地流露出了抢夺皇位的心，结果不仅给别人做了嫁衣裳不说，还都"英年早逝"了。

那段皇位衔接过程中的"凑巧事"还有很多，比如我们说过，吕后当政时刘家王爷们想活命都得娶吕家闺女，那摘桃继位的文帝媳妇是谁家闺女呢？不知道，史书中找不到，只知道文帝平平安安地当了十六年的王爷。

等吕家被打倒后，功臣集团为了保平安全面诛杀吕家人，文帝的那位代王后也"神奇"地"卒"了，王后所生的四个儿子在不到俩月的时间里也都紧跟着"病死"了。①

这一大帮人是否正常死亡咱不好瞎下结论，反正和文帝这皇位有关系、跟功臣集团们斩草除根有关系的"重要人物"们，全都在改天换地后迅速地"病死"了。

再次缅怀下太史公，您老人家伟大啊！能拐弯抹角地说出历史真相啊！

估计是山东老百姓觉得刘章过早地离开他们实在太冤了，于是开始给刘章修祠堂。

后来估计是威猛先生刘章死后也觉得自己冤得慌，久久地不愿离开脚下的这片土地，时不时地掺和活人的世界，玩个显灵什么的，于是青州诸郡开始大批量地给刘章盖祠堂以求保佑。到了汉末的时候，济南国的刘章祠堂已经达到了惊人的六百多座。

其实缅怀刘章倒也没啥，但是不知是刘章在地底下总嚷嚷要东西，还是山东官员们打着"刘章要东西"的幌子通过祭祀从中敛财，整个青州地区的"淫祀"现象非常严重，尤其济南国，对他的祭祀已经达到了"作倡乐，奢侈日甚，民坐贫穷"的地步。给六百多个刘章祠堂定期随份子成了压在济南人民身上的大山。

三百多年了，历代官员都看在眼里，但历代官员从来没有敢管的。随份子的也不是我，况且还指着办这个白事跟地底下的刘章阴阳两分红，这是宗教鬼神问题，跟政府考核可没有关系。

曹操来了，他敢管。济南人民在被盘剥三百年后迎来了不差钱、背景硬、正气足的青天曹老爷。

家里不差钱就不在乎当地的祭祀分红；家里背景硬就不怕济南地

---

① 《汉书·外戚传》：代王王后生四男，先代王未入立为帝而王后卒，及代王立为帝，而王后所生四男更病死。

方给我穿小鞋；我一身正气看到活人快让死人逼死了，我就得管！

随着曹操的出现，六百多座刘章祠堂被毁坏，官方禁止吏民祠祀刘章，坚决打击奸邪鬼神之事。济南的"淫祀"由此开始断绝。济南的老百姓终于从长达三百年的巨大份子钱中跑出来了。

当年王莽篡汉时，山东老百姓迸发出了反政府的超强战斗力，赤眉军从山东一路捅到关中；后来黄巾起义时青州又成了全国挂号的顶级重灾区。追根溯源，其实和青州当地政府打着鬼神名义盘剥有着很大的关系。

既然我都让死鬼和领导们整得活不了了，那我还是信教吧！让我这边的神仙跟你对打吧！

曹操这次受累不讨好地管闲事并非没有意义。除了立竿见影地改善民生外，他还博得了另一个群体的好感。

济南属青州，整个青州的百姓对这个小伙子都产生了巨大的好感，并渐渐地帮曹操在文人士大夫圈子外产生了巨大的底层口碑。这份好感，某种意义上，最终成了曹操这辈子鲤鱼跃龙门的关键几步之一。

过了不久，曹操被平调到了西边的东郡去做太守。（见图1-1）

虽然距离没多远，但济南属青州、东郡属兖州，估计是青州领导们找关系把曹操踢出青州了。曹操在济南的"破四旧"明显地严重扰乱了青州的政治生态，各地都指着"淫祀"创收，你这小子突然把收费站给我们砸了，有没有考虑过我们地方上的感受！

这次曹操并没有去上任，而是申请进中央宿卫。

此时已经三十多岁的曹操终于有些长大了，因为史书中对这个阶段的记载变成了"恐为家祸，遂乞留宿卫"。有怕的了，知道不能给家里惹祸了，是一个孩子成熟的重要标志。史书中没有提他此时的具体年龄，但大概率在三十一到三十三岁之间。

三十多岁的人才知道不能瞎得罪人，基本上是晚熟了，但曹操的这种晚熟却门槛相当高，他基本上算是把各种死法都作一遍后，才看明

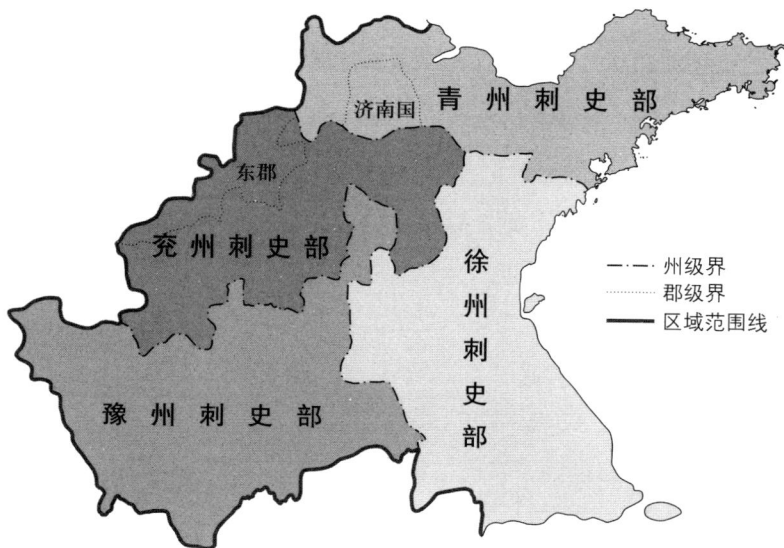

图 1-1　济南国与东郡位置图

白世道的。

　　搁别人都死八回了，但他闯的这堆祸，却对于他理解这个世界有着更深层次上的帮助，而且更神奇的是，他每次闯大祸时往往都会无心插柳地给他带来巨大的未来回报。

　　曹操回中央拜议郎后干了没多久，由于此时灵帝伸手要钱已经到了没羞没臊的地步，曹操开始告归乡里，在谯县城外盖了别墅，春夏读书习传，秋冬练武打猎地过着富二代日子。

　　顶级官二代的人生剧本真是美好，即便人生处于低谷都是其他阶层的仰望。

　　188 年，汉末崩盘前夕，士族圈子中的"自己人"找到了曹操，冀州刺史王芬、南阳许攸、沛国周旌人联结各地豪杰，打算谋废灵帝立合肥侯，喊曹操入伙。曹操没搭理，他已经知道分寸了，谋反这事儿他爹也平不了。而且从这事儿起，曹操也开始渐渐地感觉出来这个"组织"貌似是没有下限的！后来这伙胆大包天的人的阴谋被粉碎，冀州刺史王芬自杀保全体同仁的平安。

这年八月，灵帝组建了"西园八校尉"，本想等到世道太平后再出山的曹操回到了中央出任典军校尉。因为他爹不久前在太尉的位置上被罢官了。家族在朝里是不能没人的，要不黑枪分分钟打死你，尤其你家的成分比较模糊，名义上是宦官之后，实际上跟士族走得非常近，谁知道哪天风水一变，你家就由"两头占"变成被人家"两头砍"了呢？更何况曹操这些年明里暗里得罪太多人了。

曹操这次算是走到了帝国关键岗位上。这回除了他老爹使劲儿外，他能进西园军的这套班子，跟这些年自己往士族圈里玩命地扎有很大的关系。因为此时的大将军何进作为屠户出身，急需声望打点门面，像袁绍、刘表、荀攸这帮名士们都是在这个时间段进入何进班子的。

在"征辟察举制"下，很多老资格的官员的提携固然重要，但当时名士的评语也属于非常重要的一个加成环节。

导师的一句话是能够决定你的社会咖位的。你这人什么水准，有没有能力，文化程度啥样，实际上谁知道怎么回事？

在那个年代，人才鉴定是需要识货人的推荐信的。你是治国之才，还是百里之才，还是乡村里长水平，这往往都得是懂行的人才能看出来的，毕竟你没有发展出科举制，一张卷子定终身，更没有今天的考试这么先进。

那么谁懂行呢？不用说，士族集团懂呀！士族名士们的一些评语往往非常重要，甚至开始出现一语定终身的趋势。

曹操得到的评语就是当时的顶级 A 评，这也成了曹操后来出去混的一个重要光环加成。

时任尚书令的桥玄这么评价过曹操："天下将乱，非命世之才不能济也，能安之者，其在君乎！"

老桥深情地对曹操说："我看的天下名士太多了，没见过你这样的，你要努力，我老了，将来希望能把家族托付给你。"

南阳名士何颙说："汉室将亡，安天下者，必此人也！"（一看就**是受党锢之祸牵连的，这么反动的话都能说出来。**）

主持每月风云人物评选"月旦评"的汝南许劭（"三公"世家）比较看不起曹操的出身，但还是撂出了一句劲爆话："子治世之能臣，乱世之英雄。"

曹操听后哈哈大笑。

这句话是《三国志》版本的，《后汉书》说的是"君清平之奸贼，乱世之英雄"。

虽然《后汉书》这前半句几乎等同于骂街了，似乎也更符合许劭的小性格，但两本书的后半句是相同的："乱世之英雄"。

《三国演义》比较"倒曹"，加工成了"治世能臣，乱世奸雄"。客观来讲，奸雄这个词是不足以评价曹操的。他在盖棺定论时，是个英雄，顶级的大英雄。

诸多名士对于曹操都寄予了对这个时代的希望，因为当时有一件事情已经显露无遗：天下要大乱了。

袁绍在导演汉末皇权崩塌大戏后，票房神奇地归了董卓。

我们说过：国之将亡，必有妖孽。董卓这个大魔王进入洛阳后，曹操面临着一个关键抉择。

董卓看上了曹操，想要留他在洛阳做自己的骁骑校尉。

话说董卓成功地进入了后世一提到乱臣贼子就火速地映入脑海的几个经典王八蛋编制。

看看他干了什么。

他给自己封官，封到了太尉，后来又拜成了国相，超越"三公"，掌宰相权，再后来又改了，叫太师，这也是我们调侃董卓时的经典称谓。

他给家族封官，跟他家但凡沾点儿边的全封侯了。

他好色，连公主都照玩不误。

他贪财，废除五铢钱，私铸小钱，大搞通货膨胀，而且不仅洗劫活人，死人也没放过，纵兵挖皇陵，而且不光皇室倒霉，当时洛阳大量的高官望族全没躲过，祖坟全部被刨。

他嗜杀成性，大量平民被杀，大量妇女被淫虐，对待战俘他更是残忍出了新高度，比如他喜欢把俘虏裹成木乃伊，涂上燃烧物倒着烧，他在吃饭时看着战俘被剪舌头、挖眼睛谈笑自若。

他张嘴就是法，颁布的法律混乱无度，犯法与否全取决于自己的意志，冤杀了大量的无辜官员与百姓。

他废立皇帝，理由是效仿霍光辅政，而且后来他还把前皇帝杀了。

"杀、盗、淫、妄"，他可以说是古往今来顶级混蛋的集大成者，所有你能想象到的坏事，只有你想不到，没有董太师干不到的。

他这个混蛋界的全满贯其实很罕见，因为后世也有很多混蛋，但几乎没有一个人能干得这么全。

曹操此时已经三十五了，他在十多年的高频率大剂量的闯祸中积淀出了眼光与智慧：董卓这趟车明显和他的人生规划不同，他是要当大汉征西将军曹侯的人，不是给西北军阀当小弟的！他看出来大汉非死在这货手里，不仅不应招，还选择了逃跑，更名改姓地溜出了洛阳。他这个乱世英雄就是打妖怪来的，咋能给妖怪当小钻风呢！

《三国演义》中说他拿着七星刀要行刺董卓，然后在被发现时脑筋急转弯献刀而逃，这是罗贯中先生给加的戏，主要为了体现曹孟德强烈的革命热情和八千转的脑速。（刺杀董卓的是越骑校尉伍孚，最后被乱剑刺死。)

真实的曹操哪里会去做个死士嘛！人家早早地就确定了自己的志向：要当英雄，而且是大英雄！

曹操过成皋时，发生了著名的"吕伯奢事件"，就是曹操遇到了熟人吕伯奢一家，然后曹操怕泄露行踪把人家一家子都杀了。

这件事有好几个版本：

《三国演义》中说，曹操遇到了熟人吕伯奢，人家款待他，曹操听见磨刀声误会了，杀了人家全家，跑的半路上还杀了打酒的吕伯奢并说出那句"宁我负天下人，勿天下人负我"，为小说的基调埋好伏笔。

《魏书》中说的是："伯奢不在，其子与宾客共劫太祖，取马及物，太祖手刃击杀数人。"突出的是错在人家，曹操是自卫反击和一身好武功。

《世语》："伯奢出行，五子皆在，备宾主礼。太祖自以背卓命，疑其图己，手剑夜杀八人而去。"

孙盛《杂记》：太祖闻其食器声，以为图己，遂夜杀之。既而凄怆曰："宁我负人，毋人负我！"

后两种说法是曹操疑心病犯了，然后把人家给杀了。

总之，曹操肯定是杀人了。

不过，最恶劣的情况是孙盛《杂记》中的记载：杀完后搁那儿哭："宁我负人，毋人负我！"而不是《三国演义》中杀完人家还一脸你死了活该的表情，然后说"宁可我负天下人，休叫天下人负我"。

别看就差"天下"俩字，前者是臭流氓的级别，后者是臭国贼的级别。此时的曹操顶多是流氓，并没有到国贼的地步。文化人要是想搞你啊，绝对让你防不胜防。

曹操出关过中牟时，董卓逮曹操的诏令已经到了，并且曹操被抓住了，但曹操被当地功曹放了。然后曹操回到了老家谯县，开始散家财，招募当地的社会不安定分子，准备搞事情了。

曹操没有一上来如《三国志》所说的那样：在陈留就起义了。

因为他到中牟时已经是通缉犯了，他是跑出来的，后来的好哥们陈留太守张邈此时还没有上任，到陈留时首先不会有人搭理他。

其次他从洛阳逃跑出来，是谈不上散家财的。

而且他起兵时，所有耳熟能详的曹仁、曹洪、夏侯惇的诸曹夏侯们就已经出场了，不可能他从陈留写一封信就让老家兄弟们带着黑社会去跨省参加他的造反运动的。

唯一的解释，是他回了老家，回到了自己的地盘。后面还有详证。

在这个阶段，曹家的超级武将班底水平显现出来了。他爹曹嵩除了给了曹操一张很棒的入场券和早期的熊孩子保护伞之外，还给了他一个很牛的家族。

汉末最给力家族登场！

三、董卓的致命失误

在这里要提前下一个定论：曹操没有背后的这个家族支持，他最后是摆不了这么大的摊子的。这个家族为曹操提供了大量忠诚的人才储备。

第一代宗族大将中，曹仁、夏侯渊、夏侯惇、曹洪、曹纯都是各挑一摊的方面大员以及核心岗位上的要员。夏侯渊虎步关右，夏侯惇督导东部战区，曹仁把守南大门，所有的重要军区全是曹操自家人极其忠心给力地支撑着。

第二代像曹真、曹休、夏侯尚，还有他本人自产的曹丕、曹植、曹彰，仍然是二代接班政权中的翘楚。

并不是说曹家将们就比外姓将们水平高多少，而是说只要自家宗族的人才是一般水准之上且大量产出，那对于一个初创政权来讲就是顶级配置。

这句话可能比较费脑子，简单地说一下。政体创立之初，很多关键岗位，比如说军区司令，只要不出乱子，能正常地让辖区军事班子维持下去，不让敌人占便宜，这就是一般水准之上了。

一个在一般水准之上的自家司令和一个顶级的外姓军神你会用

哪个?

当然，刘邦肯用外姓军神，但中国古往今来有几个刘邦呢?

顶级大神顶级好用的另一面则是顶级的监管难度。

权力结构上，永远有一个亲疏远近的放心成本。

夏侯惇也许无法开疆拓土地打出关二爷那种威震华夏的战役，但是他能"督二十六军"不出事，所有的外姓将领听话肯干、疆土不失，这就是太给力的宗族成员了。

司马懿就是顶级人才，曹家对他可谓不薄，但他七十多了一看机会到了、诱惑来了，也得让儿子扶他起来试试。

大领导再能干他的精力都是有限的，权力的监督也是有成本的。在至高的权力诱惑下，只要是外姓人，就永远不如血亲靠谱。

但是吧，这事儿也得具体分析，最亲不过儿子，你有一大堆厉害儿子就好了吗? 也不见得，因为儿子们都觉得自己能耐，都觉得该自己继承老爹，这样往往又会造成巨大的火拼和内耗。

最好的配置，就是宗族里核心明确而且是最厉害的那一个，剩下一帮叔伯兄弟们在继承权上没有参与机会，但素质都还不拖后腿，能干事。

曹操最终能够称霸汉末，除了自身的乱世大才之外，家族助力功不可没。

后面司马家能祖孙三代把曹家拱下去也和司马宗族中出了大量的人才有很大关系。

像袁绍，很大程度上，就输在宗族人才上面了。

曹操回老家后带上历史舞台的诸曹、夏侯们，和曹操的关系容易让人疑惑：曹家和夏侯家到底是个啥关系。

《三国志》中说找不到曹嵩的出身来源。

有一种说法，曹家是曹参后人，夏侯家是夏侯婴后人，当年帮刘邦打完天下，后代们继续着祖宗的革命友谊，结果四百年下来好成了一家子。这种说法已经在近代的基因科学研究后证实是假的了，曹家这支和曹参没关系。

像《曹瞒传》和《魏晋世语》等书中又记载，曹嵩本姓夏侯，后来过继曹腾改的姓，曹嵩是夏侯惇的叔父，曹操和夏侯惇是叔伯兄弟。

从后面曹操对夏侯惇的表现来看，确实有着很大的可能，但是吧，这又不太符合常理。因为曹腾公公他爹并非就他这么一个孩子，曹公公还有四个哥哥，按照当时的宗法制度来讲，曹腾收养子继承爵位应该是在自家宗族中挑一个孩子，而不是挑一个外姓家的。

在那个时代，血亲宗族是最近的，曹腾这么牛的大宦官要是选外姓孩子过继自家首先就得打爆炸了。而且曹腾并非跟宗族闹翻了，曹仁和曹洪都是曹操的堂弟，曹仁的爷爷曹褒是颍川太守，父亲曹炽干过侍中、长水校尉；曹洪的伯父曹鼎是尚书令。曹腾明显是利用自己历任四帝的心腹所积累的深厚资源带领全族一荣俱荣的。

综合判断起来，更合理的解释应该是曹嵩是曹腾宗族孩子过继的，曹家跟夏侯家则是谯县两个渊源特别深厚互相通婚的家族。

夏侯惇、夏侯渊、曹仁、曹洪等一大帮曹操在老家的豪族兄弟们都开始跟随着曹操大哥加入到了汉末纷争当中，并为后世贡献出了历代三国志游戏中，统帅和武力全都是战神的团队表现。

由于曹操家族有着强硬的宦官背景与后台，因此曹操家族在汉末这些年非常幸运地赶上了可以野蛮生长的西汉豪族发展模式。

比如说曹家第一战将曹仁，就是"阴结少年，得千余人，周旋淮、泗之间"的当地黑社会头目。

曹仁的弟弟曹纯则走另一种风格，成了混白道的地方名流。①

曹操的从弟曹洪在家族的安排下干过蕲春长的起步官，后面能在曹操被打秃后迅速地带领"家兵千人"去扬州帮着大哥继续拉队伍。

夏侯惇十四岁的时候能杀了侮辱他老师的人，然后还没见有啥司法后果反倒"以烈气闻"。

夏侯惇的族弟夏侯渊则是曹操回老家当富二代惹了重罪官司后义无反顾地帮着顶罪的"内妹夫"（渊妻，太祖内妹，"内妹"是指舅舅的闺女）。

总体来讲，曹家和夏侯家在谯县是那种最惹不起的深不见底家族：中央有顶级的官僚保护伞为底色（太尉曹嵩、尚书令曹鼎等中央高官）；家族中有储备的后备中央梯队官员（曹操）和地方官僚梯队（曹纯、曹洪）；黑道势力同样在地方上全面发展，有本地恶霸（夏侯惇、夏侯渊），更有纵横淮泗的黑老大（曹仁）。

中央通着天，地方上的司法审判根本无效，家族财力和人力储备超级雄厚。

但是，这样全面发展的谯县顶级家族，曹操在回到老家后发现，他起步遇到了顶级难度的对手。

对于刚起步的曹操来讲，有一个非常不利的因素，因为谯县是豫州牧的政府所在地，而豫州又是这几年黄巾起义的重灾区。黄巾闹得比较严重，去年灵帝第一批打包外放的州牧中，就有豫州牧。州牧的力量比刺史要大太多了，总揽军、政、财三项大权。豫州牧承担着总剿豫州黄巾的责任后，成了汉末第一批土皇帝。

① 《英雄记》：僮仆人客以百数，纯纲纪督御，不失其理，乡里咸以为能。好学问，敬爱学士，学士多归焉。

此时的豫州牧是黄琬，这几年刷黄巾战绩全国知名，成为感动东汉的杰出代表。

本来作为地头蛇的曹家在朝中倒台后意外地遇到了手里有兵的黄琬，而且黄琬当年和陈蕃是好同事，后来被党锢之祸牵连，沉寂了快二十年。

曹操貌似投诚了士族，但曹家是太监起家，我看你能顺眼了？黄琬对中央的劲爆事件，此时选择了让子弹再飞一会儿，董卓混蛋不混蛋我暂时不知道，但我知道老曹家现在不行了，不仅曹嵩倒台了，连曹家大小子都成通缉犯了，这小子逃回来后还在我的地界上搞反政府武装。尤其曹操这小子当年搁我这儿当富二代时就总嘚瑟，这回看我打不死你。

黄琬对曹操展开了相当残酷的镇压。

比如说被《三国演义》黑成狗的曹真他爹，就是在这段时间被黄琬杀了。①

为啥后来把曹真当亲儿子一样地养起来，还给了这么大的发展空间？就是因为最开始举事的这个阶段太艰苦困难了，他爹跟我亲兄弟有什么区别！

导演汉末崩塌大戏的袁绍八月将大戏导完，票房全归了董卓，曹操跟袁绍前后脚离开洛阳。九月初曹操开始在老家阴谋起事，结果被地方政府各种折腾。

在老家被痛打，眼瞅孟德兄还没怎么样就要成为历史中的几个字之时，袁导的续集又来了。

---

① 《三国志·曹真传》：曹真字子丹，太祖族子也。太祖起兵，真父邵募徒众，为州郡所杀。《魏书》：太祖兴义兵，邵募徒众，从太祖周旋。时豫州刺史黄琬欲害太祖，太祖避之而邵独遇害。

九月甲午（二十一日），董卓任命豫州牧黄琬为司徒，进中央当"三公"了，曹操因此开始解套。

当初跟袁绍一块在何进府干幕僚的棋子周毖、伍琼等开始撺掇董卓，说您老人家日理万机，现在天下太大了，凭咱们现在是搞不定的，那帮士族们还是要拉拢一下，给了他们好处他们就该认命知足，不再反对咱们了。

董卓对关东士族的态度其实最开始也是非常友好的。董卓为当年的陈蕃、窦武那帮受党锢之祸的反革命集团平了反，恢复了陈蕃等人的爵位，开始任用他们的子孙，相反他对自己的人却相对比较克制，并没有安排在什么显耀的职位上。

对于周毖、伍琼的建议，董卓也觉得很对，随后外放了一大批士族官员去关东任职。

有名气的比如尚书颍川韩馥为冀州牧，侍中东莱刘岱为兖州刺史，颍川张咨为南阳太守，陈留孔伷为豫州刺史，东郡张邈为陈留太守，剩下还有一大批的士族外放官员出任关东的地方郡守。

董卓非常积极地表态："我也当把外戚，你们士族集团虽然没当上王莽，把控不了中央，但我把关东的利益让给你们，咱们接着好好地过吧，都别闹了成不成？现在可比你们二十年前的局势强太多了，咱就这么过日子了，成不成？"

不仅让这帮关东士族得了好处，董卓对操大盘的袁家其实也是非常客气的。袁氏在京城的一大家子啥事没有，而且袁绍还被下台阶地给了新的编制。

周毖这帮人对董卓说："领导啊，这个废立大事啊，常人是没有魄力干的，袁绍不识大体一害怕就逃跑了是可以理解的，这是他不敢跟您来劲的表现。现在要是给他逼急了，他家树恩四世，门生故吏遍天下，若收豪杰以聚徒众，英雄因之而起，那么山东就不再是您所能掌控大局的了。不如现在赦免其罪，给他干个郡守，他一定成温水青蛙了，咱就没有祸患了。"

袁绍被董卓官方任命为勃海太守，封邟乡侯。与此同时，袁术被任命为后将军。

董卓是想讨好袁家，将袁术扶植为袁家下一代的族长跟着他混，让跟他拔刀的袁绍在外面温水煮青蛙式地自生自灭。但他忽略了袁绍这人的志向和水平。

你也不想想，操这么大盘的袁绍导演能看上这个官吗？你还拿他当温水煮的青蛙？怎么这么逗呢！

董卓同时也忽略了袁术这位爷对于自己的人生也是很有追求的。

袁绍不买账，袁术抽冷子也逃出了洛阳。

常常说，随着董卓的入主洛阳，乱世的帷幕被正式拉开。但实际上，是董卓被忽悠后代表官方正式委派了一大批的士族官员，随后乱世才正式开启的。这是董卓的致命失误，也是乱世丧钟的正式敲响。

关东士族集团当初是瞄准皇位的，是瞄准大汉的统治权的，怎么可能和你这西北的死胖子达成和解！

随着 189 年十一月董卓的外放官员，仅仅一个月后，各就各位的关东士族集团就聚拢了手下的兵力、财力来找董卓的麻烦了。

189 年十二月，东郡太守桥瑁第一个竖起了大旗，诈称京师三公发信给各州郡，陈述董卓的恶行，号召各地举兵讨董。

曹操带着从老家拢来的一部分队伍于己吾正式起兵，北上投奔了陈留太守张邈。（见图 1-2）

曹操为什么要去投奔张邈呢？两个原因。

1. 他跟张邈有旧交，关系非常好。

2. 张邈在此次讨董的会盟中地位非常高。

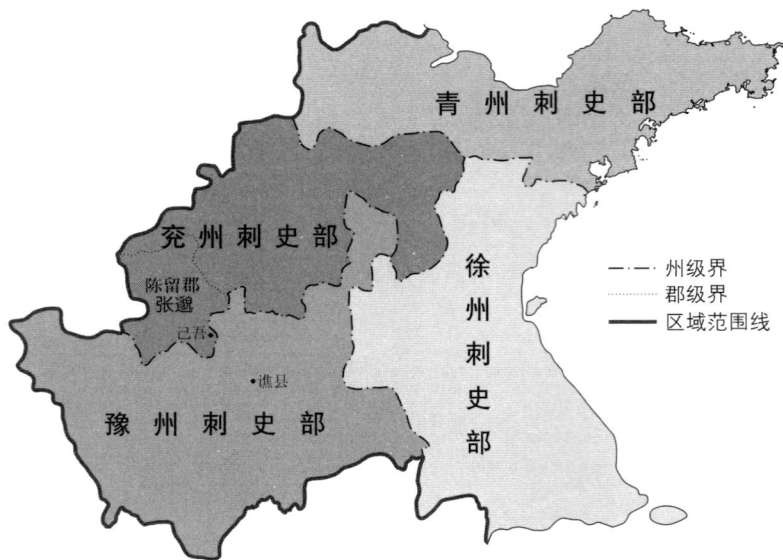

图 1-2　曹操起兵位置图

先来说说最开始这事儿是怎么发起的。

张邈的弟弟是广陵太守张超，他的功曹广陵射阳豪族臧洪撺掇他说：现在董卓祸乱社稷，你和你哥哥并据大郡，应该报效朝廷去啊！现在咱们广陵郡境尚全，吏民殷富，家底我都给你算好了，能出两万兵，咱得为国锄贼，为天下先啊！

张超随后带着臧洪去陈留见他哥哥张邈。张邈很快也兴奋了，随后这哥俩又找来了兖州刺史刘岱、豫州刺史孔伷等人一块商量，大家都纷纷表示我们也早就兴奋了。

在东郡太守桥瑁出头号召集体讨董后，出现了非常神奇的一个场景，在酸枣（今河南延津县北），各位领导在讨董盟誓环节时要选出一个领誓的人。最终，广陵功曹臧洪神奇地成为那个领誓的。这就好比一大堆市长在集体开会时由一个处长做大会致辞动员。

由此也可以看出，这帮人最开始时信心是严重不足的，毕竟都刚刚上任，多少年没正式打仗了，董卓这些年却一直跟羌人拼杀，大家都害怕当那个出头鸟。

最终级别最低的臧洪升坛操盘、歃血而盟。原文很重要："汉室不幸，皇纲失统，贼臣董卓乘衅纵害，祸加至尊，虐流百姓，大惧沦丧社稷，翦覆四海。兖州刺史岱、豫州刺史伷、陈留太守邈、东郡太守瑁、广陵太守超等，纠合义兵，并赴国难。凡我同盟，齐心戮力，以致臣节，殒首丧元，必无二志。有渝此盟，俾坠其命，无克遗育。皇天后土，祖宗明灵，实皆鉴之！"

翻译一下：董卓王八蛋，国家要完蛋，我们要跟他拼了。这帮发誓的人，要齐心打董卓，死了也不能有二心，违背誓言的，天打五雷轰，天、地、祖宗、神仙们都作证。

参加这个坛场歃血盟誓的，除了一个人之外，他们全都违背了誓言，在讨董的过程中全都没有做到"凡我同盟，齐心戮力，以致臣节，殒首丧元，必无二志"。

最终除了那个人之外，也全部"有渝此盟，俾坠其命，无克遗育"，不得好死。因为"皇天后土，祖宗明灵，实皆鉴之"，指天盟誓这活儿无论何时尽可能别干。

且不论这其中的科学依据是啥，咱们读历史是为啥呢？趋利避害，总结智慧，争取成功呗。

古往今来对天发誓的极大概率都没啥好下场。因为普遍做不到，动机还不纯。

作为一个人，都有自己的那些小心思，往往在当下这种形势下、这种情绪中，对某些事、对某些人会比较激动。但过俩礼拜就不一定了。

这个可以理解，千万别把话说得太满，或者说出于种种目的拿自己的誓言当工具。

刚刚所说的那个唯一的例外是谁呢？是曹操。曹操为了兑现讨董的誓言，后来差点儿死在汴水。但很神奇，最后就曹操站到了最后。

最终，自兖州地区首倡义兵后，在 190 年正月，董卓入洛阳的一个季度之后，各地有十二路兵马齐聚响应，分别是：

勃海太守袁绍、后将军袁术、冀州牧韩馥（袁氏故吏）、河内太守王匡（何进府袁绍同事）、陈留太守张邈（士族大咖，袁绍朋友）、广陵太守张超（张邈弟）、山阳太守袁遗（袁绍从兄）、济北相鲍信（何进府袁绍同事）、豫州刺史孔伷（士族，袁绍朋友）、兖州刺史刘岱（士族，袁绍朋友）、东郡太守桥瑁（士族，袁绍朋友）、长沙太守孙坚。

曹操没给算进去，因为他并没有朝廷的正式编制，实力谈不上雄厚，比不上到地方聚敛郡兵后"众各数万"的那帮有正式编制的人，他属于暂时依附张邈的状态。

张邈对曹操的帮助一开始还是很大的，比如说著名的陈留伯乐、评论曹操"平天下者，必此人也"的孝廉卫兹，散家财资助曹操，其实是张邈派卫兹这么做的。

最终，这十好几路人马又公推出了一个盟主。

这回由于范围又扩大了，猛人更多了，没再把那个广陵功曹推出来当挑头的，是袁绍出来当了。

由于袁绍第一个跟董卓拔的刀，名气上又是市场认可的大导演，因此在这个袁家故吏的大朋友圈中被推为联军的盟主。但并不是说，袁绍此时比这十几位领导就高出一头了，就由他领导了。其实各怀鬼胎。

比如说此时实力最强的冀州牧韩馥，他是袁家故吏，但在讨论是否讨董时就跟手下商议："咱现在是助袁氏还是助董氏呢？治中从事刘子惠说：这打的是国仗，兴兵是为国家，如何说什么袁氏、董氏！"最终迫于形势，韩馥支持各位关东同僚们讨董，却只出粮，不出兵，还动不动就减扣军粮。

其实，在讨董的开始，他们都是想在混乱的时局下，自己变成下一个袁家。

讨董联军是这么布置的：

袁绍、王匡屯河内，冀州牧韩馥做大后勤供给粮食，攻击洛阳北面。

兖州的刘岱、张邈、张超、袁遗、鲍信、曹操屯酸枣；孔伷屯颍川，攻击洛阳东面。

袁术、孙坚屯鲁阳，攻击洛阳南面。

四、汴水溃败，丹阳募兵

董卓看到关东十多路大兵前来攻打，第一反应是我弄死这帮忘恩负义的王八蛋！

董卓觉得你们这帮士族当初都快被太监们整死了，要是没有我给你们开恩，你们能这么快地拿到这些红利？你们可是都回关东当郡守啦！过去那岗位都是太监家属的！良心让狗吃了吗！

董太师很愤怒。

这个时候，士族集团在洛阳坚守岗位的官员们又发言了，首先尚书郑泰说："这个政治啊，在于德行，不在人多少。"

董卓阴脸道："什么意思！你是说我缺德吗？"

郑泰马上说："领导咱可不是那意思啊！我是想说山东那帮人不值得您动兵啊！

"明公出自西州，年少就是将帅，一辈子干实事上来的；您看袁绍那厮，从小就是腐败分子，活这么大连洛阳都没出去过；张邈天天光知道搁家里看书；孔伷天天光知道清谈扯淡，这群坏分子连纸上谈兵的水平都没有，哪能跟您比嘛！

"现在这十几路乌合之众尊卑无序，其实全都在观望，肯定不会齐心协力，况且关东上百年没打仗了，百姓们基本没见过刀兵，不像关西跟羌人打了几十年了，连女人都能拉弓战斗，整个天下畏惧的，无非是您手下的并、凉二州与羌、胡义从。

"您现在要是打他们，犹如放老虎去撵狗、鼓烈风去扫枯叶，但是这么点儿小动作就把您给调动了，让天下惊动，这是自己亏损威严和权重啊！"

董卓听了非常高兴。

在仔细地琢磨后，董卓认为，洛阳这地风水有问题，自打来了这儿脑子就迷混，天天各种各样的人来嘚嘚，说得还都挺有道理，但嘚嘚这事儿干完之后没一件靠谱。

这破地方不如我们大西北民风质朴、苍茫、辽阔，人也光耍嘴皮子不像我们套马的汉子威武、雄壮，洛阳这不是咱们爷们待的地方，得回老家。

190 年二月，董卓下令迁都。

其实吧，董卓比何进强不到哪里去，自打进了洛阳就一直被忽悠。那边都起兵了，这儿还劝你别搭理他们呢！

洛阳是百年人精家族聚集地，董卓这辈子根本没有这么批量集中地跟那么多骗子、神棍打交道，明显地觉得脑子不够用了。而且更关键的是，他身边没有一个能帮他捋明白事儿的人。此时的三国剧情总推动师贾诩还没有被西凉集团选拔出来，整个集团的最强大脑就是他自己，前半辈子也一直够用，谁想到在帝都会遇到这么一帮人！

总体来讲，董卓比何进的难度还低了一档，毕竟顶级的忽悠选手已经不在了，但是吧，他仍然接连犯下大错。

1. 拔剑对你的袁绍你怎么还能给他朝廷编制呢？先官方通缉，再派杀手或者派投诚的士族暗中做了他，很困难吗？

2. 你查明白人物关系了吗就把关东士族都放到地方上了？你着什

么急啊！

3. 那边都起义了，你应该第一时间派兵弄死他们啊！越养着他们，他们的根子不就越深嘛！他们才下到地方两个月，能组织出来多靠谱的战斗力？

4. 整个国家的人口百分之八十都在关东，你回关中能有多大的蹦头和多好的未来呢？

但是吧，这次董卓决定迁都也并非都是被人忽悠的结果，确实有一定的战略因素考量在里面。

此时的黄巾余党郭太等在并州西河白波谷死灰复燃，在他进京的这个时间段由于并州的政府军都被丁原带到了洛阳导致并州空虚，白波军不仅壮大到十多万人还转寇太原，一路甚至攻破了河东郡，离他就一条黄河了。

董卓派女婿牛辅讨伐，发现打不动，然后听说关东也闹起来了，于是下定决心缩短战线迁都长安。

董卓走之前派李儒鸩杀了废帝刘辩，帮袁绍等人断了念想；下令将洛阳所有大户抄家并没收财产；活人抄家后派吕布带领摸金分队刨坟掘墓；派部队强行逼着数百万洛阳百姓移民关中，然后一把大火将洛阳夷为平地，两百里内，房屋尽毁，鸡犬不留。

沿途道路变成了人间炼狱，大量的百姓被饿死、踩死，尸体堆满道路。

带着献帝刘协和一众官员到了长安后，董卓又在三月戊午日，将太傅袁隗、太仆袁基（袁术同母兄）及其家五十余口全部灭门。

按说董卓都怂了，把废帝都弄死了，尤其袁绍、袁术，你们三叔都死了，你们倒是动手啊！但以袁绍为首的十多路诸侯开始了各种各样的官僚主义、形式主义、享乐主义，奢靡之风，推诿扯皮，保存实力。

唯一出手的是曹操。曹操在联军中展开演讲："咱们举义兵诛暴乱，现在十多万大军全都到了，董卓焚烧宫室，劫迁天子，海内震动，现在讨伐他就一战而天下定了！"

曹操革命热情比较高，看到董卓的恶行后义愤填膺，然后振臂一呼却没人搭理，只有好友张邈和鲍信给了有限的赞助，于是曹操独自率兵向西，准备进驻成皋，塞关东之口。

你们不上，我上！我可是发过毒誓的！

结果大军到荥阳汴水时，曹操遇上董卓大将徐荣，双方交战，曹操战队被徐荣的西凉军差点儿团灭。曹操中箭，马重伤，兄弟曹洪让马死命保其逃脱。

在这次大战中，曹操损失惨重，主力基本全部报销，赞助人卫兹被杀，徐荣看到曹操这几千人居然能跟他打上一整天，酸枣联军那还有十几万人，看来不好打，于是也带兵退回去了。

这一战过后，酸枣诸军十数万天天开酒会，压根儿就不再提去讨伐董卓的事。

差点儿被打死的曹操再次发表革命演说："袁绍去驻扎孟津压洛阳之北；酸枣诸将守成皋、据敖仓、塞轘辕、太谷，全制其险；袁术率南阳军军丹、析，入武关，以震三辅。咱们全部高垒深壁不跟他战斗，但把形势给天下亮明白，到时候天下大势将强烈向我等倾斜。

"咱们的兵是义兵，为的是国家，现在天天不动弹，令天下子民失望，我替诸君感到耻辱啊！"

结果关东领导们根本不搭理他。都多大岁数了，还"义兵"，一个幌子而已！

你自己打光你那份儿随便，我们要是打光了就要下赌桌了！多么伟大的乱世啊！我们可得一直玩下去！

不久之前的信誓旦旦，变成了一大段空话。

在这种情景下，曹操慢慢地完成了心理蜕变。他这些年，一直活得很理想、很认真。说他不想当个名垂千古的大臣是不可信的。

他自幼被士族理论洗脑，顶雷为受党锢之祸的士人上书，打击败类宦官家属，黄巾乱时为国家效力疆场，在济南断"淫祀"拯救黎民苍生，董卓废帝他加入义兵豁出命去讨伐。

直到 190 年他三十五岁的时候，曹操都是一心一意地心念大汉的。

这次的汴水惨败，是曹操乱世起步的第一战。也是他人生中重要的分水岭。他彻底地感知到了时代的变化。感情大家都活明白了，大汉早完了！只有我还是最傻的那个小弟弟。

我想的是匡扶汉室，你们想得却更现实，天子被拐到了关中，洛阳成了无人缓冲区，整个关东被让了出来，下一步是分割地盘了，谁还顾得上什么董卓！

如果说之前的曹操是想匡扶汉室，为国尽忠，那么此时在群雄的一次次白眼与不屑中，他开始多了一项指导理论：当乱世最粗的胳膊。

立下志向的曹操离开了诸侯联军，因为他的筹码打光了，他的夏侯、诸曹兄弟们带出来的兵和小股东卫兹都打没了，诸侯们又不搭理他，他想要再上牌局只能再回老家聚拢队伍去。

曹操这次回扬州招的兵。因为曹家在扬州有关系，比如跟扬州刺史陈温关系铁，曹洪带着"家兵"千余人去庐江募兵，最后带走了"上甲两千"，然后又东去丹阳从丹阳太守周昕那儿带走了两千兵，去龙亢和曹操会合。

曹操之所以千里迢迢地回扬州募兵，不仅仅是跟扬州的领导们关系好，还因为此行有一个关键：兵源中有丹阳兵。

上一个时代，幽州突骑是天下兵王。

这个时代其实仍然没变化，人家幽州兵照样第一档没毛病，但与此同时，有几个地方的兵源开始参与并主导这个时代。比如说董卓的秦胡兵和义从兵，董太师就是靠这两支队伍成为汉末最吓人的势力，并最终窃取了袁家的革命果实。

除此之外，并州军和幽州军照样威武，之所以以州冠名，是因为上述两州的兵源无论哪个郡扔出来的都是水准过硬的。

还有一些地方的兵源非常特殊，战斗力甚至十倍于周边地区。比如后面中原大战中的主角泰山兵，比如决定江淮最终格局的丹阳兵。

丹阳兵在这个乱世的第一次大放异彩，就来源于对曹操的支持。

丹阳这个地方很特殊。（见图1-3）

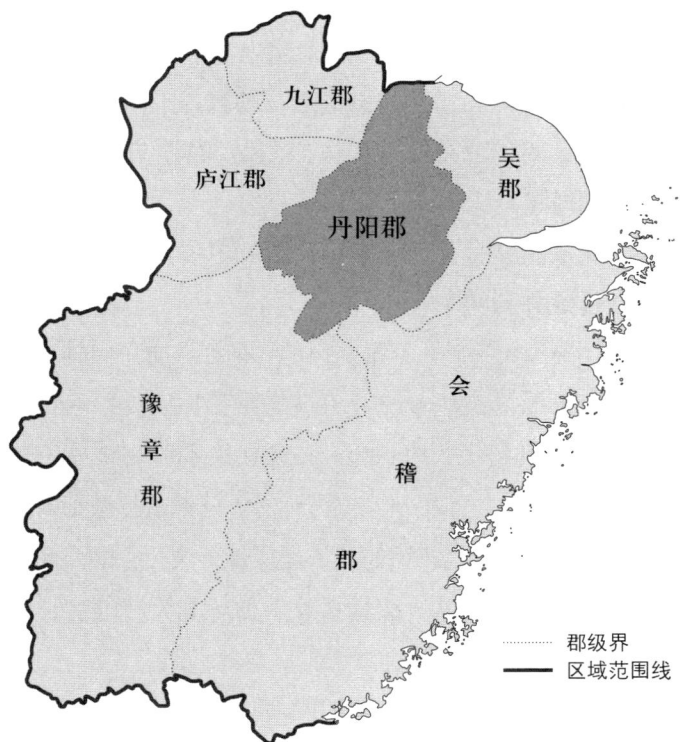

图1-3 丹阳郡位置图

北部较发达，南部万重山，与吴郡、会稽、九江、庐江、豫章、广陵六郡相邻，交通发达，各省逃犯往往专门往丹阳郡逃，逃到这里再想抓回去就费劲了，所谓"丹杨（即丹阳）地势险阻……周旋数千里，山谷万重，其幽邃民人，未尝入城邑，对长吏，皆仗兵野逸，白首于林莽。逋亡宿恶，咸共逃窜"。

很多被官府称为"逋亡宿恶"的民众往往举族入丹阳群山寻求保护，然后基本都成了当地豪族的部曲和奴仆。

丹阳不仅因地势而容易成为社会不安定分子的收容所，丹阳群山中还盛产铜铁，丹阳兵还能自己铸造兵器盔甲。

猛人比较多，兵器自产自销，导致了丹阳郡人"好武习战，高尚气力"，身体素质"若鱼之走渊，猿狖之腾木"。

丹阳当地的豪族势力往往一有风吹草动就出山抢一通，官兵在去丹阳剿匪的时候，对面的反政府武装要么战则蜂拥而至，败则飞鸟星散，可谓南方的匈奴人是也。

乱世到来后，很多过去官府眼中的暴民不仅角色发生了变化，他们的心理预期也生出了不同。

在梁山泊中当山大王确实是很威风的，但如果有了黑转白或者底层向上层跃迁的机会时，大部分的梁山好汉都会下山去待价而沽。

丹阳兵的名气大到什么地步呢？孙策在袁术那儿装孙子策划入江东之前，丹阳兵是他起事的决定性部署环节。何进曾经派都尉毌丘毅诣去丹阳募兵，当时做"洛漂儿"的刘备是跟着一块儿去的。此时的刘备已经血战过黄巾（真是一刀一枪地砍出了小功名），弃官鞭打过督邮，一心一意地在洛阳找机会。

刘备是三国著名苦情戏的主角，但大耳朵有福的刘备向来是眼光在线的。他放弃了在洛阳的机会成本千里迢迢地去丹阳，就是因为丹阳兵此时已经驰名全国，刘先生看看在这儿能不能再找着跟他的关羽、张飞。

但是吧，丹阳郡产出的"烈马"并不太好驾驭。丹阳人无法领会刘备这个涿州人的厚道热情，不仅天生擅长拐别人家老爷的刘备没收获，其实曹操在第一次和丹阳兵沟通时也差点儿死人家手上。

在龙亢，不知是曹操长得不够浓眉大眼还是此时"行奋武将军"的咖位不够，人家南方兵在见过曹操后不想跟他去千里之外送死。

刚带回来的庐江和丹阳兵夜里兵变了，把曹操的帐篷都烧了。形势危急，曹操手拿宝剑狂杀数十人才最终逃出营去，最终一清点，没叛逃的仅仅五百多人，后面又陆陆续续地在老家附近募到了一千多人，再带上了最后的一部分曹家家底，曹操一共凑了三千人，重新回到了中原舞台上。

此次虽然丹阳兵差点儿要了他的命，但曹操仍然既往不咎地坚持要丹阳军去充实自己的部队。

曹操点名要丹阳太守周昕的弟弟周喁带着丹阳兵去跟他混[1]，周昕作为丹阳太守前后给曹操募集了一万多丹阳兵去支援他。[2]

这位周昕为啥会这么帮他呢？看看背后的交情和利益关系吧。

周昕的职场履历是"辟太尉府举高第"，随后当上的丹阳太守。周昕的太尉贵人从时间和两家的关系来看，大概率是曹嵩。

无论怎样，曹操最初能够登上历史舞台，他幕后那个一直被取笑的爹几乎是居功至伟的。

做个对比，一生之敌差不了几岁的刘备这辈子足够努力、足够坚

---

[1] 《会稽典录》：初曹公兴义兵，遣人要喁，喁即收合兵众，得二千人，从公征伐，以为军师。

[2] 《会稽典录》：曹公起义兵，昕前后遣兵万余人助公征伐。

强、足够矢志不渝、足够英雄知名天下，但默然亲口承认自己不如曹公，这辈子的事业和曹操比起来也差着级别。

两人人生和事业的巨大差距，其实归根到底是阶层起步时的差距。

曹操固然有足够多的超人天赋，但他更异于他人的，是历史级别的试错机会和阶层助力。他自幼接受顶级的教育，见识顶级的世面，拿着丹阳兵这种顶级的试错筹码，身边有着最忠心不二、英武有力的诸曹与夏侯兄弟。

理论＋阶层助力＋实践，造就了曹操大成后的用兵指挥能力，曹操用兵也被公认是这个时代的一流水平。刘备打仗靠的是一路基层摸索的风骚走位和顶级嗅觉的老兵不死。

实战经验，公认能打，极度顽强，但技战术成型的那些年没怎么打过大仗，手上也永远不会有丹阳兵、泰山兵这种顶级兵源，筹码就那么多，稍微死点儿就心疼。等技战术风格已经成型后，基本上是什么水平也就什么水平了。

指挥战争这种事，除了天赋之外，往往是拿兵和战役喂出来的。（说的是绝大多数人，别拿韩信这种神仙做比较）刚起步的那些年，用着高质量兵源而且大规模、高密度的作战是能够极其快速地提升作战指挥水平的。筹码一多身边要是没有帮着安排的法正就不知道怎么过日子的"玄德浪"，其实并不怨他。

穷一辈子的李云龙再打八辈子也没打过的富裕仗时也没有任何的章法，表示咱也当回地主，都是主攻！

在此也再次感慨下国运：当年强汉冉冉升起的时候，刘邦也是起身寒微，但时代的剧本却最终帮他抹平了天差地别的阶级鸿沟，还给了他顶级的用人技能包和一级的统帅技能包，帮他耗死了霸王，捆住了兵仙。

到了四百年后，老天依旧待刘家不薄，刘备的用人技能仍然是顶级的，但除此之外，老天不再优待。

时来天地皆同力，运去英雄不自由。

刘家已有四百年天下，总该让别人当当主角。刘邦在韩信眼中，是能指挥十万人的。刘邦五十岁开始逐鹿天下，这能力大概率是天赐的。其实如果老天也给了刘备这个本事，蜀汉的结局也许会很不一样。

五、江东猛虎

等曹操自扬州募兵再回中原的时候，各路气势汹汹的讨董联军已经解散，联军内部矛盾重重。

冀州牧韩馥怕袁绍危及自己，动不动就减少对河内的粮食供给；兖州作为反董的票王则先闹出了人命。兖州刺史刘岱跟东郡太守桥瑁从第一天就不对付，后来刘岱联合了张邈和济阴太守吴资直接杀了桥瑁，命手下王肱兼任了东郡太守。

所谓的讨董讨了半天，就曹操给了董卓一家伙，还被人给打回来了。

这次再回来，曹操并没有再找老朋友张邈，而是投奔了另一个老朋友，袁绍。

陈留是大郡，张邈又是酸枣联军中名气最大（当年大名鼎鼎的士族"八厨"之一）实力最强的，而且陈留离谯县老家近，为啥曹操放弃了再从张邈这等机会呢？

两个原因。

1. 张邈跟曹操并没有好到那种地步，张邈对喊打喊杀的曹操处于防着的状态，不然曹操作为炮灰打光手中的兵后张邈不可能不表示，还弄得曹操又跋涉上千里去老家和扬州搬兵。

2. 兖州现在已经乱了，火并已经出现，兖州这帮爷们儿早就开始划分地盘打上了。

曹操看出了张邈的水平，这位爷根本不是个能把事搞大的人。那谁能把事情搞大呢？那还用问吗！当然是我本初兄啊！曹操去河内投奔了袁绍。（见图1-4）

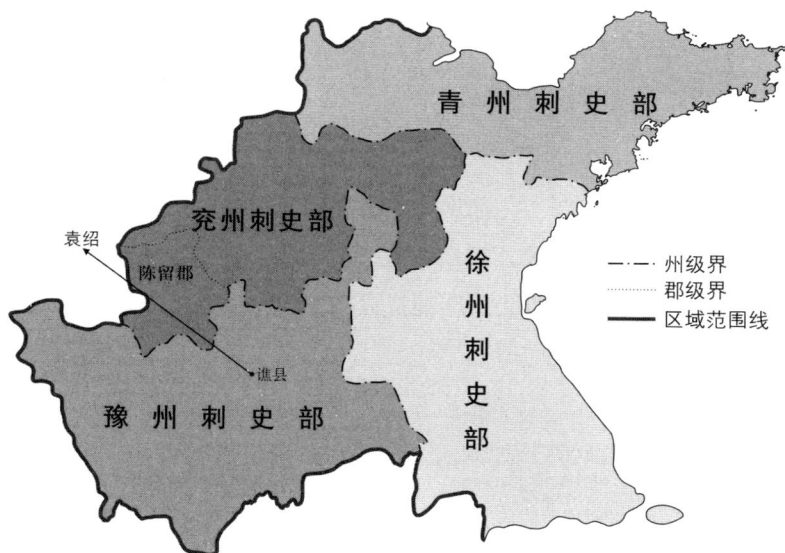

图1-4　曹操投奔袁绍图

到了河内，当年洛阳城鸡飞狗跳二人组再次见面。袁绍问曹操：如果事情不顺利，后面有啥打算呢？

曹操反问："袁大哥以为如何？"

袁绍对他说："我当南据黄河，北阻燕、代，兼收戎狄之众，向南以争天下。"

曹操说："吾任天下之智力，以道御之，无所不可。"

这基本上体现出了两人此时的人生规划路线。

从袁绍导演汉末大戏时就看出来了，袁导在总结治乱兴衰为我所用上那真是高手。他上一出顶级历史惊悚剧"汉末崩塌"，参考借鉴的是东汉所有外戚宦官乱斗的剧本。他在这出大戏演完却被男八号董卓收割票房后，迅速地跟董卓拔刀然后第一时间就奔往了冀州。

他的第二幕大戏，是河北。借鉴的蓝本对象，是光武帝刘秀。当年刘秀借河北发家，然后打残中原，随后定两京，拿山东，最后定凉州、益州。他基本上也是全部借鉴的。

他对曹操说要向南拒守住黄河，北面拿下燕、代，然后收下幽云铁骑和外族雇佣军，向南再气吞山河。

曹操这边则什么打算都没有，或者说根本就还没有规划他的乱世剧本。他比较晚熟，在不久之前还能当炮灰去打董卓呢！他的梦想在前三十五年比较保守且正统，想当征西将军曹侯，梦想的是洗掉宦官背景成为世家大族，对于割据当刘秀的打算根本没有想过，因此也就谈不上为此有什么远见和规划。

人家袁导眺望远方，说出了下一幕大戏的框架，他基本上说不出个所以然，所以说了句"任天下之智力"的片汤话，省得让袁导看不起。

刘备跟曹操比，是一天一地。曹操跟袁绍比，其实差距也有点儿那个意思。不光寄生虫与资本家之间有此差距，"四世三公"和"赘阉遗丑"之间，其实也有着类似量级的鸿沟和差别。

不过，有的时候，风云际会的历史剧本会帮你神奇般地跨过那天差地别的鸿沟。

人生有时候很多规划当然是借鉴历史、引经据典，越完美越好，越周全越好。但是，当年刘邦一路向西时不会知道自己是第一个稀里糊涂闯进咸阳的？当年刘秀踏进河北修罗场后是不知道自己会有多么的窘迫，也不知道是怎么稀里糊涂地躺赢的。如今的曹操也不知道，每个时代都有每个时代的独特剧本。当它来找你时，请微笑地当好演员。

曹操重返河内后不久，时间来到了 190 年冬天，董卓在搞定并州白波军后开始反击了。闹腾了快一年的时间，董太师有种被欺骗感情的感觉。

你们折腾得挺大，宣传得挺吓人，弄得我跟神经病一样都迁都了，结果你们连屁都没放就都散了，太可气了！

先是屯兵河内的王匡被董卓狂揍一顿，董卓派疑兵在平阴津佯装渡河，暗派精兵在小平津偷渡绕过王匡军在后方猛击，在津北大破之，王匡主力基本被灭。

在扫清洛阳北边后，董卓军开始向外出兵。

准确来讲自始至终，这十好几路关东诸侯根本对董卓没造成任何伤害。令董卓头疼的，确切地来说，只有一个人，就是孙坚。所谓的"十八路诸侯讨董卓"，其实应该叫作"孙大炮北伐"。

孙坚字文台，吴郡富春人，据说是孙武的后人，家里世代没出什么有出息的人，陈寿说他"孤微发迹"。《三国志·吴书》里面则说孙坚家世代在吴地做官。

《三国志·吴书》里的可能性不高，属于给孙坚脸上贴金的做法。因为后面孙权称帝后不立七庙，只有孙坚在长沙临湘有一庙，孙策在建邺有一庙；祖上如果所谓的"世仕吴"，是不会不给祖宗们也挂上编制的，真实情况是祖宗们实在没法提。

《宋书·符瑞志》里倒说："孙坚之祖孙钟与母分居，遭岁荒，种瓜为业。"这种说法的可信度相对较高。

孤微的孙家祖坟葬在富春城东，到了东汉后期，他家的坟上特别神奇，老闹鬼，总有异光出没，坟头上空还总飘着块儿五色的云。一度孙家坟头成了富春景点，乡亲们经常去看，据当地的老人们讲：这个

"气"可不同寻常，孙家要发达了。

等到孙坚出生后，他爹慢慢地明白他家坟头上老闹鬼是啥意思了。原来自己生了个"鬼见愁"。

孙坚长大后容貌不凡、性格阔达、武力不俗，初步具备了乱世当流氓的潜质。

十七岁的那年，孙坚和他爹在一次行船中看到了一群海贼，刚刚抢劫完商人们的财物，正在岸边分赃，很是嚣张。所有船都不敢靠岸，这个时候，孙坚跟他爹说："请您批准我宰了他们。"

他爹说："你给我哪儿凉快哪儿待着去。"

孙坚果然哪儿凉快哪儿待着去了，他跳船来到了凉快的河中，随后操刀上岸，大手一挥如指挥部队围捕这帮海贼的样子，大有领导人风范。

海贼们心理素质欠佳，以为真有官军要来，开始逃跑。本来海贼跑了就完了，但小青年孙坚还追上去砍死了一个海贼。江中大量的围观旅客纷纷鼓掌叫好，孙坚开始亮出了名头，后来被当地官府召署为基层官员。

为什么说孙坚有乱世当流氓的潜质呢？有他媳妇的证词。

孙坚的媳妇吴姑娘是当地有名的才貌双全之人，孙坚比较有想法，他没有找他爹去帮他说媒，他知道他爹只会让他哪儿凉快哪儿待着，他自己去吴家表达了想当姑爷的想法。

结果吴家讨论后是什么结论呢？这货是个二流子，好白菜不能让猪拱。

人家嫌孙坚"轻狡"。轻浮、狡诈，不是什么好人。说句实在的，吴家没看错，孙坚这辈子就是这俩字的真实写照。

那后来怎么又嫁了呢？首先是孙坚"甚以惭恨"，然后极有可能放出了话要血洗老吴家。是吴姑娘本着牺牲我一个、幸福一大家的觉悟为了保平安献身了。

"夫人谓亲戚曰：何爱一女以取祸乎？如有不，命也。于是遂许为婚。"瞅瞅，不嫁闺女会"取祸"，话外之意就是这大流氓回来会跟咱家拼了的，为了咱家我这辈子认命了。吴姑娘后来捐躯变成孙夫人后绝对没有后悔，她确实救了吴氏一族。

孙坚除了这份"轻狡"外，老天还给他配上了帮他"轻狡"的勇猛技能包，以及看不起我我就弄死你的人生信条。这只江东猛虎迎来了汉末乱世，开启了自己大炮轰一切的人生之路。

172 年，会稽郡妖贼许昌自称阳明皇帝，煽动诸县的数万人，被此时已经小有名气、混成郡司马的孙坚募召了千余人与会稽郡兵合作剿灭。当时的扬州刺史对这位猛男请功，孙坚随后历任盐渎丞、盱眙丞、下邳丞。

在淮泗三县的这十多年中，孙坚开始培植起了自己的军事力量和声望，虽然人数不多，但足够帮孙坚拿出筹码进入乱世的历史进程了。

184 年，黄巾起义，天下大乱，朝廷的三路讨伐主力中，中郎将朱俊是会稽人。朱俊听说老家这些年出来了一个祖坟冒烟的富春猛男，马上征招孙坚为自己的佐军司马前来帮场。

孙坚随后利用自己十多年间的威望募集了淮泗精兵千余人，带着自己的股本开始了征程。（和曹仁一样，是淮泗地区的黑老大。）

孙坚打仗的时候有着近乎疯狂的勇敢，经常自己操刀往前冲，所以士兵们看到这种领导普遍也容易被冲昏头脑，以为自己也是超人，疯狂往前冲，但往往裤衩穿外头的超人只有孙坚一个人。

孙坚也不总是全身而退，有一次孙坚在冲垮黄巾军后中了埋伏，被人打下了马，所部被打散。孙坚随后开始卧倒装死。他的坐骑则机灵鬼般地飞奔回营，各种哭天喊地"嗷嗷"地叫，撒泼滚地蹄子刨，表示你们赶紧跟我救我家老孙去。孙坚的兄弟们后来在识途老马的帮助下，在草丛中发现了装死的孙坚。十多天后，孙坚养好了伤，又跟疯子一样地杀出来了。

汝南、颍川的黄巾军被官军打得走保宛城，然后孙坚在攻打宛城的战役中高难度先登，杀出了滩头阵地，随后弟兄们蚁附入城，拿下宛城。

当年吴姑娘怕他报复是对的，城门楼子先登都当玩，你家那墙才多高？

孙坚此战后因功被封为别部司马。

185年，凉州边章与韩遂叛乱，董卓征讨不利，朝廷派张温平叛。张温带上了以勇烈而盛名的孙坚随他屯军长安。张温到达关中后征召董卓，董卓目无军纪与等级，不仅误时，还言辞傲慢。

孙坚劝张温："董卓是祸头，让我宰了他吧！"

张温没有采纳，董卓是不能动的，杀了以后他手底下那帮人没有人能控制得住。

孙坚这辈子看人很准，但他缺乏大局观，很多时候他并不能看清事物背后的本质逻辑。他的一生，就像一个武勇非凡的狡猾公牛，一路靠着自己的天资猛冲加诈骗，所经过的地方往往一地狼藉。

此时的他，还没有到主掌一方司命的地步，但人生观上却大有阎王爷的行事逻辑。后面的他，干出了很多今天他怂恿张温要干的事情。武勇的孙坚在一系列战斗中开始让西北人民开眼，董卓对他就刮目相看。

别看董卓残暴，但他在孙坚身上似乎看到了更加猛烈的杀戮之气，而且孙坚不光杀气重，还有军事眼光，诸多军事判断非常英明。

二人自此在凉州相识，互相忌惮。两人均不会想到，五年后双方还会再次碰面。届时，他们成了舞台上的绝对主角。

187 年，荆南又反了，长沙贼区星带万余人造反，周朝、郭石在零陵、桂阳也跟着响应，朝廷派孙坚为长沙太守去平事。孙坚到了长沙，没用一个月就扫平了区星，然后又跨辖区讨周朝、郭石，三郡全平。凭借这个军功，孙坚被封为乌程侯。

孙坚就是这么靠着军功从平民一步步地杀下了爵位。

190 年底，关东诸侯起兵讨伐董卓，孙坚在长沙起兵会盟，五年前就看你不顺眼了！打你去！

孙坚听说董卓砸了大汉瓷器店后比较痛心，说当年西北平羌乱时我就说过，早听我的宰了他，哪儿还有这事！随后他开始一路砸荆州的瓷器店去了。

孙坚北上后，先是杀了荆州刺史王叡。这位王叡是大名鼎鼎的琅邪王家的人，人家是高门士族，很看不起出身低微而且以"轻狡"闻名的孙坚。

他不光跟孙坚不合，跟武陵太守曹寅也不合，扬言要杀了曹寅。结果孙坚一北上，曹寅就挑拨孙坚去杀王叡。

孙坚带兵到了江陵城下，王叡问："你们这是要干什么啊？"

孙坚藏在军中，他的前部先锋答："我们这帮臭当兵的久战劳苦，请您出点儿血，资助一下。"

王叡说："我这什么都没有，不信你们自己进来看。"

一小部分兵被放进了城，随后王叡看到了藏于其中的孙坚。

王叡比较诧异："孙领导怎么也在这里？刚才怎么没说话呀？"

孙坚说："受中央指示弄死你。"

王叡问："我犯了什么罪？"

孙坚说："无能罪！"（坐无所知。）

随后王叡被逼自杀。这可是朝廷任命的荆州刺史啊！你这么就给杀了！连个正经的理由都没有！

孙坚的目的是什么呢？王叡没有耽误你北上讨董啊！你杀得着人家吗！

《三国志》中说得很明白："荆州刺史王叡素遇坚无礼，坚过杀之。"人家过去没太拿你当回事儿，你就把人家杀了。

除了泄愤之外，他用无赖般的方式逼死王叡，其实更深层次的企图是从王叡手里夺取荆州，在这浩荡的乱世趁机扩大自己的地盘与力量。

为什么这么说呢？因为他后面到了离董卓没两步远的南阳后，整整快一年的时间都没再找董卓的茬，而是忙别的事去了。

他天下为公地一路北上，到了中原倒是像人家曹操那样开干啊！他并没有。

孙坚并没有什么战略眼光，不仅无法判断出时局的走向，也不知道该怎样把握住自己手中的筹码。

杀了王叡，拿下江陵，夺取荆州兵权后他就不应该再往北打了。北边是南阳郡，出去就能逐鹿中原了，太守张咨又是颖川高门，跟张邈他们同一批外放出来的士族，孙坚作为一个寒门黑户，此时再往北打就是向人家士族集团宣战。再说南阳是刘秀老家，士族集团三巨头之一（南阳、颖川、汝南），去了他控制得住吗？

南阳那地方是标准的庙小妖风大、池浅蛤蟆多，家里四世三公的袁术在那儿都坐不住，士族"八俊"的刘表后来更是直接扔出去当缓冲区，人家"自己人"都搞不定，他这个区区寒门军阀可能拿得下那帮南阳老爷吗？

此时他只要把战线顶到襄阳，凭借襄阳嗓子眼和汉水之险就完完全全地观成败了，他可以先整合除南阳外的整个荆州势力，看看北面到底发展成什么态势。

这是有成功案例的，王莽篡汉时秦丰仅仅以一个南郡为基地就打得相当顽强，要不是碰上岑彭这位风骚走位神将，襄阳之险是不好过的。（见图1-5）

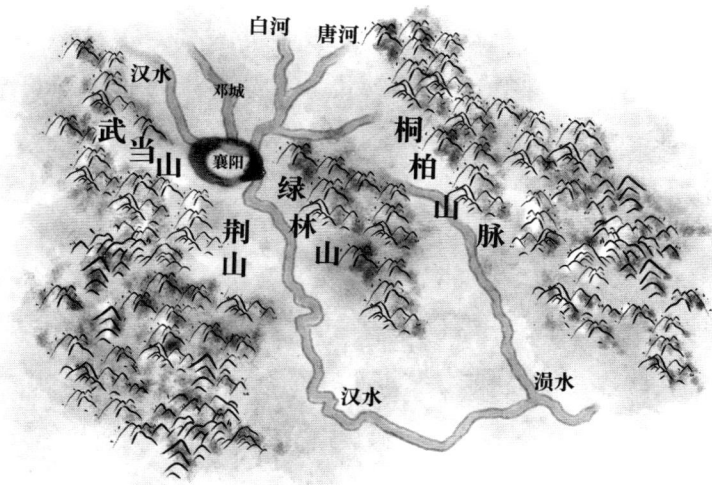

图 1-5　襄阳周边地势图

还记得岑彭偷秦丰时的这张图吗？事实上，后面的刘表就是照搬了秦丰的经验，他守在襄阳太太平平地晚年善终。而且荆州的实力和两百年前真不一样了。

两百年前，荆州七郡中，南边六个郡加一块儿也没有北边南阳一个郡地方人多，但时代发展了，社会进步了，南边长沙、零陵、桂阳三郡取得了长足的进步，到了顺帝时期，南三郡已经比南阳的人多了，此时孙坚当太守的这个长沙郡的人口数是个啥水平呢？人口在百万以上，和袁绍的勃海郡是一个级别，人口比兖州群雄的任何一个郡都要多。

但孙坚对于此时的这个结果并不满意，随后裹挟了王叡的荆州军力继续一路向北，到了南阳时已经数万人的规模了。

他对南阳郡这块儿肥肉很有想法。他只看到了账本上的数字，却没看到这背后的暗流汹涌。

此时的南阳太守，是董卓那批外放官员中的颍川士族张咨，袁术逃出洛阳后没有地盘暂时落脚南阳，这位带着四世三公光环的后将军可是什么动作都不敢有。都是圈里人，你没办法明抢！

但孙坚不明白这个。他这辈子就是不要怂，就是干！

孙坚向张咨要粮食，张咨不给，也不肯见孙坚。你前脚刚把琅邪王家的人杀了，还是偷袭，还根本没理由地杀，谁敢见你！

孙坚说自己得大病了，还请了一大堆巫医给他大肆地看病，整得全世界都知道。

随后孙坚派人去见张咨，说我不行了，要把我的弟兄们托付给你。结果张咨上当了，带着五六百人到那儿打算接手部队，结果被孙坚从病床上跳起来宰了。

由于张咨刚刚到任南阳，是董卓当权后外放的那批官员，根子还不深，结果南阳郡被孙坚吓唬住了，自此提的要求全都满足。

孙坚这人杀气实在太重，他这一路北上已经弄死两个士族高级官员了。他自长沙的一路北上，实际上就是一头公牛砸瓷器店的过程。还是头专门耍诈的公牛。

他从荆州的南端一路祸祸到了荆州的最北端，将荆州的固有秩序搅了个一地狼藉。他的目的是什么呢？

还是前面我们说过的，他的目的是为了荆州，因为他到此就为止了，一路上这么厉害的牛人随后对董卓那里也没个动静，两人掐起来完全是因为别的原因。

但是吧，他的手段太低劣，做法也太直白。底层的人生经历让他不知道高级别的政治手腕和以退为进是怎么玩的。

他的人生历程中，想要一个目标就一路砸过去，直到拿下这个目标。

老天却又恰巧给了他打砸一切的狡猾与力量。他因此也过于迷信一路走来赖以生存的市井智慧与天赐力量。

但是他打砸荆州一路北上的过程引起了很多人的愤怒，首先关东的士族圈子就开始对孙坚非常有看法，所谓的"群雄讨董"开始大有"群雄讨孙"的态势。

然后吧，孙坚的这一路祸害最终便宜了两个人：其中一个，不光算计他，还算计他孤儿寡母；另一个，则是他这只江东猛虎的命运休止符。

六、孙坚战洛阳

孙坚北上的那段时间，史书中是这么记载的：

1. 袁术以后将军的名义出逃南阳投奔张咨。

2. 刘表在孙坚杀人后迅速地得到了荆州刺史的朝廷任命。

3. 孙坚杀张咨，随后南阳郡怂了，要什么都给。

4. 然后刘表上表袁术当正式的南阳太守，袁术又上表孙坚当豫州刺史。

5. 孙坚随后引兵归附了袁术。

这段历史里面，人们传统的印象是孙坚一路北上来投奔大哥袁术去讨伐董卓。这个传统印象，高看孙坚与袁术的关系了。

孙坚起兵之初根本没打算搭理袁术，孙坚的履历中没有京官的背景，大概率两个人根本没见过。他折腾一大通本来是打算自己霸占荆州的。

那为什么孙坚这位动作片导演在拍完血腥暴力大片后，票房也让人抢走了呢？怎么南阳归了袁术，荆州便宜了刘表了呢？

其实历史中的荆州在那个时间段相当惊悚翻转。

孙坚遇到了他命中的克星：刘表。

刘表是当年关东士族天团中大名鼎鼎的"八俊"之一,后来党锢祸起,蹉跎了人生中最黄金的近二十年,直到黄巾大乱,党锢解禁,已经年近五十的刘表投靠了何进,董卓入京时刘表的职位是北军中候。这个职位也就意味着在汉末崩塌的惊心动魄一夜中,刘表也被义愤填膺的军人们裹挟着投奔了董卓。

刘表这个铁杆儿的关东士族大咖,很神奇地成了这帮站队者中的幸运儿。

董卓进洛阳没俩月,关东群雄嚷嚷讨董,南边孙坚第一个在乱世挥起了屠刀,杀了荆州刺史王叡,讨董没看见,杀朝廷大员他算是敢为天下先。

董卓太知道孙坚想干什么了,这两位猛男其实是心有灵犀的。董卓于是将有着士族背景而且是关键时刻投诚自己的刘表迅速地委派为荆州刺史让他去上任。老刘赶紧给我把荆州抢回来!

刘表上任的时候,荆州已经被孙坚自南向北祸祸地失去了秩序,孙坚北上南阳后老窝就被别人给抢了。

此时已经四十八岁的刘表单枪匹马进入了南郡北部第一大城宜城,并在这里会晤了襄阳豪族蒯良、蒯越和蔡瑁,然后刘表运用自己"八俊"天下驰名的大名头,与荆州已经骚动的宗族们展开说降与合作,或拉拢或诱杀地平叛了宗贼势力,并将焦点钉在了襄阳。

等孙坚杀掉南阳郡守张咨,得意扬扬于"郡中震栗,无求不获"时,发现局势风云突变。南阳的本土官员和军队在"震栗"之余自发投票投奔了四世三公的后将军袁术。(见图1-6)

自己一路推过来的混乱局面却被士族大咖刘表神奇地在荆州单骑立足,并且在襄阳拦死了自己的归路。他自己本身是长沙太守,曾在零陵、桂阳作战,剿匪有基础,武陵太守曹寅跟他一块儿阴谋搞死的王叡,王叡手里的刺史武装也被他裹挟到了北边,本来形势大好的荆州怎

图 1-6　孙坚杀张咨后局势变化图

么突然间就一无所有了呢？

　　孙坚确实大炮轰一切，但刘表却是个厚道靠谱能让我们看到稳定收益的未来，我们还是跟他混吧。

　　荆州之所以在孙坚走后大乱，就是因为他这个超级病毒的肆意妄为让太平了百年的荆楚地区就像暴发传染病一样地突然失去秩序，然后人们开始抢物资、搞战备，准备迎接末日到来。

　　此时的孙坚面临着两头堵的抉择，按他的性格有两个选项：

　　1. 接着弄死袁术。

　　2. 南下弄死刘表，然后再弄死所有作乱的人。

　　在孙坚面临抉择的时候，刘表又出招了。刘表害怕逮谁干谁的孙坚狗急跳墙往南打，于是提前拉拢袁术，表袁术为南阳太守，将本来就不在自己控制范围的二百万人口的大郡送了出去。

这样做，有四个好处：

1. 南阳郡本来就已经投票归顺袁术了，我这是顺水人情。

2. 袁术是士族，自己人，南阳送给他，是咱们圈子里都会认可的潜规则，他们会认为我会办事。

3. 我给了你大人情，你绝不能够赞助孙坚军粮来打我。

4. 孙坚如果还是想要南阳，会与袁术死磕。

在刘表哥们儿义气地向世人展示自己会做人后，袁术却面临着关键抉择。南阳郡归袁术了，南阳的官僚和士兵们也都看着他，按理讲应该给同样是士族圈子的张咨报仇，尤其他当初逃出来时投奔的是张咨，这是他非常铁的关系，不然他不敢投奔到这里。

但是呢，袁术做了一个史书中看不出来效果却让整个汉末新闻界哗然的抉择：他不但没有给张咨报仇，而且居然表孙坚为豫州刺史，希望跟孙坚联盟。

他对孙坚说，你太牛了，跟我袁家混吧，我表你为豫州刺史，咱去打豫州吧。这就好比他住朋友家，朋友被强盗杀了，然后他过户了朋友家的房子，随后跟强盗说，咱要不接着杀对门邻居去？

孙坚此时面临着巨大的形势危机，除了袁术这边递过来安抚的橄榄枝以外，中原几乎所有的势力对他都是提防与愤怒，南边刘表已经立住了脚，他能再打回去吗？

孙坚想：如果往南打，不仅粮草成问题，袁术会不会帮刘表偷袭我背后呢？如果占着南阳不走，袁术、刘表和中原群雄们会不会来围攻我呢？

随着刘表的突然接管荆州以及将南阳送给袁术，孙坚鲸吞荆州的所有算盘全部落空，还面临着之前连杀两位士族大员的险恶局势。

孙坚退而求其次，开始与袁术合作，和袁术达成了联盟。袁术这辈子注定的失败也就从这一刻开始了。他对于孙坚的接纳成了他人生诸多失败选择中的第一个巨大败笔。

1.所有的士族同盟从此把你开除出士族集团的互助名册。

张咨原来是圈里的自己人，张咨被杀了你应该给他报仇，就算不报仇，你咋能把仇人孙坚这大流氓招到麾下了呢？孙坚这种没有规矩、杀伤性惊人的流氓，你袁术咋能用呢？你逃出来，张咨收留你，孙坚杀了张咨，你得了南阳，让孙坚当豫州刺史，这一连串事件怎么看怎么像你指使孙坚帮你杀了张咨，好让你拿到南阳呢！吃着人家还害人家！你个大混蛋啊！

2.你招揽了孙坚这个流氓，是不是也想把我们当下一个张咨！

几乎所有的士族大佬都开始对袁术充满敌意与提防。

汉末荆州风云第一集落下帷幕，有两个大赢家。

一个是袁绍。袁术不配是袁家的种，袁绍自此独享了四世三公的祖宗积淀的声望，所有的士族几乎从这一刻开始全部倒向了袁绍。

另一个，是单骑入宜城的刘表。刘表这辈子，其实在老天给他的牌和运中永远做的是最优选择。没偷袭曹操、没指挥刘备打到许昌去就是大窝囊废？人生总有想做的、能做的，和根本做不到的。

他能一个人在短短时间内安定、抚平了荆州说明了两件事：

1.荆州本就是成熟的地方豪族自治体，所以他能牵住关键的几根线就把控住了全局。

2.他这位"身长八尺余，姿貌温伟"的"八俊"，并非名不副实。

东汉末年也有光杆儿的"刘秀"，只是这位"刘秀"的岁数和剧本上苍不再像两百年前那样厚恩赐福了。

后来随着刘表和袁术的短暂合作，孙坚的一通忙活最终给别人做了嫁衣裳。而且孙坚并不知道，投刘表票的实力派中有一个江夏安陆的黄家，掌门人叫作黄祖，是他孙猛虎的命中武松。

袁术上表，孙坚领豫州刺史后，跟关东的士族联军们一样，根本就没提打董卓的事。在孙坚入中原的大半年时间里，他干什么了呢？歇着了吗？

并没有，他手里这几万队伍是很宝贵的，不能瞎打，浪费在董卓身上多可惜。他这位豫州刺史打豫州去了。为什么这么说呢？

来看看一年后董卓和孙坚是怎么打起来的，先看史料：

1.《后汉书·董卓传》：卓先遣将徐荣、李蒙四出掳掠。荣遇坚于梁，与战，破坚，生禽颍川太守李旻，亨之。

2.《后汉书·袁术传》：术又表坚领豫州刺史，使率荆、豫之卒，击破董卓于阳人。

这里面可以捋出什么线索呢？

1. 董卓在洛阳成为无人区后，给养很成问题，董卓要劫掠洛阳周边的物资。

2. 在梁县（临汝西）徐荣撞上孙坚了。梁县在颍川郡与河南尹的交界处。

3. 孙坚没打过徐荣，颍川太守李旻被烹杀了。

4. 孙坚的部队是荆州兵和豫州兵。

综合起来是什么意思呢？

1. 孙坚在和董卓交战前的近一年中，成功地将势力插入到了豫州，因为他率领着"荆、豫之卒"，而且至少拿下了颍川郡，因为这位"颍川太守李旻"是跟他一块作战并受他指挥的，大概率也是他封的。孙坚格外钟情北京、上海这种大地方，颍川也是士族聚居的三巨头之一，人口近二百万。

2. 董卓派军劫掠，严重地影响了孙坚颍川的地盘，并且在遭遇战中把孙坚给打了。

随后孙坚彻底地不干了。

捋出来孙坚这近一年的时间干啥后，来看看他和董卓所有的交战细节：

最开始是 190 年冬，双方就有过小范围摩擦，而且是董卓率先偷袭，但是没有偷袭成功。

直到孙坚移屯前线梁县东（临汝）的时候，在遭遇战中碰到了四处劫掠的董卓大将徐荣，开春给曹操差点儿打死那位。孙坚和专打大牌的徐荣对战后也被打崩，前面我们说过的颍川太守李旻被生擒，然后被烹了，生擒的士卒被裹成木乃伊倒立点灯，孙坚率领数十骑突围而出，收集散卒后在梁县阳人过了个惨年。

出了正月，董卓又来撵孙坚了。董卓惹怒了一个不该惹的人。随后的战斗，变成了孙坚的一人表演。

这次是胡轸和吕布带队来了。胡轸是凉州人，董太师从老家带来的弟兄，此行为大督护，督导吕布为骑督，剩下的高级步骑将校都督者也有不少。

胡轸跟吕布一个武威人，一个九原人，两人很不对付。这两人不对付的背后，是董卓麾下的秦胡兵和并州军之间的巨大隔阂。

吕布率并州军投诚之后，并州军整体并没有得到太高的优待，吕布作为并州军的代表仅仅被封为中郎将，而且他这个中郎将还是董卓麾下诸多中郎将中的一个。

两派本来就有隔阂，这次的领导胡轸的性子还比较急，出兵前就高调放话："今此行也，要当斩一青绶，乃整齐耳。"我这回出来非杀一个高级别的立立威。

这种话其实一点儿用也没有。古往今来出征时杀将立威的事基本上都是不打预防针的。套路基本是开始你好我好大家好，甚至会稍微纵容一些人嘚瑟，然后突然间一天拉下脸，杀一个非常过分的人，随后起到所有人觉得你真吓人的效果。

或者比较厚道些的，像楚汉争霸时期的彭越大哥，比较平静地说拉我造反就得听我的话，不听话我可杀人，然后第二天变脸真杀人。

董军开拔到广成，距离阳人城还有数十里，天已经黑了，人马已经疲惫至极，本来最开始的计划是到了广成后好好歇歇，吃饭睡觉，然后后半夜行动，早晨攻打阳人城。

结果吕布为首的高级军官们全都希望胡轸这回现眼，于是建议："阳人城中的守军听说咱们来已经都跑了，咱得赶紧去追击啊！要不这趟咱就白来了！

胡轸随后不休整连夜进军，结果累得半死，半夜到了阳人城下发现人家三步一哨、五步一岗，根本就没跑。

董卓的这伙精兵此时已经累成了傻狗，连防御工事都没做就全都释甲休息。

这个时候，吕布又派手下高声嚷嚷："城中贼出来了！"董军开始丢盔弃甲地大溃散。跑了十余里，发现根本就没有敌军，然后探马回来说阳人守军根本没发现咱们，咱们的装备还都满地扔着呢。董军于是又折回十多里回到阳人城下拾取兵器，准备攻城。

你也不想想，为什么孙坚会不收城前的那堆军械？那就是等你们再跑回来呗！随后孙坚开始追击一通猛打，关老爷喝酒前杀的华雄就是这个时候报销的。华雄本人可远没有《三国演义》中那么威风，华老师是一夜没睡来回跑了好几十里后被狂追致死的，比较凄惨。

孙坚大败董卓军后开始向洛阳进军，有人向袁术进言："孙坚若得了洛阳，你可治不了他，小心除狼而得虎呀！"

袁术心疑后给孙坚断了粮，结果被孙坚连夜赶回鲁阳强烈问责了一通：我上讨国贼，下给你家报仇，我孙坚跟董卓可没有什么仇怨，你到底什么意思！

袁术赶紧又坚决保证战士们的伙食不掉队，孙大将军我错了您继续努力。

董卓在胡轸军败后并不知道是具体怎么败的，还以为孙坚真的是硬碰硬地干死了自己的精兵，于是派李傕游说孙坚，说咱和亲吧，咱哥俩是阶级兄弟，咱俩杀的都是士族，在关中时我就看你行，你家的子弟想当什么官，郡守刺史的你提条件，皇帝在我手上，什么官咱现在安排不了啊！

结果孙坚比较大义凛然，大流氓之间也有鄙视链，表示你名声太臭了，在关中时我就想宰你，现在非夷你三族不可，怎么可能跟你和亲！

孙坚进军大谷，距洛阳九十里。

随后董卓亲自出战孙坚，第一次孙坚被徐荣偷袭，第二次胡轸败于内讧，这次算是真正地检验孙大将军的实力。结果这回董卓在汉家被他刨的诸皇陵之间被孙坚打败，退回到了黾池。

孙坚进洛阳，在宣阳城门外再次暴打吕布。吕布败走。

孙坚进入了死城洛阳，打扫汉宗庙，修整被挖开的皇陵，以太牢祭祀天地后，出现了神秘景象。

也许是汉家列祖列宗感谢孙坚的祭祀安陵之功，洛阳城南的官井上空出现了五色气。孙坚派人去井中查看，发现了十常侍之乱那一夜遗失的传国玉玺。

不知是不是受了传国玉玺的鼓舞，孙坚也许对天命产生了想象后使命感爆棚，表示跟董卓没完，分兵出函谷关准备继续往西打。

走到新安和黾池之间时，听说了两个消息。

1. 董卓布置了中郎将董越屯黾池，中郎将段煨屯华阴，中郎将牛辅屯安邑，其余中郎将、校尉布在诸县，以御山东。

2. 袁绍趁机开始下绊子，表曹操的部将周喁（丹阳太守周昕之弟，给曹操输送丹阳兵那位）做豫州刺史，率军偷袭孙坚豫州大本营阳城（登封东南），断了孙坚的后方供应，要来抢夺他的豫州。

前途层层设防，后面老窝被端，孙坚随后还军反攻周喁。

由于孙猛男的一通秃噜，包括董卓在内的所有实力大佬对于此时此刻的局面均表示了认同。

董卓试了试关东集团的能量，确实有一个挺猛的，心理也不觉得不平衡了，暂时不东征了。

关东这边因为董卓彻底滚出了洛阳，我们也不用担心西线的军事压力了，洛阳地区被董卓变成了数百里无人区，挺好，完美的战略缓冲，我们该一心一意地抢地盘了。

至此，随着孙坚赶跑了董卓，关东群雄互相撕破脸的暴力混战正式开始。

七、孙坚横死，袁绍夺冀

来看一下此时此刻的天下大势吧。

总体来讲，关西的董卓势力和益州的刘焉势力暂时趋于稳态，这两伙人要先放一放。

关东方面，已经乱了。虽然乱，还是有主线的。第一条主线，是袁绍集团和袁术集团的搏杀。

袁绍虽然被董卓窃取了第一出大戏的票房，但最终的局势走向还是可以接受的。因为他袁导的名声以及制片能力还是得到了市场认可的，而且他兄弟袁术由于收揽了没规矩的孙坚，所以士族集团们普遍是买袁绍的账的，大量的士族人才奔向了袁绍阵营。

袁绍方面占领了士族市场，袁术那边则破罐破摔地开发出了编制外的野路子，继孙坚后，各种山贼土匪黄巾军都跟袁术结成了统一战线。当董卓将关东市场让出来后，初期的演化方向，渐渐地变成了袁家哥俩的对手戏。

袁术走出联盟孙坚的臭棋时，袁绍在干啥呢？在布局下一盘大棋：袁绍和冀州牧韩馥打算谋立幽州牧刘虞为新的大汉皇帝。

这事儿呢，袁绍咨询了投奔他的曹操。曹操对此表达了反对意见：因为董卓不是东西，所以咱们聚义攻伐，天下无不响应，现在幼主很可怜，而且并没有昌邑王当年的那种混蛋表现，怎么能轻易更换新君呢！

董卓代表的朝廷对关东失去控制之后，各路诸侯私刻大印成风，给小弟们发各种印、发各种符节去抢地盘，但造假这事儿还是袁绍干得最大，他连玉玺都敢刻。袁绍拿着自己刻的一个玉印跟曹操显摆，说这是济阴人王定发现的玉印，上面写着"虞为天子"，又发现有两个太阳出于代郡，看来刘虞当代立啊。

曹操呵呵一笑。

袁绍还派人给曹操做工作，现在天下豪杰群英哪里还有盖得过袁绍的！你怎么就不跟袁大哥唱双簧呢！此时寄人篱下的曹操没有跟着捧臭脚，没表态。

袁绍后来还写信给兄弟袁术，说："献帝不是灵帝的儿子啊！咱得学习灭诸吕的好榜样周勃，废了这野孩子立大司马刘虞当皇帝啊。"

袁术还比较明白，你这是在拍第二季《权力的游戏》，我可不搭理你了，要立皇帝你上南阳来立，立的那位离我那么远又成你遥控我了！袁术说了一堆君臣大义的话，把袁绍的合作邀请给拒绝了。

袁绍跟袁术再次回信，说咱全家都让人杀了，你怎么心这么大呢！

袁术继续回信："皇帝聪明睿智，这孩子外号'小周成王'，董卓祸乱是本朝的小小厄运，你怎么能说人家是野孩子呢！杀咱全家的是董卓，跟皇帝有什么关系呢！"

在这个问题上，袁术极其政治正确地表明了拥护大汉的态度，义正词严地拒绝了他哥哥另立皇帝的建议。

我现在是朝廷的后将军！你就是一个勃海太守！我才是咱家的正根！你是丫鬟生的，还没完没了地折腾上了！袁术在孙坚帮他得到南阳后，一开始对他哥哥袁绍是有着一定优势的。

袁绍自打从勃海郡收兵后一直驻扎在河内，粮草由韩馥供应。袁术驻扎在南阳这一富裕之地啥也不愁，麾下的孙坚又是大炮轰一切的主儿，而且他还结交了幽州的军阀公孙瓒来对付袁绍，并经常发表"这帮瘪犊子不跟着我混反而跟着我家的家奴屁股后面"的不团结言论。谁敢跟你混啊！张咨那坟头还热乎呢！

最开始是语言攻击，后来袁术打算要了袁绍的命，他在给公孙瓒的书信中写出了"绍非袁氏子"的可怕新闻。袁术打算从品牌上彻底打倒他兄弟，让他失去混社会的最高级武器。

这也标志着二袁的正式决裂。

不久，发生了一件大事：荆州风云第二季轰轰烈烈地上演了。

孙坚打董卓的时候，袁绍曹操方面对豫州进行了偷袭，袁绍派曹操的部将会稽周家抢夺孙坚在豫州的地盘，也就是颍川。

随后孙坚回师打跑了袁曹二人的这次偷袭，然后和袁术军锋所指，转而夺取刘表所割据的荆州。

孙坚和袁术的这次军事行动有两个原因：

1. 刘表跟袁绍结盟了。

袁术因为跟袁绍撕破脸了，刘表却与袁绍结盟，这让袁术感觉丢面子，而且也是实打实的危机。

2. 刘表被认为是软柿子。

袁术认为刘表好捏、孙坚好使，自己黄雀在后。孙坚则认为自己在颍川这个四战之地危机太多了，没完没了地总被人惦记，还是荆州好，惦记的人少，此时袁术已经和自己联盟，不再有后顾之忧。

孙坚和袁术在双方的各怀鬼胎但利益一致的情况下，开始南下打荆州。

孙坚又离开了颍川去南方寻找未来，虽说这一年来逮谁干谁得罪一大堆人啥也没得着，但猛虎南下后依旧是攻无不克，刘表被孙猛虎咬得极其狼狈。

孙坚在邓城、樊城大败刘表部将黄祖，并成功渡过汉水围困襄阳。随后黄祖想搞一把偷袭，却又让孙坚给秃噜了一通，黄祖溃退，孙坚猛追。

依着孙坚的战斗力，孙坚自荆北一路打到荆州只是时间问题，但就在这时，战局发生了一百八十度的调转。

191 年四月，孙坚追杀黄祖时跑猛了，疏忽大意了，单枪匹马过岘山时，被黄祖军射杀。（见图 1–7）

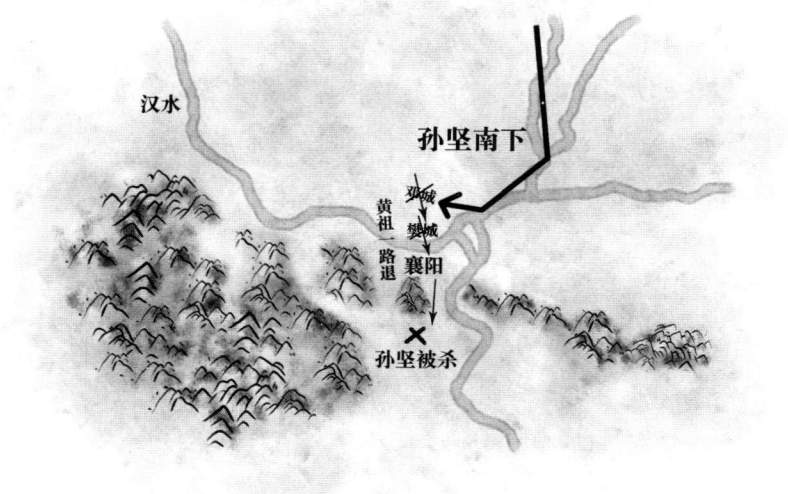

图 1-7　孙坚南下路线图

孙坚死的时间取自《汉纪》和《吴历》中的初平二年（191），裴松之做过详细考证，并非《三国志》中的初平三年，《资治通鉴》中司马光在比对后也选取了初平二年。

孙猛虎就这样早早地离开了波澜壮阔的汉末舞台。

孙坚作为全军的方面军司令，却干出了"单马行岘山"的李云龙行为，让人叹息意外的背后，他的行为和结局似乎又透露着必然。李云龙可以那样做，因为那是电视剧。

孙坚这辈子大炮轰一切，想弄死就弄死谁，还真的就能弄死谁，渐渐地就会产生自己就是死神的莫名优越感。在"我只会给别人带来噩梦"的病态优越感下，往往就会在很多地方疏忽大意，去放任自己的幸存者偏差，认为自己是凌驾万物的神。最终的结局，就是在黑暗中射出的一支箭后，莫名其妙地倒下，死不瞑目地离开。

《道德经》中有这么一句话："强梁者不得其死，吾将以为教父。"老子说："过分强猛豪横的人不得好死，我把他当作我理论的宗旨。"

有没有道理呢？我觉得有道理。

有的人突然手握权势之后会展现出极强的破坏力和毁灭性。看上的东西就要抢过来，没有规矩，没有原则，不服就干你，干死你为止。史书中每当出现这样的桥段，传主通常也就快到头了。

孙坚这辈子"勇挚刚毅，孤微发迹"，因为对大恶魔董卓态度坚决，所以在史书盖棺论调时得到了"忠壮之烈"的评语，给了"轻佻果躁，陨身致败"的客气挽联。

但是，从他大炮轰一切的人生之路来看，他这辈子所过之处破坏力太强，对不服从自己的势力连根拔起，没有妥协，没有原则，看上的东西用尽办法总要得到，大不了就灭了你。

他狂暴的人生之路除了汉末第一等的战斗力之外，他夫人在嫁他之初吴家给出的那句评语其实更为贴合他的人生底色："吴氏亲戚嫌坚轻狡。"

孙坚虽然离开了历史舞台，不过他的这份骁勇遗传给了他的长子。

父亲对于男孩的性格养成极其关键，如果父亲足够成功且被孩子崇拜视为榜样的话，父亲的为人处世和性格脾气会极大程度上被复制到儿子的身上。

孙坚遗传给长子一份武勇基因外，还有那相同的性格与宿命。

裴松之在写孙坚父子的结局时，意味深长地引用了东晋孙盛的一段评语："孙氏因扰攘之际，得奋其纵横之志，业非积德之基，邦无磐石之固，势一则禄祚可终，情乖则祸乱尘起，安可不防微于未兆，虑难于将来？"

核心一句话：缺大德定下的基业，有点儿风吹草动就崩了。

太原孙盛在夷狄乱华的飘摇江左指桑骂槐调侃孙氏之前，晋明帝司马绍在听完王导讲完祖宗的创业史后掩面伏在床上，说出了那句著名的"若如公言，晋祚复安得长远"？

物过，刚则易折；做绝，势必不久。

刘表因孙坚之死开始扭转战局，荆襄全境转危为安，而袁术方却折损了战力最强大砍刀。

襄阳乃中国之腹，天下巨防！凭他自己的那点儿能力，是过不了汉水的。

三十年后，决定中国历史走向的一战，将在此打响！

一方在坠落，另一方在升起。袁术断臂的 191 年，袁绍鲸吞了冀州。这也是关东大乱局面下的第二条主线。

袁绍在咨询了很多盟友后发现重立新帝的提议普遍没人赞同，还因此跟袁术彻底地闹掰了，于是打算先干了再说，成立大河北联盟，派了前任乐浪太守张岐等带着他们的提议到幽州向刘虞奉上皇帝的尊号。

刘虞坚决不同意。

袁绍又给出了下一步方案：你不当皇帝也行，先主持尚书事务，代表皇帝封爵任官。刘虞表示皇帝我不干就是为了不背锅，我怎可能去行使天子权力？你们再逼我我就去投奔匈奴！

袁绍在谋立刘虞不成后，开始进行下一步：打算挤走韩馥。

韩馥干这个冀州牧已经一年多了，基本上算是扎下根来了。袁绍最早离开洛阳的时候，就是直接逃奔冀州地界上来了。

袁绍的思路从一开始就比较明确：要做第二个刘秀。

韩馥也是能感觉到袁绍的心思的。

在袁绍屯兵河内后，谯县曹操、上党张杨等都来投奔大名鼎鼎的袁绍，而不是他这个实际的军粮给养提供者——冀州牧韩馥。

韩馥对袁绍是很有看法的，并且一直在暗暗地减少对袁绍方面军的军粮供应，你没有粮食我看谁还拿你当大哥！

袁绍也加紧对韩馥下绊子。恰逢韩馥的大将麹义和韩馥闹翻了，公然反叛，还击败了韩馥的讨伐军。袁绍马上给麹义递上了橄榄枝，随后又给公孙瓒写信，相约共取冀州。公孙瓒随后表示赞同，说要去打董卓，带兵南下准备"借路"冀州。然后袁绍开始将队伍往东带，驻扎在了延津。（见图 1-8）

面对南北夹击之势，韩馥感到了巨大的危机。

这个时候，袁导安排的演员们开始北上邺城。

陈留高干、颍川荀谌等一大帮士族开始去游说韩馥，去了以后就吓唬人家："公孙瓒朝您这儿杀过来了，袁绍那边又引军向东，也不知这俩人是要干啥，我替您担心哪！"

韩馥问："怎么办呢？"

荀谌说："公孙瓒手下燕、代之兵锋不可当，袁氏是时代领袖肯定不会居于您的身下。冀州是天下之重资，如果两雄并力谋夺您的冀州，我估计您就真悬了。袁家是您的故交同盟，我替您着想建议您把冀州让给袁家。在双雄争冀州的这个关头，让袁家得了冀州是一个非常合

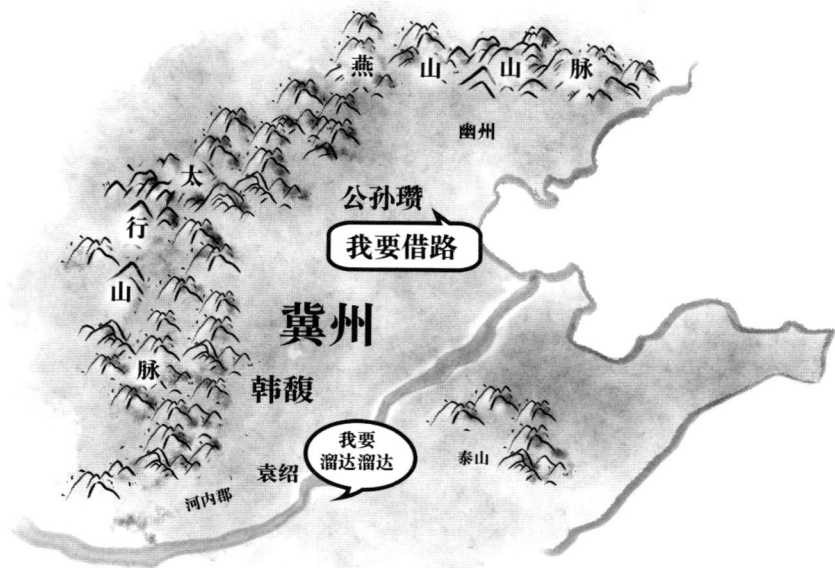

图 1-8　袁绍与公孙瓒夹击韩馥局势图

算的决定。您既有让贤之名，还会被袁家感激与厚待。您快别犹豫了，让吧。"

韩馥在内心煎熬后同意了。

他的长史耿武、别驾闵纯、治中李历都在劝他："冀州带甲百万，谷支十年，袁绍要是没有咱们养活，他都活不过春天，咱一断奶饿死他就和饿死孩子似的，不知为什么您要把冀州让给他！"

韩馥给出了最终的结论："我本就是袁氏故吏，而且才干确实不如袁绍，这种让贤的高风亮节自古都是佳话，你们怎么这么说我呢？"[1]

---

① 《后汉书·袁绍传》：吾袁氏故吏，且才不如本初。度德而让，古人所贵，诸君独何病焉？

韩馥的都督从事赵浮、程奂本来率领着强弩万人屯河阳，听说韩馥要把冀州让给袁绍，于是顺着黄河飞奔东下。当时袁绍在朝歌清水口，赵浮的万人军团从上游驾着数百艘船从袁绍军前全副武装打鼓敲锣地路过，然后回到了邺城。

见到了韩馥，赵浮说："袁绍军中无粮，我从他那儿路过，看到他军无斗志，我请求带兵去顶住他，十天内他的军队必定因为无粮而土崩瓦解！有啥可怕的！"

韩馥到底是没同意，派儿子把冀州大印送到了袁绍的手中。

袁绍至此惊险地成了冀州牧。

韩馥草包是一方面，但在他做抉择时，其中重要的一项理由是：我家世代是老袁家的门生。袁家的背景开始不断地放光芒。

在曹操打出五年后的那张牌之前，袁家的招牌是无往不利的。当一个品牌经营了百年，它是蕴含着巨大底蕴与强烈能量的！

广平人骑都尉沮授在袁绍拿下冀州后跟袁绍进行了一次深入的谈话：

"将军您弱冠登朝，名声远播海内，只要是您导的片子那都是大制作大手笔，现在吓跑韩馥总揽冀州之众威震河朔，您又一次让市场和业界看到了您名导的实力。

"虽然现在东有黄巾，西有黑山，北有公孙，但那都不叫事儿。现在您应该横大河之北，合四州之地，收英雄之才，拥百万之众，迎大驾于西京，复宗庙于洛邑，号令天下，以讨未复，以此争锋，谁能敌之？以您的水平，几年之后成此功不难。"

沮授对袁绍说出了他早就规划好的想法，袁绍也很深情地对沮授说："这就是我心里想的啊！"

袁绍对于沮授的兴奋点在于哪儿呢？

沮授说"横大河之北，合四州之地，收英雄之才，拥百万之众"，让他做东汉末的刘秀，这是他从洛阳跑出来后的人生规划，有这么一位明白人跟他谈这个事儿，他觉得找到了知己，所以兴奋地回答："此吾心也。"

但是呢，沮授其实说了两件事，刚刚那是第一件。第二件事是："迎大驾于西京，复宗庙于洛邑，号令天下，以讨未复，以此争锋，谁能敌之？"

这是史书中首次记载的"挟天子而令诸侯"版本："迎大驾而令天下。"

沮授其实早早地就对袁绍说出了两步走的战略规划：当河北王；迎回天子，随后以天子的名义打各路不服的势力，谁还能干得过你？

沮授可以说是袁绍阵营中，史书有载的最厉害的一位战略家，他帮袁绍早早地梳理好了最顺天时地利人和的一套战略思想。背靠天下河北金角，人口和兵源都是天下第一（**西北的人口对比河北人口劣势太大**），然后利用袁家四世三公的优势和汉家的招牌，后面几乎就是稳赢了。

但是，在袁导的剧本中，却并没有将董卓手中的献帝放在自己的剧本中给个角色。

早在献帝西迁后，董卓派了大鸿胪韩融、少府阴循、执金吾胡母班、将作大匠吴循、越骑校尉王瑰等来劝袁绍这帮人都散了吧。

董卓派的这帮人都是士族自己人，但是由于袁家刚刚被董卓灭门，袁绍脑子一热对于这伙来劝和的自己人下了狠手，派王匡将胡母班、吴循等人都给杀了。

其实从这个时候就看出来袁氏兄弟的手腕了，袁绍始终本人没脏手，这些人都是袁绍派王匡杀的，袁术则亲自杀了阴循，还接纳了孙坚。包括袁绍夺冀州，是韩馥送的，袁绍自始至终也没对韩馥宣战，也没跟韩馥发生武装冲突。

这帮被杀的人严格意义上是朝廷的人，袁绍杀的从法理上来讲是汉臣，这是袁绍与朝廷结下的第一个梁子。

随后袁绍又拥立刘虞做皇帝，但刘虞死活不同意，目的没达成，却和朝廷结下了第二个梁子。

从袁绍的角度来看，这么做是没有错的，献帝在董卓手里肯定是弄不回来了！这张牌肯定是永远攥在人家手上，自己这儿永远是被动的，所以他要另立皇帝。

但是，风水是轮流转的，虽然你现在丝毫没有希望，也许有一天希望会突然送到你眼前，而且今天跟你说这话的沮授在四年后仍然会给你提醒，对你说出"迎大驾而令天下"的升级露骨版："挟天子而令诸侯。"

人生有时会考验你一项能力：你是否有脸将自己曾经撕破的脸再缝回去。届时，那将成为决定袁绍一生成败的最重要一次抉择！

八、袁绍的至暗时刻

袁绍在做了冀州牧后，以广平人沮授为奋武将军，使监护诸将；魏郡审配为治中，巨鹿田丰为别驾，南阳许攸、逢纪、颍川荀谌皆为谋主。

袁绍的起步，士族圈子助力很大。河北、南阳、颍川的士人在其起步阶段加盟。这也和当年刘秀刚起飞时一样。

不过，即便长袖善舞如刘秀，后来在团结各方面势力时仍然玩砸了一些环节，经历了史诗级的叛变，刘杨、彭宠、邓奉三大地头眼镜王蛇对刘秀轮番进行了考验。

客观地来讲，袁绍和当年的刘秀是真像。

1. 两人都是名满天下。

袁绍是四世三公袁家的第五任翘楚冀州牧，刘秀是昆阳城下以三千兵马破百万大军的玄汉大司马。

2. 两人都是才堪大任。

刘秀的开挂人生自不用说，袁绍即便是在群星璀璨的三国，仍然是前几的存在。

3. 两人都是得到了各地士族的支持。

刘秀是天下豪族总代表，袁绍是士族圈子的头号投奔对象。

两个人有两个区别：

1. 袁绍比刘秀的准备要充分得多。

当年刘秀是一无所有懵圈地来到河北，袁绍却是提前知道考题，有预案规划地飞奔冀州。袁绍知道河北对于统一天下有着多么关键的意义。

但是，在"天下"这份答卷的面前，有备而来似乎并非那么重要，它只能增加一个人的成功的概率。

轮到这种顶级的功业，谋事也许在人，成事却从来要看"天"的。所谓的成事在"天"，其实是运气。

2. 刘秀比袁绍要幸运得多。

刘秀极其意外地得到了天下兵王幽州突骑的鼎力加盟。在上谷渔阳高喊幽州有资格选择自己的未来后，幽州突骑呼啸南下，助刘秀迅速地平定了王朗政权，然后扫平了河北的盗贼流寇集团成为铜马帝，随后在下中原、定山东的过程中，耿弇和盖延的幽州军起了巨大的助力作用。

幽州突骑在这里面不仅仅是出力的问题。天下兵王帮助刘秀节省了时间！刘秀统一整个关东仅仅用了五年。袁绍彻底地拿下河北，却用了整整八年。幽州突骑还是那个兵王。但袁绍，唯独少了这份运气。这让他在三国开局时段，在所有开局主公中直面最强的开局难度：幽州军力在对立面的那一边。

此时的幽州，最大的武装头目，叫公孙瓒。公孙瓒，辽西令支人（河北迁安），家世二千石。

家世挺显赫，不过公孙瓒的出身和袁绍一样，是丫鬟生的，公孙瓒没有袁绍命好，没有个早死的大爷过继，所以起步就是个郡小吏。

但是，公孙瓒长得帅，声若钟，脑子聪明，每次汇报工作常常一个人顶好几个人的工作量，而且条理清楚从不出错。当时的领导侯太守爱其才，把闺女嫁给了他。不要兴奋感动，这不是啥婚姻改变阶层的故事。侯太守的闺女大概率也是丫鬟生的，高门豪族正妻生的闺女在汉末是门第间搭关系的稀有资源，是不太可能配给"母贱"的公孙瓒的。

公孙瓒后来在涿郡卢植那儿上学搭关系，不久举上计吏（**地方派往中央递账本的官员**），后来公孙瓒的上司刘太守因罪被抓到洛阳受审，公孙瓒乔装打扮成侍卒一路伺候。

刘太守被判罚流放日南郡（**今越南**），公孙瓒决定继续相随，在北芒山祭先人，举酒杯动情道："昔为人子，今为人臣，我当陪太守流放千里，日南瘴气，我估计是回不来了，与先人们在此别过了！"

结果半路上刘太守被平反赦免，随后忠心义气的公孙瓒得到了顶级回报：得到了举孝廉的名额，正式地进入了高级官员队伍。

到了汉末的时候，门第间的阶层确实已经固化到了让人绝望的地步。即便公孙瓒"家世二千石"，即便有"美姿貌，大音声，言事辩慧"的个人素质，但由于他"母贱"，他就是个郡小吏而已。家族的名号、财产、仕途，跟你没有任何关系。

他家是"家世二千石"的世代高门，这种家族的人本该很轻松地获得举孝廉资格，但公孙瓒的功名却是自己给落魄领导烧冷灶，然后一路小心伺候，甚至赌上未来和生命的情况下才搏来的。

听上去也许很心酸，但慢慢地习惯吧，在这个时代，我们至少还能看到公孙瓒这种豁出去的阶层跃迁者。

到了下一季，除了土匪和蛮夷，正常途径下，无论一个人怎么"豁出去"，史书中也几乎不会再出现"公孙瓒们"的篇幅了。

公孙瓒举孝廉为郎后被任命为辽东属国长史（**掌兵马，助太守掌兵**），开始边境武官的仕途之路。

在边境跟乌桓、鲜卑这帮少数民族打仗的过程中，公孙瓒渐渐地选拔出了自己的核心军官团，他选取了"善射之士数十人"全都骑白马，自号"白马义从"，在边地干出了很多相当骇人听闻的壮举。

比如带着数十骑出巡，突然碰到了数百鲜卑骑兵，公孙瓒先是退入边塞空亭，对身边人说："现在这个亭子什么都没有，咱们守不住，必须杀出去，不然就都死这儿了。"随后公孙瓒带队冲出，自己拿着两刃矛杀伤数十人冲出了鲜卑骑兵的包围圈，自此声威大震。

这个两刃矛就是双边都有枪头，一般武功高强的人才敢使这家伙。枪法如果不纯熟的话其实很容易伤到自己和马匹，但如果使得好，则是非常威猛的武器，后面五胡乱华中所谓"项羽再世"的冉闵使用的就是这种枪。

公孙瓒长得帅，骑白马，枪法好，实际上他本人更类似于传统印象中赵云的形象。

后来凉州叛乱，朝廷命令公孙瓒督辽西乌桓突骑三千随车骑将军张温去讨凉州贼。

结果公孙瓒一行到了蓟城时，因为军饷拖欠问题，人家乌桓骑兵不干了。前中山相张纯和前泰山太守张举抓住空子策反了这三千人的领导乌桓大人丘力居，乌桓骑兵不仅不跟公孙瓒混了，反而调头打他来了。

张纯等在乌桓骑兵的助力下攻蓟城、烧城郭、劫掠百姓，还杀了护乌桓校尉箕稠、右北平太守刘政、辽东太守阳终等，后来张纯又策反了乌桓峭王等部，乱兵人数一度达到十余万，入青、冀二州，劫掠渔阳、河间、勃海，甚至一路杀到平原郡。

幽州匪重势大，灵帝在转年后将"威信素著，恩积北方"干过幽州刺史的刘虞升级为了幽州牧，把幽州打包批发出去了。

州牧比刺史牛得多，是军、政、财三位一体的大领导。刘虞到了蓟城后，表达了三个意思：幽州现在我是军政一把手了，都别闹了；少数民族既往不咎；开出了暗花去悬赏张举、张纯等人的脑袋。

少数民族听说厚道领导刘虞来了，纷纷表示不闹了，张纯等人也很快被杀，余众降散。

刘虞非常轻松地搞定张举的反政府武装，另一面则是公孙瓒非常苦逼地跟少数民族一刀一枪地没完没了的血腥拼杀。

公孙瓒自打督导乌桓骑兵征西被放鸽子后，就一直怒火中烧，在张纯一路入寇的过程中不断作战，一度追击，大败张纯等在辽东属国石门山，缴获了大量的俘虏。

公孙瓒并不见好就收，继续追击，最终被乌桓首领丘力居等围于辽西管子城。一连二百多天，公孙瓒军粮尽食马，马吃没了煮弩楯上的兽筋吃，最终全军分散突围逃跑，乌桓军在围城的过程中也已经困顿不堪，后远走柳城。在辽东的大雪中，公孙瓒军死于路上的有十之五六。

等公孙瓒回来发现，张纯等已经伏法，被大领导刘虞很轻松地拿悬赏令搞定了。公孙瓒很不平衡，要不是我把局面打开了，你能这么轻松？

公孙瓒在丘力居遣使见刘虞时派人暗杀使者，破坏和谈。

但刘虞作为厚道人，并没有追究公孙瓒，而是诏拜公孙瓒降虏校尉，封都亭侯，复兼领属国长史，职统戎马，而且解散了各地武装，只留了公孙瓒率步骑万人驻扎右北平。

刘虞很有领导艺术，公孙瓒你那点小九九我不放在心上，只留你的兵权是充分认可你的工作能力，给你封侯是对你差点儿死辽东的革命补偿。

另一边呢，对于乌桓等少数民族刘虞也进行了表态，不打算打仗了，把各地武装都散了，但是跟你们有仇的公孙瓒在那儿咬牙切齿，你们再不老实可想好了。

公孙瓒这位辽北地区著名狼人有点儿类似于孙坚，对于面子比较看重，对于栽面子比较不接受，而且比较认同不要怂就是干的人生信条，他对于乌桓人的痛恨有超乎于自己岗位的执着。

每次一听说有警报，公孙瓒拧眉瞪眼地骂着街就杀出去了，史载"瓒辄厉色愤怒，如赴仇敌"，动不动就往死里打，打不死还要夜战，打不尽乌桓就绝不下战场。

大汉的幽州突骑时隔近二百年依然保持着强悍的战斗力，碰见猛人带领照样血洗北方。乌桓等北部少数民族由于太过痛恨公孙瓒，在训练射箭的时候都制作了公孙瓒模型，扎小人般"驰骑射之"（**估计是模拟一边逃跑一边回头射**），射中公孙瓒模型的人被族人们高呼"万岁"。

后来乌桓全族觉得跟大愣子公孙瓒犯不上，基本上不是日子过不下去的情况下是轻易不敢来的。一般听说公孙瓒来了就赶紧跑，让这小子撵上他就没完没了，他的外号叫辽西狗皮膏药。

公孙瓒给自己的职业生涯设定了一个目标：扫灭乌桓。这和长官幽州牧刘虞的思路是相违背的。

自从黄巾闹起来后，由于刘虞宽厚而且总揽地方大权，他开始劝督农植，还开了上谷地区的汉胡市场，并国营了渔阳的盐铁业，使得幽州的小日子开始爬坡。

青州、徐州地区避黄巾之难者逃奔刘虞处有百余万口，刘虞全都妥善安抚，给地、给政策，让他们安立生业。

刘虞的思路是，要建设不要兵火，要买卖不要杀害，他本人也天性节约、朴素待人，但是这就和职业军人出身的公孙瓒不对付了。

公孙瓒没事就喊打喊杀，誓灭乌桓！刘虞看见这大哥就一肚子火，灭什么灭！你灭的了嘛！忘了差点儿死东北了吗！招降就得了，你非整得全面开战了干什么！我还得满世界找钱给你报销军费！

幽州本就不富裕，由于地处边境，军费消耗特别多，过去每年需要冀州、青州挤出两亿钱来支援。由于公孙瓒民族觉悟比较高，斗争热情分外高涨，导致了幽州军费一路上涨，由于灵帝又打包了新创意的

"州牧"，整个幽州打包给了刘虞，中央什么也不管了，因此公孙瓒的军费单子让刘虞看见就一肚子气。

一个是当家知柴米贵；一个是要通过打仗实现种族灭绝理想，还脾气特别大。双方从一开始就尿不到一个壶里。刘虞希望不折腾，公孙瓒天生爱折腾，两个人开始产生剧烈的分歧。

后来，袁绍的突然出现，横亘在刘虞和公孙瓒之间，算是某种意义上缓和了两人之间的矛盾。

袁绍和韩馥首先打算立刘虞当皇帝作为自己谋利益的招牌，被刘虞严词拒绝了。袁绍、韩馥第二次又请刘虞领尚书事时双方撕破脸了，刘虞把袁绍的使者给杀了。

韩馥军屯安平打算要搞些动作，结果被刘虞派公孙瓒给暴打，公孙瓒乘势入冀州，以讨董卓为名打算抢韩馥的冀州。

结果再后来，公孙瓒接到了袁绍的来信，相约南北夹击，还没来得及打，冀州那边就和平易主了，这回票房全都归了袁绍，公孙瓒连毛都没摸到。这让公孙瓒非常愤怒。而且公孙瓒不久前还派了弟弟公孙越带着千余骑兵去和袁术结盟了，在袁绍派会稽周家为豫州刺史袭夺孙坚的大本营阳城时，袁术就派遣了公孙越去帮孙坚，结果公孙越中流矢而死。

弟弟被杀、冀州被抢，公孙瓒新旧两仇一块算，出军屯磐河，上书陈述袁绍的十项大罪跟袁绍正式开战。

袁绍刚刚拿下冀州，根基不深，开战后"冀州诸城多叛绍从瓒"，形势一度非常危急。比如说常山赵子龙就被推举带着本郡兵马投奔了公孙瓒。[1]

———————

① 《云别传》：为本郡所举，将义从吏兵诣公孙瓒。

袁绍之所以混成这样有三个原因：

1. 袁绍当这个冀州牧是名不正言不顺的，明眼人都知道这是从韩馥手里抢来的地盘，这跟后来刘备先生入蜀一样。

2. 袁绍薅河北羊毛薅得有点儿狠，对不交份子钱的豪族，袁绍手段比较黑。①

3. 袁绍不太可能打得过公孙瓒。

这些年白马将军的战神名号响彻河北，把黄巾贼和少数民族各种暴打，但袁绍却从没显露过战绩，小弟王匡和董卓军打仗时露了一面，随后全军覆没。

不仅舆论不看好，袁绍自己也很虚，对于公孙瓒在"十大罪"的讨伐广告中将他说成不忠不孝、不仁不义的畜生，不但不敢跟人家急，还第一时间把所佩的勃海太守印绶送给了公孙瓒的从弟公孙范。（见图 1-9）

勃海郡是人口百万的冀州第一大郡，袁绍希望通过割地的方式得到公孙瓒的原谅。结果公孙范到了勃海郡后就带着当地的留守武装帮他哥哥打袁绍来了。

刘虞是个厚道人，他的种种保境安民措施，是奔着名留青史去的，但袁绍居然要运作他僭越当皇帝。刘虞由此开始不再计较公孙瓒的满世界祸祸，随着这位白马将军去剿灭袁绍反动派。

公孙瓒不是个厚道人，他希望在这个乱世得到自己阳光下的地盘，并不仅仅局限于一个小小的辽东属国，于是看上了袁绍的地盘。

而且公孙瓒非常牛气地自署将帅为刺史，命严纲为冀州刺史，田楷为青州刺史，单经为兖州刺史，开始和袁绍全方位开战。但在双方开战之前，出现了一个插曲。

---

① 《典略》：绍又上故上谷太守高焉、故甘陵相姚贡，横责其钱，钱不备毕，二人并命……

图 1-9 冀州下辖勃海郡位置图

一股非常凶猛的青徐黄巾军共三十万众自山东开始北上，沿着海边蝗虫过境般地打到了勃海，进入了冀州地界打算吃河北大户，顺便与黑山黄巾军会合。

这股青州黄巾军在汉末最终局势走向中非常重要，总之，百万（算上家属）黄巾入勃海了。

勃海此时已经是公孙瓒的地盘了，公孙瓒率步骑二万人在东光南（沧州南）狂屠了这伙青州黄巾，斩首三万余。

山东黄巾在东北人的秃噜下开始弃辎重奔走，渡过丹水，被公孙瓒一路追击再次撵上，这次杀数万，俘虏七万并打包了这伙黄巾军在青州的劫掠收入。

公孙瓒打垮青徐黄巾军后，这伙流贼向南方而去，河北人太生猛，不是咱们混的地方，还是去河南发展吧。这伙山东流民军，继两百年前的赤眉后，最终再度以特殊的方式改变了历史的进程。

此战后，公孙瓒对袁绍的优势继之前的"冀州诸城多叛绍从瓒"之后进一步拉开，冀州各地长吏开始纷纷不响一炮地开门投降。①

公孙瓒不仅能把北方游牧民族打得听见他声音就跑，还通过屠杀黄巾军在冀州造成了极其轰动的舆论影响。

市场上的投资人脑海中的判断比较朴素：袁绍之前导的都是《权力的游戏》这种高层宫斗剧；但公孙瓒这伙东北猛男天天打外国人，拍的是实战动作片。河北舆论普遍地认为袁绍要被公孙瓒打死了。

袁绍头疼的不光如此，继河北此时肉眼可见的众叛亲离之外，背后也已经不再太平。首先是虎踞南阳的自家兄弟袁术则巴不得袁绍早点儿死。黑山贼于毒、白绕、眭固等十余万众也开始攻略魏郡、东郡，兖州刺史刘岱安排的王肱被打跑。

在背后一片大乱的情况下，此时跟本初哥哥生死与共的孟德弟弟自河内挥师入东郡，击破白绕于濮阳，将手伸入东郡。

袁绍迅速地表曹操为东郡太守，治东武阳，守住黄河渡口，准备随时逆流而上阻击趁火打劫的黑山诸贼。

黄河对岸的兖州，以刺史刘岱为首在观望，袁绍为了安抚刘岱把妻子儿女都送过去当人质了。

曹操刚离开了河内，南单于于夫罗本来跟袁绍是友军，但此时看

---

① 《三国志·袁绍传》：公孙瓒击青州黄巾贼，大破之，还屯广宗，改易守令，冀州长吏无不望风响应，开门受之。

出来袁绍要完蛋，于是劫持了另一个小弟张杨叛变袁绍，自黄河顺流而下屯于黎阳准备分一杯羹；老仇人董卓随后迅速地任命被劫持不肯叛变袁绍的张杨为河内太守来瓦解张杨的意志，让他帮着一块儿打袁绍。（见图1-10）

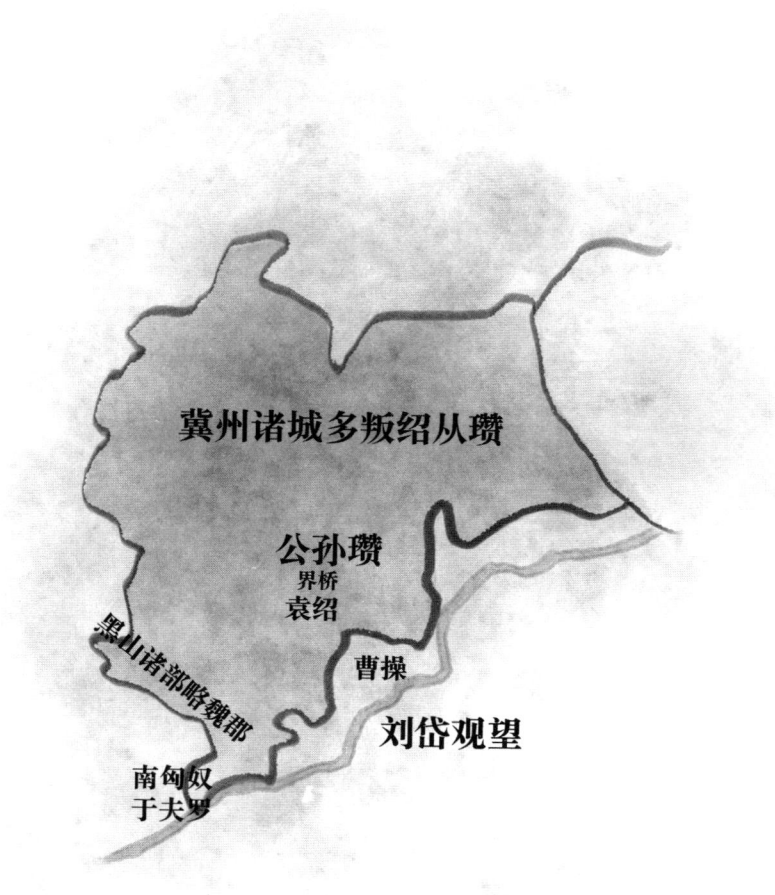

图 1-10　袁绍与公孙瓒会战前周边局势图

除了东边背靠背生死相依的孟德弟弟之外，四面八方几乎危机四伏。

说句实话，比当年刘秀遇到的局势还要凶险，毕竟当年天下兵王是在刘秀那一边的，而此时北境的幽州铁骑则踏着风雪向他呼啸而来。

191 年年底，袁绍和公孙瓒双方的大军会战于界桥南二十里（**邢台威县东**）。

强弱悬殊，危机四伏。败则土崩瓦解的"官渡之战"，并不仅仅属于他的孟德弟弟。远早于他的小兄弟之前，本初哥哥就遇到了自己人生中的至暗时刻。

生死存亡的界桥之战，即将正式打响！

九、界桥会战

袁绍、公孙瓒会战界桥，先看双方实力：

公孙瓒军出战四万，配置堪称豪华。中军是三万人的步兵方阵，骑兵一万，左右两翼各五千余匹，白马义从特种兵为中坚，左射右，右射左，旌旗铠甲，光照天地。

在这里，要专门介绍一下白马义从。白马义从是公孙瓒全都骑白马的心腹特种兵，一开始有数十人，射术高超。后来，公孙瓒在这个基础上精选了三千精锐骑兵，全都骑白马，扩大了白马义从的编制，本质上是自己的最精锐禁卫部队。

袁绍方就没有那么多高级兵种了，布阵也非常神奇，猛将麹义率领八百先登敢死队在前，千人弩兵夹杂其中，袁绍带领数万步兵在后面。（见图1-11）

解释一下前面可能大家不太明白的一句话，什么叫"左射右，右射左"呢？就是公孙瓒的骑兵部队左边射右边，右边射左边。

为什么要这样呢？因为正面好防御。

先来跟大家举个例子，古代战争中射箭并不是像咱们印象中的那样瞄准平行射箭的。而是要把角度调高到向天四十五度的。为什么要调

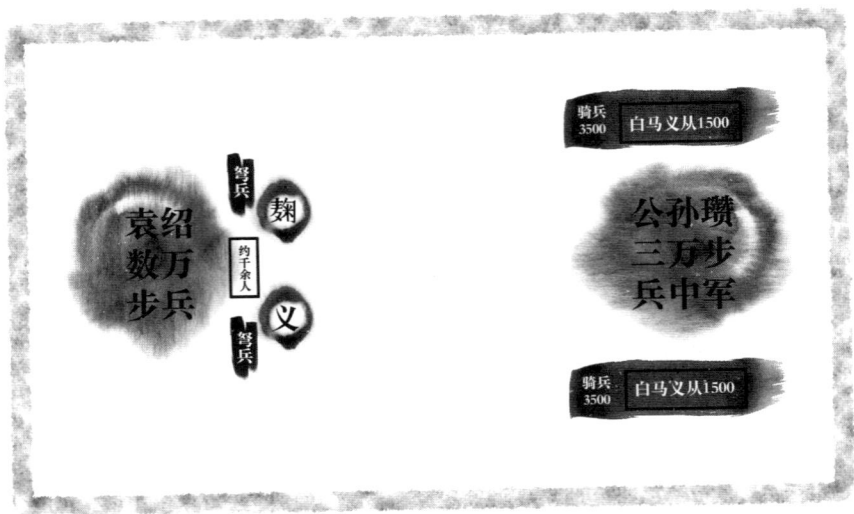

图 1-11　袁绍与公孙瓒布阵图

高呢？

1. 要是不调高角度，后面队友的箭就射前面队友的屁股上了。

2. 调高后的打击面更广，能射到很多后排的敌军，平行射箭只能射到第一排的敌军。

战场上弓兵追求的是密度和频率上的杀伤，而不是靠准度，使劲往天上一放，爱射哪儿射哪儿，赶紧就下一箭了。类似于这种没完没了的效果。

那为什么还要左面射右边，右面射左边呢？因为如果你单纯地正面吊射，人家防御起来也不困难。

所以要左射右，右射左，让正面、左面、右面、上面全都被箭雨包围，那盾牌又不是四面的，让对手防不胜防！（见图1-12）

公孙瓒的部队有三万步兵，强突上一万骑兵，配置很全面。

袁绍方面则硬实力上差了许多。他没有那一万骑兵，万人骑兵队

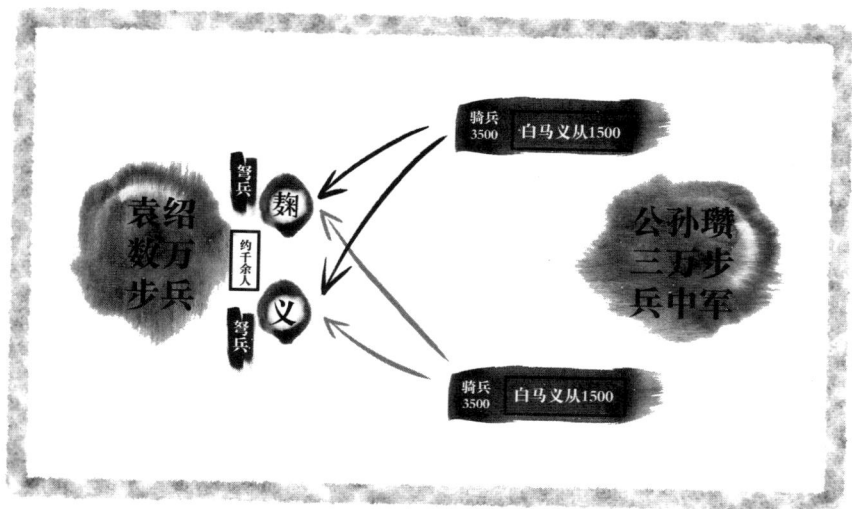

图 1-12　两翼骑兵冲阵后交叉射出箭网图

是相当强悍的战斗力，当年光武开国上谷渔阳各出了三千突骑就横扫整个河北了。他只有步兵。

正常情况来讲，袁绍肯定是打不过公孙瓒的。因为他少一个极其厉害的战略兵种。战场上少一个兵种其实是要吃大亏的，因为可选的排列组合就少很多，更不要说比对手少了可以整出很多花样的骑兵。

正常战斗的时候，公孙瓒大概率是不会先出骑兵的，因为骑兵虽然厉害，但是防御差，在不知道敌方箭阵方队的位置时没必要放出宝贵的骑兵。往往是步兵方阵拿着盾牌往前走，吸引对手的弓箭火力。这是《孙子兵法》中说的"以正和"。

骑兵左右翼或拖后放箭，或按兵不动，直到战机出现，双方已经搅在一起时，骑兵才会瞅准机会或是左右或是斜插猛烈冲击敌军方阵，等阵型冲垮后收割比赛。这是"以奇胜"。（出预备队收割战局）在"奇兵"（预备队）的运用上，骑兵的效果往往是最好的。因为速度快、力量大、震撼性强。

袁绍刚刚当上冀州牧，手上的兵大多是新兵，按常规打法，双方步兵接阵后非让公孙瓒的骑兵突死不可。袁绍想赢下这场战役必须要达成一个先决条件：抵消掉骑兵的兵种优势。

于是，针对这个前提，基本上之前没怎么打过仗的袁绍进行了非常高妙的布阵。他将麴义的八百先登军放在了前面，中间夹杂摆下了千名强弩兵。

为什么这么看重这个麴义呢？因为麴义是袁绍阵营中经验最丰富最骁勇的名将，比名气更大的颜良、文丑、张郃要牛得多。

麴义手中的这伙部曲，具体是什么时候招募来的史书无载，只是知道这伙兵在凉州见识过很多阵仗，知道骑兵战怎么打，战斗力极强。[①]

这样摆阵有两个好处。

1. 可以骄敌之兵。

仅仅这点儿兵力在前面会让公孙瓒产生轻而易举攻破的错觉。

2. 掩盖自己的劣势。

自己的那数万步兵根本没法往前摆，因为人家有骑兵。骑兵之所以可怕，在于利用超强的机动性和冲击力，可以冲垮步兵的阵型，一旦步兵的阵型垮了，就谈不上什么战斗力了。

其实步兵方阵对骑兵冲锋的劣势也并没有那么大，但前提必须得是训练有素的步兵，是不怂的老兵。

基本上越是在乱世初期往往越是骑兵大放异彩的时候。因为都是野路子、泥腿子，很多部队还是刚抓来的壮丁，基本没怎么打过硬仗，更不要说见什么凶猛的场面。这种队伍要是看到对面有一万骑兵冲过来

---

① 《英雄记》：义久在凉州，晓习羌斗，兵皆骁锐。

直接就"拉稀"了。

很多骑兵打步兵能打出屠杀性的效果，就是因为还没开打，步兵这边就开始溃退了。然后骑兵追着砍，步兵自己互踩。

袁绍的那数万步兵大概率是见不得这种阵仗的，所以单单摆了麹义的八百先登军在前面。但凡要是有不"拉稀"的老兵，袁绍也会放上去的，毕竟对面如果上万骑兵冲阵，就八百人挡着还是太险了。

袁绍将宝全部压在麹义"晓习羌斗，兵皆骁锐"的八百先登军和那千张强弩的身上，还有后面的布置：将步兵军阵远远地布在了麹义先登军的后面。这样做的目的是为了引诱公孙瓒率先放出骑兵。

因为公孙瓒在计算出大军的弓箭射程不够时，才会大概率放出骑兵部队先去击溃这一小部先锋军拿下开门红，起到把对方吓尿裤的震撼效果。

公孙瓒要是看见袁绍的弓兵阵在后面，他绝对不会把骑兵放出去的，步兵扛盾牌往前拱呗。

对于袁绍来讲，麹义其实是一个战略弃子。

如果这一千八百人能把公孙瓒的一万骑军引出来了，这就在一定程度上完成"抵消掉骑兵的兵种优势"的战略任务了。因为步兵有方阵，但骑兵其实也有方阵。只要骑兵军团撒丫子进行一次冲阵之后，就失去了速度和阵型，就会变成漫山遍野、参差不齐的骑兵单体，整体的杀伤效果就会大幅下降，再把骑军重新拢起来整成队形就会很费时间也很困难。

所以骑兵往往是省着用的，在和步兵对战的过程中恰恰是能不用就尽量不用。因为骑兵很珍贵，最大的效果是将对方阵型冲散，而且使用次数有限。好钢一定要用在刀刃上，在看到对方的步兵主力方阵的弱点时骑兵一口气冲过去效果才最好。

袁绍通过这个布阵，打算诱使公孙瓒率先扔出最强的那张牌，即便公孙瓒的王牌把我这一千八百人全打死了，但公孙瓒骑兵的阵型也冲散了，我再指挥步兵阵贴过去，这就抵消掉骑兵的冲击优势了。

袁绍在赌公孙瓒的轻敌。此时此刻，作为弱势者，他只能祈祷，祈祷他的诡计可以诱公孙瓒上钩。

　　公孙瓒如果不搭理他，只要常规打法，派步兵主力拿着盾牌贴上去跟他拼消耗，在双方大军短兵相交后再派骑兵冲军阵，他照样必败无疑。

　　在正面博弈时，弱者想赢必须要等强者犯错误！强者不犯错误弱者很难赢得了！

　　袁绍赌赢了。

　　公孙瓒看到袁绍的拢共一千八百人的对阵先锋后就没想太多，直接放骑兵冲锋了。①

　　公孙瓒认为袁绍基本上没有什么战绩，跟自己的百战部队不是一个档次，战况会像熟悉的方向发展，对方一冲就垮，远处的袁绍军阵看到先锋被屠随后会自我崩溃，然后又是一场大胜。结果都是随着骑兵的冲锋，公孙瓒渐渐感觉出不对来了。一万骑兵在不断前进中左射右右射左地箭如雨下，但对方根本没有反应，也没有出现预想中的慌乱。袁绍的一千八百兵将身体全都藏在了盾牌中。

　　但是，那个年代没有大喇叭话筒，公孙瓒再想改变部署已经来不及了。骑兵冲到离袁绍军仅仅数十步的时候，盾牌下的千张强弩开始同时发射，公孙瓒的骑兵连人带马地被射倒。

　　与此同时，麴义带领他的八百先登军从盾牌下蹿了出来，扬尘大叫，拿起了长矛挺在前面开始往前扎。

　　在这里，说一下弩兵的作用。弩兵对比弓兵，有两个巨大劣势：

　　1. 速率慢，一般来讲发一弩的时间可以射四箭左右。

　　2. 弩兵不能组成弓兵那种方阵，因为它是向前射的，只能一排

---

　　① 《英雄记》：瓒见其兵少，便放骑欲陵蹈之。

散开。

综上，弩兵对比弓兵有着密度、频率双低的巨大劣势。

但是，它也有两个好处：

1. 劲儿大，力度甚至可以达到弓箭的三倍。

2. 可以无时限地瞄准。

箭往往拉开就要射，一直拉着胳膊受不了，但是弩却可以像手枪一样端着一直瞄准。这也就意味着，杀伤力大的弩兵在瞄准一个目标后，一旦目标走进射程，极有可能被一击毙命。

公孙瓒的骑兵部队在一个回合后迅速地被斩首千余。与此同时本场战斗最大的转折点出现了，公孙瓒任命的骑兵指挥官冀州刺史严纲也被临阵斩杀了。

在"强弩雷发，所中必倒"配合着"扬尘大叫，直前冲突"以及指挥官严纲被杀，战场上出现了巨大的震撼效果。

失去指挥官的骑兵军团反而被麹义的先登军打乱了军阵，群龙无首的冲锋骑兵开始勒住马头往回跑，反冲自家的军阵，随后步兵也开始了大溃败。

这个时候，袁绍发出了总攻的命令，几万后军开始和麹义追击公孙瓒。一直追到界桥，发现公孙瓒并没有回营，而是已经在界桥上组织起了第二波有序阻击部队。

不过不好使，麹义携胜势再度冲破公孙瓒军，随后一直冲到了公孙瓒的军营，攻破其军营，拔了公孙瓒帐前的军旗，直到把公孙瓒营中的留守后备军都打垮才算完！①

界桥会战，公孙瓒军一败涂地。

---

① 《英雄记》：义追至界桥，瓒殿兵还战桥上，义复破之，遂到瓒营，拔其牙门，营中余众皆复散走。

此时的总司令袁绍离着界桥有十几里，看到公孙瓒已经大败，于是放慢了脚步并没有跟着大部队追击，身边仅仅是持强弩数十张、大戟士百余人的卫队跟随。

这个时候，公孙瓒手中有骑兵的战略优势还是体现出来了。在爹找不着娘、娘找不着孩儿的情况下，公孙瓒的两千多骑兵在打散后重新集结在了一起，突然间和袁绍的一百多人卫队相遇了。这伙骑兵把袁绍一行围了好多层，开始各种放箭。

田丰看到这种情况于是赶紧拉着领导要躲进一堵墙后，但袁绍一显大导演本色，不仅不躲还将头盔扔在地上大怒道："咱独立团的伤口永远是正面的，死也要死在冲锋的路上，躲墙里就能活吗！所有人听我指挥！守住阵型！弩兵反击！"

在袁绍的亮剑精神下，一百多大戟卫士牢牢地占据住了有利地形，稳住了阵型，几十把强弩开始批量射击，这两千多骑兵就是生生啃不下这块骨头。

袁绍扔头盔的英勇行为除了让自己死的概率更大外，还有两个好效果：

1. 振奋士气，领导都不怕死了，我们更不怕！

2. 敌军不知道他是大领导了。

这伙骑兵由于不知道阵中有高级将领，因此也并没有下狠心去跟袁绍死磕。

就这样，一直等到了麹义率领大部队秃噜完公孙瓒回军后发现半道上还有这么个段子，于是上前赶跑了这伙骑兵。

袁绍也由此次遭遇战，收获了并不亚于麹义这位此战绝对英雄的威望。

此次袁绍当弱者的"官渡之战"，并非一战而定公孙，而是袁绍在刚刚拿下冀州牧的极端不利形势下成功地续命。

此次界桥大战，无论是战阵布置，还是阵前斗智，还是陷入绝地时的顶级英勇表现，袁绍都展现出了极高的名将水准。

1. 什么叫军神呢？

要么就是兵贵神速，让对方还没来得及使出自己的优势牌时就已经被他一剑封喉；

要么就是他无论手里有什么牌，总会想尽办法地让对方先出牌，先抵消掉对方的优势牌，然后再拿自己的优势牌打对方的软肋。

这就是李世民大名鼎鼎的那句话："朕观千章万句，不出乎多方以误之一句而已。"

2. 所谓"兵无常势，水无常形"是什么意思呢？

就是枪兵、弓兵、弩兵、骑兵、这一大堆兵种，它的搭配和使用是有很多种排列组合的。

今天对公孙瓒我先登军在前，弩兵放黑枪，步兵阵在后应对；也许转天打黑山贼就变成了步兵阵在前，弓兵阵狂射，先登军两翼出击的阵型了。

怎么设计让对方钻入到你的圈套里，怎么设计让你能克制对手的兵种和阵型而不被对方克制，就是"运用之妙，存乎一心"了。

3. 什么叫领导威望呢？

就是会忽悠人，忽悠人有人信，能说动麹义死心塌地地带着那一千八百人大概率地为了组织当炮灰，能让麹义临阵坚定信念就跟这一万骑兵死磕了！

袁绍能让麹义踏踏实实地等死，换别人就没本事进行这样的安排。

"汝果欲学诗，功夫在诗外"，其实很多非常牛的隐性操作，都在史书中的字眼里。

别再说袁绍是个大草包了，上半辈子打的乌桓不敢犯边的公孙瓒后面对阵袁绍本人时基本就没赢过。

4. 再说个"诗外"的事，这仗最关键的是什么？

最重要的其实还是运气。骑兵指挥官严纲要是不意外被杀，估计这一万骑军怎么也把麹义那一千八百人给拼死了，袁绍只是抵消掉了骑兵的突击优势，后面打成什么样还不一定呢。

所谓的"弱胜强"其实都需要点儿运气，千万别狂。

努力是本分，算法常优化，事败别气馁，功成是幸运。

顺便再做个小预告，后面曹操袁绍的官渡之战，两位大神之间的各种出招和拆解那真叫"三国时代"中的巅峰对决。

自189年八月董卓入洛阳，两年后，191年年末，整个天下的形势是这样的：

关中凉州董卓为王；

河北地区袁绍和公孙瓒、刘虞、黑山军一打三；

曹操拿下东郡进入兖州，同时兖州各位领导张邈、刘岱、鲍信等人一锅乱炖看不出目标；

荆州刘表逐渐将袁术赶出南阳；

徐州陶谦在逐渐向周边的青州、豫州释放自己的能量；

扬州目前仍在太平观望，但亲袁曹，无论是刺史陈温还是九江丹阳，均对曹操有过兵源输送；

益州刘焉派张鲁拿下了汉中，并且和朝廷主动地断了联系，从此远离世间纷纷扰扰；

诸侯外还有并州白波、河北黑山、汝南刘辟、百万青州四伙比较大的编外黄巾军势力。

最先出现重大变局的是哪里呢？是恶贯满盈的董太师。

第 **2** 战

兖州风云：青州兵收降始末，兖州境叛乱真因

一、魏王佐之才上场

人在要走大运之前，是有征兆的，比如说曹操。人在要倒大霉之前，也是有示警的，比如说董卓。

191 年，是曹操人生爆发的前一年。这一年曹操一直在给袁绍擦屁股，在袁绍和东北猛男公孙瓒硬刚的时候，曹操在背后剿匪，主要是跟黑山贼干仗。

简要地介绍一下黑山贼，这伙土匪是冀州黑山等地的农民起义军，主要的活动区域是中山、常山、上党、河内等太行山脉的诸山谷，主要依托山地打游击。

黑山位于太行山脉的南端，史书统称这帮起义军为黑山军，没办法，因为山头太多了，挨个儿记载就累死了。

上一战中我们说了，黑山贼集团的于毒、白绕、眭固等十多万人攻击魏郡与东郡，对袁绍几乎要形成腹背包抄的态势。

刘岱杀了乔瑁后扶植的王肱挑不起大梁，无力形成阻击，于是曹操率军赶到，大败黑山军，自己进入了东郡，顺便轰走了刘岱安排的王肱。

袁绍迅速地表曹操为东郡太守。

东郡这个地方非常特殊，狭长的一个条带，主控黄河多个渡口，战略位置极其重要。

东郡本来是刘岱的地盘，刘岱又是兖州刺史，此时的黄河南北气氛非常微妙。

袁绍一方面把家属抵押给刘岱当人质，另一方面又在曹操入东郡后将不属于自己的兖州地盘册封给了自己的小弟。

从曹操的角度来看，袁绍真仗义！为了我得罪刘岱，老婆孩子都不好使。

从袁绍的角度来讲，本来我把家属送到你刘岱那儿是希望刘大哥高抬贵手别捅我了，结果你确实没捅我，但东郡都让山贼抢走了，这和捅我有什么区别！还是我孟德弟弟听我指挥，能打硬仗，作风优良，我必须稳住我这兄弟！眼下公孙瓒这疯子正咬我呢，黑山贼和南匈奴已经捅我了，孟德弟弟要再叛变了，我四面八方就没有好地方了！老婆孩子爱咋咋地吧！

当军阀的家属确实是比较倒霉的事情，不定哪天就让人撕票了。

之所以说人在走大运前是有征兆的，并非是说曹操终于有了块儿根据地。那都不叫事儿，曹操后来一度赔得就还剩三个县，东郡丢了五分之四，照样最后翻回来了。人的最大幸运永远是遇到了对的人。

曹操入东郡后不久，他得到了一个人的加盟。这个人是整个三国时代最被低估的一位，严格意义上来讲，并不应把他和荀攸、郭嘉、贾诩等谋士放在一起比较。

整个三国中，能和这位相提并论的只有诸葛亮一人而已。这两位都一手打造、襄助了一个伟大的上市集团，有所区别的是，诸葛亮更像是一个伟大的职业经理人；但这个人，更类似于曹魏集团的创立合伙人。

没有他，曹操百分之百是扫不了六合八荒的！

这个人，叫作荀彧。这个人的背后，叫作颍川士族集团。

颍川是豫州六郡国之一，这个地方在东汉末期占据着极其重要的位置。（见图 2-1）

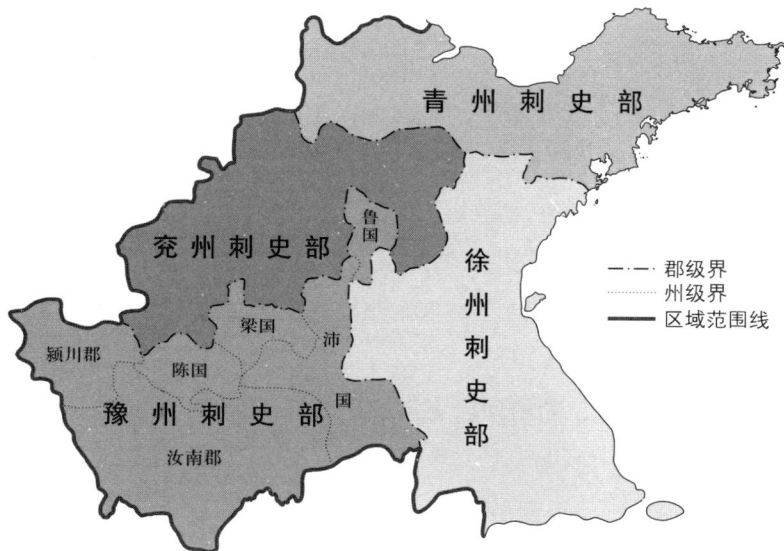

图 2-1　豫州诸郡及封国图

它是士族三巨头（颍川、南阳、汝南）之一，几乎代表着整个汉帝国的顶级治国人才库。

颍川最大的世家大族有四家，分别是荀家、韩家、钟家、陈家。

这四家都出来了什么牛人呢？说一下最著名的几位：荀彧、荀攸、陈群、钟繇（钟会他爹）。

上述的这些大牛们，最后都在曹魏的文官系统中发挥了至关重要的作用并影响了历史进程。

颍川最牛的家族，就是荀氏家族。

从东汉中叶时，颍川士族的影响力就已经起来了，荀彧的爷爷荀淑是文坛领袖，名震当世，号为"神君"。荀淑生有八子，号称"荀氏八龙"。

"八龙"啊！这是个什么评价！家里出一条龙就了不得了，他荀家出了整整八条！这是对一个家族培养体系的顶级评价了，要知道，哪怕就是有一个孩子不成器，都是没法把这个称号喊出去的。

到了荀彧这辈人时，荀家出品依然有质量保证，南阳名士何颙，就是说曹操"清平奸贼乱世英雄"那位，见到荀彧时惊呼："王佐之才！"

何颙也因此成为历史上鉴定人才的典范。看人太准了！

党锢之祸被解禁后，荀彧作为高门迅速地举孝廉入仕了；董卓乱政后，荀彧弃官归乡。冀州牧韩馥派人接荀彧去河北，荀彧对父老说："颍川是四战之地，如果天下有变，这里将成为乱战之地，都赶紧麻溜搬家。"

结果没人搭理，荀彧独自将宗族迁至冀州避难，后来牛辅派李傕等西凉恶魔将颍川祸祸成了修罗场，颍川郡被杀得"所过无复遗类"，荀家因为荀彧的眼光得到了保全。

荀彧到冀州后没多久，冀州姓袁了，帮助袁绍吓唬韩馥（颍川四大家的韩家人）的头号战将就是自己的同族弟弟荀谌，颍川老乡辛评、郭图等也都在袁绍旗下签约拍戏。

袁绍拿下冀州，很大的助力就是这帮颍川老乡在恐吓另一个颍川老乡。按说这帮谋士都是咱老家的兄弟，袁绍这位主公又是当时的第一领袖，荀彧应该留在这里好好地干啊，但他做出了一个判断：袁绍最终不会成什么大事！

这在后世分析时基本上说荀彧早就看出来袁绍最终会败在伟大的曹操先生手里。

实际上吧，还是摆事实、看情形地看待这次跳槽吧，荀彧之所以离开袁绍有三个原因：

1. 在界桥之战前夕，河北舆论普遍认为袁绍会被公孙瓒打死。

公孙瓒是个丫鬟生的，边境砍人上来的，将来肯定跟我们士族混不到一块儿去。

2. 袁绍"能贤彧，而不能尽彧"。

袁绍对荀彧是很客气的，待以上宾之礼，但是此时荀彧的弟弟荀谌和同郡辛评、郭图已经都在袁绍这儿挤进高层了，是团伙作案恐吓韩馥的小组成员，再加上袁绍集团中还有南阳、河北等一大群士族高门在幕僚班子中，荀彧的重要性大打折扣。

荀彧和诸葛亮的志向都很远大，他们要当顶梁柱，而已经混出模样的军阀与官僚是不会给他们这个舞台的。

3. 最重要的一点，袁绍预谋另立刘虞，有巨大的政治污点。

这在荀彧这种把自己的职业规划定为"扶大厦之将倾，挽狂澜于既倒"的王佐之才眼中是不可原谅的。

放眼望去，荀彧看到了一个人：他忠于大汉，在荥阳唯一出手讨董；他能力强干，在东郡击溃黑山诸贼；最重要的是，他身边只有一群宗族武夫，并无士族官员，去了就是顶梁柱！

就是他了！

191 年年底，二十九岁的荀彧离开袁绍投奔曹操。曹操见荀彧来投，也给出了自己的金牌评价："吾之子房啊！"

子房，是"汉初三杰"之一的张良的字，张良在刘邦的整个创业过程中有多重要之前我们详细地介绍过了，他是刘邦集团的见识担当，几乎每一个历史的转折点，要没有张良，就凭刘邦那脑袋瓜子，估计全都选不对。

但曹操这个评价还是低了。他应该说，天下三杰，吾得其二矣！荀彧客观地讲，是萧何跟张良的结合体。

荀彧对曹魏集团来讲有以下三个意义：

1. 在曹操未来所有的人生转折中给出了最正确的建议。

2. 承担了繁重的治郡乃至后来的治国任务。

3. 曹魏集团的第一人力资源经理。

荀彧来到之后，作为颍川谋士集团的领袖，开始大量推荐人才。如果说谯县家族集团成为曹操的武力支持，那么颍川士族集团则成为曹魏腾飞的治国担当。

曹操在乱世中，虽然起步时非常弱小，但他却是在创业早期就完成了文武两个班子的顶级建设。

经荀彧引荐的有：荀攸（第一谋主）、郭嘉（关东首席心理咨询师）、钟繇（关中总督兼和平大使）、枣祗（曹魏"袁隆平"，屯田制的首倡者）、赵俨（金牌督军）等，大量的颍川人才进入了曹操的帐下，使得曹操的事业开始迅速攀升。

武班子，有老家的铁杆兄弟们；文班子，颍川的士族集团挑大梁；曹操最后赢袁绍赢在哪儿呢？文官系统核心只有一个地方，颍川！大本营根据地只有一个地方，颍川！质量高、数量足的人才输出地，颍川！是颍川比河北牛吗？并不是，河北俊才何其多哉！

只是咱中国这片土地啊，地域文化特别重，有些社会经验的朋友都懂，当内耗因素考虑进来后，就变成了：曹操的颍川系＞袁绍的河北系＋颍川系＋南阳系。而颍川核心中的核心，就是这位荀彧。人发达之前，都是有征兆的。天欲发其福，必先开其慧。荀彧的到来，把曹操集团的"慧"开了。

荀彧在曹操这儿不久，曹操问了荀彧一个问题：董卓祸害天下，咱该拿他怎么办呢？

荀彧对曹操说出了他加盟后的第一个判断：董卓暴虐已甚，必定会祸乱致死，他已经改变不了自己的结局了！

在荀彧做出判断后不久，董卓惹下的弥天大祸终于让他恶贯满盈了，大限来了。他拢共嚯瑟了几年呢？两年半。

也就是自189年八月底十常侍与何进同归于尽，他入京摘桃，到192年四月，他即将等来他的大限。

他干的那些事：废立皇帝、毒杀太后、广植党羽、涂炭百姓、除了少数的亲信外，他算得上是对全体社会阶层缺大德了。

当时的著名民谣《千里草》是这么唱的："千里草，何青青。十日卜，不得生。"这算不上谶语，顶多算是拆字骂街。"千里草"是董字，"十日卜"是卓字，连起来就是董卓必须死。

亲手干掉董卓的，是我国历史上著名的义子吕布；背后攒局的，是著名女色使用者，两家嫁闺女的王允。

《三国演义》中，王允把貂蝉姑娘送给董卓这头猪拱，然后又让她勾搭喂不熟的吕布这匹狼，设连环计让董卓与吕布反目。

由于《三国演义》写得太好了，虚构人物貂蝉荣登古代四大美女之列，实际上历史并没那么个义女，王允也比《三国演义》中要复杂得多。

王允出身太原王氏，也是名门望族，王允自打入了仕途就是个跟曹操那样有着思想抱负、初生牛犊谁都顶的好官，而且不仅行政能力出色，在黄巾之乱中还显示出了治军统略之才。也正是在黄巾之乱中，王允发现了大太监张让的一些黑材料，于是硬怼第一太监头子，结果自己的命差点儿怼没了。

张让要弄死王允，王允让何进救了，何进让张让做了，张让被袁绍黑了，袁绍让董卓抢了，董卓把汉室祸祸了。

一大串贪食蛇，最后吃成了个董胖子，经历人生大变的王允开始换了人生操作系统，不再喊打喊杀做忠臣孝子，而是玩起了隐忍。他就是另一个平行世界的曹操。

189 年，董卓废帝迁都，王允投诚先是做了董政府的太仆，不久又迁尚书令，转过年来又当了三公中的司徒，最开始迁都长安时，王允是董卓的内务大总管。

王允换了思路，曲意逢迎，违背原则，成了董卓的亲信，也借此主持了一些恢复王室和发展经济的具体事务。

人才就是人才，无论是当愤青还是装孙子，人家都能拿金奖。明面上，董卓认为王允是同道中人，办事能力强，对他很放心；背地里，王允一直在密谋干掉董卓，并渐渐地发展了一个杀董小组。

他的这个密谋小组成员随着董卓的缺德冒烟人数越来越多，司隶校尉黄琬（曹操起兵时玩命镇压的那位）、仆射士孙瑞、尚书杨瓒等都是密谋杀董的重要会员。

192 年春天，大雨连下两个多月，天下大灾，苍天示警，杀董小组骨干成员士孙瑞说："自去年岁末以来，太阳阴晦不照，淫雨连绵不断，这是老天在催我们宰了这老王八蛋，你们考虑考虑。"

组长王允很赞同士孙瑞的意见，但小组在讨论具体搞死董卓的方法时，发现一个很困难的问题——董卓的安保力量比较强大，而且人家自己就是练过的。

在仔细地推敲后，小组瞄准了一个人，董卓的保安队长吕布。中郎将吕布，弓马娴熟，膂力过人，董卓知道自己得罪了太多人，所以出行常派吕布站岗，非常信任吕布，认了吕布当干儿子。①

董卓性格比较阴晴不定，王允知道吕布曾经有一次没达到太师的要求，一言不合就被太师拿着手戟（方天画戟原型，其实是太师玩具）飞掷了过去。吕布成功逃脱，等太师消气后认了错这事儿就过去了。

_____

① 《资治通鉴·汉纪五十三》：卓自以遇人无礼，行止常以布自卫，甚爱信之，誓为父子。

王允还知道一个小秘密，吕布和董卓的侍女（貂蝉原型）私通。

吕布在激情过后是比较哆嗦的，谁知道哪天大戟又飞过来了。

这种心理也被王允知道了。

王允一向待吕布很好，两人一个五原一个太原，都是并州老乡。吕布有一次主动地说出几乎被董卓射杀的故事，于是王允觉得时机到了，两人随后进行了男人间的谈话。

王允说："你得宰了这老王八蛋！"

吕布说："他是我义父啊！"

王允说："你姓吕，奸贼姓董，况且董卓现在已是众叛亲离，你难道还认贼作父吗？你拿他当父亲，他拿你当儿子吗！你拿大戟飞你儿子吗？"

一席话，让吕布轻松地卸下心理包袱，根本没有《三国演义》中那么费劲儿，还糟蹋一大美女让猪去拱，还什么连环计，太高看吕布先生了。

在董卓被刺杀的前段时间，董卓派董越、张济坐镇弘农一带，牛辅率李傕、郭汜、贾诩等人领兵出征关东劫掠粮饷，讨伐颍川、陈留一带。

西线方面，董卓有兄弟董旻、亲族董璜等人在郿县驻扎。

因为董卓的"西北兵"在外，长安城内只有吕布这种保安队，所以这就给王允的刺杀行动提供了一个巨大的偷袭机会。

有句老话，叫作"远观忠，近观敬"。把这人派远处，考察他的忠心；把这人放身边，看他是否有规矩。延伸一层的意思则是：放到远处的人，一定要忠心的！放在身边的人，一定要有规矩的！

周边兵家重镇董卓放上兄弟、女婿和西北嫡系们是非常正确的部署。不是铁杆，过两天袁绍先生就给你拐走了。

但是吧，这个身边的保安，你都拿手戟飞他了，你还认为他会对你有规矩吗？有规矩怎么还忙活你侍女呢？你怎么就这么过去了呢？

这个杀董小组的保密情况非常差，当时已经有道士在一块布上写了吕字送给董卓，官僚集团已经出现叛徒来暗示董卓了。

但是，人在大恶做尽、时辰到的时候，很多示警就看不出来了。

人在大灾祸之前同样也是有预兆的，事后都是能琢磨出来的，但当时就是鬼使神差地没有反应。

总之，留给董太师的时间不多了。

二、董贼死，汉末"陈平"毒计乱长安

192 年四月初，献帝大病初愈，百官在未央宫集合，恭祝天子龙体安康。吕布派同郡心腹骑都尉李肃与杀手秦谊、陈卫等十余人穿着卫士服守在北掖门等着董卓。

董卓刚出门，马就惊了，把他扔泥里面了。董卓只好回家换衣服，进屋后他媳妇劝他别去了，不是什么好兆头。董卓表示得去，但长了个心眼儿，衣服里穿上了盔甲。董卓快到的时候，他那匹半仙马又惊了，死活不往前走。

吕布说："爹您得去啊！他们都等着您了。"

就这样，董卓顺利地来到了鬼门关。

董卓一如既往地横着身子坐在车上入殿，一进门就遭到潜伏的李肃等人的突然袭击。李肃一把大戟扎过去，发现太师衣服里面穿着盔甲，根本捅不进去。董卓伤了胳膊，并被捅下了车，大呼："吕队长何在！"

吕布瞬间出现，大呼："有诏讨贼臣！"

董卓大骂："狗东西看给你能的！"（太师原话："庸狗，敢如是邪！"）

吕布被骂后又拿着长矛扎董卓，还是没扎死董卓，最后董卓是被砍了脑袋毙命的。

吕布在杀了董卓后掏出了文件："就杀董卓一个，剩下人都不追究！"所有官员都立正稍息，山呼"万岁"。

长安百姓们在董卓死后开始了报复性的欢庆，大量的人哪怕卖金银首饰都要买酒买肉庆祝一下，董卓掌权后差点儿被报复致死的名将皇甫嵩随后被任命为征西将军，带兵前往郿坞偷袭西线驻兵的董旻。

怀有深仇大恨的名将出手后尽灭董卓全族。

董卓的尸体除了脑袋很重要外剩下的大胖身子暴尸于野，看守尸体的工作人员在董卓的肚脐上引了盏灯，好几天才将这个人灯点完，袁家的门生将董家人的尸体全部聚集后进行火化，随后挫骨扬灰于路，让千万人踩踏。

国贼的丑陋结局让人唏嘘。

董卓两年前要是没在那个关键的时间赶到洛阳呢？他也许仍然会是个手握军权的封疆大吏，也许还会手握西北权柄好多年。

但无论如何，他最后的局面其实都是一样的。只不过现在你手中多了一个不会用的皇帝。因为他出身边豪，性情暴虐，所谓自从有文字记载以来都没见过这么一个大混蛋，没那么高的位置时，还爆发不出这么大的破坏性。

每次风云际会的时代洗牌都会给很多本来永远都不会有机会冒出来的"低能"者机会。很多人感恩这个机会，改变家族百年命运；但更多的人，是认为这个世界欠他们的终于还回来了，老天终于睁眼了，随后开始肆意妄为。

前者知道控制自己的欲望，谦虚地融入那个曾经不属于自己的圈子，遵守圈子的规则。后者则根据自己的意愿改变所有看不顺眼的人与事。

"强梁者不得其死"，作得猛，死得快，这话是有道理的。董卓、孙坚，都这意思。

四百年前，秦末大风起兮云飞扬，乡里聚众两万，陈婴被拥戴为王。

陈婴母亲对儿子说："自从我当了陈家的媳妇，就没听说过你家祖上有什么贵人，现在突然暴发，不是什么好事，应该带着队伍找个能人，事成能封侯，事败易逃亡，因为你不是被枪打的那个出头鸟啊。"

董卓也有母亲，活了九十岁在被大清洗时仍然没活够，哭哭啼啼地喊"求求别杀我"，但让她再活九十岁，她也跟儿子说不出陈婴母亲的那种话来。

董卓被杀后，王允作为大汉的再造之臣录尚书事执政，吕布为奋威将军、假节、仪比三司，封温侯，共秉朝政。

王允在政变成功之后，心态开始发生变化。孙子突然不用装了，落差有点儿大。总体来说就是飘了，觉得自己太牛了，简直是大汉的再造之人，开始居功自傲，不再团结群臣。本来就是因为害怕董卓才装的厚道人，董卓死了以后在王允这儿就再也看不见好脸色了。

其实这没什么，突然当了国家一把手，飘起来也正常，但他有个关键问题没有处理好。这个关键问题的处理，直接让大汉把最后一点儿气都吐干净了。从这一刻起，大汉彻底地成植物人了。

董卓能这么嘚瑟的最大原因，是手里有兵权。除了董家宗族被诛之外，此时还有多股董卓的武装力量，王允并没有掌握。

王允做的第一件事应该就是收编或解散这股力量。古往今来政变的官方操作是：首逆已诛，余罪勿问，徐徐图之。在这种情况下，王允却没有明确地赦免那些董卓散在各地的部曲武装。他有些纠结。

弄死董卓后，吕布劝王允赶紧全部诛杀董卓的部曲。这个可以理解，吕布带的是太原兵，董卓的铁杆是西北兵，本来就不是嫡系，也无法利用，所以智商有限的吕布觉得应该全都杀了。

王允给否了，算是比较理智，没有被吕布忽悠。

做法是没错的，因为王允打不过，但是理由很神奇。

王允在和士孙瑞商议下诏特赦董卓部曲武装的时候，突然产生了非常神奇的纠结："那帮西北军是没有罪的啊！祸头是董卓啊！现在说那帮无辜的人有罪然后赦免他们，这不是让他们产生疑虑嘛！"因此，王允对董卓部曲的态度选择了不表态。

这是非常可笑的一个想法，因为所有阿谀奉承董卓的士大夫们都被迅速地干掉了，那么作为董卓的嫡系这群烧洛阳杀万民的帮凶会怎么想？

比如说蔡邕跟王允坐着聊天时听说董卓死了，就叹息了一下，他也没说是惋惜董卓死得冤啊，如果叹息表示终于能看见红太阳了呢？反正王允听了叹息就怒了，然后就要搞死蔡邕。

很多人来求情，说要不就黥首为刑，让他修汉史吧。

王允说："当年汉武帝不杀司马迁，结果让那部谤书流于后世，这种人都是祸根，必须杀！"（你懂汉武大帝的千古胸怀吗？你懂太史公的字字珠玑吗？）

叹了口气的蔡邕被宰了，这时王允却在纠结这群帮凶是无罪还是有罪的。

这种心态，古往今来并不罕见：内奸定要千刀万剐，帮凶却能不计前嫌。

王允觉得不表态也不行，要不就解散了董卓的武装？又有人说了："凉州人向来忌惮袁氏，畏惧关东，一旦下令把西凉兵都解散了，恐怕会让他们人人自危引起军变啊！不如让皇甫嵩将军接收这伙武装，安抚住他们。"

王允说："不行，关东的官兵们都是我辈中人，如果不解散西凉兵让他们继续割据险阻，虽然把凉州兵安抚了，但关东的官兵们该怎么想我们了？"

在一次又一次的推诿扯皮中，怎么对待董太师部曲这件本该快刀斩乱麻的关键事情被无限期地推迟，然后在这个时候，吕布出手了。吕布派小弟李肃去河东，诏书诛杀牛辅，结果牛辅带兵把李肃打败，李肃逃到弘农，随后被吕布干掉。

正在吕布琢磨怎么收摊子的时候，发生了一个小概率事件：牛辅军营中无故夜惊，牛辅以为军中出乱子了，这个大魔王的女婿心虚后开始自己带着家底儿逃跑，随后被身边人所杀，脑袋被送到了长安。

这时候王允仍然有一次平复这件事的机会。但是，王允不仅继续犯错，而且牛辅的被杀也使得西北军中的几位煞星被放出来走上了前台。董卓的手下，能人是很多的，像吕布只能算是一般角色。

在这里专门说一下吕布，真实的吕布跟我们脑海中的吕布完全就是两个维度空间的人，《三国演义》中的吕布可以一个人打二爷、三爷，外加添乱的大爷。

真实的吕布是比较勇武，擅长骑兵作战，但根本就算不上三国第一勇烈的级别。

他的整体战绩基本上就是打山贼有余，打普通军阀平手，打高手被狂揍，比如他碰见孙坚两次都被虐，在巨大优势下被曹操翻盘，他除了忘恩负义这个属性外，其他全是被高估的。

吕布在董卓诸将中，水平撑死也就排到第四。前面三位是一个级别，比如暴打孙坚、曹操的徐荣。

徐荣是名将，一个辽东人能在西北帮中混到了这么高的段位，胜过巅峰期的孙坚，胜过初期的曹操，手中是有东西的。

前三中的另外两位，正在颍川血洗荀或老乡呢：李傕和郭汜。

李傕和郭汜两人勇猛诡谲，善于用兵，有辩才，而且具有董卓派将领的最大特点：凶残。

牛辅在董卓出事之前，正分头派遣校尉李傕、郭汜、张济劫掠陈留、颍川诸县，所过之处犹如死神过境。[①]

结果李傕等人回到河东，听说董卓点天灯了，牛辅脑袋送长安了，于是派遣使者向长安方面请求特赦。

牛辅死后，王允更飘了，对于李傕等人的服软给出了响亮的态度："一年之内怎么能搞两次大赦呢？"（当年正月曾经搞过一次大赦。）

李傕等人一合计，咱们还是散摊子跑吧。如果是这个样子，历史几乎没有任何悬念就将彻底改写。因为献帝最终就到不了曹操手里，最终的关东局势也就不知会怎样演化。

历史在这一刻，被一个谋士改写了。

三国第一剧情反转手，贾诩登场。

贾诩是西凉武威人，少年时就被称有西汉初陈平的智慧，这是个很靠谱的评价。

青年贾诩举孝廉为郎，后来生病辞官回乡，途归汧县时，遇到了氐族武装劫道，同行的数十人全被抢，然后要被灭口。这时候，贾诩大叫："我是段颎的外孙，别杀我，送我回去，我家必有重赏！"

大家还记得段颎吗？东汉晚期灭羌的那位凉州三明之一（与皇甫规、张奂并称凉州三明）。此时段颎在凉州是大魔王般的存在，是神出鬼没的阎王，不要说小孩听他名字不敢哭了，大人连街都不敢骂。

氐族人一听绑了大魔王的外孙，于是除了贾诩外其他人全部被灭口，然后客客气气地送贾诩回了家。

---

① 《后汉书·董卓传》：因掠陈留、颍川诸县，杀略男女，所过无复遗类。

段颎永远不知道，他这位临时外公救了三国时代的剧情推动师。这位大神可谓三国读心第一人，这辈子的所有选择在利己角度上全部做对了。每一次选择后，他都更上一层楼，而且全都是改变历史的关键点。往往他的几句话，下一个时代就开启了。

贾诩在董卓进京时，人在洛阳为太尉掾，后来因为是西凉老乡，迁讨虏校尉，跟着董卓的女婿牛辅干，然后剧情就来到了董卓和牛辅都死的节点了。

正在李傕、郭汜、张济打算解散兵众各自分头逃跑回西凉老家的时候，贾诩站出来了。不能跑！

他人生中第一个改变历史的建议是这么说的："听长安人议论说欲诛尽凉州人，各位如果弃军单行，一个小小的亭长就能抓住你们了，不如率军西进，攻打长安，为董卓报仇。事情如果成功了，则奉国家以正天下，如果不成功，再回老家也不迟。"

"奉国家以正天下"，是继沮授"迎大驾以令天下"版本后对于献帝使用说明书的第二个版本，是贾诩提出来的。

他这一段话，让关中倒大霉了。

李傕听后开始发动全军演讲："朝廷不赦免我们，我们应当拼死作战。如果攻克长安，则可以得到天下，攻不下，则抢夺三辅的妇女财物，西归故乡。"

西北全军响应。李傕伙同郭汜、张济等将，率军数千人扑向长安。

王允听说这个消息后，派出了董卓旧将胡轸、徐荣、杨定去新丰迎击李傕、郭汜，结果徐荣战死，胡轸、杨定率部投降。

具体过程史书无载，徐荣战死比较意外，可能是李傕、郭汜太厉害了，但以徐荣的作战水平不至于这么快就挂掉了，但以他的籍贯来说就很有可能了。

他是辽东玄菟人，胡轸是凉州武威人，造反的李傕等人也是凉州人，非我老乡其心必异啊，甚至有可能是胡轸和杨定背后偷袭了他。

徐荣这位东北名将在三国的开头，连打了好几位牛人，然后被西北军给"做"下去了。但是，他的影响在三国时代仍在继续。他以自己的影响力向董卓推举了自己的玄菟老乡去辽东郡上任。

那个人，叫公孙度。

李傕一边向长安走一边沿途收集逃跑过来的西凉士兵，到达长安时已经有十多万人了。这种滚雪球的速度很不一般，徐荣除了背后被捅外，也有可能是死于士兵的士气上的。根子里，是王允处理董卓余孽的政策出了大问题。

五月，李傕又与董卓的旧部樊稠、李蒙等人会合，围攻长安。

西凉军缺乏进攻武器无法攻城，双方在对峙过程中还发生了英勇插曲：吕布邀请郭汜单挑。

郭汜很爷们儿，表示非捅死你不可。结果还是吕布更英勇，长矛刺中郭汜，郭汜由于身穿重甲，被手下救回了一条命。

守到第八天，吕布属下的士兵叛变，六月戊午，叛军引西北军入城与吕布展开巷战。

最终，吕布率领数百名骑兵，把董卓的头颅挂在马鞍上，突围逃走，王允被杀。

李傕等纵兵劫掠，长安城随后变为死城。关中这地方比较倒霉，项羽、赤眉、李傕，每过二百多年就得被屠一次。

复仇成功后，朝廷格局变成了李傕、郭汜、樊稠三人共同把持朝政，西凉诸将"治国无方，扰民有术"的特点比董卓时代还要放大，军粮补给基本靠抢，大量关中百姓被杀或逃跑，好好的关中大地没有多久也变成了"千里无鸡鸣"。

大汉两京就这样被这伙西北军阀玩残了。

董卓在迁都的时候，曾经说这是个必败的选择。因为关中此时今非昔比。

看看人口账本吧。

公元 2 年王莽篡汉前夕：京兆尹，六十八万。左冯翊，九十二万。右扶风，八十四万，一共二百四十四万。

后来王莽改制、赤眉屠关中后三辅大地千里白骨，经过一百多年的休养生息后，恢复得怎么样了呢？

公元 140 年人口：京兆尹，二十九万。左冯翊，十四万。右扶风，九万。

您没看错，在三辅地区扩大的情况下，关中三辅加起来五十二万，仅为西汉的五分之一多点儿。

东汉顺帝年间的全国人口已经恢复到西汉的三分之二了，但关中人口却远远地落后于全国涨幅。

当年王莽和赤眉对关中人口灭绝的影响太过触目惊心了，人口基数被祸害没了，一百多年都缓不过来。

接下来的五十年中，段颎灭羌、黄巾大乱、韩遂马腾乱西凉后，关中作为前线战区人口还能剩下多少很难说。

最终在这次李傕、郭汜祸长安后，人口几乎再次清零。从这一刻起，关中作为战略基地左右历史的价值在未来长达百年的时间里几乎就不存在了。

无论再怎么沃野千里，再怎么四塞之国，没有人，一切都是白扯。

在关中彻底地变成无人区退场的时候，曹操迎来了迄今为止人生中最重要的一次考验。

百万级别的人力资源朝他汹涌而来了。与此同时还有一个劲爆消息：黄河南岸的兖州刺史刘岱被杀了！

三、收编青州兵

早在董卓被暗杀、袁绍界桥续命的大半年前，袁绍刚刚来冀州的时候，曹操得到了一个人的建议。这个人，也是三国中被忽略的一个重要存在，一个可以媲美贾诩、郭嘉眼光的人。他能读人心、看大势，他的判断在他短暂的一生中从未出过错。

这个人叫鲍信。

鲍信在汉末崩塌时简短地出过场，当时他奉何进之命去老家招兵，等回来时何进却被害了，他看出董卓是个无节操、无下限的人，更看出他刚刚入京实力未稳，于是劝袁绍去干掉董卓。

袁绍一哆嗦，痛失好局。

随后，鲍信回到了地方，做了济北相，成了讨董卓的一路诸侯，带着两万步兵、七百骑兵、五千辆车的辎重参与会盟。

在讨董联军中，袁绍作为盟主风头无两，所有人都认为他是乱世终结者，只有鲍信看中了当时还是马仔级别的曹操，认为曹操才是那个拨乱反正的人。

所以鲍信在曹操准备去荥阳拼命的时候，派弟弟鲍韬带着队伍去帮曹操。结果在革命青年曹操的英勇指挥下，鲍韬死在汴水了。

袁绍夺下冀州后，鲍信看出了袁绍不是帮着大汉这公司渡难关而是在拿他老袁家的招牌来给自己的公司上市用，鲍信对此时依附袁绍的曹操说："袁绍就是下一个董卓，黄河以北不要再待了，去大河之南静观其变吧。"

鲍信更预感到了幽州的公孙瓒会对立足未稳的袁绍进行全面开战。

非常高明的眼光，但曹操却并不能一下子走得那么硬气。因为他什么都没有嘛！给养什么的都得指望大哥袁绍，他去了河南也是依附兖州派，上哪儿都是当打手，何必总跳槽呢。

随后，事态如鲍信所料，袁绍被刘虞、公孙瓒、黑山军、南匈奴四面围攻，形势极其危急。在这个关头，曹操并没有如鲍信说的那样放弃袁绍去河南求发展，而是选择跟他本初哥生死与共。

曹操在当时全国各地新闻头条上的形象是：上回差点儿死荥阳那大傻子这回要死河北了。这回死定了，妥妥的，再找不到这种大傻子了。

曹操出兵东郡，一路顺流而下东推，打跑了黑山贼兵保护了即将在界桥开战的袁绍侧翼的安全，并对周边的所有敌视力量进行了有力威慑。

袁绍随后激动得把老婆孩子都扔一边，冒着得罪兖州刺史刘岱的风险，跨区表曹操为东郡太守。

东郡这块地方外号"黄河旅游观光带"，当年王景治河时东郡政府是主要配合对象，辖区有一半在黄河北，一半在黄河南，治所在黄河南的濮阳。（见图2-2）

曹操作为袁绍的东郡太守，并没有将手伸到濮阳，而是将大本营安在了河北的东武阳。

其实此时河北危机四伏，他又和关系非常好的济北相鲍信全面接壤了（见图2-3），是有极大机会向兖州派投诚的。但是，年轻时一块

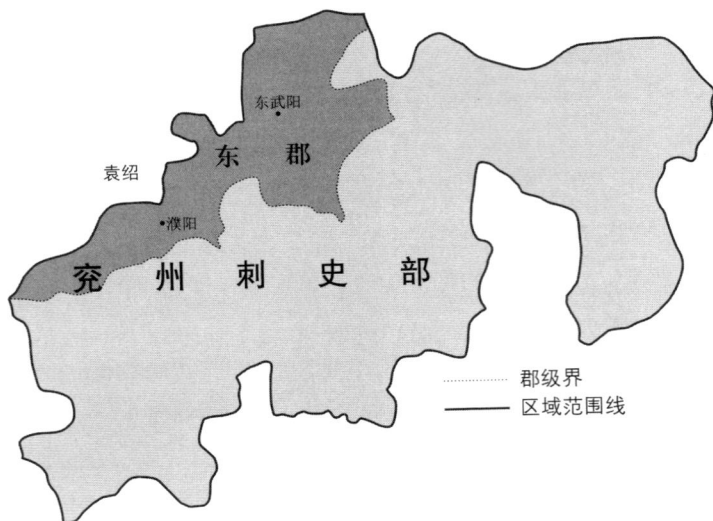

图 2-2 兖州下辖东郡位置图

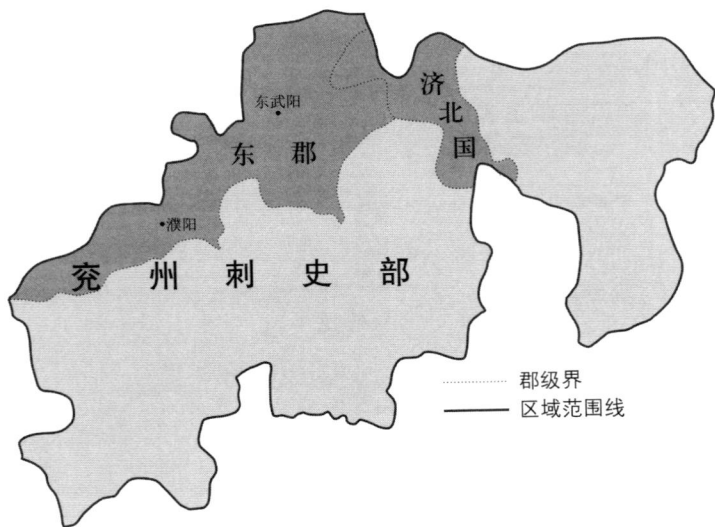

图 2-3 曹操势力范围图

儿偷新娘子的洛阳鸡飞狗跳二人组用他们的行动表示：我们哥俩是可以同患难的！

192 年年初，界桥新闻传来，袁绍打赢了！曹操也开始出兵顿丘，继续跟袁绍背后的黑山群贼开战。

曹操随后逆黄河而上，击败黑山贼眭固部，又在内黄击破南匈奴于夫罗，报答了他本初哥哥为了他不要老婆孩子的这份义气。

曹操、袁绍这两位大佬在早期用鲜血凝结的友谊虽然最终没有万古长青，但客观地来讲最终都兑现了丰硕的回报：前面曹操帮袁绍续命，后面袁绍给曹操撑腰。

就在 192 年的春夏之交，曹操被一个大馅饼拍脸上了：兖州刺史刘岱在作战中被青州黄巾贼给杀了。

说他之前，我们先来看一下这股黄巾军的背景。

188 年，在青州死灰复燃闹起来非常凶猛的黄巾军，连破州郡，人数一直发展到了百余万。基本上半数的青州百姓都信了教了。

曹操在济南砸刘章祠堂的时候我们说过，青州"淫祀"现象严重，当地老百姓在地上人和地下鬼的双料绑架下活得很艰难。也因此，每有天下大乱，山东百姓就总能爆发出巨大的阶级仇恨以及强悍的战斗力。

不过这上百万教徒是不是都那么虔诚呢？不一定。流民这个组织只要是滚动裹挟起来，人数增长速度是非常快的。

一个村活不下去了，去抢另一个村，两个村都活不下去了，就都变成了流民去抢第三个村。这样越滚越大，如蝗虫般流窜壮大。

190 年在盟军讨董的时候，青州的黄巾军开始肆虐青州，青州刺史焦和为了避免跟黄巾军开战，于是将兵带过了黄河，声称要来参加会盟。

结果没走几步，传来了曹操在荥阳被徐荣剃光头的战报，焦和又吓得不敢动弹了。回去又没本事剿匪，看见贼寇就跑，青州一片萧条。黄巾军生生地把青州打成了自己的根据地，不久，焦和就病死了。

191 年的时候，青州这伙黄巾贼将青州祸害干净了，开始北上沿着海边去打勃海，进入了冀州地界，打算吃河北大户，顺便与黑山黄巾军会合。

但这一回运气就没那么好了，碰上了公孙瓒，然后被屠杀和俘虏了近十万人。

由于河北人比较猛，这伙被打劫了的青州黄巾军只好南下，此时只有一个去处了：兖州。黄巾军几乎没有遇到什么阻拦，越过济北和东平，一度插入兖州腹心，杀了任城相郑遂。随后黄巾军又回头转入东平郡，来找兖州一哥刘岱。

刘岱打算与这伙流贼开战，鲍信说："千万不能打，这伙贼跟往常的黄巾贼不一样，规模太大了，百姓震恐，卒无斗志，打不过啊！我观察贼众拖家带口的，军无辎重，肯定是沿途一路走一路抢，现在咱们应该坚壁清野先固守，断他粮后等他自己溃散，随后再派精锐打他们！"

鲍信说得很对，这伙黄巾军确实是没有辎重的。因为辎重早在去年冬天被公孙瓒抢劫了，公孙瓒就是狂屠与俘虏了近十万青州黄巾后才被河北投资人彻底地看好的。

但是，刘岱为什么非要跟这帮黄巾军开战呢？也跟公孙瓒的战绩太过高光有很大的关系，这跟宰鸡有什么区别啊！但公孙瓒那是幽州突骑，猛好几百年了，刘岱有那兵种吗？

结果刘岱不听，出门就被黄巾军打死了。

曹操去年被鲍信劝说去河南发展的心开始荡漾了。想睡觉有人递枕头，他在东武阳征辟的当地士族陈宫对他说，现在兖州无主，王命断绝，让我去当说客迎您牧兖州，凭它成霸王之业。

刘岱死后，兖州陷入了一片慌乱，兖州的领导突然明白了自己在国际上是个什么定位。黄巾贼被公孙瓒当鸡宰。扭过头来黄巾贼把兖州一哥当鸡宰。现在唯一能指望的是谁呢？

河对面的袁绍把公孙瓒当傻子打，他兄弟曹操把黑山军和南匈奴当球踢。

陈宫过黄河后见到了兖州群雄，在老伯乐鲍信添油加醋的劝说下，以鲍信和州吏万潜等为首的兖州领导去东郡迎曹操顶了刘岱的坑。

不要高兴太早，没有平白无故的爱，就是看上你这傻小子能打了。让你来是有条件的，这伙流贼还在这儿呢！你得给我们解决问题！

曹操作为入主兖州要交的投名状，必须帮兖州解决黄巾军问题。

曹操研究后定了骄兵计，这伙流贼刚刚大胜，曹操打算拿自己当诱饵去引他们进入包围圈，随后偷袭剿灭之。结果设想得挺好，在寿张，曹操和鲍信这帮高级领导当诱饵后将黄巾军引到了埋伏圈，却发现埋伏的步兵没赶到。黄巾贼们跑得还特别快，这就把这帮兖州领导给围上了。

鲍信似乎是上辈子欠了曹操什么东西，这辈子的最大任务就是把他接到兖州后再救他一命。鲍信殊死战斗将曹操救了出来，自己却死在了乱军之中。

知道为什么军纪里面"误点"的罪过都是杀头的了吧，几分钟的区别往往就是一场大胜或者全军覆没。

曹操入兖州的时机其实他也根本没有准备好。在帮着袁绍剿匪的这两年中，他从卪阳拿到的那万余精兵和之前招募的老兵损耗得相当厉害，大部分兵源都是新兵蛋子。他刚刚把名头打出来，还没有进行新兵训练就迎来了入兖州的机遇。

老天给你的重大机遇从来没有万事俱备的时候。他考验你的永远是能不能迎着暴风口去披荆斩棘。

曹操进入兖州后不久就被已经打了好几年仗的青州黄巾军击败了

好几次。士兵士气极其低落。曹操随后开始没完没了地做思想工作，做战斗动员，宣誓军功必赏，才拢住了这伙新兵没散摊子。

曹操极其困难地在咬牙坚持。好不容易才进了兖州，绝不能放弃！但是，从概率上来讲，这种坚持也许并没有什么意义。因为战场上打的是人数；因为战场上打的是老兵；因为新兵只能在顺风场上才有点儿战斗力。曹操现在人数远逊于黄巾军；风雨里打过来的老兵越来越少；新兵打入了伍就没怎么打过胜仗。

眼瞅就要崩盘。就在这个时候，谁也想不到的一个转机出现了。

黄巾军给曹操写了封信："听说您在济南时毁坏神坛，是个'破四旧'的斗士，这是咱们太平道兄弟的同道中人啊！现在汉朝气数已尽，黄家当立，天运不是您的才力所能改变的啊！"

这封信，让曹操猛地一拍大脑瓜子！对啊！我当年在青州是为他们做主的父母官啊！为了他们我爹差点儿都让我坑死了！这让曹操看到了一种可能：谁说我一定要消灭他们呢？他们曾经是我的管辖的百姓啊！

当年愤青打出的招牌谁能想到几年后竟然成了命运低垂下的劲爆果实！

曹操开始跟这伙黄巾军一边打一边谈投降的条件。咱别打了，什么条件你提啊！咱不就是为了混口饭吃嘛！

一般来讲在这个眉来眼去的时候双方就都不再下死手了，不过曹操时不时地还是挖坑搞陷阱坑这帮黄巾大兄弟，动不动还老搞夜战，不让人好好睡觉。

打打谈谈半年多，最终，在济北，条件谈拢了。192年冬，史载："受降卒三十余万，男女百余万口，收其精锐者，号为青州兵。"

短短的几个月时间，曹操完成了地盘和实力的双丰收。

这是曹操发家的一场最重要的战役，因为从中他选取了精壮之士编为了后来相当长一段时间里曹军的战斗主力：青州兵。

收编青州兵是曹操事业发展中最大的一次质的突破。因为青州兵的性质很不一般。这股力量，是无主的。这在汉末极其重要！这标志着，你不必再受制于你的部曲！

汉末，少量的世家大族与地方豪强混成了当地的顶级地头蛇，比如孙权虽然后来当了皇帝，但他这辈子都在和江东的士族博弈，孙吴打自卫反击战天下无敌，打开拓进取战罕见胜绩是有着重要的内部原因的。

孙吴的统治根基是众多江东士族、豪族的入股，武装力量中有大量的私人部曲，每次抵抗侵略，保卫的都是自家地盘，所以战斗性很强，每次出去开疆拓土打下来的又都不归自己，所以积极性从来不高。

刘表看似是荆州的法人，但为什么他一死整个荆州就无条件地投降了？因为他单骑入的宜城嘛！不是他儿子刘琮草包，而是荆州地头蛇开会讨论的结果！刘表虽然是人杰，但他最大的能力顶多能做到整合当地的力量。因为除了一群地头蛇外，他根本就没有自己的实力！蔡瑁、张允这些地方势力一合计，换个老板自己的利益也不受损，但抵抗就不一定了，死的可能性大，还是赶紧回归中央！

包括赤壁之战前期，孙吴那一大票的主降派，根子也是在这儿：你没有自己的铁杆力量，你说话的分量就没那么足！就没那么硬气！

举个例子，李典。李典是山阳巨野（今山东巨野东北）人，他的从父李乾是乘氏县的豪族，宾客数千家（一两万人）。

后来李家跟曹操混了，双方经历了很多风雨，吕布之乱时李乾被杀，曹操派李乾的亲儿子李整带领李家的那些宾客。李整死了以后，曹操又派李典带领这支队伍。

倒了三手，还必须得是李家的人带着这支队伍。换别人根本指挥不动!

　　这支青州兵的从天而降帮助曹操完成了这种力量的整合。因为青州军体量足够大（从三十万人中选拔出来）；足够精锐能打（能和曹操对抗半年多，还砍死一堆兖州领导）。所以曹操从此不用再看人脸子了，他不需要再平衡多方力量了，可以指哪儿就打哪儿了！

　　这很重要！

　　很多的决策并非是当时的决策者傻，能混到老大级别能拍板的人中草包还是少见，说到底，他有他的不得已，他有他需要平衡的太多方面。

　　曹操从这一刻起，牢牢地攥住了自己的方向。

　　那么他是怎么逼降这百万青州兵的呢？就因为他曾经是父母官吗？这仅仅是一方面。

　　史书中我们看到几句比较轻描淡写的话，说曹操逼降三十万黄巾军外加一百多万家属，精锐编成了青州兵，战斗力大增。

　　这是电子游戏中的结果。真实世界中，并没有那么简单。

　　要知道，战俘和家属的问题从来都是大问题，《秦并天下》中我们不是说过白起为什么要坑杀四十万赵军降卒吗？

　　三个问题：养不活；制不住；没地方消化。

　　那凭什么曹操那么点儿实力，刚刚得到兖州，就能这么轻松地逼降这么大体量的青州兵呢？他怎么就养得活？他怎么就制得住？他怎么就能消化了呢？

　　原因在于两方面：

　　1. 曹操手中现在有地。

　　2. 地的主人都死了。

　　曹操在和黄巾军谈判的过程中发现，黄巾军有一个特点，就是

"且战且耕"。也就是一边打仗，一边耕田。这其实有点儿类似于"屯田"的土匪版本了。

那么"屯田"是个什么意思呢？不是字面上种庄稼的意思，这个词是有特指含义的。史书中一提起"屯田"，基本是指为军事组织从事农业生产的意思。

一般来说像边疆与困难地区，中央政府都会让当地的边防军进行屯田自给自足。但这项制度向来属于没有办法的办法。因为效率极其低下。

1. 种的地不归自己，积极性永远上不来。

2. 军队长官各种贪污，军屯土地慢慢地就成私有的了。

军屯的最终演化往往就是变成社会毒瘤，碰也碰不得，收也收不得，地方怨声载道，中央避免提及，成为"三不管"问题。

但是野百合也是有春天的，屯田唯一在一个时期是能够输出正能量的，这个时期就是天下大乱。

天下大乱的最大问题，就是老百姓无法再进行安全生产了，整个社会在吃余粮，余粮吃没了就开始抢与杀，天下浩劫后，人口大规模减少，地都空出来了，再出来大神搞统一，等统一后再慢慢地恢复生产。

此时的曹操刚刚入主兖州，基本上继承了刘岱和鲍信以及领导被杀的任城国地盘，而且地主势力并不是那么强大。（见图 2-4）

兖州处于多省枢纽，黄巾大乱这些年都被揉碎了，大把的地荒着，兖州这个四战之地人口下降得很厉害。

曹操在天下大乱、诸侯们都在忙着抢地盘、抢兵源的时候，发现并瞄准了乱世生存的最重要砝码：粮食。

但是，此处要划重点，曹操逼降青州兵的条件绝对不是标准的屯田。因为屯田的本质是"官六民四"的超高税率。

由于青州黄巾军进入兖州在时机上简直恰到好处，曹操根本也消

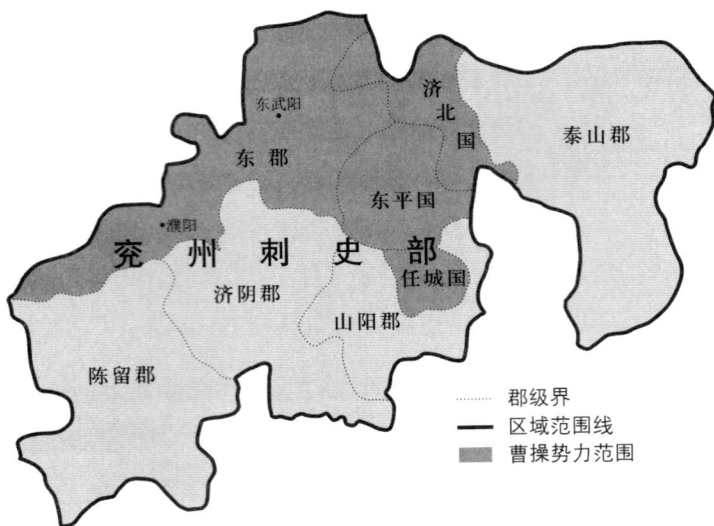

图 2-4　曹操收编黄巾军后的势力范围图

灭不了人家，还要有求于人家，所以谈判的条件绝对不可能是屯田，人家不可能低头让曹操剥削。

曹操正式的大规模屯田是在两年之后的 196 年才开始的，到时候会有专门分析。

参考到后来 196 年真正屯田政策时的转变，吃下这百万青州人口并从三十万的降卒中收编、选拔了精壮青州兵的条件，基本上可以推测为：

1. 发放私有土地。

2. 缴纳少量税负。

3. 被选拔的青州兵有高级分红待遇以及家属税收优惠待遇。

4. 形成军籍，不属于地方管辖，不摊派徭役，光负责打仗，父死子继。

曹操招降他们的时候很有可能是这样的："我是这里的一把手，年轻力壮的都跟我去抢钱、抢粮、抢地盘，家属都跟我回去屯田种地，有粮吃、有地种、有衣穿，你们自己合计吧！

"已经入冬了，你们要是再瞎折腾就把明年春耕荒过去了！你们能不能活过明年呢！

"别琢磨了，我也是反'四旧'起家的，当年我帮你们砸的庙！咱们爷们儿有什么不好说的呢！我当年能罩着你们，现在就不能了吗！在这乱世你们不信我还能信谁啊！"

除了生存条件谈妥了以外，由于青州兵的宗教属性，在投降时也附加了非常重要的一项：降曹不降汉。确切地说，是降曹操一个人。

青州兵自此只忠于曹操，或者说也只有曹操才能降得住这帮身份特殊的"雪中送炭者"。

这种独特的宗教军事盟约颇有点儿纳投名状的互相不辜负色彩。

曹操病死时，青州兵竟然自行决定解甲归田，曹丕也不敢得罪人家，退伍军人返乡待遇按最高规格。

青州兵从组建到曹操死去的二十多年里，始终保持着单独编制，兵员的补充也是父死子继从原来黄巾军户中选拔的，而且身份相当高，仗着有曹操护着特别擅长恶人先告状。

这支青州兵，说到底是曹操年轻时的郡下子民，更是他的私人武装。

也正如我们之前说的，这支武装让曹操从此牢牢地攥住了自己的人生方向。

四、袁术入兖，若丧家之犬

192 年，国际上发生了三件大事：

1. 董太师被杀。

2. 曹操入兖，收编青州军。

3. 袁绍和公孙瓒依然在大规模互撕。不光在冀州撕，在青州又撕上了。

当年袁绍割地勃海郡给公孙瓒后，公孙瓒派出了他的青州刺史田楷去收青州。与冀州接壤的青州州郡是平原郡。（见图 2-5）

此时为袁绍守平原的是当初撺掇张超讨董起义的广陵功曹臧洪。臧洪一直跟广陵太守张超混，但此时袁绍已经和张超的哥哥张邈有了巨大裂痕，所以袁绍在和公孙瓒鏖战界桥之前，张超派了臧洪去跟刘虞搞阴谋。[①]

之前一直说兖州各位领导一锅乱炖、各怀鬼胎也就是这个情况，派系很杂，押注很多。

———————

① 《三国志·臧洪传》：超遣洪诣大司马刘虞谋，值公孙瓒之难，至河间，遇幽、冀二州交兵，使命不达。

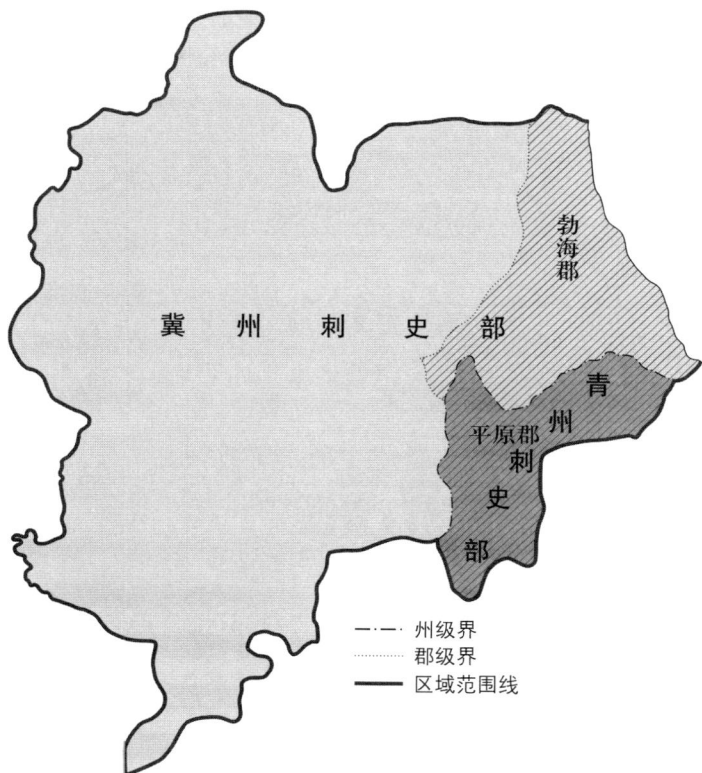

图 2-5　平原郡与勃海郡位置图

张邈打算阴袁绍，刘岱也是两面派，一面扣着袁绍的家属与袁绍结盟，一面又大方收下公孙瓒送礼过来的部曲表示：我很看好你，加油加油，打死袁绍。

你不得不佩服袁绍的手腕，臧洪本来是张超的手下，使命是去刘虞那儿搞小动作。然后呢，就被袁绍拐跑了。[1]

恰巧这个时间段，长腿将军青州刺史焦和觉得自己太不适合这个

①《三国志·臧洪传》：袁绍见洪，又奇重之，与结分合好。

纷乱的世界了，一赌气就死了。于是袁绍又"表"臧洪为自己的青州刺史去安抚接收焦和的部众。[1]

"表"不是向朝廷上表，而是自己刻印写委任状，让小弟们去抢地盘，谁抢下来就是谁的，朝廷爱同意不同意，我就是通知你一声。

公孙瓒委任的青州刺史田楷进入平原，和袁绍委任的青州刺史臧洪就这样开战了。

界桥之战后，公孙瓒率军退还蓟城，袁绍派手下崔巨业带兵数万一路北追收复冀州失地，一路推到幽州后开始围攻涿州重镇故安（今河北易县）。

崔巨业在此兵锋受阻，开始退军。公孙瓒在崔巨业回军后带着步骑三万人又追出来了，在巨马水大破崔巨业，杀死七八千人。公孙瓒随后又带着三万部队沿着崔巨业来时的路打回来了。

上次是四万，这回是三万，由此可以推算出公孙瓒在界桥大战的损失是一万人左右。

公孙瓒在上次战败后总结经验教训，觉得不会再被袁绍算计了，于是又带兵到了龙凑（今德州市东北）来找袁绍，准备一雪前耻。

这回史书没写细节，就一个结局："瓒又遣兵至龙凑挑战，绍复击破之。瓒遂还幽州，不敢复出。"又让袁绍打了，而且又打回老家了，还打得不敢出来了。

公孙瓒从此当宅男并不甘心，在192年年底的时候，又联合了陶谦和袁术两位大佬，准备再给袁绍点儿颜色看看。

此时袁术被刘表咬得基本脱不开身，并没有参加这次会战。最终是徐州方面领导陶谦屯兵东郡的发干县，公孙瓒派出小弟刘备屯高唐，兖州刺史单经屯平原来威胁袁绍。

---

[1] 《三国志·臧洪传》：会青州刺史焦和卒，绍使洪领青州以抚其众。

此时曹操已经和青州兵谈妥，腾出手来帮大哥了。江湖上赫赫有名的北袁绍、南曹操出手后，这伙国际联军再次被全部打跑。

就此，192年翻篇，时间来到了193年。

自191年开打，到了193年时，整个河北在袁绍和公孙瓒的高质量对打下基本上被打成了半残废，双方小弟互拼的青州更是变成了无人区。

史载"士卒疲困，粮食并尽，互掠百姓，野无青草"，袁绍自打拿到了冀州，就没有一天是踏实的，更不要说腾出时间去忙活生产和内政了。

不过先扛不住的是公孙瓒。

关中的李傕成功后为了显示一下自己的影响力，曾经派太仆赵岐和解关东，使各罢兵，公孙瓒就着这个茬，给袁绍写了信："皇帝不让咱打了，当年光武猛将贾复和寇恂也不合适，后来世祖调解后俩人能一块开车出去玩，我觉得现在皇帝给机会让我和将军和好实在是太好的一件事。"[1]

公孙瓒已经怂了。

一年多前的讨袁檄文里，公孙瓒列出的十大罪把袁绍定性为一个活畜生，现在这种软趴趴的文字我都替他臊得慌。

他被袁绍消灭之前，曾经说过什么话呢？必须要上原文："袁氏之攻，状若鬼神，梯冲舞吾楼上，鼓角鸣于地中，日穷月急，不遑启处。"

翻译一下就是：袁绍用兵，多智近于妖，进攻神出鬼没，打得你心惊胆战、无处布防。

这哪是一生的对手去评论另一个军阀啊！这是活生生从精神上被打服的一个小迷弟的追星表态啊！

---

[1] 《三国志·袁绍传》：自惟边鄙，得与将军共同斯好，此诚将军之眷，而瓒之愿也。

一辈子好面子、扫乌桓、性刚烈的公孙瓒，死前在精神上已经崩溃绝望了。别再说袁绍是漂亮的草包了，听听他敌人怎么说的，杀人诛心啊！

只有明白"袁氏之攻，状若鬼神"是个什么前提，才知道曹操后来在官渡的胜利有多么不容易。是两个大神之间的巅峰对决，含金量非常高的一场战役。

袁绍和公孙瓒在沟通后，最终通过和亲的方式休战停火了，各自引兵去养伤了。没错，没看错，和亲了。

袁绍和公孙瓒休战的同时，袁术被刘表踢出来了。

袁术这两年一直处于一事无成状态，自打 190 年占据南阳后，在跟刘表的三年多博弈后，基本被人家赶出了南阳。

刘表在董卓死后跟李傕混得相当不错，又送东西又喊哥地弄来了荆州牧的正式文件批复。刘表变成了"镇南将军、荆州牧，封成武侯，假节"。

一大套官方文件全部到手，刺史变成了州牧，刘表名义上变成了东汉荆州地区的军、政、财一哥。

在刘表一手办房本、一手打老赖、两手都要硬的情况下，袁术这个南阳太守在失去孙坚后打硬仗的能力大幅下滑，又是被断粮又是被袭击，军事上一败再败。

如果打不赢，其实还算好说，刘表这个"低配版孙权"从这些年的表现来看，也没见进攻水平有多高，主要是袁术在南阳混不下去了，这个士族三巨头的顶级大郡抛弃了这位四世三公的"自己人"。

袁术在南阳时，这个原本人口二百多万的州郡在天下大乱后户口仍有一百几十万（户口尚数十百万），非常亮眼的数字。但是袁术自己不往上走，不代表广大士族、豪族的根本利益，动不动还老打土豪，最终南阳人不跟他混了。

无论是在军事上还是在人心上，南阳成为他再也回不去的从前了。袁术于是打包了他这些年在南阳攒下的家底，引军入陈留，打算入手兖州市场。这次选择再一次印证了袁术的水平。袁术在汉末朋友圈中的评价是比较一致的：

文化人孔融说他是"冢中枯骨"，这货已经在盒儿里待着了。文化人骂街向来高水平。

没文化的吕布说他"喜为大言以诬天下"，袁先生特别爱满世界吹牛。忘恩负义的人说话普遍不爱拐弯抹角。

荆州的正面对手蒯越说他"勇而无断"，这是形容袁术的技战术特点。脑子一热就瞎打，真打起来脑子里又有钢管，回不过来弯。刘表你都弄不过，你还惦着跟已经打了两年高质量硬仗、收编了精锐青州兵的曹操打？开玩笑。

不过袁术这回是师出有名的，以中央的名义挥军兖州。

早在去年刘岱刚死的消息传到长安后，李傕等人就派出了一个叫金尚的作为兖州刺史前去上任。金尚半路上听说兖州现在全境都是黄巾贼，曹操已经被民选出来当剿匪大队长了，于是就跑到袁术那里去了。

为什么往袁术那里跑呢？因为袁术向来跟各路山贼土匪非主流关系非常好，李傕入长安后主动跑来和袁术结盟，还送了"左将军，假节，封阳翟侯"的套餐大礼。

袁术被刘表赶出南阳后，决定打着"金尚"这个朝廷任命的兖州刺史的名义和曹操抢兖州。随后他迎来了人生中最恐怖的一场噩梦。

袁术引兵进入陈留后屯兵封丘，派手下刘详屯匡亭（*长垣县西南*），去年被曹操一通暴打的黑山余孽和南匈奴于夫罗纷纷前来帮场。

战区东道主张邈赶紧给曾经的小弟、现在的领导曹操打报告，说孟德你快来吧，袁家那二傻子过来了。

曹操带队伍过来了，还带来了袁绍。此时的袁绍刚刚和公孙瓒握手言和，正好过来打他这倒霉弟弟了。

袁术在战前很可能是这么设想的：曹操肯定会来找我麻烦，我在匡亭的小弟就可以断曹操的后路，刘表这些年就是这么打我的。

结果曹操和袁绍上来在匡亭把袁术的部将刘详给打了。

袁术一看，这哪儿成啊！于是又冲动上去送人头了。袁术在来救刘详的路上就被暴打一顿。曹袁联军一路猛追，在封丘准备彻底地围死袁术，因为袁绍下了杀心。

在对面部署包围圈的时候，袁术发现太可怕了，于是趁着曹袁的包围圈没合拢再次开溜，跑到了襄邑。

袁绍这时候就回军了，但估计对袁术下了必杀令，因为曹操随后开始继续追击，在太寿撵上袁术，决渠水灌城。袁术蹚着水继续跑，跑到了宁陵。（到豫州了）在宁陵继续被追上，一路上曹操不抛弃不放弃。追得袁术一口气狂奔六百里跑到了九江，去投奔自己的小弟，扬州刺史陈瑀。（见图2-6）

这一年年初的时候，原扬州刺史、汝南人陈温去世，袁绍和袁术都在抢扬州。袁绍派兄弟山阳太守袁遗去兼任扬州刺史，结果袁遗不争气，半路上军队就败散了，袁遗逃到沛县被乱兵杀死。袁术则任命了下邳人陈瑀为扬州刺史。

结果现在这位白眼狼不让袁术进城了。袁术无奈去了阴陵，然后去淮北搬了自己的最后一道救兵。袁术带着这道救兵，终于将陈瑀打跑，在九江落下了脚。[1]

这道救兵是谁呢？孙家人。

还记得当年孙坚入中原后不打董卓而去打豫州吗？

_____

[1] 《三国志·袁术传》：术退保阴陵，更合军攻瑀，瑀惧走归下邳。《三国志·吕范传》：术于淮北集兵向寿春。瑀惧，使其弟公琰请和于术。术执之而进，瑀走归下邳。

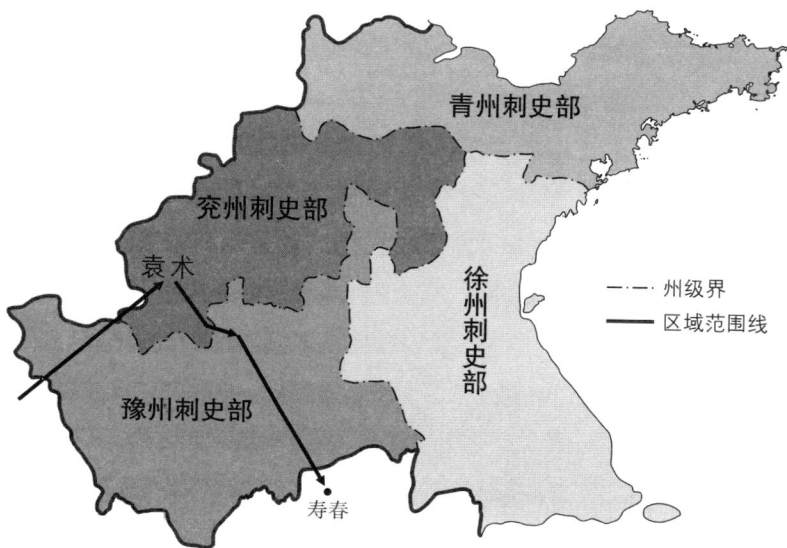

图2-6 袁术逃跑至寿春图

　　孙坚将手伸得很远，一度伸到了扬州的九江郡。（芮玄父祉，字宣嗣，从孙坚征伐有功，坚荐祉为九江太守，后转吴郡，所在有声。）

　　当时我们仅仅说了孙坚拿下了颍川，汝南的事没提，因为并没有明确证据记载汝南被孙坚袁术集团拿下了。但通过孙坚表芮祉为九江太守，很有可能孙坚在那一年中打下了颍川、汝南、九江三郡，而且颍水、汝水、淮河这三郡是非常容易连接为一个整体的。（见图2-7）

　　后来孙坚横死，袁绍于是派了会稽周昂为九江太守，企图从孙坚手里夺回九江。因为扬州向来是袁曹的后院，陈温和周昕都给曹操送过兵。但是，最终还是被孙坚的兄弟孙贲带领着孙坚的余众，在阴陵将周昂打败。①

---

　　① 《三国志·吴书·宗室传》：坚薨，贲摄帅余众……术从兄绍用会稽周昂为九江太守，绍与术不协，术遣贲攻破昂于阴陵。

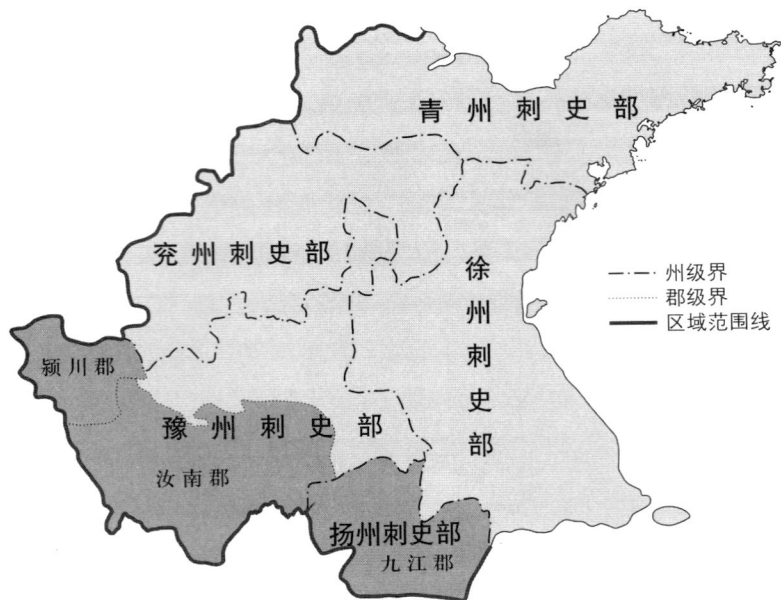

图 2-7　颍川、汝南、九江三郡位置图

袁术又表孙贲为豫州刺史，孙家将队伍带到了淮北的豫州扬州交界处，伺机染指豫州。

袁术去阴陵后，往淮北搬的救兵，是孙贲。袁术一路被曹操打得如丧家之犬，最终暂时性地活命翻盘，靠的是孙家。袁术这辈子所有赚到的钱，也几乎都是在孙家的帮助下才得到的。

同样，当有一天，孙家离他而去了，也就是他要下场的时候了。他这家中枯骨除了他家那名头外，真的什么也没有。

袁术自荆北被赶到了淮南，曹操也于夏天回到了定陶。回来后听说了一件事，他本初哥和他在封丘打跑袁术分手后，又一次面对了生死存亡。

193 年三月上巳节，袁绍在打了两年仗后决定搞一次祈福驱邪大会，带队伍来到了薄落津（巨鹿故城西）。

古代郑国的习俗，三月上巳辰时，在水上招魂续魄能够去除不祥。不过这个习俗很可能就此没人再过了。因为袁绍做了反面大广告。这哪儿是消灾啊！大祸临头了！

祭祀完毕后，袁绍带领将领们刚要痛饮庆功酒的时候，后方闹叛乱了，魏郡兵反，与黑山贼于毒等数万人已经攻下了邺城，杀了太守栗成，数万人也在邺城喝上了。

这是比较要命的，因为高级将领们的家小全在邺城，他们开始吃不下饭，满脸愁容，有的已经哭上了。

在这个时刻，只有袁绍该吃吃该喝喝，根本就没有什么反应，还劝将领们跟他玩飞镖游戏。一群毛贼罢了，公孙瓒都打跑了咱还怕他！只要你还在，老婆孩子都会变出来的！你看我这些年拿老婆孩子当过事儿嘛！

家眷被人家抓在手上，往往是外出大军土崩瓦解的关键招式之一。后来威猛爱卒如关二爷，当江陵家眷被人家攥住之后，又碰上了吕蒙处心积虑好多年的安抚政策时，队伍也是最终星散。

袁绍在关键时刻没继续掉链子的前提下，老天在这个节骨眼开始帮他。

在这伙黑山贼中，有一个小团队的头目叫陶升，原来是内黄的小吏，落草为寇后总是盼着被招安，这回拿这个机会玩了把政治投机，早早地带着部众从西城进入后接上了袁绍为首的所有将领家属，亲自护卫他们送到了斥丘。

不知道袁绍和陶升之间是否早就有联系，也不知道袁绍的镇定自若中是否与陶升有关系，袁绍到了斥丘以后封陶升为建义中郎将。六月，袁绍军入朝歌取鹿肠山，激战苍岩谷口，围攻五日，大破之，斩于毒首领及其部众万余人，报了被偷袭的仇。

随后袁绍沿着太行山山麓一路北行，开始攻击左髭丈八、刘石、青牛角、黄龙、左校、郭大贤、李大目、于氐根等各种各样的土匪部落，一路杀了数万土匪，并成功地摧毁土匪壁垒山寨，断了他们的根。

随后，与黑山贼张燕及四营屠各、雁门乌桓会战于常山。张燕有精兵数万，骑兵数千，双方连战十余日，张燕军大败。

这一战基本上打没了张燕的元气，史书中再露面就是公孙瓒要死的时候了。

袁绍在这一路向北的过程中也军疲师老，没有再下死手追击，带兵回了邺城。

北袁绍、南曹操，"关东豪横二人组"在193年大杀四方，以袁术为首的非主流军团被这两人在这一年几乎团灭打秃。

与此同时，幽州"互不顺眼二人组"也在这一年走到了关系的尽头。

五、幽州内战，兖徐交锋

193 年，在袁绍打虎上山剿群盗、曹操穷寇必追袁术的时候，公孙瓒也没闲着，他干掉了民意口碑非常好的刘虞，独霸了幽州。

幽州牧刘虞在公孙瓒败于袁绍后，嫌他没日没夜地烧军饷去打仗，太劳民伤财了，而且本来公孙瓒也不是刘虞的人。

本来两人的关系就不行，是袁绍的出现让这个幽州牧和幽州军事主管的联盟得到了维持。

在公孙瓒跟袁绍开战的时候，刘虞也在筹备自己的武装，193 年，已经拥有了十万之众。不服刘虞不行，他搞经济、稳人民确确实实是把好手，前面能供得起公孙瓒和袁绍开撕，后面自己还能拓展出十万人的军事编制。

翅膀硬了的刘虞开始在公孙瓒和袁绍对战时就渐渐地减少对公孙瓒的粮草供应，公孙瓒只能去侵掠百姓补充军费，甚至还公然抢劫刘虞安抚少数民族的赏钱。

公孙瓒也算是哑巴吃黄连，财政权从最开始就不在他手上，刘虞时不时地给他断奶，他只能纵兵抢劫自给自足，没有别的办法。

总体来讲，无论是在幽州还是在国际上，公孙瓒的口碑越来越差，人心也本来就都在厚道了很多年的刘虞这边。

双方的矛盾开始日益激化。

公孙瓒回幽州后根本不进蓟城，而是带兵去了蓟城东南自己修筑的一座小城驻扎。刘虞在公孙瓒回来后几次请他来开会，但公孙瓒称病不去，根本不搭理刘虞。大半年后，刘虞决定来硬的了，他要派部队干掉公孙瓒。

公孙瓒那边根本没料到一向温婉的刘虞居然会这么暴力突然要干他，公孙瓒的大部队都被布置在外。刘虞先下手为强，率领部下十万大军准备包围了公孙瓒的小城。

开打之前，从事程绪劝刘虞说："能不打还是别打，咱就包围他，让他谢罪就完了，所谓不战而服人者也。"

结果这哥们儿被斩首示众，随后刘虞通报全军："没别的意思，咱去就是杀公孙瓒一个人而已，绝不扩大事态。"

这一拿大喇叭喊，幽州从事公孙纪给公孙瓒报信去了。刘虞这就谈不上什么偷袭了，公孙瓒有防备了。

但即便如此，时机仍然非常完美。除了战斗力。

公孙瓒听说刘虞带着十万人来了，仓促间打算从东城逃走，但是刘虞速度很快，已经围城了。不过刘虞的部队基本上没打过仗，而且刘虞这几年也没挖个军校出身的跟他混，十万人在外面站岗，根本打不进去。

有人劝他放火烧城，刘虞又说别烧着百姓的屋子伤害无辜的人，结果被公孙瓒的几百人乘风从里面纵了一把火，随后直冲突围。几百人将刘虞的十万大军冲散，刘虞和部下不接着调集军力围捕光剩警卫连的公孙瓒，而是一口气向北逃到了居庸关。

随后公孙瓒调集各地驻防的主力赶来围攻居庸关，三日后攻下，把刘虞全家捉回了蓟城。

为什么还要把刘虞带回来呢？因为此时长安朝廷方面派的使者到了，鼓励幽州政府这两年打袁绍打得勇猛、打得坚决，派使者段训增刘虞的封邑并令其督关东六州事；拜公孙瓒为前将军，封易侯，假节，督幽、并、青、冀州。

公孙瓒在使者面前表达了两个意思：

1. 谢谢你送的证书，这两年玩命地跟袁绍打的人是我，没有刘虞什么事，这老小子一直预谋跟袁绍称帝呢！

也不知道他哪里来的底气，刘虞不支持他打袁绍的话，断他半个月的粮，袁绍就能整死他。

2. 你来得正好，你代表天子，在蓟城问斩刘虞。

公孙瓒在杀刘虞之前，还拿袁绍的那句话来黑刘虞："如果刘虞真的当为天子，老天现在当以风雨示现。"

在汉末大乱世中，一路秉臣节的好大臣、抚万民的好省长、少数民族的好哥哥刘虞，在蓟城的大太阳下，被一路懵圈的段训杀了。

刘虞被杀的时候，前任常山国相孙瑾，掾张逸、张瓒等站出来一块儿陪着死，他的首级后来被公孙瓒送往长安时被其旧部在半路上截下送回安葬。

自188年幽州匪乱不能制，刘虞入主救火后，这些年他基本上以最大的努力做到了保境安民，他为人宽厚、广施仁义，在幽州深得民心，死的时候百姓无不流泪痛惜。

客观地来讲，他和公孙瓒是相互成就。没有公孙瓒，少数民族不会那么痛快地抢着跟刘虞合作；刘虞不敢那么硬气地怼袁绍拿他当木偶皇帝的预谋。没有刘虞，公孙瓒大概率还陷在和少数民族的战争泥潭里，更不会没有任何粮草等后顾之忧地在前方和袁绍对打。

但缺理的那一方，到底还是公孙瓒。刘虞从最开始就是幽州大领导，是州牧，是公孙瓒的全方位长官。

1. 公孙瓒作为低一级的直属行政单位绕过领导联系袁术和陶谦。

2. 公孙瓒一次又一次地破坏领导的计划和少数民族政策。

3. 公孙瓒在没有任何行政权力的情况下推选出了青州刺史、冀州刺史、兖州刺史。

4. 刘虞对公孙瓒有提拔之恩，他从东北喝风要饭回来的时候被封为侯，给他军权，供他粮草。

公孙瓒逼着段训杀了刘虞后，不让段训走，他让段训当了幽州刺史。什么意思呢？他想甩锅。

1. 刘虞是朝廷派来的段训杀的，脑袋我也快递长安去了。

2. 段训杀了人以后自己当了幽州刺史，他眼红刘虞的位置。

3. 我留了心眼，我只让段训当刺史，只有监察和军事职能；这俩职能又全在我这儿，从今天起我当幽州的隐形州牧。

但是，幽州人民又不是傻子，都知道这几年公孙瓒是怎么回事，最终刘虞被杀无论公孙瓒怎么甩锅，在世人的眼光中都是另一种颜色。

1. 公孙瓒的顶头上司刘虞是个忠君爱民的人。

2. 公孙瓒一直拿刘虞不当回事儿，一个军官就敢满世界地命令一州之长。

3. 刘虞对公孙瓒有恩，最终公孙瓒却杀了刘虞。

公孙瓒在口碑上彻底地变成了北方孙坚：一个胳膊粗、没规矩、以下克上的乱臣贼子。

到了 193 年年底，袁绍导演的"太行山剿匪记"圆满谢幕，公孙瓒以下克上地弄死了老长官。整个河北地区在混战两年后最终剩下了两个大玩家：袁绍和公孙瓒。（见图 2-8）

但是，整个河北在三年的乱战征伐后也看清楚了最终的结局。

杀了刘虞，成了公孙瓒最终败亡的导火索。从此刻起，整个幽州的民心开始和公孙瓒作对。公孙瓒无法在一个满怀仇视的根据地中去面

图 2-8　公元 193 年年底袁绍与公孙瓒势力范围图

对南边这么强大的一个对手。其实这两年公孙瓒没有趁着初期的强大优势干掉袁绍时，就已经预言了他最终会败亡的结局。只是时间问题。

这一年继河北开始预言结局后，兖州的曹操这一年非常忙，在上半年打秃袁术后，下半年往东南发展，开始和徐州的陶谦开战。

双方的梁子其实早就结下了。在 192 年的时候，公孙瓒和袁绍各种开打，陶谦就作为公孙瓒的友军屯兵发干县逼迫袁绍了。

他怎么能一路推倒曹操东郡上的地盘呢？因为陶谦这些年其实是个伸手极广的隐形东南大佬。

说说陶谦的履历。陶谦家族是丹阳士族，他爹是余姚县长，因为死得早，陶谦从小没有老爹吓唬所以在丹阳是以"不羁"闻名的。

后来一次很偶然的机会，十四岁的陶谦正和当地的半大小子们胡闹时，被同县老乡原来的苍梧太守看到了，相中了他的相貌和孩子王的做派，于是跟小陶谦沟通后把闺女嫁给了他。

一个类似于刘邦娶媳妇的故事，陶谦丈母娘问："我听说陶家那小子天天不务正业，咋把闺女嫁给他！"他老丈人说："长得精神，长大了一定行，别废话，姑爷就他了！"

陶谦靠着自家的宗族势力和丈人的帮衬举茂才（顶级入仕门槛）进了仕途，后来还在汉末干过幽州刺史（跟公孙瓒有了交情），在西羌那边刚刚闹起来时还被皇甫嵩带着去关中平匪。

后来皇甫嵩被太监阴了，派来了张温当总指挥，但陶谦跟董卓一样对张温非常不敬。

张温出现在史书中比较倒霉，他的存在就是被各路猛人不理的。董卓不理他，孙坚跟他没大没小，陶谦则直接"辱"他。

后来在各位同僚的说和下，张温放过了陶谦，到了 188 年徐州黄巾又闹起来后，陶谦成了徐州刺史，成功平乱，随后成功地拿到了一张乱世入场券。①

为什么要说陶谦闷声发大财呢？他伸手极广。陶谦屯的发干县，属于曹操地盘的东郡，在黄河以北。他从哪个方向进来的呢？东边的泰山。

在去年董卓死后，以陶谦为主导的联盟嚷嚷着迎献帝于关中，队伍横跨五大州：

徐州的有：徐州刺史陶谦、琅邪相阴德、东海相刘馗、彭城相汲廉。

青州的有：北海相孔融。

---

① 《后汉书·陶谦传》：会徐州黄巾起，以谦为徐州刺史，击黄巾，大破走之，境内晏然。

扬州的有：前扬州刺史周乾、前九江太守服虔。

兖州的有：泰山太守应劭。

豫州的有：沛相袁忠、汝南太守徐璆。

看上去成分很杂，但其实是以徐州为中心的几乎整个东南地区，涉及的势力范围是这样的（见图2-9）：

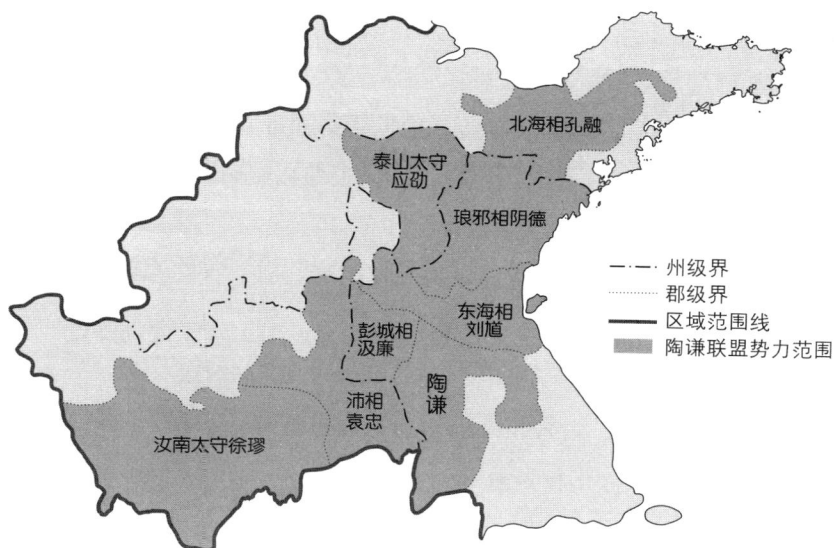

图2-9　陶谦联盟势力图

刨除扬州的两位前任领导不算，陶谦能动员的朋友圈是上面的区域。

陶谦主导的这个联盟势力着实不小。比如说曹操辖区的兖州，最东边的泰山就是陶谦的势力范围。

在陶谦版的联盟中有泰山太守应劭，曹操入兖州后发生了非常神奇的一幕。泰山太守应劭根本没管兖州流民军的事。

曹操五子良将中的于禁是泰山钜平人，属于将军王朗，王朗把于禁推荐到曹操这儿上班。[①]

王朗是谁呢？王朗是东海人，师从太尉杨赐，杨赐死后王朗就辞职了，后来别人举孝廉、辟公府他全不去，直到徐州刺史陶谦举他为茂才，他才去上班了。

再后来呢，陶谦嚷嚷完迎接献帝后又给李傕这帮人送礼，要来了徐州牧的正式授权编制，并且还给手下赵昱和王朗要来了广陵太守和会稽太守的官。他把张超的广陵太守从中央那儿正式除名，还将手伸到了扬州的会稽郡。

王朗是他非常信任的小弟。也由此可以推断出，泰山郡在曹操刚入兖州时基本上是陶谦的势力范围，小弟王朗在兖州活动，还示好推荐了高级军官于禁过去搞串联或者说做卧底。

陶谦是个非常有水平且一直被忽视的野心家。他在东南不仅搞得有声有色，而且一度掺和到了齐鲁大地。

响应公孙瓒一路屯兵到了发干县，就是走的齐鲁线。

陈瑀是下邳人，后来被打跑后回的也是下邳。下邳是陶谦的大本营。大概率陈瑀被徐州牧陶谦策反了。

三国初期提到东南大佬，普遍的印象是后来称帝的袁术。其实陶谦就是死得太早了，要不袁术后面根本用不着曹操去打。

在193年的时候，曹操北面是老大哥袁绍，西面是同盟军张邈等兖州势力比较敏感，所以只能向东、向南拓展。目前东、南的大势力就是陶谦，还是公孙瓒的盟友。所以说曹操如果想扩大自己的影响力，只能往陶谦这儿伸手。（见图2-10）

---

① 《三国志·于禁传》：及太祖领兖州，禁与其党俱诣为都伯，属将军王朗。朗异之，荐禁才任大将军。

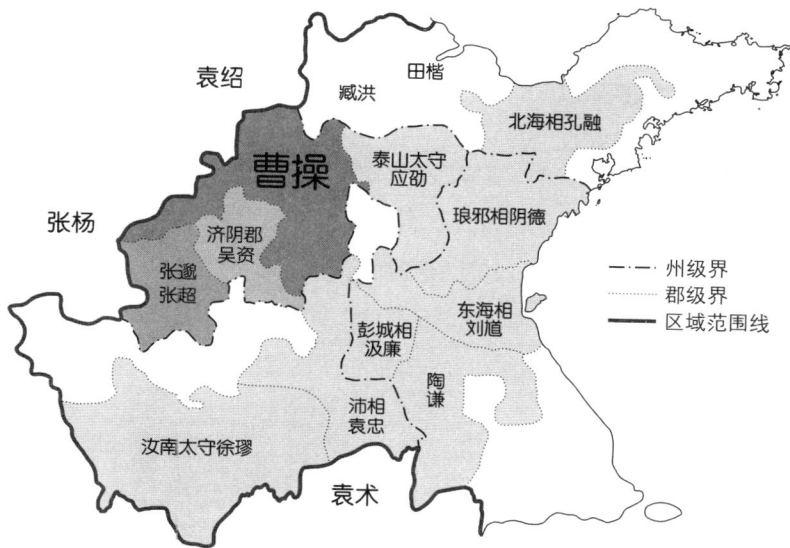

图 2-10　曹操周边势力范围图

　　曹操在 1993 年时无可避免地向陶谦开战，尤其还是在陶谦先动手的前提下。

　　开战的源头是下邳地区聚集了数千人，有阙三自称天子，然后徐州牧陶谦和这个阙三将兵锋直接推到了泰山郡，还劫掠了任城郡。曹操和袁绍出兵打陶谦了。没错，袁绍又来帮忙了，很难想象这哥俩在创业初期好得跟连体婴一样。

　　袁绍派遣朱灵督三营兵前来助战。非常有意思的是，助阵完之后，朱灵和麾下部曲不走了，原因是觉得曹操的人格魅力沁人心脾，被倾倒了。①

　　这个朱灵真的是仰慕曹操到这份儿上吗？

---

　　① 《三国志·徐晃传》：绍所遣诸将各罢归，灵曰："灵观人多矣，无若曹公者，此乃真明主也。今已遇，复何之？"遂留不去。所将士卒慕之，皆随灵留。

看看他和袁绍的那些交往历史：当初公孙瓒界桥开战前整个河北几乎都叛变了，清河郡的季雍以鄃城投降了公孙瓒。朱灵的全家都在里面。随后袁绍非常罕见地派朱灵去收复鄃城。季雍把朱灵全家都挂城头上了，表示快投降吧，什么玩意儿有老婆孩子金贵？朱灵望着城头大哭道："我生是袁本初的人，死是大忽悠的鬼，早顾不上家了！"朱灵力战后拿下鄃城生擒季雍。当然，一家子全死了。

你说朱灵恨不恨袁绍呢？

袁绍知道他是鄃城人，他带兵来打，家属肯定会被作为筹码要挟。往好了说这是信任你，真的相信你会大公无私、秉公办事，不怕你变心；往坏了说就是看你愿不愿意为我袁绍献祭出一切。算计太深了。

朱灵是因为这个原因恨了袁绍，扭头爱上了曹操吗？估计不是，因为曹操非常恨这个主动投靠的朱灵，最后派于禁夺了他的兵权。

曹操对降将向来是给机会的，为什么对没有什么黑材料的朱灵这么恨呢？

按理说于禁也是被安插过来的间谍，但后来于禁怎么就深得重用呢？曹操是搞人妻的主，人家很开放，是不在乎一个人的过去的。最大的可能，是曹操知道朱灵是袁绍安插过来的间谍，而且朱灵一直心向袁绍。

此时袁、曹是极度蜜月期，两人换媳妇估计都不带犹豫的，但袁绍早早地就派了愿意为他死全家的朱灵来做曹操这里的间谍了，这线埋得也太早了。

都说曹操一张大白脸，奸诈出了高度和风格。

其实袁绍呢？从当年导演太监杀何进开始，吓唬韩馥送大印，诱惑公孙瓒骑兵出击，再到家属被绑票后继续玩游戏，袁绍出品的每出戏从来都没有让人失望。

你不能不承认，袁绍在"琢磨"人这方面是天才。这又早早地在兄弟身边埋上暗线了。

要不是当初董卓突然闯进来，袁绍真的不知道会把历史的道路引向何方。

193 年秋，曹操出兵徐州，打下了徐州十多座城，一路打到了徐州第一枢纽彭城。在彭城会战中陶谦被打死了一万多人，逃跑退守郯城。危机之下，他派人向友军公孙瓒的小弟青州刺史田楷求援。于是田楷带着平原相刘备救援来了。

皇叔在汉末已经混了很多年了，此时混成什么样了呢："时先主自有兵千余人及幽州乌丸杂胡骑，又略得饥民数千人。"太惨了，就还一千来人和一点少数民族骑兵，一路上又拉了几千个饥民充数。

田楷、刘备到了以后，曹操因为没有军粮了，于是撤军了。刘备随后换了老板，表示我今后跟陶谦混了。

陶谦给了刘备四千丹阳兵，又表刘备为豫州刺史，让他屯小沛，顶住曹操南来的路。

总体来讲，在收编青州兵后的一年中，在整个 193 年，曹操展现出了极其神勇的一系列战斗成果：帮着袁绍打赢公孙瓒联盟，把袁术一路自河南打到安徽，把近年来风头正劲的陶谦打得连城都不敢出。

曹操打陶谦没问题，陶谦敢挑衅上兖州劫掠，不打我这兖州一哥的面子往哪儿搁！

但是，曹操打陶谦时忘了一件事。

忘了的这件事，某种意义上出现了蝴蝶效应，差点儿毁掉了他为之奋斗的一切。

六、曹嵩祸死，张邈叛曹

194 年年初，曹操他爹曹嵩死在了陶谦手上。

曹嵩自曹操起义后就一溜烟地跑到了徐州的琅邪郡避祸。

他认为曹操这小子从过往表现来看就是个败家子儿，这辈子投胎到他这儿就是讨债来了，这回也一样，掀不起多大风浪，将来还得自己给他擦屁股，但造反这屁股太大了，实在给他擦不了了。岁数大了，再过不了这种提心吊胆的日子了，还是离他远点儿好。谁知道几年下来，这小子成兖州法人了，也不知道接我过去，我不能上赶着找他去吧！

然后，突然有一天新闻传来，曹嵩千挑万选的这个避难地却成了敌占区。琅邪郡在徐州，属于陶谦的地盘。

曹操把这个地方的陶谦给打了，拿下十多座城，还在彭城杀了一万多人，把陶省长的脸当鞋垫子踩。这个王八蛋不知道老子在琅邪嘛！

最可气的是，曹操围攻陶谦的郯城离琅邪郡已经很近了，曹嵩以为曹操会派兵接他回兖州去疗养，但谁也没想到传来的新闻是：你儿子把徐州打穿了一遍，把陶谦就差踩脑袋吐痰了，然后吃完了粮食自己回家了。

一股不祥的预感向曹嵩袭来。根据这辈子的过往经验来看，绝对是指望不上这王八蛋儿子的。曹嵩于是迅速地打包行李，带着家族赶紧奔兖州而来。

曹操这辈子确确实实就是找他讨债来的，让他提心吊胆了一辈子，惹了无数祸，最后成功地把他坑死了。在投奔他儿子的过程中，曹嵩被陶谦给"做"掉了，这些年的灰色收入成了陶谦的军费。

关于曹嵩之死，一直有两种说法，有认为陶谦冤的，也有认为就是陶谦干的。

《三国志》里的说法比较直接："董卓之乱，避难琅邪，为陶谦所害。"就是你陶谦弄死的。

《世语》里的说法则更详细，是曹嵩前往泰山郡，已经到了两州交界的地方了，被陶谦派出的数千骑兵追杀致死。

《后汉书·应劭传》里说：曹嵩和儿子曹德从琅邪入泰山，泰山太守应劭派兵去迎，结果陶谦因为曹操的原因派轻骑追杀，成功地在郡界"做"了曹嵩一家，应劭害怕曹操迁怒于他，投奔袁绍去了。

这都是铁证如山，说陶谦被打急眼了把曹嵩给"做"了。

另一种说法，是《三国志·吴书》里记载的。陶谦不但没追杀曹嵩，反而派了两百骑兵护送，结果护送的校尉临时起意，杀了曹嵩、劫了财物，逃去淮南了。

从各方面的佐证来看，《三国志·吴书》应该是突显陶谦无辜然后为了拉低曹操的形象分而做假的。

结合陶谦打小放荡不羁的性格，大概率就是陶谦"做"了曹嵩。

千万别以为陶谦是个受气包。是他打曹操在先，这些年欺负别人欺负惯了，突然碰上硬茬让人家反过来暴打了一顿，脸上挂不住了，输急眼了，脑子一热就杀人家父母了。

曹操在听到他爹被杀的消息时突然想起："总是向你索取却不曾说谢谢你，直到长大以后我还不懂得你有多么不容易。老爹啊！我这辈子从来都是闯了祸去找你，我是太想活出个样来给你看了！让你骄傲估计是谈不上了，你要是活着估计连祖坟都不会让我进，我是没让你过了一天踏实日子啊！"

晚了！现在说什么都晚了！

当了一辈子混蛋儿子最终成功坑死老爹的曹操，年近不惑之年，忠君爱民了半辈子，在怒发冲冠后干下了几乎毁灭他一生事业的事情：曹操下令屠灭徐州为他爹陪葬。

人在极度愤怒时千万不要下决定！千万千万不要！因为很多破坏力极大的决定一旦颁布，很多魔鬼会随之而来地被放出来！打着你名义的利益链条会自动开启，你想收都收不回来！但最终的买单者，是你这个开启魔鬼大门的决策者。

正常来讲，冤有头债有主，曹操为什么会如此迁怒百万徐州百姓呢？

人越是缺什么的时候，往往就会报复性地进行过激补偿。他亏孝，亏得特别厉害，他自己知道太对不起他爹了，他想不出来什么更能补偿他爹的了。

当年，救青州万民的是他；今天，屠徐州百姓的也是他。

只是导致他做出决策的环境发生了变化。

在青州，他要名垂青史做士大夫；在徐州，他要让徐州百姓给他爹陪葬。

人永远是复杂的，无论他多么伟大，也总有他亏欠到当牛做马都还不清债的那个人。无论怎样，尽可能不要亏孝，人这辈子最重要的人真的没几个。

随后，以青州军为主力的曹军在放开了手脚无限劫掠奖励的前提下开始爆发出了强悍威猛的战斗力。

青州军客观来讲本来都是好人家的淳朴百姓，但在五六年的流寇生活里已经野化了，释放出人性中太多弱肉强食的原罪了。这种人性的原罪会随狂风而鼓噪，随烈火而燃烧！

应劭逃离泰山后，曹操走的东线，先接管泰山，然后略地至琅邪、东海，所过屠城，鸡犬不留。

本来驻防在小沛的刘备听说曹操从东线杀过来了，迅速地来到郯城补防，结果在郯城东被曹操打垮。曹操继续往南打，打破了襄贲，然后继续一路走一路杀！

陶谦一筹莫展，准备跨过长江逃往老家丹阳郡，这辈子的创业算是到头了。甭管陶谦多会布局，多会网罗势力，碰见打不过的阎王一点儿辙没有，说什么都不好使！

等死吧！

徐州虽然姓了曹也没什么用了，徐州民心和可榨取的实力从此跟曹操都没有关系了。

就在曹操肆无忌惮地将各种暴行释放的时候，此处，话锋猛地一转。

曹操的此次征伐在徐州血债累累，冤有头债有主，丧父固然痛心，他不该对无辜的百姓施加如此暴行。本来就是错在你，你爹在人家地盘上，你砸人家场子，砸了还不知道派人保护你爹，你这是什么混蛋儿子！徐州百姓错在哪儿！

曹操施完淫威迅速地得到了现世报，他接到了红色警报，内容很惊悚：曹操异父异母的兄弟、发小、支持者、陈留太守张邈，张邈的弟弟张超，谋士陈宫三人反了，迎吕布为兖州牧，兖州全境响应，目前只有鄄城、范县、东阿仍在曹操手中。（见图2-11）

这要不叫现世报，就没有能当典型案例的了。

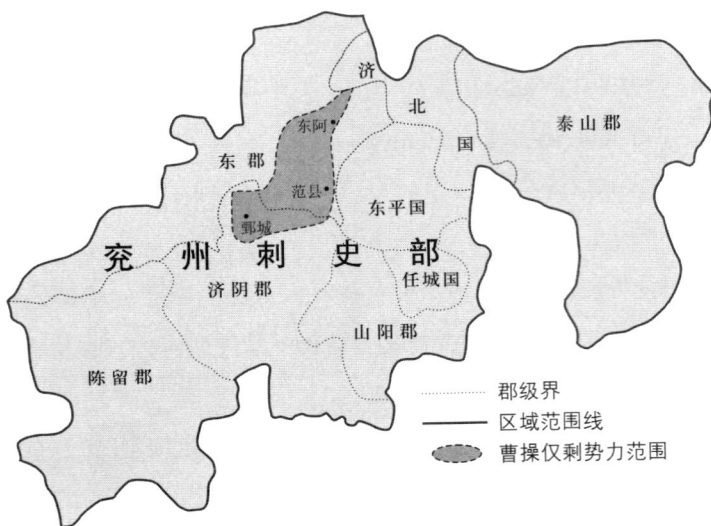

图 2-11 曹操仅剩三县势力范围图

曹操一夜间由马上要横跨两州的超级省长降成了县长，被迫班师，徐州百姓因此得到了救赎。当然，陶谦也续了命。但也可能因为这次惊吓过度，他也快到日子了。

奉先再次上场了，我们来看看他在太师死后的两年时间里都在哪里漂泊。

192 年六月，连杀两位老板的吕布被丧家犬般地踢出了长安后，最终仅仅卒数百骑兵带着董卓的首级逃出了武关。

他先投靠了袁术，他以为他杀了董卓给他袁家报仇，袁术应该感谢他，结果袁术盗亦有道，因为吕布反复无常，袁术根本不接待他。

专门跟非主流联盟的袁术都不要他，吕布无奈只能壮着胆子来到了主流的袁绍那儿。

袁导向来能摆弄各路演员，而且时机比较好，袁绍此时正在拍

《黑山剿匪记》，会战张燕黑山贼于常山，正缺武打演员，于是吕布应聘去了。

当时张燕有精锐骑兵数千，这让袁绍非常头疼。吕布作为客串演员换衣服就上场试镜了，打骑兵战是吕布起家的本事。吕布为了在袁绍这儿立足，这部戏拍得很卖力气，不仅不用替身，还经常与亲随成廉、魏越等率领骑兵军团亲自冲锋。吕布打起来勇猛无比，战绩颇佳。

在帮袁绍击破张燕军后，吕布又翘尾巴了，他多次向袁绍要求增加军队而且纵兵劫掠，弄得当地怨声载道。这让袁绍很不高兴，吕布祸祸的是袁绍的地盘，再加上吕布习惯性弑主的烂名声，袁绍准备要暗杀他。不过让吕布察觉到了。

专门杀爹的吕布对于危险的敏感度非常高，于是在袁绍杀他之前成功地逃脱，又逃到河内张杨处。

张杨是他的并州老乡，但这个老乡得到了李傕、郭汜的消息：杀了吕布，中央大大地有赏。

吕布听说后，对张杨说：兄弟你杀了我吧，杀了我你的实力就弱了，但却能得到李傕的高官赏赐，挺合适的买卖。张杨一琢磨，于是表面答应李傕、郭汜，背地里就是不动手，继续观望。

李傕、郭汜一琢磨，明白是什么意思，于是迅速地调转角度，又下了一封诏书，封吕布为颍川太守。既然你不想当坏人，那这人情还是留给我们，我们跟吕布握手言和吧。至此，并州势力的吕布和张杨连跨河内与颍川连在了一起。

也是在这个时候，吕布进入了一个集团的眼帘。

吕布从袁绍那儿去投奔张杨的时候，路过了张邈的地盘，张邈派人迎接吕布，对他大加款待，临分手时还握手盟誓。这就是张邈的不对了，因为他现在和曹操是一伙的，而曹操的大哥又是袁绍。不过后面的发展，让我们产生了怀疑，这也许是有预谋的一次示好。因为后来曹操老爹被杀，曹操在第二次带着全部人马去抽陶谦的时候，张邈听从了陈宫的建议，迎此时在颍川的吕布入主兖州。

吕布袭兖州，是后来人们谈论这段历史的主要说法。实际上，这段历史并不简单。本质上应该叫作张邈叛曹操。

陈留太守张邈，和曹操是好朋友。当年曹操起兵的时候，投奔的是张邈。

两人好到什么程度呢？曹操第一次打陶谦之前，跟家眷说的是："如果我回不来了，你们就去投奔张邈。"打陶谦回来后，哥俩还抱一块哭一通呢。这是托妻献子的交情啊！

兖州是反董卓联盟的中坚力量，当年兖州刺史刘岱、陈留太守张邈、东郡太守桥瑁、济北相鲍信、山阳太守袁遗，再加上当时张邈的小弟曹操，兖州六票成为讨董联军票王。

但后来刘岱杀了桥瑁，曹操又打跑了刘岱派下来的东郡代理人，随后刘岱死在黄巾手下，鲍信又拉了曹操当兖州的话事人，紧接着鲍信也战死了，袁遗被袁绍派去抢扬州随后死在沛县，兖州就还剩下两个革命大佬：一个张邈、一个张邈当年的小弟，现在的大哥，曹操。

史书中说鲍信等人当年迎曹操入兖州，其实根本不是我们认为的兖州从此就姓曹了，而是一堆手里有点儿实力的本地股东拉了另一个更能闯的小股东，然后董事会公推曹操当总经理了。

最开始的时候，张邈并没有同意曹操入主兖州。迎曹操的最大领导是鲍信，下面就是州吏万潜了。热烈欢迎曹操的是青州黄巾泛滥的东兖州领导们，西兖州根本没表态！因为曹操此时是袁绍的人，几年下来这哥俩穿一条裤子，满世界开战是有目共睹的。

之前我们说，关东联军在解体后，分成了袁绍集团 PK 全世界：董卓、袁术、孙坚、刘虞、公孙瓒、陶谦这一大帮全在跟袁绍开战。

曹操在血与火的拼杀中渐渐地出息了，成为袁绍大哥的南方第一打手、配合袁绍作战的第一铁拳。这让张邈心很虚。因为他和袁绍很不对付。

当年成立讨董联盟时，袁绍当上盟主后比较嘚瑟，张邈曾经公开数落过袁盟主，两家开始结下梁子。后来袁绍向小弟曹操多次授意，去把张邈给"做"了。

曹操拒了很多次，对袁绍说："张邈是自家兄弟，甭管对错都得高看他一眼，现在天下未定，不能自家人开干啊！"

救人帮人的话千万要多说，骂人损人的话尽可能不说。因为你无论说什么，最终都会传到被说那个人的耳朵里。看不顺眼也尽量闭紧我们的嘴，千千万万别竖仇家。原因就是，用曾仕强教授说过很多遍的那句名言："我们中国人的复仇心很强，我们的复仇期很长。"

曹操的话被张邈迅速地知道了，张邈在感激之余心里同样是哆嗦的：谁知道曹操这大兄弟会不会哪天大义灭亲了呢？

双方不久后就有了裂痕。

当年王匡当袁绍小弟，杀过董卓派来和解的朝廷官员，后来王匡被董卓偷袭后部队都打光了，袁大哥没有什么表示。王匡于是回老家泰山继续募兵去了，又收了数千人，但这次王匡准备去跟张邈混了。你袁绍不够意思，我找张邈去了。

王匡的跳槽让袁绍很不爽，宁我负人，人勿负我，于是袁绍又下了一个扣。

王匡杀的朝廷命官里有一个叫胡母班的泰山豪族。袁绍把这个消息放出后，在泰山招兵的王匡顺利地等来了胡母班，并杀了他。胡母班家族不胜愤怒，联合曹操，杀了王匡。

曹操从扬州招兵回来后就没再投奔张邈，后来又杀过想投奔张邈的王匡，双方其实已经对立上了。不过由于黄巾军势大，以及鲍信力主、袁绍在背后支持的情况下，曹操入主兖州并没有被张邈等人公开反对。

张邈没有迎曹操，只是没有反对，选择了让子弹飞一会儿。

当时就是拿你当个打手，认为你会死在黄巾军手里，即便不死到时候你也没什么实力了，再收拾你也不晚。

不过，谁也没想到的是，曹操到了兖州后迅速地鲤鱼化龙了，刘岱和鲍信的地盘被曹操继承了，随后还得了一大票无主的青州兵，瞬间带过来一百万干活的移民。

这一百万人是什么概念呢？后来刘禅投降的时候，整个国家登记在册的正常人口总数不过九十四万。（并不是说蜀汉总人口，没算军籍和吏籍。）

兖州也由最开始的曹经理出面带领股东们扭亏为盈突然间变成了曹操占了大股份。面上双方也许还能说些托妻献子的话，但心里盘算的都是那零和博弈下的利益。

就算没有裂痕，就算真是好兄弟又能怎么样？我们也看到了曹操和袁绍这哥俩在这几年好到了什么份儿上，但后来那场官渡大战的主角又都是谁呢？

张邈觉得自己的利益受损了，大有被曹操吞并的趋势，于是决定再也不能这样活。

但是，曹操瞬间崩盘到只剩三个县，真的仅仅是张邈和吕布的原因吗？

张邈就算联合了吕布、张杨以及友军济阴的吴资，充其量地盘也就是那么大。

北面有袁绍，东面有曹操，曹操只要回来弄死他们是轻轻松松的。这几年曹操的战绩他是知道的，曹袁联军屠袁术的主场就在陈留郡的封丘！他是亲眼见过那哥俩是怎么宰鸡的！

他心里其实清楚，他也是鸡。那他为什么还敢干这种不知死活的事情呢？因为他得到了确切消息，他的这一刀能彻底地捅死曹操！

谁让曹操差点儿万劫不复呢？

又是谁帮曹操挽狂澜于既倒，扶大厦之将倾的呢？

他的"子房"要闪闪发光了！

七、陈宫之乱

除了和张邈的关系早已貌合神离外，曹操在兖州也干出了很多不和谐的事。他杀了很多不服他的士族。最著名的那个，叫边让。

边让是陈留人，当年何进想尽办法求他来壮门面，然后边让在何进府上高谈阔论，让数百人听得如痴如醉。他属于东汉末年咖位比较高的，后来被朝廷任命为九江太守，干了没两年觉得世道乱，就辞官回老家了。

这是比较官方的解释，真正的原因是那几年九江被袁术、孙坚和袁绍来回拉抽屉，他这个明星在夹缝中活得很艰难。

结果他刚爬出菜窖，又掉萝卜坑里了。回老家后不久，山东黄巾来了，曹操当领导了。随后本土巨星边让和曹操很不对付，经常对曹操冷嘲热讽，然后就被曹操给杀了全家。

他被杀的原因很值得研究一下："恃才气，不屈曹操，多轻侮之言。"

1. "恃才气"，边让仗着才气、名头并不怕曹操。这是圈里人，身边的弟兄们多，而曹操上半辈子不过是为了挤进这个圈子里。

2. "不屈曹操"，这里很有意思，不屈服什么呢？是曹操让他去上班他不去？还是曹操的政策他不同意所以不屈服？

3.“轻侮之言”，他能说曹操什么呢？攻击曹操的太监出身问题？怎么可能，都是台面上的成年人，又不是傻子！怎么可能因为这个得罪人！就算是笑话他的太监祖宗，曹操也不可能因为边让没事打嘴炮就一个宗族一个宗族地杀当地的世家大族。

能让政治家大开杀戒的原因只可能是扰乱统治稳定的问题。归根到底，是因为青州兵的收编政策严重地损害了当地豪族的利益。

安置青州黄巾这一百万人的土地从哪里来？从那些无主之地来。对啊，无主之地啊！兖州不是被这些年的黄巾起义揉碎了吗？不是大把土地荒着吗？这谁能管得着呢？

对，确实如此，但那堆荒着的地虽然现在无主，却是还剩下的这堆名士豪族要分割的红利！你怎么自己独吞了呢！你怎么还分给黄巾贼了呢！这是造反的贼啊！你怎么还当上贼头了呢？

边让这帮人平时的“不屈”曹操，大概率就是不服从曹操的土地政策，“轻侮之言”说的就是曹操不走正道，跟黄巾贼穿一条裤子，不是我大汉的好官员。

曹操同样很委屈，黄巾贼满世界祸祸的时候你们都去哪儿了？怎么不跟黄巾贼嚷嚷这地是你们的呢？

曹操认为有人群的地方，就有左中右，在路线问题上向来就没有调和的余地，扫帚不到，这群灰尘照例不会自己跑掉。面对这帮剿匪无方、分钱有术的“主流艺术家们”，曹操选择了暴力镇压。

但弄死边让后才发现事情并没有那么简单，名士们都是有粉丝的，是有社会影响的，还是当地的世家大族。曹操弄死兖州名士，这有一个很不好的象征。这意味着曹操和兖州的这帮原生力量划清界限了，毕竟名士的地区名片都让曹操撕了。

曹操在收编黄巾和做兖州士族的代言人之间选择了兖州的仇人，

那群青州黄巾！这让当地的士族豪族们开始琢磨，曹操还适不适合当我们的代理人。

暗流汹涌下，并非没有苗头。

当时的陈留高氏中的一个小年轻叫作高柔，他对家里人说："陈留是四战之地，曹将军志在四方满世界开打，在兖州总待不住，张邈那边恐怕会搞事情啊！咱还是去河北避避吧。"①

曹操知道吗？不可能不知道啊，第一次出征徐州的时候还跟张邈玩托妻献子呢，这是稳住张邈的招数啊！那他为什么还让张邈、吕布算计了呢？两个原因：

1. 被杀父之仇冲昏了头脑，把部队全带到了徐州搞杀人派对。

2. 他算漏了关键的一个人。当初劝他收兖州为霸业之资的那个他极其信任的人：陈宫。

真实的陈宫不是吕伯奢惨案灵魂煎熬者那个样子，他这辈子可从来没把人民当回事。而是这个样子的：跟吕布算是物以类聚，两人脑袋后面都是顶级反骨。这次背叛并不是他最后一次弑主的阴谋。

《典略》曰："陈宫字公台，东郡人也。刚直烈壮，少与海内知名之士皆联结。及天下乱，始随太祖。后自疑，乃从吕布。"

这段话有三个重点：

1. 东郡人。

2. 是个混社会的，和海内知名的士族们总是搞大串联。

3. "自疑"后才跟吕布混的。

他自疑什么呢？两种可能：

---

① 《三国志·高柔传》：今者英雄并起，陈留四战之地也。曹将军虽据兖州，本有四方之图，未得安坐守也。而张府君先得志于陈留，吾恐变乘间作也，欲与诸君避之。

1. 他害怕曹操也会像对待边让那样干掉他。

2. 他认为他的某些行为已经暴露了。

先来谈第一个问题，曹操会像对待边让那样干掉他吗？极大概率不会，因为他在曹操走之前是被安排和夏侯惇一块守濮阳的，真想干掉他是不会给他放到那个位置的。

他后来被抓，见曹操时说："我为臣不忠，为子不孝，没脸活着了，快杀了我吧。"

甭管曹操对别的名士怎么样，对他却没有亏待过，他生命最后一刻也承认了。曹操对他有偏爱，最终哭送他，而且对他家人厚待如初。

所以他"自疑"，应该是第二种可能。他认为自己某些对不起曹操的行为已经被暴露了。什么行为呢：他一直在阴谋颠覆曹操。

1. 曹操杀名士，很多名士是陈宫的朋友。

刚刚说过他"少与海内知名之士皆联结"，《资治通鉴》中说曹操杀了边让后，兖州的士大夫都非常恐惧。

2. 杀边让的原因我们说过，在利益分红上这帮士族不干。

3. 曹操入主兖州后，忽视了对兖州本土士族在仕途上的提拔与重用。

曹操统治的武力基础是他的谯县集团，文官系统是颍川集团。兖州本土士族没拿下什么关键岗位。这就有点类似于后来刘备入川的情况了，外来集团势力跟本土集团势力间权力的零和博弈。

曹操原来是袁绍封的东郡太守，他最早的大本营是东郡，他入主兖州后，把东郡太守安排给了自己的族人夏侯惇。

陈宫就是东郡东武阳人。人总是对自己的贡献扩大化来看的，在陈宫的眼中，因为他"与海内知名之士皆连结"，所以才有能力历经万难帮曹操从士族大咖那儿争取来了入主兖州的机会，曹操却连个太守都不给他做。他认为他功大，曹操认为自己能打，一个拿自己当金牌媒人，一个说对方大闺女上赶着倒贴，双方在利益认知上从最开始就有着巨大差别。

陈宫是兖州本土势力的一个重要代表。他一直在阴谋颠覆曹操的统治。因为他后来迎来吕布，整个兖州几乎全境同时响应。[①] 没有前期周密的准备，是做不到这一点的。

陈宫"自疑"后，他对张邈进行了关键性的挑唆。曹操去讨伐陶谦后，令夏侯惇和陈宫屯东郡，陈宫大老远地跑到了陈留去游说张邈。是陈宫勾搭的张邈。[②]

陈宫是这么说的："现在天下分裂，群雄并起，您有十万之众，在这个四战之地，本来应该当大英雄的，却被别人控制，不是太卑下了吗？"

陈宫在挑唆张邈，在勾他的火，这种话绝不是两人之前早有交流的。如果早已经确定好了要背叛曹操，早有预谋，陈宫应直接就说大哥准备好了咱动手吧。

现在曹军东征，其地空虚，吕布是猛士，善于作战，英勇无敌，将他接来一同占据兖州，观望天下形势，这是可以纵横一世的。这像不像他当初在刘岱死后过黄河劝鲍信他们迎曹操来的样子呢？

他自始至终都是个政治投机者，如果对现有的待遇不满意，就搅动局势，进行下一轮的布局。然后趁着下一次权力重组，向上继续攀爬。这也是个做局的阴谋家。

最终，张邈被说动了，于是派张超和陈宫去颍川接了吕布。张邈为什么从了呢？因为陈宫向他保证了早就渗透进了曹操内部。

1. 他早早地就开始布局兖州的复仇者联盟。

---

① 《后汉书·吕布传》：遂与弟超及宫等迎布为兖州牧，据濮阳，郡县皆应之。

② 《后汉书·吕布传》：宫因说邈曰……

2. 在怀疑走漏风声后迅速地挑唆了张邈也参加，并拉来了能打的吕布。

3. 兖州全境随后就迅速地集体响应了。

吕布落脚的根据地在濮阳，也就是曹操最早的根据地东郡，曹操辖属的剩下的几个郡的好几十个县也都叛变了。

再次重申一下，主导者是陈宫，曹操再迟钝也不会让身边军阀渗透到自己官僚系统这么深的！只有自己人才有可能干出毁灭性这么大的事！毁灭性的崩盘永远是内部出了问题！百分之百！

总体来讲，曹操在兖州的统治力量，尤其是本土中坚力量，对他是失望的。但是，最关键的爆破点，是这个陈宫。没有他，是否有人敢当这个出头鸟很难说；没有他，是否有人有人脉和能力去张罗这么大的事也很难说。而曹操唯独就看走眼了这个人！

他在出征徐州的时候不仅没带着他走，还让他守在了最重要的大本营东郡！

总之，兖州的全郡叛曹几乎从背后一刀捅死了曹操，但他们最终给曹操留了一口气，因为还有极其关键的三个县在曹操手中。一个县里有家属，一个县里是粮仓，一个县是关键中转站！

其实，曹操很有可能连最后三个县都没有了的。但王佐之才登场了！

吕布入兖州后，荀彧和程昱在守鄄城，张邈派刘翊去见荀彧："吕布来帮助曹使君进攻陶谦，应该马上供给他们军粮。"众人比较纳闷，什么情况，请吕布当外援？

这话是曹操的好兄弟张邈传的信，当时大家觉得没什么，但只有荀彧看出问题来了，这是要军变！荀彧的感觉非常精准，不仅张邈叛曹了，此时兖州全境也都出问题了。[1] 极大概率身边的兖州班子也全部倒戈了。[2] 于是荀彧立即命令军队加强布防，并急召濮阳的东郡太守夏侯惇。

为什么急招夏侯惇？因为夏侯惇驻防的濮阳离陈留张邈和济阴吴资太近，吕布如果已经进了兖州，那么此时的濮阳就变成了孤岛，夏侯惇大概率会没有防备地死在自己人手上！夏侯惇手中还有曹操此时安排驻防的留守部队！绝对不能丢！

当时夏侯惇听到荀彧报警后没有任何犹豫，迅速地带着部队放弃濮阳轻装前往鄄城了。因为曹操的家在那儿，同理，几乎所有的高级军官的家属也在那儿，这是必保的。

半路，撞上吕布了。吕布接阵后看到夏侯惇挺猛，于是败退，让了过去，直接奔濮阳去了，并拿下了濮阳的曹军辎重。

因为荀彧的及时通知，夏侯惇把濮阳中的队伍带了出来。鄄城已经内部叛乱了，夏侯惇带兵连夜诛杀谋反者数十人，才安定了军心。

鄄城内部安抚完毕后不久，豫州刺史郭贡就紧接着领数万大军兵临城下了。

整个三国时代，"奸"的名号始终被曹操牢牢地占据着。实际上吧，这个时代的做局者数不胜数。

郭贡是豫州刺史，肯定不会在兖州境内驻扎。离豫州最近的地方按理说是小沛。但那里是陶谦的地盘，驻扎着另一个豫州刺史刘备。郭贡背后的老板史书上没有明确表示，不过不会是张邈任命的，因为后面荀彧说郭贡和张邈不熟。就按他驻扎在离鄄城最近的梁国，此时路程也将近三百里。所以这绝对不是听说兖州内乱后才反应过来趁火打劫的。

---

① 《三国志·荀彧传》：而兖州诸城皆应布矣。
② 《资治通鉴·汉纪五十三》：督将、大吏多与邈、宫通谋……

就算打劫也不可能直接插到兖州的心脏，因为拿下鄄城他也守不住，谁也不会做赔本的买卖。

这是陈宫、张邈布局拉拢的一枚棋子。

暂不知这个豫州刺史是谁表奏的，但他对曹操的实力有着非常清晰的了解，因为他兵临城下后点名要见荀彧。荀彧慨然要赴约，夏侯惇等人说："您是一州的屏障，如果前往一定会有危险的，不能去！"

注意夏侯惇等人的口吻，"一州镇也"。这可以看出来此时荀彧在曹军是什么地位，而且郭贡点名要见的是荀彧。曹操不在，荀老板当家。荀彧和曹操，真的并非是"臣与君"那么简单。

荀彧说："郭贡与张邈他们平素并没有什么往来，现在来得及，肯定是还没下定跟咱撕破脸的决心，还能争取！就算不能帮助我们，也可以使他保持中立，如果我不去，他就真该打咱了！"

荀彧出城，与郭贡交谈后，说服了郭贡，郭贡引兵而去。

怎么交谈的，史书上没说，不过至此可以还原一下本次兵变的最初预定计划了：

1. 陈宫发布叛变信号，吕布前往攻濮阳，不知道内部出叛徒的夏侯惇在御敌过程中被陈宫变脸偷袭干掉。

2. 鄄城内部叛乱，拿下了荀彧等人，与此同时送信给豫州刺史郭贡，说曹操不地道，我们已经全州叛变曹操，您来当我们的老大，请您来接收鄄城。

3. 由于曹操家小都在鄄城，曹操部队杀回来后第一时间会去找豫州刺史拼命，两败俱伤后张邈、陈宫带着吕布来清盘。

但是荀彧机警地保存革命火种后，见郭贡的时候就变成了以下状况：

1. 你不是来捡软柿子的，叛变不好使，被我识破了，此时甄城已经没有内奸了，不会有内乱了。

2. 夏侯惇带回了濮阳的队伍，半道还把吕布给打了，现在城中力量很强大，想必你也听说了。

3. 咱们山不转水转，得不到好处了咱们可以交个朋友，听说陶谦表刘备当豫州刺史了，我们跟陶谦是死敌，将来会帮你。

郭贡就这样被劝走了。荀彧随后又与程昱定计，保全了范县和东阿。

夏侯惇和吕布的那场遭遇战打出了非常关键的意外收获，因为此战的俘虏中有人说："陈宫准备自己率军攻取东阿，又派氾嶷攻取范县。"

这两个县是兖州叛党们唯二没有事先收买的、需要武力拿下的，鄄城都不算，因为当夜夏侯惇斩了数十个阴谋起事的。

这个时候，荀彧对东阿人程昱说："如今全州都已背叛，只剩下了这三个城。陈宫派大军攻城，如果我们不能紧密地团结民心，这三城必定会动摇。你在东阿人民中声望很高，应该前去进行安抚。"

于是，程昱离开鄄城返回东阿，半路上他先去了范县，此时范县县令靳允因为不肯投降，他的老母、妻子、儿女都被吕布抓了起来。

程昱对靳允做了很长时间的思想工作，综合起来一句话："跟对人兴旺，跟错人败亡，看起来他们声势浩大，但吕布是匹夫，陈宫他们是在利用他，内部一盘散沙，曹操是天选之子，我们要立下田单复国的大功！"

靳允流着泪说："我不敢有二心。"

没多久，氾嶷率兵进入范县，靳允假惺惺地表示别打了咱谈谈吧。氾嶷以为靳允看新闻了，知道现在是个什么形势了，结果没有什么疑心，然后被靳允用伏兵刺杀了。

程昱带着一支骑兵部队截断了黄河的仓亭津渡口，此时陈宫率军赶到河边，但无法渡河。

程昱来到东阿后，发现东阿县令、颍川人枣祗已经率领吏民在城墙上坚守了。

至此，曹操遭到兖州全郡的集体叛变后，仍然保存住了大量的有生力量，并留下了三个革命火种。

吕布在拿下濮阳后一度带兵进攻鄄城，结果打不动，随后就回濮阳了。

以荀彧、夏侯惇、程昱、枣祗为首的留守班子也终于等到了曹操大军的归来。

八、兖州绝境翻盘战

曹操回军兖州后发表了必胜言论："吕布一下子得到一州的地盘，却不能占据东平，切断亢父、泰山的要道，利用险要的地势来阻拦我们回军，反而回去守濮阳了，我就知道这小子没多大的出息！咱赢定了！"

大家有没有发现这一章里之前的那种地形图已经不怎么用了。为什么呢？因为兖州是大平原，没什么可看的。

但是，平原并不意味着没有什么章法，平原里的门道是水路。没有水路，仗根本打不起。《孙子兵法》教导我们："百姓之费，十去其七，公家之费，破军罢马。"

因为粮草辎重要是指着车和牛，那就损耗太大了。粮草辎重必须上船才装得多、损耗小，省人力、畜力。

诸葛丞相后来就是被秦岭和陇西的山路给活活累死的！太操心了！

曹操要想从徐州回来，只可能走左边的亢父泗水线和右边的泰山武水线。

曹操能哈哈大笑的最关键原因，是他的"子房"保住了鄄城。

吕布无论是断泰山线还是堵亢父线，粮道都需要走泗水线。

曹操的留守主力基本没损失，荀彧随时都能从鄄城切断水路粮道。并非张邈无能，陈宫少智，恰恰因为是本地人，所以知道不能去堵曹操，想拿整个兖州耗死曹操。

这是荀彧第一次挽救革命级别的贡献。后面还有很多次。

曹操一帆风顺地从徐州回到了兖州，随后开始了一年多的兖州争夺战。

从军事的角度来看，其实曹操对战吕布的劣势根本不叫大，首先他的大量主力都在，只是失去了兖州的大量地盘和后续支持，但要知道曹操最牛的其实就是青州兵这支部队。这些年打黑山、追袁术、屠陶谦，战绩不是一般的好。

但是，这次跟吕布会战时，却出问题了。一向精锐的青州兵这次掉链子了。

史书是这么记载的："布出兵战，先以骑犯青州兵。青州兵奔，太祖陈乱，驰突火出，坠马，烧左手掌。司马楼异扶太祖上马，遂引去。"

吕布上来派骑兵冲阵，然后青州兵并不是被击败，而是"奔"了。随后曹操的军阵开始大乱，自我溃散，曹操不仅在逃跑过程中坠马，还把左手给烧了，是楼异给救起来才跑出去的。这里面透露出来两个信息：

1. 吕布擅长的是骑兵作战，他一路辗转，几年中发展出了相当可观的骑兵。

2. 兵法中写的是对的：尽量别在自家的地盘上打仗，因为家属都在，地盘也熟悉，很容易就都跑了。（散地则无战，诸侯自战其地，为散地。）

青州兵跟了曹操之后，在别人家地盘上往往能爆发强大的战斗力，因为可以玩命地抢而且地方不熟悉没法跑。

百万青州黄巾从良后基本上都安排在了曹操的地盘，青州兵一回来后发现对面骑兵杀过来了。更可怕的是，上一次青州黄巾被狂屠就是被公孙瓒拿骑兵秃噜得连河水都不流了。于是还没打就奔了，把曹操给扔出去了。

这一年的兖州大战几乎堪称曹操一生中最凶险的一段时间。

后来曹操收点兵马亲自带队去偷袭吕布在濮阳城西五十里的一支部队，到天明时大胜，但还没来得及撤退就遇到了吕布的支援，被三面包围。已经打了一宿的曹军继续又和吕布从早晨打到了下午，双方大战数十回合。

我们不能不佩服曹操的治军手段。不久前部队被吕布的骑兵冲得四散奔逃，现在却可以拢住队伍在打了一夜又大半天的情况下承受住数十回合的冲阵。

当时，相持甚急，曹军的体力渐渐地流向冰点，曹操决定募集陷阵军，打开包围圈！

"古之恶来"典韦前来冲阵！典韦一手持长矛一手撩戟，扔掉了盾牌，身穿两副铠甲作为人肉冲锋锤，带着数十先登陷阵勇士冲吕布而来。

箭矢如雨，穿着两副铁甲的典韦无视攻击继续冲（穿两副铁甲基本上弓箭就免疫了，但只有典韦能这么干，别人要是穿两副甲走都走不动）。

吕布的军阵开始向典韦陷阵军包抄过来！典韦对身边的将士说："护住我左右！十步！贼到我身边十步再告诉我！"

"十步了！"

"五步，五步再告诉我！"

随着步数的减少，意味着典韦身边的陷阵军也越来越少。

"五步！五步了！"

典韦随后开始发射带来的十余个撩戟（类似于小标枪），所掷应声而倒。典韦继续冲，吕布军阵崩溃了。曹操随后率军杀出。

这事儿还没完！濮阳会战仍在继续！

之后的一次更为凶险，曹操一度差点儿光荣，濮阳县的大姓田氏为吕布实行反间计，假意向曹操投降。结果曹操进入濮阳城后纵火焚烧了所经过的东门，表示破釜沉舟背水一战绝不退回！

曹操这样做是不知道韩信、项羽是军神才能赢得吗？并不是，曹操是给《孙子兵法》做点评、批注的人，水平相当靠谱，烧退路是在做两个表态：

1. 在做广告，我相信濮阳官兵们不会坑我，甭管你们怎么想的，我绝对相信。

2. "散地"作战是吧，我把退路烧了看你们还怎么跑！出了事都给我往死里打！

他更多是为了防自己人。

很遗憾，吕布突然出现了，曹军被偷袭后大败，曹操一度被抓。结果曹操往远方一指说："前面骑黄马的是曹操，赶紧追！"吕布军一听都疯了，全军开始追黄马。

曹操回头去找之前烧的城门，城门还很烫，大火还很旺，曹操穿越火线跑出来了。

曹操突围回营，发现全军都已经吓傻了，都以为他死城里了。曹操一如既往地发扬革命的浪漫主义精神大笑劳军，说你们赶紧做攻城器械，这帮人伏击都伤不到我，咱给足面子了，要来真的了！

随后双方继续相持了百余日，但 194 年赶上了天下大旱。久旱随后必蝗，老百姓在大灾荒下开始人吃人。

双方不再对峙，分别撤军。

九月，曹操回军鄄城，吕布在濮阳的给养也吃光了，率军到乘氏县吃大户，结果被乘氏豪族李进击败（李典族人），向东退到山阳。

这个时候一斛粮食已经达到了五十多万钱，曹操甚至无奈地开始取消募兵并且遣散了一部分新兵。最难的时刻，袁绍派人来对曹操说："投奔我来吧，把家小迁到我这儿来吧。"

曹操动心思了，可要是真迁过去了，曹操就彻彻底底地是小弟了。程昱对曹操说："再坚持一下吧，会有转机的。"

正史中的这段描写，是"程昱止太祖，太祖从之"。曹操没答应袁绍的要求，袁绍帮没帮忙没说。

但是《后汉书》做了补充："操围吕布于濮阳，为布所破，投绍，绍哀之，乃给兵五千人，还取兖州。"说袁绍出兵帮忙了。

可能性高吗？非常高。但却是以袁绍的方式。

后面在袁绍和曹操官渡开打后，陈琳写过一篇非常牛的《讨曹檄文》。

这篇文章最牛的地方就是说的基本上都是实话，但让你听了恨不得弄死曹操，曹操还没法还嘴。

里面写过这么一个论据："地夺于吕布，彷徨东裔，蹈据无所。幕府唯强干弱枝之义，且不登叛人之党，故复援旌擐甲，席卷赴征，金鼓响震，布众破沮，拯其死亡之患，复其方伯之任，是则幕府无德于兖土之民，而有大造于操也。"

袁绍说，曹操让吕布打得根据地都没了，是我实打实地出兵帮他打败了吕布，我对不起兖州人民啊，救了这么个混蛋玩意儿。

袁绍肯定是出兵了。出兵干了什么呢？夺取了曹操在黄河北边的东郡土地。在曹操跟吕布干仗的过程中，臧洪被袁绍迁到了曹操过去的根据地东武阳，当上了东郡太守。

后来吕布为什么在濮阳待不下去了呢？因为袁绍是出兵东郡黄河以北的地区，打跑了吕布、陈宫在东武阳的势力，并陈兵黄河边，让吕布不再敢回濮阳，然后就让臧洪在这儿当太守了。

名义上是帮助曹操出战，其实是把东郡的一半控制在了自己手里。然后捎带脚地减轻了曹操北面的军事压力。袁绍出兵，相当于曹操认栽割地当军费了。

袁绍河北大成之后，开始对曹操这个能打的小老弟下手了。由于曹操没有出家属为人质，袁绍大概率也没有派兵过黄河，也没提供粮草。

为什么这么说？

因为当年冬十月，曹操带兵退守东阿，退到了自己最后的诺亚方舟。当时只有东阿还有粮食！枣祗给曹操留下了末日的最后一批粮草！后来曹操挥鞭扫北最关键物质基础的屯田制，就是枣祗力排众议在制定政策之初就给出了完美方案！枣祗在许昌辩论得头头是道，是因为他早早地就在东阿小范围地试验了屯田制。

后来曹操回忆这位英年早逝的颍川奇才时深情地说："吕布之乱，兖州全都叛变了，只有范县东阿还在我身边（鄄城是被荀彧识破镇压了），全是枣祗据兵守城的原因，后来军粮艰难，是因为得到了东阿的余粮才最终挺了过来！"[1]

曹操为何要把军队带到大后方的东阿？因为运粮会产生巨大的消耗。目前只有东阿还有粮，在天灾兵祸的前提下，再也禁不起运粮的浪费了，全军回东阿就地吃饭！在大旱、蝗灾、人相食的天灾兵祸下，战

---

[1] 《曹操集·文集·卷二》：吕布之乱，兖州皆叛，唯范、东阿完在，由祗以兵据城之力也。后大军粮乏，得东阿以继，祗之功也。

争再一次地指向了那个永恒的胜负点：粮食，和能创造出粮食的人！

195年春正月，歇了一个冬季的曹操袭击定陶，济阴太守吴资保住了定陶南城，等吕布救援来时被曹军击破。在大战已经半年多后，曹军开始适应吕布的战法，并再也没有输过！

五月，曹操向巨野的吕布部将薛兰、李封发动攻击，吕布亲自援救，被曹操击败，撤退走东缗。曹操歼灭巨野守军，斩薛兰、李封，随后进驻乘氏（今山东巨野西南），拿回了兖州北部的所有权。

此时兖州全境已经变成修罗场，史载"大饥，人相食"。

这个时候，陶谦病逝，徐州被托付给了刘备，曹操突然打算趁徐州在做交接工作，先夺取徐州，再回军消灭吕布。

在这个抉择关键点，又是曹操背后那个王佐之才说话了。荀彧说"当年高祖保关中，光武据河内，都有根据地。兖州跨黄河、济水，是天下要冲，现虽残破，但还可以自保，此地就是将军您的关中河内，必须先稳定它。

"如今我们已击溃了李封、薛兰，如果分兵东击陈宫，陈宫必定不敢西顾，我们趁机组织队伍收割麦子，储备谷物，节约粮食，就可以一举打垮吕布，然后向南联合扬州的刘繇共讨袁术，以控制淮水、泗水一带。

"如果现在不管吕布，而去向东攻打徐州，多留兵则出征兵力不足，少留兵则只有让全体百姓守城，不要说收麦，连上山砍柴都拿不出人手。

"吕布乘虚进攻，民心就会更加动摇，所有收复的城都会再失去，您将彻底地失去兖州。

"要是徐州攻不下，将军将安身于何处？陶谦虽死，徐州也不易攻破，上次讨伐徐州，咱可光屠城了，咱是失民心的，再打不见得那么容易！

"何况现在东方都已收麦，必会坚壁清野以防将军，将军久攻不下，抢掠又无收获，不出十天，十万人马尚未开战就已经困乏了。"

曹操因此被拽了回来，准备秋收。

谁都有犯迷糊的时候，但你身边有没有那个提醒你的人呢？就算有，说的话你听得进去吗？

王与王佐，相互成全，缺一不可。

曹操和兖州集团的这场鏖战，实际上双方都已经到强弩之末了。曹操山穷水尽，吕布更是吃光了张邈、吴资等兖州领导多年的积蓄！双方都没有粮了！

曹操组织军队收麦子，吕布也带着队伍再次从东缗出发，与陈宫率领万余人来进攻曹操，抢曹操的麦子了。

曹操的士兵已经出去收麦子了，此时大营中不到一千人，而且营盘工事还不完备。一千打一万，输了的话割麦子的兄弟回来也就拿着粮食一哄而散回高老庄了。只有赢了，曹操才能拿到下一关的入场券。

曹操又临时客串了一把妇联主席，动员起了所有随军妇女守屯。

军中带着家属跟部队迁徙，这和黄巾军最原始的样子有什么区别呀！没区别。

但汉末数百万的黄巾军，最终只有曹操一个人带出来了一支能够杀出地狱的铁军。这又是大区别。

曹操的军屯西面有大堤，南面是森林，吕布怀疑有埋伏，于是引军向南十里扎营。吕布的这次犹豫，让曹操得逃生天。曹操迅速地搬回了收麦子的部队。（见图2-12）

第二天吕布带兵前来挑战，曹操将队伍带到了屯西的大堤后面，把部队分了两半：一半堤前列阵，一半堤后埋伏，精锐和骑兵全都安排在了堤后做预备队。

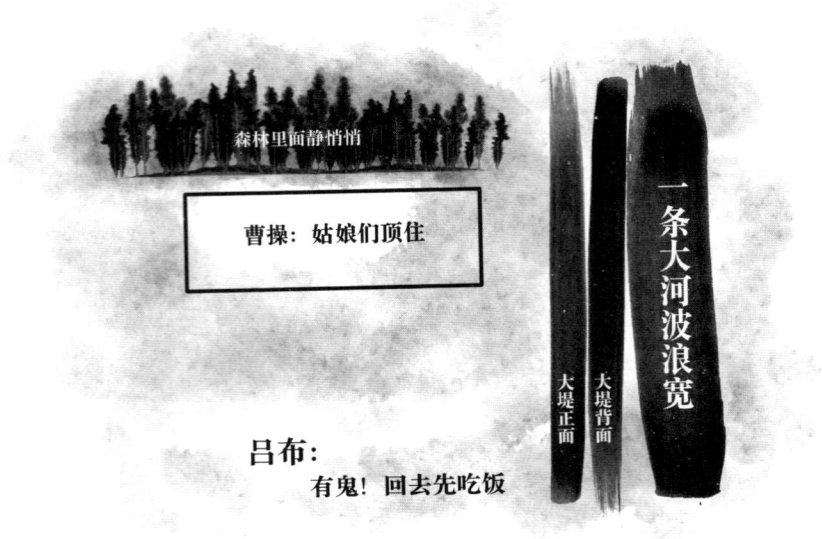

图 2-12　曹操与吕布对峙图

以正合，以奇胜。（首发队伍迎战，预备队收割比赛。）

吕布和曹操杀在一块儿后，曹操派出了奇兵。在最后的冲锋中，吕布军彻底地被打崩了。（见图 2-13）

此战后，由于兖州领导们的家底都打空了，吕布、张邈、陈宫向东去投奔徐州的刘备；张超带领家属退守雍丘死保陈留大本营。曹操乘胜攻取了济阴太守吴咨的定陶城，随后收复兖州各县。

八月，曹军围雍丘。张邈去袁术处求救，半路被手下杀掉。

十二月，雍丘城破，张超自杀，张家被夷三族，曹操荡平了兖州。

至此，自 194 年兖州全叛到 195 年年底屠灭张家，历时近两年，曹操终于扛赢了这场极其惨烈的兖州消耗战。

因为三国互有史料，可以相互印证。这也就导致了曹操这辈子的失败几乎全都被记录在案了。

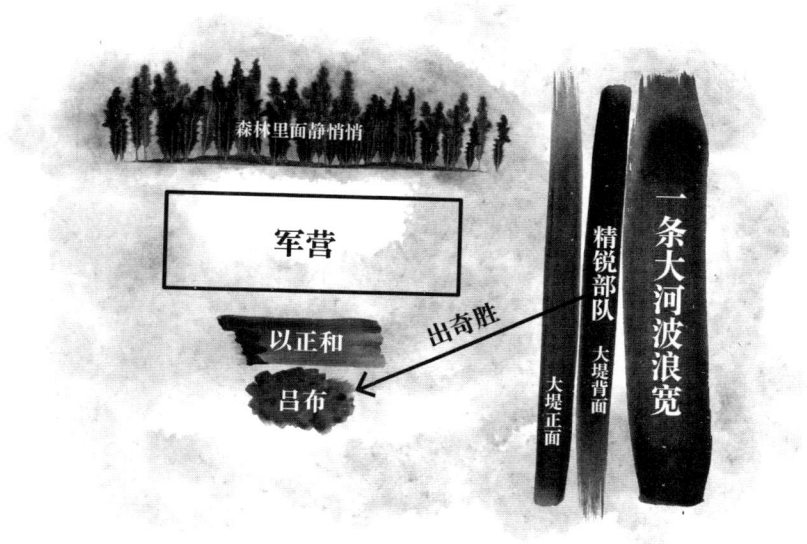

图 2-13　曹操出奇制胜图

这近两年来，曹操几度战败濒死，几度彷徨挣扎。但曹操给出的回应则是烧手堕马死里逃生，东阿神奇军粮供应，程昱劝阻不送人质，王佐指路不打徐州。

曹操一路足够坚韧，被打成什么样都不放弃，无论何时都高度乐观，跟手下们谈笑风生，说吕布如何如何必败；

曹操一路足够会带兵治军，青州兵无论怎么害怕骑兵仍然能在长时间的鏖战中不散摊子，乃至后期的每战必胜。

但更真实的曹魏史留给我们的最珍贵礼物是：胜和败，其实真的都是兵家常事。曹操的兖州奋斗史恰恰是更真实的一个军阀奋斗史。

我赢过很多次我也输过很多次，但没死就接着打！只要没打死就永远有希望！这其实更接近于我们真实奋斗的人生！

成大事者，所有的高素质都是前提，所有的坚持努力都是前提，最终拼的是幸运。荀彧、程昱的扭转乾坤以及曹操无数次亲上战阵仍能活下来，这都是他的幸运。

你足够幸运吗？谁也不知道，那留给老天爷去操心。

但你足够努力坚持，足够听别人劝，足够去努力思考，却是你能控制的。像曹操一样奋斗吧，别忌讳失败，别得意胜利，在未来面前一切都不值一提。只要没下场，就洗把脸站起来再冲上去！

没准儿吕布明天就崩了，没准儿许攸明天就来了，没准儿关羽明天就被孙权偷袭了嘛！人生的考卷只要没到终点就永不放弃！

兖州的本土势力在这两年中被曹操彻底地削平。总体来说，地主都打死了，兖州彻底地姓曹了。

195 年，是袁绍阵营开始集中发力的一年：袁绍派儿子袁谭成功地进入青州；徐州陶谦一死，刘备易帜重新投入袁绍怀抱；曹操重夺兖州，但是，他与袁绍的感情开始出现裂痕：东郡没了一半，你中途还要拘留我的家人；袁绍把公孙瓒打得大败，公孙瓒龟缩在易京里，灭亡指日可待。

特别说下公孙瓒。

已故幽州牧刘虞的从事、渔阳人鲜于辅等人集结了刘虞的旧部力量为刘虞报仇。广阳人阎柔因平素威信较高，被推举为乌桓司马，招引胡、汉数万人对付共同的敌人公孙瓒，斩杀了公孙瓒的渔阳太守邹丹。

乌桓峭王率领乌桓鲜卑联军共七千余骑兵随鲜于辅南下迎接刘虞之子刘和，与袁绍联合共十万兵马进攻公孙瓒。

公孙瓒大败于鲍丘，被杀两万多人，代郡、广阳郡、上谷郡与右北平郡纷纷起义，杀了公孙瓒的委任官员投靠刘和。

先是有童谣曰："燕南垂，赵北际，中央不合大如砺，唯有此中可避世。"公孙瓒认为这个可避世的地方是易县，于是在易县建了一座五六丈的大高楼，以铁为门，自己在里面当上皇帝了。

将领们都问："领导，您这是怎么了呢？"

公孙瓒说："我昔日北扫乌桓，南灭黄巾，认为天下可轻松而定，到了今天我才发现，这个游戏不是我能玩儿的。①

"不如休兵屯田，保卫这个据点，现在咱们有数十重的营楼保卫，有三百万斛的粮食，等粮食吃完后，天下大势也就出现眉目了。"

这就是怂了啊！彻彻底底地让袁绍把套马的汉子打成宅男了！

整个中原，局势开始清晰起来。

袁绍阵营在这纷乱混杂的汉末群雄中杀了出来！河济之间的曹操彻底地碾死了兖州的原生态领导。

但北袁绍、南曹操的汉末连体双雄在这两年交织着背叛与辜负，也开始出现再也回不到从前的裂痕！

他们渐渐地都看出来了对方的真正实力。一个在河北魔鬼擂台上一挑三胜利！一个在地狱难度的顶级背叛中闯了出来！

天下英雄，唯本初与孟德矣！

195 年，是三国开始确定框架的一年。

在袁绍稳定河北和曹操获得兖州惨胜外，这一年还有两件影响着历史格局的大事发生。一在东南，一在西北。

这两个方向截然相反的地方的神奇演变，奠定了整个三国的最终格局。

流浪的献帝、江东的孙郎，上场吧！

---

① 《后汉书·公孙瓒传》：我昔驱畔胡于塞表，扫黄巾于孟津，当此之时，谓天下指麾可定。至于今日，兵革方始，观此，非我所决……

第 **3** 战

挟天子令诸侯：曹操巅峰升级的公元 196 年

一、西去的孙郎

195 年发生了两件大事：一件在东南，一件在西北，可以说是为三国鼎立奠定了最终的框架。这个框架，就是孙家总领江东，曹操一统北方。

没有东南这件事的发生，三国不会出现，袁术有可能不会早早地败亡，曹操极大可能会在有生之年最终统一天下。没有西北这件事的发生，曹操有可能最终不会统一北方，三国的这段历史不知最终会走成个什么样子。

这两件事，就是这么重要。东南这件事，是孙策过江。西北这件事，是李郭内乱。最开始看起来都不起眼，但谁也没有想到最终会演变成为关键性的大事件。

先来看东南，"小霸王"出山。

罗贯中先生在创作《三国演义》时给孙策的外号是"小霸王"。这个外号的历史场景还原，很显功力。

虽说是越往后这个外号越不值钱，比如《水浒传》里的"小霸王周通"，排名第八十七，但在东汉末年时，这个外号还是有着强大含义和威慑力的。

哪个土匪山贼甭管多嘚瑟，也没人敢称自己是"霸王"的。这个词语，有着专属的意味，直到孙策的出现。"小霸王"的名号，表达了世人对孙策的一种高度认同。

比较巧，上一次被称作"霸王"名号的那个人，也出自江东这片土地，也是个少年英雄。四百年前的那个千古神将：项羽。

孙策并不长的一生，也让人们看到了这种无坚不摧的力量。

历史中，你要是细细地发掘，会发现有很多对称之美。孙坚和司马懿，这两位能耐爸爸分别生出了串联三国头尾的四个能耐儿子。当然，这两个爹也很有意思。一个是明抢，一个是暗夺，着实对称。

孙坚这只猛虎意外殒命后，孙家按理说即将走下历史舞台。

没办法，汉末这个舞台牛人太多了，而且孙坚死的时候很多地盘都已经被分割完毕了，大大小小的军阀都已经圈好了自己的一亩三分地，还能有孙家什么事儿呢？

不过有的家族是历史中的少数。别说天下还在大乱，就是大乱都结束了又能怎样？该窃国照样能窃国。架不住老子能忍，儿子英雄，甚至到了孙子辈儿时，依然厉害。像司马家，三代人最终吃掉了魏家天下。

孙家的故事，远没有落幕，孙坚不但自己英勇无敌，还生下了两个特长迥异的儿子。这两个儿子，最终从两个角度完成了各自的历史任务。

大儿子孙策，带着孙家的剩余部曲打下了江东。比他大炮轰一切却什么也没落着的爹要强得多。

虽然说孙策的对手并不算多强劲，但他的功业是大部分建立在袁术为顶头上司的时期。袁术的名声臭，孙坚的名声更臭，孙策就是"头戴这两顶美丽光环"进入江东的。这种茅坑里扔炸弹的舆论效果带来了巨大的征伐压力，但最终孙策仍然靠着微薄的本钱打下了一份基业。

更重要的是，他的家族最终在汉末大洪流中巩固住了这份家业，让曹操最终在有生之年饮恨长江，硬生生地降低了历史排名。对于一个不到二十岁的年轻人来讲，着实不简单。要知道他老爹孙坚虽然杵天杵地，打北讨南，可唯独没在江东干过什么。二十岁小伙子改变历史的故事，继霍去病后，时隔三百年，再度上演。

孙策是孙坚长子，当年孙坚打黄巾时留家人在寿春，仅仅十多岁的孙少爷就已经在寿春广交名士了，这份少年老成就非常罕见。

小大人孙策在交朋友时吸引了另一个小大人，他听说了孙策的名声，专程前来拜访，二人一见如故，互敬其才。

这个人，叫周瑜。

周瑜字公瑾，庐江舒城人，祖上世代高官，累任尚书令。从祖父周景和从叔周忠都干到了太尉，堪称庐江的顶级士族。

周景牛到什么份儿上呢？他干豫州刺史时，汝南陈蕃，颍川李膺、荀绲、杜密这帮党锢之祸里的主角都是他的从事。

周瑜的父亲周异，官至洛阳令。周瑜出生于灵帝年间的 175 年。史载周瑜他爹在灵帝年间非常活跃，所以从年份来看，周瑜大概率出生在洛阳。

然后，按照汉朝，不对，按照中国的官场规则，长官生孩子，下属们应该过去吃顿饭、送送礼。

那一年的洛阳北都尉是二十岁的曹操。

所以，当时的官场愤青曹操很可能去过领导家里，看着襁褓中的小周瑜，然后虚伪地对这个三十三年后一把大火差点儿烧死他的小娃娃说，这孩子长得真可爱。

周瑜自幼就展现出了极强的个人天分，小小年纪被家族基本断定为下一代的接班人。小大人周瑜遇到了小大人孙策后，两人战栗了。

这不就是我异父异母的亲兄弟嘛！这两个人后来关系好到了什么程度呢？

孙策应周瑜之邀，搬家到了周瑜的老家舒县，周瑜让出了自己家的一座大宅给孙策，两人还升堂拜母，正式地结为了兄弟。

英雄惜英雄，决定东南走向的江东双璧在青春期就完成了深入的交心与沟通。这对于孙策来讲属于这辈子最伟大的投资。他兄弟周瑜不仅在他最困难的时候雪中送炭，更在他死后成为他孙家的定海神针。

但是，对于周瑜来讲，这个决定难说对错。

从成分来讲，他家累世尚书令，祖、叔都当过"三公"，他跟孙坚的儿子拜什么兄弟嘛！也许周瑜青春期过后再遇到孙策，很可能就不会再跟他搞什么结拜了。

孙策也大概率入不了江东。没错，大概率。但是历史很神奇，总会有些偶然性的因素打翻时代的调色板，让本该无法拼凑在一起的资源，风云际会地改变了历史的走向。

191 年，孙坚打黄祖时被流箭意外干掉，当年孙策虚岁十七。

堂兄孙贲率领着孙坚的部曲回到了袁术那儿，继承了孙坚的豫州刺史职位，然后护送孙坚遗体返回了老家江东，葬在了曲阿（今丹阳市），孙策开始为老爹守孝。

193 年，孙策守孝完毕，举家渡江迁居江都（长江北，属徐州广陵）。孙策到了江都后，引起了当地老大陶谦的深深忌惮。孙策在徐州南大门不仅让陶谦非常不舒服，而且陶谦还有很强烈的感觉：孙策这个半大小子将来很有可能打乱他在扬州的布局。事实也证明，陶谦的眼光是没错的。

年少的孙策在江都拜见了名士张纮，强烈地表达了要继承老爹遗志干一番事业的想法，他对张纮说："我虽小，但有点儿志气，想先从袁术那里要回我爹的余兵，然后去丹阳投靠我舅舅吴景，收合流散兵源，东据吴郡会稽，报仇雪恨为朝廷外藩，您觉得怎么样？"

吴景原来跟着孙坚，孙坚死后，他随袁术退到九江，后来奉袁术之命过长江打跑了原丹阳太守周昕（曹操金主会稽周家），占据了丹阳郡。

张纮说我没什么见识，不知道。

孙策死活求半天，张纮最终为孙策说出了属于他的"江东对"："你如果能栖身丹阳，召集吴郡、会稽兵马，那么，荆扬二州自可扫平，报仇雪恨也指日可待，到时你的功业超乎你想象。"

孙策听完兴奋了，觉得张纮说得真好。张纮和孙策都看向了江东这片土地。这是他孙策的用武之地。

不过江东有六郡，为什么张纮和孙策选择了丹阳、吴郡、会稽这江东三郡呢？大有讲究。

扬州六郡分别是九江、庐江、丹阳、吴、会稽、豫章这六郡。长江以北是九江、庐江两郡，长江以南是剩下四郡。（见图3-1）

为什么张纮把江南的豫章郡给甩出来了呢？因为豫章郡又穷又跟荆州接壤，山地还多，非用武之地。江北为什么也没戏呢？因为此时的九江郡在袁术手中，还是孙策名义上的老大，庐江也属四战之地，而且主人陆康是江东众望所归，所以孙策的最终方向是江东三郡。有长江天险，有吴越之富，有丹阳之兵。

但是，孙策和袁绍一样，袁绍听了沮授的话也没听最关键的后面那句，孙策听张纮说江东后就兴奋了，最关键的后面那句话也没听进去。

人家张纮就是为了印证你的想法是对的吗？并不是。张纮是告诉你，别去袁术那儿要你爹那兵了！迅速去丹阳投靠你舅，利用你爹的名

图 3-1 扬州诸郡图

头招丹阳兵去统一江东！别跟袁术再有什么瓜葛！

和孙策的谈话中，张纮最后又嘱咐了一句："现在世间纷乱多难，要想功成名就，就要与你的兄弟们迅速过江发展，切记切记！"①

此时聊天的地点是江都，西边是寿春，南面是丹阳！

张纮最后又告诉孙策一遍：南下速去丹阳，千万别找袁术！

曹操最后能混出来，很大程度上是他听别人说话能听全了，他有很多奇葩想法，但总能被秘书们拉回来。

——————

① 《吴历》：方今世乱多难，若功成事立，当与同好俱南济也。

请教别人是听取不同格局后的思维推演为我所用，而不是通过别人的话去印证自己的想法给自己自娱自乐地加油打气。

孙策从张纮那儿出来后就决定马上开始行动，将家小托付给了张纮，扭头赶赴寿春去见袁术，去实现自己的规划。

孙策的这次弃南向西，最终决定了他的人生结局。因为他再回来的时候，时机、大势、舆论，全都变了！

十九岁的孙策到了寿春开始对袁术哭诉，请老大开恩，将父亲旧部拨给他去报仇。袁术没理这茬，说："我封你舅舅吴景为丹阳太守，丹阳出精兵，你可去丹阳招兵买马。"

孙策无奈东奔到了丹阳，但在丹阳很不顺利，数次遇险，被山贼祖郎偷袭差点儿死在他手里，仅招募了数百人回到寿春。

袁术看到了孙策差点儿死在山贼手里才仅仅募了几百人，于是认为孙策没有多大能耐，将孙坚部曲中的一小部分兵力千余人还给了孙策。

为什么说千余人是一小部分？因为后来孙策跟太史慈这么说的："你老板刘繇怪我打庐江，这么说可不厚道，我爹有数千部曲在袁术那儿，我去袁术那里委曲求全，求了半天才给了我千余人，却令我攻庐江，当时我人在屋檐下不得不低头啊！"[1]

孙策最终就因为这千余人的部曲，和袁术扯上了很难再撕开的关系。

但疑问又来了，孙坚的余众仅仅就数千人吗？当年孙大炮满世界

---

[1] 《三国志·太史慈传》：刘牧往责吾为袁氏攻庐江，其意颇猥，理恕不足。何者？先君手下兵数千余人，尽在公路许。孤志在立事，不得不屈意于公路，求索故兵，再往才得千余人耳。仍令孤攻庐江，尔时事势，不得不行。

打的时候是数万人的！不是，而是因为孙家军的主力此时在丹阳。吴景把周昕打出了丹阳，领孙坚余众的孙贲又由豫州刺史转为了丹阳都尉，孙家的大部分势力都已经被这两人带到了丹阳。

孙策虽然领回了孙家的千余人，但是，这是找别人要回自己家东西那么简单的事情吗？这些部曲吃的、用的全是袁术提供，说是孙家的旧部，但孙策真的能一走了之吗？他舅舅和他哥哥，名义上还受袁术指挥呢！

孙策也被袁术控制了。离他去江东发展的目标有些遥远。

194 年，孙策迎来了第一次出征，打庐江。起因是袁术要打徐州，向庐江太守陆康要三万斛军粮，陆康不给，于是派孙策去打陆康。

孙策当年曾去拜访过陆康，但并不被当回事儿，人家连面都不见，孙策一直怀恨在心，所以这回动力十足。

你孙策的最优解是什么呢？是迅速找个茬回丹阳，聚集孙家的所有力量，利用孙坚的名头开发丹阳，收兵吴、会，随后撇清跟袁术的关系。你去打陆康干什么呢？张纮跟你怎么说的呢？为什么不让你去江北呢？因为九江的袁术你没法惹，庐江太守陆康不能惹！

陆康是什么人呢？吴郡高门，年少入仕，以义烈称，高举茂才，历任武陵、桂阳、乐安三郡，所在百姓心归。

灵帝最祸祸人、满世界敛钱盖铜人的时候，陆康上书灵帝，最后的结尾来了句："岂有聚夺民物，以营无用之铜人；捐舍圣戒，自蹈亡王之法哉！"

老陆被灵帝的做法气得已经不想活了，就上了一封这么激烈的奏书，照惯例这就要被皇帝搞死的，最后是兖州刺史刘岱帮着救下来的！就是那个被黄巾杀的兖州刺史刘岱。记住老陆家和老刘家的关系哈。

后来天下大乱，庐江贼黄穰等与江夏蛮联结了十余万人，朝廷拜陆康为庐江太守去救火。

陆康到任后赏罚分明，带领庐江郡兵击破了这十余万贼匪，余党投降全都回去当良民了。

后来献帝被拐到了长安，陆康想尽办法穿越重重火线带着贡品支援朝廷，被加为"忠义将军"！

这个陆康是忠君、义烈、能打、百姓拥护、奔着世人楷模去的士族精英。

孙家因为孙坚满世界杀高官，本来名头就臭，你怎么能去打这个陆康！孙坚三十五岁不明白的事，别指望十九岁的儿子能琢磨明白。

名义上是袁术派的，但惜字如金的《三国志》中非常明确地写着那句话："策昔曾诣康，康不见，使主簿接之。策尝衔恨。"

陆康已经是六十多的大宗师了，不见你个十多岁的孩子能有什么错呢？人家派主簿接待了啊！你是什么人啊，必须老前辈亲自出面呢？

但孙策却产生了想法：好！糟老头子你拿我不当回事儿是吧！你等着，回来我非弄死你不可！

他和他爹是真像。

袁术对孙策画饼说："之前我想让你当九江太守的，但错用了陈纪，我经常后悔，这次你要是拿下陆康，庐江就是你的了。"

孙策带兵来到庐江后发现，他生涯第一战的艰苦程度远超他的想象。

陆康跟袁术闹掰了以后开始内修战备，他手下的所有官员兵卒在知道陆康有难后全部放弃休假，趁夜攀城墙入城帮助陆康守城。

孙策打庐江打不动，只好围了庐江城好几重，打算彻底地困死陆康。

然后很有意思的问题就出来了。

孙策此时不就有他家余部那千余兵和从丹阳带来的那几百人吗？怎么可能把庐江围了好几重呢？他哪儿来得这么多人呢？

是袁术增派的兵吗？有可能。

这仗自 194 年整整打到了 195 年，这两年，袁绍在河北神功大成，曹操在兖州鏖死吕布，刘备从徐州代替陶谦，他孙策则在啃一个啃不动的庐江。

庐江受敌两年后城陷，一个月后，七十岁的陆康发病而死，陆氏宗族百余人，死者近半。

陆康有一个幸存的从孙，叫作陆议。后来种种原因，陆议改名了。这个名字因何而改不得而知，但从改完后的名字能看出来陆议的种种心酸与忍耐。

这个孙家的世仇，在二十六年后名动天下。他改后的名字，叫作陆逊。

拿下庐江后，到了袁术兑现承诺时，袁术又玩阴的了，让老部下刘勋去当了庐江太守。

孙策两年白干，从老流氓那儿吃了哑巴亏，不光鸡飞蛋打，他这次打庐江还产生了巨大的连锁反应：隔着大江都感到了扬州刺史刘繇巨大的恐惧和愤怒。

这个刘繇，是刘岱的弟弟。他哥哥，当年救的陆康！

他孙家在丹阳的地盘丢了！

二、周瑜的卖家背叛，孙策的无解循环

刘繇，汉宗室，东莱世家大族，伯父刘宠，汉太尉；父刘舆，山阳太守；兄刘岱，兖州刺史。

圈儿里人。

扬州刺史陈温死的时候，袁绍、袁术都在抢扬州，朝廷方面派了避乱于淮浦（江苏涟水）的刘繇去当扬州刺史。刘繇这个扬州刺史的治所本来应该在寿春，但当时袁术已经被曹操踢到了淮南并站住了脚，寿春他肯定是去不了了，于是在丹阳郡旁边的曲阿找到了办公地点。最开始落脚江东，还是吴景和孙贲迎到的曲阿。

从这个出发点来讲，其实孙家也已经渐渐地看出来要多个庙去烧香。

此时孙家还是名义上受袁术领导的，扬州刺史和袁术是直接竞争关系，那为什么孙家接刘繇没被袁术追究呢？

1. 孙家的军事实力需要袁术去掂量。

2. 袁术和李傕、郭汜是合作盟友关系，自己左将军头衔还是李傕封的呢，朝廷方面派来的官也不合适就这么撕破脸。

所以袁术对于刘繇选择了睁一只眼闭一只眼。孙家也利用和刘繇

的友好行为，在一步步地重新打造自己和世家大族间的关系。

张纮为什么要让孙策南下？因为刘繇这个扬州刺史是朝廷封的，还是孙家迎到曲阿的，孙策赶紧打着他的名头收江东呀！刘繇是山东人，当地没根基，必须得指望孙策，孙策由此还能改善在圈里的形象，收获更大的地方支持！

但是，随着孙策去袁术那儿要他爹的兵，后来又报仇雪恨"很无辜"地被逼着打庐江，一切都白瞎了。首先惹怒的就是在曲阿落住脚的刘繇。因为陆康是自己人，与刘家的关系太好了。

他看到孙策对庐江动手后，发现离自己辖区不远就是孙策的舅舅和兄弟，他担心起了自己的安全，于是先动手将吴景和孙贲逼过了长江，占领了丹阳全郡。

疑问随之而来，吴景和孙贲怎么会被刘繇赶跑了呢？从后面的表现来看，刘繇距离能打差得有点儿远。但能征惯战的孙家军为什么会被刘繇逼走呢？因为手里没兵了呗。

此时孙策正在鏖战庐江，还记得"围城数重"吗？孙策要是不调吴景、孙贲的兵来帮他打庐江，他是搞不出这种效果的，他也很难打得下实力非常强劲的陆康。

孙家的兵要是不被孙策从丹阳调空，也绝对不可能让刘繇给赶出来！那是南征北战多么能打的部队，凭刘繇怎么可能！（**大名鼎鼎的太史慈此时还没来。**）

对于庐江，孙策付出太多的沉没成本，他陷在里面了。

吴景、孙贲被逼退到了长江北岸的历阳（**安徽和县**），刘繇派部下樊能、于麋驻扎在横江，让张英驻扎在当利口，把守长江险阻。（**见图3-2**）

最大的获利者其实是袁术。孙策不仅被当枪使去打庐江，吴景等人还再次回到他的手掌中。丹阳隔着长江，本来他已经伸不进去手了，

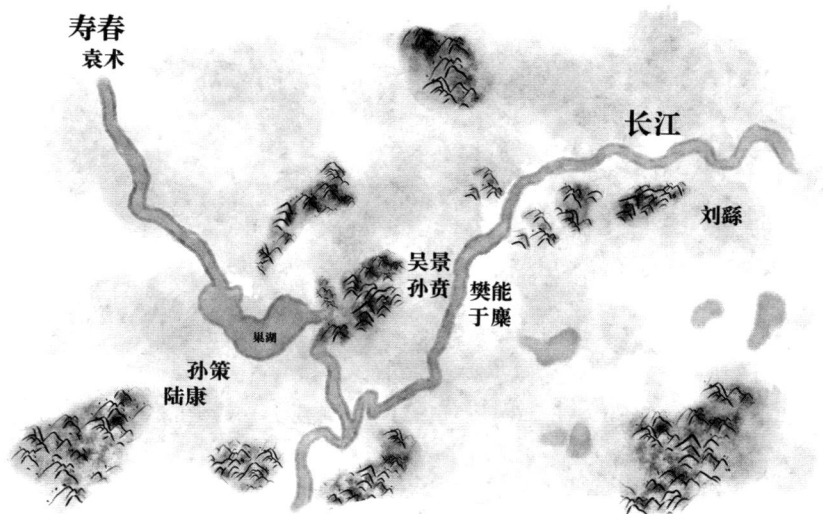

图 3-2　孙策陷入僵局图

吴景其实已经类似于半独立了，后来没办法才去又找得他。①

　　袁术不久布局惠衢为扬州刺史，以吴景为督军中郎将，和孙贲一起率兵进击张英，双方隔江对峙了一年多互无进退。

　　庐江惨胜后，孙家军驰援吴景、孙贲，但无奈过不去长江天险，袁术又把庐江给了自己的心腹刘勋。

　　孙策苦战两年，想翻脸都没办法，总不能和一直养精蓄锐的袁术再开战了吧。

　　孙策就这样在庐江耗费了近两年的时间成本，损失了自家的部曲，名声在江东臭了大街，最终就换回了一个不属于自己的庐江。

　　这个时候，孙坚的老部下朱治觉得袁术这人成不了气候，而且再跟着他就被他玩儿死了，于是劝说孙策要抓紧机会过大江，千万不能再

---

① 《三国志·吴书·妃嫔传》：会为刘繇所迫，景复北依术……

在江北蹚浑水了。

孙策猛然想起了两年前张纮对他说的那篇"江东对"。他终于想明白人家那话说的是什么意思了。这两年的时间成本，白扔进去了。丹阳也丢了，指望最大的兵源地丢了！

孙策去见袁术，说："江东是我老家，我愿带兵去帮助舅舅征伐横江，攻克之后，我还可在当地招募三万士卒，到时我带领他们回来助您平定天下。"

袁术知道孙策对自己是极度不满的，但他觉得刘繇已经占据丹阳，王朗占据会稽，孙策这半大小子未必能打过大江，吴景他们不就一年多都没过去嘛！

195 年，袁术对孙策盖章放人，孙策终于回到了两年前就应该回的那个地方，但是，时局和两年前已经大不相同了。

此时的形势是：河北已经被袁绍整合得开始清晰，曹操也平定了兖州的魔鬼内乱，徐州的刘备被各位领导盯成娃娃抱金砖，三国几大巨头已经初现端倪。

别看刘备混得一直不怎么样，但人家也混到徐州牧了。三国三巨头之一的孙家此时还什么都不是呢。

这可能比较出乎大家传统的印象，因为在著名的《隆中对》中，诸葛亮对孙家的判断是："孙权据有江东，已历三世，国险而民附，贤能为之用，此可以为援而不可图也。"

看上去"三世"好像年份很醇厚，其实还没人家一世活得长呢。孙家的起步其实最晚！

孙策一边走，一边不断招兵，到吴景的驻地历阳时已经招了五六千人了。但是，他舅舅与哥哥打了一年过不去的长江，他照样也过不去。

这个时候，类似于曹操和青州黄巾对打时突然接到了那封信一样，孙策写了自己这辈子最重要的一封信，随后迎来了人生中最关键的一次飞跃：他兄弟周瑜来了。

周瑜的从父周尚，此时为刘繇的丹阳太守。周瑜自从袁术和刘繇隔江对峙后，就去丹阳投奔了周尚。

但是，周家是汉末顶级的高门士族，在小年轻周瑜的指挥下，叛变了同样是革命战友的刘繇。周瑜带领着从父周尚的部曲、粮草以及过江大船，来迎孙策了。[①] 长江防线就这样被内部攻破了！

孙策后来谢他这位结义兄弟的时候，曾经感慨万千："我兄弟周瑜跟我是骨肉之情啊！之前在丹阳，他发兵发船发粮来帮我，我给他的这待遇根本无法报答我兄弟的恩德！"[②]

从孙策的角度来讲，这叫兄弟齐心，其利断金；从周瑜的角度来讲，这事就得两说了。

周家是扬州士族高门，老家舒县离丹阳隔江而望。刘繇此时仅有丹阳一块地盘，赶跑了孙家后任命你周家为丹阳太守，这是莫大的信任与知遇之恩。不是自己人不会把这么重要的位置交给周家的！

周尚的态度是啥，史书无载。以一个士族高门的长辈来讲，极大概率是不会干背叛恩主这种事的。

1. 周家与刘繇是一个阶级。

2. 周家是庐江人，陆康是同州的吴郡人，还是周家的父母官，袁术、孙策逼死了陆康，这是大仇。

---

① 《三国志·周瑜传》：瑜从父尚为丹杨太守，瑜往省之。会策将东渡，到历阳，驰书报瑜，瑜将兵迎策。

② 《三国志·周瑜传》：策令曰："周公瑾英俊异才，与孤有总角之好，骨肉之分。如前在丹杨，发众及船粮以济大事，论德酬功，此未足以报者也。"

但周瑜却为了自己的兄弟选择了背叛。一年多的江防在周瑜叛变后被突破了。吃着人家却反人家，那叫不义！

现在我们看孙策和周瑜，通常是这么一个角度的：英雄少年，江东双璧。

但是，从当时整个江东的上中下阶层来看：袁术当初勾结孙坚害了张咨，霸占了南阳；现在被曹操一路打到了淮南又霸占了江北；然后孙坚的儿子又为虎作伥地弄死了庐江大德七十岁的陆老爷子；一年多也没打下长江，找来了周瑜当内鬼。周家怎么出了这么个讨债孩子，周家百年的声望都让周瑜败光了！

很不好听，但事实就这样。

周瑜要是在老家舒县招兵买马帮兄弟正面打过了长江，那也叫本事，顶多就是交友不慎，但那又怎样！又没占便宜，凭本事打下来的！但是，周瑜却吃着阶级红利，利用着阶级信任，然后反手一刀卖掉祖宗百年声望。

把周瑜逼到这一步的孙策，本来两年前就可以踏踏实实地结交江东士族，收兵丹阳，发展江东。当时刘繇刚来，陶谦小弟王朗刚刚进入会稽，一切都可以摧枯拉朽。是他调不动吴景、孙贲的部队吗？打庐江怎么就调动了呢？孙策的勇烈是世所公认，吴郡太守许贡后来信里说他"与项籍相似"，怎么可能调不动！其实就是路选错了。

随着他去找袁术，一切都变了。孙策开始顶着袁术和老爹孙坚的臭名头进入江东。所有士族和当地豪族都把他看成了侵略者。

孙策相继攻克横江、当利，又打败了牛渚营（今采石矶）的刘繇，夺得大量后勤给养，成功地开辟了滩头阵地。

在陶谦死后，徐州的彭城相薛礼和下邳相笮融开始南下投奔刘繇，薛礼据秣陵城，笮融屯县南，孙策随后又一路将他们相继打败，在海陵攻破刘繇的别将，转攻湖孰、江乘，一路打到曲阿与刘繇进行决战。

刘繇在与孙策的决战中惨败，逃往丹徒（镇江），后逃亡豫章郡，孙策入曲阿，拿下丹阳全郡。

与此同时，孙坚的老部曲朱治也从钱塘成功登陆吴郡，将吴郡太守许贡击败，朱治占领吴郡，领太守事，许贡南逃于山贼严白虎。

形势貌似一片大好。

当时，孙策入丹阳后，史书中有两种记载：

一个是《三国志》中说孙策是大帅哥，生性豁达会用人，所有人看见他都愿意为了他去死。

另一种记载是《江表传》中说孙策当时虽然是袁术的折冲校尉、行殄寇将军，但是，丹阳士民称呼他孙郎，听说孙家大灰狼来了，吓得魂都丢了，各地长官扔了城都进山当土匪了，直到看到他军纪良好，才全都出来合作。

看上去一个说孙策是年轻版的袁绍，一个说孙策是年轻版的董卓，天差地别。但实际上并不矛盾。《江表传》里说得更全。孙策刚入丹阳后，所有人都是拿他当魔鬼看的，直到他展现出良好军纪和宽宏大量之后，丹阳郡才尝试去臣服。毕竟孙家在丹阳还有两年老底子。

打下并不难，但想坐住太难了。

时间进入 196 年，孙策继续攻伐江东，当时有两股势力未定，一个以严白虎为首的吴郡土匪团伙，一个是会稽的王朗势力。

吴景劝孙策先打严白虎再打会稽，孙策则觉得严白虎这帮土匪是盗贼，没有大志，早晚会被干掉；但会稽的王朗不一样，他是士族圈里的，而且是陶谦的小弟，有朝廷的正式任命，于是先去打会稽的王朗了。

孙策在夜战中大败王朗，王朗乘船逃到东冶（今福州），随后孙策派部将贺齐追击，王朗投降。曹操的金主会稽周家抵抗到了最后一刻，随后被灭门，就此会稽被平定。

孙策后来去灭严白虎，严白虎一方面高垒坚守，一方面派弟弟严舆请和。孙策同意了。

见面会上，孙策突然就拔出刀把桌子砍了，吓得严舆一哆嗦。孙策大笑，说逗逗你。严舆认怂道："我看见刀很害怕。"然后，孙策就拿手戟把他弄死了，理由很无厘头，觉得严舆没本事。

孙策身上这股子杀气非常莫名其妙，前合浦太守王晟据兵自保，被孙策讨灭，随后全族被诛，最后是孙策母亲吴夫人实在看不过眼了求情："王晟和你爹是升堂见妻的情分，现在他诸子兄弟都已经被你杀了，就还剩一老头儿，你还有什么可怕的呢？"结果，就留下这一老头。

当时的江东大族面对孙策的侵略军，普遍是看在打不过的份上非暴力不合作。因为我不可能把祖宗基业搭进去，或者远走世代留守的家园，但我实在是太恶心你了，我也打不过，就先这么凑合忍着吧。

而非江东的士族高门几乎无一例外像躲避病毒一样地远离这片本来并没有什么战乱的土地。比如后来到了蜀国的许靖，坐船出海跑到了世界尽头的交州，后来又辗转去了四川。宁可死也不在这儿待着！

喜怒无常的大魔王之子对所有不服从的宗族暴力灭门，这是江东大族们的普遍看法。

孙策真的想这样吗？他也许并不想。他面对的更像是一个死循环，他不暴力狂屠，就压不住局势。他只能通过一个又一个斩草除根的血腥行动去镇住太多方方面面的反对势力了。

其实两年前要是直接南下了，结局会很不一样。这两年中，每一次蝴蝶效应的演化，都是往不利于孙策的地方去发展。只不过谁也没想到周瑜会背后来一刀，孙策又继承了他爹的基因。

但这种暴虐的镇压统治终归不会长久，反噬迟早会来。孙策是能感觉到的。

因此他早早地在各种大事上培养自己十几岁的弟弟孙权，并经常对孙权说："这帮人将来都是你的手下。"

也许他早早地就开始领悟到自己的家族使命：既然已经错了，那就能打多远打多远，能镇多久镇多久吧，愤怒与咒骂由我来承担，和解的好人将来留给我弟弟吧。我上了路，就再不能回头！

话说被孙策赶跑的王朗虽然没当成一方诸侯，但后来投奔了曹操，在曹丕时代当上了司空，曹叡时代当上了司徒，他的儿子还给他找了个棒小伙子当孙女婿，那个小伙子叫司马昭。

他的重外孙子后来成了中国历史上第四个一统华夏的帝王，叫司马炎。

"塞翁失马，焉知非福。"要是当初没有孙策这一通折腾，哪儿来的后面这么多荣华富贵。

不过有一个疑问，为什么王朗要跨越山川大海去投奔曹操呢？怎么不再走远点儿去袁绍那儿呢？怎么不顺长江西向去找刘表呢？

而且不仅仅是失败者王朗去投奔曹操，会稽平定后，孙策也开始巴结曹操了，孙策派奉正都尉刘由和五官掾高承去许昌送礼。

为什么在这一年，之前一直无足轻重的兖州曹操开始得到了大量的关注呢？

不同寻常的公元 196 年，史称建安元年。

此时的天子已不再遥不可及，天子到了曹操的新大本营许昌。天子如何到了许昌？不是在长安吗？

这段故事说来话长，孙策过江之时，恰逢西北打得热闹非凡，并最终结出了决定曹操一生基业的汉末顶级助攻。

献帝啊献帝，长这么大还没当过叫花子吧。

万事总有头一回，跑跑路吧。

三、献帝东归：扯掉大汉皇权最后的遮羞布

孙策东南渡江之时，董卓的余孽西北军团发生了火并。董卓留下的这帮小子真是有能耐，192 年六月反攻长安成功后在一系列西北博弈中确立起了雍凉地区的老大地位。

韩遂、马腾等不久归降，率众上长安讨封，韩遂当上了镇西将军，回了凉州；马腾当了征西将军，驻扎郿城。

一年多后，第一轮阴谋诡计开始，朝廷的侍中马宇与谏议大夫种邵、左中郎将刘范、治书侍御史刘诞等撺掇马腾偷袭长安，他们当内应，干掉李傕等人。

这个刘范，是益州刘焉的大儿子。刘诞，是他二儿子。

刘焉是汉宗室，是当初州牧的提议者，是早早听说蜀地有天子气的投机家。他此时在益州已经开始造舆论，做车辇，给自己在蜀地称帝做准备了。

这次的阴谋，很不一般。西北内战一旦开打，献帝很可能出现什么"意外"，方便他这个宗室大臣的"天子气"蓬勃而出。

194 年三月，马腾、韩遂来犯关中，李傕派郭汜、樊稠以及侄子李利与马腾、韩遂大战一场。

马腾、韩遂大败，死了一万多人退回凉州。阴谋被粉碎。

刘焉的两个儿子随后被搞死，与此同时，他驻扎的绵竹城被雷劈了，那些天子车驾全都被烧了。刘焉明白老天爷的意思，自己不仅没那命，俩儿子还赔进去了，一赌气，没多久发背疮死了。

他的仓促离去，导致了益州的权力过渡发生了巨大变数。此时他还有两个儿子，三子刘瑁、四子刘璋。

这次权力过渡的幸运者，最终在十八年后鬼使神差地批准了史上颇为神奇的引狼入室。

194 年全国大饥荒，李傕等人抢了献帝原本要拿来赈灾的粮食当军饷，但没多久关中国库也没有余粮了，李傕于是开始纵兵抢粮。上次李傕乱长安后没跑的关中百姓在此次兵祸后对这片土地彻底地失去了信心，最后的这些关中百姓南迁到了荆州、汉中、益州。

自董卓死后就不断南迁的关中百姓，也为后来的三足鼎立创造了更为平均的人口支撑条件，尤其是秦岭南面的汉中，张鲁用五斗米思想建设出了汉末桃源，大美汉中。

转过年来 195 年，西凉军内部开始火并。原因有两点：

1. 郭汜、樊稠对李傕的老大地位构成了威胁。

不仅郭汜开始越来越过分地跟李傕争权嘚瑟，连樊稠也开始摆谱张狂。在马腾、韩遂被打跑时，樊稠一度追到陈仓。韩遂对樊稠说："天地反覆，未可知也，多个朋友多条路，犯不上这么赶我们啊！"

樊稠觉得韩遂说得对，然后跟韩遂并肩骑马唠了半天，结果被同出征的李傕侄子李利知道了，回去就给告密了。这让李傕开始思索，樊稠这回出去交了不少"好朋友"嘛！

2. 关中快让他们折腾垮了，山头土匪太多，抢来的东西却不够分配。

当时长安城中李傕、郭汜、樊稠三足鼎立分割了长安城来劫掠百姓，关中已经达到了"谷一斛五十万，豆麦二十万，人相食啖，白骨委积，臭秽满路"的地步。

某些特殊时间段，《三国演义》和《西游记》的插图是可以伙着用的。八百里秦川变成了八百里狮驼岭，有这帮妖魔霸占关中，老百姓们根本没法有效生产，跑还来不及呢，最后这帮土匪就只能坐吃山空随后开始互撕。

195年开春二月，樊稠对李傕表示要带兵出关，咱要是再待在这里就都饿死了，赶紧给我增兵，我打出关东去。结果李傕突然发难，在一个临时会议上让外甥胡封刺死了樊稠，下手兼并了樊稠的部队。

老三樊稠一死，老二郭汜的媳妇开始挑拨，说下一个就是你了，郭汜也觉得李傕很有可能会对他下手，于是双方开始撕破脸皮对打，交战连月，死者万计。

献帝派人调停，没人搭理。195年三月底，李傕派侄子李暹率数千士兵包围皇宫抢劫献帝，群臣徒步跟在献帝的车后出宫，随后李傕的军队进入皇宫大抢宫女和财物，并一把大火烧了皇宫和官府。

献帝到了李傕的军营后，派公卿去郭汜那里调节李、郭的矛盾，但你绑皇帝那我抢高官，郭汜随后把太尉杨彪、司空张喜、尚书王隆、光禄勋刘渊、卫尉士孙瑞、太仆韩融等前来说和的高官一股脑地都扣留在了营中当人质，双方捆好人质后继续对打。

随着李、郭的内乱升级，董卓留下的军事实力开始出现土崩瓦解的趋势。不仅实力在内耗中大损，而且董卓部曲中有相当比例的羌胡兵，这些少数民族雇佣军是要收钱办事的。

董卓有威望，有钱花。后面的李傕等人却无法持续这个支出了。李傕抢皇宫的重要原因也是因为要给羌胡雇佣兵发工资。李傕把抢来的御用物品和绸缎赏赐给了羌胡兵，并许诺将来会把宫女和民女源源不断地送给他们，先帮他打郭汜。

关中原本这个大蛋糕在他们的祸害下变成了小布丁，然后总量就那么点儿，钱给了少数民族雇佣兵，自己的弟兄们就不干了。郭汜暗中策反了李傕的小弟中郎将张苞等去进攻李傕。

李傕还没带领少数民族雇佣兵发起攻势，郭汜已经率先利用张苞夜袭了，乱战中一箭还射穿了李傕的左耳，形势危急。李傕捂着一只耳指挥平叛，张苞最终夜袭不成，率部下投奔郭汜。

不久，继张苞投敌之后，李傕麾下的杨奉也不干了。杨奉原来是并州白波谷出来的黄巾军，开始和西北军并不对付，董卓当初迁都长安的重要原因就是白波军闹腾到了河东，女婿牛辅又平叛不了人家。后来白波军和西北军达成和解，杨奉在董卓死后被李傕招纳，但在这个节骨眼上，杨奉也密谋要干掉他了。

杨奉和李傕的军吏宋果谋杀李傕的消息走漏风声后，杨奉带着自己的本部兵也出逃了。

李傕的兵力在自己人接连叛变后被大量地削减。

当军阀要是解决不了不可持续的分红问题，这老大也就干不长了。

六月，在李郭二人打了一百多天、死了数万人后，跟李郭二人同辈分的张济自弘农赶回，开始劝和。

这个时候，羌胡军领导们又来找李傕要军费了：我们都帮你打了三个月的仗了，死了这么多兄弟，赶紧给我们打钱！

李傕开始避而不见，羌胡军一商量，找到了献帝头上。这帮羌胡军在献帝的门口大闹："天子是在这里住吗！李将军答应我们的宫女在哪呢！兄弟们熬不过今天晚上了！不给就急眼了！

献帝很害怕，派侍中刘艾找到了贾诩："现在没有好人了，就你贾诩还公忠爱国，羌胡堵门口，想想办法吧。"

贾诩怎么办的呢？史书上说贾诩偷偷地请这帮羌胡大帅们吃饭，

许诺说以后封赏，这帮羌胡兵于是各自带兵走了，不再帮李傕打仗了。

这句话是个什么滋味得细品品。就是贾诩一个人一顿饭劝走了一大帮少数民族讨薪包工头，而且人家并没有追究什么，虽然手里还有刀，却直接认倒霉走了。

贾诩这辈子干什么事都从容不迫、毫不费力，让人觉得可怕。在这件事上，贾诩达到了两个效果：

1. 让雇佣兵们不再帮李傕助纣为虐。

2. 让雇佣兵们放弃了沉没成本，没有再扩大事态。

他的这顿饭，最终使得已经被拆走大部分零件的李傕同意与郭汜和解。

三国头号剧情师开始推动剧情了。

经过一个月的土匪调停大会，西北军阀各大佬达成共识，关中已经是千里无人区，都待在这儿必死，李傕引兵屯池阳（泾阳），剩下的董系大佬们带着献帝东归洛阳求发展。

195年七月，挑了个干支之首的甲子日，献帝正式开拔，张济、郭汜、杨奉、杨定（董卓系大将）、董承（董卓女婿牛辅部曲）五大佬随天子车驾东归。

为了能顺利出发，献帝给这帮"东归还乡团"封了一堆官，算是正式开拔，但沿途中，还乡团成员们仍然无可避免地进行没完没了的争端。

长安到洛阳的区区八百里路，献帝整整走了一年。中间细节太多、太碎了，简要地说一下。

八月，在新丰，郭汜先反悔了，打算背着那四位把献帝拐走，结果阴谋被曝光，杨奉偷袭了郭汜的部队，郭汜逃到了终南山。

队伍接着往前走，十月初一，郭汜的部将夏育、高硕等再度发难，打算劫持献帝回长安，结果被杨奉、杨定奋力击败。

十月初五，献帝抵达华阴段煨部。

董卓的旧部段煨在西北军阀中比较特殊，当年董卓完蛋时没表态报仇，王允完蛋后没跟着往长安凑合，爱护百姓，不掳掠抢夺，就搁华阴过日子哪儿也不去。看到献帝来了，规规矩矩地准备好了衣服、车马、食物等慰问物资物品，准备迎献帝和百官入营。

但是杨定和段煨有仇，杨定又派手下造谣说段煨谋反，献帝无奈只能露宿街头。段煨继续没什么表示，不来就不来，省了。

没过两天，杨奉、董承、杨定又打算打段煨，抢华阴的物资和地盘，结果打了十多天又打不动，段煨期间一边打还一边给献帝和百官送吃的，相当淡定。

就在华阴开战的时候，李傕也后悔了，与逃回来的郭汜联合开始追击献帝。

听说追兵来了，张济等人迅速开拔，杨定决定不趟这浑水了，打算回蓝田，半路被郭汜阻拦打秃，单骑亡走荆州，从此不知所踪。不久，张济与杨奉、董承也产生了不和，率军返回与李傕、郭汜联合。

西凉三大佬开始共同追击献帝一行。十一月，西北军三大佬与董承、杨奉在弘农郡东涧大战，董承和杨奉战败，大量官员被劫走，献帝露宿曹阳田野。

杨奉和董承假装向李傕等人求和，暗地里派遣使者前去河东找老东家白波军求援，白波军李乐、韩暹、胡才以及南匈奴右贤王去卑率数千骑兵过来帮架。

靠着这股外援，杨奉和董承偷袭打败了李傕等人的追击，斩首数千，献帝车驾得以再次上路。太过于讽刺了，大汉皇帝落魄到了要靠黄巾军来解围。

献帝再次东返，董承、李乐保护车驾，胡才、杨奉、韩暹与匈奴右贤王去卑率军作为后卫。

十一月二十四日，献帝一行再度被李傕等人追上，这回失去偷袭优势后，白波军确确实实打不过西北军，大败，死亡人数比在东涧一役时还多，杨奉一行人在陕县（三门峡）艰难地筑起了防御工事。

李傕等西北狼没给董卓丢脸，在彼此混战大伤元气、外援都走没了的情况下依旧能输出数百里保质保量的稳定追杀。

在这个上天无路、入地无门的时候，献帝提出了设想："各位，咱们能不能从黄河坐船走啊，我这心脏实在是受不了了。"

太尉杨彪说："臣弘农人，从此向东有三十六险滩，您不能冒那个险啊！"

侍中刘艾说："臣之前当过陕县令，这段水路有水师都得翻船，更别提现在啥都没有了。"

在军已打残、后有追兵、水路不通的情况下，献帝一行决定投奔白波军。到黄巾处逃难，大汉天子呜呼哀哉！

白波军给献帝和朝廷官员提供的船只数量非常少，最终献帝只和几十个高官、宫女逃过了黄河。在渡河时仅剩的御林军抢夺船票，抓住渡船，被船上的护卫砍掉手指而掉落河中。所有未过河的朝廷官员和士兵几乎被李傕追兵所团灭。

杨奉等人最终带着献帝来到了安邑，此时的朝廷官员仅仅还剩太尉杨彪、太仆韩融等近臣十余人。

此次逃命后，献帝封了白波军李乐为征北将军、韩暹为征东将军、胡才为征西将军，与杨奉和董承共同持政。然后派遣太仆韩融向李傕、郭汜等求和。李傕看到献帝已过河，知道自己也是强弩之末，无法再过河追杀，于是放回了在曹阳劫掳的公卿百官，局势稍微缓和。

此时蝗虫大起，大旱无收，献帝一行基本上和叫花子无异，威严尽失，上朝的时候白波军士卒扶着篱笆看小品般谈笑，白波将帅一言不合就敢打死献帝的尚书。①

献帝到河东后，河内张杨带兵前来拜见，建议白波军迎天子回洛阳，诸将不搭理，直到196年二月，河东的粮食也没了，杨奉、韩暹、董承再度启动了回归洛阳的计划，豫西通道是不敢走了，最终走的是豫北通道，出箕关，下轵道。

半路上，他们又内讧了，白波军的韩暹领兵进攻了非自己派系的董承，董承逃到了河内张杨那里，被张杨安排回洛阳修宫殿。

后来在张杨送来的给养帮助下，献帝一行从河内郡渡孟津到黄河南岸。

七月甲子，献帝时隔六年终于回到故都洛阳。

昔日的大汉首都残破不堪一片荒芜，杨奉出屯梁县护卫洛阳，老冤家韩暹和董承则留在了京中守卫皇宫。

195年七月甲子开拔，196年七月甲子到家，献帝流浪了整整一年。王朝末年，天子风餐露宿，被追杀、遭戏谑，刘邦、刘彻、刘秀这帮汉家天子在地下不知该做何感想。没办法，有句话不好听，但讲理：“奈何你气数已尽。”

如丧家犬般地东归，献帝扯掉了汉家天子的所有威仪和震慑力，所谓“天命更迭”开始越来越多地被世人探讨，连汉家宗正（**九卿，负责皇族事务**）的刘艾都在北渡黄河逃难之时都慨叹：“前太白守天关，与荧惑会；金火交会，革命之象也，汉祚终矣。”

很多私下的讨论，开始渐渐变成台面上的共识。

即便如此，这个末代皇帝还是有很多人惦记的，剩余价值还是有

---

① 《三国志·董卓传》：天子与群臣会，兵士伏篱上观，互相镇压以为笑。诸将专权，或擅笞杀尚书。

很多方面可以榨取的。献帝之所以混得这么惨，是因为西北匪帮和白波匪帮水平实在太低。没文化啊！

像一直追击的李傕、郭汜，他们目前的官位级别全都是顶配，但他们也就这意思了，当年贾诩向李傕提出的利用献帝的手段是"奉国家以征天下"，他们却是"挟天子以瞎胡搞"。

像山贼出身的杨奉等人也很看重献帝，要不为什么死活保皇呢！但白波军却始终也琢磨不出个"献帝使用说明书"，帮着献帝回到了洛阳，是为了坚持正义呢？还是谋取利益呢？什么方案也没有。

真正对天子有想法还会使用的，是有文化的两个顶级智商之人。他们都看到了抄底的机会。但他们在各自领导心中的地位，决定了两个集团最终的兴衰结局。

四、"令诸侯"的真正含义，荀文若的"四方生心"

献帝东归刺激了两个集团的一些高级官员。

一个是袁绍的谋臣沮授，他对袁绍说："应该西迎大驾，挟天子而令诸侯。"这是"挟天子而令诸侯"的正版出处。

四年前，沮授对袁绍说出了"迎大驾以令天下"，四年过去了，袁绍作为下一个刘秀的模样已经基本显现。沮授说得更加清楚了：把献帝逮过来，拿着他号令诸侯！

另一个是曹操的金牌合伙人荀彧，他在这个节骨眼上对曹操说的是"奉主上以从民望"。

沮授是袁绍本位的，荀彧是大汉本位的。这一比，就知道献帝在谁那里能够发挥出最大能量，顶级士族出身的荀彧更清楚献帝和他身后四百年大汉的力量。

早在192年时，毛玠也提出过一个类似于沮授的版本，叫作"奉天子以令不臣"。

其实"诸侯"和"不臣"都是一个意思，令的都是除了本方以外的所有军阀。不过"令诸侯"跟"令不臣"本质上都是废话，哪个诸侯都不会因为汉献帝的指示而改变任何动作与立场。

献帝的号令能起到真正作用的群体，是非顶级的士族集团。真正对大汉还抱有想象的，是这帮人。

黄巾起义使得大汉的统治基础——士族社会被敲松动了，灵帝死前的州牧改革又把割据合法化了，袁绍又在一夜之间轰塌了大汉的顶层结构，接着又来了个董卓祸害天下，自184年张角起义开始，这十多年来，对于大汉的士族集团来讲，落差不是一般的大。

大士族的家乡地盘在缩小，小士族们则被战乱和军阀连根拔起，士族集团最赖以生存的人脉关系网因此开始变得支离破碎。官官相护是指不上了，城头的大王旗在不停变换，一群大帅打来打去，越打自己的利益越危险。

总之，整个士族阶层，除了顶级的袁家几个外，除了抱紧各地军阀主公的少部分士族外，都是王小二过年——一年不如一年。在这生死存亡关头，时隔两百年的阶级自救程序启动了。

还记得两百年前，王莽祸国后，豪族社会的集体自救吗？他们推出了天选之子刘秀，十多年间又缝合了天下的满目疮痍。随后，众多豪族，尤其是从龙的豪族，不仅没有在天下大乱中受损，还越混越壮，成了隐形的地方诸侯。

两百年后，豪族社会渐渐地过渡到了士族社会。

这回，流氓有文化了。但这并不意味着有文化的流氓就真的可怕了。两个原因：

1.豪族过度为士族后，突然间的黄巾暴乱，让士族的枪杆子还来不及装上就被打沉了。

2.这次的战乱层级比两百年前高了一个段位。

这次的天下大乱和上次的王莽祸国比，可是两个维度的高级乱世。

第一个维度，黄巾起义有着宗教背景。

历朝历代中，只要是造反跟宗教扯上关系的，就从来没有被轻易地平定的。因为宗教一旦成了造反的理论思想，就从思想上极大地壮大反叛军，而且成本极其低廉。

宗教可以极大地解决战争成本问题，无论是兵源、军饷还是粮草。宗教还可以极大地扩大死灰复燃现象，无论是再次造反还是转入地下玩持久战。

总之，只要天下大乱中扯上了宗教，这病立马就转成慢性的了，比如这次的黄巾起义，十多年了，被镇压了很多次，教主张角起义当年就死了，但一直没完没了，跟韭菜似的，割一茬长一茬。

这没完没了地长韭菜不要紧，每长一次，当地的土地就被祸害一次，当地的人口就流失一次，地方士族的实力就弱一次。

第二个维度，诸侯合法化。

再来说一下灵帝死前盖的这个红头文件有多重要，一旦州牧能够总揽一州军政，那么天下从理论上就将再度回到战国时期。坚持了四百年的郡县制将再度回到封建制。还记得封建制的特点吗？我小弟的小弟不是我的小弟。地方诸侯开始有能力利用和限制地方士族。

这两个维度一综合，就产生了以下演变流程：

1. 强悍的宗教起义和强悍的地方官互杀。

往往强悍的地方官剿灭起义，但元气大伤；也有个别例外，比如刘岱、鲍信就死人家手上了。所谓元气，就是指地方士族、豪族在血拼中实力大损。

2. 没多久宗教起义死灰复燃和地方官再次互杀。

地方士族与豪族的统治基础再次弱化。

3. 与此同时，地方官之间开始互杀。

人口大量下降，荒地大量产生，士族势力开始大幅萎缩，乱民要么被招安要么转投靠，专业军阀开始出现。最有代表性的就是曹操的青州兵军团。

这次的天下大乱和两百年前比起来，最大的区别在于，地头蛇们嘚瑟的资本没那么多了。

士族们在这个时代必须聚沙成塔，聚拢在一个大军阀的麾下抱团取暖，盼望着春晓的到来。士族集团虽然自豪族在演化上更进了一步，但他们很遗憾地赶上了史上最乱的一次王朝末年。照这么说，是不是士族就该退出历史舞台了？不，人家士族的道路还有很远。因为士族阶级掌握着两个关键点：知识的垄断权和国家的治理能力。

世家大族凭什么一当官就没完没了？凭什么就有官员推荐权？这纯属没办法。因为士族是统治者唯一能信任的阶层。

纸虽然已经发明出来了，但仍然无法量化生产，纸的成本下降要从东晋才开始，雕版印刷术也仍要等上好几百年。知识的传播成本依然非常高。消灭士族的必备武器是廉价的知识！

隋唐之所以能够搞出科举，说到最根子里，就是纸的成本大大降低，书籍制作技术远超前人，社会上开始普及廉价书本。

目前的问题是，知识的价格降不下来，广大老百姓读不起书，"朝为田舍郎，暮登天子堂"的现象就不会出现。

世家大族是有春天的，而且这个春天还很长久，但这个春天是有条件的。条件是，天下必须要安定下来，士族们才能再次抬起头来。

安定下来的天下，才能有他们治国治郡的机会，才能让他们靠着门第阶级不动声色地去剥削底层，得到社会的分层利润。

乱世中的士族们，需要放下身段，出谋划策，制县理郡，监军上阵去帮助军阀们开启一个新的时代。除此之外，别无他法。因为此时和两百年前不同，因黄巾起义中原大地被来回蹂躏，士族的统治根基也被搓烂了。

士族没有豪族当年的枪杆子了，也就硬不起来了！没有数万十数万的人民部由，就得乖乖地上军阀那里上班。士族没办法再决定自己的命运了!

此次的阶级自救程序开启后，士族的解题路径惊人的一致：抱袁家大腿。基本就是袁绍那里。

袁术那里更多的是土匪山贼，袁绍那里才是士族集团的大本营。大量的官员倒向了袁绍，大量的士族人才投向了袁绍。

袁绍这个四世三公的顶级士族代言人在天下大乱初期风头无两。

咱们上百年结交，斗争中成长，封官中许愿，提携中腾达，不信咱老袁家你们能信谁？忘了你们当年那推荐信都是谁写的了？

这么多路诸侯，还是袁绍最靠谱，最能代表士族的根本利益，袁绍也因此成了士族的众望所归，河北的人才富裕得都搞上派系党争了。

但是，随着一个士族重量级人物并不看好袁绍，以及一个士族编外重量级大佬异军突起。事情开始起变化。

那个重量级人物是荀彧。那个编外重量级大佬是曹操。

随着二十九岁的荀彧投入了宦官后人曹操的帐下，随着曹操打赢兖州内战，随着献帝被曹操迎回；士族集团的阵营开始在袁绍那里出现巨大松动，全国的士族们看到了另一种可能性：四百年的汉家饭碗貌似我们又能端了。

荀彧帮助曹操选对了此次天下大乱中的最关键一步。就是这最关键的一步，帮助曹操这个宦官之后从身份上开始能够硬杠四世三公的袁家了，并最终杠死了袁绍。

曹操此后有了一个最重要的身份：汉相!

献帝到洛阳后，荀彧马上劝曹操把献帝接回来。他说了三点：

1. 摆事实。"当年晋文公迎周襄王，汉高祖为楚怀王发丧，都天下归心了。"

2. 戴高帽。"您之前没去关中救天子是因为山东乱，但您心中一直是惦记匡扶王室的，奉天子这事是大顺、大略、大德、大明的大好事。"

3. 谈损失。"您要是不抓紧扶正朝廷，别的诸侯就该动手了，过这村就没这店了。"

说了一大堆，最吓人的其实就是这第三点的"若不时定，四方生心"。这其实更像是一种威胁。

荀彧这话说完，曹操觉得必须得接献帝了。

之前毛玠曾经对曹操提过天子的事，但当时时机并不成熟，曹操仅仅是送了些礼物过去，和天子取得了点儿联系。

此时此刻，天子回洛阳了，荀彧用他的分量开始给曹操加码了。说是提醒，也可以看作是施压。

荀彧有什么分量呢？所有的军、国大事，曹操就算征战在外的时候，仍然要跟荀彧商量合计；[①] 荀彧推荐的所有人，曹操基本上全部盖章签字安排岗位。[②]

真的有点儿类似于当年"萧何＋张良"在刘邦面前的分量。除了自己把持着军权外，剩下的政权、财权，曹操只保留了签字权。

沮授其实也在劝袁绍，但是，袁绍由于和献帝有一系列过节，本来就面子上过不去，有些犹豫，又加上河北党争渐起，颍川派的郭图、淳于琼又说千万不能接回来，那么大的领导在身边简直碍手碍脚。

最终，袁绍把献帝给错过去了。其实献帝曾经途经河内，袁绍要想抢回来实在是太轻松了。但说到底，最终的成败不过是沮授在袁绍那里的分量并不重，而荀彧在曹操那里的分量太重了而已。

未来怎么发展，其实谁也不知对错，都是未知数。只不过一个老板

---

① 《魏志》：太祖虽征伐在外，军国事皆与彧筹焉。

② 《三国志·荀彧传》：太祖以彧为知人，诸所进达皆称职……

是"行啦我知道啦，再说吧"，另一个老板则是"别急眼，我这就去想办法"。

两种分量，最终两种结局。

曹操想要去洛阳见献帝，但并不是说见就能见到的，因为献帝周围有董奉那几个军阀在看着。

这个时候，一个重要的小人物出现了，他叫董昭，是曹操最终迎回献帝的首功之人，也是曹操早早地就埋在黄河以北的一枚棋子。

董昭，济阴定陶人，属兖州郡，汉末举孝廉在河北当官，后来做了袁绍的参军。

袁绍和公孙瓒在界桥开打之前，巨鹿太守李邵和郡中大族都已经准备叛变袁绍了。

袁绍此时憋着大招正准备轰公孙瓒呢，实在腾不出手了，于是派了董昭去巨鹿（今河北省巨鹿县北）夺李邵的控制权。

走之前袁绍问："你打算怎么办？"

董昭说："你就别管了！我说了就泄密了！等我信吧！"

董昭到巨鹿郡后，迅速地杀了领头不安分的当地大姓士族孙伉等人，与此同时发放檄文表态只杀这帮不守规矩的，连妻子、儿女都不牵连，然后紧接着展开慰问，说前线的大好形势，暂时性地稳住了巨鹿。

袁绍三月郊游的时候魏郡又被黑山端了，太守被杀，袁绍又派董昭去匪区做前期工作了。董昭到了黑山后开始收买匪帮的人做间谍，后来为袁绍的黑山剿匪立下了大功。

这是一个非常有主意的人、能挑大梁的人。但是，很快地倒在了成分问题上。董昭是兖州人，他弟弟董访当时在张邈军中，袁绍阵营的各种派系把这个兖州的独苗打成了右派，袁绍那里则人才满溢，竞争上岗从来不缺人用，于是准备解决掉董昭以平息集团的地域矛盾。

董昭看形势不对，表示要去关中觐见献帝，因此迅速地离开了袁绍，走到河内被张杨拦了下来，张杨又给了他一份工作。

后来曹操拿下兖州后，董昭的弟弟董访归了曹操，董昭这位兖州人此时知道自己的下一个老板是谁了，而且他很快地就接到了组织的第一个任务。

曹操打算和献帝建立联系，从汉朝廷那里要来兖州牧的正式册封。因为曹操不准备当袁绍的兖州刺史了。

豫西通道不通，曹操希望借道河内走豫北通道去关中，但让张杨给否了。因为曹操的那堆官职都是大哥袁绍"代为上表"的。

张杨这些年和袁绍的关系一直很朦胧，名义上跟袁绍混，但是张杨的河内太守是董卓封的，又做过吕布的保护伞。

曹操现在绕开大哥袁绍，跟朝廷眉来眼去是什么意思？张杨可不想因为曹操而得罪袁绍。张杨表示河内不借道给曹操，但这个时候，董昭说话了："现在袁、曹虽为一家，但肯定长不了。曹操现在虽然弱，但却是天下英雄，您虽然不想得罪袁绍，但您也应该私下跟曹操结交，现在恰巧有缘分有机会，您帮他个忙，那也是大面子啊！将来哪块云彩落雨还不一定呢！"

在董昭的劝说下，张杨这才向朝廷通报放行。

董昭私下又替曹操写信给长安的李傕、郭汜等大佬进行示好献殷勤，也因此曹操才从献帝那里得到了兖州牧的正式册封。

这并不是董昭第一次代表曹操写外交信笺。

196 年，献帝回洛阳后，曹操遣使到洛阳表达了想见见献帝的意思。

又是董昭，此时已经作为张杨的特使随献帝回洛阳了，当时白波军内部出现了各种不和，杨奉和韩暹也不对付。于是董昭瞅准时机以曹操的名义给兵马最强的杨奉写信："兄弟曹操仰慕您已久，您是内主，我是外援，您有兵，我有粮，咱俩互补依赖，同生死，共患难。"

杨奉见信大悦，对各位将领说："曹操离咱们不远，有兵有粮，国家可以仰仗他们。"

随后众将一同上表荐举曹操为镇东将军，继承曹嵩的费亭侯爵位。

这是董昭为曹操冒名起草签字的第二封信。

好员工是什么呢？就是领会精神后，自己因地制宜、见招拆招地给老板谋利益。

曹操离他好几百里，请示报信不仅速度慢而且被截获情报的可能性还高。干了再说嘛！

被袁绍赶出来的员工中，并非许攸是最致命的。还有好多个。

董昭起草这封信的主题很有意思，为什么董昭在信里专门提到了"粮食"问题？为什么杨奉又兴奋地认为曹操信中说的是真的？曹操不久前不是还差点儿饿死在兖州吗？

因为在这一年，曹操集团展开了举世瞩目轰轰烈烈的大生产运动，史称"许下屯田"！

五、献帝都许，颍川立业

曹操在195年年底拿回兖州后，在196年集团方向战略讨论会上迅速地做出了下一步部署：拿下豫州。

刚刚打了近两年的兖州内战，为什么不休养生息呢？为什么不去打之前一直热衷的徐州呢？曹操有三个原因：

1. 近两年鏖战后，兖州没什么余粮了，必须上别的州去抢。

2. 在徐州有屠城的黑历史，所以再打徐州，徐州人同仇敌忾，仍然不容易拿下。

3. 豫州是袁术和黄巾余孽的主要活动区域，比较菜，属于低垂的果实，摘下来的成本低。

曹操开始再度抽袁术。时隔两年多，袁术一如既往地不禁抽。

196年，曹操开始在豫州四处开疆拓土。正月军临武平拿下了陈地，袁术的陈相袁嗣投降。二月，兵入汝南、颍川，对战归附袁术的刘辟、何仪、黄邵、何曼等黄巾军。

这帮黄巾，其实实力不俗，上述每人后面都是数万的队伍。但是，曹操军入豫州后如牛刀宰鸡，刘辟、黄邵临阵被斩，何仪等大败后投降。

由此可见，接壤豫州的张邈这些年确确实实没干什么正事。

战事的演化方向也确实如曹操所料，一路摧枯拉朽顺利地拿下了豫州半壁，并最终推到了曹操军团的第二故乡、荀彧们的老家——颍川。

回到故乡后，曹操的谋士枣祗提出了奠定曹操挥鞭扫北的最关键物质基础的伟大构想：屯田！

颍川，地处豫中平原，地势平坦开阔，交通便利，颍水、濮水、汝水都从颍川境内流过，河床宽浅，水流缓慢，无论是种粮食还是运粮食，那都是相当的方便。

除了交通和水利，颍川地区自春秋战国时期就是金不换的好地，当年魏国愿意在这片四战之地下血本投入力量也是因为这片土地实在收益太高。颍川郡上等肥力的土壤占总面积的百分之四十以上；一半左右是中产田；低产土壤不足十分之一。

没有经济基础，怎么能成为士族的三巨头呢？

当时曹操集团决定大生产有两个重要前提：

1. 颍川这些年在李傕这帮董卓系军阀的破坏下，本土士族要么就跑了，要么就死了，有很多无主之地，不像兖州那样，还有一大帮本土士族、豪族绿着眼儿盯着，标准的无主之地，之前的主人还是黄巾军呢！

2. 打刘辟这帮黄巾贼的时候得了豫州黄巾军，有了过日子的家底，大量现成的耕牛和农具。

都是黄巾军，山东兄弟们跟了曹操一年到头满世界砍人，豫州黄巾军却大部分时间砍地，当然不禁打。

曹操决定把这些现成的生产资料用起来，下令屯田。

但是没多久，枣祗找来了，说："现在这个'计牛输谷'的政策不行，丰收的时候政府得不到额外的好处，水旱灾年又把佃农们都逼死了。"

什么叫"计牛输谷"呢？简单地说，就是固定税率一刀切，农民租多少土地，租多少头牛，政府明码标价：交固定的粮食，到了秋收的时候政府就找农民要这么多粮食，无论丰收还是灾年，农民自负盈亏。

这是旧制，这些年政府收租就是这么运行下来的。这有一个巨大好处，在于省行政成本。政府官员就是计算农民家的田亩和租牛的头数，折合成一个数字，到了秋天农民自己把粮食拉来，政府派人一过秤就完事了。像颍川郡，大乱之前近二百万人的体量，必须这么运行，否则根本管不过来。

枣祗对曹操说："不能这样干了，现在不是盛世，管理不要粗放，好年头我们要多收，差年头我们要防止佃农被佃租逼的逃跑，要实行我的最新研究成果'分田之术'。"

什么是"分田之术"呢？可以归纳为以下三点：

1. 对佃农实行类军事化、标准化管理，每个佃农分得的田都是一样的，这样方便网格化管理，不能说佃农租多少就租多少，将来政府收粮食时不好管。

2. 政府和佃农的收成按比例分成，不租牛的官私五五分成；租牛的官私六四分成，每年秋收的时候派专员去佃农家监督收成并过秤。

3. 公布屯田政策，招募佃农，承诺军事保护，实行自愿原则。

不能在屯田上浪费宝贵的军事力量，军队要正常训练，营造强大安保氛围。

曹操听完之后认为还是老方法好，毕竟那么多年都过来了，但是架不住枣祗反复地劝。曹操于是又找来了荀彧听汇报。荀彧来了也拿不准主意，但枣祗仍然自信，表示他的研究成果禁得起考验。

忘了前年蝗灾兵祸活不下去的时候吃的谁的粮食了？不是都到我

东阿吃饭来了嘛！粮食就这么来的！

最终曹操拍板，专门给枣祗设了一个岗位叫屯田都尉，负责屯田工作。

在枣祗的政策推广下，曹操集团开始大规模地招募流民和被打散的黄巾余孽，只要是活不下去的都来这里！来了就有地种！

虽然说条条框框比较多，虽然说租子比当年的地主可高多了，但是，这个租子在乱世却是人人愿意争着掏的保护费。你投奔的是这些年中原混战到最后的铁军，从此你可以踏踏实实地种地，有军队保护你，再没有人能随便抢你的粮来了。

在天下大乱之时，在各位大帅打来打去之时，壮丁要去守卫坞堡城郭，干活的都是老弱病残，根本没办法安心从事生产。枣祗屯田是天下大乱的背景下，曹操的百战铁军做的背书。

枣祗开始在许昌附近大规模地实行了"分田之术"，使曹操当年就得到了百万斛的粮食。

相比之下，目前风头正劲的袁绍和一路吃屎的袁术这哥俩，一个在河北要靠路边的野枣糊口，一个则在淮河寻找贝壳充饥，军粮根本谈不上有制度化的强有力保障。

袁绍边打仗边吃枣还算好说，枣也不怕坏，顶多把沿路的树都啃秃了，但袁术就不好弄了，因为江淮地带水产虽然相对丰富，但是当时还没有冷链技术，水产品是无法充当出征的军粮的，所以袁术治下的横征暴敛也相当严重。

曹操从兖州这个四战之地最终脱颖而出，有四个关键点：

1. 大汉天子的招牌。

2. 荀彧为首的颍川士族集团。

3. 天纵英才的军事能力和百战铁军。

4. 屯田大生产。

除了他自己的那点儿军事优势外，其中三项的集中爆发，都是在196年的建安元年。

这一年，是曹操继192年入兖后的关键腾飞年，当年兖州修罗场的艰难胜出渐渐地让曹操意识到了一条铁律：战乱时期，最擅长筹措军粮的势力，才有可能成为最后的赢家。

吕布当初被打出了兖州，并非是军队被打没了，而是从兖州再也找不到粮食了。

枣祗的成功使得曹操随后将"分田之术"发展到了自己的所有地盘，每打下一块地盘就铺开一块地盘。到后期，屯田每年的粮食产量已经可以达到几千万斛了。

枣祗在确定完善屯田政策后不久就英年早逝了，后来曹操怀念他的时候给出了这样的评语："丰足军用，摧灭群逆，克定天下，以隆王室，祗兴其功，不幸早没……祗子处中，宜加封爵，以祀祗为不朽之事。"

秦奋六世余烈之基座为商鞅。高祖威加四海，还歌大风之背后是萧何。光武中兴乘时龙而御天，盖因寇恂系兵转食，以集鸿烈。魏武挥鞭扫北，枣祗奠基之功矣！

曹操的许昌大丰收博得了杨奉的好感，后来又收到了董承的勤王密诏。董承的目的比较不纯，召曹操来是为了削比较狂还打过他的白波军韩暹。

在多方肯定下，曹操终于顺利地到洛阳朝见天子。

曹操见到董承时说："您辛苦了，下面咱接着该怎么整啊？"

董承说："现在人心各异，您留这儿匡扶天子不是好选择，得把天子弄您那里去！"

曹操说："我也这样想的，但杨奉就在跟前的梁县，我要是硬夺天子，怕带来的这点儿队伍不够打的啊！"

董承说："杨奉现在开始约束自己的士兵，足以看出他是想当个好人的，您应该时常给他送送礼，让他安心，然后说京城缺粮，想将圣驾暂时移至鲁阳，鲁阳离许县近，物流成本低，咱就再也不怕缺粮了。鲁阳离他的梁县也近，他不会疑心的，等到了鲁阳再赶紧开溜。"

九月，曹操就是用这招，将献帝偷渡到了自己的大本营许昌，等杨奉反应过来时已经追不上了。杨奉比较愤怒，自己一路抢回来的汉献帝让曹操给转包了！于是和韩暹等到颍川的定陵县劫掠骚扰，曹操没搭理，大有理亏之意。

十月，"理亏"的曹操偷袭了"占理"的杨奉梁县大营，杨奉大败，势力大衰，投奔袁术去了。

献帝的这部《三毛流浪记》，自189年开始到196年终于结束，历经七年。

献帝由一个九岁的孩子长成为一个十六岁的青年，整个青少年时期，几乎天天生活在惊惧之中，一个个妖魔鬼怪在他身边肆意妄为，不仅睡不好，还吃不着，献帝这一年多"东游记"下来，几乎变成了叫花子。

曹操的出现，理论上讲，是对乱世中他给予的最大仁慈了。他永远也不可能得到皇帝的真正"里子"了。

回许昌后，曹操用精兵七百围守宫阙把献帝软禁了起来，坏人太多，谁也别想接近他了，随后自己盖章当上了大将军。

曹操为了安抚袁绍，给了他太尉的官。袁绍很愤怒，说："曹操要是没有我都死八回了！是我可怜他才救的他！现在这小子敢挟天子号令起我来了！"①

---

① 《三国志·袁绍传》：曹操当死数矣，我辄救存之，今乃背恩，挟天子以令我乎！

随着献帝被曹操控制，袁、曹间的裂痕越来越大。袁绍可以随便骂曹操，曹操现在还不能得罪他，赶紧把大将军的职位让给了袁绍，自己做了三公中最低一级的司空，行车骑将军。随后曹操把持了尚书台。

献帝从长安带回来的尚书班子，不是自己人的，就被曹操全部被干掉了，如羽林郎侯折、尚书冯硕、侍中台崇。

二把手荀彧变成了尚书令，主持了政府的政务运作。荀彧的侄子荀攸也入了尚书台，颍川名士钟繇成了侍中尚书仆射。尚书台被颍川人彻底承包。

荀彧随后也大爆发般地给曹操带来了大量人才，颍川人才库开始发力，荀攸、钟繇、郭嘉等关键人物开始在这个时候进入曹操帐下。

很多避乱荆州的颍川兄弟们接到了荀彧热情洋溢的来信，像荀攸、杜袭、赵俨这帮人当时都在刘表那里当客座教授。

等到献帝都许、荀彧担任尚书令后，四散天涯的颍川兄弟们抬眼望见启明星，比如赵俨就说："曹镇东必能匡扶天下，我知道去哪儿了！"

没有这些关键人才，曹操根本赢不了三年后的那场世纪大战。

总部设颍川、尚书台是颍川老乡会，曹操在用豁出去的信任答谢荀彧、枣祗等颍川兄弟们在过去几年对他的风雨相随。咱们地狱中闯荡、修罗场上拼搏，这天下我就是打算跟咱颍川兄弟们分的！

不对啊，荀彧不是忠臣吗？献帝都成政治犯待遇了，怎么没见荀彧有什么表示呢？忠臣不是傻子。把献帝软禁起来在这个时代并非是不忠的体现。

现在天下狼烟四起大乱十多年了，献帝在过去的一年当中又已经极大地磨损掉了大汉天子的威仪和尊重。叫花子天子的新闻成了天下的笑柄。

必须神秘，方能重塑威仪；必须隔绝中外，才能杜绝别的派系和势力的阴谋与触角。

汉祚现在的最大问题，是先活下去。必须得帮曹操成为乱世中的最后胜出者，才谈得上大汉的未来！

谯县集团总揽军权，颍川集团总揽尚书，是此时曹操集团紧紧绑定的两大支柱。你就是我，我就是你！在这个过程中，颍川集团也一定会成为最后分蛋糕的第二大集团。

忠臣不意味着要把权力还给刘家。说到底，士族进化的终极目标，就是将所有的权力抓到自己的手上。

此时此刻的权力结构，对于荀彧来讲，其实堪称完美。

献帝看上去是很可怜的一个皇帝，一辈子都硬不起来。但得看怎么理解。献帝自打洛阳那惊魂一夜之后，七年了，没过过一天好日子。他再也没有扬眉吐气的那一天了，但那并不是他的错，祖宗作的孽报在他身上了。

作为亡国之君，他的"里子"虽然不再，但吃穿用度等"面子"却不再是奢望。曹操，给予了献帝最起码的尊严。继任的曹丕，给了献帝亡国之君的最好结局。

曹操从此刻开始，也从献帝这里获得了刘家的四百年积淀加成。到曹操这里上班的人，不再仅仅是给曹操干活，上面还有一块金字招牌，表示在为大汉尽忠。

大量的士族，因为献帝，开始选择曹操，开始千里迢迢地向许昌汇聚，比如在福建被孙策打秃后投奔而来的王朗，比如在北海被袁谭赶出来的孔融。

曹操获得了之前根本无法想象的人才优势。不仅人力资源获得加成，曹操此后在一系列战争中，都展现出了极大的政治优势，在人心这条看不见的阵线上占尽上风。

这是献帝的好处。当然，凡事皆有两面性，该说坏处了。坏处就是，曹操将被永远画成一张大白脸面对后世的指摘。

因为说到底，曹操是在利用献帝的这块招牌来达到自己的目的。他利用了献帝最后还把献帝踹翻了，从道义上就永远站不住脚！曹家的这份基业，就永远来路不正！

不仅如此，献帝从小就聪明，之前我们说过"献"这个谥号是"聪明睿智"的意思，这孩子从小就是在妖怪堆儿里长起来的，别看一辈子没权力，但后面很多次把曹操弄得狼狈不堪，时不时地就给他捅个刀子什么的。

别看控制的是傀儡，但曹操这辈子的汉相，其实当得并不轻松。祭起了这柄诛仙剑，也必然要受它的反噬，这是曹操的选择。无论是现实，还是冥冥之中的天道，这都是必然的规律和代价。

曹操并不像刘邦、刘秀那样，是完全靠着自己的名头打下来的天下。背后，有大汉四百年的闪闪光芒！

曹操的这次选择，使他终于获得了和他的那位一生之敌掰手腕的资格。

选择后的曹操，事业开始迅速爬坡。

爬坡之前，他也作了一回大死。这次作死，仅次于他暴打陶谦前忘了接他爹的那件事。

六、宛城丧子损将，徐州转让谜因

197 年，曹操弄了个乱摊子，还接了个大活儿。

先来说这个差点儿他要了他命的乱摊子。

197 年正月，曹操西征张绣，要一举拿下荆州最富裕的北部重镇——光武老家的南阳郡，使自己的中原地盘连成一片。

张绣是谁呢？是张济的侄子，张济护送献帝返洛阳后反悔了，反追献帝不成，南下入荆州界准备打刘表，结果打穰城（邓州市）的时候中流矢而死。比较邪性，跟孙坚的死法一样，刘表可不要轻易乱打，专门因中流矢而死大将。张绣随后接管了他叔叔的部队，屯住在了宛城。

刘表随后表示这是误会，张绣说我们也有不懂事的地方。于是双方结了很脆弱的联盟。

不久曹操西征南阳，过程相当顺利，摘了这个脆弱联盟的果实，曹军到达淯水时张绣就率众投降了。

曹操兵不血刃拿下南阳后比较开心，开心后就干了件比较出格的事。曹操看上了张济的遗孀，也就是张绣的大婶。当天晚上曹操就当了回张绣的大叔。

曹操对于已婚妇女有特别爱好，而且这种爱好还会遗传。

张绣被曹操强当了大叔，非常生气，后又得密报，曹操在自己的骁将胡车儿身上花了大价钱。这两件事让张绣强烈不满，深感自身的安全受到了巨大威胁。曹操也听说了张绣的不满，决定暗中搞掉张绣。

结果还是张绣速度快，在大婶被推倒的转天夜里就突袭了曹营，曹军大败，伤亡惨重。曹操的名马"绝影"在逃跑过程中被流矢弄残了，曹操的右臂也被乱箭射中，曹操长子曹昂把马让给曹操，曹操才得以逃脱。

曹军大乱之后，青州兵仗着自己体量大、亲爹宠，开始沿途劫掠百姓和其他兄弟单位，结果被于禁带的泰山兵部曲打跑。等于禁回来后，青州兵已经在曹操那里告完状了。

曹操表扬了于禁一顿，封了益寿亭侯，这事儿就过去了。青州兵再孙子，那也是亲的！人在乱世，只有亲疏，没有是非对错。

经此一战，张绣是不降了，掉头和刘表再次结盟了。

色字头上一把刀啊！

此次宛城的突发性战斗让曹操损失了长子曹昂、侄子曹安民，大将典韦也因为保护他而阵亡了。

曹操培养儿子很有一套，后来在接班人的挑选上琢磨了一辈子，但典韦却是他怎么培养也培养不出来的，可遇不可求。

典韦战殁可以说是曹操的最大损失，他有两项不可替代的职能：

1. 典韦的日常工作是曹操的保镖，极其谨慎、忠心。

此次出征，张绣投降后大家开酒会，曹操在前面敬酒，典韦手持大斧站后面吓唬人，敬酒的时候张绣诸将连仰视曹操都不敢。

张绣夜袭后，曹操第一时间就带轻骑跑了，典韦殿后。典韦站在营门口，张绣军就进不来，随后从其他营门包抄而入，当时典韦的侍卫团还有十余人，无不以一当十。典韦挥舞长戟一戟砍下，十余长矛被打折，后来兵器砍断，典韦手抓两人当兵器砍人。最终典韦力战，身中数十创后，怒目大骂而死。

2.打仗时，典韦又成为曹操的陷阵先登军一把手。

典韦的先登陷阵军，在当时是特别无解的一个战术环节。典韦作为核心箭头带队往前冲，他冲锋之前向来身穿两副铁甲，无视物理攻击，你靠近他就会被弄死，他还有一手飞戟功夫。典韦的陷阵军在战役中往往是奇兵杀招，打一半的时候放出来，没有冲不垮的。

但是，这么一位钢铁猛将，就这么死在曹操的不谨慎上了。典韦死，曹操大哭，后归葬襄邑，每次路过都要以中牢之礼祭祀。

曹操进行了深刻的反省：这里的事儿赖我，他们投降了没立刻拿下他们的人质，以后我不会再犯类似的错误了。曹操的意思是，下回谁再投降，我得先把他们控制住了，把人质都抓在手上，我再放纵去。

不过，也不能完全说曹操这感悟是错的。因为毕竟从这一天开始，曹操集团开始渐渐全方位地铺开了高级官员人质抵押制度。

但是，宛城的这次放纵与大意，几乎毁灭了他的一生事业。因为直到后面那场世纪之战开场，宛城张绣依然像一根极其锋利的尖刺顶在他的背后。他最终能够拖到鏖战官渡，只不过是因为三国的那位首席剧情师选择了往更加利己的方向去推动剧情。而他，获得了又一次的幸运。

197 年正月让张绣给打回来了，二月曹操就接了个大活儿，这活儿还没法不接。

袁术称帝了。削袁术的任务当仁不让地落到了他这个"奉天子"的手上了。

曹操和袁术的斗争，在双方接壤的豫州展开。

此时的豫州，在曹操这些年的不断发力下，已拿到了一半多的份额。

193 年，袁绍、曹操打击袁术的匡亭之战后，曹操一路追击袁术至豫州梁国的宁陵县，随后曹操控制了梁国的大部地区，并在这个地方干了缺大德的事情。

196 年年初，曹操拿下陈国，击破汝南、颍川的黄巾军，平定颍川全郡，汝阿大部，迎献帝于颍川许县，至此豫州半壁已经到了曹操手中。

曹操在不断地蚕食豫州，袁术不组织像样的反击却在不断地跟徐州玩命。这里有一个重要原因，是袁术认为此时的徐州牧刘备比较弱，打起来轻松。

刘备比较悲催，跟着掺和了十多年的天下大乱，一直是三流选手，后来机缘巧合终于混上块地盘，却被各位老虎打成了口中食，曹操要不是吕布捣乱，早就杀过来了。袁术也没闲着，陶谦没死多久，就带兵来了。

当时的徐州形势是：去晚了就没了。

到了这个时候，终于要好好地说说刘备了。

刘备是涿郡涿县人，汉景帝子中山靖王刘胜的后人。

刘胜儿子刘贞在跟武帝上贡时耍心眼，侯位就此被汉武帝剥夺了。但是这并不意味着刘备家就完蛋了，他家仍是涿郡的豪族，到了他爷爷刘雄那辈儿时仍然"世仕州郡"。刘雄举孝廉后还去东郡范县当过县令。

刘备家东南角篱上有棵大桑树，高五丈多，远望如小车盖，南来北往的都说，这家会出贵人。结果刘备他爹早早地就死了。可能是没那么大的道行降得住这棵树。

父亲早死使得刘备他们家在宗族里不受待见，小刘备跟他妈织席贩履变成了个体工商户。

刘备小时候跟宗族里的小孩过家家时经常指着他家那棵树说："我

将来乘坐这种羽葆盖车。"皇家的车盖都不可能有树大，刘备的叔叔刘子敬大骂道："别瞎嘚嘚，想咱家灭门吗！"

十五岁时，刘备和同宗刘德然去同郡卢植处拜师学艺，刘德然的父亲经常资助刘备，衣食住行和刘德然相同。德然他妈对他爸总抱怨："各过各的，你怎么总赞助刘备那小子呢！"德然他爸说："咱们宗族中有这么个孩子不容易，此子非常人啊。"

汉末的学习质量也就那么回事儿，每个老师都一大堆学生，让老师有印象的好学生基本上都得是有钱、有能量或者能当枪的，像刘备这种个体工商户家庭的，估计卢植都没有印象。

刘备在这里上学的一个重要收获是认识了一个好同学，叫公孙瓒，刘备喊他大哥。

刘备在学术方面基本上辜负了他叔叔的学费，从来不爱看书，而且爱好众多：喜欢玩狗，喜欢骑马，喜欢搞音乐，喜欢穿漂亮衣服。反正全都是花钱的高消费。

刘备成年后身高七尺五寸，大胳膊过膝盖，耳朵大到自己能看见，平时不爱说话，喜怒不形于色，善待下人还专门爱结交社会不安定分子。这个大福大报的长相以及深沉的个性再配上狂野的灵魂，刘备所过之处被各种好评。

他交结豪侠，小年轻们全都争着跟他混，而且中山郡的大商人张世平、苏双等在涿郡贩马时看到了刘备，觉得走南闯北没见过这么长相的人，于是给了刘备一大笔赞助。刘备也开始用这笔钱置办了自己的社会不安定社团。

在这个阶段，刘备遇到了两个人，一个是河东解良亡命游侠关羽，一个是涿郡老乡猛张飞。这哥俩遇到了刘备后，三人开始了长达二十多年同吃、同睡、同劳动的颠沛流离生活。

黄巾起义后，州郡各举义兵，刘备带着自己的民办社团开始跟随校尉邹靖讨黄巾贼。在此次平叛中，刘备一度受伤装死艰难活命，后以军功走进官员队伍，当上了中山安喜尉。

黄巾军被剿灭后，中央开始耍鸡贼，通知各州郡，这帮因军功当上官的泥腿子们要渐渐地把他们淘汰了。

刘备知道这说的就是自己，当负责该工作的督邮到安喜县后，刘备请求见面，人家根本就不见。于是刘备大怒，武力闯入，绑了督邮，杖其二百，随后不干了。

刘备后来去了哪里呢？他带着自己的业务骨干们去了洛阳。

在洛阳那个名气和家族为先的高端地区，刘备没有放过任何一个向上掺和的机会，何进在那场惊天政变前夕派小弟去各地募兵，嚷嚷要打凉州。

刘备跟着都尉毌丘毅去了丹阳募兵，在下邳遇到黄巾贼，刘备带队力战有功，又得了下密丞的编制。但是这一次，刘备没再去干这个官。因为189年皇权的超级大崩塌后，刘备相中了一个人。这个人是曹操。

曹操反出洛阳回沛国招兵时，身边有刘备，刘备也起军跟着曹操讨伐董卓。刘备在和曹操干的过程中，又认识了曹操的大哥袁绍，袁绍巧取豪夺冀州后安排刘备去高唐做县令。但是，年景不太好，那一年是191年。青州百万黄巾过了黄河，把刘备给打了。

与此同时，整个河北的舆论全都倒向公孙瓒，所谓"冀州长吏无不望风响应"。这堆长吏中，就有刘备。

刘备被黄巾打了之后，就扭头投奔老学长公孙瓒去了。公孙瓒随后狂屠青州黄巾军，将战线推到了青州，又安排刘备为别部司马，跟着他任命的青州刺史田楷去抢青州了。在跟田楷对抗前老板袁绍的过程中，刘备数有战功，干到了平原相，终于成了郡级官员。

但是，就这么一个官，当地的大姓刘平根本看不起刘备，觉得在他下面实在是没面子，于是派人刺杀刘备。

刘备身边是配不起典韦的，关、张是兄弟，不是他保镖，刺客见到刘备后觉得这么好的人下不去手，告诉刘备自己的来历后就走了。

刘备这辈子拿不下的人基本上都是高门大姓那帮看不起他的，只要没有阶级眼光，或者哪怕你就跟他坐一会儿，你都会被他所俘虏。[①]

刘家祖传的魅力啊！

两年的青州对战，刘备基本上被袁绍打秃了，在曹操给他爹报仇、陶谦求救的时候就还有千把来人和一点儿幽州乌丸杂胡骑。

到了徐州后，陶谦拨给了刘备四千丹阳兵，说搁我这儿干吧！然后刘备离开了田楷跟了陶谦，因为陶谦表刘备为豫州刺史，屯小沛。

这几年，公孙瓒并没有重视这个学弟，还在大好的形势下打烂了自己的这手好牌。

1.公孙瓒在河北一败再败，也没什么精力支援青州战区，刘备和田楷已经越来越抽抽，袁绍开始安排儿子袁谭入青州了。

2.刘备是公孙瓒小弟田楷的平原相，但陶谦却大笔一挥让他做了郡级官员。

3.公孙瓒杀了刘虞，已经肉眼可见地即将走向灭亡。

刘备此时跳船，时机简直不要太好。

陶谦这么抬举刘备是什么目的呢？看一下小沛的位置，再体会下陶谦的手腕。（见图3-3）

小沛卡在泗水交通线上，曹操只要南下，出了兖州第一站就是小沛。陶谦希望拿刘备当曹操再杀过来时的炮灰。但是，他没有想到的三

---

① 《三国志·先主传》：备外御寇难，内丰财施，士之下者，必与同席而坐，同簋而食，无所简择。众多归焉。

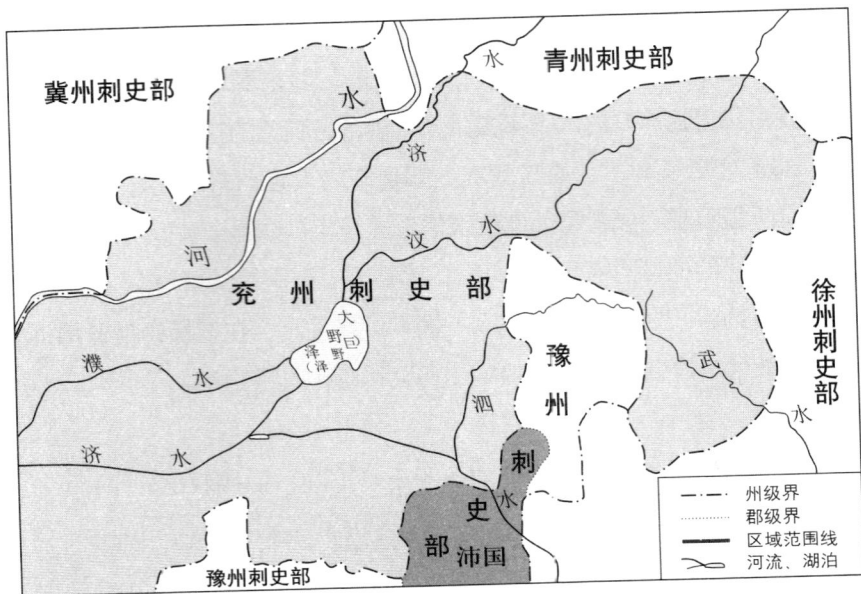

图 3-3 小沛位置图

件事发生了：

1. 自己的生命即将走向尽头。

2. 曹操二伐徐州时被吕布偷袭了，徐州的军事压力解除了。

3. 刘备在小沛没什么活干，于是把春天般的温暖迅速地洒向了徐州。

历史上非常有意思的一幕出现了：陶谦病逝的时候，将徐州托付给了刘备。

这是个什么概念呢？类似于大股东病逝了，把公司过户给新招的保安队长了。这是一个非常不符合逻辑的行为，我们来还原一下当时的徐州局势。

陶谦这些年在东南的统治依赖的是丹阳兵，当年抵御曹操时就曾经增援刘备四千丹阳兵。

他对丹阳派的放纵不是一般的过分，比如他的丹阳老乡笮融，陶谦派他总督广陵、彭城漕运，笮融在漕运总督任上吃拿卡要、暴力执法、中饱私囊。

丹阳系的陶谦基本上不怎么管，这也就导致了他和徐州相当一部分的本土士族关系并不好。比如陶谦本传中说他不是什么好领导的著名黑材料中写道："曹宏等，谗慝小人也，谦亲任之。刑政失和，良善多被其害，由是渐乱。"

小人是谁呢？良善又是谁呢？史书中的这种阶级话语往往都需要说道说道。

我们再来看看陶谦死时的史料：

《先主传》中说："谦病笃，谓别驾麋竺曰："非刘备不能安此州也。"谦死，竺率州人迎先主，先主未敢当。"

《麋竺传》里面说："谦卒，竺奉谦遗命，迎先主于小沛。"

这里面非常关键的人物是麋竺。麋竺是东海超级豪族（祖世货殖，僮客万人，资产巨亿）麋氏族人，并非陶谦丹阳系的心腹。

陶谦的这个遗命其实有两个可能：

1. 陶谦的儿子不成器，陶谦病了的这段时间他很有可能从多方渠道知道了刘备在施展各种魅力，已经拿下了徐州当地，于是去世之前送个顺水人情。

2. 所谓的"遗命"是胡说八道，是麋竺伪传的遗命。

究竟怎样不得而知，但无论是哪一种可能，最后的结局都说明，刘备在帮陶谦守小沛的这段时间，将徐州很大一部分的重要势力都给拐到自己这边来了。这些势力就是史书中说"多被其害"的那帮"良善"。

比如徐州劝进大会上，下邳陈登的发言："今汉室陵迟，海内倾覆，立功立事，在于今日。彼州殷富，户口百万，欲屈使君抚临州事。"

翻译一下：汉室完蛋了，天下全乱了，成大事就在近日，他陶谦的徐州富裕，户口百万，委屈刘领导来上班吧。

陈登是王经徐州人，为什么要说"彼州"呢？这是和陶谦划清界限呢！我和他不是一路人！我们徐州在他手上一点儿前途都没有！

更为神奇的事出现了，刘备推脱道："袁术离徐州不远，是顶级高门，海内所归，可以把徐州送给他嘛。"

这个时候，和刘备共过事，被刘备救过的青州领导北海相孔融说话了："袁术是冢中枯骨！何足介意！你赶紧收下，天与不取，悔不可追！"

怎么陶谦刚死，连数百里之外的山东领导都赶过来劝刘备了呢？这基本说明这事儿早有预谋。

徐州大量怀有不满的本地士族发现刘备既厚道还能打，未来绝对能为他们代言，手里的关、张还能压平这伙丹阳兵，于是开始勾引刘备。

刘备则利用了徐州本土士族和陶谦丹阳铁杆之间的矛盾，在陶谦死的关头导演了一出劝进大戏，还把能喊来的帮手都叫过来给自己加码了。

颇有点儿袁绍夺冀州的番外篇意思。

但是，袁绍夺冀州之前，拿下了韩馥手中最精锐的麹义部，刘备此时乘虚而入利用的却是徐州士族和丹阳军阀之间的矛盾。

丹阳系当爷这么多年了，肯定会不满！所以丹阳兵是刘备必须要迅速解决的问题。

但是，在风云激荡的东汉末年，从来不给一个人好整以暇的结题时间。

考袁绍的界桥之战如此，考曹操的入兖剿匪亦如此。

刘备占大便宜的同时，老天也扔过来了对刘备的考卷。

淮河南岸，一位幽默先生大怒道："我打生下来就没听说过刘备是个什么东西！"

泗水上游，一个三姓家奴正觍着大脸马不停蹄地南下而来。

七、过路财神刘玄德，作死称帝袁公路

刘备在得到徐州后，第一时间去与两个过去的大哥沟通。

第一个，是袁绍。刘备派陈登去见袁绍，表达了如下观点：

1.陶谦死了，徐州现在很乱。

2.袁术狼子野心，是您的大麻烦。

3.徐州方面迎刘备当宗主来抵御袁术。

4.您是我们指路的明灯、前进的方向，玄德公刚上任有很多方面要准备，特遣下吏问您汇报情况。

袁绍很高兴："刘备我是了解的，此君跟我干过，弘雅有信义，徐州推举他实在是眼光太好了！就嘱咐一件事，你们一定要把袁术打死呀！"

第二个，是曹操。

曹操此时在和吕布的互撕中收尾，本来想打徐州但被荀彧拽回来了，于是第一时间示好了曾经的小老弟，表刘备为镇东将军，封宜城亭侯。

刘备上位徐州后，徐州的敌人已经不再是曹操，而是袁术。袁术听说徐州士族们这么不上道，居然推举一位个体工商户当老大却不来找他这个四世三公的邻居，大骂道："我这辈子就没听说过有什么刘备！"

袁术来打刘备，刘备带兵拒之于盱眙、淮阴。（见图3-4）

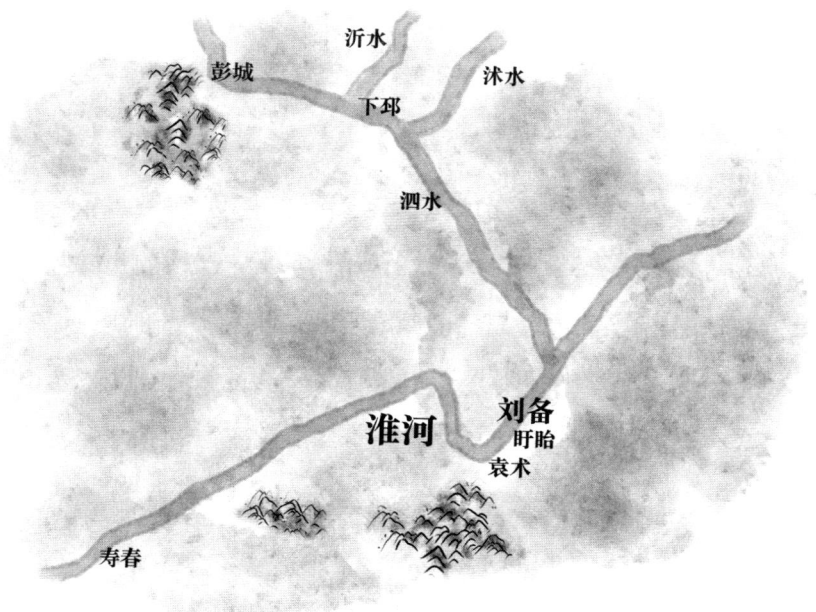

图3-4　刘备与袁术对峙图

刘备和袁术打了一个多月，互有胜负，这个时候，刘备老家传来了噩耗：吕布把下邳袭取了，他的后路被断了。

吕布在被曹操打出兖州后，来投奔了刘备。刘备也没说什么，毕竟此时袁术虎视眈眈，暂时不好跟吕布开战，而且他对自己的魅力过分自信。

但是刘备又没有办法带着吕布一块去打袁术。毕竟刚认识不久，吕布要是被袁术策反了一块打刘备，刘备就临阵尴尬了，毕竟刘备现在堵袁术可以仰仗淮河之险，守住泗水淮河线袁术就绕不过去。原因在于打仗就是打后勤，就是打粮道。

刘备和袁术交战后，双方互有胜负谁都没有什么突破性的胜利，就在这个时候，做客的吕布突然接见了一个求救的人。

陶谦的心腹曹豹掌管丹阳兵，刘备上位后为了安抚他，封他为下邳相，和张飞同守下邳。但是，双方闹矛盾了，有说法是丹阳兵造反，也有说法是张三爷被惹怒了，反正三爷打算杀曹豹，曹豹率部众回到营寨固守，然后遣使问吕布求救。

吕布瞬间决定背叛收留他的刘备，挥军顺泗水东下，大军开到离下邳还有四十里的时候，又接到了第二个消息。陶谦的另一个丹阳系将领许耽也连夜派下属来向吕布求救："张飞已经攻入了曹豹军营并杀了曹豹，现在城中大乱，我部丹阳兵还有千余人屯兵西白门城内，您赶紧带兵来城西门，我丹阳兵必开城门迎将军啊！"[①]

吕布于是快马加鞭连夜进兵，清晨来到城下，丹阳兵开门迎了吕布进城。

吕布的突然出现把张飞打了个措手不及，张飞逃出城，吕布控制住了刘备军的部曲、家眷以及军粮、辎重。

三爷其实已经很威猛了，一夜间把丹阳军杀得就还剩千余人。丹阳兵的隐患本来很有可能被三爷暴力消除。但错在了刘备的安排上。

丹阳兵明明白白是隐患，因为刘备入主徐州剥夺的是丹阳兵的当爷资格。他们作乱的话只可能找吕布当外援，而吕布是什么人刘备又不是不知道！刘备怎么能让丹阳兵与张飞同守下邳呢！

如果刘备安排丹阳兵驻防别处，就算是最坏的情况出现，丹阳兵投奔吕布一块来打下邳，那也是明面上硬碰硬的攻城。虽然刘备带走了

---

① 《英雄记》：丹杨兵有千人屯西白门城内，闻将军来东，大小踊跃，如复更生。将军兵向城西门，丹杨军便开门内将军矣。

主力，但是守城最重要的就是守城门，只要城门没被攻破，张飞就能站在城头上放箭扔石头，以少打多。总比有这么一大伙人可以从内部打开城门要强！

刘备听说下邳失手，迅速地撇了袁术回军，但是到了下邳部队就崩溃了。因为家属都在人家吕布手上！

退路被吕布堵死，刘备无奈只能南下取广陵，又被追来的袁术给打了，此时已经失去了所有物资给养的刘备军开始人吃人。刘备于是向吕布请降，表示自己还是适合看门，希望吕布能放他回小沛。

这个时候，非常搞笑的情景出现了。诸将谓布曰："备数反覆难养，宜早图之。"居然有人对汉末第一厚颜无耻之人说另一个人"反覆难养"，不怕吕布认为你讽刺他吗？这里的"诸将"大概率是徐州的丹阳系将领。

他们估计会说："千万别放他回小沛，当初他就是在小沛把徐州拐走的！现在趁他病要他命赶紧弄死他！"

吕布认为，眼下的形势变了，最可怕的人是总惦记徐州的袁术，刘备还用得着，先让他回小沛吧，于是归还了刘备的妻子、部曲家属。

没过多久，刘备在小沛又收兵万余人，吕布又嘀咕了：这大哥怎么给点阳光就灿烂呢！于是出兵再来打刘备。刘备再次被打败，无可奈何下，投奔了当年的老领导曹操。

别看当初在袁绍公孙瓒的青州争夺战时曹操和刘备还交过战，但两人的关系仍然不错，毕竟是革命之初一块招兵买马起家的患难之交。

曹操对刘备给予了豫州牧的超高级编制，说："玄德啊，我供你军粮，再给你拨点儿人，你接着回小沛打吕布去。"

刘备走后，程昱说："这个刘备啊，有雄才，还会收买人心，终不为人下，不如早早地做掉他。"

曹操说："现在正是收英雄之时，杀一人而失天下之心，不可。"

刘备就这样又回了小沛，这位豫州牧开始了给曹操看东南大门的两年保安生涯。干革命十多年了，级别是越来越高，但地盘永远就是那么点儿大。刘备进入了又一次的蛰伏。

在刘备进行又一轮冬眠的同时，占据淮河南岸以及孙策爆发后几乎全部拿下来的扬州全境，让袁术酝酿在心中很久的一件事摁不住了。

他想称帝了。袁术想称帝很久了，因为他总觉得有一句著名谶语"代汉者，当涂高也"，说的就是他。

为啥呢？袁术，字公路。涂高，就是途高，就是一条高高的路。

反正他要是觉得是他，那怎样都能发生关系，况且还有一件事给他撑腰，他手中有传国玉玺。当年孙坚死后，他从寡妇吴氏那里抢来了传国玉玺，这个玺可没有像《三国演义》里面说得那样被孙策拿出来换兵，而是早旦地就被袁术从孙寡妇那儿给抢过来了。

最终促使袁术称帝的是两件事：一个是孙策在江东一路开花推进后很懂事地把舅舅吴景和兄弟孙贲送过来当人质，表示服从他的领导。一个是献帝的一路东归被追得鸡飞狗跳、露宿山野，不成人样，失去了天子体面。

献帝都成叫花子了！像什么样子！袁术觉得该称帝了，招齐文武官员开试探会，说："如今刘氏天下已经衰微，海内鼎沸，我们袁家四世三公，百姓们都愿归附于我。我想秉承天意，顺应民心，现在登基称帝，不知诸君意下如何？"

除了主簿阎象表示反对，没人敢说话。什么反应都没有其实就是没人同意，袁术比较郁闷。

没多久，河内人张鲰为袁术卜卦，说他是皇帝命，被露骨挑逗后的袁术再也难以忍耐，都爱同意不同意吧，便于197年在寿春称帝，建号"仲氏"。

袁术走了人生中的最大昏招。

他的这个昏招，使得两个人成了最大受益者：孙策和曹操。

孙策在打跑刘繇、赶走王朗后，派舅舅吴景和兄弟孙贲回袁术那里报到，安抚袁术，然后袁术就带着吴景、孙贲来打刘备了，打了个互有胜负的战绩。

刘备还是很能打的，因为袁术有孙家帮忙才没占到便宜，还是那句话，袁术没孙家帮忙的时候战无不败。

197 年袁术刚称帝后，孙策迅速地宣布江东独立，跟袁术反革命集团划清界限，紧接着征召之前派回袁术的吴景和孙贲过江。

吴景已经被封为广陵太守，马上扔了广陵迅速归队；孙贲被袁术封为九江太守，行踪已经被严密控制，于是扔下了老婆孩子回到了孙策身边。

曹操也迅速地派议郎王浦携带献帝的正式诏书给孙策，任命他为骑都尉，袭父爵乌程侯，兼任会稽太守，命他起兵讨伐袁术。

孙策说骑都尉的职务是不是有点儿低了，怎么也得来个将军啊！王浦表示没问题，当场就以皇帝的名义宣布孙策为明汉将军。

孙策的突然反水使得吴郡、会稽郡脱离了袁术势力。没过多久，孙策又赶走袁术所派的丹阳太守袁胤，平定丹阳郡势力，还拿下了刘繇悍将太史慈，囊括江东三郡。不久，他异父异母的"亲兄弟"周瑜也抽冷子逃了过来，而且还带过来了自己未来的接班人：鲁肃。真不知周瑜上辈子欠了孙家什么，这辈子要这么还。

《三国演义》中继陈宫后第二位人物形象强烈翻转的人物也出场了。

鲁肃，属于临淮东城豪族，家里特别有钱，长得魁梧雄健，早在刚闹黄巾的时候，鲁肃就已经看出世道要完蛋了，于是进行特种兵训

练，还招揽社会不安定分子开始培养自己的部曲。^①

等到天下彻底大乱后，鲁肃开始大量抛售自己的田宅不动产，筹措财资招兵买马。^②

同乡人们都在说："老鲁家算是一辈儿不如一辈儿，生了这么个败家子！"^③

这都天下大乱了还守着钱和地有什么用！有了兵什么样的地抢不过来！就这样，鲁肃有一天迎来了一个人，带着几百人到他家门口表示要借点儿粮食吃吃。这个来打秋风的人是周瑜。

鲁肃看到周瑜后，表示我家有两困米，每困三千斛，给你一困先吃，不够再来。鲁肃用三千斛粮食结交到了此时已经在士族圈名声臭了大街的周瑜。鲁肃之所以敢结交周瑜，是因为周瑜的身后，有一个小霸王。

后来袁术听说了鲁肃的名声，任命他为东城长，结果鲁肃和自己的队伍开了个会："现在天下大乱，袁术横征暴敛，淮泗间已经不能再待了，我听说江东沃野千里可避害，兄弟们愿意跟我走吗？"兄弟们一片欢呼。^④

鲁肃随后带着自己的队伍投奔了周瑜，然后跟着周瑜逃到了孙策这里。

曹操乘汉相之资，挟天子扫群雄，荡荆州扫刘备黑云压城虎横长

---

① 《三国志·鲁肃传》：天下将乱，乃学击剑骑射，招聚少年，给其衣食，往来南山中射猎，阴相部勒，讲武习兵。

② 《三国志·鲁肃传》：尔时天下已乱，肃不治家事，大散财货，摽卖田地，以赈穷弊结士为务……

③ 《吴书》：鲁氏世衰，乃生此狂儿！

④ 《三国志·鲁肃传》：中国失纲，寇贼横暴，淮、泗间非遗种之地，吾闻江东沃野万里，民富兵强，可以避害，宁肯相随俱至乐土，以观时变乎？

江之时，建独断之明、出众人之表的两位砥柱奇才至此同时到了江东。

江东最强天团就此聚齐。

同年，孙策再次给献帝上贡，也就是给曹操上贡，曹操任命他为讨逆将军，封为吴侯。

袁术的称帝使得孙策成功地甩开了臭名声，还得到了曹操的官方授权，得以名正言顺地专心经营江东。

话说袁术为谁辛苦为谁忙呢？

孙策反水后，北边的曹操也在一个劲儿地抽袁术。他让老仇人吕布先打头阵。很神奇，是不是？尤其在袁术的热脸屡次贴吕布冷屁股的前提下。

早在吕布袭取下邳后，袁术已经无下限到给吕布送礼的份上了。他给吕布写了封信。

袁术说："吕将军你对我有三大功劳。当年你杀了董卓帮我家报仇，这是第一大功；当年我送朝廷派的兖州刺史金尚去兖州接手地盘，结果在封丘差点儿让曹操打死，是将军破兖州给我报了仇，这是第二大功；我混社会这么多年，没听说过有刘备这号人物，我凭借您的帮助才打跑了这厮，这是第三大功。将军有三大功，我袁术愿意和将军同生共死，送米二十万斛犒劳一下将军。"

没羞没臊啊！你是谁啊！四世三公啊！汝南袁氏啊！还"术虽不敏，奉以死生"！

在称帝前不久，袁术又给吕布写信，表示我要当皇帝了，希望给我儿子找太子妃，我想跟你结为亲家，你看怎么样？

吕布同意了。但这个时候，老仇人曹操派了奉车都尉王则为使者给吕布带来了诏书。

曹操手书亲自跟吕布讲："我要拜将军为左将军，现在国库里没有好金子，我取自己的好金子给将军做的印，国家没有紫绶，我把自己用的紫绶送给将军。过去的事都过去了，袁术现在不往人上走，他要遗臭万年，你可不能和他同流合污啊！"

老仇人给他送礼后，吕布又想起来了去年六月的一件事：一天夜里，吕布夺徐州后不久，他的部将河内郝萌军变造反，带兵包围了吕布的下邳官府。吕布不知是谁造反，连衣服都来不及穿就仓促地逃到了高顺的军营。最终是高顺带兵斩杀了郝萌，并带回了郝萌的部将曹性。

吕布在审问后，得知了两个关键点：

1. 郝萌兵变是受袁术的指使。[①]

2. 同谋者除了郝萌外，还有陈宫。[②]

当时陈宫就在旁边，整了个大脸通红，身边人都看出来陈宫又习惯性地出轨了。[③]吕布因为陈宫手下有兵，是重要合伙人，最终既往不咎，掀篇过去了。[④]

陈宫眼看吕布势衰，而且多次不听他的意见，再次决定自己动手换老板。但是，他这辈子作为阴谋家比较失败，每次的阴谋弑主都没成功。这不是他最后一次算计吕布。

吕布跟袁术是有过节的，曹操这封信送来以后，吕布派兵追回了已经送半路上的闺女，还把袁术的使者韩胤用囚车送到了许昌。

与此同时，吕布派陈登去许昌谢曹操恩典并为自己讨徐州牧的正式册封，陈登作为本土士族继拥立刘备后再次寻找出路，见到曹操后表示："吕布虽勇但脑子不好使，您得早做打算啊！"

曹操拜陈登为广陵太守，临别之时曹操握住了陈登的手说："东方的事就托付给你了，你回去后要努力发展，将来为我内应。"

---

①②③④ 《英雄记》：言"萌受袁术谋"。"谋者悉谁？"性言："陈宫同谋。"时宫在坐上，面赤，傍人悉觉之。布以宫大将，不问也。

陈登回来后，吕布怒了："你当上了广陵太守，我的徐州牧呢！我让你卖了！"

陈登说："我见到曹公，说吕将军是大老虎，您得让他吃饱了，饿着他就该吃人了。"

曹公说："这个比喻不恰当，对于吕将军要像养鹰一样，饿着点儿就能用，吃饱了就飞了。"

听到陈登拿他当畜生的比喻后，吕布觉得说得特别好。他决定做曹操的大老鹰。

这让袁术很没面子。袁术这辈子就像是一个不断下坠的抛物线，本来是汉末前两名的头马，但跑了十年后，先是没竞争过这辈子都没听说过的刘备，随后又被三姓家奴把求亲的大使都给送到许昌了。

恼羞成怒的袁术派大将张勋、桥蕤等，以及被曹操打过来的韩暹、杨奉合兵七路，步骑数万奔下邳而来。

八、荆北南阳贾诩布局，关中徐州荀彧定调

袁术七路大军扑来，吕布用陈宫计策，给白波军的韩暹、杨奉写信："两位将军前面千里护驾，我亲手杀的董卓，咱都是根正苗红的汉家忠臣，怎么能和袁术混一块儿去当贼呢！不如一块儿打袁术为国除害，袁术的那些军资我全都留给二位将军。"

韩暹、杨奉觉得也对，他们现在编制还是汉廷的呢，吕布又放弃了分红，于是同意了。

吕布随后出兵迎战，会战开始后，韩暹、杨奉突然反水，袁军大败，吕布一路追击连杀大将十余人，袁军几乎全军覆没。

吕布和韩暹、杨奉继续向寿春进军，一路抢到了淮河边，还给袁术留了一封侮辱信。

袁术大怒，带着五千步骑到了淮河边示威，结果吕布不仅伤害了他，还一笑而过，说他称帝很贪婪，军力很弱小。

九月，被吕布伤害的袁术进攻陈国，结果被曹操亲自带队反攻。袁术听说曹操来了，直接扔了部队就跑了。

袁术安排桥蕤等在蕲阳阻击，结果曹操到了以后又是一场大胜，桥蕤等被杀，曹操随后带队回到了老家谯县，遇到了自他闹革命走后接

管当地黑社会的老大许褚。

许褚勇力绝人，手上有上万人的队伍，结坞堡，在豫州颇有势力，远近各路黑帮忌惮他，都绕着走。

许褚带着他的上万人部曲立刻归附了曹操，随后成了曹操一直到死的核心保安卫队长。典韦让自己作没了，老天又送来了老乡许褚。

袁术的北伐两战输得一塌糊涂，逃到大本营淮南。

197 年冬，称帝刚半年的袁术就遭到天谴，整个淮南出现大饥荒，江淮处处可见人吃人的惨象。紧接着，祸不单行，手下陈兰、雷薄叛变，掠粮草后落草灊山为寇。

命里没有，你就担不起这个圣号。袁术的败亡，进入了倒计时。

曹操在打袁术的同时，张绣也在不断地恶心曹操，南阳北部章陵等县被张绣勾引投降，曹操命曹洪讨伐张绣，又让张绣给打回来了。曹洪退守叶县，张绣乘胜不断进攻，直接威胁到了许昌。

197 年十一月，曹操收拾完袁术，马上调转来打张绣，攻占宛城，攻克刘表部将邓济把守的湖阳、舞阴，又拿回了南阳北部。

198 年正月，曹操回军许昌过个年，三月，再伐张绣。

曹操如此频繁地打张绣，面子问题已经占上风了，毕竟自己吃的这憋太不光彩，而且损失太过惨重。

荀攸对他说："张绣现在的军粮全靠刘表，刘表一断粮，张绣马上就瞪眼，咱们应该暂缓进攻，等着他们分手，现在咱打他们，是帮着他俩抱成刺猬抵抗咱。"

荀攸明显没有他叔荀彧说话好使，曹操不听，再伐张绣，在穰城围城无功。

五月，刘表救兵来了，与此同时，曹操收到消息，袁绍那边要去许昌劫献帝。

曹操撤军，张绣展开追击。张绣身边的贾诩说："不能追，追必败。"张绣不听，曹操反击得手，张绣大败而回。

张绣追击失败后跟贾诩道歉，贾诩说："甭道歉了，赶紧接着追！"

这位天下第一毒士历经辗转来到了张绣这里。

贾诩在跟着李傕追击献帝后，回关中时投奔了华阴的段煨，不久，张济战死，贾诩又给在宛城的张绣示好。张绣派队伍来接这个西北最强大脑。

贾诩要走的时候，身边人问他："段煨对您不可谓不厚啊！您为什么要离开他啊！"

贾诩说："段煨天性多疑，我察觉他有猜忌我的意思，现在虽然礼遇甚厚，但他不会允许一个拿不准的人在身边，我走他必定很高兴，他也盼着我在外能给他拉来结盟帮手，所以必厚待我妻子儿女。张绣无谋主，我这一走可谓自身与家庭都能得到保全啊！"

结果如他所料，贾诩投张绣后，张绣以晚辈之礼尊崇贾诩，段煨也善待贾诩家人。贾诩到张绣那里后劝说他放弃仇恨和刘表结盟，使得他在南阳站住了脚，等曹操来后又卖出了一个好价钱。

本来张绣全军已经得到一个非常好的结局了。但随着曹操忙活张绣他婶，随手给了大将胡车儿一块金子，张绣和贾诩感觉到了两种非常不好的可能：

1. 要么曹操不检点，这说明他拿我们不当回事儿。

2. 要么曹操不上道，这说明他想吞并我们的部众。

无论曹操是不检点还是不上道，这都预言着我们的未来不会美好。

兵无常势，水无常形，在贾诩这里，局势在变，出招自然也要变。张绣夜袭曹营的战术布置，就是在贾诩的操刀下完成的。

这次张绣在大败后听贾诩的话点起败兵再追，大胜而归。张绣回来讨教为什么，贾诩说："你虽然能打，但你打不过曹操，曹操撤退必定亲自断后，所以你肯定吃亏。曹操之所以围城却没干什么就走，必定是后方出事了，他打完你必定全力赶回，所以你再追必胜。"

贾诩能通过不多的信息，就知道曹操比张绣高一段位，还能看出曹操家里出事，这都是一叶知秋的本事。

三国第一剧情推动师贾诩操纵着张绣来来回回的这是干什么呢？

打出让人对你的忌惮！打出让人对你的尊重！打出雪中送炭而不是锦上添花的最终效果！

这一次，这位在三国中话最少的重要人物又张嘴了。不远的未来，他就要带着自己这几年的布局决定历史大势的走向了。

话说在曹操跟张绣这一年多的死磕中，实际上曹操属于没干什么正事，兵士疲惫、粮草空耗，张绣还打不下来，自己当初没管好裤腰带的善后成本实在是太高了。

所幸的是，时局中，各有各的乱。

袁术被打趴下后又赶上饥荒，孙策忙着跟袁术闹分手跟他关系也不错，吕布总也弄不明白自己的战略到底是个什么，跟袁术、刘备时掐时好，所以这才没显出曹操的不务正业。

但曹操不务正业的资本越来越少了，因为北面的袁绍已经快进化成完全体了：幽州方面，公孙瓒和黑山张燕快扛不住了；并州方面，袁绍的外甥高幹成功进入上党，已经拿下太行山脉大半；青州方面，长子袁谭北排田楷，东击孔融，已经把势力拓展到了东海之滨。

袁绍嚷嚷要南下把曹操吓得够呛，尤其是曹操迎回献帝后，袁绍的气一直不顺。对于献帝，袁绍是又想要，又不想要，拿手里膈应，别人拿着又眼红。

献帝到许昌后，下诏书批评袁绍（其实是曹操嘚瑟）："你实力这么强，我让人抽得满世界找牙时你干什么了？你不给力啊！要反省！”

袁绍多精的人啊！不仅举了一堆例子给书面怼回来了，还高调骂曹操不是东西，我当年包装刘虞时你还在我这里打杂呢！

怕把袁绍惹急了，197年三月，曹操派孔融持节拜袁绍为大将军，督冀、青、幽、并四州。但是，两人的关系是永远也回不到从前了。

曹操在张绣这里来回吃瘪，袁绍很开心，给曹操写信，大体意思是：“现眼了吧，该！”

曹操把袁绍埋汰他的这封信给荀彧看，说：“我现在就想抽他，但我觉得咱还差点儿意思，你说怎么办！”

荀彧说：“自古决定成败的是能力，项羽和刘邦一开始也是强弱悬殊。现今跟您争天下的人，就是这袁绍了，您听我跟您分析啊。

“袁绍这人貌似宽宏大量，实则内心狭窄，用人疑心太重，您明正通达、不拘小节、唯才是举，度量上您大胜袁绍。

“袁绍遇事迟疑犹豫，您瞅他当年在洛阳被董卓抢票房让人家给埋汰的，而您能决断大事，随机应变，把献帝都包过来了，谋略上您大胜袁绍。

“袁绍军纪不严，法令不能确立，士兵虽多却使不上劲儿，您法令严明，赏罚必行，士兵虽少却都奋战效死，用兵上您大胜袁绍。

“袁绍凭其名门贵族，装模作样，士人中缺乏才能而喜好虚名者大多归附于他，您以仁爱之心待人，推诚相见，不求虚荣，行己谨俭，在奖励有功之人时无所吝惜，因此天下忠诚正直、务实肯干的士人都愿为您效劳，在德行上您大胜袁绍。

“有这匹大胜，袁绍强大又有何用？”

荀彧说的这四点，细琢磨都是胡扯。袁绍跟曹操绝对是平级的人物，他这辈子实际上就打输了一战，战绩比曹操可强多了。

袁绍的最终败亡另有原因，绝不是什么个人素质问题。荀彧真正值钱的建议，是后面这段。荀彧说："打袁绍前，得先灭吕布。"

为什么呢？因为"建安三年，布复叛为术"。

仔细观察就会发现，荀彧的很多建议，其实都和大汉的最终利益高度重合。吕布又叛汉了，这是荀彧很在意的！

曹操说："吕布不算个东西，我真正忧虑的，是怕袁绍侵扰关中，引发羌、胡叛乱，再向南引诱刘璋，那样的话我就要用兖、豫二州来对抗天下的六分之五了。那该怎么办呢？"

荀彧说："关中不用担心，现在关中土匪大帅数以千计，大大小小都是山头，没人能统一起来，目前只有韩遂、马超最强，他们只会拥兵自保。如果以恩德招抚他们，派人与他们通好，即使不能长久安定，但至少在您平定山东之前，足以不生变动。这个人，非钟繇不能胜任，关中给他您就放心吧！"

这就是荀彧的合伙人作用，他的话全都是在曹操事业关键点上说出来就能起作用的，而且他永远有办法，还永远能叫人出来帮曹操平事。

这次他召唤出来的大神，是颍川四大家族之一的钟家掌门人，钟繇。

钟繇之前一直在东汉政府中任职，经历了献帝在洛阳、长安的受难，李傕、郭汜专权的全部过程。荀彧推荐钟繇回到关中的一大原因是：门子熟。

曹操首次联系献帝时，李傕、郭汜并不拿曹操当回事，认为关东人不是要另立皇帝吗？跟我们套近乎干什么？是钟繇在其中起到了重要的斡旋作用，才使得曹操和关中第一次搭上了线。

钟繇为什么无缘无故地帮曹操呢？因为老乡世交的荀彧呗。

195 年，李傕抓走献帝跟郭汜对打，钟繇与尚书郎韩斌共同谋划了献帝出逃，最终在西北军各大佬复杂的谈判与协商下，献帝得以东归。献帝入许昌后没多久，钟繇成了继荀彧后的政务二把手，同时间，董卓系破坏力最强的两个乱贼李傕、郭汜被关中势力团灭了。

之前李傕、郭汜的半年对打使得双方实力大损，外族雇佣兵又在贾诩的一顿饭后纷纷离去，杨奉对李傕的叛变又使得李傕实力大减，献帝东归又使得郭汜、张济等原西凉大佬将部队带出了关中，董卓的老班底已经对关中形不成统治优势了。

没多久郭汜被部下伍习杀死，曹操又以天子诏命令关西诸将讨灭李傕。

198年四月，就在收到袁绍这封埋汰信的时候，李傕被击败斩首，关中至此进入山头林立的乱炖阶段，比较大的两股势力又变回了最早引发西凉叛乱的韩遂、马腾。

就在这个时候，荀彧推荐并主导了钟繇的入主关中，这成了后面那场世纪大战的重要胜负手之一。

钟繇以侍中的身份领司隶校尉，持节督察关中各路人马。钟繇到达长安后，致信马腾、韩遂等各路势力，稳住了韩遂、马腾，还让他们向许昌送出了人质。

钟繇入长安总督关中，绝对不可能起到军事压制的作用，但他的魅力与能力，让整个关中产生了这样一种感觉：朝廷已经开始恢复正常了！远东的曹操非常强大！咱们不能再胡作非为了，现在朝廷认可我们做关中的土财主，我们要给朝廷面子！

钟繇到任后不仅稳住了关中，还为曹操盯住了袁绍的并州，后面那场大战不仅没给领导添任何负担，还在官渡大战的关键时刻输送给曹操重要战略物资：战马两千匹。

后来曹操孤注一掷火烧乌巢时，率领的是"精锐步骑五千"，要是没有这两千匹战马，最后的战果难料，因为那一夜，时间就是国运，即便是夜袭，曹操也是最后一哆嗦时才拿下来的！

后来曹丕称帝回顾先辈创业时动情地对颍川集团说道："昔汉祖以秦中为国本，光武恃河内为王基，今朕复于此登坛受禅，天以此郡翼成大魏！"

像荀彧、钟繇这种源源不断的顶级人才输出，颍川何其多才！

曹操回援许昌后，袁绍没有南下，过了几个月，到了198年冬，如荀彧所说，曹操必须要解决吕布了。因为守小沛的刘备又被吕布赶出来了。

刘备到此时，除了陶谦死时捡到过一次馅饼外，每次一出现基本上都是拿了点儿好处马上加倍吐出去的倒霉蛋儿节奏，他就像小说中的收垃圾角色，每到要出现转折了，要牺牲一个人来过渡剧情了，他就出来了。

刘备自196年投奔曹操被重新安排回小沛前线，已经当了两年的钉子户了。

在这个过程中，吕布曾经令白波军的韩暹、杨奉收割刘备的麦子去，结果他俩让刘备给做了。

刘备在他老祖龙兴之地作风相当彪悍，吕布也没再去惹刘备，这次吕布打刘备的原因是198年春天，吕布派人携重金去河内买马，他的战马在多年征战后已经消耗得差不多了，结果半路被刘备打劫了。

这就要了吕布的命了，马买不来，他的最强战术就使不出来。吕布大怒，派高顺和张辽等发军攻打小沛的刘备。

曹操也派出了夏侯惇支援刘备，但夏侯惇没怎么发挥就被打回来了。

一直打了半年多，直到秋天，高顺、张辽终于成功地拆迁了小沛刘备这个钉子户。刘备跑了，媳妇又让人家逮走了。吕布也最终逼来了大魔王曹操。

其实此时的吕布已经是强弩之末了，他威猛的重要原因是会打骑兵战，但在多年的消耗下马匹已经严重不足，刘备这些年在一连串的战斗中也算是极大地消耗了吕布的军力，最终让曹操成功地摘了桃子。

不过最终让曹操下定亲征决心的，是曹操的二当家荀彧发话了。

其实众将对此不认可，普遍反映："刘表、张绣在我们身后，现在去远袭吕布，会很危险。"

但荀彧自有道理："刘表、张绣刚跟我们打完，不会再动，吕布骁勇，现在又和袁术联合起来了，如果让他纵横江淮之间，祸害必大，各路土匪也都会去依附他，应趁着他现在再次反叛大汉马上打他！必定拿下！"

荀彧这次点名指出："必须要剿灭袁术、吕布反大汉的土匪集团！"所以诸将的建议就都不好使了。

吕布这些年非常有意思，偷袭了刘备要收人家当小弟，人家有一万兵他又把人家打跑了；袁术要娶他闺女当儿媳妇他答应了又反悔；刘备在曹操的支持下回来添乱又没反应，完事曹操一通忽悠又跟袁术打了起来；这忠臣本来当得好好的，现在又跟袁术搞到了一块。

吕布的所有外交政策都让人看不懂，他像是个随处撞墙的大绿豆蝇，恶心人地撞到哪儿算哪儿。

他即将撞来自己人生的终点。

九、汉末十年大乱尘埃渐定

198 年九月，曹操和被赶出来的刘备在梁地相遇，随后进兵彭城，十月，曹操屠彭城。与此同时，广陵太守陈登率郡兵截断了吕布南下的退路。

吕布带兵多次出城和曹操对战，全都大败，一直打到不敢出城。曹操写信给吕布，说，投降吧，别费劲儿了，你打不过我。

吕布怂了，准备投降了。但是陈宫因为害怕曹操恨自己，死活劝吕布不能投降。

吕布于是派人向袁术求救，袁术说："吕布不是不跟我结亲家吗？找我来干什么？"

吕布的说客说："吕布被打死，明天就是你了！"

袁术也是秋后的蚂蚱了，根本组织不出救兵，只是搞了搞阅兵，声援了一下。

吕布认为袁术还在生他的气，于是把闺女捆在马上，夜里亲自组织突击队准备给袁术送过去，结果被曹操的弓兵队一顿爆射给轰了回来。

陈宫对吕布说："曹军远来，势不能久，若将军率步骑出屯城外，我率领余众守卫城内，曹军要是打将军，我就出去揍他，若来攻城，将军就来救我，用不了十天曹操的军粮就没了，到时候咱再打他必可一鼓而定。"

吕布又同意了。

要走之前跟他媳妇一念叨，他媳妇说："过去曹操待陈宫如儿子一样陈宫他都能背叛他，现在你待他没有曹操好，却要把城交给他，你一走你的老婆孩子就都是别人的了。"[1]

连个没出过门的女同志都能看出来这又是陈宫在算计你了，所有人抱一块儿守城都快守不住了，你还分兵出去？你组织突击队送闺女都冲不出去，现在就能冲出去还有空把防御工事建起来？就算建好防御工事，那城外的军营能比城墙瓷实？你野战又打不过曹操，出去又能有什么用？陈宫这是在拿下邳城和你的人头当自己的道歉礼物啊！

就你这脑瓜子还混汉末！唉！就是这些年运气好啊！

没有开玩笑，吕布的运气在汉末是排前几的，远比刘备、孙策等要强。

1. 跟着丁原干的时候碰上了皇权大崩塌，多方都在争取他，董卓给他开了高价。

2. 刺杀董卓的时候赶上太师不听他媳妇的话，而且嫡系的西北军都在外面。

3. 入兖州的时候赶上曹操和兖州士族内部开撕，他又恰巧到了颍川，背靠老乡河内张杨，于是被张邈、陈宫拉着做了股东级打手。

4. 被曹操踢到徐州的时候又偏偏赶上三爷和丹阳兵内部开战找他求援，让他这个一无粮、二疲惫的落魄军阀袭取了下邳，还控制住了刘

---

[1] 《三国志·张邈传》：昔曹氏待公台如赤子，犹舍而来。今将军厚公台不过于曹公，而欲委全城，捐妻子，孤军远出，若一旦有变，妾岂得为将军妻哉！

备集团的家眷。

5. 马上要当袁术亲家的时候又赶上曹操跟张绣对打，给他开出了左将军的大汉官方支票。

这运气要是不叫好，就没有叫好的了。

为什么吕布会被《三国演义》硬生生地拔高成三国武力第一人呢？因为要是不如此虚构拔高，根本解释不了这十年的爆棚好运气。

老百姓是不爱看逻辑性强的前因后果的，只能在每一次因缘际会的好运关头，来一句"人中吕布，马中赤兔"，然后顺理成章地给遮过去了。

但是即便如此，吕布依然凭借他惊人的脑力和天赋，将老天不断恩典的各种各样好运气运作成了罐里越养越抽抽的王八。

曹军围吕布两月，士卒疲敝，打算撤军了。眼看好运气又要降临到吕布身上了。但颍川双谋主荀攸和郭嘉同时劝阻："吕布勇而无谋，现在已经被咱们打得没有任何锐气了，就差最后的一轮急攻了！"

还是那句话，人这辈子的好运是有概率的，你总不能指望以百分之十的奇迹赢一辈子。

曹操坚韧不拔加拥有百战精兵，将胜率提高百分之三十；自己和荀或定战略方向提高百分之二十；颍川屯田物质基础提高百分之二十；汉献帝家的四百年老匾提高百分之十；颍川郭嘉们计谋担当再提高百分之十。

有这百分之九十的稳定输出，就算每次都碰上百分之十的坏运气，那又怎样！我的操作系统比你强太多了！从概率来看，我灭你就是必然！

曹操于是引沂、泗二水灌城，又一月，吕布军中上下离心。

十二月，吕布部下侯成、宋宪、魏续反叛，抓住了头号抵抗派陈宫投降，吕布退保白门楼。曹军急攻，吕布见大势已去，令左右将他的首级交给曹操领赏，左右不忍，吕布下城投降，还让旁边被他欺负惨了的刘备帮着在曹操面前说好话。刘备答应了。

等曹操开会征求意见的时候刘备来了句："明公还记得丁建阳和董太师吗？"

吕布很愤怒，死前大骂："刘大耳朵最没有信义！"杀了一辈子爹变了一辈子脸的人说别人没有信义。吕布用这句话给自己的丑陋一生画上了幽默的句号。

吕布被勒死枭首后，二号匪首陈宫被拽过来了。这个人一辈子总算计人，是个地地道道的聪明人啊，死前仍然用智商保住了家小。

曹操问陈宫："你不是挺能的吗？不总说自己智商过剩吗？怎么被我逮起来了呢？"

陈宫说："我说的所有计谋吕布都不听，他要听了就不至于到今天了。"

曹操大笑："那今天这事儿你打算怎么办呢？"

陈宫说："为臣不忠，为子不孝，快弄死我吧。我听说以孝治天下的人不害人之亲，施仁政于天下者不绝人之祀，我老母妻子都在您一念之间。"

"孝"和"仁"两顶大帽子突然扣下来，一句话把曹操给架那儿了。

陈宫又说："赶紧杀了我吧，用我这恶劣典型以儆效尤！"

然后趁着曹操没反应过来自己赶紧往刑场走，谁拦都拦不住！

真聪明啊！拿大帽子把曹操架那儿，自己迅速一死了之，曹操多恨他也没办法灭他的族了，否则那就太没风度了。

此君堪称《三国演义》最离谱的造神者，明明机关算尽太聪明反误了卿卿性命，却被包装成了仁义大气、反奸雄爱民如子、恨吕布不成钢的谋士。

即便如此，罗贯中改编得依然有理。因为此君衔接了太多阴谋板块，都照实写小说就没法看了。数百年前的老百姓是看不懂太复杂的阴谋的，所以一句曹操奸贼必须反，就把兖州的关键疑问给遮过去了。正史有正史的脉络，小说有小说的笔法，我们要抱着宽容大气和文学创作的态度看待《三国演义》。千万不要因为了解了正史就去贬低我们文化宝库中的皇皇巨著，这部书普世弘法的价值是永不可磨灭的。

从容、自信、淡定地看待我们的历史与文化，不虚美、不隐恶、不卑不亢。永远相信我们的文化，也永远对得起祖宗留给我们的瑰宝。

在徐州问题的后续处理中，曹操对一个关键人物做出了关键安抚，和钟繇一样，这同样也成了后面的那场大战的关键胜负手之一：青徐黑老大臧霸。

臧霸是三国中极少数的，以土匪起家，最终能够得到善终的人。而且重点是，他始终是以一股独立的势力存在的。

其他的各路土匪山贼，最终下场都不好，而且都没能混太长时间。唯有臧霸，不仅在三国初年的乱世中成功存活，还越混越壮，最终成为青徐谁都不敢惹的存在。直到曹操离世，他都有单独的地盘和编制。

这要得益于他的会做人、他的特殊兵种，关键的地理位置以及雪中送炭的关键贡献。

臧霸最早出道是为了救他爹，他爹是监狱看守，因为私杀囚犯被太守拿下治罪，十八岁的臧霸带着十几个兄弟前往费县西山将父亲救出，还捎带脚杀了太守。

十多人组成的劫狱小队吓跑了一百多个狱卒，臧霸的孝烈之名开始在山东传开。在孔老夫子的土地上，如此大孝之子得到了山东猛人们的强烈推崇。

黄巾起义后，臧霸带领着他的泰山兵兄弟们投靠了陶谦，立了战功得了正式编制骑都尉，后来又在徐州招收了一部分兵源，和孙观、吴敦、尹礼、孙康等势力抱团，聚合军众自当统帅，屯于开阳一带，变成了徐州的一伙编外势力。

上面提到的这几个人，都是泰山人，手下都有一伙泰山兵部曲。

不久，臧霸迎来了他的命中贵人。

曹操为了报父仇，将徐州北部东海琅邪的陶谦势力彻底连根拔起，197年，臧霸泰山匪帮占领了琅邪国，并和吕布达成了合作关系。

曹操讨伐吕布时，臧霸曾带兵助吕布，后来吕布战败，臧霸又迅速改换门庭，和曹操建立了从属友好关系。

曹操给臧霸开出了天价支票，分琅邪、东海为城阳、利城、昌虑三郡，任命臧霸为琅邪相，吴敦利城相、尹礼东莞太守、孙观北海太守、孙康城阳太守，割青、徐二州，全部托付给了臧霸。（见图3-5）

对于泰山兵的实力，曹操是很了解的。

青州兵是他的百战铁军，但在宛城全都溃散的时候，于禁的泰山兵不仅军制完整丝毫不乱，而且还把彪悍的青州军给打了。

于禁在曹魏外姓诸将中，其实是五子良将之首，所凭借最关键的底牌就是部由泰山兵，近三十年的战绩和立功其实比张辽含金量要大。

比如于禁后来敢带着两千兵就在黄河前线站台跟袁绍对打，袁绍不仅打不动还被于禁弄死几千人。

曹操给臧霸开出天价支票，除了知道他的那几支泰山兵部曲联盟实力超群不好惹之外，还有另一个原因：他和袁绍决战的时间越来越近了，此时已经明显地感觉到了袁绍的压力，他无法再腾出手得罪一个不好惹的地方势力了。

更重要的是，臧霸的泰山兵可得到持续补充，比张绣可要厉害得多。张绣的兵源都是西北兵，在荆州打死一个就少一个，很难得到补充。臧霸的地盘就守着泰山，家乡的子弟兵能源源不断地补充进来。

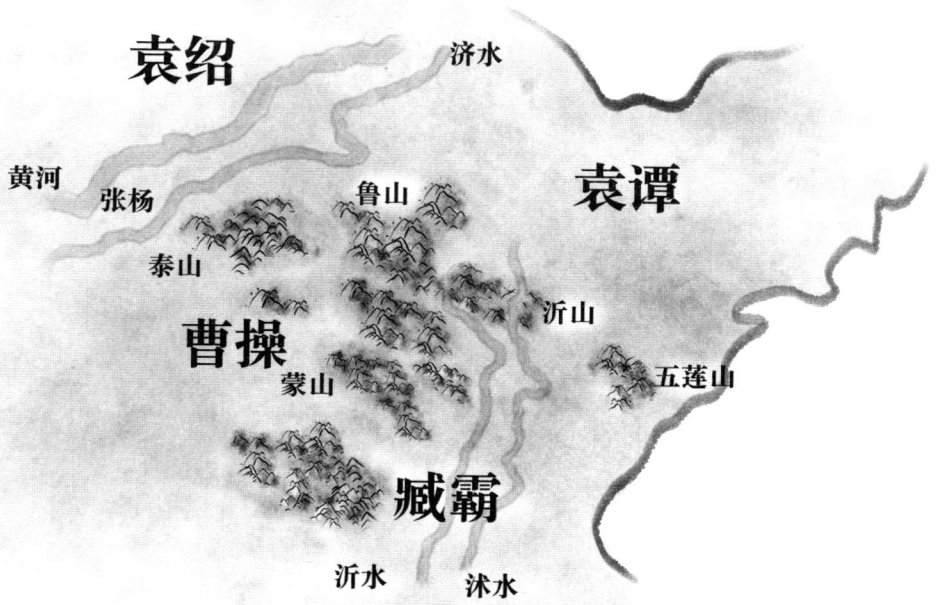

图 3-5　山东半岛及周边势力图

张绣的教训历历在目，曹操需要的是团结一切可以团结的力量，臧霸等泰山五将的地盘正对面就是袁谭的青州，他必须利用臧霸的泰山兵堵住袁绍从青州方面包抄他后方的可能。

曹操的这张支票并没有白开，在与袁绍正面对决时，臧霸数次带精兵入青州，牵制住了袁绍的青州势力。

一个小疑问来了，为什么开始是明显的袁强曹弱，臧霸仍然义无反顾地帮助曹操呢？包括黑山贼的张燕等一众土匪也都接受曹操的收编了呢？还有关中的那群土匪怎么也都消停了呢？

举个例子我们就通透了。

大家知道梁山泊的宋公明宋大哥吗？当了土匪后，最迫切的愿望是什么呢？是招安。

说到底，臧霸等一干土匪被曹操收编，跟曹操的关系并不大！所有匪帮的最终服软，是在于四百年大汉招牌给出的政策让他们放心了：这辈子的杀人放火，终于等来招安了，一将功成万骨枯，终于可以洗白上岸了。

钟繇和臧霸，成为曹操一西一东牵制袁绍并州和青州力量的两个关键点。

曹操剿灭吕布安抚完臧霸的同时，他得到了消息：公孙瓒完蛋了。

自191年双方撕破脸，到199年春天，袁绍和公孙瓒的河北之争终于以袁绍取得全面胜利而告终。这段横跨八年的互撕终于落幕。

191年到193年，公孙瓒占据上风，但公孙瓒杀掉民望甚佳的刘虞成为其败亡的第一个转折点。

195年，袁绍会合刘虞的残余势力和乌桓势力对公孙瓒形成重大打击，公孙瓒开始一蹶不振，进入败亡倒计时。

袁绍连年进攻公孙瓒，不能攻克，就写信给公孙瓒，想与他解开过去的仇怨，互相联合。

公孙瓒不予理睬，增强防备：就算被你打成了宅男我到底还有东北汉子的气节！

袁绍于是大举增兵，向公孙瓒全方位进攻。公孙瓒据守各地的将领中，有人被袁军围困，公孙瓒不肯救援，理由是："如果救了这一个人，会使其他将领以后依赖救援，不肯努力奋战。"结果他的政策被自己人看明白后就投降的投降，溃散的溃散了。袁绍大军长驱直入，直到易京城门。

公孙瓒派儿子公孙续向黑山军的将领们求援，并准备亲率精锐骑兵出城奔往西山，带领黑山军反攻冀州，切断袁绍的退路。

关靖劝阻公孙瓒说："如今将军部下将士无不怀着离散之心，之所以还能坚守，只是因为顾念全家老少都在这里，而且依赖将军在此主持大局，继续坚守，拖延时日，或许能使袁绍知难自退。如果将军舍弃他们，率兵出城，后方无人做主，易京的陷落就是眼前的事了！"

公孙瓒放弃了最后一次逃出去的机会。

公孙瓒这些年一直在修建易京工地，工程质量相当高，袁绍正面打不动，只能派围城部队以挖掘地道的土工作业方式往前推进。

199年初，黑山军首领张燕与公孙续率兵号称十万，分三路援救公孙瓒，张燕的援军还未到，公孙瓒秘密派使者送信给公孙续，让他率五千铁骑到北方低洼地区埋伏，点火作为信号，公孙瓒打算自己出城夹击袁绍围城部队。

就是在这封信中，公孙瓒说出了一句话："袁氏之攻，似若神鬼，鼓角鸣于地中，梯冲舞吾楼上。日穷月蹶，无所聊赖。"与其说是求援，不如说是谢幕前的推卸责任：不是我不行，怎奈对面是妖魔啊！我已经扛了八年了，不简单了。

袁绍的巡逻兵得到这封书信，袁绍就按期举火，公孙瓒以为援军已到，于是率军出战，被袁绍的伏兵打得大败，退回易京。袁绍不久将战壕推进到了公孙瓒所住的中京。

公孙瓒知道最后的时刻到了，于是绞死自己的妻子儿女，放火自焚。不久，公孙续也被匈奴屠各部杀死。

199 年三月，纠缠了八年的幽州公孙瓒势力终于被袁绍彻底剿灭。

自 190 年正月闹革命，到 199 年春，九年多的时间，袁绍集齐了北方的青、幽、并、冀四大州，完成了帝国北方的统一。

公孙瓒对袁绍的八年抗战，更像是在给曹操争取时间。他早一年完蛋，曹操都很费劲。

就在关键的 198 年，曹操派出钟繇稳定了关中，拿下了徐州，扫平了吕布，还在青州布置了臧霸。由之前的漏洞百出，变成了可以一战。

三月，公孙瓒死。四月，河内张杨的部将杨丑杀了张杨准备投降曹操。结果张杨的另一个部将睢固杀了杨丑，打算北投袁绍。曹操迅速遣史涣渡河攻击，在射犬（今河南武陟西北）斩睢固，尽收张杨部众控制了河内郡，势力进入黄河以北。

至此，曹操、袁绍势力开始全面接壤。

199 年，各条剧情线开始纷纷收尾，袁术继公孙瓒完蛋后也不行了。

袁术称帝后，奢靡贪淫的程度比以前更高，后宫妃嫔有数百人。外面又根本打不赢仗，越来越多的人离他而去，袁术终于混不下去了。

他决定把皇帝的尊号送给他心里不平衡了一辈子的亲哥哥，他写了封信给袁绍："汉室气数已尽，袁氏应当接天命为君王，符命与祥瑞很明白，大哥您有四州，户口百万，这个天命应该归您，弟弟我认输了。"

袁术打算投奔袁绍的长子、青州的袁谭。结果路上被曹操派来的刘备、朱灵军截住去路，袁术只好退往寿春；中途想要投奔他以前的部曲雷薄、陈兰，人家也不要他，士众绝粮，又退军至江亭。

六月盛暑，袁术想喝口蜜水而不得，叹息良久，纳闷道："我袁术怎么会落到这个地步！"说完，吐血而死。

袁术的堂弟袁胤不敢留在寿春，率领部曲带着袁术的灵柩与家眷，投奔驻在皖城的庐江太守刘勋。刘勋不久投降曹操，传国御玺被送往许昌。

袁术的死亡，标志着袁术在扬州的九江、庐江两郡的最后残余势力也落到了曹操手中。

至此，轰轰烈烈的汉末群雄争霸，董卓、孙坚、公孙瓒、刘虞、袁术、吕布、李傕、郭汜、张邈、张杨、刘岱、田楷、孔融、青州黄巾、山西白波、太行黑山、豫州黄巾，以及风骚走位、老兵不死的刘备，全都被袁绍和曹操这两个大神或消灭，或收入了囊中。

自189年董卓入京天下开始大乱，到199年关东只剩下两位大神，经过了十年，东汉末年的超级天下大乱终于开始沙石澄清，纷杂的漫天烟尘开始渐渐尘埃落定。

中原大地最终剩下两股最强的势力。四世三公的袁绍占据了青、幽、并、冀四州，实力最强；曹操有大汉招牌汉献帝和兖、豫、徐三州，外加关中总督钟繇和青徐黑老大臧霸。

中国的大势将从这两股大势力中最终决出！

199年六月，袁绍统精兵十万，战马万匹，浩浩荡荡地准备南渡黄河进攻许昌。

决定汉末历史走向的世纪大战即将打响！

第 **4** 战

官渡之战：汉末双神最后一秒的巅峰对决

一、大战前双方实力分析

历史是很神奇的，它有真，有假，有夸张，有贬损，有栽赃陷害，有丑陋拔高；总体来说，很多历史是后来者演绎出来的。

演绎后的历史，往往有一个通性：它有着强大的归因效应。

什么叫归因呢？就是用结果来推演过程。逻辑链条往往是这样的：因为最后的失败，所以之前的所有高明动作都是不对的；因为最后的胜利，前面多么愚蠢的行径也都是有理的。

这也就导致了历史中的那些重要历史转折，最终都归因到了某些名气非常大的事件上。

像之前我们说的很多事件，比如赵灭亡是因为长平之战打输了，打输了是因为赵王中了秦国间谍的计，用了赵括。比如韩信的背水一战这招太妙了。比如汉武能够击退匈奴，是因为碰上了卫青与霍去病这千年不遇的帝国双璧。比如刘秀是因为厚道，所以功臣得以善终，也埋下了豪族政治的祸根，等等。

这都是比较流行的观点，但实际上，长平之战是输在了赵国的综合国力以及太行山脉的运粮困难导致不得不用赵括，而且赵括也绝非马谡那种只会说大话的参谋。

韩信能耍出背水一战是一系列连环计轮番施展的叠加效果，兵仙并非玩的是勇敢者游戏。

汉武帝能这么牛给匈奴打得娘都不认识了，最根本的原因是武帝是顶级通货膨胀专家和国企缔造者。

刘秀不单单是厚道那么简单，他能坐上皇位是豪族的投票选举，他很难不让豪族善终。

真正的原因往往很复杂，人性中，人们往往喜欢的是用简短的几句话来概括出本应几百页的大部头著作所写的内容。

不是说这样不好，这样的压缩是文明传播必需的。它能极大地形塑你要描述的事情，也能极大地降低你所描述这件事情的成本。

比如我们伟大的成语。当说到大军规模够大的时候，你只需要说"投鞭断流"就可以了；当你鼓励下属好好干时，著名成语创造者刘秀能甩出好几个硬词："推心置腹""披荆斩棘""疾风知劲草""有志者事竟成"……

每一个成语，都是一段经典时间的浓缩。当人、事、物全部足够经典，它所立运而生的那个成语就会起到只要一提这个词，大家都会有恍然大悟的止语效果。

但是，这些浓缩全都是正确的吗？或者说即便是正确的，很多词往往还架不住人们的断章取义和以偏概全。

比如济公说的"酒肉穿肠过，佛祖心中留"，这成了广大破戒者和放纵人的说辞，实际上后面还有一句话，"世人若学我，如同堕魔道"。

比如"三思而后行"，后面还有一句话：子闻之，曰："再，斯可矣。"孔夫子的意思是别来回琢磨那么多遍，想两遍就可以开干啦！

比如"闭门造车"，还有后半句"出门合辙"。

诸如此类，还有很多。

对于著名历史人物，也是如此。太多的历史人物，往往会被浓缩在一个事件上展示给后世。

比如"空城计""借东风"于诸葛亮（虽然都是编的），"破釜沉舟"于项羽，"背水一战"于韩信，"匈奴未灭何以家为"于霍去病，"废帝"于霍光，"昆阳大战"于刘秀。

这些著名事件，在删除大量的剧情后，成为这些极度复杂人士的最终背景。他们，是这个背景的完美诠释与高光主角。他们，独占这个IP。

今天的这一战，也成为一个人的最终人生背景。不是曹操，虽然说他是此战的胜利者，而且此战的意义对于他来讲明显更为重要，但此战并不属于他。因为他这辈子过于复杂，再加上《三国演义》的深入人心，他印入后人脑海的往往是那张大白脸和"宁教我负天下人"，虽然对他并不公平。

独占"官渡之战"这个三国几乎最重要之战超大IP的，是袁绍。这一战，断送了他的一世英名，从此他荣登"中国历史十大弱智"之列，这就是历史的归因效果。

因为你打输了这一仗，所以你迅速地就土崩瓦解了。

真实的袁绍绝对不是二百五，弱智是导演不出"汉末崩塌"这样的大戏的，弱智是不会从河北魔鬼场杀出来的。真实的袁绍，睿智、勇敢，有气概，得人死力，望之即人主！

袁家在汉末有两杆大旗打了出去，袁绍、袁术两个房头分别创业，同样是家族背景，最开始袁术的官职还比袁绍高，袁术是后将军，袁绍是一个小小的勃海太守，但大量的士族与官员还是抱袁绍的大腿来了。

虽然说袁术一路山炮，但袁绍不是雄才人杰，是不会有这等效果的。

他导演汉末皇权崩塌，安排说客逼董卓让出关东，空手套白狼拿下冀州，扫平河北群盗，囊括并州、青州，消灭东北猛男公孙瓒，官渡之战前是全胜战绩。

这辈子，就败了这么一战，就彻底地臭大街了。

客观来说，他这一战输了，其实并没有什么，关键是他输了后面发生的那件事。

先来看一下两个主角的经历。

袁绍：

190年正月，组建关东联盟，担任盟主。

191年，空手套冀州。

192年，和公孙瓒开始交战，缓过初期最难的一口气。

193年，剿灭河北各地土匪。

195年，把公孙瓒基本打残，接管并州。

196年，长子袁谭拿下青州。

198年，把公孙瓒的虎牙彻底拔掉。

199年初，消灭公孙瓒，拿下幽州。

就此，袁绍完成了青、幽、并、冀四州的合体。

曹操：

190年正月，作为张邈手下关东联军愤青小分队，被打秃后投奔袁绍。

191年，入东郡，帮助袁绍顶住南方黄河一线。

192年，入兖州，收编青州兵。

193年，跟袁绍打哭袁术，在东南暴打陶谦。

194年，老爹死在徐州，随后开始报仇，一路平推徐州，后方老窝起火，张邈反，吕布乱入，省长变县长，回军夺兖州。

195年，打跑吕布，弄死张邈，顶级天灾人祸下平定兖州。

196年，实行屯田，奉天子以令不臣。

197年，征张绣，哄吕布，把袁术基本打秃。

198 年，征张绣，抚关中，灭吕布，封臧霸。

199 年，入河内，定淮南。

明面上看，其实袁绍的实力并没有压倒性地胜出，因为袁绍是"青幽并冀"四个州，曹操此时也是"兖豫徐司"四个州了。

细分析下，双方的四个州还各有水分。

以袁绍的并州举例，完全的并州下辖太原、上党、西河、云中、定襄、雁门、朔方、五原、上郡九郡。

实际上，从灵帝末年开始，定襄、云中、五原、朔方、上郡都已经相继失陷在羌胡手中了，那年头不光西凉叛乱，其实并州早就在逐步地解体了。

还记得当年刘秀把南匈奴安置在边境的事吗？小冰期来了，所有的族群都在南迁，一百五十年后，慢慢地就演变成了并州，凉州北部的胡人逐渐南下求生存。

在汉末大乱时，并州军被吕布带到了董卓那里，东汉的权力在并州出现了真空，大量的并州羌胡族群开始南下蓬勃发展。

南匈奴的于夫罗可以和曹操在黄河边厮杀，献帝被追得一路鸡飞狗跳，只好请来了山西南部的匈奴人帮忙。

到了天下大乱时，真正还能掌握在中原政权手中的并州，只剩下了上党郡和太原郡的一部分了。（见图 4-1）

193 年，袁绍在境内猛扫土匪，扫平了太行山势力最大的黑山军张燕，打通了进入并州的线路。

195 年，袁绍的外甥高干正式进入混乱的并州，成功地为袁绍拿下了上党和太原部分地区。

同样缩水的还有幽州和青州。剿灭公孙瓒后，袁绍只拿回了幽州的一半，那一半辽东地区在公孙度手中，而且作为河北主战场，此地区多年交战，残破荒芜。（见图 4-2）

图 4-1　太原郡与上党郡位置图

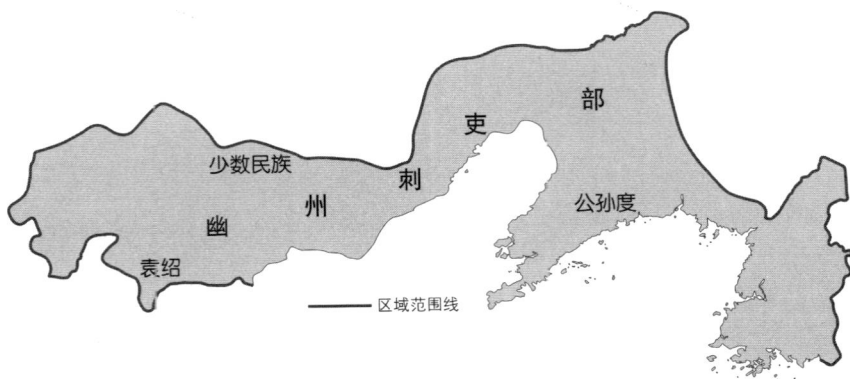

图 4-2　袁绍与公孙度在幽州的势力范围图

196 年袁谭入青州时只有平原一地，后来他打败了田楷和孔融，算是拿下了青州。

但是，青州本土的实力非常虚。因为青州作为袁绍和公孙瓒不断争夺的第三战场，这片土地上的人口损耗非常严重。

在东汉的户口本里，青州巅峰期时有三百七十多万人。但是不要忘了，这些年过后，主要的红利都让曹老板拿走了，常年的战乱和百万黄巾移民兖州都使得青州的人口红利不再。

袁绍手中的青州虽然还算是完整，但实际上青州并不大。由于山东半岛又富裕又容易割据，因此在划分行政区时，中央人为地对山东半岛进行了削弱。兖州、豫州、徐州、青州，这四州在山东半岛都有地盘，青州是拿下了山东半岛北部的最大一州。

在行政区划分的时候，青州的出发点是防着北边的冀州，同时被南面的徐州、西面的兖州防着。（见图 4-3）

图 4-3　青州势力范围图

因为冀州地处河北大平原，经济实力最强、人口最多，所以黄河、济水两道天险被青州拿走。

但是因为徐州、兖州没有青州富裕，于是山东半岛南边"峻狭仅容一轨"的齐南天险大岘山在徐州手中；西边的泰山石敢当在兖州手中。

中央在最开始设计的时候，就是防止超级大省进行地方割据，所以领土被各州瓜分的山东半岛威胁就不大了。

由于入山东的嗓子眼在琅邪国，因此后来臧霸很轻易地就进入了青州。

真正领土完整、袁绍能够使上全力的，只有冀州一州。不过，这仍然比曹操强。

再看曹操这边，徐州是刚平定的，徐州人恨死他；洛阳是官渡大战前没几天才伸进腿的，而且很多年都是无人区；豫州南部之前是黄巾重灾区，而且是袁绍的老家；江淮让袁术这些年祸害得又一片狼藉。

真正算是曹操根据地的，也只有兖州和豫州北部而已。这两个地方还特别虚弱。

由于兖州、徐州、豫南和扬北经历了长达近十年的混战，基本上只能自保，使不上别的劲儿，因此曹操真正能拿出手的，就是实行屯田了三年的颍川。

从地盘与实力上看，两大势力相差并不多，但是袁绍却是公认的实力要远胜于曹操，原因就在于曹操起步得比较晚。

袁绍在 196 年之后，基本就神功大成了，一直在对公孙瓒的残余势力收尾。

曹操却是在 196 年之后，才开始一路狂飙，从拥有兖州一地到三年间拿下了剩下三州。

关键的 196 年，奉天子，屯田制，颍川士族返乡大复工，区别就在这里出现了。

最近的这三年对袁绍来说基本是在以三州打一州，曹操却是以一州平三州。

主力就是那么多，屯田制再优越，也架不住曹操大军没完没了地打来打去。大炮一响，黄金万两，十万之众，日费千金，曹操这几年军饷跟粮食算是花海了。

不仅是粮草不济、士兵疲劳等硬性问题，曹操还由于起步得晚，三年内完成了版图的迅速扩大，很多地方的统治基础极其薄弱。这些问题在后面会非常要命地集中暴露出来，好几次的后方起火让曹操命悬一线。

袁绍在各地的统治基础上，并不存在上述问题。

粮草储备没问题，因为近几年没大折腾；士兵战力没问题，一直跟公孙瓒纠缠，不存在马放南山的问题；地方统治没问题，四州基本上都巩固住了，最新打下来的幽州也不存在民心问题，公孙瓒到了后期就是一个神经病老头，袁绍灭他是众望所归，唯一让他头疼的黑山贼张燕也被他扫平，所以袁绍对于曹操的优势，真的颇为巨大。

所有的归因，在于袁绍起步早，这几年实际上是在韬光养晦，而曹操追得挺猛，但有些穷兵黩武。

没办法，历史不会给你这么多的时间让你方方面面做好准备，而且要不是曹操在宛城惹怒了张绣，他本来不用面对那么多困难的。

公孙瓒已经很给力了，从 196 年就已经快不行了，一直坚挺到了 199 年初，曹操还想怎么着！

更重要的是，公孙瓒长达八年的败亡过程给当时的各割据势力提供了袁绍集团非常详尽的幕僚班子特点、技战术打法和取胜经验。

这都成为大战之后摆在曹操参谋桌上极其重要的参考材料。

背景介绍完了，该进入正题了。起步早的、起步晚的现在都成了四个州的一把手了，他们要对决了。

199 年六月，袁绍开动了战争机器，动员能力达到了惊人的数十万。

曹操后来在打跑袁绍看到冀州的户口本，兴奋地对崔琰说："昨案贵州户籍，可得三十万众。"

就算剩下那三个州全都使不上劲儿，总伍来讲袁绍的动员能力应该也在三十万往上的。

袁绍选拔出了精锐十万、战马万匹，准备南下进攻许都。袁曹双方正式进入战争状态。

对决之前，双方内部都大打了一次嘴仗。

曹操照例开小会，拍板一言堂；袁绍则东风猛、西风烈地咆哮出了不寻常的山雨欲来之感。

二、河北党争凶猛，贾诩高价上市

在开战之前，袁绍召开内部会议，沮授率先发表了自己的见解："这些年打公孙瓒，百姓已经疲惫不堪，家底也快抖干净了，咱们应该休养生息了，最好别跟曹操打，而是先进屯黎阳，逐渐经营河南之地，作舟船，修器械，然后派咱们的精骑满世界地扫荡曹操的边郡，让他们没法安心生产，咱们就可以坐享其成了。三年之内，大事必成！"

郭图、审配则说："以明公之神武，引河朔之强众，讨伐曹操那简直太轻松了，根本没必要整那些没用的，曹操这两年很虚弱，现在不取曹操，后面就难以拿下他了。"

沮授说："自古救乱诛暴的叫义兵，恃众凭强的叫骄兵；义者无敌，骄者先灭。曹操奉天子以令天下快把袁术打死了，那叫义兵，现在舆论上风头正劲，而且曹操法令严明、士卒精练，不是公孙瓒那种傻子，现在舍弃一定能赢的办法去兴无名之师，我想想都替您后怕啊！"

沮授的言辞开始激烈起来，不仅在意识形态上暴涨他人志气，还在战术层面上矮化自己的集团。

郭图、审配又说："武王伐纣不叫不义，现在咱们实力比曹操强大很多，不在这个时候打垮他，那在什么时候打垮他？所谓'天与不取，反受其咎'，此越之所以霸，吴之所以灭也！"

一通辩论后，袁绍拍板打曹操。

袁绍该不该打曹操呢？从结果往前推来看，所有人都在说这是袁绍败亡的开始。但实际上呢？必须该打啊，看见曹操这几年有多虚了吗？曹操基本就没闲着，一直在打仗，光张绣就打了三次。此时他刚刚平完吕布，而且是在粮尽的最后关头拿下的，西边还有张绣、刘表随时准备捅他。

他满脑袋虚汗的时候不打他，等他吃了人参以后再打他？

虚的另一面，看见曹操自打迎回献帝后有多么巨大的升级了吗？短短三年间，鸟枪换大炮，再给他来三年不得起飞喽！

袁绍的这个决策绝对没问题，此时是己方的股票最高点，曹操方现金流最贫乏的时候，必须打曹操！还得是不死不休地打！

但是，此时此刻，袁绍内部有很多问题要解决。

袁绍在召开对战曹操的战略会时，参谋部的人打起来了，意见很不统一。

郭图、审配是速战派，主张速战速决，一家伙打死曹操；沮授则是消耗派，三张以逸待劳打持久战，耗死曹操。

在速战和消耗两种争论下，最终以速战派的胜利告终，袁绍拍板，赶紧打。

战略已经定下，但是，这场争论没完。

从今天的视角看，我们知道袁绍这战打输了，沮授就说得特别好，但这并不能说明郭图、审配就说得不对。

这样的观点交锋其实很正常，任何战略会上都会有各种各样的意见，但是袁绍的此次班子会却不欢而散，而且激烈到了不太寻常的地步。

沮授作为集团重要的高级官员，将对手拔得实在太高，甚至在意识形态上，出现了仗还没开打对方就是义兵的说法。

这是个不同寻常的信号。袁绍最终的败亡，在这里埋下了很深而且能量极大的败亡种子。

在这里，我们要讨论下袁绍、曹操两个人的官员成分结构，尤其是决策层面上。

袁绍老家在汝南，壮大在冀州，他的手下主要是由三派人构成的，河北本地人，南阳人和颍川人。比如他重要的八位谋士，田丰（巨鹿）、沮授（广平）、审配（魏郡阴安）是河北人；许攸、逢纪是南阳人；郭图、荀谌、辛评是颍川人。

每个文官背后，都代表着一派利益。袁绍最开始是海纳百川，重用各方面人才，使他们人尽其才；但后来，却慢慢地发展成了河北人和河南人的两派对决，而且两派内部也不统一。

田丰与逢纪不对付，沮授与郭图总互撕，这帮人提出的意见没有一次是一致的，你说东我非得说西，反正都有文化，怎么说都有理。

为什么争得这么厉害呢？因为听了谁的计策和方针，将来在分红的时候谁就有更大的话语权，哪一派的实力就会更强大，也就更方便下一次继续互撕，直到其中一派一统江湖为止。

比如这次闹情绪的沮授，当年就是对袁绍说出略定河北的方案后被封为了监军，监督诸将，这几年发展得非常迅速。

这就苦了袁绍，每次一开会，七八个人每次都给他拿出两个截然相反的建议，都很有理，他听谁的？

史书中给袁绍一个著名评语：好谋无断。

这就不厚道了，袁绍这辈子做了无数立竿见影的决策，当年跟公孙瓒对撕时英明着呢！还是那句话，好谋无断的人是闯不下一大摊家业的。

袁绍最终不是毁在这堆谋士给出的建议上的，优势方其实是怎么选怎么对，怎么选怎么有理的，选择的难度永远是在劣势一方的。袁绍最终的败亡在于党争的不断内耗，最终逼出了几次关键性的意外。

比如沮授，说曹操是"义兵"，说自己集团"师出无名"，古往今来哪里有这么劝领导的？

荀彧怎么样？二当家对吧？打吕布之前是这样劝的曹操："你比袁绍英明，他实在不是个东西！不过咱得先打吕布。"

沮授之所以敢这么说话，在于他有恃无恐。沮授认为自己这几年根子硬了，手里有队伍，而且背后是一大票势力，所以他的决策就必须得被选择。

最关键的这是广平派对颍川派和魏郡派的意识形态之战，打曹操这么一个大蛋糕，要是听了他们的，将来分红时他怎么能有话语权！

所以为了达到他的目的，他甚至可以扣帽子玩，管整个集团的军心动摇不动摇，最好被动摇，然后按他的方案来，以他为主导去分红曹操的遗产。

正常提建议不是这样说的，搅和事儿的时候才这样说。

田丰在袁绍不听他的建议后，也是没完没了地说，你得换我的方法啊！你那套不对啊……都已经拍板了，怎么可能朝令夕改地说不打就不打了！但是，这仍然不耽误他没完没了地跟袁绍说：得按我的来啊！得按我的来啊！

什么意思呢？就是你的抉择并不符合我的利益预期，我得给你掰回来。

公孙瓒自打 196 年就不行了，怎么打了三年才打下来呢？虽无史书记载，但相信与袁绍内部各派人士的博弈有着巨大关系。

袁绍这棵树的粗细无所谓，最关键是某一派在集团的话语权比重！话虽这么说，这并不意味着袁绍就禁不起风吹雨打，还是那句话，袁绍这人很牛，别看这么乱，他能降得住。

郭图对袁绍说："沮授监统内外兵众，威震三军，统兵在外的将领，不宜让他参知内政，而且他现在对战略决策不满意，得削他的权啊！"袁绍于是把沮授统领的军队分成三部，其中两部分别交给郭图和淳于琼。

看见没有？斗争多激烈，抓住你一个空子，一刀就捅过来了！

沮授是什么反应？在袁绍正式渡黄河的时候，沮授召集了他的宗族，散家财，搞噱头，制造舆论新闻，说："完了，这都要死了，钱留着没用了。"

倒是他兄弟们挺着一颗红心，跟袁绍走，问他："曹操实力上不行啊，你怕什么啊！"

沮授说："以曹公的英明伟大，又有天子在身边，咱们虽然消灭了公孙瓒，但实际上早就疲惫不堪，现在将骄傲主奢靡，这次去了必定完蛋啊！"①

沮授这是什么意思呢？

不听我的是吧，还削我的兵权是吧，好！我尽最大的能力祸害军心，你赢不赢跟我没关系！你输了才证明是我赢了！

他为什么敢这么做呢？沮授是河北大族，是监军，他后面还有本土势力，于是有恃无恐！以袁绍那杀人不眨眼的脾气，之所以还留着他，就是因为杀不动他，杀了他这仗就真没法打了。

打与不打，都不至于上升到如此高度，但曹操这块蛋糕太大了，仗还没打，袁绍这边的利益集团就已经搞到这个地步了。

---

① 《三国志·袁绍传》：以曹兖州之明略，又挟天子以为资，我虽克公孙，众实疲弊，而将骄主怵，军之破败，在此举也。

袁绍举兵南下的消息传到许都，曹操内部也展开了大讨论，大部分将领认为这仗没法打。

像非嫡系的，被袁谭从青州轰出来的孔融，更是明摆着反对和袁绍开战，理由是袁绍兵强地广，有顶级谋臣、忠臣、武将，没瞅我让他儿子都给打出来了吗？

这个时候，荀彧出来正视听了："袁绍那里我又不是没待过，兵虽众而法令不整肃，田丰刚愎而好犯上，许攸贪婪而不检束，审配专权而无谋，逢纪果决而刚愎自用。审配、逢纪两人料理后方，如果许攸的家人犯了法，一定不会放过他们，那么许攸必然叛变，至于颜良、文丑，不过匹夫之勇罢了，可以一战而擒！"①

荀彧说的每一句话在后面的战场上全都应验了。上述是《三国志》上说的，而且不见得是史官贴金。

来看一下荀彧对那几个人的评价：田丰爱犯上，许攸性贪财，审配专横没脑子，逢纪执行力强但只听他自己的。

这是袁绍集团四位最有名声的谋士的臭毛病，地球人都知道。这帮人之所以能有这么声名显赫的臭毛病，在于背后利益集团的撑腰以及没完没了地党争后传出来的河北新闻。

荀彧一席话后，曹操也说出了对袁绍的判断："我从小就跟袁绍玩，袁绍志向大、智商却低，看着猛胆子却小，刻薄寡恩、刚愎自用，兵多而指挥不明，将骄而政令不一。必须打！狠狠地打！"

袁绍的谋士要情绪能要到无理取闹的地步，但曹操的决策团队就不会有这个问题，因为关键岗位上派系比较单一。

---

① 《三国志·荀彧传》：绍兵虽多而法不整。田丰刚而犯上，许攸贪而不治。审配专而无谋，逢纪果而自用，此二人留知后事，若攸家犯其法，必不能纵也，不纵，攸必为变。颜良、文丑，一夫之勇耳，可一战而禽也。

武将关键岗位全是谯县老家自己人；文官关键岗位上全是以荀彧为首的颍川文官集团。

尤其决策层面上，永远是曹操和荀彧开小会定，谁说也不好使。这种派系单一的权力结构，在创业初期极其好使，因为没有内耗。

曹操集团的大股东只有谯县系和颍川系，分掌文武方面，谁也掐不上谁。所以曹操经历了很多次崩盘，但团队始终没崩。

甭管诸将都觉得该求和，不能打，但只要曹操作为谯县总代表，荀彧作为颍川总代表，两位大佬确定方向后，所有人就都拧成一股绳，团结一致向前看了。

曹操决定打袁绍之后，当年八月，做了以下部署：

东边，派臧霸率本部兵自琅玡入青州，攻打齐、北海等地，牵制袁绍的青州势力，防止袁军自东给出勾拳。

西边战场，告诉钟繇稳住关中，拉拢凉州，绝对不能让袁绍和西北接上头。

正面战场，曹操率兵进据冀州黎阳（浚县东，黄河北岸）组成第一层防线，令于禁率步骑两千屯守黄河南岸重要渡口延津，协助扼守白马津的东郡太守刘延，层层布防阻击袁军渡河南下。（见图4-4）

曹操为什么要在黄河岸边布置于禁进行先头阻击呢？从后面的整体思路来看，曹操将决战地点摆在了官渡，于禁的泰山兵是战略中坚力量，但只有两千人，绝对不是指望他大胜十万袁军去的，怎么能将这么宝贵的战略资源早早地就消耗在双方交界的黄河最前线呢？

对于禁泰山兵的布置，战略角度上来讲就是拖时间。

因为袁绍已经把各势力整合为一个完全体，但曹操比较头疼的在于自己的背后还有一大帮牛鬼蛇神。张绣、刘表、孙策，没有一个省事儿的。

除了孙策能够稍加安抚，之前有点儿交情外，张绣和刘表这两伙

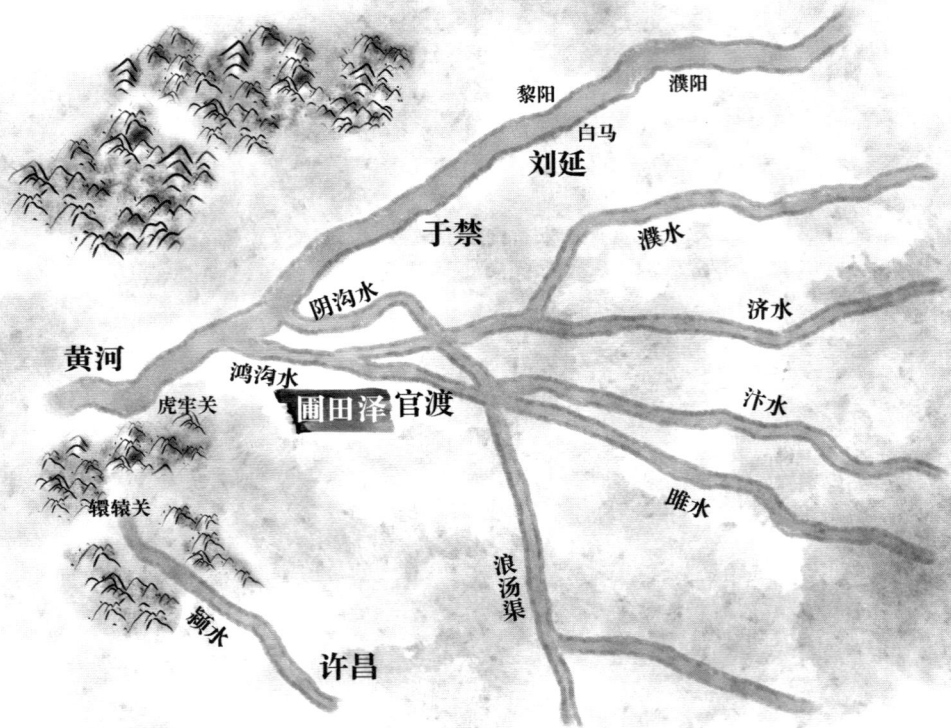

图 4-4　于禁、刘延布防图

荆州势力早就盼着捅他了。

曹操其实就是在拿于禁泰山兵换时间。

曹操在不断懊悔：当年的淫乱之举给自己惹下了多大的乱子，自己的不检点也许会导致自己彻底地失掉奋斗了多年的成果。

处在四战之地，兵力已经捉襟见肘，去哪里准备一个集团军防备张绣和刘表呢？

在这个关键节点，历史开始展现它的随机性了：三国第一剧情编剧和长沙一个小人物最终在一定程度上决定了天下大势。

曹操紧盯黄河一线的时候，袁绍在干什么呢？袁绍并没有上来就打，优势的牌那么多，没必要现在就下手拼曹操，等他焦头烂额时，再摧枯拉朽多好。

曹操在皱眉头的时候，袁绍也看到了曹操的这个大软肋，派人去招降张绣，并结交政委贾诩。就在张绣准备同意的关头，贾诩当着张绣和袁绍说客的面，人生中头一次积极了一把，直接代表张绣说出了无情的外交辞令："替我们谢谢袁本初，兄弟都不能相容，怎么容得了天下的国士呢？我们不会理你的，赶紧给我走！"

袁绍的使者走后，张绣已经快吓哭了："什么情况啊！你得罪了这个世界上最强大的人！"

贾诩对张绣说："赶快投降曹操，这是你人生中最好的一次机会！"

张绣问："袁强曹弱！咱跟曹操干了那么多次仗！你疯了吗！"

贾诩说："就因为曹操现在比任何时候都需要你的襄助！

1. 曹操奉天子令天下，名正言顺。

2. 袁绍强盛，肯定不会看中我们，曹操势弱，看见我们会像亲人。

3. 曹操有霸王之志，欲明德于四海，一定能够不计前嫌，你去了他反而会给你开出最高的价码，因为你会是他拉拢天下的名片！"

199 年十一月，张绣率众归顺曹操。

曹操亲自接见贾诩，拉着贾诩的手说："老贾啊！使我上热搜，名扬于天下的人是你啊！"

曹操拜张绣为扬武将军，然后大摆喜宴，当场就为自己的儿子曹均娶了张绣的闺女，表示前面都是误会。

贾诩用自己做了三年的局，翻牌推出了神反转，使得一出大戏朝着波澜壮阔走去，曹操不仅不用担心张绣了，还得到了一股能打的生力军。张绣后在官渡之战中力战有功。

好消息还在传来，不仅张绣意外归顺，刘表那里也有了更大的意外。袁绍派人找到了相伴十年的战略合作伙伴刘表，希望他能捅曹操的腰眼。刘表明面上向袁绍拍胸脯表示没问题，实际上一直没动静。

史书中有很多劝刘表开战的对话，主要都是在描写刘表胸无大志、错失好时机的黑材料，实际上，也许他真的胸无大志，更可能是他指挥不动自己手下的荆州部曲。

但是，他这段时间其实想帮忙也帮不上。他比较忙，也在打仗，他在和南边的张羡开战。

南阳人张羡是长沙太守，是刘表的部下，但他跟刘表不太对付，再加上曾经历任零陵、桂阳太守，比较得民心，可以说是南荆州的老大。

就在袁绍使者南下，刘表答应援助后，一个叫作桓阶的长沙官僚游说张羡支持曹操。一直摇摆的张羡在最关键的时刻率长沙郡和邻近三郡（桂阳郡、零陵郡、武陵郡）反抗刘表，并派使节面见曹操。

刘表后院起了大火，不是他不想打曹操，而是没工夫打了，张羡后来拖住了刘表好几年，直到他病死，刘表才算拿下了这股荆南造反派，平定了荆南四郡。

桓阶这个人比较有意思，他跟曹操并无任何交集，他劝张羡的最硬理由是："曹操那叫义兵，刘表答应袁绍是取祸之道，咱得赶快和他划清界限，眼下曹操的力量虽然很弱，但是他仗义起兵，挽救朝廷的危亡，奉王命讨伐罪臣，天下人谁敢不服？"[①]

又是朝廷的原因！这就是汉家养士四百年积淀的力量！

汉家这块老匾挂在那里，就永远有它岁月沉淀后闪烁光芒的力量！

曹操这个汉相，在他手伸不到的地方，开始感受到大汉不断照来的伟大光辉。

所谓"周公吐哺，天下归心"，皇帝在哪里，哪里就是天下士人的归心之处。

为了等张绣和刘表的态度，袁绍延迟了几个月，直到张绣降曹、刘表内战，时间已经来到 199 年年底了。

是袁绍的决策有问题吗？并没有，把朋友搞得多多的，把对手搞得手忙脚乱的，这是非常合理的出招，只是曹操赶上了世所罕见的好运气。

谁能预料到贾诩这三年玩命打曹操是为了运作自己去曹操那里！

谁又能料到稳当了快十年的荆州突然间南北分裂了，而且南荆州居然还就有一个如此能量的大佬和刘表等量齐观地开战对打。

两次意外之福帮助曹操修复了本集团最大的漏洞与弱点，但老天是很公平的，它给了你好处同样也会给你麻烦，袁绍不要沮丧，曹操也没工夫高兴太久了。因为他的又一次宛城式浪漫让他差点儿被捅死在了决赛之前。

[①] 《三国志·桓阶传》：阶曰："夫举事而不本于义，未有不败者也。""今袁氏反此，而刘牧应之，取祸之道也。明府必欲立功明义，全福远祸，不宜与之同也。""曹公虽弱，仗义而起，救朝廷之危，奉王命而讨有罪，孰敢不服？……"

三、刘备第一次决定历史走向

张绣归降、刘表开战后的一个月，199年十二月，曹操得到消息，被派去南下截杀袁术的刘备反了，还偷袭了徐州，占领下邳，自己高调地顶在小沛，大有进攻兖州之势。

由于刘备在徐州混过，而且曹操在徐州确实比较臭大街，当地人恨曹操血洗徐州，因此刘备军力涨得很快，迅速地得兵数万人。

刘备主动与袁绍联系，打算合力攻曹。

当初曹操开出天价支票安抚的臧霸系泰山诸将，其中有一个叫昌豨的，也在东海郡反了，臧霸虽然没有叛曹，但是对于自家小兄弟的公然反叛，没什么反应。

虽然老天帮曹操止住了荆州方向的血，但是，曹操此时发现，他的漏洞仍然太多了。刘备叛曹后，豫州南部的心思都开始活动了，因为汝南就是袁绍老家，许昌、蔡县以南开始纷纷响应袁绍。

当曹操面对袁绍这么强大的一个对手时，一个环节让人看出来了问题，那么所有隐藏在水下的鳄鱼都将浮出水面冲他龇出獠牙。

这还不算完，没多久许昌再次传给身在官渡的曹操密信："当年还乡团大佬的董承声称自己领受献帝藏在衣袋中的密诏，密谋政变，刘备也参与了，但还没开始行动就申请南下截击袁术然后自己偷袭徐州去了。"

200 年正月初九，董承等密谋政变事发，董承、种辑、吴子兰、王子服以及董承的女儿董贵人被曹操杀掉。

权力的游戏就是问题叠着问题，麻烦叠着麻烦，你接了这活儿就得担这份没完没了的风险。

曹操为什么爱头疼呢？估计天天就是让坏消息轰炸给闹得。其实刘备这颗雷炸的是比较意外的。因为曹操对待刘备是非常可以的。

曹操是明白刘备的价值的，一个什么都没有的个体工商户能在这乱世弄出这么大的动静，肯定是有能量的。灭吕布后曹操表刘备为左将军，而且对他恩礼有加，出则同舆，坐则同席。

截至目前，在所有投降他的势力中，曹操对刘备可谓最高级别待遇。

曹操为什么对刘备这么好呢？有"不死的玄德"自身很优秀，比较能打的原因在；还有一部分原因，是刘备当年在他还被通缉什么也不是的时候跟他一起回老家募兵，算是起义元勋。曹操对他有感情。

古往今来大多数人认为曹操一直想把刘备弄死，但碍着招揽英雄的面子，所以一直没这么干。其实曹操在兖州叛乱后，对带队伍来的群雄全都是放心使用的。或者说，投奔来的所谓的手下名将们，都是有着自己队伍的。

于禁："及太祖领兖州，禁与其党俱诣为都伯。"

乐进："遣还本郡募兵，得千余人，为军假司马，陷阵都尉。"

张辽："何进遣诣河北募兵，得千余人。还，进败，以兵属董卓，卓败，以兵属吕布……太祖破吕布于下邳，辽将其众降，拜中郎将，赐爵关内侯。"

任峻："会太祖起关东……峻独与同郡张奋议，举郡以归太祖，峻又别收宗族及宾客家兵数百人，愿从太祖。"

李典："从父乾，有雄气，合宾客数千家在乘氏。初平中，以众随太祖。"

许褚："聚少年及宗族数千家，共坚壁以御寇。太祖徇淮、汝，褚以众归太祖。"

乱世的兵，大部分都是"私兵"，顾名思义就是被将领们私自招募的兵，他们往往是老乡，是原来的村民，是能够信得过的自己人。

这种私募兵，在特殊的时代产生特殊的情感纽带后，依附关系往往无比坚固，甚至能够继承。比如李典的乘氏数千家部曲，他是第三任掌门；张绣的西北军部曲，是他叔叔张济死后传到他手上的。

由于此时的入伙将领们都是带着自己的私募股本进来的，曹操基本无法控制他们的部曲，因此曹操充分地给出了对等的信任和表态：来了就跟我好好干，加盟必用！立功必赏！

他对臧霸割青、徐委任。张绣虽有杀子过节，但也是终生不叛其诺言，放心独当一面地使用。

自打兖州叛乱结束后，曹操开始变得更加豁达，他根本就没想过要限制谁，来投奔他的他全都礼敬对待，然后全都放心使用。

对他忠心有用的，他全都给发展、给前途，像张辽、徐晃、张郃都是降将，尤其张辽跟过好多人，但不妨碍在曹操这里成为五子良将。

对他不忠心的，就算在他给他们机会和平台后仍然背叛他，这对他仍然是值得的。是他们对不起他，他不亏人品，全世界都看到了他的心胸。将来再把他们灭了就是了。

程昱和郭嘉都说"你得杀了刘备啊"，郭嘉给的理由更充分："刘备魅力大，手下关、张都是愿意为他死的万人之敌，他将来终不会为人下的！"①

但是，这在曹操团结一切力量为他所用的操作系统来看，任何人都是可以忍受的。得到的助力终归要比麻烦多！有麻烦就解决麻烦！不就是脑袋疼嘛！

曹操打造出了这样一张名片：有价值的人才，只要来投奔我的，我绝对重用！

也正因此，才会有官渡大战僵持中天平的最关键一次倾斜。

但是，刘备这次背叛曹操，很难说就全是刘备劈腿成性的道德品质败坏。曹操这次有不对的地方。曹操这人骨子里有种浪漫主义的文人气质。别看他给刘备开出了顶级待遇，但他其实对刘备的感情是很复杂的。他看着这个从社会最底层一步步混到名满天下的不屈不挠小兄弟，也是挺佩服的，以至于有一次说走嘴了。

曹操跟刘备吃饭，谈论天下英雄，最后得出结论："今天下英雄，唯使君与操耳。本初之徒，不足数也。"

一句话，给刘备吓得连筷子都掉地上了。②适逢天降惊雷，然后刘备说这雷打得真吓人，这家伙给我吓得。③

这个老机灵鬼啊！

潜意识里没有杀心是说不出这种等量齐观的话的。

刘备在刀尖上摸爬滚打训练出来的灾难预警系统开始警铃大作！一下子看穿了曹操内心中的想法：甭管你现在对我多好，你内心深处原

---

① 《傅子》：备有雄才而甚得众心。张飞、关羽者，皆万人之敌也，为之死用。嘉观之，备终不为人下，其谋未可测也。

② 《三国志·先主传》：先主方食，失匕箸。

③ 《华阳国志》：圣人云"迅雷风烈必变"，良有以也。一震之威，乃可至于此也！

来是想杀了我的。

曹操这次喝点酒然后又浪漫主义浪大发了。这和当初随手给了张绣骁将胡车儿一块金子一样，也许就是兴之所至又来感觉了，于是就随口点评了几句。

但这种信号在道上混的老狐狸们来看，是极其不寻常的：触及了生存底线。

最高领导人对小弟说咱俩是一个级别的，对面比我强的那个对手都比不过你，这话要是搁天下没乱的时候，小弟们听到这种潜台词就必须要去自杀了。

领导都这么说了你还不死，难道要逼领导动手吗？要留给双方各自的体面。

你说曹操是不是又犯错了？必须啊！又浪大发了！但这也是真实的他，改不了。

他就是个浪漫主义的豪侠，他这些年也许修炼得越来越高深难测，但骨子里永远是那个看不顺眼就砸济南祠堂的性情中人。

你瞅瞅他写的那诗："对酒当歌，人生几何！譬如朝露，去日苦多；老骥伏枥，志在千里，烈士暮年，壮心不已；山不厌高，海不厌深，周公吐哺，天下归心。"

随便拎出一首那都是扑面的真实感、扑面的英雄气啊！这种浪漫主义作风通常会时不时地就在生活中带出来些真实的个性。但是，点点滴滴的疏漏都会在政治舞台上变成巨大的弱点信号，然后引发别人对你或蓄谋已久、或图穷匕见的攻击。

所以说搞政治的人往往需要超强的天赋和精准的训练，这行的容错率太低。曹操这种浪漫主义英雄只可能在乱世混出头，正常的仕途之路他不可能爬上去，稀里糊涂地就被人乱枪打死了。

曹操这回浪错了一句话后，刘备就和董承搞在一起了，整出了个衣带诏的密谋。

再后来，刘备看出来了不对，他是多灵的人啊！借口袁术要经徐州北去会合袁绍，申请去截杀袁术。

曹操派他和朱灵、路招截击，半道上袁术病死了。袁术完蛋后朱灵就回去复命了，刘备却一溜烟儿逃到了下邳，杀了徐州刺史车冑，留关羽守下邳，自己去小沛，再度占领了徐州。

刘备认为，这回守城的是二爷，后方肯定没问题了。

但是，这回前方他自己出问题了。

刘备反后，短短时间已经达到了数万人规模，曹操先是派司空长史刘岱、中郎将王忠平叛，却被老兵油子刘备击退。

刘备还杀人诛心地对刘岱说："像你这样的再来一百个也不好使，曹公即便亲来也不一定弄得动我！"

刘备匪帮搞事情让曹操很挠头，因为眼睁睁正面战场袁绍要过来了。这个时候，郭嘉说话了："没问题，打你的！袁绍这人优柔寡断，还没来得及反应咱就回来了。"

曹操决定亲征刘备比较无奈，不是郭嘉说得那么简单，真正原因是刘备手下还有关羽、张飞这种猛将，再加上他之前在徐州混过好多年，一旦让他站住了脚，整个东南将永无宁日。用曹操自己的话讲："夫刘备，人杰也，今不击，必为后患。"

他现在手握两瓶毒药，袁绍、刘备，他必须选一瓶。袁绍那边毕竟还没有动静，他选择了已经破了的疖子：刘备。

曹操选刘备还有一个原因：有水路可以借，而且航程全线都在控制范围内。（见图4-5）

曹操此时在官渡，他可以自鸿沟水入阴沟水随后进入济水再入泗水，一路坐船杀到小沛，全程还是顺水！虽然中原水网流速并不快，但水路的速度仍然是陆军速度的数倍。沿途的兖州全境畅通无阻，还能就

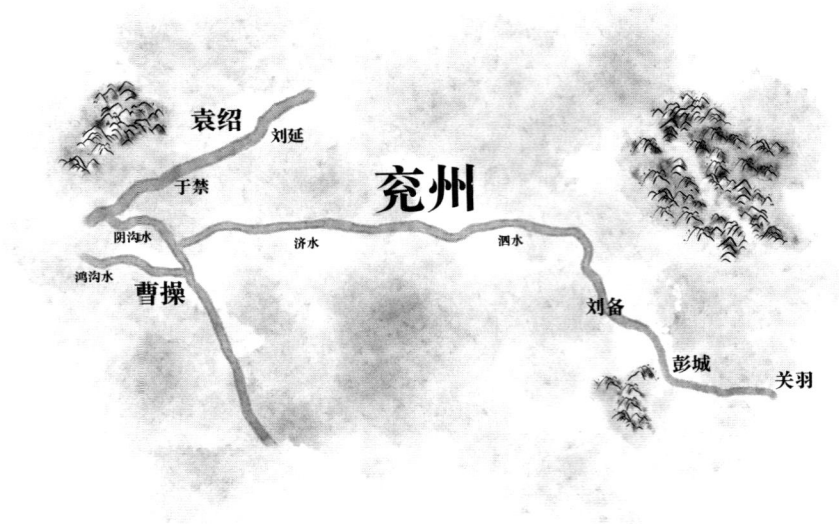

图 4-5　曹操征刘备的水路路线图

地解决粮草！

　　曹操在一路飞船后，迅速地赶到了小沛。然后，刘备送出了职业生涯中最丑陋的一次表现。

　　刘备之所以那么狂，主要原因是他判断曹操根本不可能来，所以他又是自己顶在小沛，又是放狂言你来一百个也不好使。

　　结果等侦察兵报告曹操亲征后，刘备大惊，先是不相信，然后自己带着警卫团侦查后发现克星真来了，于是一枪不放地扔了部队自己撒丫子跑了。[1] 随后曹操轻松笑纳刘备帮他招纳的部队。[2]

　　这里面，有个疑问，刘备为什么不顾一切地狂奔？

---

[1] 《魏书》：自将数十骑出望公军，见麾旌，便弃众而走。

[2] 《三国志·先主传》：曹公尽收其众……

史书中没有相关记载，只可能进行脑补推断，比较可能的解释是：刘备带着数十骑出来侦查的时候，撞上了曹操的先锋军，随后就被咬上了，刘备根本来不及再逃回小沛城内，退路被截断了，然后曹操迅速兵临小沛，拿下了无主之城。

刘备逃跑后，曹操迅速水陆并进，推到了下邳。主力都让大爷带走了，这种突如其来的"惊喜"实在太坑关二爷了。大战后，关二爷被拿下。[1]

刘备去哪里了呢？他直接北上逃到了袁谭处，然后停了一个多月，才慢慢地等来找他的部曲和兄弟们。

史书中都在埋怨袁绍此时为何不出兵，因为刘备的反叛，袁绍迎来了整场对决的最佳破发点时。田丰又对袁绍说："千载难逢的机会，举军而袭其后，咱就赢了。"

然而三国时期的"敦刻尔克谜案"出现了。面对如此巨大的战略优势，袁绍以幼子有病为由拒绝采纳，按兵不动。

袁绍最关键的黑材料出现了，两千年来的各种骂闲街基本都要以此为核心论点展开论述。

刘备现眼后袁绍正式开拔，田丰又说："让你打你不打！现在打曹操的机会过去了，许昌不再空虚，将军据山河之固，拥四州之众，外结英雄，内修农战，然后选拔精锐，分为奇兵，速速打击敌人势力薄弱的地区。他救右则击左，救左则击右，使敌人疲于奔命，百姓不得安居乐业。这样，我方还没疲劳，敌方已经困乏，不出三年，可以安坐而战胜它！如今放弃必胜的策略，以一战决定成败，一旦输了，悔之晚矣！"

河北的党争此时已经到了极其疯狂的地步，下属非常没规矩，田

---

① 《三国志·武帝纪》：备将关羽屯下邳，复进攻之，羽降。

丰看起来说得有理，但领导拍板了，你说你何必呢？而且你怎么知道曹操那边等几年就缓不过来了呢？

袁绍不听，田丰又多次极力劝阻，最终把袁绍弄急了，把田丰关了起来。

其实这件事值得专门说一下。

首先，袁绍其实出兵了。正月中旬曹操南下，二月，袁绍就开始在黄河跟于禁和刘延开战了，而且兵分两路。

1. 郭图、淳于琼、颜良在白马攻打东郡太守刘延。[①]

2. 袁绍亲自带兵攻打守延津的于禁。[②]

这个军事动员速度虽然称不上多快，但也不慢了。主要是于禁的泰山兵作风英勇，打得顽强，死死地守住了黄河渡口，袁绍打得比较费劲。

于禁还跟着乐进的部曲共步骑五千人偷袭袁绍别营，从延津西南沿河一直打黑枪到汲县和获嘉县，烧了袁绍三十余屯，斩首获生各数千，袁绍部将何茂、王摩等二十余人投降。

但是，这不叫事儿，因为袁军体量大，大部队在云集，于禁顶不了多久。

问题不在袁绍，在刘备这儿。

就算真如田丰所言，曹操东去后，袁绍迅速出兵许昌就真的是正解吗？怎么可能！

当时两瓶毒药，明显袁绍是更毒的一瓶。曹操好不容易放弃他先去搞刘备了，怎么能让曹操变主意！

[①] 《三国志·武帝纪》：二月，绍遣郭图、淳于琼、颜良攻东郡太守刘延于白马，绍引兵至黎阳，将渡河。

[②] 《三国志·于禁传》：刘备以徐州叛，太祖东征之。绍攻禁，禁坚守，绍不能拔。

如果曹操还没跟刘备接战袁绍就南下了，曹操顺着水路随时就支援回来了，根本不可能再和刘备去交战！大不了徐州、山东不要了，他可能舍弃献帝和官员们的家属吗？

与此同时，刘备短时间内杀出来威胁曹操的可能性很小，他最多就是割据，袁绍既然冒头了，曹操就必须死磕袁绍。

袁绍必须给曹操留出去徐州的时间，给他打刘备的时间，让他陷入战争拔不开腿之后再出击。只要打过仗的人就会这么选择！

曹操一月中旬远征刘备，二月袁绍对黄河防线全面开战，这是算好了曹操去徐州开战的时间。

对外宣称孩子有病，这是告诉曹操：你放心大胆地去徐州吧。身边随时有间谍！绝对不能把自己的真实心思说破！

袁绍唯一的失算在刘备这里。只要刘备坚持住了哪怕半个月，黄河一线消息传来，曹操将陷入极其被动的两难抉择。

退兵，则徐州的刘备部队士气爆表，整个东方将再无宁日！也许臧霸集团就不仅仅只有昌豨反叛了。

不退兵，袁绍的大兵只要压垮了于禁，就将长驱直入截断曹操的回军道路，并且突破到许昌！这是官渡之战袁绍的第一个大杀招，曹操基本无解。（见图 4-6）

结果刘备的意外被打崩反倒成了扣在袁绍脑袋上两千年的大屎盆子。

当年吕布都快不行了还能在徐州顶上小半年，曹操又放水，又围城，最后还是吕布内讧才完蛋的。没想到大名鼎鼎的刘备雇佣兵团，手中有万人敌的关羽、张飞，又在徐州、豫州混了这么多年，怎么连一炮都不放就狂奔几百里了呢？

刘备要是不搞那次侦查，会不会历史的结局就不一样呢？是不是内部环节在那个时间段出了大问题呢？我们已经很难再知道了。

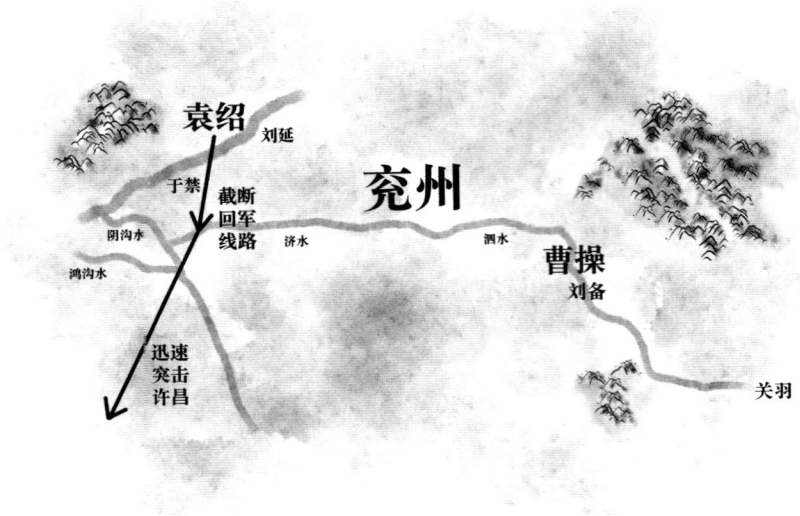

图 4-6　袁绍截断曹操退路图

这是刘备第一次冥冥之中决定天下大势的走向。但凡他在徐州阻击曹操几个月，袁绍肯定就摧枯拉朽了。

一旦正赛还没打，垫场赛就让刘备给耗住了，曹操身边的人肯定就会开始迅速地出走，因为"生命自会寻找新的出路"。

曹操平定徐州后，率军迅速回到官渡，排完了徐州的雷，还带回来了刘备帮他征的兵。

张绣、刘表、刘备，官渡大战前，曹操最害怕的三个雷排完了。老天爷帮着排了两个，他钦点的那位"天下英雄"帮着他排了一个。

总体而言，极度幸运。

袁绍方面，招降张绣、沟通刘表、掐点儿打黄河，完美的一系列出招。只不过曹操凭借百年难得一遇的好运气续命继续站在擂台上。

不过没关系，袁绍手中仍然有没掀开的一张张大牌，但曹操已经冷汗涔涔，不知"似若鬼神"的"袁氏之攻"下一击将出自何方。

再这么被袁绍调动下去，早晚会被他玩儿死！曹操决定展开破局，带队来到了黄河前线。随行的，有那位刚刚被刘备抛弃的华夏武圣关云长！

四、白马斩颜良始末

200 年二月，袁绍发布讨贼檄文，骂人骂出了高度，骂出了水平，大笔杆子陈琳因此名动后世。

原文比较长，有兴趣的可以去找一下看看，我简要地摘了下重点：

先把曹操比作了臭大街的赵高和吕后，然后笔锋一转，说到了曹操的可笑身世，说他的太监爷爷和不要脸的爹，再推演出曹操从根上就不是个好品种——我看着他长大的，从小就不是个东西。

接下来用对比，袁绍多牛多牛，什么人都能用，比如用不堪的曹操当鹰犬爪牙，当年讨董卓，曹操瞎打乱撞，结果现眼了，袁绍又给他兵，让他当东郡太守，让他当兖州牧，却没想到曹操实在不是个东西，杀名士边让，结果再次现眼，老窝都让吕布掏了，是袁绍帮着他打败了吕布，袁绍对不起兖州百姓啊！救了这么个现眼的玩意儿。

接下来是曹操把献帝迎回来后的独断专权专场，整个许昌变成了白色恐怖，人们不敢说话只能用眼神交流，百官都是傀儡，太尉杨彪、议郎赵彦这都多好的人啊，说打就打，想杀就杀。在他治下，苛捐杂税、残暴统治，曹操是古往今来第一大混蛋。

再之后就是曹操对不起死人专场，比如说曹操进入梁地后，将景帝的弟弟梁孝王的坟地给刨了，曹操还亲临现场指挥摸金，后面还专门成立发丘中郎将和摸金校尉的编制，只要是曹军经过之处，坟墓就像田地遭了蝗虫一样，"无骸不露，毒流人鬼"。

接下来一段是袁绍英明专场，具体就不说了，总之袁绍伟大光荣正确！

最后提了提待遇，拿曹操脑袋来的，封五千户侯，赏钱五千万；所有来投降的，什么都不追究。

这篇讨贼檄文，水平非常高，虽然没有脏字，但通篇都在骂街，而且陈琳的的确确是摆事实、讲道理地骂街，并没有意淫地骂，扔出的论据全是曹操的黑材料。

曹操被这篇檄文搞得头大，根本没扔出个还嘴的文件来。

并不是袁绍就真的伟大光荣正确了，曹操是太监后人，袁绍是丫鬟生的；曹操血洗兖州，袁绍压榨河北；曹操"破棺裸尸"，袁绍同样"掘发丘陇"，两人都是鸡鸣灯灭也不耽误摸金向棺材里伸手死要钱的主。

这哥俩其实跟双胞胎一样，彼此看过去都是自己的模样，但曹操没整出个更牛的檄文来，估计实在骂不过陈琳。曹操估计很忙，曹植又还小，所以最终没给怼回去。

才华这东西，老天爷不赏饭，憋是憋不出来的。

在袁绍开始渡河战役后，于禁先声夺人，但袁绍施加的压力开始越来越大。为了给敌人的嘴炮予以行动上的还击，为了给此次大战拿出漂亮的开门红，四月，曹操亲临黄河战场。

谋主荀攸建议："袁绍兵多，咱们应该声东击西，分散其兵力，先引兵至延津，佯装渡河攻袁绍后方，使袁绍分兵向西，然后再轻兵急行军迅速袭击白马的颜良军。"

曹操认为此乃甚好，于是引主力到延津，随后亲自带精兵急趋白马战场。

离白马颜良军还有十余里的时候，颜良听说曹操亲自前来，大惊。颜良的这个"惊"基本上没有害怕的成分，大概率是出乎他的预料，不是说曹军在延津吗？因为颜良不仅没有跑，更没有摆开阵势以逸待劳，而是带着队伍来迎曹操，打算硬碰硬地来场遭遇战。

颜良估计是想抖个机灵杀过去，打曹操一个手忙脚乱，但这个战略部署并不明智。

离着十余里时你听说了情况，说明你情报做得很棒，你应该充分利用这个时间差，从从容容地布置军阵，以逸待劳，再设两个伏击点，等着他跑这十几里路，然后打他一家伙。

延津到白马有近百里路程，《孙子兵法》里怎么说的还记得吗？

"是故卷甲而趋，日夜不处，倍道兼行，百里而争利，则擒三将军，劲者先，疲者后，其法十一而至。"

步兵百里急行军最多能跑到十分之一，大将都得让人抓了，就算是轻骑出击，这百里奔袭的消耗也非常大！

去逆战曹操，颜良丧失了两个巨大优势：

1. 大约要跑五里路，对他的士卒也是消耗。

2. 遭遇战时他无法妥善布阵，丧失了本来有的建制优势。

当初袁绍派颜良来打白马时，沮授曾经劝过，说颜良脑子一根筋不转弯，虽然骁勇，但千万不能单独派出去。由于此时沮授已经被定性为反战分子，因此袁绍根本不听他的了。

颜良的逆战而来，给了三国第一勇烈名垂千古的机会。

双方全都马不停蹄地赶来，即将接阵后，曹操派出了"山西猛男二人组"张辽、关羽先登，突击颜良。①

———————

① 《三国志·武帝纪》：使张辽、关羽前登……

由于双方是遭遇战，颜良并没有布置好军阵，所以大老远就被关羽发现了破绽，于是带队飞马插入颜良军，躲开了层层协防，一溜烟儿在颜良的万人军阵中捅死了颜良，还下马把颜良的脑袋砍了下来，随后又一路突击出来。①

这是关二爷的成名战，关羽于万军丛中刺颜良枭首而还，这是英雄辈出、猛将如云的三国时代唯一一次从万军丛中取上将首级的案例。

"武圣"不是白叫的！

最开始曹操招降关羽时，认为刘备抛弃关羽，如此不负责任，能是我的对手吗！对于拿下关羽觉得并不是个问题。

但是后来刘备到了袁绍阵营的新闻开始传来，曹操观察了关羽后发现他还是想着刘备，于是派山西老乡张辽去找关羽问个痛快话。

关羽明明白白地交底："吾极知曹公待我厚；然吾受刘将军恩，誓以共死，不可背之。吾终不留，要当立效以报曹公乃去耳。"这种话说出来，关二爷基本上已经表明为了刘备可以准备随时去死了。

因为此时袁曹双方已经开战，关羽说的要投奔袁绍去找刘备，会有极大可能被阴谋干掉的，张辽在听到关羽的回答后内心极其煎熬，思索再三要不要告诉曹操，就是怕曹操杀了关羽。②

后来张辽跟曹操坦白，曹操问："这是天下义士啊！你估计他什么时候会走呢？"

张辽说："云长说了，必须报您大恩以后再走。"

并不存在关羽不知道刘备的下落，而是关羽明明白白地知道他在

---

① 《三国志·关羽传》：羽望见良麾盖，策马刺良于万众之中，斩其首而还，绍诸将莫能当者……

② 《傅子》：辽欲白太祖，恐太祖杀羽，不白，非事君之道，乃叹曰："公，君父也，羽，兄弟耳。"遂白之。

哪儿，但是他来去明白，曹操不同意可以杀了他，他够义气绝不骗曹操，曹操厚待他，他立功报答！

曹操知道关羽的态度后，并没有舍不得用他这一说，第一战就撒出去了，而且"先登"向来是高危工种，百里奔袭后的先登冲阵，死亡率就更高了。

曹操派谁去先登呢？新降的张辽和更新降的关羽。这俩谁拼死了都不心疼，反正都是新来的，尤其是关羽，既然要走，那不用白不用，抱炸药包上吧。

然后就到关二爷专场了！

关羽在报答曹操恩情的时候，也远没有小说中那么轻描淡写，自己开着赤兔坦克走一路对面闪一路，然后大吼一声"啊"，袁军就全尿了，颜良随后就被砍死了。

关二爷对报答曹操是极其看重的！你国士待我，那我立的功绝对是要对得起你对我的厚恩的。你让我先登冲阵，我不光要帮你冲垮了阵，我还得自己上难度，捅死对面那大领导才算咱爷们儿够意思！咱们爷们之间过的是"义"！互相都是体面！

不是这个原因，关二爷绝对不会干出"羽望见良麾盖，策马刺良于万众之中，斩其首而还"的神奇演出。因为危险系数太高了。

这句话中有几个关键点："望见良麾盖""刺良""万众之中""斩其首"。

当时的场景还原，大概率是这样的：

1. 关羽远远地望见颜良的司令部所在，于是带领着先登军们发起冲锋。

2. 关羽突破了层层设防，然后一矛刺中了颜良。

3. 随后在万人瞩目中下马，亲自砍了颜良的脑袋。

4. 上马，再跑了回来。

这里面的难度在哪里呢?

1. 你作为敢死队、先登军,能够冲破敌军军阵,就已经是非常不简单的了,一般来讲野战先登军只要把军阵冲破就已经算是立功了,后面就是己方士兵去追杀失去阵型的敌军了,你就不用再往里面扎了。

但是,关二爷不仅带队冲进了敌阵,还朝着整个军阵中防御最凶悍的中军司令部冲了过去,更神奇的是,他就真冲了进去。

由于是遭遇战,颜良的军阵绝不可能完整,这为关二爷的顺利突破起到了一定的帮助。

更难的是后面的这个环节:方向!

上万人的军队规模是扯地连天的,由于大将的司令部是不可能设在前面的,这说明关二爷要一路带着队伍一直往里冲,然后问题就来了:你杀入军阵后往往就会失去方向感,你在高处能看到如何插入司令部的线路,但你真闯进去后就发现四面八方都是人。

尤其是遭遇战,关二爷冲进去时的视角应该是这样的:也许还能看到颜良的指挥部麾盖,但是杀过去的路径已经很难再判断了,总之越往司令部冲,人越多,士兵素质越高,死在冲锋路上的概率越大。

但这难不倒二爷,他自带导航还避开或干掉了沿路的阻碍,一直找到了敌方大将颜良。

2. 接下来,还是高难度,关二爷要策马一矛刺死颜良,这就好比两个职业拳击手见面后,关二爷在一个回合内打倒了颜良。

这其实非常难。因为一般高级将领不仅是有功夫的,而且身上还有铠甲。

杀董卓时我们简要地提过,李肃拿大戟捅董卓根本不好使,吕布拿枪又捅还是不好使,最后还是小兵们拿刀砍脑袋,把董卓砍死的。

关二爷很有可能是一枪刺倒颜良,然后迅速地下马拿刀砍了颜良的脑袋。这是个相当高难度的连贯动作。

或者更京悚的一种方式，关二爷一枪杵颜良脖子或脑袋上了，颜良当场毙命。然后，关二爷拿着颜良的脑袋开路，一路又窜了出来，把袁军彻底地吓傻了。

汉末大乱十年了，别说见过了，听都没听过有这种操作的战斗。

这种战神般的神奇战斗，具有如下三个不可复制的地方：

1.最关键的前提，双方是遭遇战，颜良丢掉以逸待劳的优势来逆战曹操，其阵型不可能完整森严，这客观上给关二爷杀进去创造了可能。

正常战斗时，基本不可能会有先登军杀到敌军司令部的，一般都是层层布防根本进不去。

2.二爷忠义！不忠，不会还去找刘备；不义，不会下定决心搞把大的来报答曹操对他的这份恩情。所以看见颜良那里有机可乘，直接脑子一热杀进去了。

3.二爷威武！山西出将向来品质保障！二爷的骑马技术极好。二爷战斗力惊人！

二爷不仅能骑着大马一路躲开各种协防，而且临阵一枪水平极高，一枪就击中了颜良，而且下马动作一气呵成，捅完就砍脑袋，动作连贯、不浪费，随后又骑马窜了出去。

关二爷的这份造型，极大地鼓舞了曹军的士气，也使得白马之战非常罕见地变成了《三国演义》中写的那种效果：大将砍死了大将，小兵们都跑了。

首战双胜的曹操开始按原计划撤出白马延津地区，让出了黄河一线，随后最前线变成了东边的鄄城，此时鄄城守将程昱只有七百人。曹操打算拨两千兵力助程昱守城，让程昱给拒了。

程昱算是曹操帐下的一个异类，户籍是兖州人，却对外来户曹操情有独钟。当年兖州全境叛乱，本地人程昱独卧危城，和荀彧保住了曹操的最后三县。

他提出了很多重要建议，比如当年被吕布打得没办法时阻止曹操投奔袁绍，看出刘备是枭雄劝曹操杀刘备，今天他站在最前线，敢带着七百人就在袁绍对面站台。（见图 4-7）

程昱说："袁绍自负，兵少必不来攻，兵多反而会强攻，放心吧。"

为什么程昱判断袁绍不会分兵打他这里呢？因为首先是隔着瓠子水，其次是袁绍用兵方向是曹军主力，而不是挥师东进。

程昱的威胁在于他可以杀出来断袁绍的后路，但只有七百人就没有这个威胁了。倒是兵多反而一定得铲除这个隐患。

事后如他所料，袁绍一路追曹操主力而来，挥师渡河，南下追赶曹军。

袁军渡河前，沮授再次出来劝阻："大军应当留屯延津，另分兵进攻官渡。如能攻克，再迎大军也不迟，否则就有全军覆没的危险。"沮授的意思是先打着看，是那意思再过去，但袁绍认为，要集中优势兵力砸蒙曹操，于是再次不同意。

然后，沮授又干出什么事了呢？他在大军即将渡河的时候嚷嚷："在上者骄傲，在下者贪功，悠悠黄河，我还能渡回来吗！"随后推托身体有病，过不了河！牛不牛，人家能一个劲儿地抗命，还能玩儿了老命地惑乱军心。

不要被结果思维所蒙蔽，袁绍最后输了沮授、田丰就哪儿都对。我们如果代入进历史里面去看当时的情形，设身处地后就会发现，很多所谓的忠君诤臣各有各的可恨之处。

你有你的想法，组织有组织的考虑，组织没听你的建议你就闹情绪闹得全世界都知道，跟整个组织的人都说这回一定完蛋了，你这又算什么好谋士呢？

袁绍大怒，表示把你队伍留下后赶紧滚，随后把沮授的所有部队

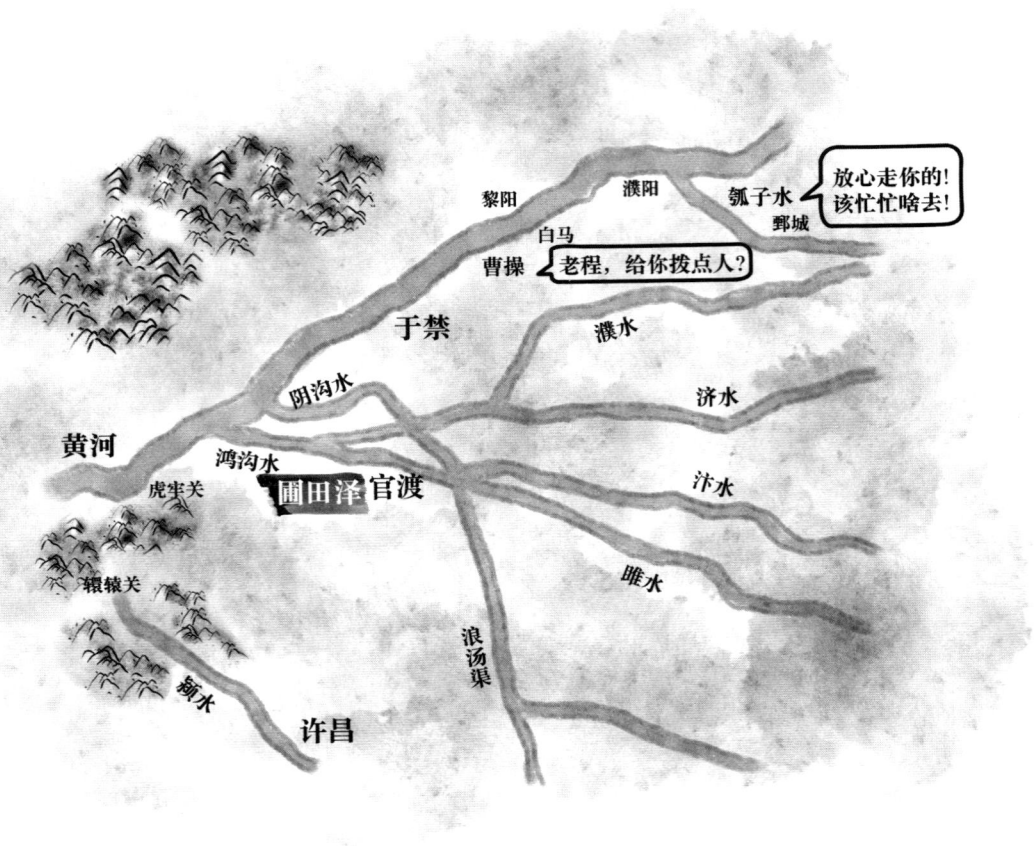

图 4-7　曹操撤出白马战场图

给了郭图。但郭图能指挥得动沮授的部曲吗！开玩笑！

总之，沮授在整个官渡之战的最终输出效果，就是各种各样的惑乱军心，在最关键的集团大战中和领导两败俱伤，做的全都是负面工作。

袁绍这次南下确实比较倒霉，继颜良成了二爷名片后，刚刚渡过黄河，又折了文丑。

曹操打掉了白马的颜良军后，将白马、燕县当地的人口开始往许昌迁，防止将来给袁绍运粮食当民夫，而且还非常挑衅地带着辎重沿着黄河走给袁军看。

然后袁绍亲自带队追曹军。

此时曹操勒兵驻营延津南阪下，派兵登垒远望袁绍军，说大约能看到五六百骑兵。过了一会儿，又说："骑兵越来越多了，步兵已经不知道有多少了。"

曹操说："都给我下马解鞍。"

曹军军心震恐，军官们全都劝曹操赶紧回营，咱跑吧！

荀攸说："正要在这儿擒敌，走什么走！"

这个时候，文丑和刘备带着五六千骑兵追上来了。

诸将说："可以上马了！"

曹操说："还不行。"

直到曹操看到袁绍骑兵开始抢沿途自己军队扔下的辎重，才说："全体上马！"

乱军中，关羽中了彩票：杀了文丑。

袁绍阵营中的猛将颜良、文丑在首战双双报销，袁军出师不利，士气大挫。

此战过后，关二爷投奔刘备去也。

曹操在关羽走之前厚加赏赐，关羽尽封赏赐，拜书告辞，来去明明白白！

曹操的禁卫军打算追杀关羽，但曹操说："彼各为其主，勿追也。"

都是磊落丈夫啊！两个人本质上都是不理性、不明智的。你国士待我，我绝不骗你，关羽先把胸口露出来，把刀递过去，说我得走，我本事你是知道的，你们集团讨论会上说我是"万人之敌"，将来会是大威胁，但我不骗你，你对我厚恩我立功报答后再走。

其实有必要吗？后世多少人都是假惺惺地一边跪舔一边实施越狱计划。

本质上为了什么？为了自己那条命！但"命"在关二爷看来，没有"义"重！

曹操更加不明智，他知道关羽的本事，不然关羽不会说"吾极知曹公待我厚"，这位爷只要到那边去了，就是对曹操的极大的威胁。

虽然关二爷在官渡并没有得到机会发挥，但后来江陵绝北道、襄樊淹七军，那都是在极小的投入下产生重大战果的军事神作。

曹操最终兑现了他的承诺，二爷并没有被"意外"。有太多可以兑现承诺但并不放你走的方法了，但曹操并没有！从功利的角度来看，这其实也是不明智的，后来关二爷就差点儿在他死前让他死不瞑目。

但是，正是二位的不明智，反而将彼此的历史地位生生地拔高了一个维度！一个，即便后世千年顶着那张大白脸，但仍然没人否认他是英雄丈夫！另一个，成了华人世界两千年的忠义一肩挑！

初战连斩袁绍两员大将后，曹操回军。

看似一马平川的中原腹地，在经过曹操的重重筛选后，挑出来了一个袁绍南下之路的最关键阻击点：官渡！（见图4-8）

3世纪最精彩的一次相持，就要上演了！

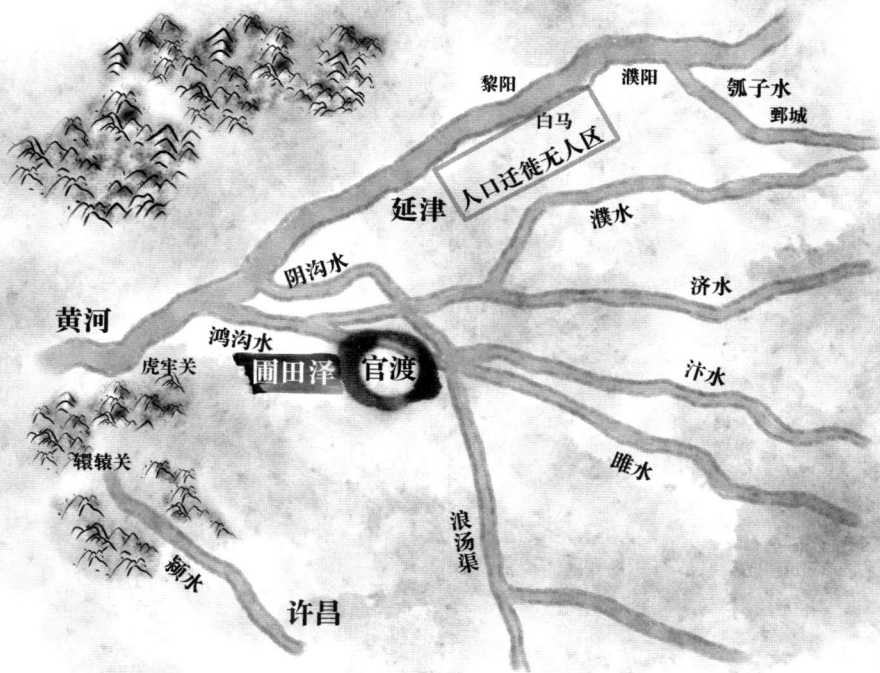

图 4-8　曹操与袁绍在官渡对峙图

五、"函谷关"合肥，"独木桥"官渡

在曹操、袁绍双方正式会战官渡之前，继张绣、刘表后，老天爷帮曹操拆了第三个雷：江东孙策。

就在这一年，东南方面传来了惊悚消息，孙策准备渡江袭许都，有很多渡江投奔朝廷的士人听见江东杀人魔蠢蠢欲动后又都慌了。

就在许昌的人都哆嗦的时候，郭嘉站出来说："都别怕！孙策统一江东，杀的都是当地能得人死力的英豪，他又轻浮又不爱防备，就算有百万之众也不知道配几个像样的保镖，放心吧！他很快就死在刺客手上了！"①

郭嘉这辈子做了很多判断，其实相当一部分是在已知的前提下无限地开脑洞。不是说他的水平不高，而是他的指导思想往往是"人有多大胆、地有多大产"的剑走偏锋。

他的某些计策，除了洪福齐天的曹操，搁别人用早死八回了。比

---

① 《三国志·郭嘉传》：众闻皆惧，嘉料之曰："策新并江东，所诛皆英豪雄杰，能得人死力者也。然策轻而无备，虽有百万之众，无异于独行中原也。若刺客伏起，一人之敌耳。以吾观之，必死于匹夫之手。"

如他后来力主的远征乌桓，别看最后赢了，但要不是他自己死那里了，事后是否会被追责还真不一定。

郭嘉的计策，往往主动权是在别人那里的，他经常非常笃定地说："你就照我说的来，那人一定怎么怎么样！"是否人家真的会按他说的来，其实非常不一定。

但是，他这次的脑洞却是他人生诸计中脑洞开得最小的一个。因为孙策的所作所为和性格特点已经传遍了大江南北。

这几年孙策在江东杀人杀到了什么地步呢？《吴书》里面是这么记载的："孙策转斗千里，尽有江南之地，诛其名豪，威行邻国。"

这个"邻国"，其实主体就是曹操主导的中原。

每个逃到曹操那里的士人，聊天的第一句话通常就是："终于活着见到组织了，差点儿死江东啊！孙家那杀人魔太无法无天了！"

郭嘉为什么会判断孙策一定会被暗杀呢？因为同样都是杀当地的大姓豪族，孙策杀完之后却并不像曹操一样，身边配上典韦、许褚，时刻小心提防着，他总认为他自己就是天下第一勇烈。

但是，就是浑身是铁能打几根钉子呢？

袁术北归不成气死后，长史杨弘、大将张勋等本来打算去投奔孙策，结果被袁术的庐江太守刘勋袭击，尽收袁术余众和珍宝。

孙策听说后示好刘勋，劝刘勋去袭取豫章上缭城，那里有宗民万余家的横财可发。等刘勋走后，孙策迅速渡江袭取了庐江，刘勋仅带着数百人投奔曹操而来。

此时袁绍已经准备南下了，曹操为了安抚孙策，于是拿侄女去配孙策小弟孙匡，又为儿子曹彰娶了孙贲的闺女，命扬州刺史严象举孙权的茂才。

但是这些外交动作，在这位少年英豪看来，都是障眼法而已。

200 年，曹操和袁绍对阵于官渡之时，孙策准备偷袭许都，迎献帝回江东，并派小弟庐江太守李述为先驱杀了曹操的扬州刺史严象，撕破了亲家的这张脸。

孙策为什么要袭许都呢？因为他在江东统治得太困难了，他太需要献帝这个名片了。将献帝迎到江东，几乎是孙策活着统驭江东的唯一办法了。

眼看这只江东猛虎要出笼子，结果老天爷把这只猛虎收走了：就在出兵前夕，他曾经勒死的吴郡太守许贡的门客刺杀了他。

简短地说一下过程：有一天孙策突然一个人骑着马就出去打猎了，结果在江边遇到了许贡的三个门客。

孙策问："尔等何人？"

刺客们说："我们都是韩当将军的兵。"

孙策道："少来那套！韩当的兵我都认识！"然后张弓搭箭就射死一个！

那哥俩也同时反击，一箭射中孙策的脸，后来两人被孙策的卫队追杀。

孙策回去后，估计是伤口感染，病势渐重，开始托孤后事。孙策对张昭等重臣说："现在中原刚开始大乱，以吴、越之众，三江之固，足以观成败，你们好好地辅佐我弟弟。"

孙策随后又找来了孙权，将自己的印绥交在弟弟手上，说出了那句思考了很久的明白话："举江东之众，决机于两陈之间，与天下争衡，卿不如我；举贤任能，各尽其心，以保江东，我不如卿。"

翻译下就是：你的任务不是开拓疆土了，你也不是那块料，本来想把献帝抓来给咱家洗白的，没想到现在哥哥作到头了。这些年我一直带你在身边言传身教，我走后，你的任务就是保住江东啊！

说罢，当夜而卒，时年二十六岁。

由于之前树敌实在太多，主少国疑的孙权即将面临暴风骤雨的强烈反噬，他必须凝神静气地收缩实力，准备迎接即将到来的江东反噬风暴。

这也就意味着，孙策的死，标志着江东孙氏政权要猛烈地调转方向，北上扩张势头就此打住。

随后曹操迅速派了一个人南下，将南北的分界线永远地钉在了合肥！

原来袁术部将沛国刘馥，和曹操算是半个老乡，由于之前一直避乱扬州，当地门子熟，曹操无暇南顾之时，就安排他为新任的扬州刺史。

孙策死后，江淮间大乱，庐江梅乾、雷绪、陈兰等聚众数万肆虐，九江、庐江两郡全境残破。

刘馥受命后，没有去扬州治所寿春，而是直接单枪匹马来到了已是最前线人都跑干净的合肥。在合肥，刘馥建立治所，安抚江淮群盗，表示他们只要不再作乱，中央既往不咎。

几年中，江北恩化大行，流民越长江、群山而投奔者数以万计，刘馥利用脱南者的力量开始加大建设力度，设立学校，开发屯田，百姓安居乐业。[①]

与此同时，刘馥又修建合肥城防，多积滚木雷石，编草苫数千万枚，益贮鱼膏数千斛作为战略储备物资。

这座城，从此成了孙权的噩梦，孙权此后四次兴大兵而来，次次无功而返。

为什么合肥这座城对孙权来讲如此重要呢？因为它几乎是江东政

---

① 《三国志·刘馥传》：于是聚诸生，立学校，广屯田，兴治芍陂及（茄）陂、七门、吴塘诸堨以溉稻田，官民有畜。

权北上扩张的唯一通道。

江东最强的是水军，最省成本的也是水路物流通道，而自古南方自长江一线沿水路北上的只有三条路：广陵的中渎水道、中间合肥水道、荆州的汉水淯水道。（见图 4-9）

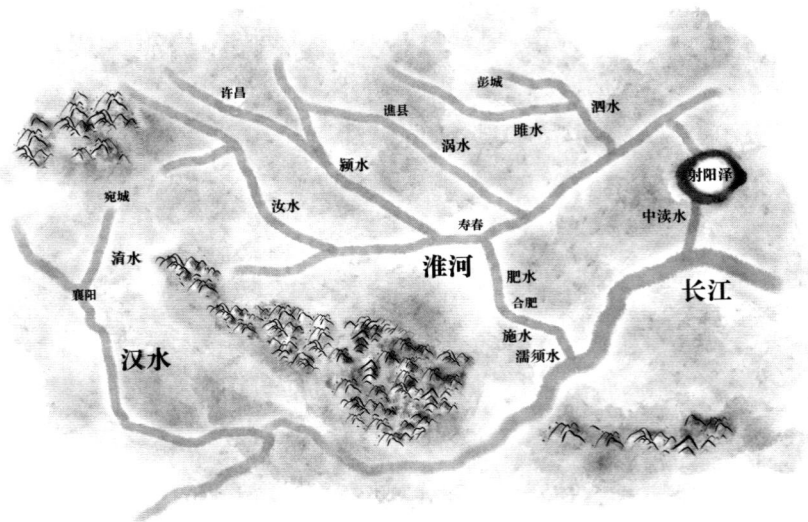

图 4-9　中原诸水系示意图

咱们先看中渎水道。

当时的苏北地区也就是广陵郡，之所以叫这个名字，就是辖区内丘陵太多了。不仅丘陵多，而且水网密布，三国时代还有各种各样的沼泽密布其中，地广人稀，是陆军的噩梦。

在广陵郡中，有一条中渎水道，理论上是可以自长江进入淮河的，但是航道比较浅，动不动就淤塞了。当地的人口又少，很难找到足够的民工把河通开。而且，只要一方堵在另一方出淮河的口上，就把对方轻松地堵死了，对方连泗水都进不去。（见图 4-10）

无论南北哪个政权，这条水路都是最次之选。后来曹丕为了收藏

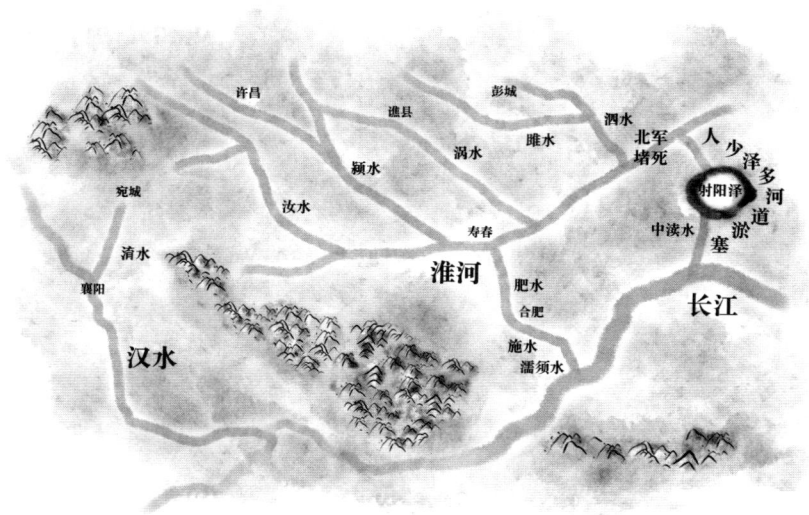

图 4-10 中渎水道劣势图

霸等泰山系的兵权找茬打孙权，让青、徐地区配合，就近走了这条道，结果半道上就堵了。

再看荆州的汉水淯水线。

这条水路，在物流方便程度和沿途百姓密度上看均是优选，但是，淯水到了宛城就到头了。（见图4-11）

如果你想进中原，就得用两腿走上三百里了。不仅粮食得找大规模的民夫去运，还得舍弃最优势的水军。冲这就得活活地吓死大东吴将士们！

这条水路倒是北方政权非常好的一个选择。因为南阳盆地富裕，大军进入南阳后可以就近解决人力、物力，顺汉水入长江也极大地减轻了物流压力，所以襄阳这个横断南北的关键点才会对南方政权的生死存亡如此重要。

上面两条水路一排除，最后的这条合肥水道，也就成为南方政权

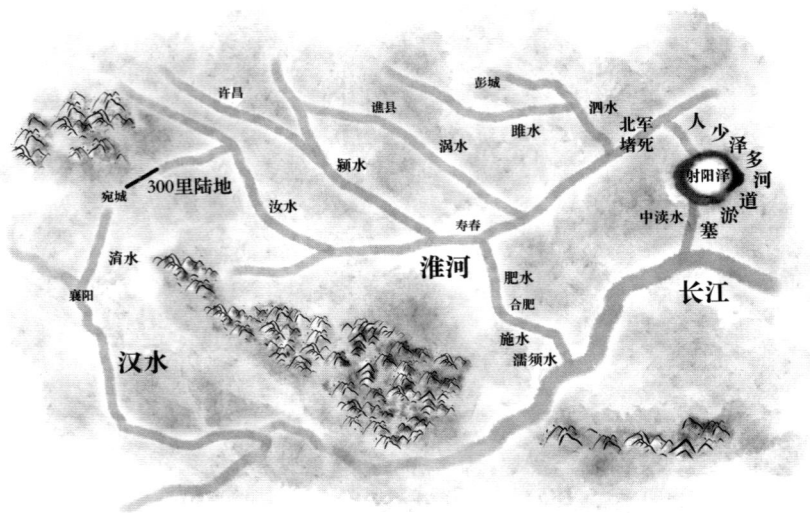

图 4-11　汉水淯水入中原劣势图

进入中原的哇一通道了。

合肥这个名字的来由，最早是因为施水和肥水在夏天河水暴涨时汇聚于此处。后来人工开挖了运河，肥水、施水合流了，学名叫作"巢肥运河"，为了易记还是叫"合肥水道"吧。

合肥水道对于北方和南方而言均是生死水道。不仅航道靠谱不堵，可以方便大规模地投放兵力与物资，而且位置极其关键。如果南方掌握这条水道并控制了寿春，就能横跨整条淮河然后驾着战船到中原各地自驾游。你堵都堵不死！

孙策为什么隔着上千里敢计划去抢献帝呢？因为顺着合肥水道走淮河颍水就能一路水路插到许昌！（见图 4-12）

这条水道对北方同样重要。因为一旦北军打破了濡须口，获得了长江的入江口，中原庞大体量的兵力、财力就将源源不断地登陆江东！与此同时，完成对长江中游和下游的分割！

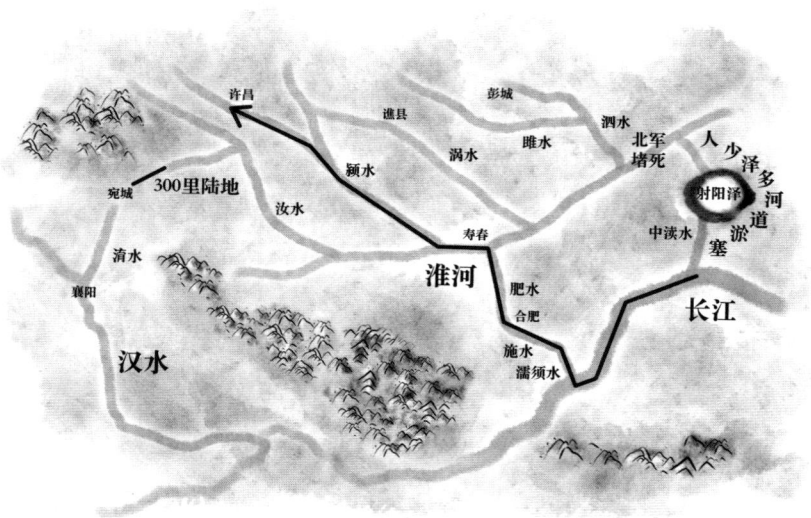

图 4-12　孙策预想偷袭许昌水路图

　　孙策神奇地掐点儿般死在了曹操、袁绍对轰官渡之前，成为上天对曹魏政权的最大恩典。

　　孙策如果不死，不仅官渡之战结果未可知；即便曹操胜利，后面也很难集中精力去略定河北。因为整个淮河一线将再无宁日！整个豫州、徐州将投入大量的兵力去严阵以待小霸王隔三岔五的武装自驾游！

　　孙策一死，刘馥守国门，将阵线钉在了合肥，意味着不仅牢牢地锁死了江东政权的北上之路，还给中原政权南下江东留下了一个最可靠的桥头堡。

　　从此以后，曹魏政权只需要在合肥布防，就能将整个江东地区憋在长江内。

　　合肥的意义还不仅仅在国防层面上，它更是国力的放大器！只要合肥在手中，整个淮河以北就都是安全生产区！江东就算再富裕，它本质上也是在用江东一隅来对抗整个中原大平原的财富之躯。只要中原统一并且缓过劲儿来，冀州、青州、兖州、豫州、徐州这五个州的国家机器一开启，江东政权的消亡就只是时间问题。（见图 4-13）

图 4-13　中原与江东资源动员区域示意图

自古守江必守淮，除了江淮间的层层水网可以阻击北方政权的层层推进外，底层原因也是秦并天下中最常说的那四个字：国力问题。

如果南方政权拥有淮河，那么豫州、徐州就将变成南北对峙的重要缓冲区，双方互抢人口，隔三岔五地武装抢劫，谁也没办法安心生产。北方不仅挣钱的渠道减少了一大块，而且处处布防的花销也因此大大增加。此消彼长，北方政权的优势将不再明显。（见图 4-14）

合肥攥在北方手中，意味着它极大地压缩了国防成本，并解放了大片的优良土地。

合肥，某种意义上，就是曹魏政权的函谷关！整个 3 世纪的东线结局也因此基本奠定！

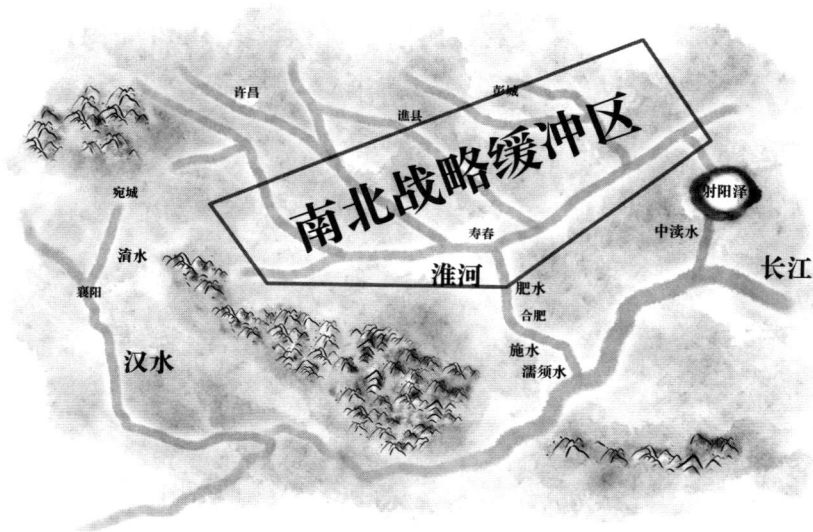

图 4-14 南方政权拥有淮河后的战略缓冲区图

孙策死后,曹操已经消除了所有明面上的军阀威胁。

200 年七月,袁军进军阳武(中牟北)。

双方大部队正式对峙在了曹操选定的决战地点:官渡。

为什么要选择官渡?三个原因:

1. 从曹操方面来讲,如果继续在黄河的延津、白马等渡口进行阻击,由于此地黄河渡口众多,很难堵死所有渡口,容易被人家偷袭。

2. 黄河前线距屯田大本营许都较远,后勤成本较高,撤回官渡有利于缩短粮道并且拉长袁绍的粮道。

3. 从袁绍方面来讲,过黄河后水网纵横,这片地方河流纵横,阴沟水、鸿沟水、濮水、济水、汴水、睢水等水网,袁绍军从兖州方向打过来基本不可能。

如果陆战平推,不仅穿越这一条条河流进行后勤补给非常困难,

还要考虑被兖州方向的曹军截断退路。（见图 4-15）

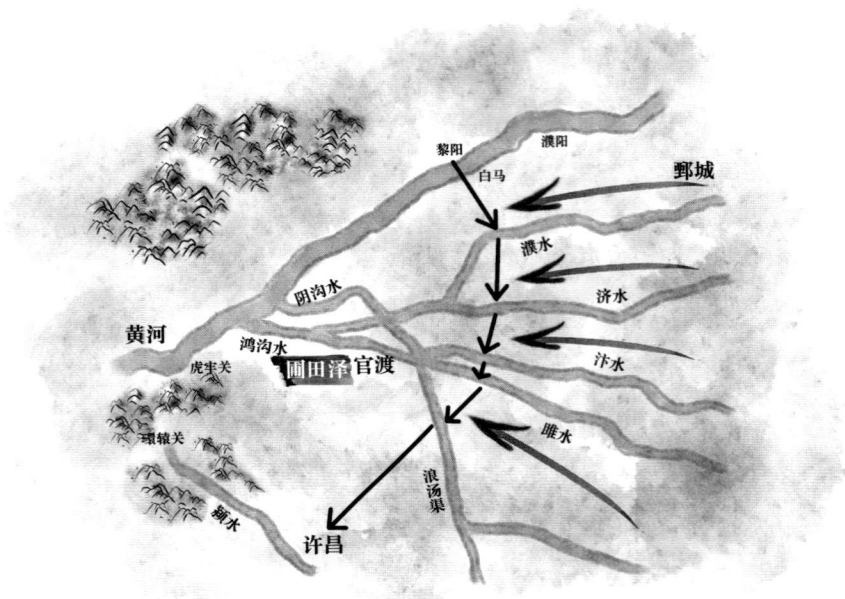

图 4-15　袁绍从兖州方向出兵示意图

如果从西边走黄河线入洛阳盆地进行包抄的话，又有虎牢关等几座雄关被曹操堵着，袁绍很难打出来。

如果从虎牢关西的黄河段登陆南下，后勤给养又非常容易被虎牢关方向的守军所截击。（见图 4-16）

再加上官渡西面天赐了著名的圃田泽，周围沼泽池塘密布，不利于步骑通行。

所以袁绍军队由河北南下攻击许昌，只有南下正面一条道可以走：官渡，这是他的必经之路。

虽然决战地点被曹操选好了，但袁绍真的就按照曹操给出的牌走了吗？并没有！

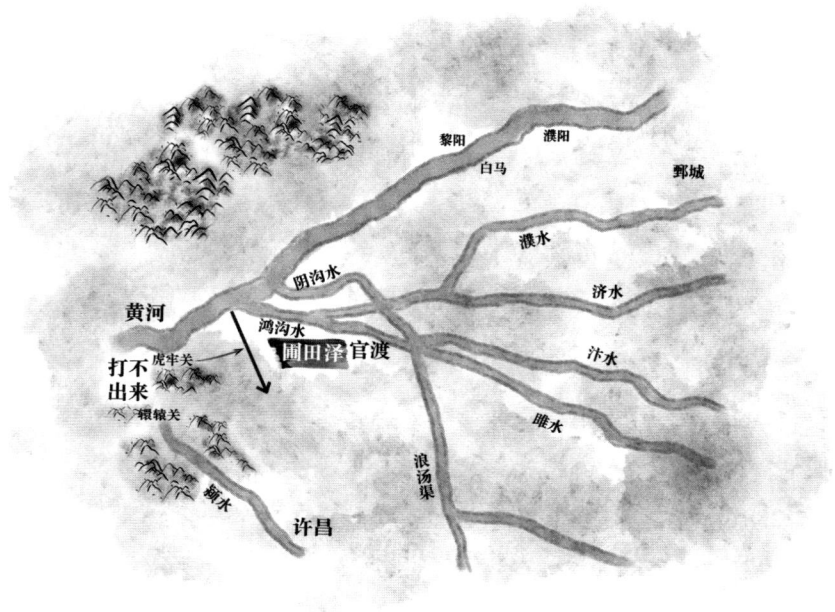

图 4-16　袁绍从虎牢关方向出兵示意图

正面战场外，他开始了一连串的连环出招！

六、最后一秒见分晓

200 年八月，袁军主力来到官渡主战场，依沙堆立营，东西宽约数十里，曹操也分营对应阻挡袁绍，在此，双方开始了对峙。

不久，两军正式会战，近五年没打过败仗的曹军罕见地在大兵团正式会战中失利，躲进营垒坚壁不出。

《三国志·武帝纪》中说："公亦分营与相当，合战不利。"《三国志·袁绍传》中说："合战，太祖军不利，复壁。"《后汉书·袁绍传》中说："遂合战，操军不利。"

怎么输的史官不告诉我们，袁绍做了什么骚操作也全都藏起来了。肯定打得不好看，不然不会藏得那么严实，反正没像公孙瓒那么现眼，曹操至少还顺利地逃回了营。

这还是曹操白马斩了颜良、延津杀了文丑，袁军士气低落的前提下双方的对战，这都能大败而归，真不知道气势如虹的袁军会厉害成什么样。

躲起来了是吧，袁绍随后修筑壁楼，堆起土山，从高处向曹营射箭，箭如雨下，曹营中的交通需要拿着盾牌走路。

袁军一边射箭，一边派军队冲击曹军阵营，刚刚战败的曹军，士气已经开始低迷，在连着打了好几年的胜仗后，曹军头一次出现了畏惧之色。[①]

沧海横流方显英雄，曹操派出了前期在黄河前线站台的战斗英雄于禁督守土山迎击袁军。都怂了是吧！于禁！让他们见识见识咱泰山爷们的胆气！

于禁继黄河挫败袁绍后再度大放异彩，带领泰山兄弟们力战袁军攻营，夺回士气！[②]

曹操的工程部也加大了研发力度，发明了一种霹雳车，就是投石机，把袁绍的射箭高楼给轰塌了。

天上不行改地下，袁绍又玩起了当年搞公孙瓒的地道战。曹操那面则挖了一道道的长沟进行防御。

正面军事对垒中和曹操在僵持，袁绍也在同时布局别的战线，导演的剧本通常是很多条线的，他对敌人的打击是全方位的。

袁绍买通了曹操的身边人徐他等刺客打算刺杀曹操，注意，不是一个人！[③]

许褚自打官渡开战后就几乎寸步不离曹操，所以这帮刺客根本抓不住机会。直到有一天，许褚要歇班休息一下了，徐他等刺客带刀前来。

许褚刚回到宿舍，心中狂跳，汉末十年干黑帮搏杀存活下来的第六感让他觉得有问题！于是迅速地又回到了曹操身边！

徐他等一帮人不知道许褚已经归队，仍旧前来拜见曹操，结果入帐后发现许褚没走，脸色大变。看到徐他的脸色，许褚迅速就明白了自

---

① 《三国志·于禁传》：绍射营中，士卒多死伤，军中惧。

② 《三国志·于禁传》：禁督守土山，力战，气益奋。

③ 《三国志·许褚传》：时常从士徐他等谋为逆……

己为什么心律不齐，然后虎痴咆哮地搞死了这帮刺客。①

内部刺杀没搞成，袁绍仍然有左右勾拳打出来：派人勾搭老家汝南郡的黄巾余孽刘辟部叛变造反，命游击队长刘备带着河北兵前往相助，与此同时汝南有大量官员响应了袁绍的号召。

袁绍同时打出了很多张牌。

大家看到的是黄巾贼被他撩拨起来了，实际上背后是他在曹操的豫州大后方下了大功夫。比如江夏军阀李通，跟袁绍本来没什么交情，但因为屯于汝南西界，位置险要，所以袁绍照例派了间谍做策反。②

李通虽然明明白白地拒绝了袁绍，还斩了袁绍的来使，但他只是个例，当时大部分官员都持观望态度：最重要的体现就是所有的赋税与物资全部扣在手中不再往官渡前线运了。

李通为了避嫌，继续征调阳安郡的物资支援曹操，被好友颍川赵俨看到后紧急制止："现在汝南全境都已经乱了，就你这里还是咱的根据地，绝不能再乱了，把征调上来的物资迅速还给百姓，中央那里我替你说话！"赵俨找到了颍川系大哥荀彧，荀彧让曹操下令免除了汝南的全境赋税。③

袁绍从来就不怕剧情复杂、演员众多，他最大的特长就是寻找对方各种各样的弱点，然后集中给对方爆破出来。

继汝南跳反后，各地开始了观望，官渡如果出了问题，曹操全境

---

① 《三国志·许褚传》：褚至下舍心动，即还侍。他等不知，入帐见褚，大惊愕。他色变，褚觉之，即击杀他等。

② 《三国志·李通传》：李通字文达，江夏平春人也……屯汝南西界……太祖与袁绍相拒于官渡。绍遣使拜通征南将军，刘表亦阴招之，通皆拒焉。

③ 《三国志·赵俨传》：惟阳安郡不动，而都尉李通急录户调……俨曰："诚亦如君虑；然当权其轻重，小缓调，当为君释此患。"乃书与荀彧……彧报曰："辄白曹公，公文下郡，绵绢悉以还民。"

将风起云涌。

刘备自从被袁绍派下来之后，开始大肆劫掠汝水、颍水之间的地区，因此自许都以南风声鹤唳。（见图4-17）

就在曹操挠头、刘备又嘚瑟的时候，兄弟曹仁对他说："刘备率领的是袁绍的部曲，用的不一定顺手，我现在就去灭火，一定拿下！"

曹操于是点出了骑兵部队交给曹仁，再次部署闪电战抽刘备。玄德公最害怕就是对手突然出现。

曹仁率骑兵突击后，照惯例再次打跑刘备，并击破刘辟军屯，又震慑安定了汝南的反叛诸县。

刘备被打回来之后，袁绍又派了别将韩荀抄断西线，曹操再次派出曹仁在鸡洛山大破韩荀。

一次又一次打鼹鼠般地出招均被曹操惊险化解，袁绍渐渐地看明白了双方的将领独当一面的差距，不再分兵出击。

也是在这个时候，刘备再次出逃成功。刘备对袁绍说："我帮您联合刘表，顺便再回汝南帮您打敌后游击。"袁绍不想再自己出血，于是归还了刘备的本部部曲令，他又遛去了汝南。

刘备和当地的小军阀龚都合作捣乱，人数只有数千人，曹操很是轻视，派了蔡扬对战刘备，结果被刘备干掉。

刘备在汉末的一系列战绩中通常有这么一个特点：兵不能多。

要是双方都是三千人对打，那么刘备一定会斩获汉末主公圈的对战之王桂冠。

刘备向来擅长打逆风仗，人越少往往战果越惊喜，就算输了刘备也有无限续航、超长待机的能力。

斩蔡扬后，刘备又回到了他最熟悉的状态，手中是走南闯北仍然活下来的不死老兵们，几千人的士兵，指挥起来脑子也够用，所以在汝

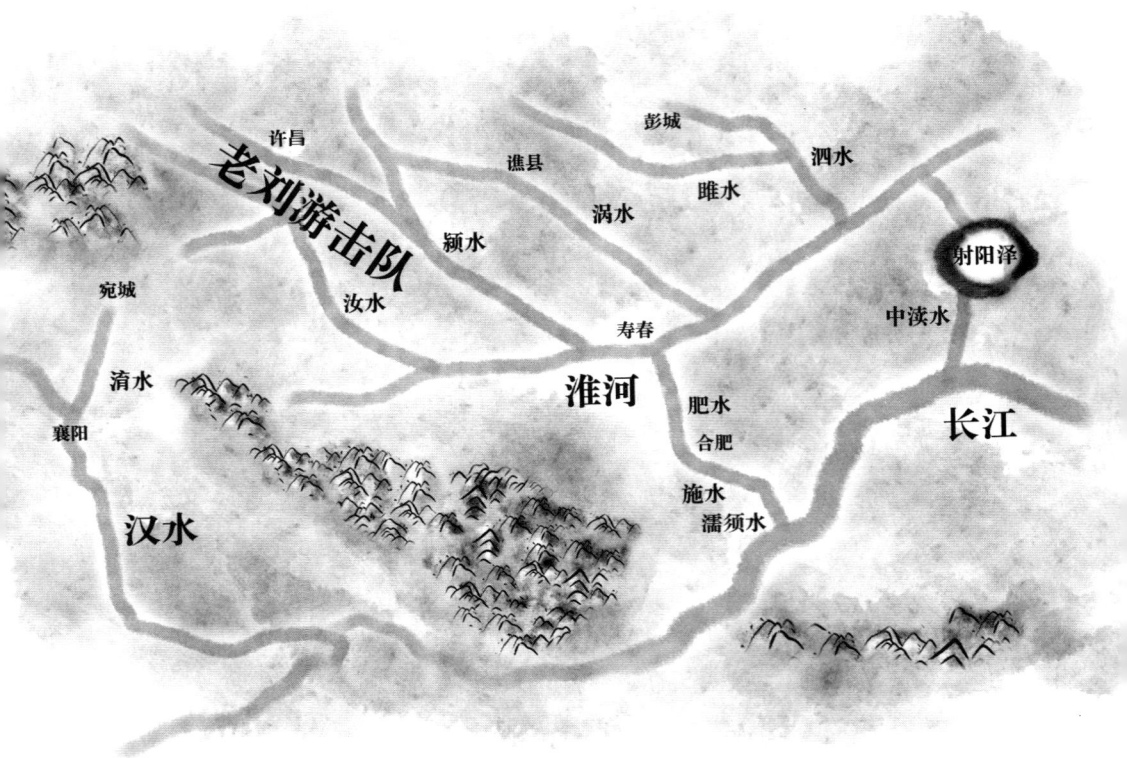

图 4-17　刘备敌后游击范围图

南大后方顺利地扎下了根来。

刘备在汝南又楔进钉子的同时，官渡战场上两军花样相持了两个月，曹操开始越来越困难。

袁绍虽然不分兵了，但他又派遣了大量的小游击劫粮队不停地截曹操的粮道。

在袁绍一次又一次全方位地出招下，曹操感受到了公孙瓒曾经感受的恐惧。

近臣刺杀、招降后方、刘备捣乱、西线迂回、抄绝粮道，这个人怎么如此可怕：怎么四面八方全都是敌军主力！怎么所有的情报汇集上来后没有一个地方不出问题！

兵少粮缺、士卒疲惫，曹操开始打退堂鼓，打算再次收缩兵力回许昌进行保卫战，于是写信给荀彧，商议要退守许昌。

这是个比较关键的时间点，史书中载："时公兵不满万，伤者十二三。"

这个数字值得商榷，因为对面的袁绍是近十万的大军，官渡不是关隘，一万的兵力是托不住十万兵力的。

尤其在双方对阵官渡之时，是数十里屯兵对阵的。

一万兵屯数十里就比较搞笑了。为什么会这么说呢？旗鼓相当的人数被袁绍打得出不了营，你说难看不难看？你怎么下这个笔？只能说曹操此时是一万人，对面欺负人啊！

史官还是很厚道的，前面给我们线索让我们细品了。

这个"时公兵不满万，伤者十二三"被史官做文章的来源应该是后面荀彧给曹操写信的那句："公以十分居一之众，画地而守之，扼其喉而不得进，已半年矣。"

但这是荀彧的一个比喻，五年前曹操要去抢徐州时，荀彧曾经这么说，"将军攻之不拔，略之无获，不出十日，则十万之众未战而自困耳"，当时的曹操还在和吕布打胶着战，哪里拨的出十万人去抢徐州。

这就是种合理的夸张劝谏法。

回到荀彧给曹操的回信这个关键点上，荀彧这么说："眼下咱们军粮虽少，却还比不上当年楚、汉在荥阳与成皋之间那样艰难。当时刘、项双方都不肯先退，先退的一方必定处于被动，您仅以敌十分之一的兵力，就扼住敌人咽喉整整半年了。敌人的底细已经清楚，锐气已经枯竭，局面必将有所变化，这正是使用奇谋的良机，不可失去啊！您再挺挺吧。"

《荀彧传》是劝人听自己话的金牌教科书：有理有据地拍马屁，设身处地地讲问题，坚定信念地说建议。

都跟沮授似的，他说的领导不听，就闹情绪，这种下属早点受冷落比较好。

能提出正确建议的人永远不是少数，因为我们是聪明的中国人。能让领导听从你的正确建议并跟你一条心实施的人才是真正的国士，是大才。

荀彧从来不说自家领导不行，什么时候都是我们家曹操最猛最棒；孔明丞相在刘备下令打孙权的时候也什么话都不说，因为知道决定已经下了，我尽己所能地足兵足粮稳定后方就好了，尽最大能力地帮自家领导去赢，输了我也有办法擦屁股，这才是真正牛的大才。

千万别太拿自己当回事儿，对谁都尊重客气些，不平衡时就想想荀彧，想想他是怎么调教自家领导的。

如果荀彧的案例还不深刻，再听听贾诩怎么说的，曹操问贾诩："老贾，现在你说怎么整？"

贾诩说："领导您在精明、勇敢、用人、决断四个方面都胜过袁绍，之所以相持半年不能取胜，是因为您想得全，您一直稳扎稳打，马上就会出现转机了。"①

什么叫正确的废话，这就是！但这又是价值连城的废话！

领导在快崩溃的时刻，最需要什么呢？安慰！安慰！你最猛、你最棒！让领导挺起胸膛去继续执行正确的战略方针——继续坚守待变！

两大参谋长不让曹操退的原因在于，本来曹操正面就打不过袁绍，现在好不容易已经僵持了很久，一旦退，士气就会急剧下降，社会舆论也将一边倒地倾向袁绍，危机就会集中爆发！

根本没法退！

但是，实话不能这么说！这么说曹操就该彻底地崩溃了！他此时的心理压力太大了，不能再吓唬他了！

两位说的重点都是：我就知道你行，你马上就要弄死他了，像过去弄死别人那样，咱再挺挺！再坚持一下！

结果就是：操从之，乃坚壁持之。

让别人心甘情愿地跟着你的思路走，这才叫有效地提建议。

荀彧在帮曹操塌下心来的同时命令负责后勤补给的任峻采取十路纵队为一部的大规模运粮队编制，甚至派出了总预备队的禁卫军去护送粮草，加强护卫，防止袁军袭击。

一场战役，最难的，就是等待。等待的最关键一点，先为不可胜，再抓别人的空子。

曹操在耐心等待的时候，发现了袁绍的空子，此时袁绍的数千辆运粮车就要到达官渡军营。参谋长荀攸对曹操说："袁绍的运粮车就要到了！护送军粮的韩猛骁勇但轻敌，赶紧去劫粮！"

曹操和袁绍两位高手在间谍方面都做到了几乎互相打明牌的地步。

---

① 《三国志·荀攸传》：公明胜绍，勇胜绍，用人胜绍，决机胜绍，有此四胜而半年不定者，但顾万全故也。必决其机，须臾可定也。

袁绍能够把杀手安排到曹操身边，曹操生死存亡的运粮情报也是掌握得明明白白，动不动就劫粮打游击；曹操那边也是如此，袁绍的情报他也打听得八九不离十。

高手过招实在是太好看了！

曹操问荀攸："派谁去？"

荀攸说："徐晃！"

曹操于是派徐晃和史涣攻击韩猛。瞅瞅这布置，一个是黄巾军底子的降将徐晃，一个是自己人沛国老乡的史涣，让心腹驻扎在基层，与名将合作，这是曹操用人的策略。两人最终不负众望，成功地将袁绍的军粮烧毁。

这是官渡之战中第二重要的一次军事行动。

我们要高度关注，记住此次截击！因为这次截击，使得袁军也开始乏粮；也正因为这次截击烧粮，才显得后面的最终一击是那么的重要。

又坚持了一个月，曹操快到极限了。因为真的快没粮了，士兵们在高强度的压力下也已经到了强弩之末。[1]

在这个时候，曹操无可奈何地使出了没有退路的激励大法，对运粮的士兵们说："再给我十五天，十五天必破袁绍，不再辛苦大伙了！"[2]

这句话一出，意味着曹操将自己的一生成败变成了十五天的倒计时！十五天到后要是还没拿下，士气就将彻底崩盘！但是，他已经没办法了，否则连现在都撑不过去了！

---

[1]《三国志·武帝纪》：然众少粮尽，士卒疲乏。

[2]《资治通鉴·汉纪五十五》：操见运者，抚之曰："却十五日为汝破绍，不复劳汝矣。"

回到大战之前的那个疑问，袁绍该不该尽起主力来逼曹操呢？此时此刻已经有了最现实的回答：他全程都在调动曹操压着打！曹操已经被他逼到油尽灯枯！但他仍然手有余粮心不慌！

十月，袁绍再次运来了那名动历史的一次军粮，淳于琼等五将率万余人护送军粮到了袁绍大营北四十里的乌巢。

此时此刻，袁绍收到两条建议：一是打不死的沮授再次献计，增派蒋奇领一支人马在淳于琼外侧，以防止曹操偷袭；一是许攸提出乘曹操倾军而出，轻骑奔袭许昌。

袁绍全没采纳。

沮授说的正经是个好建议，此时此刻时间就是胜利，军粮是最关键的，多加防备没坏处，但这位反战捣乱分子说什么估计袁绍都不会听了。

但凡他有贾诩的做人水平，官渡之战就彻底地改写了。

至于许攸的建议，袁绍认为完全没必要，因为曹军已经到强弩之末，袁绍已经收到间谍消息了，说曹操没粮了！毕竟后面许攸都知道的事袁绍不会不知道。

1. 我再等几天你就彻底完蛋了，我为啥要节外生枝地派轻骑去打许昌？

2. 之前派过那么多轮了，还是我自己的正面战场靠谱。

但是，此时此刻，天平最大的一次倾斜出现了。许攸家里有人犯法，被留守大本营的审配抓了，许攸大怒，投奔了曹操。

河北的党争闹到了最后，这次许攸叛逃成了整个官渡之战的最后一个必然的意外。

曹操听说许攸来投，把他给乐的呦，光着脚跑出来迎接。

双方见面后许攸问："还有多少粮？"

曹操说："也就还能打一年吧。"

许攸："想好再说。"

曹操："半年。"

许攸："你又说瞎话。"

曹操："我逗你玩呢，还有一个月。"

许攸说："别废话了！你没粮了！已经到生死存亡关头了！"

曹操满脸懵逼地思考袁军间谍已经让自己连比基尼都穿不上的时候，许攸给曹操点出了袁绍的关键弱点："不光你缺粮，你上回烧粮之后，袁绍也缺粮，现在只有三天的粮，但第二批粮草已运到乌巢，你要是再烧一次，袁军必然因粮尽而崩溃。"①

说到底，曹操的间谍比袁绍的间谍还是差点儿意思，毕竟袁绍已经知道他粮尽了，而对方致命的情报却需要许攸投降送过来。

许攸的建议被曹操迅速地拿到了参谋会上讨论，手下人都在疑惑，只有荀攸和贾诩说："领导！到决战的时刻了！"

曹操决定，拼了，亲自带队出击乌巢！

许攸有没有可能是假降？很有可能。也许在乌巢等待他的将是一个超大的陷阱。

但曹操没得选了，因为他是弱者，正面会战打不过，粮草给养跟不上，间谍渠道拼不过，四面八方全是楚歌！弱者生死关头永远没有选择，他只能赌，赌许攸是对的，他不剑走偏锋根本就赢不了！

下一个决策问题来了，为何曹操要亲自去偷袭乌巢？派别人去不行吗？万一是圈套呢？

这就是显示曹操魅力和脑子的时候了。这种事，成就赢了，不成必死，属于关键时刻的一锤子买卖！

---

① 《三国志·武帝纪》：袁氏辎重有万余乘，在故市、乌巢，屯军无严备；今以轻兵袭之，不意而至，燔其积聚，不过三日，袁氏自败也。

要去的是敌人后方，路途中会有层层设防与干扰，派别的人去很容易就虚了，就砸了。一旦中途打了退堂鼓，就彻底地无力回天了！不是曹操自己带队，根本没人能搞这种敌后偷袭！曹操令曹洪、荀攸守营，自带五千精锐冒充袁军奔乌巢而去。

最后时刻，曹操选择了自己带着最精锐的亲卫部队去玩命！这就是最关键时刻，头脑对战场及大势判断清晰的卓越体现！

我虽然哪儿哪儿都输你，但我赢就赢这上面了！

半路上，曹军全用袁军旗帜，衔枚绑马口，每人都抱着干草，路上碰到巡查的就说："领导怕曹操截营，增兵防备。"

曹操的烧火分队在一路天佑的情况下顺利到达了乌巢，然后迅速在乌巢外围放起了大火，袁军营中开始惊乱。①

乌巢辎重多，核心的都在大营内，淳于琼紧闭营门，曹操的火把扔不到乌巢内营。淳于琼并没有乱，更没有《三国演义》中的喝大酒，而是紧紧地守住了大营。

时间迅速流过，及至天明。营内的淳于琼看到了曹操兵少，曹操本人还亲至，于是出营迎击曹军。

双方展开了肉搏，曹操势不可当，淳于琼看到对面简直是五千个疯子，于是撤退回营坚守，但是曹军已经压不住了，疯了一样地咬住他，展开了最后的搏命之战！②

与此同时，乌巢火起的消息已经传到了官渡前线，袁绍司令部开始了紧急讨论，部将张郃主张救淳于琼，张郃说："曹操营寨坚固，一定不能攻克，如果淳于琼等被捉，我们都将成为俘虏。"

---

① 《资治通鉴·汉纪五十五》：既至，围屯，大放火，营中惊乱。

② 《三国志·武帝纪》：会明至，琼等望见公兵少，出阵门外。公急击之，琼退保营，遂攻之。

郭图认为要围魏救赵，乘此时发兵去进攻曹军大营。

袁绍认为郭图说得对，只要拿下曹营，曹操就无家可归了，于是派高览、张郃率领重兵攻击曹营，派轻骑救援乌巢。这成为袁绍此次官渡战役中的几乎唯一一个失误，但却就输在这个最致命的失误上了！

并非是说他围魏救赵不对，而是乌巢火起，他马上也要面临无粮的绝境，也到了最后关头，他应该像曹操一样，亲自带队攻打曹军大营，而不是仅仅派部将去。尤其这个部将在去之前就表达了信心的严重不足。

玩命的时刻，只有自己最靠得住！

袁绍的这次唯一的决策失误，导致了满盘皆输。

曹操此时仍在和淳于琼肉搏，忽然探马来报："袁军的救援快来了，请求阻击部队！"

曹操发狠道："分什么兵！等敌人到我背后时再来跟我报告，现在全军死战，干死淳于琼！"①

这种魄力！这种押上全部兵力往死里拼的决定！曹操要是不亲临战场谁能说得出来！

四百年后，破釜沉舟与背水一战的精神同时重现，曹军知道有死无生，领导连命都不要了，于是怒气值、武力值一大堆值全部爆表！终于击破淳于琼军，乐进阵中怒斩淳于琼，拿下乌巢！

官渡之战的胜负，随着乌巢陷落，彻底见分晓！

曹洪在本营靠着剩下的军士死命拖住高览、张郃，两人在曹营前久攻不下，随着乌巢战败，淳于琼全军覆没而临阵倒戈，烧了攻坚器械

---

① 《三国志·武帝纪》：绍遣骑救琼。左右或言"贼骑稍近，请分兵拒之"。公怒曰："贼在背后，乃白！"

归降。

张郃带队归降的时候，曹洪拿不准主意。荀攸对曹洪说："张郃的计谋不被采用，大怒而来有什么拿不准的！欢迎张、高二位将军弃暗投明！"

在张郃本传中，说因为郭图又陷害他了，所以他投降了。实际在别的人物传记中，都是说张郃听说淳于琼败了，于是就投降了。荀攸在受降时也是明明白白地说"郃计不用，怒而来，君何疑"，其实就是河北党争到了最后一刻还在继续，张郃心中不痛快，一看淳于琼那儿败了，自己就做了判断，于是投降了。

河北败于党争，是真正的原因吗？河北虽然有党争，但曹操这边潜在的叛徒可一点儿也不少，他的大部分将领都和袁绍通信了。

曹操要是不亲自率军攻坚乌巢，五千人打一万人的攻坚战，最终还斩首淳于琼，会有可能吗？

基本不可能，遇到点儿困难，曹军将领也就都变成张郃了！

袁绍的援军马上就杀到背后的时候，乌巢还没拿下呢！曹操顶住所有压力继续攻坚在最后一刻才拿下的！这要是犹豫哪怕五分钟，做错一个战略部署，胆子哪怕虚上一点点，结局都将天差地别！

就算是曹军烧了乌巢，袁绍没有粮了，但实际上曹操也没有粮了，如果袁绍也孤注一掷地带队攻破了曹军大营，是怎样的结果其实不好说，最起码袁军士气不会崩，也许袁绍还能以逸待劳地等待曹操还营再打一次！

说到底，这场史诗级战役，在双方两位大神见招拆招到几乎再没有秘密的时候，老天爷最终将机会五五开，分别给了双方一次机会！

谁最狠！谁最豁得出去！谁能亲自带队拼上所有的筹码！谁咬牙能咬到最后一刻，就是最终的天选之人！

曹操放火归来，看到张郃已经归降当场给待遇，封其为偏将军，并赞其如韩信归汉一般，然后整顿部队对袁绍展开了大反攻。

辎重粮尽，大将叛逃，袁绍全军大乱，一下子全垮了。

袁绍带着儿子袁谭，领八百多轻骑弃军逃走，曹操猛追，一日一夜至延津，缴获武器、辎重、图书、珍宝无数。

被袁绍抛弃的部队有八万人，史书中说是"伪降"，全部被坑杀。

又一个类似于"白起长平"的难题，不杀就都跑回老家了，没两月又来打你了，招降收编已经没粮食了，根本养不活。所以，定性"伪降"，最合适。

但无论你有多不得已，"杀降"永远会不祥的，既然参赛了，就永远要承担每一次不得已的后果。

时近一年的官渡会战，以袁绍的彻底失败而告终。

引用《三国志·武帝纪》的记载："初，桓帝时有黄星见于楚、宋之分，辽东殷馗善天文，言后五十岁当有真人起于梁、沛之间，其锋不可当，至是凡五十年，而公破绍，天下莫敌矣。"

破釜沉舟！背水一战！这颗坚持到底、永不放弃的黄星，在汉末十年的血腥剧本中，在一次又一次的绝境下，再一次地杀了出来！

说到底，袁绍这辈子一到大局收官就崩盘，他输在哪里了呢？

他导演汉末崩塌，董卓突然入洛阳他哆嗦了；官渡最后一刻，他安排小弟去攻坚。他这辈子说到底，输在了最后关头把自己豁出去的那股子狠气！

一个洛阳，一个官渡，他输的这两场大戏，都是得天地灵气、夺日月精华的顶级皇权大戏，老天自然也会给你压上最沉的砝码去试探你的成色！看看你担得起这皇冠之重吗？

顶级的荣誉殿堂以及战利品，当你为之厮杀搏命到最后一刻时，永远不会出现人在帐中坐、捷报远方来的可能。它需要你去献祭出自己的一切！

高祖于成皋荥阳；光武于昆阳河北；魏武于濮阳官渡；唐宗于虎牢玄武，无不如此！

你需要狠到把命搭进去般跟对方拼了，才有可能拿下这亿万人仰望的桂冠！不然凭什么你的子孙将来可以抽血天下！凭什么你的灵位可以享受最高供奉与祭祀！

当你纵然诸事不利，纵然身陷重围，纵然下一秒就要失败了，但你永远坚持到底、永不放弃地以命敬苍天之时，天下也就算是彻底地改姓易主了！

200 年冬，官渡。汉末纷乱的历史轨道，定下来了。

七、曹公扫北，险定乌桓

官渡大败后，袁绍就此完了吗？并没有。此战的最重要意义，就是袁绍不再有巨大的优势了，曹操则成功续命，在只剩最后一口气时缓了过来。

袁绍大将蒋义渠在黎阳收拢了败兵，稳住了阵势，曹操也并没有追过黄河彻底剿灭袁绍团伙。曹操缓过了一口气并杀了袁绍的八万降兵，但他也是强弩之末了。

袁绍大败亏输，但四州的家底仍然在。袁绍回到冀州后，陆续平定了各处的叛乱，稳定了四州局势，这场大败并没能对他形成致命的打击。

战后，曹操收缴的战利品中，有一些非常有意思的东西：袁绍机要处的一大批文件，曹操当众全都烧了，表示："当时以袁绍的强大，我尚且不能自保，何况你们呢！"

但是，《魏略》中还记载了一些背后的故事：袁绍败后，曹操派人搜袁绍的机要室找到了这些通敌证据，却少了曹操间谍名单中的一个人的书信，就是那位汝南抗袁英雄李通。曹操说，这一定是赵俨的原因，李通才没留下把柄。①

这说明了两个问题：

1. 曹操手中早就有一个通敌名单，袁、曹两位大佬互派间谍真的到了互相明牌的地步。

2. 曹操详细地核对通信的名单后，当众把书信都烧了，这是作秀。

后世很多人说曹操此举着实阴险，但是我们要说的是，不这样做的人是根本不配领导一个大集团的。

大量的人都是墙头草，虽然都可以既往不咎，但要明白，这种人今后最高就是中层级别了，不是说他能力不够，毕竟都是人，都有自己的算计。但是对于曹操来讲，这种人，可有可无，没必要去浪费重点岗位培养了。

官渡鏖战这种级别的试金石永远不会再有了，记录这个书信名单后有一个关键好处：从此知道哪些人可以彻底地放心委以重任了！不是说"陈宫们"不能用了，而是说"陈宫们"不能再安排关键岗位了！做高级领导的，要小心陈宫啊。

解袁绍这套试卷太难了，201 年，曹操想换换脑子去打刘表。荀彧说："袁绍新败，上下离心，现在正要趁他病要他命，要是远征江汉，袁绍缓过来以后咱就白打了，你给我老老实实地做河北卷！"

曹操又被荀彧拉回来了，四月，扬兵黄河，击破袁绍仓亭守军，彻底地收回了黄河南岸的所有据点。

随后曹操南下，打在汝南落草的刘备。

---

① 《三国志·赵俨传》：俨与领阳安太守李通同治，通亦欲遣使。俨为陈绍必败意，通乃止。及绍破走，太祖使人搜阅绍记室，惟不见通书疏，阴知俨必为之计，乃曰："此必赵伯然也。"

刘备听说曹操又来了，知道汝南这回是彻底没法待了，撒丫子又跑了，投奔刘表去也。随后开始了又一轮长达八年的保安生涯。

上天苦你心志、空乏你身的同时，也在安排一位经天纬地之才迅速长大！刘家虽然天运已远，但老天终会给你坚韧不拔的一生兑现合理奖励的！玄德公，再坚持一下吧，就要转运了！

袁、曹这场双强争霸，曹操惨胜，袁绍大败，但双方基本上算是拉回了同一起跑线，大有打持久战的趋势了，不过一年后，袁、曹之间的最关键变化出现了。这可比官渡之战重要多了！

202 年五月二十八日，袁绍发病而死，幼子袁尚继位，袁、曹间的对峙，再也进行不下去了。因为袁绍留下的，是个除了袁绍外谁也摆不平的摊子。

袁绍在，意味着民心、将心、士族心的三位一体。他在河北深得民心，死后河北百姓悲痛，他对当地的控制力也无与伦比，大败后就迅速地平定各地叛乱了，局势也彻底地稳在了黄河一线，曹操根本不敢追过来。

他不在了，意味着也许袁家还有些民心，但将心和士族心都将离去！因为袁绍留下了一个注定坍塌的权力结构！

袁绍据青、幽、并、冀四州，他令长子袁谭领青州，次子袁熙领幽州，外甥高幹领并州，他喜欢的小儿子袁尚跟他在冀州。这意味着大儿子会培植青州势力，二儿子会培植幽州势力，小儿子会扎根冀州势力，都是儿子，谁能服谁呢？

沮授曾经劝他不要这样做，兄弟间窝里斗，将来这都是事儿。

袁绍的说法则是，每个孩子各领一州方便他观察他们的能力。

沮授说："这是祸乱之始。"

听上去确实是昏招，后世对袁绍又是一顿骂，但其实袁绍也是没办法。

袁家真正的顶梁柱早在好多年前就让董卓给灭了，他不用儿子用谁呢？

作为对比，此时曹操在干什么？关键的岗位用的是谁呢？曹操没用儿子，他用的都是兄弟！

夏侯惇、曹仁、夏侯渊，这三个人从最开始就是最关键的三个岗位的领导，包括后来曹操统一北方后也是这哥仨一人带一支方面军，特种兵大队长是曹纯，许昌看着献帝的是曹洪，全是兄弟在撑腰！这个世道，用外人不放心啊！

袁绍不像曹操有这么一帮能干的兄弟，他只能把地盘分给儿子。把地盘分给沮授、郭图就没问题了？不可能，只会让党争变得更加扩大化。

封儿子到地方做长官其实在他在世时根本不叫事儿。

对于曹操来说也是一样，他要是死在袁绍前面了，曹氏集团搞不好也得土崩瓦解，那几个兄弟不见得就会保着曹丕、曹植共渡难关。

因为几千年的历史经验都摆在那里了：根本就没有所谓同心同德的权力结构！只有稳固能控制住的权力结构！

袁、曹间争斗的最关键一点，其实就是两个大佬的寿命！这是一场比拼寿命的比赛，谁先走人谁完蛋！

很遗憾，袁绍先走了。

202 年六月，袁绍病死不久，袁家开始内乱。

袁绍很早之前就将长子袁谭过继给他死去的哥哥袁基了，这也就意味着从法理上讲，袁谭早就失去继承资格了。

袁谭跟他这位过继的爹一样，很有些能力，得到了辛毗、郭图的颍川派拥护，但是和逢纪、审配相当不对付。

袁绍一死，河北党争大战正式打响。

袁尚被审配等拥立为继承人，袁谭自青州来奔丧发现黄花菜都凉了，随后被弟弟安排驻军黎阳顶曹操，还安排了逢纪去做袁谭的监军。

袁谭到了黎阳后说兵不够，要求增兵，被袁尚拒绝，袁谭杀了逢纪表示自己出离愤怒。

九月，曹操带兵来了，袁谭、袁尚败退固守。

203 年三月，曹军大破袁谭、袁尚，四月，将战线推进邺城。这个时候，郭嘉对曹操说："领导，差不多别打了，咱一走他们就得掐，咱现在假装回去打刘表，让他哥俩先掐，咱再上手。"

五月，曹操留贾信屯黎阳，还军许昌修整内部。

曹操在这次回许昌开大会的时候出台了功过赏罚的军法明文规章制度。

曹操说："古时候打仗的将军们，要是在外面打输了，家里人也得受罪，这些年咱们一直是赏功不罚罪，太不正规了，今后再出征，败者抵罪扣爵位！"[①]

此令一出，充分地说明了曹操终于混到店大欺客的地步了。

曹操走后，外松了于是内部开始紧，袁谭、袁尚开始掐架。袁谭被袁尚打回了平原，眼瞅要被打死，袁谭向曹操求援。

十月，曹操军至黎阳，为儿子娶了袁谭的闺女表示合作，袁尚听说曹操北来，于是扔了平原回到了邺城。

曹操这次北上后，河北局势开始土崩瓦解，大伙都看出来内斗的哥俩弄不过曹操，驻守阳平的吕旷、吕翔打响了叛变第一枪，率众投降曹操后被封为列侯。

204 年正月，曹操遏住了淇水入白沟以通粮道。

---

① 《三国志·武帝纪》：是古之将者，军破于外，而家受罪于内也。自命将征行，但赏功而不罚罪，非国典也。其令诸将出征，败军者抵罪，失利者免官爵。

二月，曹操明明白白地整理水路准备大规模调粮攻打袁尚，袁尚仍然神经病般地带队攻打袁谭，留下了苏由、审配守邺城，"攘外必先安内"似乎是个基因里的本能冲动。

曹操进军到洹水，苏由跳反，和审配在邺城内对战失败后逃出城，归降曹操，易阳令韩范、涉县长梁岐举县投降，曹操攻邺城。

五月，曹军挖沟决漳水灌城，城中饿死者过半。

七月，袁尚回军救邺城，曹操夜袭。马延、张颉等临阵投降，袁军大溃败，袁尚跑路去了中山，曹操尽获其辎重，得冀州牧印绶节钺。曹操派降者拿着印绶符节示威邺城，城中崩溃。

八月，审配侄子审荣夜开所守东门投降。

邺城破后，袁绍外甥并州高干投降。

曹操随后祭拜了袁绍，坟前哭给河北人看。哭完还安慰了一下嫂子，把抢来的宝贝都还了回去，还给养了起来。

九月，曹操下令免了当年老百姓的赋税，然后彻底地打击河北豪强。

河北作为战败的大蛋糕，不把河北土豪都消灭了怎么给谯县、颍川的兄弟们分蛋糕？

作为最大的受益者，曹操退还了兖州牧一职，自己做了冀州牧。

冀州还是要比作为交通枢纽的兖州更合适做根据地的，也就是曹操！能从四面八方受敌的兖州杀出来！这也是古往今来的唯一成功案例。

曹操围邺城的时候，袁谭攻略了甘陵、安平、勃海、河间等地，等袁尚败后，袁谭开始奔中山要袁尚的命。袁尚奔幽州，袁谭并了袁尚的余众。

曹操比较愤怒，我刚当了冀州牧你就来砸场子，于是给袁谭写了封信，说你违约了，你家闺女我们不要了，把袁谭闺女退回后开始进兵。

袁谭怂了，连平原都不敢待，立刻走保南皮。

205 年正月，曹操大战后弄死袁谭，诛其全家，冀州彻底平定。

同月，幽州袁熙的大将焦触、张南等反攻袁熙、袁尚兄弟，曹操还没打，袁家哥俩就被赶出了幽州，只好投奔乌桓，焦触等举其县投降，被曹操封为列侯。

四月，黑山张燕率众十余万降，封为列侯。

八月，曹操将乌桓赶到塞外，并州高干复反。

206 年正月，曹操西征并州，围壶关，三月拿下，高干奔荆州，被上洛都尉王琰斩杀。袁家的势力除了袁尚、袁熙的流亡政府外，就此被基本扫平。

乌桓因为是公孙瓒的世仇，所以袁绍跟他们玩起了通婚，这些年双方关系相当不错。

辽西、辽东、右北平三郡当时基本成为乌桓自治区，统称为三郡乌桓，辽西单于蹋顿最强，是袁绍的哥们儿，袁尚哥俩就逃那里去了。

接下来，进入郭嘉先生专场。

打乌桓是很多人反对的，理由是袁尚如丧家之犬，胡人不会支援他们的。

更深层次的原因是，这一趟太远，刘备现在已经在刘表那里站住脚了，万一他撺掇刘表袭击许昌怎么整？

郭嘉再次站出来给曹操宽心："打你的！刘备想恶心人不假，但刘表不会放心刘备的！倒是咱们打乌桓，胡人必定认为咱们不会打，因此必能一鼓而定！袁绍对胡人有恩，只要袁尚活着，就一定是隐患！"

曹操同意了。

郭嘉的这个建议目前来看是没问题的，刘表和刘备的关系被他算得很准，袁家哥俩和乌桓也确实应该消灭，而且打他们此时来看并不困难。

乌桓的老巢在柳城（**朝阳县**），当时去辽宁地区的行军路线是从无终（**天津蓟州区**）出发，沿着滨海大道过碣石（**昌黎北**），再穿越辽西走廊，叫作"傍海道"。

曹操为了扫灭乌桓，开挖幽州运河为后勤做准备，自呼沱水入泒水开凿了平虏渠；又从沟河口入潞河开凿了泉州渠将粮道通向大海。（见图4-18）

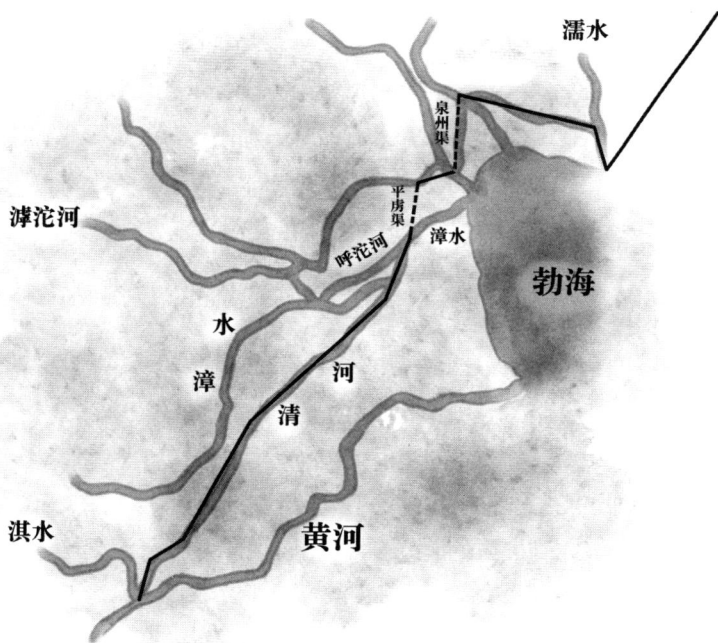

图 4-18　由中原入辽东水路图

物资能从中原源源不断地运到北方，沿着傍海道，大军一边走，船一边运，沿途的后勤并不是太大的问题。

但是，那一年天公不作美。

五月，曹操率军到达无终，不久开始下雨。北方的雨按说下过就完，但那年大雨没完没了。

那个年代，到了山海关基本上就算世界的尽头了，基础建设是很差的，文明边缘的道路往往是需要老百姓自己走出来的。

结果就是这没完没了的大雨把入关线路给浇垮了，泥泞低洼，车马舟船全没戏，曹军走不动了。

乌桓那边早早地得到了消息，开始在辽西走廊的必经之路上设防。

按理说，天时不在，该认命撤兵了，不过当地的豪族田畴献策，说还有一条小路可以到柳城：出卢龙塞经平冈至柳城的五百里西汉故道可以到。这条道路年久失修，需要在崇山峻岭中开辟新路，而且沿途条件极差。

曹操决定，接着打！

与此同时，郭嘉对曹操说："兵贵神速，现在千里远征，辎重太多，行军缓慢，乌桓早晚会知道！不如抛弃辎重，只带精锐部队神兵天降去！"①

本来曹操此时决定再打就已经很不正常了，因为路不通的情况下军队是非常脆弱的！结果郭嘉表示脆弱不要紧，咱们要更加放飞自我，把辎重都扔了！咱来个千里袭人！打他个出其不意！

问题是等你到那里的时候早半死不活了！你还怎么出其不意？

历史上这种案例只要成功了，一定会名留千古的，因为死九百九十九个就活下来一个还不该大书特书吗！

曹操此时已是五十多岁的人了，又浪上了，他认为郭嘉说得真好，豪气干云地过把瘾去了！

---

① 《三国志·郭嘉传》：嘉言曰："兵贵神速。今千里袭人，辎重多，难以趣利，且彼闻之，必为备；不如留辎重，轻兵兼道以出，掩其不意。"

曹操亲自带队，带着精锐扔了辎重杀向辽宁，开始了五百里的惊悚越野，自卢龙塞（遵化喜峰口）经白檀（承德）、平冈（辽宁喀喇沁），穿越鲜卑人的王庭，最后直指柳城（今辽宁朝阳西南）。（见图4-19）

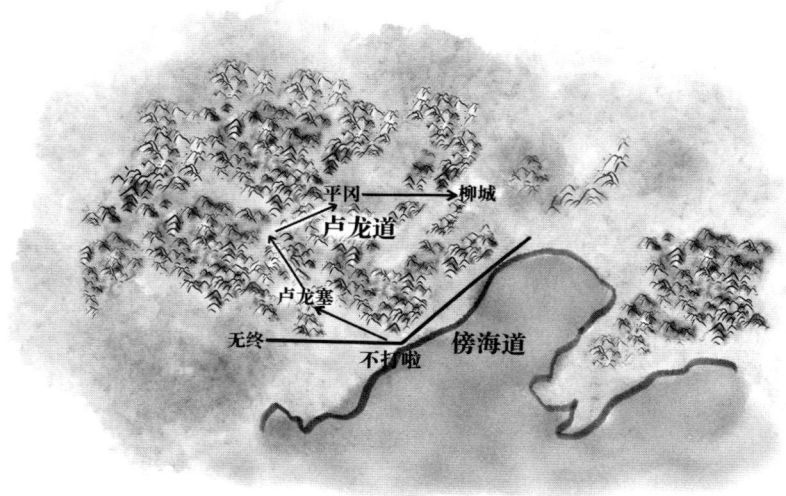

图 4-19　傍海道与卢龙道示意图

此时已经是农历八月了，西伯利亚的冷空气已经上班了，曹操却进东北了。

不仅寒潮开始袭来，曹操走上这条路才明白为什么这条路成了故道，两百里找不到水，沿途还看不到粮食给养，杀马数千匹为粮，凿地三十余丈取水。[①]

就这样，行军至距离柳城二百里处，被乌桓人发现了。

二百里是个什么概念呢？就是乌桓可以从从容容地坚壁清野，让

---

① 《三国志·武帝纪》：时寒且旱，二百里无复水，军又乏食，杀马数千匹以为粮，凿地入三十余丈乃得水。

你找不到一粒粮食，然后把城头堆满石头等着砸死你，最后吃饱喝足、养好精神地迎接你这帮叫花子的到来。这也意味着郭嘉这次的神兵天降一丁点儿用没有，而且还把曹操扔到了一个极险的境地！

你是没有给养的！你连珍贵的战马都杀了几千匹了！人家妥妥的不用打，饿都饿死你了！

但是，真的架不住命好。你浪，对面也浪。蹋顿跟颜良一个德行，带着数万骑兵准备来打曹操一个立足未稳！

即便这样，对比曹操的巨浪，蹋顿顶多算是小浪，但他就算放弃巨大优势仍然能占曹操疲惫之师的便宜来。

两军在白狼山突然遭遇了。

曹操军心此时是不稳的，是很怂的！这五百里叫花子路走下来还能有什么士气！对方还是数万骑兵！阻挡骑兵的战车还远远地落在后面呢！

就在这个时候，山西猛男张辽站出来了。张辽意气风发地展开战斗宣言：咱跟他拼了！

曹操登高观望乌桓阵营，发现乌桓军还没有整队。曹操对张辽说，你行就你上！把自己的帅旗给了张辽，让张辽去给他们开开眼。

后来的孙权就是对合肥将领的工作履历明显不够了解，他要是知道张辽在十年前就是这种猛人，就不会冒冒失失地自己去现眼了。

白狼山大战，张辽带队冲锋，乌桓大军被强弩之末的百战曹军冲垮，曹纯的虎豹骑特种部队在乱战中捅死蹋顿，随后乌桓崩溃，胡、汉降者二十余万口，曹操一战解决了辽西问题。

袁尚等人失去了最后的依仗，兄弟二人逃奔到更东边的割据辽东的公孙康那里。

这一战跟郭嘉有什么关系吗？总结一下，最后赢在一个中心、三个基本点上。

一个中心：曹操那世所罕见的好运气。

三个基本点：

1. 对面浪。

2. 曹操打十年硬仗后灵感捕捉到了稍纵即逝的战机。

3. 张辽威猛，虎豹骑给力，乱军里中彩票了！

说句实在的，要不是曹操洪福齐天，最后全都得折在东北！

此战之后，郭嘉因操劳过度病逝，年仅三十六岁。那五百里路实在条件太恶劣，郭嘉身体一直又不好，算是为了革命工作拼了。

曹操也无比后怕，深感自己年老轻狂，不仅回去厚赏之前不让他攻打乌桓的将领，还主动表态："是我不对，虽然赢了，但那是老天恩典，你们说得对，今后继续提建议，我道歉了。"[1]

曹操打完乌桓后就班师了，是他自己的主意，有辽泽阻隔，强弩之末，打不动了。

不久，公孙康送袁尚、袁熙首级而来。下属们问曹操为什么，曹操说："他跟袁家没交情，咱们打反而让他们抱团，咱撤军了，公孙康必然把二袁脑袋送来。"

至此，曹操彻底地扫平了中国北方。

自199年夏袁绍嚷嚷南下，到200年秋曹操官渡大胜，直到七年后，207年年底，曹操才终于扫灭了袁氏的所有势力。

这其中，所有的质变发生，曹操最终拿下北方四州，都是在202年夏天，袁绍病逝后发生的。

袁绍死，汉末局势开始清晰。袁绍这个顶级导演，导演了汉末的这出崩塌大戏，并自导自演了分久必合的上半集，最终以自己的尴尬过

---

[1] 《三国志·武帝纪》：公皆厚赏之，曰："孤前行，乘危以徼幸，虽得之，天所佐也，故不可以为常。诸君之谏，万安之计，是以相赏，后勿难言之。"

世完成了对于中国北方的彻底交付。

还是那句话，曹操和袁绍都是顶级人主，短短的时间里，谁都没能建立起铁桶般的行政制度，关键都是看谁的自己人更给力。

袁绍的几个儿子最后打来打去，其实早在袁绍自己跑到河北的时候就已经注定了。董卓杀了袁氏一族，袁绍身边没有家里人帮着撑场了。

即便如此，袁绍用儿子后双方的自己人都还算能撑住场，但有一个前提，就是这两位大佬必须都在场。谁先退场，谁的统治网络就必然再没有第二人能拢住。

很遗憾，袁绍先退场了，那么袁家也就该退场了。

曹操这个汉末很不起眼的路人甲，在曾经的大哥袁绍谢幕后，最终成为中国北方的主人。一路艰辛，多般坎坷，多次濒临绝境，多次峰回路转，多次死里逃生。

他如同所有的开国雄主一样，能打、多智、知人善任，能从一大堆建议中找出那个最优解，但仍然有最重要的两点：汉末群雄中的最好运者和最长寿者。

统一中国北方后，曹操已经拿下了当时中国领土的三分之二，有钱、有人的地盘全都在曹操手上攥着了，连年的征战也使得全军都疲惫不堪，按理说，他需要暂时停下脚步了。因为他需要对自己的内部进行整理，眼下虽然烟花般绚烂，内部却危机四伏。地盘需要消化，班子需要调整，制度需要建设，民心需要安抚，太多的事需要去干了。

但是，他几乎放弃了休整，208 年七月马不停蹄地南征刘表。

他的这次匆匆忙忙的征伐最终算是达到了他一半的既定目标，也最终演变出了奠定三国格局的大名气之战。

这一战，堪称罗贯中先生的封神之战，再没有一部小说可以将一场战役描写得如此跌宕起伏、扣人心弦！

208 年的赤壁，冬天里的一把火！

三国争霸

渤海小吏 著

中

中国大百科全书出版社

图书在版编目（CIP）数据

三国争霸 . 中 / 渤海小吏著 . -- 北京：中国大百
科全书出版社，2022.11
ISBN 978-7-5202-1231-1

Ⅰ . ①三… Ⅱ . ①渤… Ⅲ . ①中国历史—三国时代—
通俗读物 Ⅳ . ① K236.09

中国版本图书馆 CIP 数据核字（2022）第 202903 号

出 版 人　刘祚臣
策 划 人　赵　易
责任编辑　赵春霞　鞠慧卿
封面设计　末末美书
责任印制　魏　婷
出版发行　中国大百科全书出版社
地　　址　北京市阜成门北大街 17 号　　邮政编码　100037
电　　话　010-88390969
网　　址　http://www.ecph.com.cn
印　　刷　三河市宏达印刷有限公司
开　　本　710 毫米 ×1000 毫米　1/16
印　　张　65.25（全三册）
字　　数　844 千字（全三册）
印　　次　2023 年 1 月第 1 版　2024 年 3 月第 9 次印刷
书　　号　ISBN 978-7-5202-1231-1
定　　价　178.00 元（全三册）
审 图 号　GS（2022）4812 号

本书如有印装质量问题，可与出版社联系调换

序 / 1

火烧赤壁：真相到底是什么？

一、卧龙出山

位列中国战役知名度的前三的一战，是大名鼎鼎的赤壁之战。三国三巨头全部参赛。此战之后刘备流窜团伙终于算是正式上道了，孙刘联盟正式形成，曹操这辈子再也没有将手伸过大江以南。三足鼎立的局势，开始渐渐地清晰。

不过这一战的真实性和它的知名度相比，却是所有名战中几乎最低的一场。因为这一战的最终演化，变成了诸葛亮的造神运动和关二爷的义气丰碑，而此次扭转中国历史中的两个关键角色：周瑜和鲁肃，一个被描写成了小肚鸡肠的小气鬼，一个被塑造成了厚道朴实的傻子。这对两根江东擎天柱来说确实不公平。

这一战，我们耳熟能详的著名桥段，基本上都是虚构的。诸葛亮没有火烧博望坡和新野；刘备没有摔孩子而是继续习惯性地抛妻弃子致敬刘邦；诸葛亮没有雄辩东吴群儒，没有拿小乔智激周瑜，没有草船借箭，更没有借来那呼呼的东南大风；黄盖没挨打；关二爷也没在华容道做那痛彻心扉的决定；曹操也根本没有八十二万南下大军。

整场赤壁大战的过程实际是下面这样的：

1. 刘备被追得命悬一线等待救赎，突然碰见迎上来的鲁肃，随后派诸葛亮搞外交。

2. "大明白"鲁肃内部小会"说明白"孙权。

3. 不用激的周瑜一锤定音。

4. 下决定的孙权跳脚骂街，跟老贼拼了。

5. 曹军未战，内部有了大规模瘟疫。

6. 曹操自己决定把船连上。

7. 莫名其妙地刮起东南风。

8. 周瑜一把大火让曹操认输。

9. 随后曹操帮着烧自家的船，然后狼狈逃走。

是不是跟印象里的不一样？

周瑜和鲁肃，这两个东吴历史中堪称最重要的官员，是中国历史大方向再度翻转的关键。

曹操差一点儿就挥鞭定天下了！

208 年，是三国历史中继 196 年后的又一个极其关键的年份，不仅仅是转折性的赤壁之战，更重要的是两个人前后脚地登上了历史舞台。

这两个年轻人，在诸多三国枭雄拼杀下场后，扛起了三国时代的腰，接住了三国时代的尾。两人没见过几面，仅仅相差一岁，是一生之敌，他们是诸葛亮和司马懿。

这两个大神，是一个级别的经天纬地全才，很多地方有着相通之处，比如都让人请了好几次。

诸葛亮的三顾茅庐成了千古佳话。司马懿也着实有意思，即便 201 年曹操已经打赢了官渡之战，还照样玩中风半身不遂都不去曹操那里上班，208 年，曹操统一北方，再次拿着刀才把司马懿从家里逼出来。

怎么这回就出来了呢？因为司马师小朋友在这一年出生了。你不是半身不遂吗！这孩子怎么鼓捣出来的！自家好歹也是书香门第，别人帮着播种耕田这锅实在没法背，司马懿大吼一声我好了！都能动了！颠颠地报道来也。

当然，作为中国历史上顶级的"向使当初身便死，一生真伪复谁知"的潜伏之王，司马懿毕竟是开国奠基之人，史官总得给人家留点儿面子，比如说当初曹操非得逼他来上班。

这两位大才，出道都让领导费了大工夫，当然结果也都各自对得起当年自己的出道方式。

"先帝不以臣卑鄙，猥自枉屈，三顾臣于草庐之中，咨臣以当世之事"的诸葛亮，最终鞠躬尽瘁成了中华文明之光，再过两千年依然会被当作汉民族的图腾供后世瞻仰。

我不想跟你过，你非拿枪逼着我给你过，我跟你过了以后你还总觉得我不是好人的那位，最终让一位雄才大略之主为他辛苦为他忙。我大宣王再过两千年同样还会是嘱咐接班人时刻提高警惕时的最核心教材！四千年前啊，有个人叫司马懿，他七十好几的时候啊……

司马懿，还要过很多年才能浮出历史的水面露个小头。诸葛亮，在这转折性的 208 年，这个刚上班不到一年的二十七岁小伙子就必须以荆北游击队特派联络专员的身份前往柴桑拉赞助了。

世界上绝大多数的人，都是需要一步步地去历练、去打磨、去完善，直到担当重任。

不过还是有那么一小撮人是例外的。这帮人有一个特点，就是年纪轻轻已经具备了统驭万物的能力，他们可以跳过很多平常人的修炼环节，直接担大任、操大盘、顶大梁。

三国这段并不长的时间，出了好几个这样的人物。比如荀彧，比如孙策，比如孙权，比如接下来要说的诸葛亮。

刘备自 201 年在袁绍战败曹操亲自来踢他的时候投奔了刘表，随后被刘表安置在了新野，也就是刘表所控制荆州的最北边，让他做保安队长，类似于当年张绣的工作。

不过刘备可远没有张绣混得好，因为张绣占据着南阳，有著名大都会宛城，地盘很值钱，而且张绣有贾诩，跟曹操你来我往这些年愣是没吃什么亏。

刘备不仅地盘小、实力弱，刘表还老防着他，他又没有贾诩，这些年提起曹操带给他的基本上都是耻辱，而且他本人只要看见曹操来了，基本上撒丫子就跑。没办法，太熟悉了，当年大乱起兵时就跟人家混，太明白了，就是打不过人家。

但是，他还是要感谢曹操。因为，他近些年来的实力不见长，咖位却越来越大的关键原因，就是曹操的巨大背景衬托。

刘备是目前唯一一个能从曹操手下一直被狂揍却总能逃出来的游击队长，还是曹操官方亲口认证的能够等量齐观的天下英雄。

这就好比一个已经在世界范围内得到认可的大国总理对一个挂名单位领导说："咱俩一个水平。"那个挂名领导能不被人周知吗？

刘备败逃到袁绍那里时，袁绍出城二百里迎接。

刘备带着盛名来到刘表那里之前，还在整个汝南跟曹操打游击，打得那叫一个有声有色，直逼得曹操亲自掉转枪口，才大骂撒丫子逃向刘表。

随后整个中国北方一口一口地被曹操好整以暇地全咽了下去。

前期刘备在曹操打袁绍那几个倒霉儿子时一度出动过，还打到了当年刘秀老祖的革命景点叶县，在博望坡火烧了一回夏侯惇，伏击了一把，然后也就这意思了。

整整八年，刘备基本上就搁新野那里杵着。这倒也不能完全赖刘备，因为他向来是曹操只要一走他就是天下第一的自我认同感，属于有贼心有贼胆但买不起刀的那种。

有刀的那位却使不动自己的刀。刘表自己这把刀是半自动的，防御还行，指着它砍出去根本没戏。因为他得跟刀商量，刀要是不同意他也没辙。

所以刘备就只能在新野晒着太阳、听着新闻，曹操前年打到河北了，今年打到天津了，前两天又打到辽宁了。

当然，他也不是什么也没干，比如刘备在新野开始把荆州的很多豪杰又弄得心痒痒了，但关键刘表也不是吃素的，当年人家也是单枪匹马入宜城的顶级人精，刘备在刘表这里最终并没有再造当年徐州大馅饼的盛况。

大好的时光啊，如流水般匆匆地就这么流走了，刘备一直很郁闷，因为他真的觉得自己是个人物，所带的队伍却一直是个游击队级别，都对不起自己双耳垂肩、双手过膝的大福报长相。

万物皆有定数，你的帝王之资还是有的，只不过，要等一个人。这个人，其实就离他不远，但时候未到，总是想不起来去开启这段缘分。

207 年，缘分到了。

曹操都去观沧海了，刘备才去找了那条传说中的"卧龙"。

诸葛亮，字孔明，琅邪阳都士族，汉司隶校尉诸葛丰之后；父诸葛珪，泰山郡丞。

诸葛亮年少时父亲就去世了，然后十几岁的时候，大概率在家乡体验到了什么叫报复性屠城。屠城的男主角是坑爹派掌门人"大孝子"曹操。

无论当时小诸葛亮是否亲历琅邪惨案，但我们中国人是重乡土、讲究落叶归根的，谁把他家乡屠了他会记恨这个人一辈子。他要是有能耐了，会对这个人做出怎样的反击是非常令人后怕的。

所以说千万别开地图炮，就算得罪人也别拿地域问题下手，咱中国全图人杰地灵，你不知道会出现什么大神将来把你吊打。

诸葛亮跟随他的从父诸葛玄一路辗转，投奔过袁术，诸葛玄做了豫章太守，后来诸葛玄又瞅准时机西奔老朋友刘表而去。诸葛玄不久过世，诸葛亮开始读书耕田，不过不要以为诸葛亮从此就落魄了，人家耕田就是为了锻炼身体。

诸葛亮的老丈人黄承彦是当地大族，是南郡大族蔡氏的姑爷，和刘表是一担挑，是蔡瑁的姐夫。诸葛亮平时一块儿开派对的人物是博陵崔州平（*太尉崔烈之子*）、颍川司马徽（*庞统走两千里路去专程拜访*）这种顶级高门之人。

关于诸葛亮耕地的区域，有很多争论。《汉晋春秋》里面给了说明："亮家于南阳之邓县，在襄阳城西二十里，号曰隆中。"

就算这书是假的，用常识来推断，诸葛亮避难的地方可能在当时刘表的治所襄阳附近，他老丈人黄承彦是不会同意闺女跟着他去战乱的大前方的。

诸葛亮成年后，身长八尺，每自比于管仲、乐毅。博陵崔州平、颍川徐元直、汝南孟公威和他一块游学，那三位全都走专、精路线，只有诸葛亮看书快，从来不抠字眼，观其大略后就扔一边了。

四个人聊天时，诸葛亮经常总结性发言："哥仨全都可以干到刺史郡守的级别。"

那哥仨问孔明："你呢？"

诸葛亮笑而不言。

后来崔州平和孟公威去曹操那里上班了，徐元直去了刘备那里，对刘备说："诸葛孔明者，卧龙也，将军岂愿见之乎？"

这话不止徐庶说过，其实司马徽也说过。刘备满世界求贤的时候问司马徽，得到的回答是："此间自有伏龙、凤雏，诸葛孔明、庞士元也。"

刘备对徐庶说："你带他来。"

徐庶说："他不是我，你得自己去。"

凡三往，刘备才见到了"有逸群之才，英霸之器，身长八尺，容貌甚伟，时人异焉"的诸葛亮。

具体是去了三次才见到，还是三次都见到了，还是去了不止三次，这里面争议很大，就不去细究了，但有一点是肯定的，最少去了三次！

如果没去过，诸葛亮后来也不会在《出师表》中说出"三顾臣于草庐之中"的话。

不过这"凡三往"没白跑，小年轻诸葛亮让黄土埋到腰的刘备人生中第一次体会到了什么叫事业规划。

今后怎么走，有方针路线了！大名鼎鼎的《隆中对》发表了！《隆中对》讲了这么几件事：

1. 人才很重要。曹操干死袁绍，不仅是天时，也是人谋，曹操祖坟上冒火光，荀彧等也是非常重要的。

2. 现在曹操咱摸不动了，趁早死了这条心。

3. 老孙家也别惦记了，咱可以跟他做盟友。

4. 荆州、益州的主人都比较弱，这是要下手的对象，别再给人当保安了！

5. 天下无变就在这两个地方待着，有变则两路出击，汉室就再次复兴了！

一个二十六岁的小伙子，给已经四十六岁经历了太多的老兵油子摆出了这幅宏伟蓝图，并一步步地帮这个打了一辈子游击的县长最终在十二年后当上了省长并最终称帝。

为什么说《隆中对》重要呢？因为诸葛亮非常明确地对刘备规划了未来方向：不要再给爬山虎代言了，挺直腰杆，自己长成大树吧！

刘备由于起点低，到此时为止已经干了二十年客将了，他有着老板的梦想，却没有老板的操作系统以及套路打法。

孙策虽然是杀人无数的小年轻、大混蛋，但他比刘备在觉悟和层次上高出了一个档次，他就知道，甭管怎么干，必须得占住一个根据地，然后长成参天大树！

刘备这辈子东奔西跑，其实魅力无限，总不缺兵，关、张、赵也都是能独当一面的世之虎将，但他却总想着抱着人家的腿，从别人身上汲取养分。

曹操、袁绍、公孙瓒、陶谦、刘表这帮主公们，刘备全跟过，他也以惊人的天赋让他们基本上都没得了好。

要么被刘备祸害过兵，像曹操、袁绍；要么被刘备祸害过班子，比如陶谦、刘表。没吃过亏的普遍是比他还流氓的人，比如辽北狠人公孙瓒和著名义子吕奉先。但是，这种思路是永远当不了大哥的！而且随着时间的推移，名声会越来越臭！

是诸葛亮在《隆中对》中明明白白地告诉他：别老琢磨别人了！还有两块地方可以拿下来！你得自己当顶梁柱，去奋斗！别再给别人当小弟了！

诸葛亮的《隆中对》不仅仅给了刘备方向，还挽救了孙吴政权，要是没有诸葛亮，一年后刘备又该春风拂面地投奔孙权去了。

诸葛亮到刘备这里上班，几乎是踩着录取时限进来的。因为过不了多久，隆中就要成敌占区了，诸葛亮前脚报到，曹操就要南下了。

诸葛亮报到的这一年，曹操在207年冬天刚刚远征辽西回来，终于统一了中国北方。

208年正月，曹操返回大本营邺城后，迅速地挖了个"玄武湖"训练水军，然后又紧锣密鼓地完成内部权力的重组改革。

六月，曹操废除了三公制度，恢复了西汉初年的丞相、御史大夫的制度，自任丞相，将大权合法化地独揽了。

七月，曹操南下征荆州。

按说打了那么多年了，你倒是歇会儿啊！领导也是人啊！就算领导不是人，底下当兵的也禁不起你这么造啊！

但曹操如此匆忙地南下，是有着重大原因的：

1. 孙权杀了把守荆州东大门的黄祖。

2. 刘表快不行了。

这两条连一块看，就是孙权大有拿下荆州之势！这也就意味着，如果曹操现在不迅速南下赶着收荆州的房本，等他歇够了就要面对扬州、荆州合体的孙权了。

更可怕的是，他的那位英雄老朋友在刘表死后会搞出些什么动作呢？万一荆州又变成第二个徐州了呢？

越想越可怕，赶紧给我南下！

二、荆州第二任领导班子会于襄阳召开

曹操动身南下了，也该说一下中国南方的情况了。

自灵帝昏庸乱国、黄巾起义后，整个中国北方被揉搓得一地鸡毛，传统的士族社会结构被打破，有准备的士族转型成豪族，没准备的士族大量流离失所，各地军阀也开始有机会集合松散力量，凝聚成自己的武装打来打去，集大成者就是袁绍和曹操，最终曹操变成了北方最大的军阀。

南方和北方完全不一样。南方首先没有黄巾起义，因为当时的经济还是北方发达，人口还是北方占大多数，所以南方并没有被教主们重视。这也导致了南方并没有像北方那样一茬一茬地割韭菜，受到的战乱影响很小，过去是什么社会现在还什么啥社会，地方世家大族和豪族的话语权极重。

扬州、荆州、益州，都是如此。

这也决定了无论后来的吴还是蜀，北伐永远都打不出去，当然也就更突显出了诸葛亮在这个背景下的高超手腕。

这还不算完，由于北方的战乱，大量的人口开始了南迁。比如关中地区那些年是流氓聚集地，实在没法待，客观上这让汉中和荆州获益

非常大；比如徐州被曹恶魔狂屠，吕布、袁术来回拉抽屉，徐州的大量百姓开始避乱扬州。

南方实力大增，开始有了和北方掰手腕的资格。但是，实力虽然不小，却并不掌握在一个人手中。

无论是益州的刘焉、刘璋父子，还是荆州的刘表，包括孙权，实际上都需要仰仗当地的豪族势力，他们说话都不是那么硬气的。

当然，不硬气中也有区别，以话语权做比较，孙权＞刘璋＞刘表，其中孙权和刘璋还算是手中有自己核心力量的，最无力的是刘表老先生。

刘表其实并不是个胸无大志的草包，他倒是想有大志，但他这个大志却不会有人给他买单。

这位汉室宗亲的士族"八俊"，入宜城后与当地的豪族代表蒯良、蒯越及蔡瑁等打成一片，随后动用豪族力量招降、剿灭了荆北的各种宗贼土匪，并最终使北边南阳外的剩下荆州六郡安定下来。

怎么安定的？跟人家豪族谈条件。

刘表这些年的表现，在他的能动范围内，已经做到最好了。

1. 他抵御住了大炮轰一切的孙坚，虽说有运气成分。

2. 他留住了本来要打他的张绣做外援。

3. 他平复了南荆州老大张羡的叛乱。

4. 他接纳了大量的流亡士族，恢复办学教育，诸葛亮可以在此平安地度过青春期，还学了一大堆改变历史的安邦定国知识。

5. 他收留了大量的南下难民，将荆州治理成了富庶、安定的南方乐土。

中间他有好几次改变历史的机会，比如官渡时他没打曹操，比如曹操后来的一次次北伐，他除了写信给袁家哥俩劝架外什么也没表示，等等。

当初曹操出征总顾虑他，但善断的郭嘉就咬死了说："打你的！他出不来！"真实原因就是，刘表的手下是不会同意的。

为什么要北伐？名义上这叫造反，打下来的地方又不归我，曹操不仅打仗厉害还好运相伴二十年，中原的地盘打下来我们也巩固不住，我还得搭着人、搭着粮食、搭着钱，有病啊？

刘表对于这点也是比较明白的，所以他上任的那一天就明白了自己的天花板：顶天了也就是做个分蛋糕的州牧！荆州是他的主场，也是监牢，他出不去。

益州就比刘表这里的情况要强一块，因为刘焉父子手里攥着一支东州兵。

单纯就武装力量而言，条件更好点的，是扬州，因为那里有个小霸王。但很遗憾，老天并没有给小霸王太长的时间。

孙策死前将基业托付给了自己的弟弟孙权，他的这次选接班人堪称载入史册的一次伟大托孤，和后面刘备的那次托孤堪称"双绝"。

1. 孙策准确地说出了未来的集团发展方针，凭吴越之众、三江之险，以观成败，别瞎往北边打。

2. 孙策准确地选择了接班人，不是自己的儿子，不是像他一样骁勇的三弟，而是稳当厚重的二弟孙权。

孙坚的这俩儿子，都是青春期顶梁柱的代表，孙策十八岁开始纵横天下，接班时的孙权虚岁才十九。

之所以说扬州比荆州、益州要强一块，大部分是因为孙策。因为孙策手中是有着自己能打的嫡系部队的，他不像刘表，除了介绍信什么都没有。

不过很遗憾，他死之后，他弟弟孙权必须进行妥协。因为孙权初掌江东时，几乎全境大崩盘：庐江太守李术反叛，不仅招降纳叛，还公然埋汰孙权一家子缺大德；自家人庐陵太守孙辅觉得孙权撑不起那么大的摊儿，于是通敌曹操；从兄孙暠企图夺权攻打会稽。

当时东吴政权手里仅仅有五个郡（会稽、吴郡、丹阳、豫章、庐陵），但公开脱离孙权领导的就已经有三个郡了。百分之六十闹分裂，自家人起内讧，你瞅瞅这乱的！①

不过在孙权的本传中，对于当时最迫在眉睫的威胁却是这样描述的：当时扬州的深险之地全都没归附，而从北方流亡扬州的天下英豪们全都在观望，根本就不跟孙家定君臣之份！

孙权面临的境况是，自家人首先心就不齐，江东本土的士族、豪族也明明白白地要来反扑干你，而你除了自己的军阀家底外，在江东没有任何能凭借的力量。

孙权此时面对的局面根本不是争取江东本土，那太难了，他的首要问题是把流亡北士们都争取过来，去扩充自己的行政力量，帮助他治理江东！然后再提与本土大族和解的事。也就是争取那帮所谓的"宾旅寄寓之士"。

当时高层次的士人能跑的都跑了，比如王朗、华歆、陈矫，都去曹操那里上班了。

但是，这些士人在江东的时候还收留了一大帮门客，比如刘繇做领导的时候有一大帮门客；华歆北归的时候送他的宾客甚至达到了千余人。

这帮顶级士人跑了以后，大量没本事逃走的、不那么高端的北士们开始散落江东进行观望，孙权的首要目的是把他们争取过来扩大自己的行政能力和士族口碑。

帮他这个忙的，是江东政权中两个有士族背景的大佬：周瑜和张

①《三国志·程普传》：策薨，与张昭等共辅孙权，遂周旋三郡，平讨不服。

昭。张昭辅政后，着力安抚百姓，争取北士之心。周瑜由于前面的黑历史，导致了他并没有招揽到多少人，但是却如黑脸大汉一样地起到了巨大震慑作用。

孙策死后，周瑜带着兵前来奔丧，压服各种潜在势力，然后掌管禁卫和张昭共同掌事。[①]

当时新来的北士宾客们对年纪轻轻的孙权并不太当回事，是周瑜恭恭敬敬地向孙权行礼，给北士们打样做示范的。[②]

孙权靠着孙策留下的以周瑜、张昭为首的士族精英在继任之初艰难地消灭了李术，镇住了宗亲，收揽了北士，平灭了山越。

稳定局势后的孙权紧接着尝试和江东世家大族的合作与沟通，当地大族的人才开始渐渐地进入了集团，吴郡的顾家、会稽的虞家、临淮的步家等重量级家族渐渐地认可了这位年轻的新领导。

孙氏政权由即将坠机变成了艰难降落。达成妥协的同时，江东世家豪族干扰孙权决策的事情也困扰了老孙整整一辈子。

只有明白整个中国南方社会的士族豪族化的成分没有变，才能方便理解后面发生的所有事情。

曹操之所以着急忙慌地南下荆州的最重要原因是，刘表病重了。刘表一旦走人，荆州将没人能再拢得住，最终的演化方向，大概率是两个可能：

1. 便宜了刘备。

刘备走到哪里就自带顶级公关团队，地方豪族和民心从来就是加分项，刘表完蛋后，谁知道会不会像当年陶谦走人时那样，一大馅饼又

---

① 《三国志·周瑜传》：瑜将兵赴丧，遂留吴，以中护军与长史张昭共掌众事。
② 《建康实录·太祖上》：时权位在将军，诸宾客为礼尚简，惟瑜独尽敬而执臣节。

砸他脸上了。

2. 被江东的孙权集团突然拿下。

这第二个可能，是曹操最担心的。因为孙权在这一年，也就是208年，刚刚在第五次与黄祖的大战中成功地干掉了杀父仇人，吞并了江夏大部，进入荆州的东大门已经被孙权打开了。孙权如果拿下了荆州，曹操再想伸手汉江以南就费劲了。

便宜了刘备倒还好说，因为刘备牛在陆战，但只要是陆战甭管他多厉害也不可能是曹操的对手；而孙权的优势是水军，这就是曹操完全不擅长的领域了。孙权要是钉死襄阳、封锁汉江，曹操就真的伸不进手去了。

这一系列的突如其来，又再次变成了当年陶谦死时的徐州乱局。曹操玩了命地往南赶，还是类似于当年袁术、吕布全都奔的那个命题：去晚了就没了！

这次，曹操没再错过，因为他七月南下，八月刘表就死了，他也快到地方了，时间刚刚好。

刘表死之前，蔡瑁、张允就把他的长子刘琦支江夏去了，连最后一面都不让见，刘表刚死，他们就立了刘琮为继承人。

此时的襄阳城中比较乱，刘表的小儿子刘琮继位，小伙子一接班开的第一个会就没什么悬念了。

刘琮说："曹操来了，咱该怎么办啊？"

群臣异口同声："投降啊！"

刘琮说："难道我就不能跟诸位一同保卫老爷子留下来的基业吗？"

傅巽说："逆顺有大体，强弱有定势。曹操代表的是朝廷，是皇帝，我们是臣子，以人臣抗人君这叫作以逆抗顺，以地方抗中央这叫作以弱抗强，以刘备抗曹操这叫作以卵击石，你对抗中央难道要找死吗！"

接着傅巽举了更残酷的例子："刘备比得上曹操吗？"

刘琮说："那肯定比不上。"

傅巽说："刘备打不过曹操，荆州归人家，刘备打得过曹操，荆州能归您吗？赶紧投降最合适！"

刘琮上任第一天开的第一个会，就是散伙会。没办法，刘琮一点儿机会都没有，他这个董事长是挂名的，底下的大区经理们全不干了，他有什么办法呢？

傅巽说出了荆襄世家大族的心声：曹操再是汉贼，但人家名叫汉相，我们投降后只不过换个招牌接着过日子，该是好日子往后还是好日子，为什么我们要跟你去赌这场几乎看不到希望的赌局呢？

没费多大劲儿，刘琮就决定投降了。

派人递完降表之后，刘琮忽然想起来还有个叫刘备的北门保安队长，于是派了个叫宋忠的人去通知他："公司不干了，你爱怎么办就怎么办吧。"

此时曹操已经到了新野，刘备在汉水北岸的樊城，刘琮在与樊城一水之隔的襄阳。

刘备突然由背靠荆襄依托变成了深陷匪区中央，连骂街都来不及了，全军紧急收拾行李。跑！

游击队老队长对这个画面似曾相识：八年没跑了，又让人家撵上来了，我这命啊！

刘备刚刚踩上油门，发现这一次跟往年不太相同，这次居然有大量的百姓跟着他跑。

这主要得益于同行的衬托。这些年各地豪族对曹操有口皆碑，因为他舍得分钱，舍得给空间。但各地老百姓一听见曹操的名字就没有不骂街的。

"得民心者得天下"在曹操看来算是个大大的伪命题了。

曹操要么走到哪儿屠到哪儿（代表事例为徐州），要么坚壁清野地各种移民到中央，不便宜对手，方便他屯田抽血。而且千万不要被"移民"这俩字给蒙蔽了。那个年代让你突然间移民到几百里之外的地方，非常可怕，那就叫随机枪毙！

无依无靠的老百姓一听说曹操要来南方了，开始迅速地跟着刘备一块跑。百姓十几万，辎重有数千辆，刘备看到这个壮观景象，一改往日野兔子风采：慢下来！日行十几里！掩护百姓一起走！

有句话不得不说，刘备这辈子打了上百战，从来没有屠过一次城。昭烈皇帝"仁"这个词是名副其实的。

在襄阳时，诸葛亮劝刘备，赶紧打，刘琮都投降了，你还废什么话！

刘备说："我觉得不合适，刘表临死前把孩子托付给我，我背信弃义将来死后没法见他爹。"

刘备到襄阳城下时喊刘琮出来说话，刘琮是不敢见他玄德叔的。身边人对他说，刘备得抓紧跑了！得去江陵！只有江陵能够一守，里面有大量的军需物资，你这一天十几里，马上就让人家撵上了！

刘备命令关羽带着自家精锐上船顺汉水先去江陵，自己非坚持和这十几万人同进退，并说出了一句穿越时代的话："夫济大事，必以人为本！"

你以人为本，曹操却以杀你为本。曹操因为江陵有军队辎重，恐怕刘备先拿下后成祸患，于是扔了辎重轻军赶到襄阳！①

到了襄阳听说刘队长跑了，曹操又立刻亲自带领五千虎豹骑嗜血

---

① 《三国志·先主传》：曹公以江陵有军实，恐先主据之，乃释辎重，轻军到襄阳。

追杀，狂奔一日一夜。^①

　　你不能不佩服曹操，人家在抓关键机会时不管多大岁数永远亲自撸胳膊上！五十三岁的老头了，用一天一夜的时间，骑马狂奔三百里，这是种什么样的革命精神啊！就为了打死刘备，就为了抢兵家必争之地，曹操往死了拼。

　　还是本书开篇的那句话，三国的历史，是一大群天才进行的可歌可泣的奋斗史诗。全都在努力，全都极度努力，全都努力到了生命的最后一刻！

　　在曹操的极端自虐下，当刘备的老婆孩子是一件很悲哀的事情，需要天生自带殿后掩护属性。

　　不过不要紧，你们上辈子也许豁出命去救过别人。万马丛中，有位长坂英雄救你们来了！

---

　　① 《三国志·先主传》：闻先主已过，曹公将精骑五千急追之，一日一夜行三百余里。

三、子龙益德勇载千古，鲁肃反问定计孙权

曹操带着五千虎豹骑追杀大队一日一夜急行三百里在当阳长坂坡追上了刘备，刘备弃妻子辎重，与诸葛亮、张飞等数十位关键骨干逃走。

这段在《三国演义》中的描写，基本都是史实还原。

刘禅确实是他赵云赵子龙叔叔在乱军追杀下救下来的。刘备一听说不对，第一时间扔了老婆孩子又跑了，是子龙怀抱阿斗领着嫂子又回到刘备怀抱的。

由于蜀汉最终没统一天下，因此这段历史的具体过程没能留下来。

不过，忠贞、勇武、敢战、能打的子龙最终也没有吃亏，凭借此战的想象空间就此民间封神。

与此同时，刘备的灰头土脸成为人生中最关键的一次品牌打造。

1. 刘备虽然说对待老婆孩子确实不怎么样，但是所有的随行百姓自此彻底归心刘备：人家左将军（指刘备）老来得子都安排跟咱一块走，真仗义！咱们和领导家属是一个待遇的，刘哥的俩闺女都成曹操战利品了！

2. 刘备最后剩下的一万多兵从此愿意死给他看！

此时刘备的大部分部曲都跟着关羽坐船先走了，什么概念呢？在领导眼中，我们比他儿子还重要！领导亲自给我们殿后！什么也别说了，感动了，以后非死他手上了！

当时确实有人给已经鸡飞狗跳的刘备打小报告说赵云投降了，但已经输急眼的刘备拿手戟飞掷那人，大怒道："子龙必不弃我而去！"

没多久，子龙领着刘备的老婆孩子回来了！

赵云，字子龙，常山真定人（今河北正定）。在袁绍夺冀州后，赵云去当时全世界都认为会赢的公孙瓒那里投诚，却没有被重用，公孙瓒打发刘备跟着田楷抢青州的时候，安排了赵云的部曲跟着一块儿去，赵云成了刘备手中的第一笔骑兵资本。

在双方的交往过程中，两个人有了真感情，后来子龙以哥哥死了的理由要回老家常山，临走之前，刘备紧紧地抓住子龙的手，子龙深情地对刘哥说："我生是你的人，死是你的鬼。"①

刘备在徐州惨案后狂奔袁绍，在邺城，子龙找来了。刘备于是和子龙一块儿睡，半夜还安排子龙偷偷地去召集部曲，咱爷们就要跑了！

为什么我敢撒丫子跑？我就知道子龙一定能把他嫂子带回来，别问我为什么知道，我们是有真感情的！

子龙拎回阿斗后，刘备集团仍然面临着极度危险！因为他已经被冲垮了，他也根本没留多少人阻击！

老刘也没想到孟德哥哥会亲自带着最精锐的虎豹骑军团来抓他准备再喝一次大酒！

刘备这个时候扔出了最后的底牌进行阻击！人数高达二十一人。

---

① 《云别传》：时先主亦依托瓒，每接纳云，云得深自结托。云以兄丧，辞瓒暂归，先主知其不反，捉手而别，云辞曰："终不背德也。"

为首之将，张益德！

三爷站在当阳桥头，看见远方的烟尘大起，知道是曹操带兵杀过来了！三爷身边只有二十骑，但是却据水断桥吼出了那句名震天下的：我乃燕人张益德也，谁敢过来决一死战！①

曹操带着整个北方百里挑一的虎豹骑特种部队，追到仅仅二十一人的三爷这里后就打住了。三爷的猛男气概彻底地镇住了这支此时堪称天下第一的特种兵部队，从而放弃追杀。

就算此时虎豹骑已是强弩之末，但同样是这支部队，去年在强行军五百里无人区后却能在辽西一战斩蹋顿！

三爷的这份投入产出比和千古留名的猛男气概，足以跟他二哥白马斩颜良媲美了！

郭嘉劝曹操在许昌弄死刘备时，程昱在判断孙权对刘备的态度时，都说过一句评语："关羽、张飞，皆万人之敌也！"这是整部《三国志》中对武勇之人的最高评价。

关羽、张飞、赵云这三员世之虎将由于蜀汉的最终失败，太多的事迹淹没在历史长河中了。但是，总会有那些不说就衔接不过去的关键环节，让你不得不惜墨如金地写上几笔！但就那几笔，就使他们的事迹再也遮不住，藏不起来的了！

正在刘备前路一片黯淡之时，抬眼望见东方启明星，救星来了。这个救星是鲁肃。

鲁肃来干什么了？奔丧慰问来了，结果丧没奔着，奔着刘备了。

鲁肃为何要来奔丧？因为刘表死了，孙权需要知道现在荆州的虚

---

① 《三国志·张飞传》：先主闻曹公卒至，弃妻子走，使飞将二十骑拒后。飞据水断桥，瞋目横矛曰："身是张益德也，可来共决死！"

实，他对于这片土地也垂涎很久了，正巧黄祖被打掉，刘表又死了，这可是个千载难逢的机会，不然两家是世仇，是不会假惺惺地过来哀悼一番的。

鲁肃对孙权说："刘表死了，他那俩儿子从来就不合适，再加上个恶心人的刘备，荆州肯定会乱。但刘备是突破口，刘备要是跟荆州一条心，咱就跟他们结盟，如果他们内部有矛盾咱就趁机搅和他们。"

鲁肃堪称老天赐给东吴政权的唯一一个顶级战略家。别觉得少，蜀汉那边也就给了一个。

其实，提出天下三分的，不单单是诸葛亮。早在七年前，孙权刚刚接班的时候，鲁肃就对孙权提出过江东版的《隆中对》了，鲁肃厚道不假，但侠义、豪爽、有脑子。

鲁肃早在 201 年就对孙权指出了以下两点：

1. 汉室不可复兴，曹操不可卒除。

2. 鼎足江东，以观天下之衅。

鲁肃在袁绍还没死时就看明白了，汉室肯定是完蛋了，救不活了，曹操也不是一天两天就能干掉的，咱江东是那鼎的一条腿，等着天下大变吧。

那个时候，孙权还远顾不上那么多，刚接班，江东还一片大乱呢，所以很官方地跟鲁肃客套了一番，说自己就想给朝廷当个好官，没别的心思。

七年后，孙权顾得上了，孙权很早地就把大本营搬到柴桑（九江）了。摆明了要壮大他的一条腿。要跟荆州玩命了。

鲁肃自柴桑沿江而来，这一道就在不断地接消息，到了夏口，听说刘表死了，曹操已经南下了。鲁肃赶紧接着赶，入南郡境时，听说刘琮投降了，刘备正在往南跑。鲁肃一琢磨，也甭探听了，明摆着了，荆州姓曹了，唯一的反对派就剩下个可怜的刘备了，迎上去吧。

在当阳，刘备被秃噜之后，孙、刘间的第一次会面开始了。

鲁肃问："领导，你这是准备去哪儿呀？"

刘备说："我准备投苍梧太守吴巨，吴巨是我的老朋友。"

这地方在交州，是当时中国的最南边，基本上是世界的尽头了。刘备看见鲁肃其实就跟看见救星是一样的，说吴巨是为了给自己抬抬脸面，省得让人家瞧不起。

鲁肃说："快算了吧，吴巨自己都保不住，您要不见见我们孙将军吧。"

刘备和诸葛亮欣然同意，会合了最后的残兵败将东走汉津，与关羽的水军相会，带着最后的这点家当向东投奔最后的据点：刘琦的夏口。

江陵是去不了了，曹操早就马不停蹄地奔这座荆州的大仓库去了，并迅速接管了江陵。

江陵被拿下，预示着荆州基本上正式姓曹了，荆州七郡，以南阳、南郡、江夏北方三郡为重中之重，南边四郡别看东汉这二百年发展得很快，但是论战略重要性，荆州最重要的还是那北方三郡。

拿下江陵后，南方四郡传檄而定，荆州的局势瞬间就变成了曹操拿下了荆州六郡，孙权占据江夏大部，刘备、刘琦占着最后的夏口据点。

形势已经极度危急，刘备眼瞅着就要完蛋了，诸葛亮站出来，说："不能再等了！我去孙将军那里求救吧！"

要是没有去年的《隆中对》让刘备的思路大换血，此时此刻刘备也许已经到孙权那里毛遂自荐了。

诸葛亮和鲁肃来到了柴桑。

《三国演义》对随后的故事开始了大量的加戏描写：诸葛亮来了以

后就把东吴群臣挨个埋汰一遍，把孙权激了一通，孙权表态拼了，又拿小乔把周瑜激了一通，周瑜也表态拼了，孙、刘联盟在诸葛亮的一手操办、斡旋下，正式达成。

不是诸葛亮没这本事，而是这段故事确实拔得有点儿高，眼下丞相背后的那个快破产的皮包公司实在是提不起来了，这也就意味着他根本没有什么发挥的空间。

外交永远是看实力的。真正的历史是，诸葛亮到柴桑来，代表着刘备方的真挚情谊，代表着刘备会鼎力相助，然后帮孙权算了算联盟账，我们还有家底，曹操没那么吓人，这买卖你只赚不赔。

诸葛亮最大的功劳是把刘备这帮被曹操打残的荆北游击队描述得像是孙权的一个盟友，刘豫州在荆州人缘特别好，虽然我们输了，但还有两万人呢！曹操现在打他们已经累得拉胯了。北人不习水战，用的都是荆州的投降兵，根本不可怕。①

分析得挺好，但其实诸葛亮说破大天也没用，因为眼睁睁地看着曹操是冲着刘备来的。

曹操可没有说要打孙权，孙权要不要被你拖下水，人家真得琢磨。

诸葛亮代表的集团目前就这么点儿可博弈的空间，后面基本上就全是孙权方面的戏了。

孙权此时面临的国际形势是：曹操要沿江杀过来了，明面上是宰刘备，谁知道他有没有后手呢？

江东得知曹操吞并荆州后，迅速地开了个高级官员会。恰巧这个

---

① 《三国志·诸葛亮传》：将军起兵据有江东，刘豫州亦收众汉南，与曹操并争天下……豫州军虽败于长阪，今战士还者及关羽水军精甲万人，刘琦合江夏战士亦不下万人。曹操之众，远来疲弊，闻追豫州，轻骑一日一夜行三百余里，此所谓"强弩之末，势不能穿鲁缟"者也。故兵法忌之，曰"必蹶上将军"。且北方之人，不习水战；又荆州之民附操者，逼兵势耳，非心服也。

时候，曹操送来了一封很有意思的信。

这封信是赤壁之战的一大谜案，信很短，内容比较惊悚，大意是："我一南下，刘琮就怂了，现在我有八十万水军，想跟你在你家后院打打猎、盘盘道。"

这封信，是赤壁之战的一个关节点。尤其对于曹操方面。因为要是没有这封信，曹操就是打刘备来的；有了这封信，目标就是连孙权也一起收拾了。

没写这封信，后来的赤壁之战就是曹操要打刘备，刘备喊来了一只东南虎助拳，曹操败北。写了这封信，就是曹操要一口气鲸吞天下，被一只老狼和东南虎给咬回去了。

这封信《三国志》中是没有的，在《三国志》裴松之注引《江表传》中出现了。真实性不好说。

三国这段故事，三个国家要是分别看，说法各异，尤其关键地方求同存异时，同不多，异不少。

你说他没写，大有可能，凭着曹操当年撤兵让公孙度把二袁脑袋送来的高智商，他这回怎么就不会让孙权把刘备的脑袋送来呢？

你说他写了，也大有可能，现在事业太成功了，领导也是人嘛！嘚瑟嘚瑟还不行嘛！真给你一勺烩了能怎么着？

我们姑且只能判断是曹操想不战而屈人之兵地恐吓孙权：你小子别多管闲事啊！急了连你一块削！赶紧琢磨琢磨未来吧！该投降就投降吧！

这封信过后，会上迅速地分成了两个派别：主战派与投降派。

人数占压倒性的是投降派。[1] 原因和荆州其实一样，换了主子人家日子照过不误，抵抗起来希望就太渺茫了！眼睁睁看这些年的形势变化就是曹操把一个个的军阀打沉了，刚刚还玩了把暴打刘玄德。

主降的代表人物是当年他哥哥孙策托孤的大佬张昭。这位老爷子可不一般，当初扶着孙权继位，在最早的江东文官系统中，他是一把手。

资历如此深厚的这位爷也认为，得投降了。这位"东吴贾诩"这些年挺努力的，把江东鼓捣上市了，现在也终于迎来国际公司的收购了。投降过去，那就是江东总代表，前途远大！

剩下的那些本土世家大族在这杆大旗下赶紧随声附和，这仗没法打，人家是中央啊，赶紧降了吧。

眼看着孙权也面临着刘琮的处境，但孙权比刘琮强的是，他现在的位置坐得相对来说还算稳固，而且，他是有坚决的实权抵抗派支持的，代表人物是周瑜。

袁绍死了以后，曹操比较牛，写信给孙权，要求他送个儿子过来当人质！当年张昭这帮人就说送吧，跟人家搞好关系啊，多个领导多条路啊，但周瑜就强硬地说不行！咱们江东可是主权完整的割据势力，不惯他这毛病。

吴国太说："孙权听你二哥的！公瑾就比你哥小一个月！我一直当儿子看的！赶紧喊哥！"

周瑜是孙策的把兄弟，是有大分量的，孙权知道，如果要打，他还是有依靠的。

但真正帮孙权下定决心的，是鲁肃。

---

① 《江表传》：权得书以示群臣，莫不向震失色。《三国志·吴主传》：是时曹公新得表众，形势甚盛，诸议者皆望风畏惧，多劝权迎之。

在那个一片投降声的会上，有一个人没说话，后来会开不下去了，孙权借口上厕所，鲁肃就跟了过去，孙权多灵的人啊！赶紧拉住了鲁肃的手："你想说什么？"

鲁肃说："这帮人都是要坑你呢！曹操那边能不能投降，要看谁？比如我鲁肃是可以投降的，我投降后，能从小官干起，我这个水平的做个太守州牧的我觉得问题不大。但您呢？您认为您的结局会是什么呢？你真的认为自己能善终吗？"

鲁肃的这句反问其实戳中了孙权的一个不能说的痛处：别看刘琮能投降，你孙权却投不了降！

刘表在荆州积了二十年的德，百姓安居乐业，流亡北士各得其所，朝廷那里也是士族自己人。

你孙家呢？你难道不知道你家这些年杀了多少人吗？你难道不知道你家杀的那些人都是什么成分吗？你家的好多顶级仇人都在曹操那里上班呢！能跑过去混出来的都是高门大族，你去了，那帮大佬们会不报仇吗！

是鲁肃，帮孙权算明白了真正属于他孙权的这笔账！

别听他们的！全世界投降都没问题！唯独你孙家投降了会死无葬身之地！全世界可都想弄死你，你现在之所以活着就是因为你手里有暴力机器嘛！

你其实根本没有路可以选，你只有在这条路上永不停歇地跑下去！你爹和你哥哥早就把路给你走死了！你上了路，就再不能回头！

为什么刘备都成要饭的了，他还要一直死磕？因为他伤曹操伤得深嘛！他根本没办法投降！

你孙权同样也没有办法！他刘备伤害曹操，你孙家伤害士族，你和刘备抱起来正好是个圆！我为什么要把诸葛亮带回来？因为你没有别的路，既然要死磕，多个帮手总是好的。

孙权叹息道："这帮人太让我失望了！就是你鲁肃帮我算明白这账！我早就那么想的！老天爷把你赐给我救我们家的啊！"

既然彻底地决定打了，下一个关键人物该出现了：周瑜。

周瑜此时去鄱阳公干，鲁肃对孙权说："赶紧喊你二哥回来！"

至此，鲁肃完成了他的剧情。

该周郎了！

四、谁在用烈火弹奏一曲《东风破》?

周瑜被紧急召回后,孙权在这个铁杆硬派的坐镇下又开了一次会。

投降派再次说:"咱们之所以能抵抗曹操,是因为长江,现在曹操得了荆州,刘表又有水军还是上千艘蒙冲斗舰,曹操陆军又天下无敌,人家水陆并下,咱们弄不过啊!快降了吧!"

会上周瑜尽显中流砥柱风采,上来就占领意识形态高地:"曹操托名汉相,其实汉贼,曹贼自己来送死,难道我们要投降吗?"

紧接着,周瑜说了四大理论依据:

1. 曹操西北不稳,内部不安,贸然南下,等着出乱子吧!

2. 他哪里会打水战,等着淹死吧!

3. 什么月份了?年底了!天寒地冻、给养不足,等着饿死吧!

4. 劳师远征、水土不服,肯定得传染病!等着都病死吧!

最后,高调请战:"主公,活捉此贼就在今日!请给周瑜三万精兵,看周瑜大破曹军!"

孙权紧接着正式表态:"老贼打算废汉自立很久了!害怕的不过袁绍、袁术、吕布、刘表还有我孙权!现在就剩下我了,我和这老贼势不两立!"随后孙权拔出刀来,砍断案角怒吼:"谁再说降曹,我就拿他当这桌子砍！"

孙权和周瑜一通老贼地骂完，代表着孙家对曹操正式宣战，孙刘联盟正式成立（**注意，是孙家，不是江东全体**）。

大会开完，孙权再和周瑜碰了个小会，这次私房话透露出了孙权的家底儿。

周瑜说："曹操从北边带来了大概十五万人，刘表那里有七八万人，最多也就二十多万人，要么虚弱无比，要么出工不出力。我刚才在会上喊得有点儿凶，咱最好还是有五万人，那肯定就没问题了。"

什么意思呢？周瑜表示，领导你一共有五万孙家的铁杆部曲，都给我吧，对面确实不好打。

孙权怎么回应的呢？孙权搂着他说："哥哥，五万精兵确实不好凑，我已经给你选好了三万精兵，船、粮、战具全都备好了，随时能走，请二哥和程普、鲁肃先走，咱先打着，后续援兵我再给你派，能打赢最好，打不过退回来，我亲自跟那老贼决一死战！"[1]

孙权什么意思呢？我在你从鄱阳回来的路上就已经算过账了，所有能拿出来的，我都准备好了，你随时能走了！我得留两万人压着周围张昭这帮人，能给你的就这三万人了！我要是都给你了，你那边还没打我脑袋已经送过去了！我要是跟你一块带着五万人亲征了，咱老家瞬间就该让人家卖了！你前面打曹贼，我后面镇叛徒，咱哥俩在看得见和看不见的战线上任务都很重！

说完这个再来看看孙权选的这三位名将：总司令周瑜，他义兄，孙策的把兄弟；副司令程普，他大爷，跟他爹、他哥混的；总参谋长鲁

---

[1] 《三国志·周瑜传》：五万兵难卒合，已选三万人，船粮战具俱办，卿与子敬、程公便在前发，孤当续发人众，多载资粮，为卿后援。卿能办之者诚快，邂逅不如意，便还就孤，孤当与孟德决之。

肃，掏心窝子帮他算救命账的。

看出来这个二十七岁的小伙子有多可怕了吧。曹操后来在跟孙权对垒时冒出来句"生子当如孙仲谋，刘景升儿子若豚犬耳"，都是年轻人，你看孙家这班接的！这么多人都没弄动他！已近暮年的曹操是真心希望自家的孩子能像对面这小伙子一样啊！

208 年十月，周瑜开始逆江而上，刘备终于看到了孙权的军队，非常激动。

因为刘备已经屯兵孙权的西大门樊口（今湖北省鄂州市）了，天天就在江边往东瞅，救星们怎么还没到啊！诸葛亮一去不回到底是个什么情况啊？别又跟刘琮那似的商量完都投降了我又最后一个知道。

刘备看周瑜来，马上派人去劳军，并让使者代问周瑜，能不能上我这来坐坐，咱唠唠？

周瑜不给他面子，说军务在身走不开，结果刘备也不管级别对等不对等了，带着满满的诚意亲自见周瑜去了。

刘备、周瑜见面后，进行了亲切友好的寒暄，然后迅速进入正题。刘备问了个关键问题："周大哥你带了多少人来？"

周瑜说："三万。"

刘备觉得完了，这回瞎了，没法打了，曹操那边二十万人，我有两万人，他才比我多一万！以为傍上大款了，结果这回真成联盟了。

周瑜说："这还少？请刘豫州看周瑜如何破敌吧！"

十二月，曹操自江陵前来逮刘备。随后和周瑜、刘备的部队在赤壁相遇，一通江战后，曹军战败，退至长江北岸，周瑜、刘备扎营南岸，两军隔江对峙。①

---

① 《三国志·周瑜传》：初一交战，公军败退，引次江北。

与此同时，周瑜收到了消息，曹操军已经出现传染病现象了。[1] 周瑜决定趁你病要你命，多次挑衅曹军曹操则玩起了关门战术，像官渡那样，情况不好我就不跟你打，我跟你玩消耗。我抓紧时间全军集体免疫。

在多次的挑衅中，周瑜发现，曹操已经用船锁将船只连环为营，军士在船上行走如平地，晕船的问题大大好转，曹军已经不吐了。

这是曹操方面的创意思维。被先锋都尉黄盖看到后，献计周瑜："敌众我寡，对面连成航母了，咱放火烧吧！"[2]

周瑜认为可行，于是派黄盖诈降。

并没有《三国演义》中写得那么曲折：还抽了黄盖一顿。曹操接受投降已经变成习惯性的了，自打南下就一直受降，江东那边的反战情绪也一直浓烈，不过曹操仍然亲自进行了严格的盘问。

黄盖的使者素质比较过关，毫无破绽，受降获得批准。

接下来，就是看老天了。

曹操当初之所以把船都连上，就是因为冬天刮不了东南风！但当地人还是有一定经验的，在此地，这个季节是有一定概率出现黑天鹅事件的！

十二月中旬一日，突刮东南大风。黄盖赶紧带着十艘燃烧艇上路了，走到大江中间时黄盖把帆都升起来了，令手下人喊："别开枪，别开枪，我们来投降了！"

在距离曹军大营还剩两里时，黄盖下令点火，十艘燃烧弹扑向曹军水寨大营。火神开始肆虐，在大风呼啸下，大火先是烧了水寨，紧接

---

① 《三国志·周瑜传》：时曹公军众已有疾病……

② 《三国志·周瑜传》：今寇众我寡，难与持久，然观操军船舰首尾相接，可烧而走也。

着又烧上了岸上的陆寨。曹军本就被传染病和连年征战所累，再无斗志，被烧死、溺死者不可胜数。

纵火犯周瑜随后展开了总攻击，率精锐在后面追击曹军，派一路从洪湖登岸截击曹军；老泪纵横热泪盈眶的刘备亲率部队登岸向乌林的曹军进攻，体验一把追老曹的强烈快感！

曹操一看这没救了，下了道命令："咱也放火吧，没烧的都烧了吧，不能留给他们，烧完了赶紧撤！"第二纵火犯曹操随后引领部队从华容小路撤往江陵。

狂风肆虐，道路泥泞，部队根本就过不去。曹操让老弱兵负草填路，修路后带着骑兵接着跑，大量的工兵、弱兵成为自己人的脚下亡魂了。①

随后江陵方面的接应部队赶到，曹操安全脱逃。

并没有关二爷堵在华容道，但曹操确实哈哈大笑了，先是点评了下刘备这小子确实算是个对手，但就是脑子转得慢，在这里要是放把火，咱就完筷子了。

后来刘备也放了，但曹操已经跑了。②事实证明，这哥俩跑起来谁都不慢。

整个赤壁之战，最终以曹操狼狈逃回江陵结束。

战后评价一下，孙、刘二人自不必说，一通操作都对了，但很难说曹操做错了什么。

---

① 《山阳公载记》：公船舰为备所烧，引军从华容道步归，遇泥泞，道不通，天又大风，悉使羸兵负草填之，骑乃得过。羸兵为人马所蹈藉，陷泥中，死者甚众。

② 《山阳公载记》：军既得出，公大喜，诸将问之，公曰："刘备，吾俦也。但得计少晚；向使早放火，吾徒无类矣。"备寻亦放火而无所及。

贾诩曾在曹操拿下荆州后说:"别再顺江而下了,抓紧消化荆州吧,毕竟咱这次来,就是抄刘表的底来的,底也抄了,该打住了。"

曹操也确实打住了,九月份就拿下了江陵,然后歇了快三个月,安排自家主力驻防襄阳、江陵,后面曹仁可是在江陵扛了孙刘一年。

这两个多月中,益州的刘璋也怂了,表示臣服了,连帮着打仗的雇佣兵都派过来了,形势简直太好了!

曹操还涮了一把当地豪族,都以为中央来了就能继续过好日子了,但曹操一边一口气封侯十五人,一边逼着这帮投降派跟着他出兵。他是基本夯实、消化完荆州还占了大便宜后才东进的。

你说他为何要东进?是为了彻底搞死刘备?还是要毕其功于一役彻底逼降孙权?

这都不重要了,因为他有优势大兵力,刘备被打得重症监护,孙权那边人心惶惶。你怎么知道,这大兵开过去,孙权就不会投降呢?铁杆鹰派就一个周瑜,万一孙权看你山雨欲来后怂了呢?

就算一切都朝着最不好的方向演化,孙刘抱团了,到了战场上,你怎么就知道打不赢呢?这个时候,很多东西都是天数了。

史书中提到的最大的战损原因是什么呢?

《三国志·武帝纪》:"至赤壁,与备战,不利。于是大疫,吏士多死者,乃引军还。"

《三国志·吴主传》:"公烧其余船引退,士卒饥疫,死者大半。"

《三国志·先主传》:"时又疾疫,北军多死,曹公引归。"

最终输的原因是:军中大疫。

曹操是带着传染病大军来征刘备吗?这就开玩笑了!打了二十多年仗的老司令,要是江陵暴发瘟疫了可能带兵出来打仗吗?后面曹仁在江陵可是带着好几万人健康战斗一年多!江陵根本就不是疫情暴发地!

唯一可能的解释，是曹操把大军从江陵带出来准备打刘备的路途中，军中开始莫名其妙地出现了大规模的传染病。

曹操带二十年兵了，第一次出现大规模传染病，队伍中有大量的荆州水军，都是当地人，都是一样的水土气候，怎么孙刘的队伍就没闹病呢？

这就是天时已去了。这和曹操去年征乌桓一样。去年是傍海道被大雨浇垮，今年是军中暴发传染病。只不过这次老天爷在这个特殊的时间点站在了孙刘那边，刮起了一场中国历史上知名度最高的东南大风！

航母打游艇，这是发挥自家优势啊，而且冬天向来刮北风，谁知道突然来了场东南风，还是这么猛烈的大风。

这就好比当年袁绍输了，两千年的屎盆子就扣脑袋上来了，曹操输了就都归因他骄傲自满了，但其实往深里说，就是孙刘二人仍有自己的历史任务。

上天注定要让这汉末的轰轰烈烈绵延到三国争霸的战场！

此战过后，孙刘联军打破了曹军十多年来不可战胜的神话。江东的孙权彻底奠定了自己南方一哥的地位，自此江东归心，当地大族们对于孙家不再犹豫，孙权借此战终于彻底地夯实自己坐了八年但总坐不踏实的吴侯大位。

赤壁之战于二十七岁的孙权，是稳定之战，是一纸身份的金牌证明，自此终曹魏一朝，北面再无机会能够打过长江。

赤壁之战于四十七岁的刘备，则是转运之战，是命运对这个中年男人坚持了一生的馈赠，属于他的剧本，就要来了。

赤壁一把大火之后，刘备在荆州待的这八年听新闻、看报纸的无用日子开始显出威力了，实力开始迅速膨胀。

1. 军力开始壮大。

赤壁大战后，曹操损失惨重，带出来的部队基本都被打光了，但这些人并非都死了。

中国打仗的损失人数可得仔细辨别，这人也许确实打没了，但那只是不往你那报道了，这人很有可能回老家了，也有可能逃别处了。

功劳都是领导的，这也就导致了中国古代军队的逃跑文化盛行，通常很少会有歼灭战，碰见白起那样怎么跑都跑不了的，毕竟几千年出那么几个，很多时候两军对垒都是后面一看前面不对就跑了。

史书看多了你会注意，打败仗后总会有一个相对安全的地方去收敛败兵，最后大部分还是能跑回来的。

赤壁这一仗，死的人肯定不少，因为水火无情，因为传染病无眼，但没死的这帮人，最终大部分都去刘备那里报道了。[①]

2. 荆州的豪族开始再次审视自己的投票权。

曹操这次很鸡贼，把自家主力精锐驻防在江陵和襄阳，逼着当地领导出兵出血让荆州豪族们很不爽，然后扭头看到那个笑嘻嘻的刘大哥，再加上刘琦还在，曹操输得这么惨，大量的荆州投票就投过来了。

这从刘备后面南征四郡时就能看到了，还没怎么着就全投降了。[②]

曹操逃回江陵后迅速就回北方了。

他是有政治敏锐性的，他知道，只要大败，一定要回到权力中央去，否则会有很多牛鬼蛇神冒出来恶心人，这个时候，内部的威胁只会比外部的大！当年袁绍在官渡大败后，冀州各地迅速就叛变了。

不过走之前，前面三个月的夯实基础使得他留下了一条非常过硬

---

① 《江表传》：刘表吏士见从北军，多叛来投备。

② 《三国志·先主传》：先主表琦为荆州刺史，又南征四郡。武陵太守金旋、长沙太守韩玄、桂阳太守赵范、零陵太守刘度皆降。

的荆襄防线。

这条防线，最终让一个天纵奇才的山西猛男渐渐无师自通地摸索出了自成一档的水军陆战队作战模式，还让江东最后一位进攻型帅才就此油尽灯枯。

五、周瑜拼江陵，关羽绝北道，刘备借荆州

荆州有七郡，比较值钱的是北两郡：南郡和南阳。

南阳自不必说，光武龙兴之地，位置关键且有钱，如果你入主中原，这块地方是整个华夏大地最关键的几个郡之一。有了南阳，北上就是洛阳，西进就是武关，东去可逐鹿中原，南下则进入荆楚，位置实在是太黄金，房价比较高，向来是荆州在历史事务中参与度比较高的一块地皮。

不过自三国开始，荆州的头把交椅要轮到南郡这里了。因为南阳被袁术、张绣几个流氓团伙糟蹋过，而且刘表也从来没有经营的打算，身为士族八俊的他知道，南阳的水太深，弄不好就是一身骚。中心变成了南郡，因为这里有两座天下名城：襄阳和江陵（今荆州市）。

这两个城各有特点。

襄阳，扼住了汉水咽喉，自北往南或是自南往北，只要走中国的中路，就要经过襄阳，再无第二条路可以捅下来。襄阳的位置就是这么关键，后来曹操单独地把襄阳分成了一个郡，原因也在于此。这个城池，后面将数次和天下兴亡相关，最著名的那次，是全世界聚焦的南宋襄阳保卫战，无坚不摧的蒙古人在这座城下见识了全世界最韧性的

坚持。

江陵则是中国整个南方的交通大枢纽，往西入蜀，要从江陵走，东下江东，要从江陵走，南下交州，还是要从江陵走。（见图5-1）

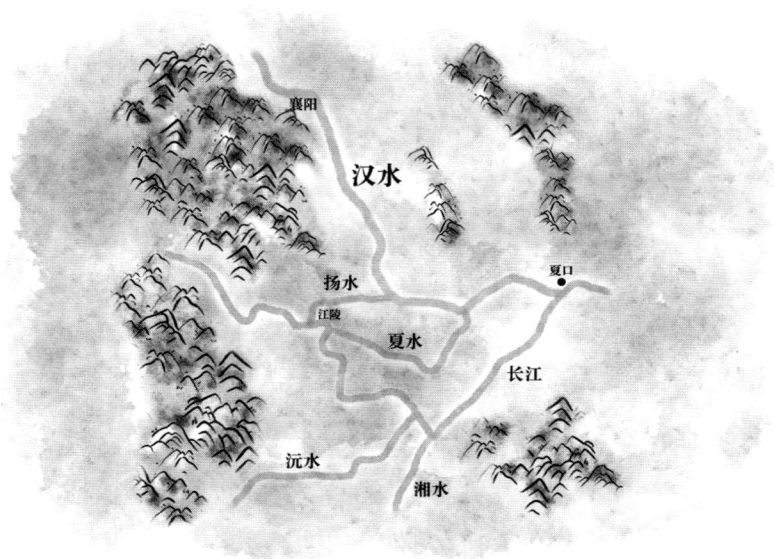

图5-1　荆州诸水系图

不仅如此，荆州上游的峡江航道由于江窄水急且多有险滩，为了便于安全行驶，船体普遍比较小，出了夷陵之后，长江开始豁然开朗，大船随便开，再用小船就不合适了。

自东往西航行，必须在最后一个大城市江陵换小船。自西往东航行，必须在江陵换上大船。从江陵东南渡过长江后可以进入资、湘等诸水流域，进入荆南诸郡。

在地理位置上，江陵不仅是"内陆新加坡"，它的腹地周围全是大平原，自江陵到襄阳五百里高速公路极其好走，不久前曹操一日一夜狂奔三百里就是走的这条线，也称荆襄北道。（见图5-2）

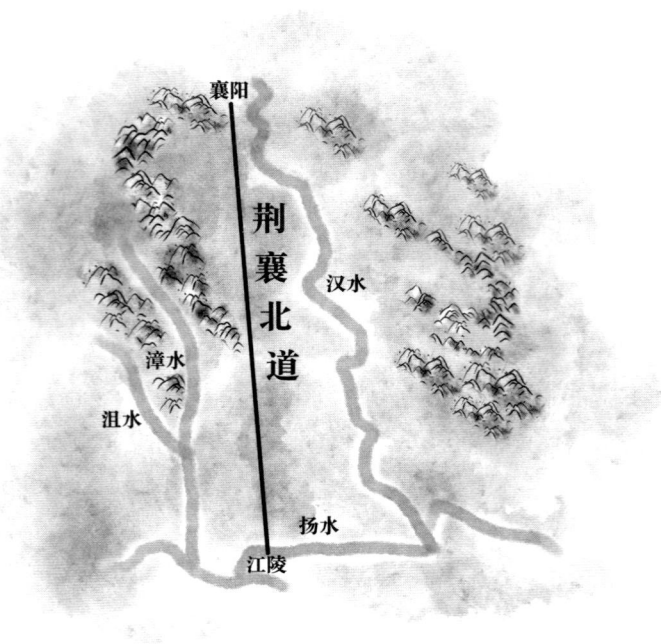

图 5-2　荆襄北道示意图

总体来讲，江陵是枢纽。

曹操自赤壁败后，他非常懂行地布下了一条防线：曹仁、徐晃守江陵，满宠守当阳（今荆门南），乐进守襄阳。

这是一条层层巩固的荆襄防线，曹操其实有一个明确的战略规划：南边四郡和南郡的南部不要了，因为有长江隔着，我水军不成，赤壁一战，船基本都烧没了。但是，最值钱的南郡中部、北部被我攥住了，为今后反攻江东、西下巴蜀保留最重要据点。（见图5-3）

曹仁的江陵城中人数众多，而周瑜打赤壁之战拢共才三万人，所以别看战败了，你不一定弄得动我。

曹操给出的这个布置，刘备是非常明白的，而且他简直是大明白！他在赤壁大胜后，马不停蹄地就带着人马去收荆州南四郡去了，因

图 5-3 曹操战略收缩图

为那都是曹操早就放弃的点。

他把南郡十分"不争功"地留给了周瑜。不是他不喜欢，是他根本打不动。江陵城中的曹仁留守精兵众多，还有刘表这些年留下来的大量家底做支撑，他根本就打不动，所以他的目标比较明确，南下搞招降去也。

不过老油子刘备想出了一个折中的办法，他把关羽留给了周瑜当帮手，希望将来能够在分南郡的时候占点儿股份。这是个比较鸡贼兼搞笑的安排，因为他眼下根本没什么实力，还要去分兵参股，着实可笑。碗里的吃着都费劲儿，还惦着锅里的！

不过他的这个可笑安排，却最终帮他拿下了南郡的部分股份。因为二爷打出了有汉水特色的水陆两栖游击队战法。

南郡之战本应是周瑜、曹仁对手戏的剧本，结果被硬生生地加入了一条重要支线：关羽绝北道。

曹操安排守江陵的徐晃本来是屯兵樊城的，是被曹操特派南下的。曹操保住江陵的思路非常明确，徐晃一路南下后接连扫平沿路的各路贼寇，还和当阳驻军满宠在汉津讨伐关羽，随后才进入了江陵城。[①] 主要目的就是扫清荆襄之间的粮道隐患。

关二爷早早地就投入到汉水一线的游击队任务中了。

周瑜对于南郡尤其是对于江陵，内心深处是当仁不让的，因为在周瑜的战略深处，他是想和曹操划江而治的，他也早就将目标瞄准了西川，而入西川的必经之路，就是江陵一线。

周瑜这么想，那刘备呢？刘备不知道江陵的重要性吗？刘备当然知道，因为当初诸葛亮给他做规划的时候，就明确地指出了，荆州和益州，这两块是他的未来。他能眼瞅着周瑜一步步地拿下江陵后进逼西川吗？他不能，但又没办法，谁让他打不动呢。

十二月，周瑜趁曹操大败，马上推进到了江陵城下，先是打了一通江陵，结果打不动，发现江陵城中曹军凶猛，于是赶快撤到江南。

随后周瑜派甘宁打了夷陵。为什么要这么干呢？因为益州刘璋在赤壁大战时就已经出兵帮曹操了，人家是亲曹的。不论他现在是否回心转意，都要堵死他出兵的可能。

夷陵这个位置是入川和出川的关键点。甘宁带着本部千人突袭夷陵，然后顺利拿下。结果曹仁不干了，坚决要保持长江口通畅，在周瑜已经隔江对峙之际居然派五千兵去打夷陵的甘宁。而且曹仁根本就不是牵制周瑜去的，他是奔着把夷陵拿回来的目标出发的。他甚至

---

① 《三国志·徐晃传》：从征荆州，别屯樊，讨中庐、临沮、宜城贼。又与满宠讨关羽于汉津，与曹仁击周瑜于江陵。

带了攻城器械，在攻打夷陵城防的时候安装了从袁绍那里取经的射箭高楼。

五千曹军带着高科技去打只有一千兵的甘宁，甘宁眼瞅着就要殉国了，立刻向周瑜求救。甘宁求救的消息传来后，大家都认为还是让甘宁自生自灭吧，咱们人少不能分兵啊！

这个时候，吕蒙对周瑜、程普说："两位老大，咱们留凌统在这里阻击，现在分兵赶紧去救甘宁，用不了多长时间就能回来，我做担保！凌统绝对能守十天！"

吕蒙的这段话印证了两件事：

1. 曹仁军多，至少跟你是一个数量级的。

不救甘宁的重要原因就是别看曹仁派了五千人去抽甘宁，但是曹军是百战陆军，救援的兵太少了，打不过曹军，必须得大批人马上！但是，就这么点儿人，要是带着大队伍去夷陵了，曹仁留守江陵城的人就该打你了！

2. 东吴将士对陆战很心虚。

此时和曹军还隔着长江对阵呢，吕蒙居然把凌统顶住十天作为需要担保的项目！这有多心虚吧！

最后，周瑜带着一半的兵力亲自带队杀过去救甘宁，突击干掉了三千曹军，顺利解围。也是在这一战之后，东吴将士们的士气才算起来了，才敢渡过长江围城江陵。

随后，江陵大战正式开打。

首战，周瑜前锋数千人先到，曹仁登城远望，招募三百人敢死队，派遣部曲牛金迎军接战。牛金敢死队由于人少很快被围死了，城上的同志们已经默哀了。

曹仁在城上意气风发，呼左右："取马来！"

陈矫等将知道曹仁要下城去救牛金，于是拉住他说："不能打啊！领导不能打啊！贼众强盛，势不可当！您要为了革命大局保重千金之躯啊！"

曹仁不搭理。

曹仁披甲上马，带领麾下顶级特种兵数十骑出城，与吴军距百余步之遥，迫近护城河，城上诸将以为曹仁到那里骂骂街就回来了，结果曹仁竟渡过护城河冲入敌阵，将牛金等人救了出来。

这还不算完，曹仁看到还有小股兄弟没出来，大呼："咱独立团，不，咱曹仁特种队就没有把人扔下的规矩！"曹仁再次突入，再救一支小分队出来，然后将这伙几千人的先锋部队打散了。

曹仁入城后，陈矫等人叹道："将军真天人！"

曹仁通过这场拉风之战，成功地驱除了赤壁大败后曹军的心理阴影，再次唤起了曹军上下"我们是天下第一陆军"的往昔豪迈，我们曹将军带着三百来人就推平了你们数千先头部队。

只要不提水战，你们来了也白给！

曹仁的这种特种部队暴打东吴先锋部队的狂拿士气战法后来几乎成了曹魏南方守将的通用模式，代表人物张辽后来在逍遥津八百突十万，把孙权打得小心脏怦怦乱跳。

江陵开始陷入了持久战，整个209年打了快一年，周瑜始终没有拿下江陵城，人家刘备都招降四郡回来了。

刘备本来就没多少人，刚刚拿下四郡还要消化驻防，此时此刻手里的牌更是不剩什么了，但刘备从来就是个借鸡下蛋的高手，这回他是怎么掺和的呢？

他拿三爷去做动产抵押了。

刘备对周瑜说："曹仁城里的粮食吃大半年了也不见下，咱得吓唬他！我派我们三爷带一千人跟你陆战围殴，你派两千水军跟我入夏水截他后路，非吓跑他不可！"①

周瑜说："不许反悔！赶紧换！"

咱三爷坐地就值一千个人！

刘备随后带着别人家两千人加入关羽的汉水游击队去了。

后来又拖了几个月，江陵战打了一年多，曹仁也算是完成任务了。虽然没有把江陵彻底守住，但好歹拖延了孙刘联军一年多的时间。

北方此时早已稳定，尤其东线，虽然赤壁大败后，江东是全面北上的节奏，但合肥一线成了孙权政权永远迈不过去的坎儿，曹操也在这一年多的时间里稳固住了北方局势，大目标达成了。

最后一场大战中，发生了一个插曲，周瑜亲自督战叫阵，被流矢所伤，伤势非常严重。似乎曹仁的坚守要看到曙光了，也许不用走了，也许能吃东吴的粮食了。曹仁得知周瑜伤得不能起来，于是督军出阵来恶心周瑜。周瑜也拼了，强行起身充当光芒符号，曹仁一看你也玩这个，于是按预定计划撤退了。

江陵打了一年多的攻坚战，关羽在北道也打了一年的游击，在史书中不太显眼，比如被远在襄阳驻防的乐进打跑。

在这一年多的联合作战中，二爷、三爷的表现一定是极其亮眼。因为周瑜给关、张的评价是"熊虎之将"。"万人之敌"的另一种说法。

从史料上看，周瑜打江陵这一年中，除了徐晃一路自北向南插下来被曹操安排驻防江陵，北面始终没有能够把援军和给养给曹仁派下来。

其实曹仁守江陵要是方便面管够，他也许能守到周瑜退休。最终守了一年多决定撤退了，为什么呢？因为好几万的江陵守军把存粮吃没

---

① 《三国志·周瑜传》：仁守江陵城，城中粮多，足为疾害。使张益德将千人随卿，卿分二千人追我，相为从夏水入截仁后，仁闻吾入必走。

了。而北面又没有办法把粮食给送进来。

当时的粮道通往江陵有五百里北道和汉水扬水道。这两条道，在关羽汉水游击队的阻击下，根本送不进粮食来。（见图5-4）

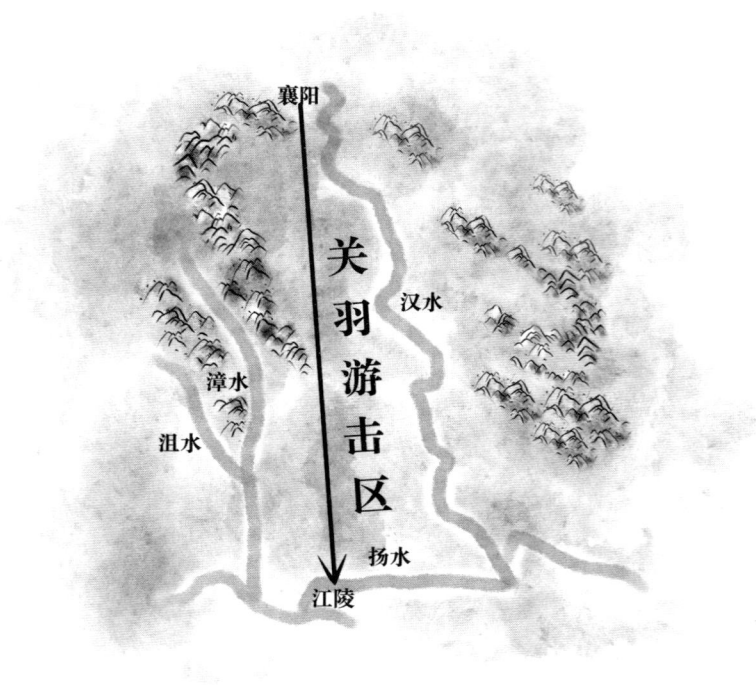

图 5-4　关羽绝北道活动范围图

当时二爷手上有多少兵力史书无载，但是以刘哥当时的水平肯定是分不出太多兵的，也许就几千人。

但是二爷隔三岔五地打一仗，人多就跑，人少就吃了你，你南下援军就跟膏药似的贴死你，你疏通粮道为曹仁送吃的，他就扒铁轨、撬电杆。二爷打造出了水路两栖的专业游击队。

二爷的最大威力在曹仁撤退时显示出来了。此时刘备已经回江陵跟周瑜全力围曹仁了，二爷一个人绝北道。

前有二爷，后有追兵，曹仁貌似出不来了。此时曹操派出了汝南太守李通前来接应！

不知为何，当阳的满宠、襄阳的乐进全都没动静。有两个可能：

1. 领导们全都出动了，但都被二爷给怼了，所以选择性地忽略不表。

2. 乐进在这一年多的游击战中伤亡很大，已经无法出击接应曹仁了，能把自己辖区的北道守好就不错了！

最终汝南太守李通来了，然而接应过程更加神奇：李通突击关羽的游击队，亲自下马去拔鹿角冲围，一边走一边开拓阵地，最终把曹仁迎出来了！

在这次的迎接曹仁、打通北道撤退线的战役中，李通得到了"勇冠诸将"的评价。这个诸将，是乐进、满宠这帮大领导，还是他手下的部曲并不好下结论，但我更倾向于前者。

不知是跟二爷打得过于劳累还是什么情况，四十二岁壮年的李通在此次回程路上病逝！

由很多一鳞半爪的史料，也可以管中窥豹地判断二爷的一些阻击特点，比如二爷这一年多打游击的过程中很有可能兼职了工程队，有机会就打一家伙，没机会就做鹿角、路障等工程品布置在北道上，反正就是恶心你！在极小的消耗下达成巨大的战略果实！

穷人家的孩子早当家，刘备集团在三国时代完成了很多这种低成本的奇迹。

209 年年底，江陵大战就此结束。

战后的势力分布是这样的：荆州七郡的南阳和南郡、江夏北部在曹操手中，南郡大部和江夏南部归了孙权，南边的长沙、桂阳、零陵、武陵四郡归了刘备。（见图 5-5）

图 5-5　江陵大战后诸方势力图

战后，刘备找周瑜要分红。刘备说："我没有立足之地啊，南郡得拨片地方给我。"周瑜于是将南郡的长江南岸拨给了刘备，刘备在油江口建立公安，屯兵于此。刘备靠着联合作战的理由，获得了南郡的南部。

没过多久刘琦病逝，刘备领荆州牧，屯公安，刘备全权成了刘家在荆州的名义法人；刘备表孙权行车骑将军，领徐州牧，孙权后来还将妹妹嫁给了刘备。

210 年，刘备再次单骑闯关，去孙权那里提出了一个议案：能不能把荆州借给我？这就是刘备借荆州的出处，也是所谓"单刀赴会"的原型。所谓的借荆州，其实是借南郡北部，或者说，其实就是借江陵。

孙权、刘备都是明白人，江陵才是整个荆州的中心，控制了江陵，才算控制了荆州。

刘备的这次想法是很冒险的，因为周瑜是肯定不会同意的。此时周瑜已经被孙权封为了南郡太守，而且一直想着打益州。

这次刘备来借地，差点儿就回不去了，因为周瑜交上了这一年多联合作战的分析报告：刘备是枭雄，关羽、张飞是熊虎之将，将来是祸害，现在不能让他再走了！

最终孙权因为害怕刘备集团不好控制，鲁肃又给他算了笔博弈论的账，最终没有同意这个呈报件。

但是，刘备也并没有达成自己借江陵的预期目标，从孙权那里出来后，孙权乘飞云大船与张昭、鲁肃等和平大使追送刘备，双方又喝了顿大酒。张昭、鲁肃这帮人提前离席，刘备看人走没了，跟孙权说："这个周瑜啊！实在是万人之英，胸怀器量广大，估计你要玄啊！"①

刘备在祸害别人班子上永远是天赋加成的，等孙权走后，刘备跟自己的船长说："孙权大长身子、小短腿，是帝王相，我不能再见他了！赶紧跑！"②

没多久，周瑜提出征伐益州的方案，孙权盖章同意。不过就在周瑜赶回江陵准备出征时，在路上得了重病，最终这位江东大才死在了巴丘，时年三十六岁。这成了整个三国进程中的又一次转折性的人物死亡。

周瑜的年少殒命，基本标志着江东一派的进取风格就此打住，孙权的开拓进取性将领断代乏人，也标志着刘备的春天正式开启。

周瑜在时，是随时准备着和刘备撕破脸开打的，因为他攥着刘备想要的江陵而且还想软禁刘备。

---

① 《江表传》：叹瑜曰："公瑾文武筹略，万人之英，顾其器量广大，恐不久为人臣耳。"

② 《山阳公载记》："孙车骑长上短下，其难为下，吾不可以再见之。"乃昼夜兼行。

周大都督在，刘备想打下江陵是不太靠谱的，他只会被锁在江南，这条长江他并不好过，而过不去这条大江，那《隆中对》中的重头戏益州就根本没戏。

你也可以说，绕道走！确实有人这么干过，当年司马错倒是从巴郡绕道打了黔中，但途经了地无三里平的云贵高原，随后就在史书上消失了。很有可能就是过难的道路把司马错老爷子累死了。

就算刘备体格好、擅长奔跑，但更重要的是，他貌似没有秦国的那种国力，根本走不起这条烧钱之路。

周瑜死后，在继任者鲁肃的方针下，孙刘集团紧密地联合在了一起，江陵的孙权驻军撤了回来，江陵被借给了刘备。

周瑜是个高明的军事家，但却并非是顶级的战略家。他在赤壁大战后攻到江陵发现打不动，就应该迅速掉转枪口去抢合肥。因为刘备已经去抢南边四郡了，周瑜即便打下了江陵也会两边不是人：既替刘备挡着北面曹操的火力，南边的刘备还会随时准备捅他的后腰。

而占领长江全线对于孙权来讲也并非高明之策，孙权是不会放心安排任何一个下属去千里之外适合割据的益州做刺史的。孙家没有能信得过的人，他自己也才二十多岁，并没有培养出那种可以去益州这个注定割据的地方当领导的心腹人才。

鲁肃上台后，开始着力将江陵让给刘备，让刘备自己花钱面对荆北的曹军，自己则收缩力量全力瞄准合肥。

曹操当时正在写字，听说孙权将江陵还给刘备时脑子一惊，落笔于地。

他不再全线面对孙权了。之前那个背后钩心斗角的刘备突然走到了他的对面。（见图5-6）

至此，整个荆州辖区也被一分为三，刘备占大头，领五郡；曹操

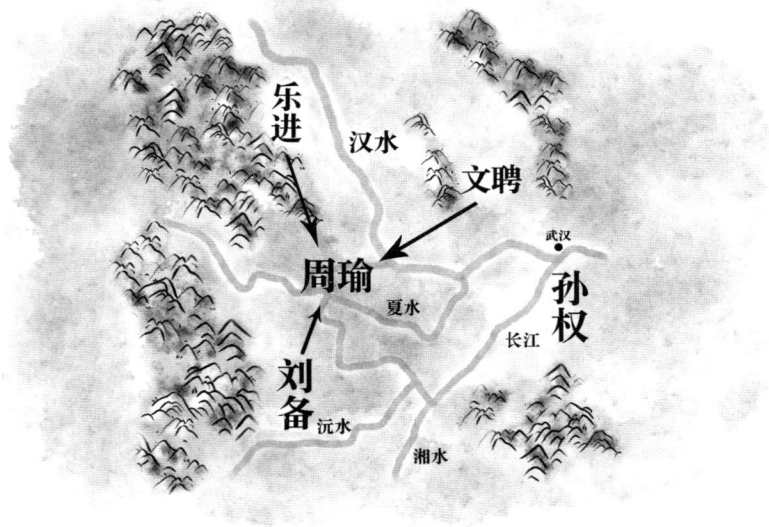

图 5-6　周瑜潜在危机图

次之，领南阳和后来自己又单劈出去的襄阳两郡，最后是孙权，领江夏郡。

整个赤壁之战的最大赢家，是一辈子被追得鸡飞狗跳的刘备。

不能说孙权就吃了大亏，因为赤壁之战，他并非是为了刘备打的。有没有刘备，他都得打，打了这一仗，他才立得住国。

荆州出了变数，原因是周瑜在关键的历史节点无可奈何地英年早逝，但说句实在话，江陵拿下后，周瑜的存在，最大的获益者是曹操。因为以周瑜的分量和能力，刘备很难进入荆州的核心区域，孙刘联盟的沙盘会演化为极度的内耗，最终渔翁得利的是曹操。

八百多年后，顶级大文豪苏东坡为赤壁做了一首千古之词：

大江东去，浪淘尽，千古风流人物。

故垒西边，人道是，三国周郎赤壁。

乱石穿空，惊涛拍岸，卷起千堆雪。

江山如画，一时多少豪杰！

遥想公瑾当年，小乔初嫁了，

雄姿英发，羽扇纶巾，谈笑间，樯橹灰飞烟灭。

故国神游，多情应笑我，早生华发。

人生如梦，一樽还酹江月。

这首词因为传神的文笔和作者的咖位，在数不胜数的赤壁凭吊中脱颖而出，为赤壁的历史关键性做了文学背书。

在他笔下，这位江东奇才的风流潇洒、智谋大器体现得淋漓尽致。很可惜，后人多半忘却了"三国周郎赤壁"和"遥想公瑾当年"，而是记住了"羽扇纶巾，谈笑间，樯橹灰飞烟灭"。

这份神仙造型，并非孔明，实乃公瑾。周瑜的作用还体现在江东的一系列外战上，赤壁后收割地盘，并非仅仅西线荆州在扩张，江东实际上是在全方位地往前拱，但比较尴尬的是，只有西线最终取得了突破，孙权在东线的一个关键地方很是灰头土脸。合肥，成为曹魏横在江东的一口关键闸门。终吴国整个国祚，都没能叩开。

不仅是前面我们所说的江东士族豪族成分问题导致的吴国"进攻脑瘫弱智，防守天下第一"，将领的素质同样很说明问题。孙坚、孙策、周瑜，这爷仨带队是能啃大骨头棒子的，攻击型神将往往是能将局势强行带走的。

孙策、周瑜这对"江东双璧"的相继离去，基本上标志着江东的版图也就这意思了。周郎死后，整个东吴政权再也没在正式的攻坚战上打下过哪怕一座像样的城池！

历史，是有逻辑的！历史，是逐渐演化的！历史，是在一件件事的叠加下影响人的判断的！

这一年多的江陵攻坚战中，江陵城的千年巨防属性对在场的所有人起到蝴蝶效应般的最终演化影响！

后来，有一位神将在这座抗击打能力极强的城防基础上又将江陵城扩建成了威力加强版！

三国的历史之所以好看，在于有太多努力到极致后的悲剧。明明已算无遗策，拼尽全力，但怎奈终究无力回天！

历史记住的，是 208 年赤壁的一场大火。但是，赤壁之战后的这一年多时间，才是真正奠定三国局势走向的关键时期。

赤壁之战后，三国鼎立的趋势出现了，整个中国的东部和中部全部尘埃落定，中、东格局稳态全部奠定。

曹操再难南下，孙、刘北上同样千难万难，僵持点立在了襄阳与合肥两个南北开关上，上手优势在曹操，但那条大江所形成的天然屏障也使得三方的战略预期达到了平衡。

接下来的历史演化，同样是神剧情频出。一次次莫名其妙的小事件，最终成为描绘出三国鼎立图案的关键颜料！

曹、刘两个集团同时在西线发力，曹操再次占了先手，但是最终，曹操却再次得二吐一，彻底地失去了统一中国的机会。

天府成都，刘璋收到了这样一份招标分析书：北面曹贼凶猛，老哥专业看门二十年，将军岂有意乎？……

第 **6** 战

刘备入川： 曹操"换房本"之路上的"点炮"盛宴

一、"求贤令"的本质，"凉州乱"的根源

曹操南下打赤壁之战这年，是五十三岁。在这一年，他这辈子百分之九十的功业都已经完成了。

摆在他面前的最大问题是，他这个岁数，有些时不我待了。你可能会认为，开玩笑嘛！五十三岁还时不我待？这不正当年嘛！五十三岁正属于事业的超级黄金时段啊！

搁现在确实没问题，若是在一千八百年前，就远不是那么回事了。

曹操此时的头衔是丞相，却无意间，干下了开国之君的功业。这出乎曹操的意料，也出乎整个时代的预料。

二十年前，当董卓腆着大脸吃五喝六时，整个时代都很难相信，最终重新缝合天下的，是这个太监后人的曹操。他看上去既没王者之相，更无帝业之资，家里名声还添累赘，一支二流武装部队，怎么就二十年间将所有军阀都打平了呢？

曹操也由二十年前冲动出战董卓的愤青、袁绍大哥的头马，变成了一个权倾天下、地辖九州的政治家、军事家、文学家。

二十年前，如果你对他说：你这辈子会当上汉相这个传说中已经被砍掉的职位。曹操会把鼻涕泡都乐出来。

二十年后，却不见得了。因为欲望是无止境的，是会随着身价发生改变的。

赤壁的一场大火，基本上把曹操烧明白了，南方是不那么容易拿下来的。不过这次南下也没白去，最起码控制住了南阳和襄阳，继合肥后两座南北大闸全部拿下。从此战略主动权，在北不在南！

既然防盗门都安好了，生命无常，该停下脚步巩固一下自己的奋斗成果了。明白了此时曹操的心情，我们才能搞明白曹操后面一系列的决策动机。

曹操将大汉这座房子又打回来了，虽然他现在具有使用权，但曹操已经不再满意这个现状了，他要把这栋房子的所有人过户成他曹家的人。

不过他的想法却并不容易落地，因为摆在他面前的，是一个难以名状的内外环境与巨大的潜在抵抗团体。

这个难以名状的内外环境，是四百年了人们都在跪姓刘的皇帝。那个潜在的抵抗团体，是大汉的忠臣遗老以及同样想过户房本的野心家们。

更挠头的是，曹操回顾了一下历史，他要干的这事儿，古往今来只有王莽一个人成功了。但是，道德模范的结局不太好。

虽说王莽有因为浪而丢天下的成分，但曹操自己一阵阵的浪劲儿比王莽还大，所以前路着实迷茫令人挠头。

曹操自己也明白，事业的真正腾飞是在公元 196 年。这一年，他迎回了献帝。

随后，人才、实力开始双爆发。

因为献帝这块招牌，他由军阀变成了中央，每征伐一块地方，树立的招牌有着巨大的声势红利：王师所到，望风披靡。

没有老刘家这块招牌搁背后杵着，他跟袁绍根本都没有打擂台的机会，泰山臧霸不一定接受他的招安，荆南四郡肯定不会反刘表，剧情编辑贾诩会重新掂量，袁绍四世三公的大旗直接就把他按泥里去了。

他独掌乾纲，他风头无两，固然有他自己奋斗的大部分因素，但更重要的，因为他是汉相。这块四百年的老匾并非锦上添花，实乃雪中送炭。

当初霍光也大权独揽，即便他废了帝，这谁也说不出什么，毕竟皇帝还姓刘。但如果曹操要是当王莽，那可绝对没有王莽那全体阶层鲜花掌声的民意加成。

他这辈子敲寡妇门、刨死鬼坟，屠城数十、徙民数十万，基本上没有什么缺德事是不干的。不要说跟王莽比了，他跟党锢失败者窦武这种当年鼓动士族集团改天换地的顶级士族比起来，民望其实都是连边都贴不上的。

当然，他会说乱世就这德行，为了达成目标会有很多无可奈何的不得已。但是，万法皆空，因果不空，他的种种不得已，最终都会跟他打包清算的。

曹操利用了汉家的四百年老匾，在大局已定后，决定忘恩负义了。曹操的最大敌人，不是什么孙权、刘备，从来就不是！那哥俩在曹操看来，顶多是地方竞争小品牌。作为全国总代理，他的最大敌人，是大汉遗老和那块四百年的沉甸甸老匾！

210 年春，曹操颁布了中国历史上几乎是最著名的"求贤令"。之所以要加个"最"，是因为"求贤令"常有，但像曹操这么有性格的，几千年就这一份！

曹操在"求贤令"中几乎是偏激地提出了一个概念：唯才是举。

里面幸存者偏见最猛的三句话我把原文摘出来了：

若必廉士而后可用，则齐桓其何以霸世！（管仲）

今天下得无有被褐怀玉而钓于渭滨者乎？（姜子牙）

又得无盗嫂受金而未遇无知者乎？（陈平）

曹操居然把"盗嫂受金"都写在国家级文件上了！连贪官污吏、私通嫂子的人，只要有才，我曹操都能用！

实在是前无古人，后无来者。

听着挺求贤若渴，但大家可千万不要以为这是什么好政策。

唯才是举如果真的实行起来，在绝大多数的历史时间段和全世界的所有国家中，都将是灾难性的。世界上绝大多数的人祸，极大比例都是一种人造成的：有才无德之人。

永远不要相信一个大才的混蛋会给你带来什么好处，也永远不要把重要岗位给这种人。

不要相信偶然，要相信概率。千分之一的幸运与例外对咱们的人生没有一丁点儿指导意义。

整个中国历史的超大篇幅，就是一卷有才的混蛋书写的血泪史。做事情、交朋友、处关系，德行与品格挺在最前面。

这篇"求贤令"是曹操真的觉得为了事业可以什么人都用了吗？并不是，曹操那可是大人精！

在曹操终其一生的官僚组织中，大多数中层及以上领导仍然是世家大族的子弟。

曹操的这篇"求贤令"，其实并不是要干事业，要团结所有使得上的能量，而是表明了一种态度！

一个新山头的态度！我要立山头了，新山头上站的都是"我的才"，而不是"大汉的门第"！

这篇"求贤令"，并非是卡死那些有德无才的人，只是把人才的话语权抢回来了！你家四世三公，那是汉朝的四世三公，我没有话语权，但唯才是举就不同了。

什么是"才"呢？是我曹操说的算！

曹操的"求贤令",其实仅仅是一个政治表态。貌似是团结中下层人民的,但其实是曹操借此要敲打一下世家大族,要站队了!我要立新山头了!都机灵点啊!别抱着过去的思想瞎嘀咕啊!

除此之外,还有一个重要性:招降南方集团的那帮才子们。

北面貌似不是顶级高门的天下了,曹操志在营造出"乡愁是一道浅浅的汉水淮河,我在这头,曹操在那头"的舆论氛围。

"求贤令"是一个强烈的政治表态,颁布后曹操开始着手进行下一步的动作。他有着一个完整的模板在前面,两百年前,王莽为后世所有过户产权的新业主彻底地做好了模板。

进行下一个动作前,曹操需要拿出镇住所有人的东西。

比较幸运,曹操一直有一块未收割的自留地:关中。

211 年正月,太原的商曜等人据守大陵县反叛,曹操派夏侯渊、徐晃带兵去平叛。

三月,颁布"求贤令"不久,曹操下了个命令:攻打汉中张鲁。

下文件通知关中总督钟繇即刻开始准备,刚刚在太原平完叛乱的夏侯渊、徐晃就地西进入关,跟钟繇会合。

当时就有人跟曹操说,关中是军阀割据,钟繇就是个名义上的光杆司令,咱现在根本打不了张鲁,一入关整个关中就都得反了。

曹操的意图则非常明确:我知道他们要反,我就是逼反他们!他们当了这么多年顺民了,我没有理由去打他们,所以我只能说去打张鲁!

曹操之所以把这关中当作了自留地,原因比较多,但最重要的原因还是在于关中的军阀们的特殊性质。

关中目前有十几股势力,最大的还是之前的两位:韩遂和马超。注意,此时,不是马腾了。老马腾目前在曹操身边当着官呢。

并非像《三国演义》中说马腾参与了"衣待诏"被曹操弄死了，马超要报什么仇。马腾之所以在《三国演义》中死在衣带诏里，是因为不这么写根本没法解释他怎么跑曹操这儿当人质来了。

现实中马腾全家都在曹操那里过得好好的，马超却叛乱了。这段坑爹的故事，需要回顾一下其三十年的过往，才能理解马超的坑爹动机和他终其一生的能力问题。

时间拨回到二十七年前，公元 184 年。

随着张角张教主二月的一声炮响，天下彻底大乱，被凉北著名狠人段颎剿灭了的十五年的羌乱也再一次轰轰烈烈地闹起来了。

这名气最大的一次"羌乱"和前面很多次的羌乱本质上不一样，类似于明朝后期的倭寇之乱，听着以为是日本人在我们的土地上烧杀淫掠，实质上则是我国东南沿海走私武装集团外加零星日本打工仔对于大明海禁国策的武装对抗。

此次的凉州之乱，本质上是凉州豪族组织起了本地汉人，大量雇用羌、胡人，组成反政府武装来割据国家西北边陲。

当时谏议大夫刘陶在给灵帝上书时，对陇西乱象分析得非常明白："窃见天下前遇张角之乱，后遭边章之寇……今西羌逆类，私署将帅，皆多段颎时吏，晓习战陈，识知山川，变诈万端。"

西羌叛乱的这帮人都是当年段颎屠羌时的军官们，都是跟着他从血海里杀出来的顶级军官，这帮军官在二十年的作战与生活中和"义从羌""义从胡"的羌胡兄弟们积累了深厚的感情。

最开始"羌乱"闹起来后，造反派们攻打金城郡，胁迫了两个非常有名的金城大户豪族边允和韩约做他们的老大。①

---

① 《汉帝春秋》：凉州义从宋建、王国等反，诈金城郡降，求见凉州大人故新安令边允、从事韩约。

"凉州义从"雇佣兵军团的军头宋建和王国说："韩老大、边老大，我们要造反抢劫去了，你们得当我们的老大，做我们的名片，领着我们去抢！要不我们这号召力不够，蛇无头不行啊！"

在所谓的被"群盗诱而劫之"后，边允和韩约这两人非常"委屈"地被羌人叛军"胁迫"成了领袖，韩约改名，变为韩遂。

然后，金城太守陈懿就被杀了。"羌乱势大，攻烧州郡"，轰轰烈地的又闹起来了。

184 年的这次羌叛，本质是凉州汉人军官领着少数民族兄弟们去搏富贵，选出了凉州大豪族做代言人的一次以汉人为核心的反政府行动。

在长达一百年冰与火的淬炼以及汉羌的杂居融合后，西凉的大户豪族渐渐地摸索到了和羌人们同呼吸共命运的办法了。

咱们才是一家人，咱们得一块发家致富！

马腾就是这个特殊时代契机下的翻身咸鱼。

马腾据说是马援的后人，原来是扶风人，因为老爹去天水当官，在任上丢了官，结果就流落在了当地，他老爹因为失了功名落魄了，穷得只能娶羌女为妻，生下了马腾。

马腾成年后"长八尺余，身体洪大，面鼻雄异，而性贤厚，人多敬之"，天赐了一副上沙场搏功名的体格。184 年凉州大乱时入伍，渐渐地混到了凉州刺史耿鄙的司马。

187 年，耿鄙想要自己解决西凉叛乱问题，结果在讨伐已经成为匪首的韩遂时被杀，马腾顺应了陇西自治的号召，拥兵反叛，后又与韩遂合流。

这个时候问题来了，马腾仅仅入伍三年，真的到了能代表耿鄙这伙武装的地步了吗？其实他和韩遂的性质比较像，都是被推举出来的，但远不如韩遂的地位来得稳。韩遂是金城大族，马腾仅仅是个厉害的军吏，韩遂是卢俊义，是金城玉麒麟，马腾也就是个二龙山的鲁智深。

当时的西凉叛乱已经近似于当地的西凉豪族、武人自治了，但是这个西凉自治体系很特殊。

1.此次西北并没有什么一家独大的超级大佬，更类似于一大帮各占小股份的股东推举出了挑头的造反总经理。

马腾作为鲁智深，拉上杨志、武松仅仅在梁山泊中占个小股份，整个羌乱的名义大哥随后换了好几个，最终韩遂和马腾成了名片。

总体来讲，股份极其分散，有投票权的小股势力极多。这又有点儿类似于后来的藩镇割据。就是底下的人，有很大的权力。

2.因为羌族人民参与的比重很大，所以此次的地方自治体系又有了别的能力要求。

羌人的习性在《后汉书·西羌传》中有过很形象的描述："强则分种为酋豪，弱则为人附落，更相抄暴，以力为雄。杀人偿死，无它禁令。其兵长在山谷，短于平地，不能持久，而果于触突，以战死为吉利，病终为不祥。"像宋江那种传统意义上的老大在羌人那里往往吃不开，光会分钱玩手段是不够的，你还得武勇、能打、符合少数民族套马汉子威武雄壮的美好印象。

公元184年马腾闹革命时，马超已经八岁了。

马腾年轻时非常穷，砍柴为生，所以他很有可能继他爹之后也给羌人当了上门女婿。也就是说，二分之一羌人血统的马腾大概率又娶了个羌女，生下了有四分之三羌人血统的马超。

千万注意马家爷俩的羌族血统以及此次西凉军阀的特色性质！这样才能真正理解后面马家爷俩的一系列莫名其妙举措以及曹操为什么对面来一波人就乐一通的根本原因。

二、马腾入朝之谜

以韩遂和马腾为首的凉州羌乱闹起来后，汉廷派皇甫嵩、张温、董卓等分批来剿灭，也都互相干过架，董卓还从凉州调遣了不少雇佣兵下山，但双方谁也奈何不了谁。时不时地西凉内部还自己对打一下，主旋律是梁山性质合作，偶尔山寨之间摩擦。

189 年，董卓入京，对韩遂、马腾做了妥协，西凉自治的日子过得很开心。

192 年，董卓死了一段时间后，韩遂、马腾东进来看看关中的新形势，李傕以汉廷名义封韩遂为镇西将军，回军金城；马腾为征西将军，屯兵郿县。

此时汉廷里面还是有能人的，手腕还是很高的，表面上是封赏，实际上玩起了离间，韩遂的镇西将军比马腾的征西将军级别低一档，马腾屯兵的地方也被安排下了陇山，进入关中平原的腹地了。

后来没多久，马腾的内部发生了一次军变。原因在于马腾粮食少，向李傕打申请，问能不能让他带队伍上池阳吃段时间，随后西进到长平观。这个时候，他的部将王承等认为自己会被马腾卖了，于是内部叛乱了，马腾被打跑，回到了陇西。①

看到了马腾的股份吗？也就这点意思，内部叛乱后直接跑回陇西了，连打回来拿回公司的打算都没有。

194 年，马腾从凉州又拢了一堆小公司来朝廷这边打秋风，但是李催已经穷得自己都快过不下去了，于是马腾和刘焉勾结了起来，准备兵变，自己也当回中央。

韩遂听说关中打起来了，也兴奋了，带队伍来准备做和事佬。但是，下了陇山后发现马腾这里的机会更好，也许咱也有机会当中央了，于是和马腾一块儿打李催。

结果真打起来后，韩遂、马腾的队伍被砍了一万多个脑袋，只好退回凉州。西北头马，还得是董太师的李催。

后来李催等董系军阀内战，马腾、韩遂觉得他们的春天到了，继上一次的联合作战后决定达成更深的联盟，哥俩结拜了。

但是，这哥俩明显地控制不了手下的兄弟们。你们总公司结拜了不好使，底下的分公司总抢地盘，双方的联盟很快破灭了。②

直到有一次，两个董事长也打起来了，马腾动手打了韩遂，韩遂回来又召集所有小弟打跑了马腾，还杀了马腾的妻子和儿子，这下仇大了，双方全面开战了。③

再后来，董系自相残杀走向毁灭，曹操控制了献帝，关中总督钟繇和曹操派去的凉州牧韦端开始给两家调解："哥俩别打了，你们哪还有工夫打仗！没觉得关中空下来了吗？"钟繇还超标完成任务，成功地说服了两家往中央送人质过来。

---

① 《典略》：而将王承等恐腾为己害，乃攻腾营。时腾近出无备，遂破走，西上。

② 《典略》：始甚相亲，后转以部曲相侵入，更为雠敌。

③ 《典略》：腾攻遂，遂走，合众还攻腾，杀腾妻子，连兵不解。

在这里，要按一下暂停键：韩遂杀的马腾的妻与子中，没有马超。马腾的遣子入侍中，没有马超。

马超极大概率是马腾落魄砍柴时娶的羌女生的，此时马腾已经混成汉廷将军了，那个被称为"妻"的，应该是后来娶的凉州汉人豪族之女。派往朝廷的人质，应该也是汉妻生的有"继承权"的嫡子。

之所以"继承人"加上了引号，是因为马腾的这份所谓的"家产"有些特殊，实际上并不看什么继承顺位。

韩遂杀的不是马超的亲妈，甚至还帮他减轻了将来分家产的负担；在羌人的民族习性中，"父没则妻后母，兄亡则纳厘（嫂子）"，并没有汉人圈里以父为天的概念，所以马超后来轻松地坑爹并且认韩遂当爹也并没什么心理负担。

与此同时，曹操的大政委荀彧在推荐钟繇做关中总督的时候对曹操说的一段话非常有意思："关中将帅以十数，莫能相一，唯韩遂、马超最强，彼见山东方争，必各拥众自保。"这段话有三个关键点：

1. 关中自董系军阀溃败后，西凉特色的豪族自治已经蔓延到了关中，此时关中已经有十多股军阀势力。

2. 最强的有两股。

3. 韩遂还是那个名片，但马腾这边的名片已经换成了马超！

为什么马超变成了那伙军阀的名片了呢？因为这伙军阀中，羌胡兵的参与比例非常高，马家爷俩的羌人血统对于这部分力量的招募与团结助力极大。在这种以少数民族为主体的军队中，宋江式大哥是不好使的。

从后来杨阜对曹操说的话中就能明白：马超有韩信、英布的能耐，特别得羌人、胡人的拥戴。史书中从此开始的记载，都是马超带着部曲上阵拼杀，而且马超的作战风格是那种亲自上阵、受伤不下战场的勇猛骁将。[1]

马超的羌人血统以及勇猛善战的风格使其很大概率在马腾的部曲中已经成了威望极高的二把手，甚至是真正的战力核心。所以荀彧才会点名马超，而不是马腾。也许马腾亲自上战场都比不上儿子说的话好使了。

钟繇入关后没多久，爆发了举世瞩目的官渡大战，因为人质等种种因素，关中的各路军阀都表现得极其稳重。钟繇还在大战的僵持时刻给曹操送了两千匹战马，这很有可能是关中各军阀给曹操随的份子。

袁绍病逝后不久，匈奴单于平阳作乱，钟繇率领关中诸军前来攻打，打不动，与此同时袁尚派郭援带数万人，与匈奴单于一起入侵河东郡，并遣使与马腾、韩遂等连和。马腾一开始私下答应了。[2] 从这里也能看出来，马腾集团的初衷并非是将来要从曹操这里上市，而是保住自己的关中既得利益，中原大乱的时间越长越好。

钟繇入关时送过人质，官渡之战时随过份子，关中这帮军阀的本心是什么意思呢？和臧霸一样，图的是大汉朝廷的官方册封，方便自己名正言顺地在关中凉州当土皇帝，而且当时曹操比袁绍弱，袁绍要是收拾完曹操就该抢他们的地盘了。

这个时候"阴许"给袁尚的动机是什么呢？

钟繇后来派傅幹去劝他时，有一句说得很直白了："你现在跟着我们混，却不出力，打算两头下注，坐观成败，我就怕等成败真的定下来后，第一个挨刀的就是将军你啊！"

钟繇又是一顿政治工作：哥几个思想不能滑坡啊，咱儿子们可都

---

① 《典略》：超后为司隶校尉督军从事，讨郭援，为飞矢所中，乃以囊囊其足而战，破斩援首。

② 《战略》：腾等阴许之。

在邺城那里当着富二代了，挺好的日子咱可不能过丢了。

后来又在傅干和张既的劝说下，马腾琢磨清了现实，袁家那哥俩不可能弄得过曹操，自己的上限就是个等待收购，于是又随了份子。结果袁尚不仅没勾引来关中匪帮，还被马腾派马超率精兵万余人，与韩遂等部一起，在钟繇的督率下狂屠了一顿。

205 年，高干在投降后再次反叛，又是马腾等出兵出力协助曹操打败高干。

时间来到了 208 年，曹操统一北方，在南征刘表前夕，曹操着手布置了两件事：

1. 这一年的六月，曹操成为汉相，然后以丞相的超高级别待遇征辟马超，马超不去。

曹操以非常高的诚意，希望马腾部曲的实际统领者马超来他这里上班。

2. 马超不来后，曹操准备去收割快不行的刘表，去之前派张既游说马腾，说你把部曲解散了，去朝廷上班吧。①

正常的角度来讲，所有的投诚军阀，都是要把自己的部曲带过来的！张绣、张辽、张郃、徐晃，这都得带着队伍过来，还指着他们打仗呢！

为什么曹操不让马腾带来这支战斗力非常强的队伍呢？因为他知道，马腾根本带不来这支队伍。

其实曹操很早就开始安排这支队伍的实际统治者马超了，曾经委任马超为徐州刺史，但马超根本就不去上班。

---

① 《三国志·张既传》：太祖将征荆州，而腾等分据关中。太祖复遣既喻腾等，令释部曲求还。

为什么呢？因为马超知道自己这个出身卑贱的少数民族之子之所以牛，是手中的这支部曲。但这支部曲他根本带不进关去跟他混仕途！

此次西北三十年大乱的底色，是股权分散，手下人的权力很大，类似于晚唐的藩镇割据。你得让底下的弟兄们混得好，吃得香，你得能打、有面儿，抢得来地盘。马超作风优良能打胜仗，所以兄弟们会跟着你。但你要是想入关东谋富贵，没问题，你走你的，我们不去。我们这帮造反派扎根关中十多年了，你进中央能当大官，我们可什么都摸不上。

我们在关中是地头蛇，有地位、有家庭、有吃喝，急了还能抢一把，背后是源源不断地输送兵源的凉州老家，关中我们说什么可都不能离开。

曹操最终退而求其次，希望马腾能作为一个拆迁户的榜样，养着他，让他享受荣华富贵，然后渐渐地将西北大佬们都弄到中央来，再进入并控制群龙无首的关中。

马腾思前想后决定去曹操那里上班，史书上写了两个原因：

1. 跟韩遂实在是不对付，不愿意在关中待了。[①]

2. 张既把马腾给阴了。

"专业还迁政策引导员"张既得令去说服马腾：哪里都是家，舍小家才有大家，响应国家号召，高官、美女、大宅子咱都准备好了！把武装都解散了吧！马腾答应了，但总在犹豫。

随后张既赶紧让沿途郡县做好接待马腾全家的准备，二千石以上的官员在马腾经过的时候，都要到郊外迎接。

张既把马腾要去中央享荣华富贵的事做成"新闻联播"了，手下

---

① 《三国志·马超传》：后腾与韩遂不和，求还京畿。

的部曲们看明白马腾是个什么人了，原来他不想跟兄弟们混了，于是马腾不得不去了中央。[①]

马腾走得很干脆，他把家属都迁到邺城了，只有马超一个人留下了。[②]

军阀的志向有大有小，刀口舔血了一辈子想进中央享享福可以理解。马腾其实无所谓，关键是马腾手下的那支队伍。这支队伍，马腾既没有遣散，也没有交给关中的老大钟繇，而是给了自己的儿子马超。

传统观念中，是马腾要用这支力量为自己在曹操那里争取权利。实际上，根本就不是！他根本控制不了这支力量！

马腾知道，自己在关中混不下去了，所以把所有的家属带到邺城来了。留下了马超，实际上是马超野心比较大，不想跟他来。

他之前犹豫什么呢？马超不跟他走，他又遣散不了这支队伍，将来自己早晚会被这帮人坑，所以他犹豫。

所谓把部曲给了马超统领，实际上也就是过了一下户而已。公元198年时，荀彧就不拿他当这伙武装的代号了。

后来曹操一宣布要带队伍入关中打张鲁，马超带头就反了，马腾要是能遥控马超的话，马超应该是带着队伍做曹军的关中先锋军。

而且不仅仅是马超反了，曹操一说要打张鲁，关中十几伙势力不约而同地都反了。根本原因，就是他们有强烈的军阀主人翁意识：曹操来抢我们关中的既得利益了，所以坚决不能答应！休想进关中！

其实马超真的就想跟曹操对着干吗？不一定，他也许同样梦想当张辽。

---

① 《三国志·张既传》：腾已许之而更犹豫，既恐为变，乃移诸县促储偫，二千石郊迎。腾不得已，发东。

② 《典略》：又拜超弟休奉车都尉，休弟铁骑都尉，徙其家属皆诣邺，惟超独留。

但是，这些年西北的潜规则一直走的是西凉军阀自治的可持续发展道路，就是军阀大哥要把兄弟们哄好了，要倾听弟兄们的呼声，现在曹操来了，兄弟们很愤怒，你跟着不反也得反！违背广大将士的根本利益了，你要是不反，你就悬了。

曹操一说要入关，马超、韩遂、侯选、程银、杨秋、李堪、张横、梁兴、成宜、马玩等十部皆反，其众十万，屯据潼关。

这在三国的各种游戏中，全都隶属于马腾，作为一支关中势力出现的。实际上，这十路兵马并不挨着。谈不上谁领导谁，而是十伙土匪对抗中央。

三、荀彧殉汉，令君千古

西北跳反后，曹操先派曹仁去了前线总督战事，结果马超、韩遂等堵了潼关。曹操随后派去了最高指示："关西兵精悍，别跟他们打，先耗他们的锐气！"

诸将说："关西兵强，都是玩长矛的出身，咱要是不精选前锋，很难打得过他们啊！"

曹操对诸将说："战在我，不在贼，他们长矛玩得好，但我有办法让他们刺不出来！你们就看吧！"

为什么这个时候大家要专门说一下关西兵强，必须得精选前锋才能去打呢？为什么曹操也默认了，随后说了些故作玄虚的片汤话呢？因为此时曹军已经到了一个青黄不接的时代。

曹操、袁绍这帮主公们最开始的战斗主力，都是在 189 年左右招募的。

汉代士兵的起征点是二十三岁，但乱世肯定不会按规章制度办事，扛得起枪的小伙子估计就都拉走了，当时招募的兵源平均年龄应该是二十多岁。

中原自 184 年黄巾起义大乱，大量的豪族、部曲也大概是在这个时间段开始招募士兵，主力也应该在二十多岁。

曹操集团的主力青州兵收编于 193 年，当时的青州精锐应该都是打过几年仗的老兵，就按二十五岁算，十八年过去了，此时也已经四十三岁了。当然这些年士兵的更新换代也在进行当中，但是新兵的战斗力和老兵是没法比的。

官渡之战时，曹操和袁绍的部曲战斗力都在巅峰，其中的精锐应该是三十五左右的老兵。曹操胜利后一口气弄死了袁绍的八万老兵，在袁绍死后，曹操在和袁绍的儿子打仗时兵源上仍占据着巨大优势。白狼山斩蹋顿，应该是曹操老兵军团的强弩之末、落日余晖。赤壁之战，曹军因大疫死伤惨重，曹仁后来在江陵的一年多鏖兵中也损失不小。

无论是按年龄推算，还是按老兵死亡率来看，曹军此时都是青黄不接了。

曹操终其一生，基本都在亲临一线作战，从出道开始一直无休，打了三十多年，还因此被唐太宗调侃为"一将之智有余，万乘之才不足"，就是玩打仗还行，当皇帝差点儿意思。

其实曹操也有很多无奈。他出道的头十多年，基本上每天都在生死边缘，根本就没有分兵团作战的机会，官渡之战是最后豁出命才赢下的；袁绍死后收河北的几年，是收冀州奠基业的关键上升期，自然也得亲自上阵剿灭诸袁，越快搞定越好。自赤壁战后，他当年叱咤风云南征北战的那波百战老兵衰老凋零，但天下仍然没有一统。

这是之前两次"分久必合"中所没有遇到的。高祖和光武都是一代兵源就定鼎天下的。

曹操只能靠着自己在这个时代的第一档作战指挥能力去弥补兵源战力断档的不足。

其实曹操在创业大成后已经在放权了，夏侯渊和曹仁都在后来独当一面的战役中展现了非常高的战术水准，但三国能人太多，不像光武中兴时仅一个岑彭就能把整个南方都淌一遍，老刘和二爷上阵后曹家的司令就不好使了，只能指望老曹再上阵。

公元 211 年七月，面对精锐的关西精兵，曹操再次亲征。一边走，一边夸钟繇。

钟繇这位关中总督在主政的十多年间一个劲儿地发签证，把本来就没什么人的关中人往洛阳移民，不仅移民百姓，投诚的军阀也被安排到了洛阳。

这次曹操西征，豫西通道承担起了大军的沿途给养。

曹操到了潼关后，关中的各路军阀开始增援而来，每来一部，曹操就乐。

曹操说："关中很大，这帮乱贼都有自己的地盘，要是他们割据险阻，我挨个儿剿平没有一两年弄不完他们，现在都跑过来了，我一口气弄死他们多省心，所以我高兴呀。"

虽然被马超、韩遂堵在了潼关，从豫西通道确实是入不了关了，但还有豫北通道。曹操先是带兵到潼关门口，假装要打，把关中军都引到了潼关，然后派徐晃、朱灵北渡黄河，走蒲坂津再西渡黄河进入河西，开辟了前线阵地，随后曹操掩护部队北渡黄河入河东，结果掩护时差点儿玩砸了。（见图 6-1）

奔六十的曹老爷子又浪上了，带着一百多位亲兵亲自殿后。结果马超带队从潼关冲出来了。人家冲得比较猛，在曹操还坐在摇摇椅上玩造型的时候，张郃等人看出来不对了，于是率领保镖队架着领导就往船上跑，上船后发现河水很急，船只难以操纵，没划多远，马超带军开始放箭。划船的保镖们一个个都被射死了，结果侍卫队长许褚开始展现神力，一手划船，一手举盾牌，与此同时曹操手下的丁斐放出了牛马吸引

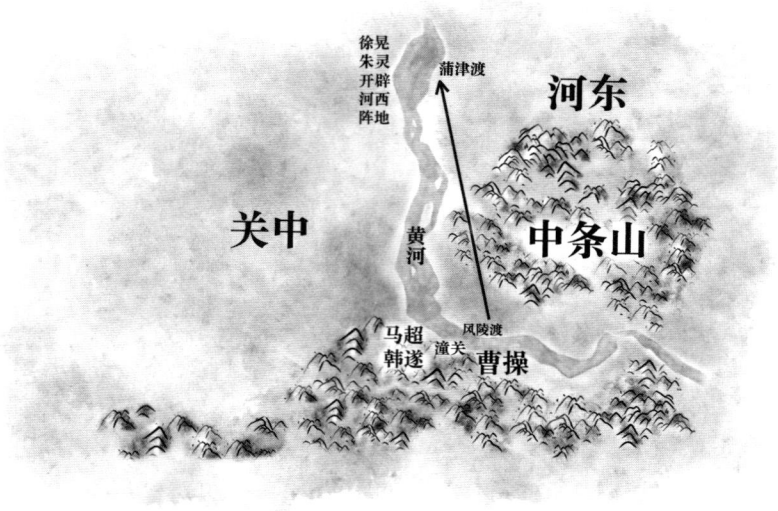

图 6-1　徐晃、朱灵登陆图

马超方的注意力，曹操这才顺利地到达黄河北岸。①（见图 6-2）

曹操的这份造型，带坏了自家的一个兄弟。

八年后，曹操的关西总司令夏侯渊带着几百人去补鹿角，气概与造型和今天有些类似。对面也确实蹿出人来撵他了。但是，夏侯渊并没有他老板的体质，被一个老大爷带队砍死了。他的死，也使得 219 年的风起云涌朝着世纪大片的剧本波澜壮阔走去！

为什么古往今来能作诗的军事型领导很罕见呢？因为，作诗这事，需要些突破天际的灵性和肆意妄为的浪漫。这种人在战场上普遍是活不过三个钟头的。

曹操北渡黄河后，大军西渡蒲坂入关中，关中各路军阀又开始在

① 《资治通鉴·汉纪五十八》：许褚扶操上船，船工中流矢死，褚左手举马鞍以蔽操，右手刺船。校尉丁斐，放牛马以饵贼，贼乱，取牛马，操乃得渡……

图 6-2　曹操殿后示意图

渭水口阻挡，但是渭水是谈不上什么天险的。曹操设各路疑兵，半夜用小船做了浮桥过了渭水，在渭南开辟了滩头阵地。

马超等夜袭，被曹操伏兵击破，随后马超等表示割地求和，曹操不许。

九月，曹操大军渡渭水至南岸。马超叫阵数次，曹操不理，马超又说我们割地求和送人质，咱别打了。这时候贾诩说话了："伪许之。"

曹操随后使出了离间计。韩遂和马超的关系本来就像是互相出过轨的夫妻，根本谈不上信任。曹操使出了水平比较一般的离间计，在对阵时喊出了韩遂，和他唠家常。

曹操和韩遂他爹是同年的孝廉，曹操说了一堆京都旧故，两人还哈哈地虚伪笑了一阵，回去后还给韩遂寄了一封涂涂抹抹的信。

不久，马超和韩遂掐上了。

曹操开始收尾，展开大会战：先派轻兵对阵，大战良久后再派出了特种兵虎豹骑，大破关中军，斩十匪帮中的成宜、李堪等，一战打崩了关中群匪。韩遂、马超跑回了大本营凉州，杨秋跑回了安定，关中解放。

十月，北上安定，杨秋投降，陇东全部回归。

十二月，曹操没有将穷寇追到底，回军邺城，留夏侯渊收尾。他此时有比追土匪更重要的事。

212年正月，曹操回到邺城，献帝特批曹操"参拜不名、剑履上殿"，如萧何故事。

随后，曹操想要晋爵国公，加"九锡"。

曹操要为自己收回关中的功劳要待遇，但这个待遇要得有些高，大家都知道什么意思。因为上一个加"九锡"的那位最后干了什么事大家都知道。

曹操知道，这件事必须得让二哥同意，也就是自己的文官系统中，分量最重的荀彧。

八年前，204年曹操拿下邺城领冀州牧的时候，曹操就想打着"复古置九州"的名号扩大冀州地盘了，但是这事儿被荀彧摁下了。

荀彧的理由是革命尚未成功，同志仍需努力，宜将剩勇追穷寇，不可沽名学霸王，希望领导赶紧引兵先定河北，然后修复洛阳，拿下荆州，等天下大定后再讨论古制这事儿。[①]

曹操不仅二话没说取消了九州的讨论，还给荀彧写信道谢。

曹操对荀彧一直是多方位地讨好，204年第一波封侯时，荀彧得封

---

① 《三国志·荀彧传》：愿公急引兵先定河北，然后修复旧京，南临荆州，责贡之不入，则天下咸知公意，人人自安。天下大定，乃议古制，此社稷长久之利也。

万岁亭侯，封邑千户，为所有封侯诸将之首，曹操还将闺女嫁给了荀彧的长子荀恽。207年在论功大行赏时，荀彧这几年已经没什么军功了，但曹操依然增封其千户，位列文官之首。曹操随后又连续十多次地要让荀彧进位"三公"，荀彧就是不同意。

曹操几乎使出了所有讨好荀彧的办法，但荀彧却在渐渐地和曹操划清界限，并在用尚书令这个关键岗位和曹操的个人进步做周旋。

这一次，曹操提出要称公、加"九锡"后，第一时间咨询了荀彧，荀彧再次表示不同意！而且荀彧回绝得很露骨："你兴的是义兵！虽成大功，但要忠贞爱国，不能太过分！"

这位合伙人，当初是带着理想抱负而来的，他的梦想是匡扶汉室，是再造大汉。你曹操可以当霍光，可以做皇帝的爷爷。但你死后，皇帝还要是皇帝。如今当爷爷都不行了，你要把这孙子踢一边去，这就触碰了我的底线了。

荀彧表态不赞成。这成了一个政治大事件。因为荀彧作为创业元老、集团合伙人、大量关键人才的提拔者，自身的分量非常重。他的表态，使得很多人在观望。

曹操心里堵了块大石头，内心深处极度愤怒！他的这位"子房"，很显然并不是为了他什么都肯干的。

这回打马超差点儿死黄河里都白折腾了！那么大的关中拿下来没加成"九锡"！八年前你说让我扫平天下后再提这事儿，闹半天是在拖着我！根本不是为我着想，原来是心心念念你的汉！

称公、加"九锡"这事儿被暂时搁下了，到了十月，曹操再动干戈，大军南下打孙权。这一次，荀彧没有再坐镇后方，而是被调入了南下的大军。

没多久，这位王佐之才神秘死亡。死亡方式有两种说法：一种是忧愤而死；[1]一种是曹操送了个有寓意的空饭盒，荀彧喝药自杀。[2]

看似神秘兮兮，其实史书的记载表达了一个非常明确的意思：隐诛。

空的食盒是什么意思呢？天子死曰"崩"，诸侯死曰"薨"，大夫死曰"卒"，士死曰"不禄"，庶人曰"死"。空食盒就是没有俸禄了，就是"不禄"。

不过荀彧并非是"士"，人家是万岁亭侯，曹操是不是并不想搞死荀彧，就是吓唬吓唬他呢？并不是，史书记载的"忧薨"其实就是明确了曹操隐诛荀彧。

儿子无奈造反的卫子夫、武帝死前带走的钩弋夫人、何进外戚争权灭门的董太后，这在史书上都是以"忧死"记载的。

曹操以劳军的名义将荀彧调出许昌是为了打他一个出其不意，荀彧不会料到曹操居然会对他动手。

曹操在寿春以霹雳手段给荀彧发送了死亡信号，是因为荀彧的分量真闹起来会给自己造成太多难办的麻烦。

荀彧为什么没有反抗呢？首先，他没想到曹操会这么绝，本以为就是政治谈话，谁知道不讲一丝情分，突然就要弄死他；其次，保后代安全并给自己留下最后的体面。

来看一个三百多年前的故事吧。

刻薄寡恩的汉景帝在打掉最后一个军功集团丞相周亚夫之前，曾经喊周亚夫来吃饭，周亚夫到了之后光看到了一大块整肉，不仅没有切，连筷子都没有。

周亚夫很不痛快，对周围人说："给我拿筷子去！"

---

① 《三国志·荀彧传》：彧疾，留寿春，以忧薨……
② 《魏氏春秋》：太祖馈彧食，发之乃空器也，于是饮药而卒。

景帝笑呵呵地说："呦！这还不够您吃的吗？"

周亚夫这个时候才免冠谢罪，景帝说起来吧。然后周亚夫饭都不吃直接走了！

景帝目送周亚夫，随后冷冷地说道："这样的人不会为太子尽忠的。"

景帝给了周亚夫饭，却没给他筷子，意思是：你的封邑还会有，但你吃不了这碗饭了，你自尽吧，我会让你儿子继承的。周亚夫不接茬，结果就是屈辱而死，封国除。

荀彧明白，人家已经拉下脸突然袭击了，自己肯定是活不了了，抵抗还会祸及子孙！既然已经如此，那就以死明志吧！

荀彧在死前将自己所有跟曹操有关的信笺文字全部焚毁，并不想给世人留下自己为曹操出谋划策的那些材料。[①] 他希望自己最后的历史面貌，是以汉臣的形象出现在世人眼中的，而并非是曹操的二当家、颍川第一合伙人的身份。

但即便荀彧死前烧毁一切，由于他太重要了，留下的那些只言片语的线索都为后世拼凑出来了这位颍川大才对于曹魏政权的基石作用。

当初在鄄城帮曹操挽救革命的一州之镇。

当初把曹操从眼馋徐州拽回来的总参谋长。

当初力主曹操迎回汉家四百年老匾的尚书令。

当初给曹操带来一整套行政班子的文官集团老大。

当初写信劝曹操在官渡顶住的集团二当家。

当初击垮袁绍后劝曹操继续做河北卷的班主任。

当初曹操走到哪里都一切放心，粮草辎重一切都会搞定的帝国

---

① 《彧别传》：彧自为尚书令，常以书陈事，临薨，皆焚毁之，故奇策密谋不得尽闻也。

总理。

他是曹操每有大事无不书信咨询的最大恩人，却成了曹操鲤鱼化龙后达成欲望的最大阻碍！

权力为何物？无恩无情哉！

曹操确确实实是个乱世英雄，他曹家的最终结局也真的报应不爽。刨坟掘墓、屠城徙民、谋朝篡汉、逼死对他有大恩的唯一合伙人。他这辈子亏心的事，干太多了。

荀彧用他的死，殉葬了大汉最后的倔强与荣光。荀彧死后，曹操给出了自己这位二当家的谥号：敬侯。谥法中，"夙夜警戒"曰敬；"合善典法"曰敬。

曹操还算磊落，将荀彧的一生贡献归于了大汉，将他的最终身份定格为了汉臣。

三国时代只有一个让我们潸然泪下的汉庭柱石吗？应该是两个！蜀汉卧龙，后汉王佐！

荀彧由于一生都在做隐藏于曹操背后的擎天之柱，其后世之名远逊于诸葛亮。实际上，两个大神真的是等量齐观。

曹操后来在怀念荀彧时慨叹："荀彧给我推荐了这么多的人才啊！荀令君之论人，我没世不忘！"

后来司马懿回顾一生想到这位前辈时，说出了这么一句话："算上史书中的人物，我眼亲见、书中所闻，近一百几十年来，没见过有贤才能如荀令君之人。"

后来跟司马家共天下的"江左擎天柱"王导说："昔魏武，达政之主也；荀文若，功臣之最也！"

直到一百多年后的东晋中期，王羲之仍然评论："荀、葛各一国佐命宗臣，观其辙迹，实奇士也。"

一个是"奉主上以从民望"的扶大厦之将倾，一个是"鞠躬尽瘁死而后已"的挽狂澜于既倒。

三国时代，将星如云，谋臣如雨，孔明、文若跻身于其中，实为璀璨第一档。

《三国志》在荀彧死后画龙点睛地写了这句话："明年，太祖遂为魏公矣。"

从此，曹操的换房本之路上，再无拦路人了。基本上也可以这么说：荀彧死，东汉亡。

四、张松卖川

荀彧死后不久，曹操进军濡须口，攻破孙权的长江西寨，抓了寨主公孙阳，此后僵持了一段时间，没打动，班师。

不久，献帝下诏合并十四州，恢复九州的建制，最大的改变是把并州、幽州以及河内等关键郡县全部划给了冀州。

213 年五月丙申，献帝派御史大夫郗虑持节策命曹操为魏公，加"九锡"、建魏国，定国都于邺城。魏国拥有冀州十郡之地，置丞相、太尉、大将军等百官。

荀彧作为最大的反动派被打倒后，曹操如愿以偿。曹操称公，完成了质的变化。这意味着，冀州成了他的独立王国。

七月，曹操开始修建魏国的宗庙和社稷。十一月，魏国开始设置尚书、侍中、六卿等官职。

荀攸作为荀家新的掌门人，成了魏国的第一任尚书令，凉茂为仆射，毛玠、崔琰、常林、徐奕、何夔为尚书，王粲、杜袭、卫觊、和洽为侍中，这些过去的世家大族是曹操山头上举出来的才。

曹操变成了超级诸侯国的国主，大汉的房本，至此他已经完成了一半的过户。

就在他五月晋爵封公的时候，西南传来了一个信息：刘备对刘璋开战了。刘备从川北开始进攻刘璋。

刘备怎么跑到川北了？

这两年曹操在鼓捣房本过户的时候，刘备干了很多活儿，他也盯上了别人家的房子。这要从曹操两年前打关中说起了。

曹操自从开始为自己谋利益，刘备就成了间接的最大受益人，曹操每进一步，不光肥了自己，还在给刘备点炮儿。

211 年，他打马超时起头的是嚷嚷要打张鲁，让蜀中紧张了半天。在讨论大半年后，十二月，刘璋听从张松的建议，派法正邀请刘备入川当保镖。

三国系列近半，终于有四川的事了。

拜《三国演义》所赐，刘璋也成了历史上知名的窝囊蛋。对于他的描述，丞相用了个词，叫作"暗弱"。弱就弱，还暗弱，知识分子的钢枪扎起人来向是杀人不见血。

该介绍一下东汉末年大乱后，四川这二十多年的发展状况了。

188 年，灵帝死前的关键一年，他签署了著名的使割据合法的文件：州牧制度。倡导人是刘焉，刘璋他爹。

刘焉，江夏竟陵皇族，汉鲁恭王之后，年少就开始在地方州郡出仕，后来历任洛阳令、冀州刺史、南阳太守，随后晋升为九卿中的宗正、太常。

刘焉的目的，就是看到天下快乱了，他要去当土皇帝，他本人自我推荐，要去海南当交州牧。

后来刘焉听侍中董扶说，益州有天子之气，就改主意了，说："不去了！我要去益州为朝廷分忧。"

当时的益州刺史郤俭在益州的统治已经贪腐得不像话了，臭名都传到中央了。他并没有把益州的发展红利分享到洛阳，于是灵帝命刘焉为监军使者、益州牧，前往益州逮捕郤俭，整饬吏治。

每个时代都有能最早发现政策红利的人，说益州有天子气的侍中董扶和太仓令赵韪都是益州豪族，他们非常明白州牧的编制对于地方是个什么概念，中央的官没什么意思了！豪族起飞、地头蛇割据的时代风口来了，这哥俩跟刘焉一块儿上任去了。

刘焉没走越野景点秦岭蜀道，而是走长江线逆流入蜀，因为他是江夏人，得回老家带着股本去四川，这回是呼吸天子气去的，就没打算再回来！

结果刚到达荆州，益州闹起了黄巾起义，益州逆贼马相、赵祇等在绵竹起义自号黄巾，聚了几千人先杀了绵竹令李升，随后拢了万余人攻破雒县，一个月时间又流窜到蜀郡、犍为郡。马相自称天子，流寇已经达到了数万规模。

刘焉没费事就把郤俭给杀了，但他也进不去了。后来益州从事贾龙（蜀军豪族）组织当地军队千把来人成功地剿匪，才将刘焉迎了进去。

人家为什么迎他呢？有两方面原因：

1. 刘焉是朝廷命官，能给贾龙更官方的背书。

2. 跟刘焉一块儿来的董扶、赵韪这帮人都是蜀中豪族，能跟贾龙说上话。

刘焉就这么到了四川，随后在蜀中据说施行了仁政，渐渐地立住了脚。

五斗米教的教主张鲁的母亲跟刘焉家有来往，刘焉后来封张教主为督义司马，与别部司马张修一起进攻不服他统领的汉中郡，收复了益州全境。

张鲁、张修成功地偷袭攻占汉中，还杀了汉中太守苏固，不久张鲁偷袭张修，并其部众，开始着手建设新汉中。

刘焉上书朝廷："米贼拦着汉中，以后有什么事别喊我了，让我自生自灭吧。"从此刘焉中断与中央的联络。

布局张鲁入汉中，是刘焉利用张家的宗教属性为自己独霸益州找理由和做北面掩护的，此时张教主的家眷都在刘焉手中，所以仍然多少受刘焉的暗中控制。

刘焉在断绝和中央的联系后，开始利用益州亲近的力量逐渐地打击其他蜀中豪强巩固自身势力，杀州中豪强王咸、李权等十余人，树立起四川黑老大的地位。这惹怒了蜀中的豪族，蜀军豪族犍为郡太守任岐和迎他入蜀的贾龙先后反叛。

贾龙很厉害，当初千余人就能剿匪数万，刘焉一度很狼狈，最终喊来了羌族雇佣兵帮他打仗，艰难地击杀贾龙，平叛成功。

后来董卓乱政、李傕祸关中，大乱之下，南阳、三辅一带有数万户流民进入益州，刘焉将他们全部收编，称为东州兵。这和曹操的青州兵一样，成了整个三国时代，唯二直接攥在诸侯手中的无主流民军力量。

综上所述，刘焉这个人很不简单：他能看出来天下要大乱。他能给自己找个好出路。他能在毫无根基的地方站住脚。他能指使豪族斗豪族，内耗蜀中本土力量。他能利用外族雇佣兵去帮他打内部矛盾之战。他还能瞅准时机，一举收编自己的私人武装力量。他是个非常厉害的投机主义者。

这个人能力虽然很强，眼界却实在一般，三国中第一个想称帝的其实是他。早在191年，刘焉就想称帝了，毕竟当年他来益州的目的就是想过皇帝瘾，结果还没怎么着就被东边的刘表举报了，刘焉一看反对声高涨，随后称病装怂。

朝廷派其幼子刘璋从京城到益州传达"你不要再胡搞"的精神，

结果被刘焉留下。

刘焉越来越心痒难耐，后来阴谋部署在长安的长子、次子搞政变，撺掇马腾去偷袭长安，结果政变失败，两个儿子全部被杀。

与此同时，刘焉所在的治所绵竹被雷劈了，大火把他的那堆天子配套全给烧了，刘焉老来丧子，自己称帝的打算又被老天打脸，一赌气死了。

当年刘歆看到了赤伏符后把名字改成了刘秀，结果让王莽给祭天了，刘焉也这意思。益州有天子气，那气是你的吗？你给人家当过保安吗？

刘焉不仅给自己造舆论，还在下一代上用心很深，和刘焉一起入蜀的部曲吴家有一个闺女被相士看出来日后大贵，于是刘焉把这个大贵的吴家闺女给自己的儿子刘瑁娶来了。他儿子娶了吴家丫头后不仅没有大贵，反而被各方力量最终挤出了本该他继承的接班人之位，并在作为益州大使见了一回曹操后，回到益州就"狂疾"过世了（**这种记载，大概率也是隐诛**）。

人家看相的水平还是在线的，这个大贵的姑娘并非因你江夏刘家而贵，而是因涿郡刘家而贵。吴家姑娘丧夫几年后被另一个老刘敲开了寡妇家的大门。

长子、次子都走人了，刘焉还剩下三子刘瑁和幼子刘璋。理论上，接班人非刘瑁莫属。因为这些年在刘焉身边的一直是刘瑁，刘焉也是一直把刘瑁当接班人培养的，没看把吴家丫头都给娶过来了嘛！

但是，手下的人不认同！剩下的大佬们在这哥俩中进行了选择，当年跟刘焉一块入蜀的大佬赵韪等认为幼子刘璋"温仁"，于是公推他继任为益州牧。

这是刘璋的第一个性格用词，但很快地就演变成"暗弱"了。

不过仔细琢磨，这哥们儿其实可能有点儿"弱"，但绝对谈不上"温"。

刘璋即位后，作为第一波不服的甘宁、沈弥、娄发等人开始公然反对，结果没有得逞，他们一看不对就逃亡荆州了。甘宁后来又从荆州跑到了扬州，这辈子算是看尽了长江的风光啊。刘璋借这个茬派拥立他的赵韪去进攻荆州屯兵东线，成功地支走了这个分量大的老部下。

刘焉在位时，张鲁还是挺给这位老前辈面子的，结果到了刘璋这里，听说这小子没本事，就彻底不理他了。刘璋也不废话，直接就把张鲁在蜀中的母亲和弟弟杀了。因此双方开始了多年的小规模对打。

由于张鲁部曲中有大量的巴郡人，刘璋随后派庞羲为巴西太守堵住张鲁的兵工厂，让他和张鲁互相消耗，又把一个分量大的老部下给安排走了。

刘璋上任后的三件事，支走了两个大爷，杀了张教主全家，虽然手段上谈不上有多高端，但是和"温"与"弱"貌似也沾不上边。

换新领导了，过去刘焉的亲兵东州兵开始自发地变成挂牌土匪各种扰民，刘璋并没有约束他爹留下来的这帮土匪。这成了说他"弱"的重要开会材料。

亲兵队其实都是这样，老一辈领导走了后，这支队伍都会面临控制不住的风险。曹操死后青州兵马上就撂挑子回老家去了。走之前还在洛阳敲了一通鼓。[①] 这通鼓基本上可以等同于反叛信号！洛阳的鼓那是随便敲的吗！

四百年前周亚夫平七国之乱的时候，操作是什么呢？先去洛阳占

---

① 《魏略》：会太祖崩，霸所部及青州兵，以为天下将乱，皆鸣鼓擅去。

武库，然后击鸣鼓，目的是在全世界范围内引起强烈反响！[①]

青州兵撂挑子造成了什么政治表态呢：曹操没了，天要塌了，要再度完蛋了，全国各地你们看着办吧！我们已经不跟他儿子混了！

虽然曹丕还没接班就被弄得极度没面子，但照样得安抚，一律不追究，按退伍军人待遇返乡。

青州兵和东州兵都属于老领导的私人武装，曹丕尚且无奈如此，你说让来益州没两年的刘璋怎么整？

刘璋不约束还有一个关键原因，人家是自己人，关键时刻只能指望人家。

200 年，被刘璋支走的赵韪积聚了多年民望，私底下结交了州中豪族，在东州兵的土匪扰民加成下开始发动叛乱，蜀郡、广汉、犍为三郡全都响应。

刘璋接到叛乱通知后飞奔回成都军营，喊着自家的流氓卫队去平叛赵韪革命军。结果别看东州匪帮扰民有数，人家平乱也是有方的。血战下，东州兵在江州击溃了赵韪的团队，赵韪部将庞乐、李异一看不对就跳反了，杀了赵韪投降了。刘璋从此基本上算是控制住了益州。

208 年，曹操下荆州那年，刘璋派使者表达尊敬之情，结果这个使者他并没有派对。这位使者在曹丞相那里并没有得到礼节性的对待，于是这位外交官成了中国历史中的一个很具代表性的转折型小人物。这位使者叫张松，史评说："为人短小，放荡不治节操，有才干。"翻译一下就是无节操、无下限的放荡小能人。

张松到了荆州后，曹操已经定荆州，刘备已被打跑，一统天下趋

---

① 《汉书·周亚夫传》：抵雒阳，间不过差一二日，直入武库，击鸣鼓。诸侯闻之，以为将军从天而下也。

势很明显了，张松没得到什么优待。倒是赤壁战后，刘备一边收荆南一边勾搭张松。老刘这辈子在拿下老爷们儿方面那叫一个轻车熟路，张松很快地就被老刘征服了。

随后张松不仅把益州的政治、军事机密全卖了，还直接给老刘画了一张地图，回去后又玩命劝刘璋："曹操不是什么好东西，您得跟刘备交流。①

举止异常的人，你一定要非常小心地对待这个人。

其貌不扬、举止不堪却能挤进上层圈子的人，必有过人大才，比如短小、放荡、无节操的张松。

要小心和他们沟通，尊敬地对待他们，不要和他们乱开玩笑，因为你不知哪句话就得罪他们了。

如果他们想搞你，你会死得很惨。

史上功到极致平稳降落之最的郭子仪，有一次家里在开派对，御史中丞卢杞来探望，吓得郭子仪屏退了所有女眷和用人，随后热情洋溢地亲自接待。

事后郭子仪说，来的这位爷长得特别丑，心眼特别小，你们今天谁要是乐了一下让他看见了，将来他得志后咱家就得被灭门了。

为啥古往今来立不世之功，却能功成身退不祸及子孙的只有再造大唐的郭子仪那么少数几个呢？因为这份做人的谨慎，实在是太罕见了。

高层惕猥琐，行伍拔伟岸，这是个看人的参考。

总体来件，做人还是要大气，不要看人下菜碟，善良地对待每一个人，因为哪片云彩落雨将来你不知道，但对有些人，你要加倍地

---

① 《三国志·先主传》：因问蜀中阔狭，兵器府库人马众寡，及诸要害道里远近，松等具言之，又画地图山川处所，由是尽知益州虚实也。《三国志·刘璋传》：疵毁曹公，劝璋自绝；刘豫州，使君之肺腑，可与交通。

尊重。

张松回蜀中后没完没了地说刘备如何如何好，刘璋觉得也对，于是派法正前去与刘备结好联盟，后来又支援了刘备几千志愿军去抵抗曹军。双方就此正式建交。

刘璋不知道他这回的交友故事将成为后世警惕饿狼的著名案例教材。他以为多个朋友多条路，实际上他这个朋友交的那真叫是多个冤家多堵墙。

由于他"弱"得远近驰名，早就被隆中小青年诸葛亮写进了入职报告中，整个刘备集团的重头戏，就是他的益州。

你不建交，我还不知道怎么张这嘴呢，老刘在专业陪跑二十年后，终于要等来自己的时代了。

就算高门的袁绍、曹操是开放在水中娇艳的水仙，也别忘了，汉末寂寞山谷的角落里，野百合也有春天。

五、西川易主

就在刘备借来江陵没多久，曹操入关中，刘璋被张松忽悠了，决定请个能打的保镖来，刘备因此正式入蜀。

张松是这么说的："现在州中将领庞羲、李异等人居功自傲，心怀异志，如不能得到刘豫州的帮助，益州将外有曹操攻击，内遭乱民骚扰，必定走向败亡。"①

刘璋派法正请刘备入川。当时有太多人反对了。刘璋的主簿黄权说："刘备是枭雄，是大流氓，你没法把他当部下，而且一国不容二主，这真不是什么好主意！"王累则更坚决，直接将自己倒吊在成都城门上开劝。

刘璋不搭理。刘璋是个什么目的呢？从后来他安排刘备屯兵葭萌关就能明白。

葭萌关是入蜀的第二道门户，第一道为白水关。（见图6-3）

无论自关中、汉中、武都南下，还是阴平西进，最终都要经过白

---

① 《三国志·刘璋传》：今州中诸将庞羲、李异等皆恃功骄豪，欲有外意，不得豫州，则敌攻其外，民攻其内，必败之道也。

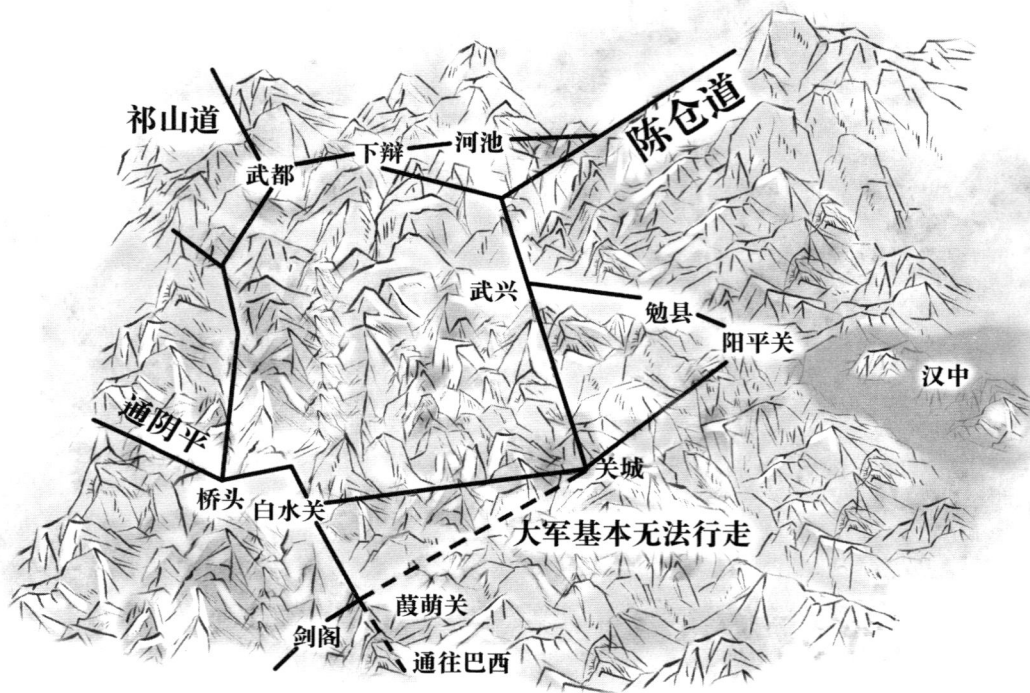

图 6-3　蜀道交通图

水关。

上图虚线处，汉中方向到葭萌关其实也有一段路可以走，但是山谷险峻、水流湍急，三国时并不将其作为交通的正规选择。

白水关也称"关头"，收拢了所有常规的入蜀线路，和白帝城共称"益州祸福之门"。刘璋没把白水关给刘备确确实实是正解，这个位置太关键了。

让刘备屯兵葭萌关是什么布置呢？一方面，北面来敌人了可以随时支援白水关，并且可以从小路方向堵死北面偷渡白水关的可能。另一方面，葭萌关南边有水路可以进入巴西郡，能够震慑驻防此地的大佬庞羲。

总之，刘璋名义上让刘备北讨张鲁，实际上就是使唤便宜人，拿老刘又当保安了。

但是，刘备驻防葭萌关，从另一个最坏的角度来讲，复刻了当年的秦下巴蜀。刘璋在防止刘备南下上，几乎没有任何主动权。刘备只要跟刘璋闹翻了，他能南下迅速地通过剑阁的天险进入蜀中腹地，在葭萌关还能卡死白水关的驻防军，让他们成为孤军。

过了剑阁，蜀地天险的百分之九十五就被破了。（见图 6-4）

想法挺好，但是以刘璋的能力是操不了这种盘的。

他请的那位，是二十多年尸山血海滚过来的不死老兵，是这辈子只在吕布身上吃过亏的顶级爬山虎，刘璋怎么还敢占刘备的便宜！

刘备随后在刘璋的官方邀请下，率兵两万从江陵走长江，由江州转站，由垫江水来到涪城，一路入境如归。刘璋也率领步、骑兵三万多人前往与刘备相会。

张松和庞统都说，喝酒时就把刘璋"做"了吧！

老刘说："那哪行！我还没传播品牌呢！不能仓促！"

随后双方就是百余日的无限畅饮，喝差不多后，刘璋以大批物资

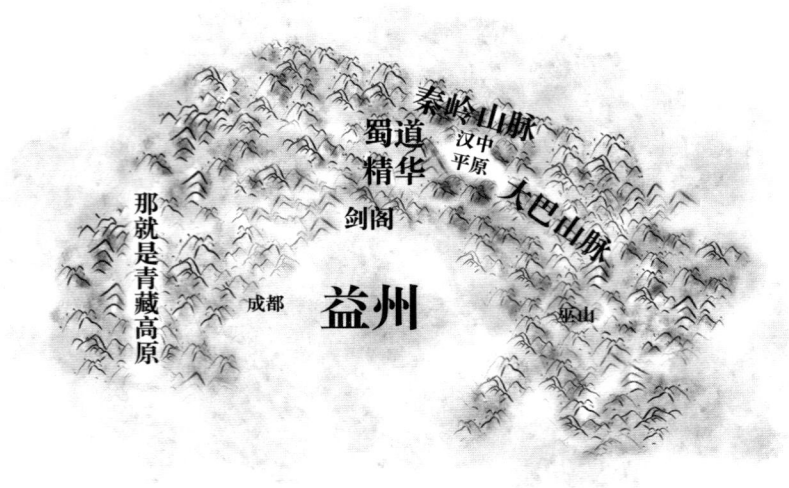

图 6-4　剑阁位置图

米二十万斛、骑千匹、车千乘，缯絮锦帛资助刘备，让他去讨伐张鲁，双方就此分手。

除了军费之外，刘璋还给刘备增兵，并且令他督白水关之兵，刘备一共带了三万多人去了葭萌关。

211 年冬，刘备进驻葭萌关，随后就是一年的川北疗养。这一年，刘备什么都没干，张鲁也明白刘备不是奔他来的，也避免摩擦。

当然，老刘也不是光疗养了，而是再次使出了他一辈子走到哪儿播种到哪儿的形象工程，将刘皇叔的光辉爱民形象在川北肆意地播撒。

刘备刚到葭萌关，曹操就回去换房本了，留下夏侯渊和马超在陇右斗，北边的压力瞬间没了。刘璋吃了哑巴亏。

老刘一边养精蓄锐，一边传播品牌，享受着他孟德兄为他带来的点炮红利。

212 年年底，荀彧被曹操逼死，曹操为了换房本南下打孙权，再次间接地帮了刘备。

1. 整个西方的压力全没了，曹操和孙权都陈兵东线，关中也风景迷人，夏侯渊忙着继续在凉州剿匪。

2. 盟友孙权向他求救了。

这成了他的一个借口，他向刘璋再次借兵，要东去救孙权，说："那是我小舅子，我兄弟关羽正和乐进在青泥相拒，我要是不回去我们家二爷就完了，这个张鲁是自守贼，一年多没敢来打我，兄弟你再给我增兵一万，军费也不能少，我回家去了。"

刘璋此时比较痛苦，也不敢得罪刘备，因为刘备待的那地方是嗓子眼，他无险可守了。

刘璋说："刘哥，我这里就还能挤出四千兵，您要的那些军粮我能给您一半，您快走吧，我认赔了！"

然后，老刘开始煽动、激怒官兵了，说："我帮益州打强敌，咱们受这么大累对面却连军费都不出！还想让咱帮他死战！这可能吗！"①

老刘在川北大肆宣扬自己吃大亏的同时，张松的哥哥广汉太守张肃看出形势不对大义灭弟赶紧站队，张松等人的所有阴谋被端到了刘璋那里。②

刘璋大怒杀了张松，下令所有关隘的守卫部队封锁道路，不让刘备通过！

张松被检举让刘备变为被动了，本来能包装成保安公司闹维权的，以对方鸡贼的旗号打人家，结果自己抢人家房子的阴谋被揭穿了，人

---

① 《魏书》：备因激怒其众，曰："吾为益州征强敌，师徒勤瘁，不遑宁居；今积帑藏之财而吝于赏功，望士大夫为出死力战，其可得乎！"

② 《三国志·先主传》：松兄广汉太守肃，惧祸逮己，白璋发其谋。

证、物证俱在，自己一辈子的温暖笑容在蜀中被换成笑里藏刀了！

双方开始正式撕破脸，动手开干！

老刘开干前，庞统给出了上、中、下三个主意：

上计：阴选精兵，昼夜兼道，径袭成都，刘璋一定没有防备，进行闪电战斩首行动。

中计：白水关的杨怀、高沛都是蜀中名将，各仗强兵据守白水关，现在趁着刘璋的文件还没到，赶紧让他们前来，您名义还是督白水军的，来了就给他们扣下，并让白水军跟咱一块南下打成都。

下计：退还白帝城，站住长江东关，喊着荆州军合并伐蜀。

刘备随后挑了中计，召还没收到刘璋开战电报的白水军杨怀等将到来，进门就翻脸了，说人家无礼，找茬给砍了，随后自己迅速北上白水关，吞并白水兵并扣下了士兵们的家属做人质，软禁了所有军官，逼着这伙白水兵一块跟他南下打刘璋。

由于四川的天险都在刘备的手上攥着，因此刘璋此时已经极其被动，这和当年秦并巴蜀时的局势一样，都是白水葭萌天险一旦被突破，四川盆地就基本上再也难以进行像样的阻击。

唯一的区别，是刘备此时没有后援，只能以战养战，所以刘璋还有一线生机。

郑度对刘璋说："刘备现在是孤军，赶紧将阆中、梓潼的百姓移民到涪水以西，将仓廪野谷全部烧掉，高垒深沟不跟他打！用不了百日，他自己就该崩溃了！"[1]（见图6-5）

---

[1] 《三国志·法正传》：左将军县军袭我，兵不满万，士众未附，野谷是资，军无辎重。其计莫若尽驱巴西、梓潼民内涪水以西，其仓廪野谷，一皆烧除，高垒深沟，静以待之。彼至，请战，勿许，久无所资，不过百日，必将自走。

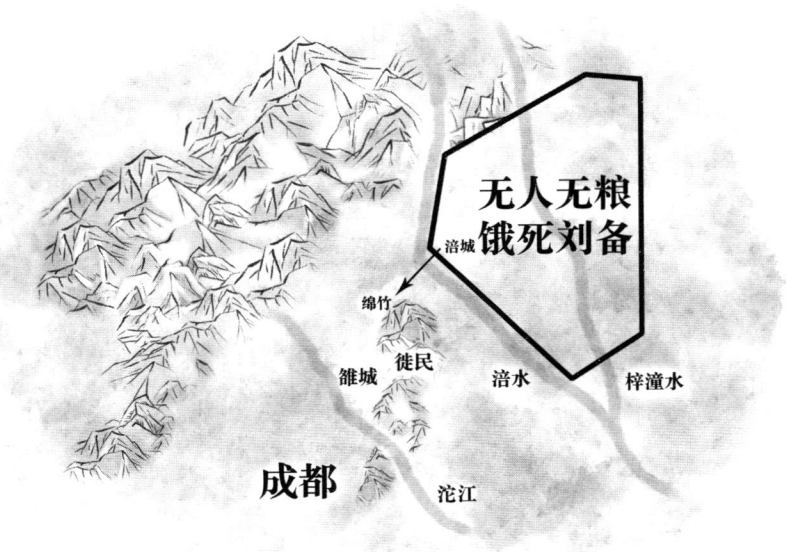

图 6-5　郑度建议图

　　刘备听说了郑度的建议，不禁慌了，问法正："孝直啊！咱该怎么办啊？还有什么弄粮食的地儿吗？"

　　法正说："刘璋不是曹操！不用担心！"

　　刘璋最终对文武表态："我受到的教育，拒敌是为了安民，没听过祸害百姓就能避敌的。"

　　刘璋可能在四川这些年都待木了，什么新闻都听不见，他不知道曹操这些年获得的巨大成功中就包含了无所不用其极地拿老百姓不当人，你怎么还没听说呢！

　　在这里有一个问题，刘备此次南下有多少人？

　　刘备在最开始入川的时候，史书中给的人数是"数万"。和刘璋见面后，刘璋又给刘备增了一些兵，最后达到了三万多人。由开始的"数万"增成"三万余"，基本能推断刘备入川时的荆州兵是两万多人。

后来刘备又裹挟了白水军，据说白水军是"强兵"，白水关又是川北第一关，驻防人数应该也不少。所以此时刘备的总兵力应该在四万左右，两万多荆州军，一万多益州军。

但是郑度说刘备"兵不满万，士众未附"，由此判断，老刘将一万多的荆州兵放在了白水关防止北面张鲁乘虚而入并看住被裹挟的军官和人质，自己带着"兵不满万"的荆州兵和"士众未附"的益州军南下了。

刘备内心深处是非常担心刘璋改变主意执行郑度方案的，于是自南下就猛赶着去占涪城，控制住涪水以西，让刘璋没法移民，以至于路过梓潼的时候根本没顾得上打。

郑度报告中坚壁清野的有用内容，刘璋没听，报告中"兵不满万"这情况听得真真的，派了吴懿、刘璝、冷苞、张任、邓贤等好几路大军去涪城阻击刘备，估计还下达了迅速欺负刘备小部队的指示。

刘璋就是在蜀中待的时间太长了，国际上的新闻时讯都不知道，他根本不知道，"兵不满万"的刘备怎么能去惹呢？刘备在那个状态下几乎是嗜血的存在啊！

刘备通常在手握好几万大军的情况下才会烧脑当机，水平感人，现在益州兵难堪重任，能打硬仗不满万的规模正好是汉末第一风骚走位神将的舒适区！

诸将大概率听了"兵不满万"的情报后抢着收刘备人头来了，后来在法正劝刘璋放弃幻想的信中也提到并印证了刘璋的思路。[①]

然后，这帮蜀中多年没更新战术思想、没打过大仗的将士们见识

---

① 《三国志·法正传》：事变既成，又不量强弱之势，以为左将军县远之众，粮谷无储，欲得以多击少……

到了汉末轻量级野战街上最靓的仔。老刘给他们一个个全收拾了！①

这次涪城阻击战，成为刘璋土崩瓦解的开始，吴懿战败后就投降了，那帮"士众未附"的益州兵估计也开始被老兵突击的刘备拿下了。剩下这帮败将退保绵竹后被刘备一路追着揍。刘备推进到绵竹后，绵竹令费诗率先抢着投降了。此时刘璋又派来了护军李严来督绵竹诸军对抗刘备，结果荆州南阳人的李严一看这阵势也投降了。

刘备开始基本把握住了战事的走向，命蜀中投降的诸将们去分别平定周边郡县。

刘备继续南推，在雒城遭到了重大考验，刘璋看到所有外人都不能信任了，派儿子刘循带领万余人去驻防。张任在雁桥阻击刘备，大败战死，刘循在雒城中说什么也不出去了。

围城大半年，时间来到了 214 年，刘备看到无法取得突破，开始调荆州主力入川，诸葛亮、张飞、赵云等率军入蜀，留关羽守荆州。

三爷就此与二爷分别，从此再未相见。

丞相等一路顺利突破白帝城，拿下重镇江州，自江州开始，三人分为三路入川。（见图 6-6）

战事绵延日久，始终打不下来，期间"凤雏"庞统还在此地被流矢所杀（葬在了落凤坡，并非死在落凤坡）。

法正随后给前老板刘璋写了一封杀人诛心的信：

1. 当初你最好的机会是欺负我们粮寡兵少，但现在已经失去良机了。

2. 雒城虽然还有万余兵，但都是一路打剩下的，挺不住了。

3. 张飞已经带着好几万人拿下了巴东，入犍为界，分平资中、德阳，三道并进，你要完蛋了。

---

① 《三国志·先主传》：璋遣刘璝、冷苞、张任、邓贤等拒先主于涪，皆破败。

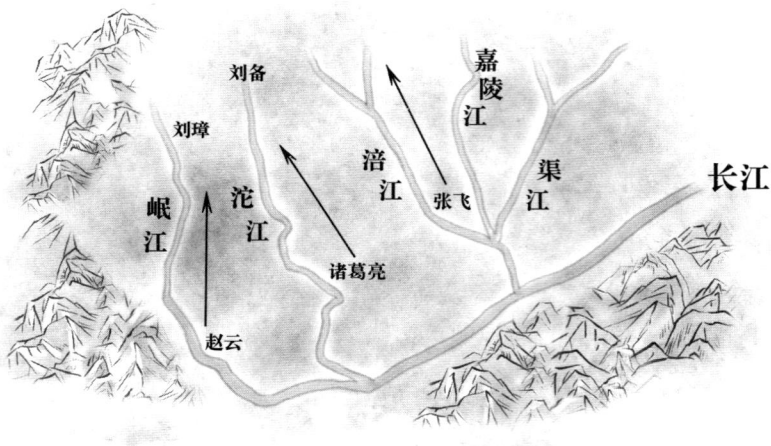

图 6-6　荆州军入川图

4. 孙权还派来了甘宁这帮当年被你赶出去的人，他们找你报仇来了。

5. 现在益州的三分之二都被我们拿下了，老百姓看到我们来了就都成顺民了。

6. 鱼复（白帝城）与关头（白水关）实为益州福祸之门，现在坚城皆下，诸军并破，兵将俱尽，数道并进，已入你心腹，你还坐守成都、雒城有什么意义呢！

刘璋神经还是很大的，要是别人看了早吓死了，确确实实，仗打到这个份上已经回天乏术了。

一年多的鏖战后，214年夏，刘备终于打下了雒城，六月，兵临成都。刘备进兵包围成都，刘璋仍在坚持，坚守了数十日。

但是，刘备等来了一个人，刘璋看见这个人兵临城下后心理防线就彻底崩塌了。马超来了。

话说回马超，马超被曹操打跑后，第一时间就去收敛自己的少数民族武装去了（超走保诸戎），在西凉又闹腾了一阵，并在此期间，彻底地把爹坑死了。

本来他在关中最开始闹时，曹操是没动马腾的，因为老马确确实实还是好官员，甭管心里有啥弯弯绕，人家这些年一直是向曹操表忠心的。

结果没想到马超铁了心地要跟曹操开干，各种打还不投降，在凉州又反起来了，曹操只能杀掉他爹马腾和全家两百多口以平众怒。

渭水大战后，曹操追到安定就打住要回去换房本了，这个时候当地豪族出身的官员杨阜对曹操说："马超是整个西北公认的战斗英雄，全都买他的账，你只要走了，陇西肯定就不再是国家所有！"①

曹操表示，你说得特别好，但我得换房本去了，陇西当年刘秀打了四年多，现在也够马超打一阵子的。

结果马超带着他的少数民族兄弟们来打陇西郡县了，没悬念地全部响应，只有凉州刺史的治所冀城仍在坚守。

冀城随后展现了自己的超级顽强，马超围城八个月打不动，也充分地说明了马超集团的军力短板。

困守八个月后，凉州刺史韦康请和，随后开门投降，但马超不知是因为八个月的困守太来气还是脑子进水了，他杀降了！

你要么就不允许人家投降，你接着打下去；你要么在人家规规矩矩投降后，给人家留条生路！

马超坑爹、杀降，至此彻彻底底地失去了凉州汉人的支持！

凉州的各地汉人豪族私下组成了反马超联盟，杨阜的投名状代表

---

① 《三国志·杨阜传》：超有信、布之勇，甚得羌、胡心，西州畏之。若大军还，不严为之备，陇上诸郡非国家之有也。

性极强："马超背父叛君，虐杀州将，岂独阜之忧责，一州士大夫皆蒙其耻。超强而无义，多衅易图耳。"

被马超虐杀的凉州刺史韦康的故吏杨阜、姜叙、梁宽、赵衢等，打算合谋杀掉马超，为老领导报仇。杨阜、姜叙先是在卤城起事，马超带兵讨伐，一如既往地攻坚拿不下，等他回军的时候，梁宽、赵衢已经关了冀城的城门，尹奉、赵昂又占住了祁山堡，凉州的几个关键据点都叛变了。马超的妻子儿女随后也让人家全部灭门了，马超进退不得，失去了给养，又担心夏侯渊上陇山夹攻他，于是去了汉中投奔张鲁。

他来到了张鲁处，向张鲁借兵反攻凉州，张鲁打算把闺女嫁给他以笼络这位战斗英雄，被手下给劝住了："他连他爹都不爱，你这闺女能收得了他的心？"

马超从汉中做了部曲抵押（庞德等从此留在了汉中），换了粮草和张鲁的部分支援去打祁山堡，三国时代第一个北出祁山的其实是马超。

陇右求救，事出突然，夏侯渊决定派张郃督步骑五千在前，从陈仓狭道入，夏侯渊督粮在后，前往凉州救急。（见图6-7）

这条道实在是太险，基本上没走过军队，等走出去，军队基本也都累死了，夏侯渊的作战风格比他老板还奔放。

他这次征马超，本来极有可能是把前锋张郃给坑死送人头了，但是赶上马超同样是强弩之末了。

马超带领的"诸戎"军，这两年基本上就没打什么胜仗，要么被曹操在渭水狂屠，要么攻城八个月拿不下来，要么被整个汉人圈唾弃，等到这回张郃搭半条命从陈仓狭道艰难地上陇后，马超带着数千羌氐雇佣兵来逆战张郃，羌氐雇佣兵一看见魏军正规军来了就都跑了，[①] 跟着你捞不到油水，你又打不赢仗，为什么要为你死战呢？马超至此军心

---

① 《三国志·夏侯渊传》：郃至渭水上，超将氐、羌数千逆郃。未战，超走……

图 6-7　陈仓狭道位置图

已散。

马超混到这份上已经众叛亲离，张鲁的部下杨昂等又在汉中诋毁他，马超听说刘备此时围刘璋于成都，在走投无路下向刘备请降。

马超的一部分部曲在汉中，少数民族雇佣兵也基本都不跟他了，此时他已经是光杆司令了。

马超为何在投降刘备后就再没军功了呢？因为他是野战厉害，他带头冲锋后鼓舞起来跟他一块儿冲的羌氏部曲，老部曲都不跟他了，汉人兵和他的作战风格又不搭，他自然也就谈不上什么战斗力了。

但是，对刘备来说，马超还是有大用的。马超快到的时候，刘备专门派人让他先等等，给马超配好了队伍，才让他到了成都城下。马超引军屯于城北，不到十天，成都崩溃。

川北已经被刘备封锁一年多了，刘璋此时所有的信息来源都是马超在渭水据曹操、陇右望风归降的新闻，后面现眼的剧情都不知道，看到这么牛的人都被刘备拿下了，没希望了。

其实当时刘璋还是有很强的抵抗能力的，因为当时城中有三万部队，粮食还够支持一年，官吏百姓们也都同仇敌忾。

并没有《三国演义》中为刘备画像打掩护的那堆事儿，刘备得蜀是普遍被当地人看不起的。因为他来路实在是不正！从理上讲，是被我们友好地请来当外援的，结果他这个保镖掉头把雇主打死了，而且早有预谋！跟秘书合谋虚假投标进来的！

刘备在派简雍劝降刘璋时，刘璋最终留下感人台词："我父子在益州二十多年，没有给百姓施加恩德，仗打了三年，许多人死在草莽野外，都是因为我的缘故，我怎么能够安心。"说罢，开城投降，成都哭成一片。

刘璋最后的这一念，不论对错，是大善，包括他之前不忍迁巴西、梓潼百姓，也是大善。他虽然是失败者，他虽然"暗弱"，但他顶多是能力不配位。他比两百年前绑架所有四川人民陪自己一块殉葬的公孙述强太多了。

刘备得国不正，他最终会得到他的剧本。

五十年后，他奔波一生的那个家业，会被一个神奇的小分队莫名其妙地一路拿下。他这份家业丢的时候，却远没有此时成都城中那奋起抵抗的汹涌民意。主体态度是，没就没了，可算没了。

他的得国不正，随后也伴随着巨大的权力架构隐患。他的益州成分构成中，有本土派，有东州派，有荆州派。家产不大，成分不少。这成为刘备蜀汉政权的最终死穴，也留给了后面那位千古大丞相一个终其一生都极度头疼的难题。

刘备刚刚喘口气，突然发现他的那位一生之敌再次走到了他的前面。

历史的编剧，要对轰轰烈烈的东汉末年推出最后一波高潮了！

曹家将星外姓诸将，全体起立候场！

百战老兵草根天团，赌命孤注而来！

建安二十四年，公元 219 年，就要来了！

第 **7** 战

汉中会战：汉末诸神黄昏的上半场

一、为什么曹操会得陇"忘"蜀呢？

214年秋，刘备终于实现了对西川的占有。

曹操那边也没闲着。214年三月，天子使魏公曹操位在诸侯王上，改授金玺，赤绂、远游冠。

七月，曹操再打孙权。

十一月，献帝皇后伏氏因写了一封咒骂曹操的信而被杀。

十二月，天子命魏公置旄头，宫殿设钟虡。

215年正月，曹操的二闺女成为皇后。

进入215年，在刘备拿下四川半年多后，曹操决定不能再跟孙权逗了，得去抢汉中了，再等等让刘备缓过来，汉中也没了。

为什么此时能打汉中了呢？因为214年十月夏侯渊杀了割据枹罕、自号河首平汉王的宋建，凉州主体基本平定，此时进兵汉中，没有后顾之忧了。

自184年凉州大乱，到214年凉州三巨头韩遂、马超、宋建全部被剿灭，割据三十年的凉州终于消停了。

韩遂和马超基本是同时间被夏侯渊剿灭的，马超是被全体阶层抛弃了，韩遂和夏侯渊还过了几招。

夏侯渊在和韩遂对战的过程中，算是抓准了韩遂的命门。韩遂和马超的军队成分很像，是大量的羌氐雇佣兵，夏侯渊不和韩遂的军队打，而是直接去打韩遂军主力长离诸羌的老家，玩儿了把围魏救赵。①

夏侯渊留下督将守辎重，轻兵到长离，攻烧羌屯，实行大屠杀，结果把韩遂那里的羌族士兵全勾过来了。韩遂一看没办法，只能跟着手下官兵被夏侯渊调动到了长离。

等碰面后，韩遂的兵多。魏军打算先安营扎寨瞅准战机再打。

夏侯渊说："我已经拉着大伙折腾上千里了，现在咱们是强弩之末了，歇下来必败，没有别的路了，拼吧！"②

大伙被夏侯渊逼到绝境，无可奈何地进行了野战冲锋。比较幸运，在渭水和关中被魏军野战打虚的诸羌在这个时候崩溃了，韩遂此战后也一蹶不振，随后出现内乱，一年后以七十五岁的高龄病死，结束了三十年带头大哥的一生。

夏侯渊在陇西的"背水一战"打了不是两三场，都赢了。但他也在这几年的战无不克中积攒了太多的"幸存者偏差"，与此同时动不动地就奔袭千里，也透支了太多将士们的耐性与信任。

一个人不会总一直幸运的。

此时的汉中，是一块超级大肥肉，而且风传，张鲁早就想归顺中央了。张鲁一直对曹操那上贡，后来汉中老百姓发现了一块玉印，大家打算以此为契机劝张鲁当汉宁王。

---

① 《三国志·夏侯渊传》：不如击长离诸羌。长离诸羌多在遂军，必归救其家。若（舍）羌独守则孤，救长离则官兵得与野战，可必虏也。

② 《三国志·夏侯渊传》：诸将见遂众，恶之，欲结营作堑乃与战。渊曰："我转斗千里，今复作营堑，则士众罢弊，不可久。贼虽众，易与耳。"

这个时候，张鲁的功曹阎圃劝他说："汉中这地方，户出十万，财富土沃，四面险固，上选，是匡扶天子称个霸；次选，就是像窦融那样把汉中打包中央那里上市，你现在要是自己当了这汉宁王，就把后路断了，建议领导还是再等等看，别自取其祸啊！"[1]

说汉中是大肥肉的原因，并不仅仅是它能入关、能入蜀的地理位置，更重要的是目前在编的汉中人口已经突破了十万户，在三国年间，算得上标准的人口大省了。别看汉中小，但此时的汉中比关中加凉州的人口都要多太多了，是一股很大的力量。

张鲁在汉中的二十多年，进行了中国历史上非常罕见的"政教合一"的尝试。他的统治手段，是自己做教主，下级是治头大祭酒，再下级是祭酒，初级教徒是鬼卒（**名字比较骇人**），不设官吏，以祭酒管理地方政务。整个汉中的法律，是道教教规。试举例一二。

教民诚信不可欺诈，病人得病了要反思，看看是自己哪里做错了，先从自身改正；对犯法者宽容三次，第四次再收拾，如果罪不大，修上一百步的路就当赎罪了；春夏两季万物生长之时禁止屠杀；全体汉中人民禁止酗酒。

张鲁还创立义舍，放米、放肉，免费供行路人自行取食，并贴上大标语："别玩命吃，浪费可耻，倒买倒卖者鬼神会降罪，使你患病。"

宗教通常是一柄双刃剑，有的宗教救人命劝善，有的宗教无成本杀人。

行善的回报往往是缓释的，是春种秋收的，是需要长时间坚持的，是自己慢慢品出人生的不同的。

不要因为自己的行为，让别人对善良美好的事物失去信心！人在

---

[1] 《三国志·张鲁传》：上匡天子，则为桓、文，次及窦融，不失富贵。今承制署置，势足斩断，不烦于王。愿且不称，勿为祸先。

做，身边人在品，老天爷在看。

张鲁这个教主在那个年代就做得非常好，当时的汉中成了全中国罕见的桃花源，张教主治下的汉中出现了整个三国时代中国全境范围内罕见的人口正增长。最近的一次，韩遂、马超和曹操对打的时候，为了躲避曹操，又从关中奔过来几万家。

张教主在汉中二十多年，百姓安居乐业，拥护信徒众多，成为汉末成功挺到最后的几股割据势力之一。

215年三月，曹操抵达陈仓，随后会合了夏侯渊的凉州方面军，走陈仓道，入武都，南下汉中。

这其中出现了一个小插曲，要过氐族人的地盘。这个民族开始露小头了。

四月，到达河池，氐王窦茂带着一万多族人占道不让过。

五月，曹操派张郃与朱灵屠灭了这支氐族力量，解决了氐族武装占道的问题。

现在的氐族还处于被曹操随便安排的阶段，但在不远的未来，这个民族冲出来了一个小伙子，雄才大略，一统中国北方。这个民族，也将在中国的历史中留下浓墨重彩的一笔。

215年七月，曹操抵达阳平关。

张教主的意思是，甭打了，直接投降吧，我规规矩矩地合法办教去吧。结果他弟弟张卫不认，不行，咱得打！

曹操打汉中之前，听凉州从事和武都降人的说法，说张鲁特别好打，阳平关根本就没法守。

曹操信了。等来了之后叹了口气，说这帮没打过仗的人啊！既然都来了，曹操于是下令攻阳平山上诸屯，打了三天，不仅打不动，还死伤不少，曹操叹道："此妖妄之国耳，何能为有无？"

曹操以多年的经验判断，该从这种妖气纵横的地形撤军了，张卫的守军实在不能叫守军，但是这山势实在太险了，虽有精兵虎将也施展不开啊！

曹操派夏侯惇、许褚去召还攻山的军队，开始部署撤军。曹操率后军已经撤了，命刘晔督后诸军，按批次撤离。（见图7-1）

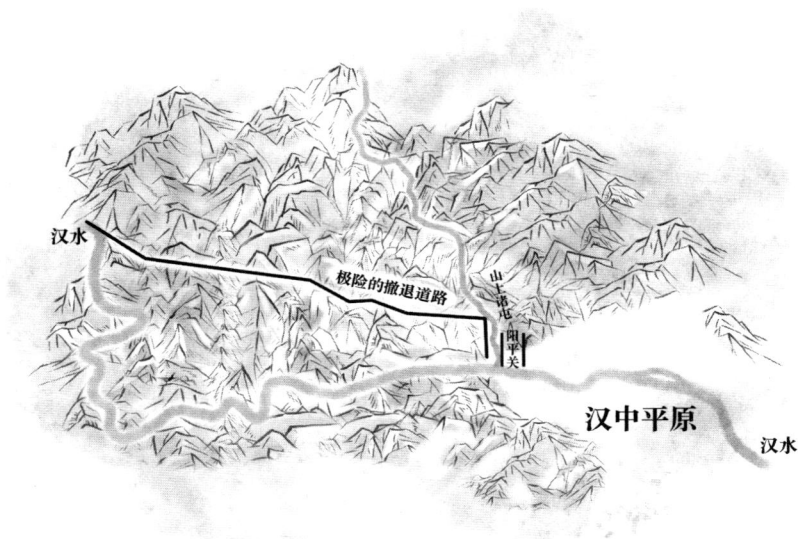

图7-1　曹操撤退路线图

曹操此时已经极其困难了，因为粮道不通、行路艰难，督后军的刘晔飞奔回曹操那里说："张鲁是能打赢的，现在粮道不济，大军就算撤退了估计也得饿死好多！拼了吧！"

曹操一琢磨也对，反正这兵都得死，与其饿死闹暴动，还不如让他们死山上了！全军晚上去偷袭张卫！死到粮食够回去的人吃为止！

结果神奇的一夜来了，大半夜有数千野生麋鹿向张卫军营冲来，张卫军大惊。[1]

夜袭的曹军看到山神派麋鹿大军帮忙来了，于是开始上各种打击乐，敲锣打鼓一边给麋鹿军助威，一边吓唬张卫军说我们大军就要来了。[2]

张卫本来因为曹操都撤走了开始松懈，结果突然间又是麋鹿冲锋又是敲锣打鼓，于是懵圈投降了。

阳平关天险就这么被拿下了。

神奇程度堪比修仙小说，曹操这辈子似乎很不遭水神待见，赤壁遇周郎，渡河遇马超，长江、黄河都不太给他面子，但人家颇得山神青睐，无论是东北的山还是西北的山，每当山穷水尽之时总会有如神助。

张鲁的意思是，得了，这回踏实投降吧，结果当初劝他不能称汉宁王的阎圃献计说："您现在被迫投降，肯定价格卖不高，不如先创建流亡政府，等等咱再降。"

张鲁一琢磨也对，于是率军南逃，前往巴中，临行前，手下人想把仓库里的宝物、辎重全部焚毁。张鲁说："我早就想归顺朝廷，今天我们离开不过是避其锋芒，宝货仓库本就是国家所有，我看谁敢烧一个！"

张教主的觉悟在曹操到达南郑后得到了高度赞许，派出了慰问团去找张鲁："教主您也别跑了，回来吧，国家不会亏待您的。"曹操随后封张鲁为镇南将军，阆中侯，食邑万户，其五子皆为列侯。

这也是曹操一生开出的最大支票。

归顺后的张鲁可以专心办教了，他离开汉中后，大量信徒在杜袭

---

① 《世语》：夜有野麋数千突坏卫营，军大惊。
② 《世语》：高祚等误与卫众遇，祚等多鸣鼓角会众。

的开导下也跟着他北迁，①斗米教开始走进关东，走向中原，并最终开枝散叶，传承至今。

除此之外，张既在张鲁降后还劝曹操往汉中移民数万户。②这数万户其实就是韩遂、马超跟曹操对打的时候从关中逃过来的那数万家。

总体来讲，曹操此次拿回汉中后，挪回了之前逃跑的最后那点关中户口，并将张教主的铁杆教徒八万多人（**不到两万户**）迁到了洛阳和邺城。

这产生了很不好的影响。

1. 在古代只要是大规模徙民，大量的人口就会死在路上，迁回去的关中人肯定会不满，汉中这地方气候与土地都不错，关中那地方总闹运动，一闹就死一批，好不容易在汉中落住脚，当初就是为了躲你这拆迁狂魔跑过来的，结果还是没地方躲了！

2. 强制移民会带来迁入地原住民的怨恨，不仅汉中当地一片骂街，洛阳、邺城也怨声载道。

大量的农民涌入，方言、习惯、约定俗成的规矩等都需要磨合，多了几万张怨声载道的嘴，不是吃就是抱怨，迁入地的原住民也受不了。

最终，里里外外所有的街，都会骂到曹操身上。曹操移民、拆迁了一辈子，这个爱好最终也会产生让他始料未及的后果。

与此同时，他的移民做法透露出了一个他内心深处的想法：他对巴蜀并没有放到规划中，否则根本不会移民，而是会组织汉中全员大生产为灭蜀输出人力、物力。

---

① 《三国志·杜袭传》：绥怀开导，百姓自乐出徙洛、邺者，八万余口。

② 《三国志·张既传》：鲁降，既说太祖拔汉中民数万户以实长安及三辅。

在拿下汉中后，司马懿和刘晔都建言了："汉中是益州咽喉，咱得趁热拿下西蜀！"

曹操叹了一句："人苦无足，既得陇右，复欲得蜀！"

他搬了两百年前刘秀的名言摆造型，不过刘秀的原话是："人苦不知足，既平陇，复望蜀。"意思是：我怎么这么没出息啊！得了陇还想要蜀，你们努力吧！

他这变成了：你们怎么就没出息呢！都得了陇右了，怎么还想着蜀呢！

他对于拿下整个益州的态度是：缓缓吧！拿下汉中已经达成既定目标了。他的目的是回来再削刘备，能随时打他就行了，先缓缓，岁数大了，先缓缓。

曹操的这次"得陇忘蜀"，成为他被后世无数次诟病的重要材料，说他没脑子，怎么就不趁热秃噜了刘备呢！结果你看，后来现眼了吧，一辈子打刘备都跟打兔子似的，结果终场前让刘备反咬了一大口。

但是，话又说回来，谁都知道趁热入蜀是上等策略，但为什么曹操没南下呢！因为他有比入蜀更重要的事。

十二月，曹操自南郑返回，留夏侯渊守汉中。

216年二月，曹操回到邺城。

五月，献帝封曹公为魏王，邑三万户，以天子旒冕、车服、旌旗、礼乐郊祀天地，宗庙、祖、腊皆如汉制，国都邺城，王子皆为列侯。

十月，曹操再征孙权。

十一月到了谯县。

217年正月，曹操驻军居巢。

二月，曹操于濡须口猛攻孙权。

三月，曹操率军撤回，留下伏波将军夏侯惇统领曹仁、张辽等二十六支部队驻守居巢，孙权让都尉徐详到曹操那里请求投降；曹操派使者回复，愿意建立友好关系，与孙权重结姻亲。

四月，天子命曹操设天子旌旗，出入称警跸。

十月，天子命曹操冕十有二旒，乘金根车，驾六马，设五时副车，以五官中郎将曹丕为魏太子。

至此，曹操完成了全部进化，他和汉献帝的配置，全都一样了。对他而言，这是比入蜀更重要的事！

奋斗了一辈子，他得把这份家业合法化，巩固住，再传给儿孙。

入蜀这种高难度的事，以曹操此时可以查到的经验，除了秦当年趁着土著内乱打劫和刘秀的长江、陇右的双路突击以及最近刘璋引狼入室外，还没有人办到过。

刘备没打白水、葭萌、剑阁三天险，仍然被刘璋拖了两年。

蜀道虽然难，但曹操应该不会怀疑自己的能力。曹老爷子主要担心自己死在四川。他要是在四川被老刘拖住，不仅房本的最后几道手续没办完，还极有可能一着急生气奔波劳累，死在蜀道上。最后甚至会功亏一篑，被老刘趁势打出汉中。

有人曾经说过："人生一世，最关键要能平稳着落。"曹操在生命的最后几年，选择了稳妥，选择了内部建设。站在曹操的角度上看，你还觉得老家伙的决策有问题吗？

哪有傻子，只有设身处地后的不得已。

二、建安二十二年，大疫，鲁肃卒

曹操的得陇"忘"蜀做得不得已，同理，我们再看看也快六十岁的刘备为什么会做出截然不同的反应就不难理解了。无汉中，则无蜀。关中、凉州的资源从此可以踏踏实实地运到汉中，然后砸向蜀地而来，两个老头儿都不在了以后，大概率还是曹操的子孙暴打刘备的子孙。这是已经挨一辈子打的老刘所不能忍受的！越想越来气！

曹操完成进化的这年，刘备也初步地完成了对蜀中的基本整合。这个整合，他用了三年。不要觉得这个时间很长，刘备干的是很困难的整合。

1. 集团成分复杂。

荆州、东州、本土，三派势力党争明显。

2. 民心未附。

按说刘备走哪儿都是有民心加成的，但这次和前面的程序都不同，刘备仅仅在川北待了一年，大量的蜀中人民还没有品味到刘皇叔的熠熠光辉，打起来后的蜀中更是把刘备当人民公敌宣传的。

3. 孙权不干了。

当初孙权也是对益州有想法的，结果刘备对孙权总嚷嚷着刘璋是他的同宗兄弟，看我面子咱得过得去啊！舅爷咱不打行不行？结果倒好，刘备把门堵住了，自己把刘璋吃了！孙权大骂刘备不是东西！要找刘备要荆州！

这里面有一个关键点，孙权并没有要整个荆州，也没有要刘备的命根子江陵，而是南方三郡：长沙、桂阳、零陵。

为什么孙权要分红这南三郡呢？因为南三郡的湘江水路连接着交州。

当初借江陵后，刘备作为妥协，让出了南方四郡的道路，孙权在那一年拿下了最南边的交州。此时此刻，孙权想要名正言顺地将疆土连成一片。

沿长江水系南下想翻越十万大山时，有大庾岭、骑田岭、越城岭三道分水岭阻挡。这三道分水岭中，只有始皇帝开凿的灵渠大力出奇迹地解决了入两广的水运问题。（见图7-2）

孙权从自己地盘走赣江翻不过去，所以只能寄希望于自湘江走灵渠，入漓江、西江，随后孙权就能沿江顺水南下了。

刘备坚决不同意，说我刚在事业的上升期，我打下凉州马上把荆州全都给你！

孙权说我才不信你，于是自己派了南三郡的长吏去接手，被关二爷全给轰回来了。

被二爷粗暴打脸后孙权怒了，派吕蒙率两万人袭夺长沙、零陵、桂阳三郡，派鲁肃率万人屯巴丘挡住关羽，自己到了陆口给自家的小弟撑腰。①

在这次武力夺三郡战役中，吕蒙开始展现出自己在"看不见战线"

---

① 《三国志·吴主传》：权大怒，乃遣吕蒙督鲜于丹、徐忠、孙规等兵二万取长沙、零陵、桂阳三郡，使鲁肃以万人屯巴丘以御关羽。权住陆口，为诸军节度。

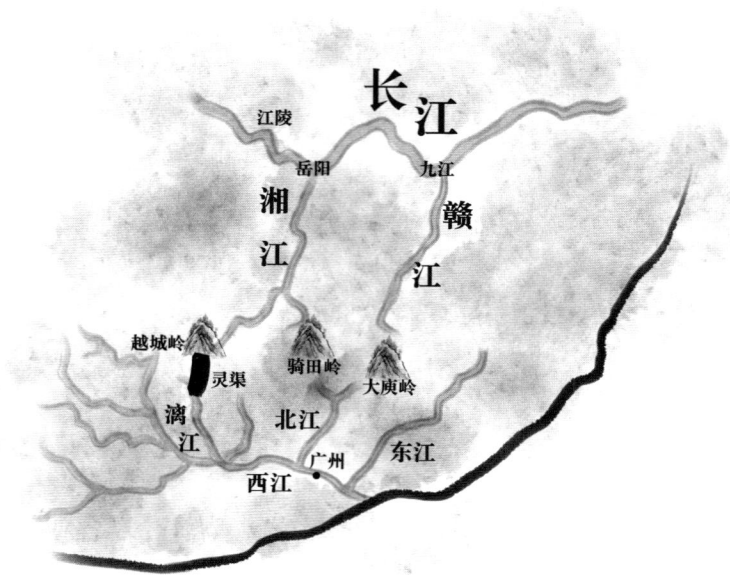

图 7-2　灵渠位置示意图

上的高端能力。吕蒙打仗之前先是给长沙、桂阳、零陵三郡写了劝降信，结果还没打，除了零陵，长沙、桂阳就投降了。

　　吕蒙这个人，战略眼光上虽然比鲁肃差了一个档次，但在未雨绸缪的国防方面却是个奇才。

　　鲁肃刚代替周瑜的时候，路过吕蒙的驻地，本来鲁肃是很轻视吕蒙的，但他身边的人对鲁肃说："这是个上升的将星，您得结交一下。"

　　鲁肃随后去见了吕蒙，两人喝得差不多时，吕蒙问："君受重任，与关羽为邻，您有应对关羽的军事预案吗？"

　　鲁肃说："我见招拆招。"

　　吕蒙说："现在东西虽为一家，但关羽实在是太牛了，千万得有预案啊！"随后，吕蒙给鲁肃搞了整整五个预案！估计有大兵压境对策、小股偷袭对策、暗中策反对策、偷袭对方对策、正面攻打对策……

具体是什么对策史书无载，但水平是相当高的，因为鲁肃站起来坐到了吕蒙旁边，搂着吕蒙说："我真没想到兄弟的才略高到了这个地步！咱妈呢？赶紧带我去！我得拜见老人家！"①

曹操第一次南下来打孙权之前，吕蒙劝孙权在濡须口立坞堡。吴国的将军们都在笑："上岸击贼，洗足入船，要什么坞堡？"吕蒙说："自古没有百战百胜的时候，如果有一天人家偷袭抢滩登陆成功，人家的步骑咱是打不过的，断了咱下水的路，咱连船都上不去，怎么办呢？"

很多远虑，总会有用到的这一天的！这是个很厉害的未雨绸缪者！同样也是个策反大神！

吕蒙在招降、搞间谍这方面是天才，早期攻打蕲春时，就是招降开路。而且手段高端，谢奇不降之后吕蒙仍然拿下了谢奇的许多手下。②吕蒙的敌后工作，并不局限于敌方首脑，做得很全面。

这次也一样，他对鲁肃的五策之中，至少有一策是比较明确的，就是长时间地招降与勾引。

孙权大概率也知道吕蒙的手腕和这些年的间谍进展，所以刘备和孙权闹掰了以后，孙权直接就命令吕蒙他抢那三郡。吕蒙仅仅写了两封信，长沙和桂阳就轻松地投降了。③

荆州方面此时并没有显出衰败之相，如此轻松的"望风归服"基

---

① 《三国志·吕蒙传》：肃于是越席就之，拊其背曰："吕子明，吾不知卿才略所及乃至于此也。"遂拜蒙母，结友而别。

② 《三国志·吕蒙传》：蒙使人诱之，不从，则伺隙袭击，奇遂缩退，其部伍孙子才、宋豪等，皆携负老弱，诣蒙降。

③ 《三国志·吕蒙传》：权命蒙西取长沙、零、桂三郡。蒙移书二郡，望风归服……

本只有一种可能，就是早就策反了。

当时只有零陵太守郝普守城不降。但是吕蒙展示了他的忽悠手腕。

1. 他早就埋好了线人，关键时刻拿出来了，这个做零陵工作的人，是郝普的老朋友南阳人邓玄之，去零陵之前，吕蒙专门去酃县（今炎陵县）接了他。[①]

2. 他摆足了攻城的架势。

3. 他派邓玄之去劝降，突出三个方面：刘备在汉中被夏侯渊给围了，关羽救援被阻击了，都来不了了；你要是确定城能守住也行，你看看我这阵势，你守不住；你那家中的老妈妈，已是满头白发，老太太因为你而死，你亏孝啊。

郝普就这样被吕蒙拿下了！吕蒙是个相当厉害的角色，他策反招降的手腕还远远没用完。

刘备一听说孙权动手了，长沙、桂阳已经不战而降，于是火急火燎地带了五万人前来跟孙权开战！信息传到江陵，老二你赶紧给我争三郡去！哥哥我马上就到！

二爷率荆州主力和鲁肃对峙益阳，随后两位古风大侠各自单刀赴会，讨论此次冲突如何收场。

见面后，鲁肃埋怨关羽："我们那么薄的家业，却能借这么重要的土地给你家，现在你们已经得了益州，既然你们没有奉还荆州的意思，我们退而求其次要你们的三郡怎么还不给呢！"

这时候关羽身边一个人说道："天下土地唯德者居之！"

鲁肃听后大怒，给说话那小子骂了一顿。二爷对那个插话的人说："国家大事！有你说话的份吗！"然后客客气气地对鲁肃说："老鲁，

---

① 《三国志·吕蒙传》：初，蒙既定长沙，当之零陵，过酃，载南阳邓玄之，玄之者，郝普之旧也，欲令诱普。

当年乌林之战，我家大哥觉都不睡地追曹操，咱是一块儿出资的啊！怎么成我们欠你们的了呢？"①

鲁肃说："你还真就别跟我掰扯这个，当初你们在长坂坡时是什么样的，我是亲眼见的，都打算去海南岛了，是我拉你们跟曹操拼的！也是我力主借荆州给你们的，现在你们把我都扔进去了，也式不够意思了！我鲁肃听说贪而弃义，必为祸阶，你别怪我跟你撕破脸！"二爷被鲁肃问得没了脾气。刘备收到电报，说曹操已经开始打张鲁了。刘备哆嗦了，马上服软，开始谈判四郡分割问题。最终双方划湘水为界，刘备让出了长沙和桂阳，以土地换和平，哥俩之间的斗争算是暂时消停了。②

湘水盟约后，最大的失败者，是刘备。谁也别赖，赖他自己。

捋一下这个时间点。

建安十九年（214），是岁刘备定蜀，孙权以为刘备已得益州，命令诸葛瑾从求荆州诸郡。

这个时间点，曹操在干什么呢："秋七月，公征孙权；冬十月，公自合肥还；十二月，公至孟津。"

曹操匆匆地回到了北方。随后刘备就带着五万核心长江自驾游来了。

然后，曹操干什么了？三月，曹操已经赶到陈仓迅速地决定打张鲁了。

此次有多仓促呢？粮草准备得极其不足，粮道也根本没进行修整，

---

① 《三国志·鲁肃传》：乌林之役，左将军身在行间，寝不脱介，戮力破魏，岂得徒劳，无一块壤，而足下来欲收地邪？

② 《资治通鉴·汉纪五十九》：刘备惧失益州，使使求和于权。权令诸葛瑾报命，更寻盟好。遂分荆州，以湘水为界：长沙、江夏、桂阳以东属权，南郡、零陵、武陵以西属备。

最后决定搏一把是因为回军的粮草不够养活这帮士兵了！

曹操这么着急地来抢汉中，很关键的一个原因就是刘备带队离开益州了，南面不会有风险。等到刘备听说曹操已经开打汉中后才匆匆忙忙地和孙权达成湘水和议，着急忙慌地往回赶！赶到江州（重庆）的时候听说了噩耗，老曹已经突破了阳平天险，汉中没了！

老刘穷了一辈子的选择后遗症出现了。只能进，不能出，占便宜可以，吃亏很难受。

人家要的并非是你的底线江陵，你就是不打算把三郡都给人家，你也能够通过谈判以最少的成本化解之前占便宜的矛盾。结果你非得一根毛不拔，宁可带着五万人来跟孙权打！

机会是有成本的！你要是不离开益州，曹操很有可能根本不会来打张鲁。就算是曹操下定决心来打张鲁，要是这时候你带着这五万人北上会是个什么概念呢？

曹操单独突破阳平关就已经很费劲儿了，而且陈仓故道由于多年没走，曹操的粮道很艰难，没看到最后粮都断了吗？这个时候你要是追上曹操会怎样呢：你不光可以追他一把，还能从另一条路走武兴堵死他的归路。（见图7-3）

除非张鲁投入曹操怀抱，否则曹操是基本不可能打下汉中的。

你带兵去了荆州，跟孙权矫情，最终还是付出了湘水以东去买和平。

我们不能戴有色眼镜看孙权，这次孙权找刘备要荆州的时候无论是要求还是做法，基本没什么可挑的！

1. 孙权张嘴无论是在法理上还是在方案上，都很合理。

江陵就是你从人家手上借来的！总不能让人家一直吃亏！人家又没动你的核心区域！人家没找你要江陵而是找你要南方三郡其实就是在很厚道、很合理地与你博弈。

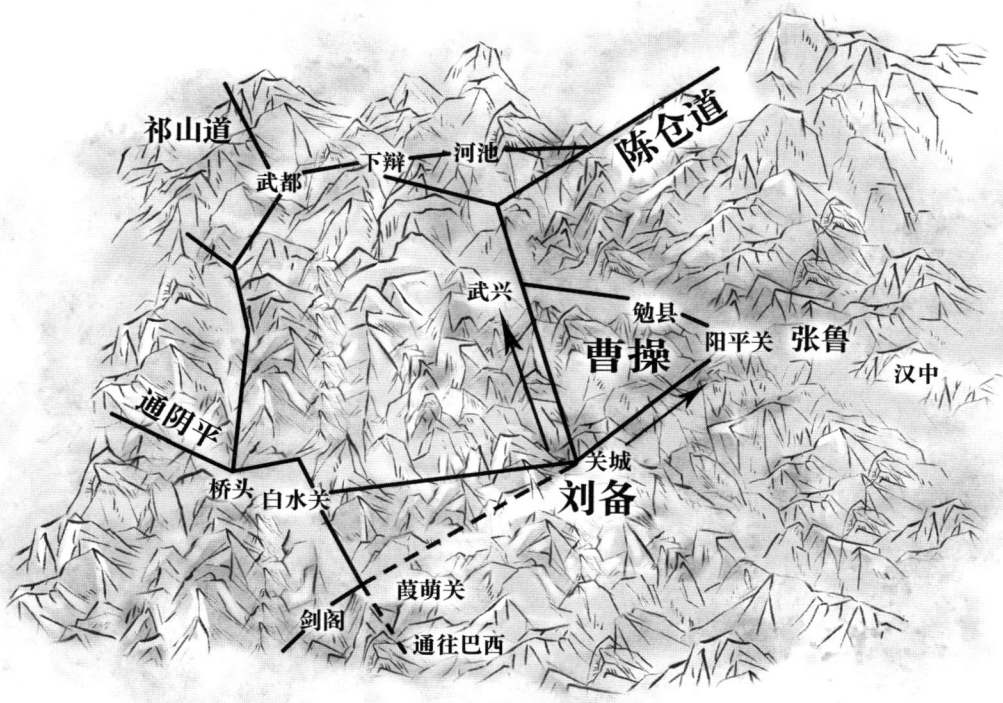

图 7-3　刘备北上假想图

2. 孙权的战略预期非常明确，就是要打通和交州的联系。

最终刘备申请平分湘水，孙权迅速地派诸葛瑾去重新结盟了，还主动地退回了湘水以西。

此时鲁肃还在，江东第一战略眼光还好使，孙权达到战略目的后并没有贪功继续和刘备掰扯，趁着曹操去了汉中，调头就打合肥去了。

孙权后来之所以臭了大街，关键的原因就是鲁肃早死了两年。

作为领导人，需要处理权衡的事情太多，是很难时时刻刻保持冷静和具有全局观的。这就需要身边永远有明白人。

曹操看似英明伟大，实际上他脑子犯懵的时候非常多，他跟吕布撕着的时候惦着抢徐州，他官渡大胜后惦着打刘表，每一个都是超级战略大昏招！为什么最终没酿成大祸呢？

1. 身边始终有顶级战略家荀彧拽着他！不让他走偏！

2. 本身就不傻，明白人跟他说完后脑子就转过弯来了。

魏、蜀、吴，老天爷都赐了一个伟大的战略家。魏的那位，上班第一天就是"西汉子房"的待遇和级别，最终这位二当家帮曹操趟过了汉末修罗场上太多的雷。蜀的那位，跟老刘差着二十年的岁数，虽然老刘对他托妻献子，但他却无法和老刘掏心窝子地说那些明白话。

吴的那位，就是鲁肃，正在熠熠生辉。

孙权这次的操作每一步都没走错！

1. 和刘备联盟，租借江陵相当于入股了刘备，刘备有了巨大收益孙权要回投资合理合法，不张嘴人家就会看出你的软弱。

2. 先派诸葛瑾去跟刘备沟通还款和分红，方案是把南面三郡给我们。

3. 刘备不同意，没问题，你武力接手，随后派鲁肃继续跟刘备讲道理。

4. 刘备认怂后也不纠结不撕破脸，迅速地恢复联盟，拿下湘水以东，达到战略目标，随后不废话地去争合肥。

这次湘水会盟，相当于刘备拿下西川后大得小舍，孙权小得，并将版图连成一片。总体上，双方实力都增强了，还阶段性地解决了当年江陵的"租借"问题。

老二跟老三对付老大时，博弈论的关键就是老二、老三必须在不断地壮大，老大在不断地抽抽。

鲁肃在时时刻刻帮孙权提高大局意识。鲁肃自打赤壁之战上舞台后，帮孙权就一次都没有错过。

1. 全都要投降时，鲁肃告诉孙权全世界只有你不能投降。

2. 刘备来江东借江陵时，周瑜、吕范都要扣下刘备，鲁肃力主不能扣，老二、老三不能内耗。

3. 周瑜死后，力主借江陵给刘备，既占着理，还防止刘备偷袭，减轻己方的防守压力。

4. 刘备夺西川后，又坚定地支持要回三郡，让自己的实力也有所增加。

5. 湘水以东官方确定后，孙权退还了湘水西的零陵部分，双方湘水分界互相减轻驻防压力，继续瞄准曹操去了。

决定三国最终结局的，其实一直有一位被忽略的关键人物，就是鲁肃！

1. 鲁肃的大局观和战略眼光极强，堪比江东的荀彧。

2. 鲁肃和江东诸将的关系不错，人缘很好。

无论是年轻将领，还是老一辈元勋，还是江东本土大族，并没有什么政敌拉他的后腿。

3. 鲁肃和刘备的关系也不差。

关羽这么牛的人，能跟鲁肃好好地说话，这些年双方相邻，难免发生不少摩擦，每次鲁肃都跟关羽说兄弟看老哥面子。[①]诸葛亮是蜀的总理，鲁肃死的时候，诸葛亮在蜀中为他举办哀悼仪式。

4.最关键的一点，孙权非常信任他，毕竟当年那种条件下他死挺孙权，这种经历极难重现。

这就好比荆州主力全都入川后，刘备为什么单独放了二爷守荆州呢？不光因为几十年的老兄弟了，还因为从曹操那儿挂印封金投奔他的不可复制的经历！

还有什么情况，能让当时那种情况下都不叛变的二爷和鲁肃叛变自己呢？你不信他还能信谁！这都是心腹中的心腹！

但是，这一年已经到了建安二十年，公元 215 年了。

很遗憾，两年后，建安二十二年（217），整个东方世界将经历一次罕见的超级大瘟疫！这场瘟疫达到了什么程度呢？

曹植的《说疫气》里面记载：那一年家家户户都在死人，全家死得一个不剩很常见，甚至全族人都死了也不稀罕。[②]

这一年大量的头面人物也被收走，比如司马家当时的顶梁柱司马懿的大哥司马朗因为大疫死于军中，建安七子中有五位在这一年全部报销，甚至这一年刚刚当上太子的曹丕看到了太多的人因疫情致死，从而流露出了人世无常赶紧留点儿作品的想法："生有七尺之形，死唯一棺之土，唯立德扬名，可以不朽，其次莫如著篇籍。疫疠数起，士人凋落，余独何人，能全其寿？"

这哪里是踌躇满志、意气风发，刚刚拿下太子大位的三十岁青年啊！这更像是预知时日无多的开悟居士。

---

① 《三国志·鲁肃传》：羽与肃邻界，数生狐疑，疆场纷错，肃常以欢好抚之。

② 《全上古三代秦汉三国六朝文·全三国文》：建安二十二年。疠气流行。家家有僵尸之痛。室室有号泣之哀。或阖门而殪。或覆族而丧。

在这一年，江东也因为疫情损失惨重，大量将士因疫情病死，二十九岁的虎将凌统就被带走了。但这都比不上其中一个人的离去对整个江东政权的损失大！

这一年，四十六岁正值壮年的鲁肃病逝了；孙权的"荀彧"被老天收走了。

就算你再是"生子当如孙仲谋"的标杆接班人，你也总会有犯糊涂的时候，曹操都快五十的时候还总让荀指导着急呢！

江东再也没有一位镇得住、说得通孙权的够分量的明白人了。

鲁肃的壮年而卒，使得孙、刘在两年后失去了唯一的一次逆天改命的机会！

三、鏖战阳平关，变阵定军山

刘备从江陵回到江州后，曹操已经在汉中跟弟兄们喝上了。

黄权向刘备建言："若失汉中，则三巴不振，蜀中半壁就没了，让我去接张鲁回来，将来以他的名义反攻汉中！"

刘备赶紧命黄权为护军去抢张鲁，张鲁一听说刘备来了，也不装矜持了，赶紧往曹操那里跑。曹操能给张鲁的，是良好的中原办教环境和万户侯的待遇。既然也当不了皇帝，已经革命二十多年了，不能再去刘备那里受罪了。

张鲁投降之后，曹操就命张郃南下巴地搞拆迁，结果碰上了三爷。

曹操这辈子的核心一招，就是不停地拆迁：把你的人口迁到我的后方，路上死多少跟我没关系，反正活下来一个我也占便宜，就算全死了那至少你也没得到，我得不到的就全都给你祸祸了。

张郃与张飞在宕渠、蒙头、荡石相拒五十多天，结果三爷率精兵万人在瓦口（四川渠县东北七里八濛山）抄了别的道，两头堵张郃来了，一战几乎全歼了张郃军，张郃弃了马仅仅带着十几个亲随爬山逃回了汉中。

三爷威武啊，这是张郃这辈子在战场上吃的第二次的大亏，第三次吃亏就该被司马宣王阴死了，这也是三爷传里五百五十三字战绩中难得没删的片段。

感谢史官还是给三爷留下了几个分量大的同行来衬托：当阳二十一骑断后拒曹操，入川攻破重镇江州擒获严颜，瓦口全歼五子狡猾之首的张郃。

至此，刘备和曹操达成了稳态，刘备也不去打汉中，汉中也没再往南进犯。随后两年曹操忙着操作换房本的最后几个步骤，中间还率大兵扑向了孙权；刘备忙着憋大招，让诸葛亮全力组织生产，调整益州官员结构，消化入侵占领民心问题。

217年冬，法正建言刘备："曹操一举拿下张鲁却没乘胜来打我们，留下了夏侯渊和张郃就跑了，不是他智力不够，是因为他力不从心了！他内部肯定出事了！夏侯渊是比不上您的，咱得打他们去！"

刘备认同，打！

217年年底，刘备在孙大舅子帮他又争取了两年火力的情况下，在曹操终于拿到新房本的时候，终于组装起了西川这个大机器，挥师北伐了。

鼎鼎大名的汉中之战，曹操的人生终战，即将开始了。

218年春，刘备令诸葛亮留守益州，总督军政一切大事，供应粮草和援军，然后带着自己阵营除了关羽外的所有高级将领北上打汉中。

刘备的态度是："必须拿下汉中，老子跟他拼了！"

张飞、马超、吴兰作为先头部队进攻下辩，断岐山道和陈仓道，阻止陇右和关中的援军。（见图7-4）

开始很顺利，吴兰成功占住下辩，马超还策反了氐族的七万余部落。

曹操接到消息后，派出了自己的解题人选。他已经开始培养曹家第二代军事顶梁柱曹休了。

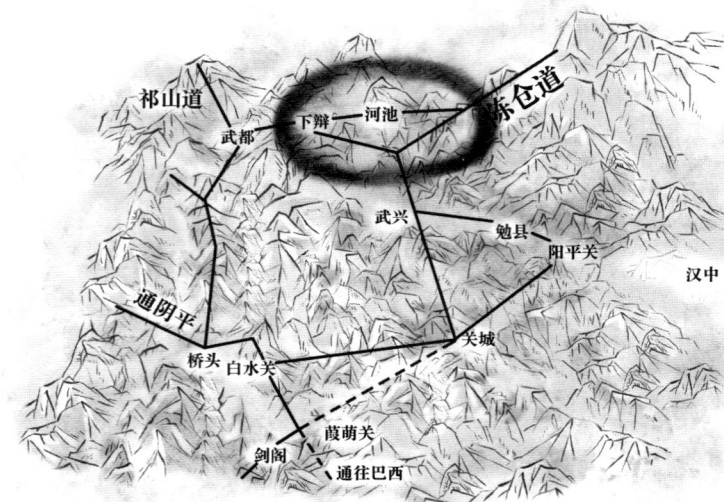

图 7-4　张飞、马超阻击位置图

曹操命曹洪挂帅，曹休为骑都尉参军事，但是曹操走之前专门对曹休说："你是这次的总指挥，你洪伯伯给你压阵而已！"

曹洪听说后自然也就挂名出征，一切都是曹休拿主意，双方接战后，张飞屯兵固山（成县西北）准备断曹军的后路。

曹军举棋不定时，曹休说："他要是真想断咱的后路，就应当伏兵悄悄地走！现在弄得那么大动静就是在虚张声势！咱应该趁他大军没齐聚击破吴兰，断了他的后路！到时候张飞自己就跑了！"

结果曹休不理张飞，率主力直扑吴兰，破其军，斩其将任夔等，如他所料，张飞、马超南下撤出了武都地区，撤退路上阴平氐人强端还截击干掉了吴兰。（见图 7-5）

张飞、马超虽然被击退出武都，但是应该撤退到了武兴一带继续阻击。因为自此之后，整个汉中之战的一年里，张飞与马超、曹洪与曹休再也没有了踪迹。即便打到最后，双方倾其所有的时候，这两路双方的虎将兵马仍然没有出现。估计就是一直在这条路上进行突破与阻击。（见图7-5）

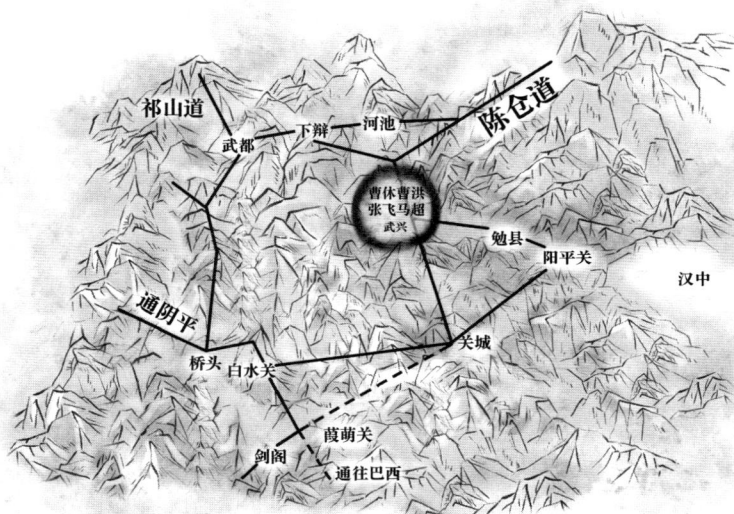

图 7-5　曹、刘对峙图

218 年四月，刘备率大兵到达阳平关。

阳平关依山傍水，地势极险，曹操不久前的买家留言是"妖妄之国"，要塞位于泲水（今白马河）入汉水交汇之处，西、南两面为河流环绕，背依险山，可谓汉中第一雄关。

夏侯渊屯兵阳平关，张郃屯广石和刘备对峙。（广石位置为勉县西北艾叶口至茶店一带，参考孙启祥先生《汉末曹刘汉中争夺战地名考辨》。）（见图7-6）

张郃这个位置比较有意思，理论上他和夏侯渊一起在阳平关内阻击就可以了，毕竟天险在那里。但张郃屯兵广石却起到了非常恶心刘备

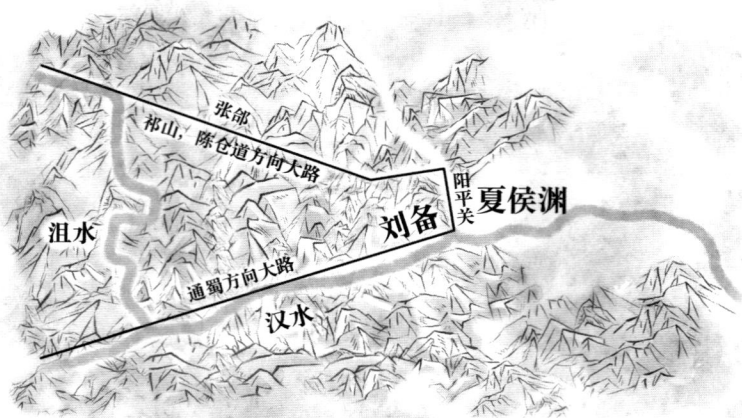

图 7-6　夏侯渊与张郃布防图

的效果。如果全军退进了阳平关，刘备就能像曹操打张卫时那样连着北山一块怼，半夜万一又有几千头鹿出来了呢？

张郃不仅能让刘备始终不放心，不敢全力攻山，还可以沿着沮水抽冷子断刘备粮道。为了防备张郃，刘备还不得不分兵在沮水口进行布防。（见图7-7）

总之，张郃搁那儿杵着，也许什么活儿都不干，但是刘备会嘀咕，会分兵。癞蛤蟆爬脚面，不咬人却膈应人。

事实上夏侯渊的布置效果很好，刘备对阳平关北部始终没做什么动作，后面夏侯渊的变招是向南跨过汉水去翻越更难的定军山。但是，这对张郃很不厚道。因为广石戍肯定不如阳平关瓷实，张郃手中的人也肯定不如刘备手中的大军多！刘备要是玩命打的话，张郃很容易就被"光荣"了。

事实上刘备也是这么干的。刘备选了万余精兵，分为十部，夜攻

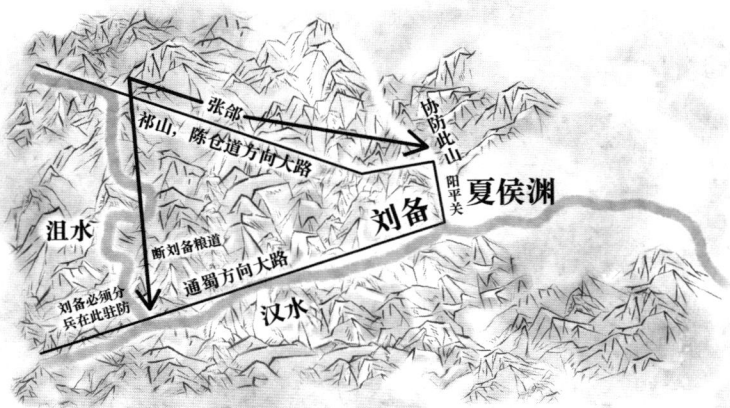

图 7-7　张郃战略意义图

张郃，张郃亲自带队坚守杀敌才打退了刘备的进攻。仗已经打到师长带着警卫连上场亲自战斗的份上了！

　　总体来讲，夏侯渊这些年对张郃就没有厚道过，前几年平马超时也是拿张郃当炮灰使。但沧海横流显英雄啊！张郃自己也争气，从来不抱怨，在军中打出了极高的威望与战功。

　　突然有些怀念本初兄，河北何其多才，当初要是让这样的猛将军去乌巢该多好。

　　刘备没办法再增兵打张郃，因为还要防止关内的夏侯渊出兵增援张郃，需要大规模兵力堵在阳平关外。

　　张郃打不动，阳平关也动不了，内外的牵制始终存在，刘备下令诸葛亮继续发援军，我砸也要砸下阳平关！

　　诸葛亮得到领导前方战报，试探性地问了身边的从事杨洪："老杨，你怎么看？"

老杨革命觉悟比较高，对诸葛亮说："汉中为蜀中咽喉，无汉中则无蜀，现在已经到了男人全部上战场，女人全部当民夫的阶段了！有什么可犹豫的！拼吧！"①

诸葛亮随后命杨洪代替去前线的法正当蜀郡太守，调集了所有蜀中能动的人驰援汉中前线。拼了！

刘备这边拼了，汉中战役从年初就开打了，曹操那边是什么反应呢？

曹操七月才准备出兵。并非他不重视汉中战场，而是这一年自打进了正月，他就一直没消停。

218 年正月，汉廷太医令吉平与少府耿纪、司直韦晃等密谋偷袭许都，火烧丞相长史王必的兵营，王必重伤后搏命，艰难地平叛成功。

曹操在不断的进化过程中，也在无时无刻地感到大汉这块四百年的招牌对于他的不断反噬。

国家养士四百年，总是有遗老的。

除此之外，这次的内部叛乱背后其实细思极恐，因为有一个大牌的幕后人物在掺和：远在江陵的关羽。②

四月，代郡、上谷乌丸族无臣氏等人反叛，曹操又不得不分兵曹彰去领兵征讨。

外族的叛乱倒还好说，真正挠头的是内部矛盾。刘备打汉中已经产生衍生效应了，其中正月的那次造反，很是说明了些问题。有一股力量，要分割他打下来的天下。这一股力量，在以献帝为招牌，对他北方

---

① 《诸葛亮集·答诸葛公问》：汉中则益州咽喉，存亡之机会，若无汉中则无蜀矣，此家门之祸也。方今之事，男子当战，女子当运，发兵何疑？

② 《资治通鉴·汉纪六十》：时关羽强盛，京兆金祎睹汉祚将移，乃与少府耿纪、司直韦晃、太医令吉本、本子邈、邈弟穆等谋杀必，挟天子以攻魏，南引关羽为援。

的魏国打黑枪。你老曹家要换房本，我们不干！

曹操展开了近半年的专项整治，终于在七月完成了初步治理，随后正式西征。

曹操动身的前后脚，陆浑地区又起义了。

刘备一直在砸汉中，夏侯渊也在不断地调关中兵源入场，物资也如冰入热锅般地在消耗。整个关西地区残破，民夫的征调已经安排到了河南尹的洛阳盆地，当地孙狼等人杀县主簿叛乱，南附关羽，被关羽派回来打地下游击。[①] 又有二爷的事！

九月，曹军至长安。曹操还没来得及到下一站，又传来了消息：十月，宛城守将侯音等人造反，擒获南阳太守，占据了宛城，响应荆州的关羽。许昌！陆浑！宛城！二爷三连击！

这一年许昌、陆浑、宛城的南附关羽说明了刘备立起来的这杆旗已经让很多跃跃欲试的人看到了折腾的希望。二爷的名号此时大有威震华夏的趋势，荆北的南阳全郡已经开始松动了。

远在荆州的关老爷在这一年虽然并没有实质性地做什么，但却起到了极大的牵制作用！

还是那句话，论低成本干大事，没有人比老刘天团这帮底层拼出来的英雄们有办法！当时的国际形势不仅仅是汉中的问题！老曹很可能连南阳都保不住了！老刘集团就要冲出来了！

曹操紧急又命驻扎樊城的曹仁去宛城救火。这么一来，曹操在西安没法动了，因为两头都要命，只能居中观察，看哪边不行了自己作为总预备队再冲上去。

---

① 《三国志·张郃传》：建安二十三年，陆浑长张固被书调丁夫，当给汉中。百姓恶惮远役，并怀扰扰。民孙狼等因兴兵杀县主簿，作为叛乱，县邑残破。……狼等遂南附关羽。羽授印给兵，还为寇贼……

二爷争取来的这个变化，给了刘备宝贵的三个月时间！因为刘备自打开春到了阳平关，就没再往前走一步，夏侯渊把他快拖神经了。

但是，曙光终于出现了，时间来到了中国历史上排在戏剧性前五的公元 219 年。正月，阳平关堵一年了的刘备压上了蜀中命运，拼了，不在阳平关待着了，先是南渡了波浪宽的汉水，再率大军冒险翻山越岭登上了著名的定军山。[①]（见图 7-8）

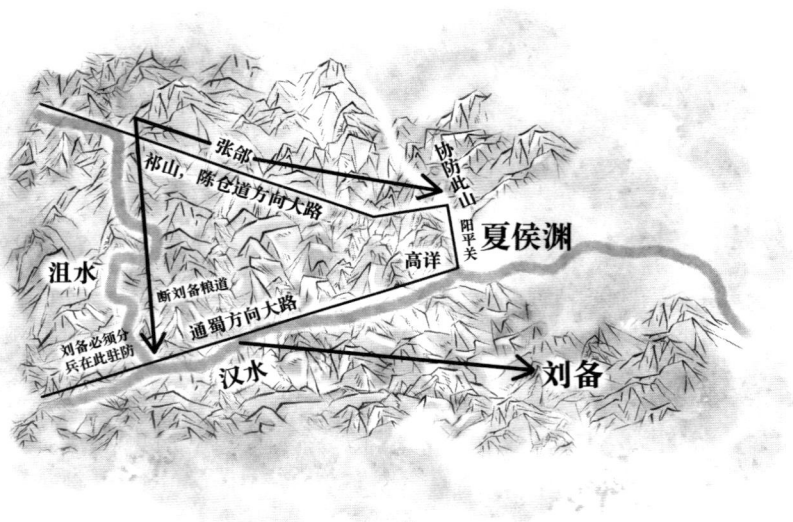

图 7-8　刘备变阵定军山示意图

这座中国京剧界的著名山头，将随着一个三国最高级别方面军总司令的大意死亡，被中国人民广为熟知。

一提到三国中的"大意"，几乎所有人都是将矛头指向了关羽，说

---

① 《三国志·先主传》：自阳平南渡沔水，缘山稍前，于定军山势作营。

二爷又骄傲又大意，最后死在自己的性格上了。其实真论起来，二爷真不算大意。二爷手里的牌和打的效果基本上已经是中国的历史之巅了。二爷的最终败亡更像是躲不过去的宿命。他还真没做错什么，更别提大意了。

真正大意的，是夏侯渊。

刘备登上了定军山，这片山头水草丰美，比十几年后马谡爬的那个山头要好太多了，在这里不用担心水源、草料问题，但刘备往定军山的这一插，将整体的运粮路线再提升了一个难度！

本来自蜀中往汉中前线运粮就已经是很大的困难和消耗了，蜀道这条路本来就是物流噩梦，刘备过汉水、翻山岭的难度再加成，使得这条粮道彻底地成了烧钱的"要命千里"。

刘备在赌，在大赌。赌的是大后方诸葛亮可以源源不断地供他继续这么烧；赌的是这条辗转困难的粮道始终万无一失。

他僵持了这么久，从蜀中调来了源源不断的人力资源却并没有再搞什么动作，很可能就是早早地想到了改变主动权的办法，一直在修一条通往定军山的粮道！（见图7-9）

因为他后面在这座山上又待了五个月，山中没有通畅的粮道是不可能的！但即便这样，消耗性和危险性仍然极大！无论怎样，这段粮道不可能像平时的粮道那么顺畅！粮食只能一辆小推车一辆小推车地推过去。

如果阳平关外的大营被端了，他就被憋死在这定军山上了！（见图7-10）

但是！他的所有赌，都是没办法。因为阳平关死活打不动，他必须求变！

他移军定军山成功地插入了汉中盆地，还占领了制高点，由被动变为了战略主动。这是他这次大赌的胜算。

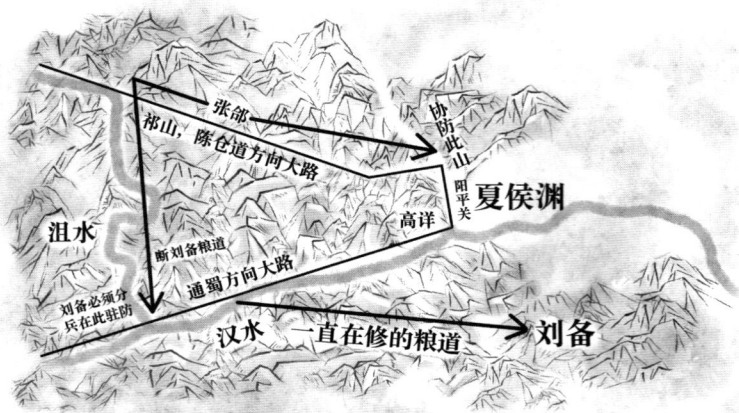

图 7-9　通往定军山粮道示意图

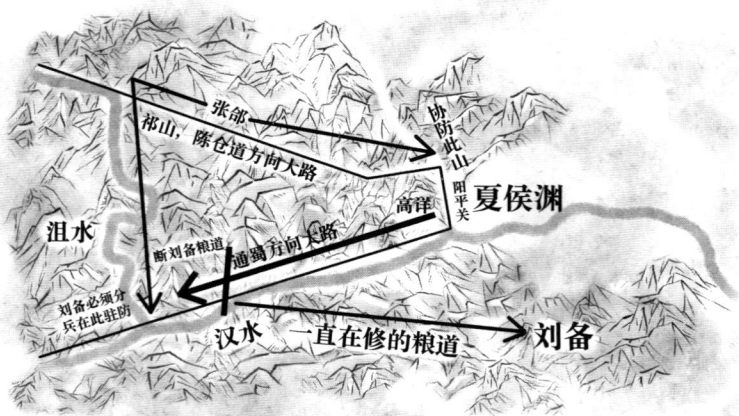

图 7-10　憋在定军山示意图

他失败的可能性很高，因为不可控的因素太多了。粮道、后勤持续度等，都是在走钢丝！没办法！无汉中就无蜀！还是那两字：拼了！

老刘打了一辈子仗，每次兵一多准出事，因为不会安排。这次别看还是险，但却是主观求变，定军山后面一直没出现粮荒问题，说明了并非临时起意上山，而是早有变局安排。

老刘这回大兵团作战没现眼，和孙权前几年一样，因为身边有牛人。法正和黄权这两位顶级参谋在这里起了非常大的作用。①

现在有法正的时候老刘有多么的自由翱翔，明年法正死了以后，老刘就有多么的悲哀。唉！其实就是天不佑炎刘了！

鲁肃去年死了，法正也快了，三爷横死又最终逼得黄权独当一面督江北，老刘身边没有这种顶级参谋了！

试想要是三爷督江北，法正、黄权得天天琢磨人，陆逊真能挺那么久吗？陆逊可是差点儿内部都炸了！

说个题外话，干事业啊，千万得明白自己的短板，然后拼了命地把能补短板的人才抢过来！找一堆和自己一个类型的合伙人来真没什么大帮助。

那边，夏侯渊看到刘备蹿山上来了，他坐不住，带队来找刘备了。夏侯渊的战略比刘备要容易得多，他僵住刘备，曹操来援就大功告成了，曹操就算一直不来，他把刘备的辎重拖垮了也就成功了。

夏侯渊把张郃从广石调回，跟他一块儿与刘备在定军山下对峙。为了防止刘备随时下山秃噜他，夏侯渊只能在定军山下修鹿角作围，然后与张郃一东一南，守住定军山脚。（见图 7-11）

---

① 《三国志·法正传》：曹公西征，闻正之策，曰："吾故知玄德不办有此，必为人所教也。"《三国志·黄权传》：杀夏侯渊，据汉中，皆权本谋也。

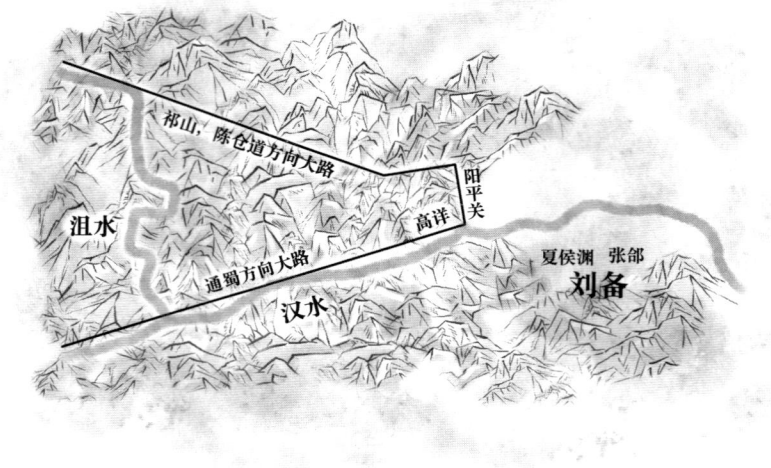

图 7-11　夏侯渊与刘备对峙图

打，我是不会去的，思路仍然没问题：拖死你。

但夏侯渊这回真的大意了。

刘备终于占据优势了，求速战的他开始了各种动作，比如放火烧了夏侯渊布置的鹿角，率重兵再次狂打张郃。张郃的东围十分危急，夏侯渊紧急部署，分本部一半兵力去支援张郃的东围。[①]

这个时候，整个汉中之战最大的变局点出现了。

夏侯渊随后仅仅带着本部的轻兵去被烧的南围救火，他判断刘备的主攻点在张郃那里。[②]

他托大了！不仅仅是他这个大司令干上工程抢险队长了，最关键

---

① 《三国志·夏侯渊传》：备挑郃战，郃军不利。渊分所将兵半助郃……
② 《三国志·夏侯渊传》：备夜烧围鹿角。渊使张郃护东围，自将轻兵护南围。

的是，他"将"的这个"轻兵"，数量仅仅四百人！！！①

虎步关右、横扫陇西的夏侯渊认为这回仍然会像前几年一样，自己所到之处望风披靡！

法正在高高的定军山岗上，看到了这次战术目标出现后，斩钉截铁地说出了两个字："可击！"

黄忠随后带着部曲冲杀下来，金鼓振天，士卒喧嚣声震动山谷，曹军的西线方面军总司令夏侯渊和益州刺史赵颙双双死于乱军之中！

这位虎步关右，将整个凉州扫平的曹家西军总司令，死在了自己的大意之下。他哪怕再多支持一个月，情况都会大不相同，因为就在同月，曹仁打破了宛城。东面危机解除了，曹操可以支援他来了。

他死在了黎明之前。

曹操不得不来了！当年到底没看错啊！天下英雄，唯使君与操耳！

我奋斗了一辈子，坚持了一辈子！终于能坐庄跟你赌一把了！孟德兄，快来吧！

---

① 《曹操集·军策令》：夏侯渊今月贼烧却鹿角，鹿角去本营十五里，渊将四百兵行鹿角，因使士补之。

四、曹操拔诸将，刘备下汉川

夏侯渊死后，张郃连夜率败军退回汉水北岸，曹营一片惊惶。夏侯渊的司马郭淮等人紧急推举张郃为代理都督。

次日，刘备率军向汉水进逼，曹军诸将大都建议紧紧逼住汉水，不能让刘备渡河。郭淮说："不行，汉水谈不上天险，水流平缓，渡口众多，部队直接顶到汉水就示弱了，刘备肯定会从别的地方强渡汉水。不如在汉水北岸等刘备，表示咱们胸有成竹，他要是真来的话，咱再击敌半渡。"（见图 7-12）

最终，刘备没有趁热渡过汉水赶张郃，曹军暂时算是稳住了局势。

消息传回曹操那里，曹操在第一时间发表了这样的通告："夏侯渊这个月补鹿角让人家弄死了，他本来是不会用兵的！军中一直说他是个瞎打误撞、没常识的文盲将军，当司令的连亲自战斗都不应该！何况补鹿角呢！"[1]

这里面有两个关键点：

---

[1] 《曹操集·军策令》：夏侯渊今月贼烧却鹿角……渊本非能用兵也，军中呼为"白地将军"，为督帅尚不当亲战，况补鹿角乎！

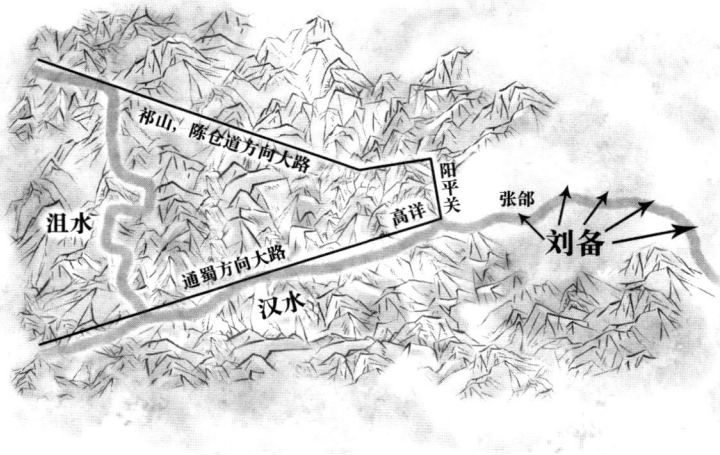

图 7-12　刘备强渡汉水图

1. 今月。

2. 渊本非能用兵也，军中呼为"白地将军"。

"今月"是指曹操非常及时地发表了这样的通报，剩下的就是狠狠地骂了夏侯渊！夏侯渊可不是不能用兵，而是用兵水平很不错的，虽说有赌的成分，但前面战功卓著，曹操要是不放心不可能把整个关西都交给他。

但曹操为什么这么说呢？两个效果：

1. 给汉中军团免责。那他活该，跟你们没关系，咱接着好好地打。

2. 平复夏侯渊带来的众怒。

曹操此时是什么想法呢？他其实已经不想要汉中了，他已经布置拆迁专家张既去拆迁武都的氐族人了，不能将来让刘备利用这股少数民族力量。①

---

①《三国志·张既传》：太祖将拔汉中守，恐刘备北取武都氐以逼关中，问既。既曰："可劝使出就谷以避贼，前至者厚其宠赏，则先者知利，后必慕之。"……令既之武都，徙氐五万余落出居扶风、天水界。

在安排好移民政策之后，曹操才启程去的汉中，而且他此去汉中的目的，是把汉中的部队接出来。

《三国志·曹真传》说的是："太祖自至汉中，拔出诸军。"

《三国志·徐晃传》说的是："太祖遂自至阳平，引出汉中诸军。"

夏侯渊的阵亡，已经基本意味着曹军在整个汉中战场回天乏力。因为他资格太老、级别太高，这些年整个帝国西线都是他打理，他阵亡意味着整个汉中的士气再难振作。

曹操非常担心这支汉中兵团在重压之下全部投降刘备，因此几乎是谴责式地发表安抚文书，也和夏侯渊这些年的糟糕人缘有着很大的关系。

夏侯渊在曹操纵横兖、豫州的时候，干的是陈留、颍川太守；与袁绍战于官渡时行督军校尉；袁绍战败后，曹操派他督兖、豫、徐州军粮。

创业初期和夏侯惇一样，担任的都是比较核心的职务，要么监掌大郡，要么督军，要么负责后方的粮草。

第一次比较明确的战斗记载，是和于禁打造反的昌豨，拜典军校尉，也是在这个时候，传出了夏侯渊的用兵特点：长途奔袭。[①]

此后他开始督将负责方面军战役，在督徐晃击太原贼后，因为作战勇猛突进，所以作为西进的先锋加入关西战场，并在曹操打崩关西军后的追击工作中表现突出，被曹操留下收尾陇西问题。

夏侯渊在陇西诸战中，将自己千里神行的特点发挥得淋漓尽致，打马超、打韩遂，都是狂奔千里后的战役。

总体来讲，夏侯渊非常幸运，对方没咋地就都崩溃了，要是没有

---

① 《魏书》：渊为将，赴急疾，常出敌之不意，故军中为之语曰："典军校尉夏侯渊，三日五百，六日一千。"

曹操在渭水会战的震撼效果，夏侯渊不一定能狐假虎威。夏侯渊的人缘公认是不好的。千里行军这种战术风格在野战中使出来威慑力是很大的，常常能出其不意地一击毙命，但是在具体实施的过程中很有可能会犯众怒。因为谁要是让你天天上百公里地跑，估计你也不高兴！

这种奔袭性质的队伍要是想干得长、干得久，基本上需要两个保证：

1. 最起码得是骑兵，罕见步兵兵种专门负责奔袭的。

2. 待遇要超级高，让人家跑，也得分得起钱。

但这两样夏侯渊都没有。不光没有待遇，夏侯渊还不太会做人。

打马超时，他令张郃从陈仓狭道几乎是自杀式地驰援，他自己却在后面总督粮草。张郃会怎么想？

刘备来了，他自己在阳平关内待着，让张郃在广石做牵制，被刘备精兵万人狂抢。张郃又会怎么想呢？

肯定不会是感谢夏侯渊对自己的期望高，为了培养自己多次用心良苦地让自己品尝生死边缘的感觉。张郃不是十八岁的傻小子，人家是十八年前就把自己卖出好价的主儿！

他光得罪张郃吗？他其实得罪得很全面，比如他死后，崭露头角力主推张郃为司令员的是他的司马郭淮，这位扮演"定海神针"角色的郭淮在他和刘备打仗时正在泡病假，他一死就活蹦乱跳了，后面表现那叫一个大放异彩。[1]

郭淮的分量是很重的，他本人是太原阳曲高门，曹丕为五官将时就召郭淮去他那里上班了，后来郭淮又转为曹操的丞相兵曹议令史，然后才跟夏侯渊来的汉中。

---

[1] 《三国志·郭淮传》：以淮为渊司马。渊与备战，淮时有疾不出。渊遇害，军中扰扰，淮收散卒，推荡寇将军张郃为军主，诸营乃定。

当夏侯渊完蛋的时候，整个汉中军团说话管事的就三个人：荡寇将军张郃；军司马郭淮；驸马都尉，留督汉中军事的杜袭。①

这么关键的人物，刘备都到定军山了，人家照样请病假了！为什么张郃就得咬着牙顶着，郭淮就能请病假呢？因为张郃是降将，不玩命干就会被扣帽子！郭淮有后台，跟曹操、曹丕都能说上话，只要有点儿办法人家就不忍夏侯渊了！

你说夏侯渊的人缘差到了什么地步！

夏侯渊死后，曹操不仅第一时间严厉批评了夏侯渊本人给部下宽心，还给出了后续的一连串解决办法：

1. 表扬郭淮做得特别好，带病工作起到了中流砥柱的作用，并且迅速地承认了汉中军团自选老大的合法性，给张郃假节的待遇。

2. 军团没有自家人不行，迅速地任命曹真为征蜀护军去汉中督军。

曹军极度被动，刘备则开始占据了全面主动，曹军被困在了阳平关一带，整个汉中之战，刘备胜利在望。

就在刘备一片大好的形势下，曹操来了。这个打了一辈子的老对手，终于在人生的谢幕前，进行了一次终极汇报演出。

刘备混了一辈子，终于攒足了筹码，要跟他仰望了一辈子的对手，坐庄赌一把了。

三月，曹操率军从长安出发。

四月，曹操走完五百里褒斜道抵达汉中，赶至阳平关。其实曹操差点儿是没能进入汉中的，因为刘备隔绝了马鸣阁道。

关于马鸣阁道，有三种说法，按时间排一下序：

---

① 《三国志·杜袭传》：夏侯渊为刘备所没，军丧元帅，将士失色。袭与张郃、郭淮纠摄诸军事，权宜以郃为督，以一众心，三军遂定。

1. 南宋王应麟《通鉴地理通释》，说该阁道在褒斜道中。

2. 南宋胡三省注《资治通鉴》，说该阁道在昭化县。

3. 清人浦起龙《读杜新解》，说该阁道在略阳东南四十里。

判断马鸣阁道在哪里，还是要从原文里找：

《三国志·徐晃传》："备遣陈式等十余营绝马鸣阁道，晃别征破之，贼自投山谷，多死者。太祖闻，甚喜，假晃节，令曰：'此阁道，汉中之险要咽喉也。刘备欲断绝外内，以取汉中。将军一举，克夺贼计，善之善者也。'太祖遂自至阳平，引出汉中诸军。"

这段话有四个重点：

1. 刘备派陈式等隔绝马鸣阁道，被徐晃打败，意图没有实现。

2. 曹操因为这个原因，"假节"授予徐晃。

"假节"功效是可杀违反军令之人，级别很高，不是轻易授予的。夏侯渊直到在陇西击溃马超、韩遂，讨灭高平屠各的时候，曹操才给予的"假节"级别；张郃是接替夏侯渊的司令岗位，曹操给的"假节"。

说明徐晃阻止刘备阻断马鸣阁道的功劳非常大。

3. 马鸣阁道是汉中咽喉，刘备想阻隔汉中内外，曹操夸奖徐晃"善之善者也"。

4. "太祖遂自至阳平，引出汉中诸军"，曹操因为徐晃给力，随后到了阳平关救大伙回来。

由上面四件事综合一下，胡三省先生的版本被第一个排除掉了，因为刘备不会去大后方隔绝汉中。

比较关键的是第四点，就是徐晃保卫住马鸣阁道后，曹操"遂自至阳平"。曹操是从褒斜道来的，刘备知道曹操要来，绝对不会无动于衷让曹操大军涌入汉中盆地的，所以肯定要在褒斜道进行阻击。

因此，马鸣阁道在褒斜道上，从年代考据来讲，南宋的说法也比清要更近上五百年。

此时魏军已经全力保阳平关了，所以"晃别征破之"才显得那么重要，又让曹操夸，又给予"假节"的肯定。

刘备没堵住褒斜道，让曹操进入了汉中后，刘备主动又退回了自己的风水宝地定军山。

眼睁睁输了一辈子，搁谁都有阴影。刘备的方针是，不跟你打，但恶心你。

刘备派黄忠不断地去截曹军的粮道，这其中还出现了一次险情，黄老将军看到曹军的大量粮草运来，认为可以袭粮，还带走了赵云的部曲。结果黄忠被曹军包围了，差点儿没活到论功行赏的那一天。

赵云在营中越等越不来，于是带着几十个骑兵出来调查情况，出去没多久就撞上了曹操大军，随后且战且退。曹操大军追过了汉水，一直杀到了赵云大营。子龙营门大开，偃旗息鼓，曹军以为有疑兵，于是退去。随后子龙突然下令，雷鼓震天，营内士兵戎弩狂射，曹军自相践踏，堕汉水中死者甚多。

孤胆英雄赵云上演"空寨记"后，刘备第二天亲临赵云所在的战场，赞道，"子龙一身都是胆也"，随后还跟子龙喝了一天！

刘备为什么这么高兴呢？因为这些年实在是被曹操欺负惨了，虽然曹操的目的是"拔出诸军"来，实际上还是抱着来都来了打打看的态度跟刘备对战了几次。

刘备虽然上了山，但面对曹操亲临后的曹军主力，还是打不过，老刘很恼怒，怎么这回准备这么充分还是弄不过？要跟曹操拼了！

已经矢下如雨，刘备眼瞅要成第二个夏侯渊了！就在这时，法正挡在了刘备身前！老刘大叫："孝直小心！"法正说："明公都这么拼，何况我等之人呢。"

老刘的脑残劲儿下来了，说："孝直，牵着我的手，咱俩一起走！"①

事实证明，脑再残又怎样，人家老刘有孝直，再也不会迷路。法正虽然知名度不高，但这个大才其实很重要！没有他，也许老刘上不了定军山，也许老刘杀不了夏侯渊，也许老刘意外地死在曹军乱箭之下！

他比刘备小十五岁，按理讲差着辈分，但他说的话老刘就是听，他这个人，老刘看着就是稀罕。

对丞相，老刘是托妻献子；对法正，老刘是掏心窝子。

丞相这辈子最无助的时刻，就是法正一年后死了。

总体来讲，刘备是始终遵循了自己的既定方案：不跟曹操打，跟他拖着，曹操打了一个多月月刘备始终不接招，定军山的山神这回没帮忙，没再把麋鹿大队派下来，攻山的曹军伤亡和逃亡者越来越多。

曹军汉中的士气已经开始出现了不可逆的衰落，与此同时，他这边的粮食辎重也快跟不上了。

三年前的徙民决策开始显现后遗症。三年前，曹操将几万户汉中人口迁到了关中，将八万教徒劝到了邺城和洛阳，汉中人口损失不小，此时仗已经打一年多了，汉中盆地已经没有什么实力再去养他的征伐大军了，大量的粮草需要自关中调拨。

所有的压力，都压到了关中。

但是，他在出发前就命令张既把武都的近三十万氐人迁到了扶风和天水。就算一半来了关中，关中凭空也又多出了十五万张嘴。

自关中调给养，同样要走不亚于蜀道难度的秦岭诸道，这次汉中

---

① 《三国志·法正传》：先主与曹公争，势有不便，宜退，而先主大怒不肯退，无敢谏者。矢下如雨，正乃往当先主前。先主云："孝直避箭。"正曰："明公亲当矢石，况小人乎？"先主乃曰："孝直，吾与汝俱去。"遂退。

之战，对于曹刘双方而言，都是极大的后勤消耗！

四月，曹军开始出现大量的士卒逃亡。一边是举国跟你拼了，一边是司令阵亡，士气低迷。

曹操僵持一月之后，终于感到了大势已去，喊出了"鸡肋"的暗号口令。

五月，曹操自汉中撤军。

刘备则迅速接手，令刘封从汉中出发，孟达从荆州的秭归出发，双方会师于汉中东段。

六月，刘封、孟达成功会师，刘备囊括汉中全境，并和荆州西部连成了一片。

十三年前，隆中小青年诸葛亮给时任新野太守的刘备的那篇千古大规划，终于达成了。刘备站上了自己的人生巅峰。

汉中之战，夏侯渊之死基本标志着刘备集团得到了汉中。定军山这出戏之所以会这么有名，黄忠这位老兵之所以能够在正史上最终露脸，都要得益于这位干系实在太过于重大的西军总司令夏侯渊。

整个汉中之战，刘备方面除了诸葛亮、关羽外，张飞、赵云、马超、黄忠等集团中能上场的将领全部上场了。

曹操那边，帝国西线的将星也全部到齐，夏侯渊、张郃、曹真、曹休、徐晃、郭淮等后面跟诸葛亮打擂台的班底，其中还包括了大领导曹操的亲自压阵。

旷日持久的僵持后，一方一旦出现倾颓之势，多大的将领来了都转不回局面。

汉中之战，曹操也算是早做了后手，几年前他就着手解决汉中的移民工作，大量的教徒自己主动走了，有记载的就有八万多人，之前的关中逃难的几万户又都被抓了回去，与此同时武都的氐人也大部分被迁到了关中。

本来曹操寄希望于夏侯渊能够顶住刘备，自己再亲临汉中后吓跑刘备，但是中原的各处起火耽误了他的行程，夏侯渊的意外死亡也使他逼跑刘备的可能就此落空。

关西在东汉的大乱三十年后一片残破，本来走秦岭"五百里石穴"的后勤就极度烧钱，如此旷日持久的鏖战后更加力不从心，死守汉中在军心残破后代价已经太过高昂了，曹操最终无奈又不得不将汉中留给了刘备。

曹操退出汉中，在曹魏历史沿袭的国防道路上也渐渐地成为一条不成文的规定：东进西防。

终曹丕一朝，没动过一次汉中的念头；曹叡刚继位后想立威伐汉中，被孙资一句话就拉回来了："你爷爷这么能打都说那地方是五百里石穴，打汉中势必天下骚动，费力无边，还是将士虎睡，百姓无事，等他费劲儿打你，再来把他耗垮吧！"

刘备拿下汉中，成功将地盘打造成了完整一片，两川地形险阻全部拿下，三国鼎立的局面彻底成立。

当然，汉中对于刘备来讲，意义还远不止于此。四百多年前，他的那位老祖就是从这里杀出来的。汉中这片土地，是他刘家的龙兴之地，政治意义非凡。刘备此时的本钱比他的那位老祖还厚，因为他不光有两川，还有天下之腹的荆州半壁。

同年七月，刘备自封，设坛场于沔阳，陈兵列众，拜受玺绶，御王冠，进位汉中王。

他是不敢称汉王的，祖宗的讳还是要避的。虽然有这一字之差，效果上区别还是不大的，因为谁都能想起四百年前的那段故事。一个天下无敌的男人，那个打下了大半个天下的男人，被从这里走出去的高祖打败了。

曹操这些年完成了作为皇帝的全部手续，虽然献帝仍然在，但所有的人也都看出了他下一步的趋势。

刘备成了四百年刘家在天下人中最有号召力的一位。

献帝背后的那块四百年老匾在曹操建魏称王后，逐渐转移到了刘备的头上，二爷在去年一整年的策反与牵制中，刘备的招牌已经不是一般的好使了！

当年，丞相在《隆中对》中，提出汉室复兴的三个条件中，两个已经达成了。

荆州、益州拿下了。但是，谁也没有想到，老天要让这公元219年再炸裂一些！汉末三十年风云激荡，《隆中对》第三个条件，也因缘际会地出现了，天下似乎要变了。

那位上将军在连绵秋雨下兵向宛洛，整个三国时代扛大腰的人物上场了，降于禁，斩庞德，俘七军，曹仁数千残卒沉马困孤城，梁、郏、陆浑遥受关羽印号，为之支党，孟德欲迁都以避其锋，建安二十四年秋，羽威震华夏！

自古无不灭之朝，自古无不败之祚，四百年炎汉兴衰冥冥自有天意，虽将灭之火亦有熊烈之焰，生死有命，成败在天，无负忠义敬苍天！

第 **8** 战

襄樊惊天大逆转： 关公威震华夏，糜芳叛变之谜

一、关羽、乐进荆襄履历之谜

四百二十一年前，有一场战役，和襄樊战役非常相似。刘邦做总决策人，兵仙韩信当总指挥，千年来第一游击队长彭越助阵，以及英布、周勃、曹参等一个个响亮的将星，在巨大的优势兵力下，围剿史上第一猛男。

刘邦这辈子终于在众星簇拥下，打败了那个历史现象级的千古第一神将项羽。

公元219年，华夏大地上也发生了这样一场类似的战役。当然，将星水准的综合级别并没有那么高，垓下那种级别的会战毕竟中华五千年就那一次。

先来说一下最终战报吧。

1.曹操方出动了几乎帝国当时能调动过去的所有猛将，他们有：

曹仁荆州军兵团（进攻型天才、南军总司令，之前生涯未逢一败）；

于禁督七军（五子良将之首、曹军最精锐泰山兵军团，之前生涯未逢一败）；

满宠汝南方面军（汝南太守、袁绍猖獗时坐镇反动派老家的狼人）；

徐晃领十二营（五子良将）；

庞德部（马超最勇猛部曲将），以及吕常、董衡、成何等一大堆没怎么露面的将军部曲。还有最后梯队没来得及扑上去的张辽系合肥军团、豫州刺史军团、兖州刺史军团等。

2. 孙权方出动了江东四都督中的两位，吕蒙和陆逊在各种阴谋掩盖下，以举国之力突然背后捅刀子。

3. 刘备方出了个怎么也没想到居然会一枪不放就投降的国舅爷。

三方面合力围剿下，将他干掉了。在干掉他的一个月之前，是什么状态呢？

他带着有限的军力，一路将战线推到了曹军荆北重镇襄阳，然后围了襄阳和樊城，将曹操阵营中最好的将军曹仁打得还剩几千人困守孤城。

他水淹了曹操外姓将领之首的于禁，俘虏了和自己体量相当的七军三万人，斩杀了马超当年抵押给张鲁的西羌军头庞德，将赶来支援的另一个名将徐晃吓得不敢过来。

随后曹操产生了自官渡鏖战地狱级僵持后，最大的一次自我怀疑。

整个荆北乃至洛阳、豫州全都跃跃欲试，大量的反曹浪潮此起彼伏。

史载：威震华夏！

这是整个三国时代，唯一出现的一次。曹操打了一辈子胜仗，都没获得这个待遇。

这个人不用说我们也知道，关羽，关云长。中国文化"忠"与"义"的一肩挑！

九百年后，另一位中华文明的忠义代言人岳爷爷也打出了这种局面。

还是那句话，真以为光忠诚，光讲义气，你就能名垂千古了？中国最不缺的就是忠臣孝子。你得真有能力！你干出来的功业，要在历史中足够有分量！比如关爷爷和岳爷爷。

这场襄樊大会战，是整个《三国演义》中最被忽略的一场战役。三国三大战中，此战应该排在赤壁和夷陵之前。这场超级会战，重要到了最终奠定北方政权几十年后一统天下的基础。

关羽关云长，说他在将星云集的三国时代是前三名的统帅，名副其实。看看关二爷在219年的"闭幕汇报演出"吧！

说之前，先来看一下这些年荆州的变化。

210年，周瑜死，在鲁肃的说和下，江陵被借给刘备；曹操方面五子良将乐进屯兵襄阳，主持荆州方面军。

刘备集团开始试探性北上，向北面开始开疆拓土，总体而言这个阶段刘备方面斩获不少，至少打到了临沮和当阳。

211年年底，刘备留诸葛亮、关羽等守荆州，带着两万余兵入益州偷人家房子去了。

由于老刘带走了大量老兵生力军，荆州防务出现了阶段性危机，襄阳乐进开始收复失地，拿下了临沮和旌阳（当阳市北，约江陵北二百余里），将战线南推到了当阳前线，"又讨刘备临沮长杜普、旌阳长梁大，皆大破之"。

后来江夏文聘又和乐进联合作战，在寻口（钟祥西南、汉水东南）和关羽作战。此战文聘方面立有大功，进封了延寿亭侯还加了讨逆将军。[①]（见图8-1）

不过在《乐进传》中则没有任何记载，按照曹魏史从不错过胜利

---

① 《三国志·文聘传》：与乐进讨关羽于寻口，有功，进封延寿亭侯，加讨逆将军。

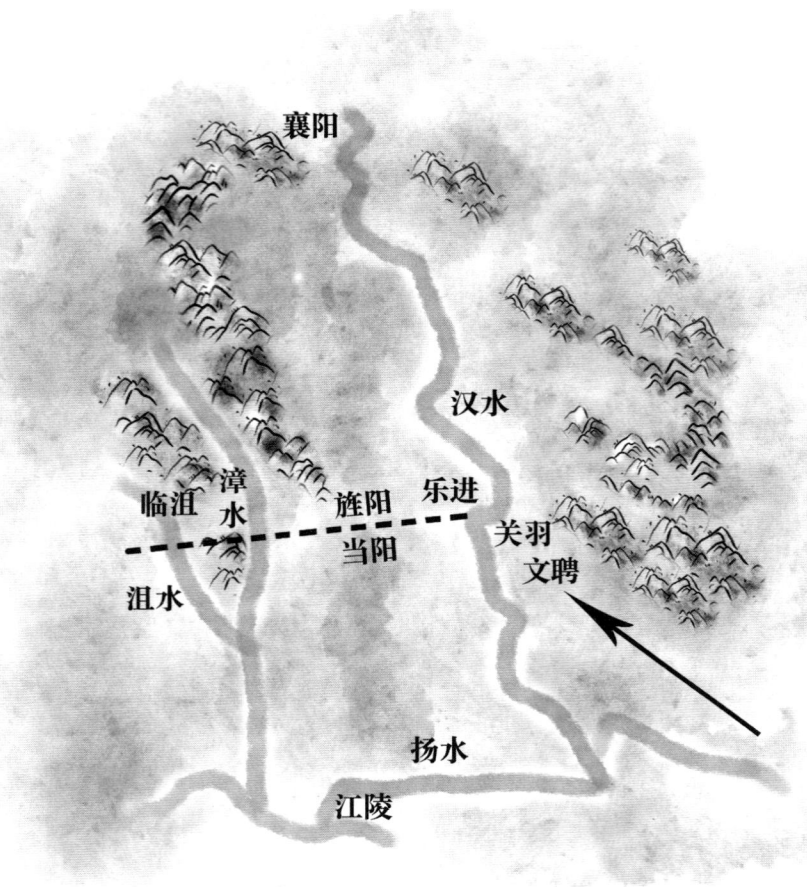

图 8-1　乐进、文聘联合对战关羽位置图

战绩的潜规则，估计是关羽北伐收复失地，乐进在寻口阻击，被二爷打得不行了，随后江夏方面友军领导文聘紧急救场，解围成功。

但后来双方的联合作战仍在此区域继续，文聘因立大功而封侯的战绩并没有将二爷打回老家。因为史料记载，文聘随后又在汉津攻击二爷的辎重，在荆城（今钟祥西南）烧了二爷的船。

这个时间段，襄阳战区和江夏战区一直在联合对战二爷，跟二爷在寻口、荆城的汉水地区没完没了地争夺。

212 年十月，曹操打孙权，十二月刘备找茬给刘璋写信拉赞助时说："孙氏与孤本为唇齿，又乐进在青泥与关羽相拒，今不往救羽，进必大克。"

青泥在汉朝竟陵县境，据梁允麟先生考证，竟陵县在今湖北潜江市，是扬水接汉水的水口。

相当于此时乐进已经开始南下抢夺汉水、扬水水道，吸引刘备力量，配合曹操东方战事。（见图 8-2）

刘备虽然这么声称，但这封信的真实性高度存疑！因为按照乐进后来的表现和刘备荆州的军力，他能够推进到这个位置是很不可思议的。别说二爷就够吓人了，此时丞相、三爷、子龙都还在家呢！更可能的倒像是刘备跟刘璋在哭穷，夸大了荆州方面的危险性。老刘后面可是踏踏实实地打刘璋，根本没拿他二兄弟当回事。

我之所以把这封存疑信的片段都加进来了，是因为这段时间刘备在荆州和曹军交锋的记载彻彻底底为零。

自老刘 210 年借江陵，一直到 214 年七月曹操征孙权把乐进调走，中间什么都没有！

按照以曹魏史为主导的习惯，什么都没有那就是二爷让曹军比较难堪，而且有一点可以肯定，截至 214 年乐进被调走的时候，二爷名震天下的水神战术已经成型了！关二爷的汉水陆战队军团基本打造

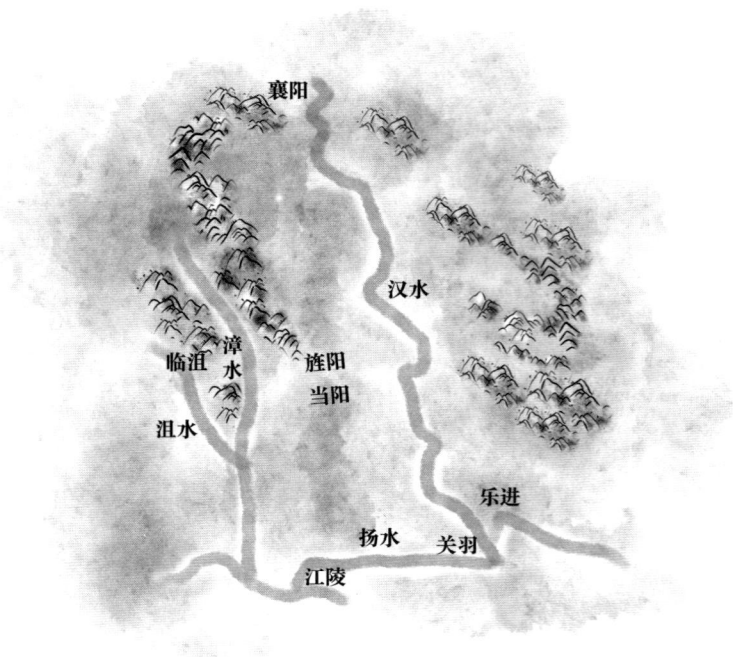

图 8-2　乐进、关羽对峙图

完成！

因为接乐进位置的曹仁开始将驻防治所由襄阳变成了樊城！^①之所以会有这个调整，是因为曹仁害怕二爷的水军突然截断汉水，将他闷在襄阳城，所以要移驻换防樊城，最起码立于不败之地（见图 8-3）。这基本说明二爷此时已经取得了汉水的制水权。至少，此时曹仁非常忌惮二爷的水军。

与此同时，乐进在南征后被安排在了合肥，给张辽做副手，转年在城头上见证了孙权被张辽暴打的盛况。

---

① 《三国志·曹仁传》：复以仁行征南将军，假节，屯樊，镇荆州。

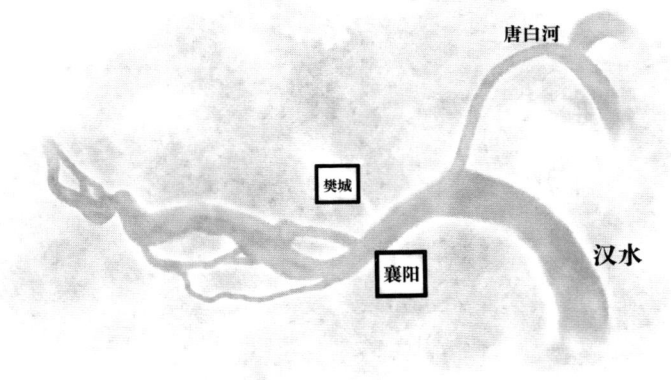

图 8-3　襄阳与樊城位置图

乐进由之前的襄阳战区一把手，变成了被张辽领导的副手。乐进被降职了，由地方军区总司令成为副司令员。

曹仁换防樊城以及乐进的降职调岗基本说明了曹军这几年在荆州方面损失不小。自刘备入川后史书无载的两年多时间里，曹军失去了汉水航道控制权，并被迫向北推至了襄阳一线。

乐进在此前的战斗履历是什么呢？刚出道的时候就脾气大，性骁勇，带着千余部曲入股做了专打硬仗的陷阵都尉。

反攻濮阳打吕布，围攻张超于雍丘，全都是先登的大功，因此还被封为广昌亭侯，是最早的那波封侯者，比于禁都早。

后来又从征张绣于安众，围吕布于下邳，击眭固于射犬，攻刘备于小沛，足迹遍布荆州、徐州、河内、豫州。

战绩是：皆破之。

在黄河沿线和于禁站台，杀数千人，降二十余将，渡河攻获嘉，顺利回来。

在乌巢夜袭中，乐进力战后阵斩淳于琼。在黎阳跟袁尚、袁谭哥俩僵持时斩其大将。在南皮剿灭袁谭时这大哥又先登了！

建安十一年（206）论功大封赏时，外姓诸将中前三位分别是：

于禁，虎威将军。

乐进，折冲将军。

张辽，荡寇将军。

曹操对这三位的表现是这么评价的：

1. 能打（武力既弘）。

2. 有脑子（计略周备）。

3. 不偷奸耍滑（质忠性一，守执节义）。

4. 不怕死，谁碰谁死（每临战攻，常为督率，奋强突固，无坚不陷）。

5. 能独当一面（又遣别征，统御师旅，抚众则和，奉令无犯，当敌制决，靡有遗失）。

在这里画一下重点，前面我们短暂介绍过于禁在宛城和黄河、官渡，张辽在白狼山上的表现，这三人有一个共同的特点，就是曹操夸的那句"奋强突固，无坚不陷"。这三将堪称曹营攻坚最猛的三股力量。

乐进这辈子自打出道就是先登攻击狂魔，但是，到了襄阳和二爷在对战后差距出现了。

乐进在刘备领兵走后一度收复失地，但随后就开始没什么记载了。倒是在寻口战关羽，人家文聘封侯了，最远南下到青泥还不一定是真的，然后就是历史记录的空白期，随后被降职调走。

总之，乐进在荆州的表现和他的前半生比起来就好像被曹操封杀了一样。

为什么要封杀他呢？有丑闻了呗。

在和二爷对战的这几年里，原本先登鬼才的进攻型狂魔乐进，被自己摸索出超级水军陆战队打法的关羽打得实在张不开嘴了。

一般来讲方面军大将是不轻易换的，因为他在当地的威望与对当地的熟悉度是很大的一笔财富。比如张辽晚年就一直在合肥养老，起到了小孩不敢哭、孙权不敢闹的效果。

乐进被降职说明这四年多打得实在是不怎么样，而派曹仁去荆州站台也是因为之前的江陵消耗战中曹仁作风英勇，打得顽强，是个防御高手。（其实曹仁也是进攻的一生，就是赶上周郎和二爷了。）

二爷是河东解县人，东边就是中国最大的陆地盐池，西边就是滔滔的黄河。

按理来讲，二爷基因里面应该最怕的就是大水，因为水一大，黄河就要泛滥，盐池就要减产，而且二爷上半辈子纵横于北方，水路基本上就起个运输作用，咱也不知道这位打了大半辈子陆战的山西猛男是怎么无师自通地琢磨出来了逮谁干谁的水神战术！这种因地制宜快速转型的能力古往今来是很罕见的。

后来刘大爷在四川被绊在了雒城，丞相和张飞、赵云又带了两万多兵走。给二爷留了多少人呢？没有明确记载，但可以推断大约为三万人。

215 年刘备跟孙权争三郡的时候，自己带着五万人到了公安，命二爷全力争三郡。二爷在刘大爷五万人稳固后方的情况下，带出来的兵是三万人。[1] 随后这几年肩负着东防孙权、北拒曹仁的战略任务。

因为孙权已经劈过一次腿了，所以二爷身上的担子着实不小。

曹仁过了几年好日子，襄阳前线也并没有什么大变化。

二爷在兵力进一步衰减的几年里干了什么呢？他在未雨绸缪地防着孙权。他将江陵城打造成了铁桶之城。三国时江陵城为今荆州城原址，在此已考古出土了东汉三国时期的城垣遗址以及大量的同时期出土文物。

---

[1] 《三国志·吴主传》：会备到公安，使关羽将三万兵至益阳……

东汉之前，南郡郡治为原楚都纪南城。东汉许慎在《说文解字》记载："郢（纪南城），故楚都，在南郡江陵北十里。"

之前的江陵城防就是很坚固的了，当初曹仁在江陵老城里面坚守了一年多。二爷在这个城防基础上又建了南城。[①] 本来就不好打！结果二爷又给加了个保险。

这座城牛到了什么程度呢？后来孙权偷袭江陵，曹操派人告诉关羽，二爷说："那城是我所造的！他打不动！"[②]

为什么二爷有这个自信呢？来看一下城防图。（见图 8-4）

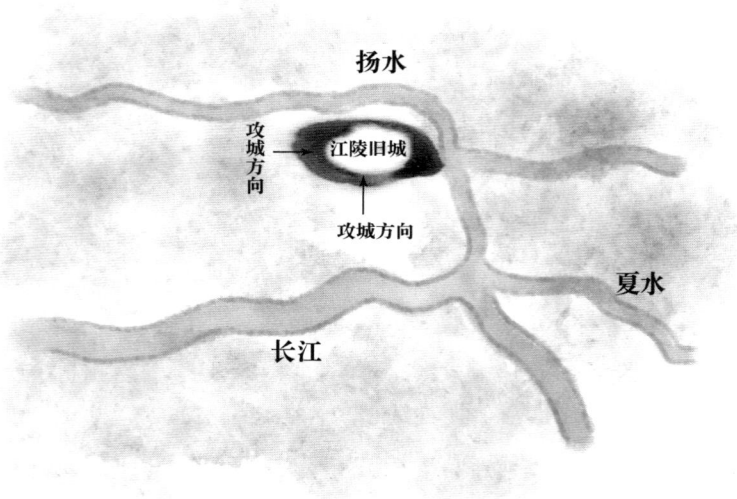

图 8-4　江陵旧城位置图

---

① 《元和郡县图志·阙卷逸文卷一》：江陵府城，州城本有中隔，以北旧城也，以南关羽所筑。

② 《水经注校证·江水》注：羽北围曹仁，吕蒙袭而据之，羽曰："此城吾所筑，不可攻也。"

江陵城两面临河，不能作为主攻方向，只能在南面和西面进行攻城，这方便了城中将士集中力量守城。

疑问来了，为什么北面和东面不能攻城呢？不是还有空地吗？因为攻城的将领普遍知道自己不是韩信，玩不了背水一战。

基本上来讲，攻城的时候要给自己背后留出充分的余地，作为缓冲去进行排兵布阵，防止城内的人突然冲出来突你，如果背靠大河攻城，非常容易让人家把你赶河里面去。

本来江陵城城墙就又高又厚，还只能两面攻，等到二爷又筑了南城后变成了什么样呢？（见图8-5）

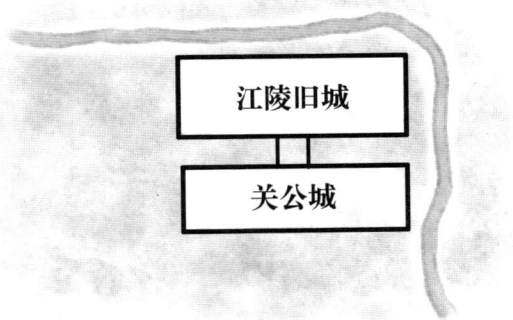

图8-5　关羽新筑南城示意图

如果你从南面攻克了新城，人家可以退回旧城继续抵抗；如果你从西面攻克了旧城，那人家能退回新城。相当于你要是想拿下来的话就得打两遍。如果你说我先登翻城墙，把他中间的通道给拿下！看他怎么跑！很遗憾，那就得让两座城活活地给挤对死。

不仅二爷自信，新升级的江陵城的盛名已经传遍世界了！

后面董昭在向曹操建议将孙权谋袭荆州的书信传给关羽时，说了这么一句话："羽为人强梁，自恃二城守固，必不速退。"

董昭是谁呢？还记得把献帝接过来的那堆瞎话是谁编的吗？是董昭，没错。这位董昭是曹操"换房本"的排头兵、急先锋，自打曹操在邺城扎根后，这位爷作为嫡系部队就始终在河北待着。

二爷修的江陵城防，名气已经大到河北都如雷贯耳了，江陵的巨防效应在参谋部做战略推演的时候已经被看作重要条件了。

仅仅就在四年后，曹丕亲临宛城坐镇，命曹真、夏侯尚两位军区司令和一位副司令级别的张郃组团打江陵。张郃还没怎么打就把孙权派来的万人援军给踢跑了，随后张郃带一支队伍杵在东边阻击孙权派来的援军。孙权的援军一如既往地攻不过来。[1]

此时江陵城中的守将是朱然，城中士兵因饥饿已经出现了大规模的浮肿，仅仅剩下五千人能动弹。曹真又起土山，又凿地道，又造射箭车，箭如雨下，就这样打了半年硬是打不下来！[2]

朱然此战后"名震于敌国"！不否认朱将军确实很厉害，但这种级别的防御战最终胜在哪里呢？其实是江陵的城防！

后来二爷俘虏于禁等七军三万人，面对这么一大帮俘虏，要是曹操估计就全部定性成"伪降"，全给杀了。但是二爷不仅没杀降，还全都运到了江陵。二爷要吃掉这帮北军为他所用。

为什么他有这个自信呢？因为江陵城不仅难打，而且里面宽阔，三万俘虏被突然装进来不叫个事儿！

二爷为什么要如此打造江陵城防呢？其实就是为了吓唬孙权。

---

[1]《三国志·朱然传》：权遣将军孙盛督万人备州上，立围坞，为然外救。郃渡兵攻盛，盛不能拒，即时却退，郃据州上围守，然中外断绝。权遣潘璋、杨粲等解（围）而围不解。

[2]《三国志·朱然传》：时然城中兵多肿病，堪战者裁五千人。真等起土山，凿地道，立楼橹，临城弓矢雨注……魏攻围然凡六月日……尚等不能克，乃彻攻退还。

二爷如果想北上有建树，就必须得加大兵力投入，但手头又不富裕，而且东边的孙权又总惦记江陵。215年的三郡突然捅刀就说明了这一点。二爷不得不留兵力去防着他！

怎么样才能不战而屈人之兵，让孙权连心思都不敢动了呢？二爷翻了翻这些年孙权上位后的战绩，发现了江东的死穴：进攻水平着实差。

215年秋，孙、刘湘水之盟后半年，遥远的合肥传来了神仙般的战报：合肥七千拒孙权，张辽八百破十万。

湘水之盟的的确确是建安二十四年（219）超级暴风雨前的重要风暴眼。它让驻防荆州的关羽开始思索未来的发展方向。它也催生了战略方面一点错都没有却被血虐的一场大战。

曹操大军远征张鲁，北方空虚；刘备主力回军西川，西面无忧；阻挡孙权通往中原的那座桥头堡，据探报此时仅仅有七千人！

想到了十六年前死去的兄长，孙权百感交集："哥哥啊！你当年留下的那些雷我终于都排干净了！现在江东稳固，万事俱备，我终于要来实现你的梦想了！"

孙权胸怀天下，倾全国之兵扑合肥而来。

这场名垂青史的梗王之战，随后影响了未来五年魏、蜀、吴三国的所有战略判断。

二、张辽八百破十万

215 年八月，秋高气爽，孙权领十万大军围攻合肥。当时，合肥守军是张辽、李典、乐进三军共七千人。

曹操远征张鲁之前，给合肥护军薛悌留了个机密函。函上写着：贼至乃发。孙权来了以后，薛悌打开机密函一看，上面曹操最高指示：张辽、李典将军出战，乐将军守城，政委你别瞎掺和。

当时曹军都疑惑，这什么十万人铺天盖地来了！咱就这么点儿人，不是应该聚拢守城吗！出去打干什么！

曹操是这么算计的：

1. 出城打一通？是曹仁的好经验。打江东部队有一个常规操作，你得先冲出去吓唬他，后面的仗就好打了，对面没有周瑜和刘备了，江东部队会陷入自我崩溃的。

2. 这个合肥班子中乐进、张辽、李典三人的关系从来就不和睦。[1]真到了打仗的时候，最合适的办法就是让两个人出去，一个人守城。两个人出去野战，谁不玩命就会被记下来将来到领导那里告黑状。一个人守

---

[1] 《三国志·李典传》：进、典、辽皆素不睦……

城，城丢了那就是这个人的责任！护军政委则在高高的城头上把三人的表现全都记下来。

这样的配置，最适合让三人都为了革命事业死在合肥！

再往深里说一句，那为什么曹操敢把三个互相不合适的人放在一起呢？从常理来看，这种情况通常的结果就是内耗，合肥被拉拢引诱后让人家轻松地钻了空子。

最关键的底色，是曹操打赢袁绍后搞了两套制度建设：

1. 曹操落实了当年踹寡妇门后的感悟，把官员的家属都迁到了邺城当人质，连青徐土皇帝臧霸集团都把家属们送过来了。

人质被扣下了，他们三人即便在合肥内部斗争失败也没办法跳槽，能狠心抛妻弃子卖父的毕竟是少数。

2. 曹操明确军法，有功必赏，败军必罚，不看苦劳，只认功劳。[①]

你就算搞内部斗争把那两人都斗死了，但城守不住你仍然要被降罪。

往深说这一步，很多"驭人"的招数要千万思考全了才再用，很多看似精明得不得了的计策其实都是"背水一战"的翻版。

要是没有上面两方面的内功打底，曹操还敢派这三位爷一块共事儿，合肥估计早被吕蒙勾引了，或者别人没打，自己内部已经打翻天了。

很多高明决策的关键环节通常隐藏在水下，咱们贸然学非常容易吃大亏。

很多成功学的书可恨也可恨在这方面，通常删除很多"重要条件"，简化成功中的很多细节，并不原原本本给读者掏心窝子。或者说写书的人根本就没成功过。

---

① 《三国志·武帝纪》：是古之将者，军破于外，而家受罪于内也。自命将征行，但赏功而不罚罪，非国典也。其令诸将出征，败军者抵罪，失利者免官爵。

3. 张辽和乐进都是进攻狂魔，那为什么挑出来张辽和李典出战？

李典之前干的活儿都是后勤部门干的活儿。[①] 有可能是乐进这两年的战绩表现得非常不好，曹操要养一下乐进的士气。但更大的可能，是乐进的兵已经在这几年被二爷打光了。三个将军中，李典的人数是确定的，有三千余人，占七分之三，所以必须出战。

曹操拿下邺城后，李典作为响应人质政策的金牌领路人，率先将自己的部曲人质三千余家全都迁到了邺城，被老曹夸奖为耿纯搬家。

三千余家按当时的统计口径应该是一万五六千人左右，最终一万三千余口被扣在了邺城当人质，基本推断出李典的部曲差不多就是这剩下的三千人左右。

拢共七千余人，减去三千，还剩四千多。

张辽、乐进的兵力虽然并没有详细的记载，但张辽此前的作战记录一直是战无不胜的，带着这支英雄部队，张辽早在赤壁之战后的一年就来到了合肥前线讨灭庐江豪强陈兰、梅成的六县叛乱，俘虏了大批士卒。[②]

一年前，张辽自合肥救皖城，算是驻防合肥的老司令了。张辽部的人数大概率要多于乐进的部曲，否则曹操就让同是进攻狂魔的乐进带着李典出战了，张辽部应该也不会少于李典的三千。

最后算算，乐进将军的部曲很可能就只剩了千把来人。队伍都打光了，还出去战什么啊！搁城头上喊两嗓子得了。

曹操的指示最终综合起来是什么意思呢？三个冤家都得给我死战！孙权来了，六千人出战！一千人呐喊！先集中兵力打哭他再说！

---

① 《三国志·李典传》：时太祖与袁绍相拒官渡，典率宗族及部曲输谷帛供军。太祖击谭、尚于黎阳，使典与程昱等以船运军粮。

② 《三国志·张辽传》：灊中有天柱山，高峻二十余里，道险狭，步径裁通，兰等壁其上……辽曰："此所谓一与一，勇者得前耳。遂进到山下安营，攻之，斩兰、成首，尽虏其众。"

合肥之战也是乐进最后一次在史书的战役描写中露面，之后就是死了以后的谥号了。还是那句话，部曲都快打光了，还拿什么征战呢？史书虽然没明说，但种种推断后指向了荆州的二爷，乐进是他打崩的第一个五子良将。

张辽看到领导的密函后率先表态："领导远征在外，等救兵来了咱早让人家打秃了！领导的意思就是让咱们趁孙权军还没来得及合围就迎头打他一棒子！挫他的威！然后咱们就能守了！"

本来关系就都不好，漂亮话还都被你说了，那哥俩没反应。张辽大怒表态："成败在此一战！你们要是害怕我自己出去打！"

明确指示必须出战的李典不得不表态了，说："这是国家大事，我正考虑你说那话靠谱不靠谱呢！我怎么可能因为私人关系而忘了公义呢！"

就这样，三人确定好了要执行曹操的锦囊妙计。

但是，具体的实施过程中张辽搞了变种。他并没有带着全军出去杀一通！而是连夜募集了八百人的敢死队，杀牛吃肉！[1]决定带着八百人去突孙权的十万军。

第二天一早，时年四十八岁的张辽大爷披甲持戟地先登冲阵去了，趁着孙权军还没布阵成功就冲过去了！

曹操的最高指示下达后，张辽解读出了自己的意思：领导让我趁他还没布阵成功就突他一顿！这和当年二爷白马斩颜良时一样，趁着阵形还没摆好就突进去让你手忙脚乱，打你一个措手不及！这也是此战张辽能完成壮举的关键！

孙权十万人来打合肥小城，部曲番号众多，调动各部曲统一攻城

---

[1] 《三国志·张辽传》：于是辽夜募敢从之士，得八百人，椎牛飨将士……

步骤繁杂，所以肯定刚开始阵形会有松动，他也根本想不到自己声势浩大，对面那么点人居然还敢冲过来跟他打野战。（见图8-6）

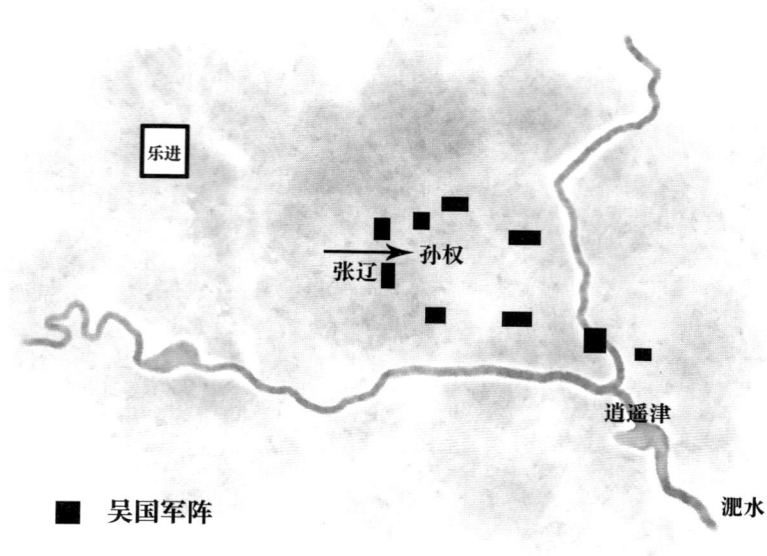

图 8-6 张辽冲阵示意图

江东方面的战后总结也证实了这一点，张辽突然就从城里蹿出来了，诸将全都没想到！孙策时候的老将陈武还被张辽给弄死了，宋谦、徐盛的部曲吓得开始乱跑，被潘璋砍死俩才都喊回来！[①]

张辽如恐怖片里的鬼一样突然出现，宰了数十人，杀了两大将，喊着"我乃雁门张文远！谁来与我决一死战！"[②]

战况太突然了，徐盛很快又被捅了，兵器都打没了，贺齐的中军

　　[①] 《三国志·潘璋传》：合肥之役，张辽奄至，诸将不备，陈武斗死，宋谦、徐盛皆披走，璋身次在后，便驰进，横马斩谦、盛走者二人，兵皆还战。

　　[②] 《三国志·张辽传》：辽被甲持戟，先登陷陈，杀数十人，斩二将，大呼自名……

顶住了张辽才给徐将军把兵器捡回来。①

张辽此战的目的是什么呢？要复制二爷的白马奇迹，再夺他山西老乡的三国第一勇烈之名！

当年二爷白马万军丛中突进颜良司令部，张辽作为现场先登军是亲眼看着自己这老乡是怎么建功的！原来还有趁乱钻空当直插敌军司令部这么风骚的操作！

十五年了，虽然我已不再年轻，但是我还有颗滚烫的心！孙权，你给我拿命来！张辽如二爷一样，在江东诸将的懵圈下左右穿插，竟然冲到了孙权司令部！

眼瞅张辽马上就要荣膺中国历史第一勇烈，十万人阵中捅死敌方一把手。孙权此时已经吓傻了，手都不知往哪儿放了，赶紧往高处跑，抓了把大戟自我保护！侍卫们随后赶紧挡在前面堵住张辽。

张辽怒吼："孙仲谋！你给我下来！老子非捅死你不可！"孙权的大脑渐渐从空白中回过神来，发现张辽就几百人！深深地感到自己即将名垂千古了：不能让一个人活着出去！一千八百年后会有人喊我孙十万的！于是调集各路部曲围住张辽！

张辽看到孙权急眼了，紧急调转枪头突围而出！② 如入无人之境啊！

还有几百人陷入孙权军的包围中，他们说："将军不要我们了吗？昨天吃肉时说好做兄弟呢！"山西汉子最听不得这个！带着几十人又杀入重围，带出来了剩下的兄弟们！此时此刻，孙权的十万人已经彻底没

---

① 《三国志·贺齐传》：徐盛被创失矛，齐引兵拒击，得盛所失。

② 《资治通鉴·汉纪五十五》：冲垒入至权麾下。权大惊，不知所为，走登高冢，以长戟自守。辽叱权下战，权不敢动，望见辽所将众少，乃聚围辽数重。辽急击围开，将麾下数十人得出。

士气了!

张辽这八百人在孙权十万人中溜达了多长时间呢?一上午![1]孙权军直到回了大营才不哆嗦了!(见图8-7)

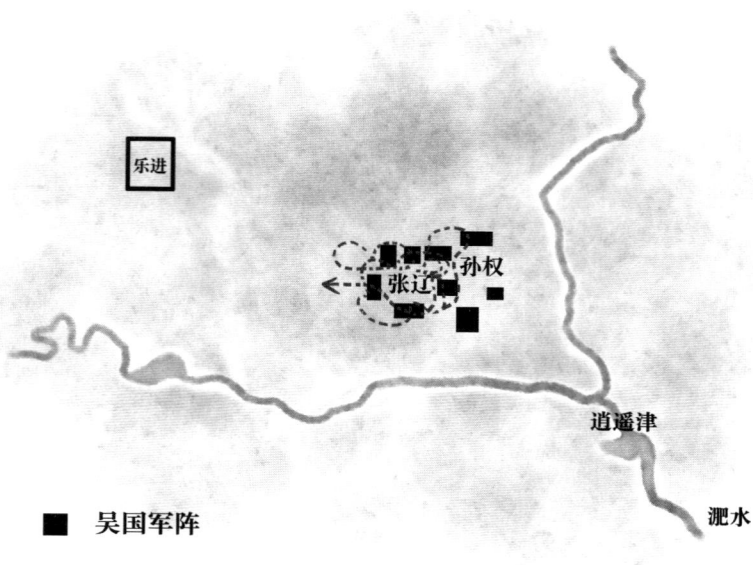

图8-7 张辽穿插示意图

此战之后,合肥整整一代兵的国防安全给打出来了!亲临现场的江东十万大军亲眼看到了可遇不可求的历史级别的勇烈表现!这是一帮什么妖怪啊!山西话吼起来怎么这么吓人呢!

其实要是十万人摆好阵形后再打,就算张辽带着八百个"拳王泰森"也很难打出这效果的。

他们并不知道这是极其罕见的表现,这是张辽凶猛、特种选拔、

___

① 《三国志·张辽传》:权人马皆披靡,无敢当者。自旦战至日中,吴人夺气……

阵形未整、诸将不备等很多因素凑到一起才能发生的极小概率事件！

但是，自此在他们眼中，北军是魔鬼，是八百人就能冲垮十万人的魔鬼！尤其是山西人！太可怕了！

当年听说山西关云长在白马万军丛中捅死颜良，一直以为是传说，今天看见活的了！

随后孙权十万人在合肥又聚餐了十多天，找个理由赶紧命令撤军了。十万人终于能离开这个噩梦般的战场了！

孙权与江东四猛将共驻逍遥津给将士们玩把殿后，要给自己的英勇找回一些面子！要让将士们知道自己家的领导也是很猛的：他向老炮儿曹操的黄河边作死致敬，也玩把叉腰！

但是孙权也并非曹操那种一百来人就敢叉腰地瞎浪，这孩子自出道就一直是很谨慎的，他留下了自己最精锐的特种兵千余人，以及吕蒙、蒋钦、凌统、甘宁四虎将的私兵，总共有几千人，[①] 这几千人基本相当于江东的兵尖子了！

他认为，这回既挽回军心了，也高调秀勇敢了。结果有多大脸，就现多大眼。孙权这个玩票的造型，让张辽在城头发现了！张辽感觉到自己成为中国第一勇烈的机会又来了！迅速带着队伍就杀过来了！然后，顺利地就把孙权给围了！（见图 8-8）

不得不说曹军的战斗力是真猛！张辽这些年能叱咤风云，手上确实是有真东西的！部曲的战斗力极强，十多天前八百突十万，现在打孙权几千人简直太好打！

甘宁、吕蒙、蒋钦开始和张辽力战，江东三将挡住了张辽，由凌统负责带领导先走。凌统将孙权从包围中带出来后又杀回去阻击敌军，

---

① 《三国志·甘宁传》：军旅皆已引出，惟车下虎士千余人，并吕蒙、蒋钦、凌统及宁，从权逍遥津北。

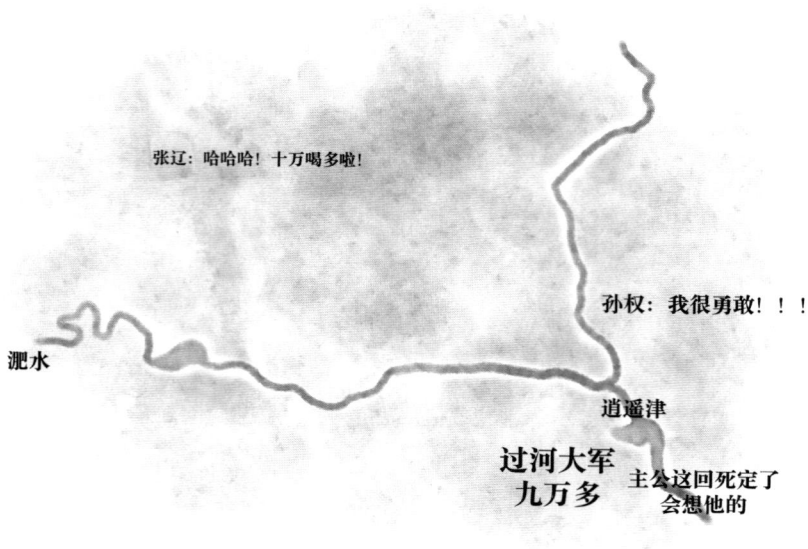

图 8-8　孙权殿后示意图

基本杀成光杆司令的时候才撤回来。但是，孙权逃出包围圈来到逍遥津的时候，发现张辽在围他的时候已经派工程队把桥拆了个一丈多宽没有桥板的大口子。就在孙权准备跳水的时候，跟班的谷利鼓励他："把马后撤，然后助跑，最后玩命抽！"孙权在"斑羚飞渡"后，保住了自己这条命。

　　此战后，张辽基本奠定五子良将之首，拜征东将军，两年后曹操亲临张辽暴打孙权的战场后叹息良久，深感山西出将有品质保障，随后增张辽之兵。

　　此战过后，孙权彻彻底底地失去了往北方进取的可能。就算他有那个心，部下也不会答应了！此战算是他东吴进取派全都上阵了。

　　吕蒙、蒋钦、陈武、贺齐，这都是从孙策起就都跟着混的老将了，甘宁更是见识过长江全线的秀丽风光，他们都有着丰富的战斗经验，都是见过大阵仗的！凌统、潘璋则是孙权亲自培养的年轻虎将。

这一战后，所有人的心气都被打崩了！

凌统逃回来后，痛哭流涕，因为他多年培养的那三百个兵尖子全都打光了！这相当于他的指挥系统，他的高级军官，一战全打没了。

孙权只能安慰道："兄弟啊！死都死了！你还在，哥还在，你害怕没有兵吗？"哪里是兵的事啊！招三千个新兵跟三百个排长能比得了嘛！

最终的战斗非常惨烈，几乎可以等同于张辽全歼了孙权阵营中的兵尖子集团，基本上高级将领都是打光了逃回来的，就是孙权本人的逃脱也是非常惊险的！

孙权在断后的时候并没有搞形式主义换上领导服饰，而是顶盔掼甲地和诸将一个扮相，结果战后张辽问俘虏的时候说："我远远地看见一个紫胡子将军，大长身子小短腿儿，射箭还挺准，那人是谁啊？"

降兵说："您眼力真好，那是我们爱射虎的大领导啊！"

张辽和乐进碰上的时候拍着大腿说："真没想到那小子就是孙权！我要是再使使劲儿肯定就追死他了！"

战后张辽、乐进、李典三军庆功时全都在叹息，引以为憾！差一点点就中头奖了！

此战过后，基本上可以这么说，孙权的这个操作布置，不仅没有挽回军心，还让张辽一个人教育了江东诸将，他们明白了两件事：

1. 野战就是送死！更不要说攻城了！

2. 在曹操的这波猛将部曲死光之前，北伐是一丁点儿戏都没有的！

孙权的江东政权陷入了极度的郁闷之中！

很快，他又听说了一个让他更加郁闷的事情：已经把曹仁逼到襄樊，取得汉水制水权的关羽这几年并没有北上扩大战果，而是专心致志地在修江陵和公安的城防！这是明明白白地在防备他啊！

合肥的战报传到江陵后，给二爷乐得呦！闹半天你就那么个尿性！我知道怎么腾出兵力北伐了，我把这城修成一个吓死你的配置，让你连心思都不敢动！（见图8-9）

孙权开始面临着北怂西晕的地狱级别拓展难度。孤才三十三岁啊！难道现在就要养老了吗？

就在这个时候，吕蒙对孙权说："主公勿慌！办法还是有的！北面是肯定不要再想了，不仅打不过，北军的人质还都被扣在邺城！西面咱照样还是打不过的，但是西面的那位刘大爷是个记吃不记打的厚道人！他当年在下邳被吕布袭取家属后全军就自我崩溃了，结果这么多年过去了，还是不长记性！

"咱们偷袭三郡的时候，招降可是很顺利的。零陵貌似很坚强，但我一提城破杀郝普的老娘他可就投降了。现在我听说，即便上次被坑得那么惨，刘备仍然不长记性！荆州军的部曲家属可仍然都在江陵，义气有什么用呢？选择信任有什么用呢？还不是给我留着刷封地！

"你看看曹操，在宛城敲寡妇门都敲出心得体会了，人家提起裤子后就琢磨明白了千万得把人质扣在手里。"

建安二十二年，公元217年，鲁肃卒。

再也没有一个够分量的人跟年纪轻轻的孙权说："北上还有一个办法！等西面将曹操的所有军力调走后，咱们就能去偷袭合肥和寿春了！一旦大船通淮河，咱们江东的棋盘就全活了！"

吕蒙代肃，屯兵陆口，"外倍修恩厚，与羽结好"。

吕蒙开始了他笑嘻嘻的谋划。

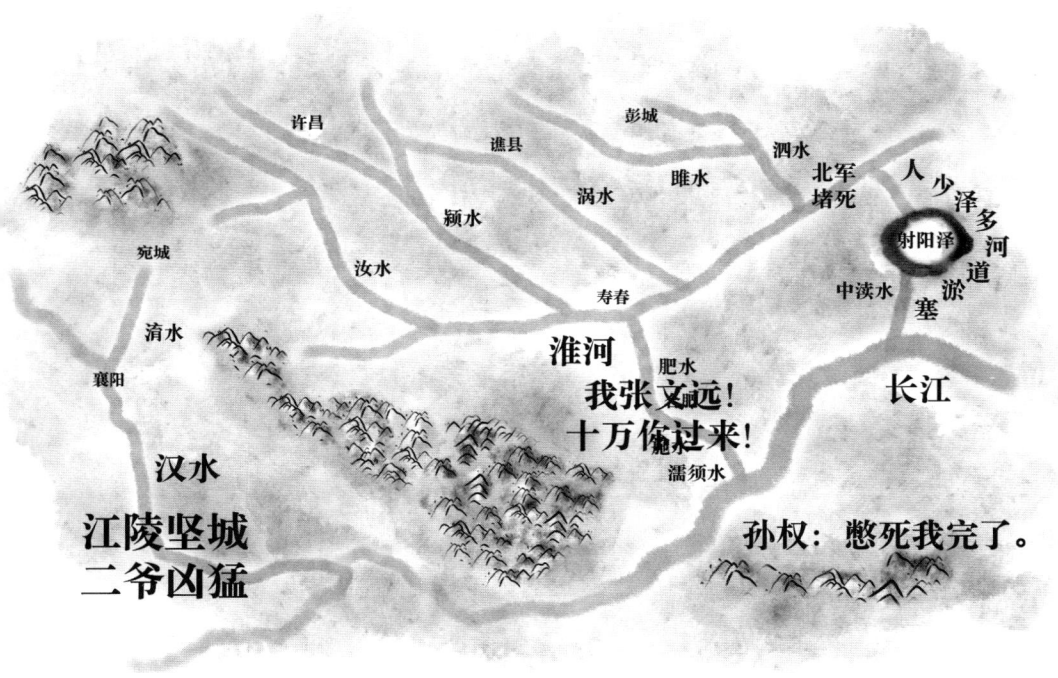

图 8-9　逍遥津之战后孙权面临的政治局势示意图

三、曹仁重症监护，刘备坑弟回川

215 年秋，国际局势是这样的：孙权探险回家进行心理治疗；曹操山神助攻汉中喝酒；老刘割湘东失汉中郁闷骂街；二爷则画好了工程图纸开始打造长江第一堡垒。

总体来讲，除了孙权之外，全都知道要干什么。老刘玩命让丞相加班给他攒钱；二爷玩命监工打造"威虎山"恶心孙权；曹操则再次看到了人生中统一江东的希望。

征完汉中已经变成魏王的曹操在 216 年年底，趁着冬季水少的时候，又来抽孙权了。这次他兴大兵而来，摆明了要蹭去年张辽的流量。

孙权这次保卫濡须口并不像前几次还能谈笑风生地坐船出去嗟瑟嗟瑟，保卫线打得极度艰难，万般无奈下开始低下他这辈子低了好多次的头。他向曹操请降了。

曹操一看孙权都递降书了，那简直太好了，房本最后一道手续跑齐了，这场仗仅仅打了两个月曹操就撤了，回去就"设天子旌旗，出入称警跸；冕十有二旒，乘金根车，驾六马，设五时副车"，完成了最后的进化。

这两年唯一郁闷的就是孙权，北面递过降书，西面递过盟书，江陵城的个头还越来越大。

时间来到 217 年年底，整个天下突然开始风起云涌。张飞、马超在此时北伐武都，开启了汉中之战序幕。

218 年正月，许昌政变，少府耿纪、丞相司直韦晃、太医令吉本等人联合反叛，打算挟持皇帝南下联络关羽。叛军半夜烧丞相长史王必军营，王必中箭，但奋余勇与颍川典农中郎将严匡平灭叛乱。这次叛变总体来讲水平不是很高，但是造反预案颇有意思：

1. 造反派们打算的是杀了王必之后，挟天子攻魏，向南和刘备会合，而刘备此时在汉中，他们其实也就是和二爷会合。

2.217 年年底的时候，二爷在荆州的声势已经很大，许昌已经能听到二爷的新闻了。

218 年春，刘备兵至阳平关，开始了与曹军长达一年的僵持。

不久由于整个关西地区残破，民夫的征调已经安排到了洛阳盆地，当地孙狼等人杀县主簿叛乱，南附二爷，被二爷授印加兵，派回来指导打地下游击。

七月，曹操点兵西征刘备，九月，至长安，随后走不动了。

十月，宛城守将侯音等抓了南阳太守和当地官吏在宛城造反。造反的原因是南阳地区徭役苦难，此时已经全民响应！侯音战略预案中的背后依靠和年初许昌的叛乱一样，是二爷。①

南阳功曹宗子卿劝侯音放了太守的时候说："咱现在干顺民心的大事！举事点一把火就着！南阳苦曹久矣！您抓着这人没什么用，不如放了他，我跟您共生死！等曹操兵到的时候，关羽的兵也打过来了！"②

---

① 《曹瞒传》：是时南阳间苦繇役，音于是执太守东里衮，与吏民共反，与关羽连和。

② 《三国志·武帝纪》：足下顺民心，举大事，远近莫不望风；然执郡将，逆而无益，何不遣之。吾与子共戮力，比曹公军来，关羽兵亦至矣。

二爷此时的威势，在宛城看来已经到了能够和曹操主力掰手腕的地步了！

根据随后的史料记载，南阳苦徭役的原因也出来了：为了支援南面曹仁讨伐关羽。

曹操早就派曹仁南下讨伐二爷了！但宛城造反后曹操迅速命令曹仁扔了二爷来救宛城！

所谓的"初，曹仁讨关羽"，很有可能是在218年初许昌政变之后，曹操为了打击关羽的嚣张气焰，于是派曹仁主动进攻！但是，进攻到十月份的时候，宛城的侯音做出判断：曹仁明显弄不过关羽！所以我们要"与关羽连和"，我们觉得有一拼是因为"比曹公军来，关羽兵亦至矣"！

曹操这几年最终进化成了实际上的"魏国皇帝"的舆论反击，和刘备势力抬头打汉中，以及所造成的一系列中西部劳民伤财的运粮噩梦，使得218年成了曹操自官渡之战后，最焦头烂额的一年。赤壁大败的那一年，局面都没有这么混乱。

218年这一整年的反叛，都有一个重要的幕后人物。给这帮造反派撑腰的，是关羽关云长！

魏王别挠头，明年比今年还乱呢！

二爷这一年在荆州干什么呢？主要是做牵制工作的。

为什么在218年十月，曹仁已经北上平叛宛城、刘备在汉中僵持得最痛苦的时候，二爷并没有北伐呢？宛城方面的判断是：只要二爷来了，我们连曹操亲至都不怂！由此可见曹仁此时"讨"二爷"讨"得的战绩已经很难看了。

那二爷一片形势大好为什么不冲出来呢？因为他要是此时杀出来了，曹操的大军紧跟着也就从长安走武关道扑过来救火了！具体来讲，三个原因：

1. 战略角度来讲，此时此刻最好的方式就是把曹操耗在长安，让他去汉中也不是，去宛城也不是！

2. 军事操作来讲，此时是冬天，属于枯水期，并不太适合二爷的汉水陆战队发挥最大实力。

3. 决战地点来讲，能把曹仁的荆州军打垮并不意味着也能把曹操手中的中央军打垮，二爷手中的兵力是难以在没有水战加成的宛城应对曹操陆军主力的！

三年前是三万人，现在湘水以东的地盘又被砍走了，二爷的兵又能增加多少呢？

所以在刘备最头疼的 218 年，被夏侯渊在阳平关拖神经的那一年，中原多处起义响应的那一年，二爷并没有出兵配合西方战场。

陆浑孙狼起义，安排他回老家打游击；宛城侯音叛乱，曹仁回军平叛，二爷也没有贸然动作。全程只是搞搞小动作，往各地遥寄印信，壮壮声势，间接帮助西线战场。

时间又过去了两个多月，到了 219 年春正月，曹仁屠宛，斩侯音。

与此同时，最大的彩票开奖了，夏侯渊被砍死于定军山下！至此，大爷和二爷等来了最完美的出牌机会！

曹操必须去汉中把队伍带出来！曹操被大爷引走了！二爷可以北上搞曹仁了！

三月，魏王曹操自长安出斜谷，临汉中。到了汉中后，刘备根本不跟曹操打，曹操给养粮饷跟不上，兵士出现大量逃亡。

五月，曹操救出了汉中的所有部队，刘备拿下汉中，从此，历史的编剧开始狂加剧情。刘备遣孟达从秭归北攻房陵，杀房陵太守蒯祺，又遣养子刘封自汉中乘沔水下，上庸太守申耽举郡降，整个汉水上游连成了一片。

还是五月，曹操回到长安后下令曹仁在樊城讨伐关羽！①

注意，此时二爷已经打到樊城了！

相当于自打曹操三月动身去了汉中后，两个月的时间从秦岭出来后发现，二爷已经封锁汉水以南了！

由于《三国志》是以魏为主线的，曹仁和二爷的所有交战记录在史料中都找不到。这说明以曹魏角度来看，场面那是相当惨。

前面宛城造反的时候，已经认为曹仁并非关羽对手，造反的目的就是因为二爷能够顺着白水打到宛城来！但是，因为更大局面的考虑，二爷此时不能北上把曹操引下来，宛城只能靠你们自己扛着！

219年正月，变化同时出现了，夏侯渊在汉中没扛住，侯音在宛城没扛住。两个人都死在了黎明之前。

侯音要是能再挺挺，等曹操进汉中救人的时候，二爷肯定就北上打曹仁了，整个南阳将被顺利拿下！

曹仁作为进攻狂魔还是很够意思的，三个月时间攻陷宛城，在夏侯渊大意失汉中的时候顶住了中路战区。来看一下曹仁这些年的战绩：

1. 当年打得袁术"几近灭亡"的时候，曹仁开始频繁立功。

2. 在徐州大放异彩，开始领曹操的骑兵军团，暴打了陶谦系的一大群官员。

3. 曹操跟吕布对战时，曹仁已经俘将立功独领一军了。

4. 兖州地狱战后，曹操兵入豫州，迎天子，曹仁数次立功。

5. 曹操打张绣的时候，曹仁继续别领一军去搞拆迁，在曹操敲寡妇门差点儿被追死的时候，曹仁带军反杀张绣的追兵。

6. 官渡大战时，老刘开始开拓抗曹敌后根据地，反响很大，曹操

---

① 《三国志·于禁传》：建安二十四年，太祖在长安，使曹仁讨关羽于樊。

派了别的小弟打不了老刘，最终在人手极度紧缺的情况下派曹仁率骑兵军团打跑了老刘。

7. 袁绍派韩荀抄截西道，再次被自由人曹仁狂屠，从此袁绍放弃了分兵的想法。

8. 江陵保卫战，带着三百来人打退了周瑜的数千先锋军，后来作为对阵江东的好经验被全军推广。

9. 打马超的时候，督七军讨灭了反叛。

10. 最近的一次，攻城三月拿下了坚城宛城。

曹仁的一生，是进攻的一生，特别擅长骑兵作战和攻坚硬战，就算守江陵的时候那也是特种兵突击，以三百破数千的猛男，本来应该是马超的画风。结果职业生涯到了尾声，在和二爷的一系列对战后，变成了"你不拿着盾牌谁知道你是曹仁啊"的效果。

史书虽然删掉了曹仁和关羽218、219年这两年间的所有野战记录，但还是有线索的。

曹操继五月派曹仁讨关羽于樊城后，七月又派了于禁带队去助曹仁打关羽。①

七月的时候曹仁已经被打得"重症监护"了！需要于禁去救了！而且曹操一口气派了于禁督七军三万人去救樊城！②

关羽在汉水以北的一系列战役中，由于襄阳始终没投降，因此并没有坚城依靠，和曹仁的对战肯定全都是野战。这意味着，一辈子野战战无不克的曹仁，在和二爷的汉水陆战队过招下极度悲惨。史书中曹仁再露面的时候是被围困在樊城中，仅仅还剩数千人。③

---

① 《三国志·武帝纪》：秋七月，以夫人卞氏为王后。遣于禁助曹仁击关羽。

② 《华阳国志》：魏王遣左将军于禁督七军三万人救樊。

③ 《三国志·曹仁传》：仁人马数千人守城……

与此同时，继汉中、襄樊一片大好形势后，孙权再次攻打合肥了！

但是，当时合肥地区的老大扬州刺史温恢根本不理孙权，并不拿他当个东西，反而忧心忡忡地对兖州刺史裴潜说："我现在担心曹仁那里有危险啊！今年水大，但曹仁不知道这个厉害，关羽骁勇精锐，专门盯有缝的蛋！一定会乘势闹乱子的！"①

在这里，史料又透露了一个线索：曹仁此时已经是"县军"了！"县军"并不是县大队的意思，而是"深入敌方势力缺乏后援的孤军"。

也就是说，曹仁在樊城已经是困守孤城，樊城周边地区已经被二爷控制了（见图8-10）！所以曹操才会派最好的外姓将军于禁带着三万人救曹仁！

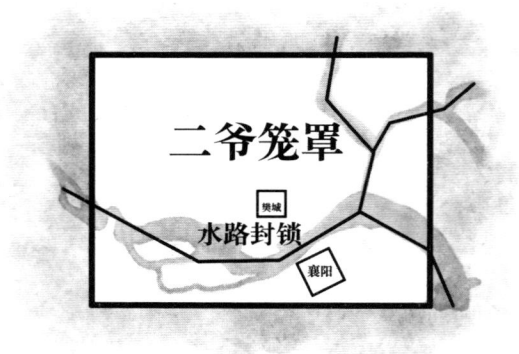

图 8-10　关公封锁曹仁图

而且更关键的是，从此时扬州刺史温恢对兖州刺史裴潜的一席话中，更大的担忧并非是曹仁已经是孤军了，而是大水要来了！关羽骁

---

① 《三国志·温恢传》：恢谓兖州刺史裴潜曰："此间虽有贼，不足忧，而畏征南方有变。今水生而子孝县军，无有远备。关羽骁锐，乘利而进，必将为患。"

锐！乘利而进！关羽更厉害的招还没使出来呢！

七月，刘备进汉中王，封关羽为前将军，假节钺。这是个很不寻常的任命，"前将军"是蜀汉所有将军之首，"假节钺"，是代表统治者权力下放的最高级别。不仅能杀犯军令者，连张郃那种"假节"的将领都能杀！

刘备什么意思呢？老二！你真给哥哥争脸！东边全都听你的！你看着办！

但是，刘备登完汉中王位后，就撤回成都了。坑死二爷的第一个环节，出在大爷这里。

二爷在前面的一年半中帮大爷打牵制打出了神级效果，结果大爷怎么拍屁股回成都了呢！

曹操此时在哪儿呢？在长安！

樊城之战都打成这样了，为什么曹操还要留在长安呢？因为担心刘备趁汉中、襄樊两线大胜的势头冲出来！他要是走了，那就连关中都保不住了！所以他始终就在长安坐镇！！！

刘备为什么要走呢？并非是他要回去镇压，此时他声震天下！这个时候所有反对与不服势力都是不敢冒头的！

有一种可能，是要把大军送回去休整，在汉中的给养太困难了！这没问题，大军可以分批次撤退，而且很有可能早就已经撤回去了！

刘备错就错在他这位汉中王走了！

兵源是可以分批次地调回成都，减缓汉中的给养压力，但是你这个汉中王的形象符号是绝对不能走的！你在汉中待着，意味着四百年前还定三秦的恐怖故事即将上演！意味着巨大的声势很有可能被你转化为胜势！

只要你不走，曹操那边就得始终防着你！你就一直能起到巨大的牵制作用！还将担心你自汉水顺流支援你二兄弟！（见图8-11）

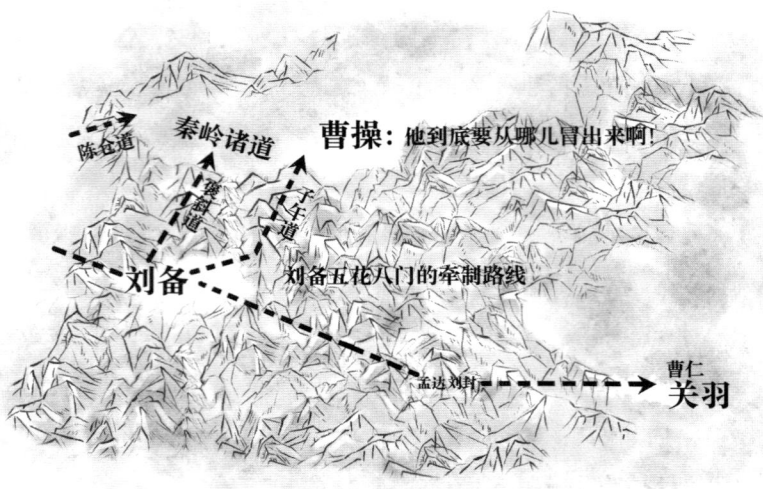

图 8-11　刘备牵制曹操路线图

　　曹操不仅担心你会打关中，二爷手中的牌也将打得更好看！你要是不走，后面孟达、刘封敢不发兵支援襄樊吗？

　　这是二爷在 219 年遇到的第一个逆境！

　　再来看看时间点，七月刘备称王撤退后曹操什么布置呢？

　　刘备刚一走，曹操就给要死的曹仁派去于禁的七军三万人（见图 8-12）！后面曹操还源源不断地给曹仁派去了大量的援军！连徐晃征的新兵都给扔襄樊战场上去了！因为他知道关中战场没有压力了，能全力支援襄樊了！

　　二爷从此时开始，将面临曹操的倾国之力驰援襄樊战场！

　　但是，这叫事儿吗！

　　在建安二十四年（219）的秋天，当老天再扔了一个爆炸性的辅助剧情包后，这变得根本不叫事儿！

图 8-12　刘备回川后的局势演变图

二爷带着汉水陆战队开始向世界展示了什么叫一郡收拾一国的风采!

四、水淹七军始末

刘备回成都后，二爷迎来了于禁的七军三万人。

这七军是曹操的陆军精锐，在于禁变成"金鱼"之前先来看一下他这些年的履历。

袁绍无敌天下时，于禁敢带两千兵在延津站台，袁绍亲自来打没打动，随后于禁和乐进配合作战一度打过黄河，烧了袁绍三十余屯辎重，连杀带抓各数千，逮回来了二十多个军官。[①]

官渡对峙，曹军被袁绍高科技射箭车打得快哭时，于禁督守土山夺回士气。

泰山派的昌豨反复反叛，曹操命曾是泰山派的于禁去搞定，昌豨因为于禁是自己人，投降后被于禁作为投名状表忠心给杀了。

于禁是一个特别明白领导心思的人，当时昌豨投降后，于禁要砍他，诸将都认为昌豨都投降了，是杀是留得让领导做决定，于禁说：

①《三国志·于禁传》：绍兵盛，禁愿为先登……绍攻禁，禁坚守，绍不能拔。复与乐进等将步骑五千，击绍别营，从延津西南缘河至汲、获嘉二县，焚烧保聚三十余屯，斩首获生各数千，降绍将何茂、王摩等二十余人。

"你们难道不知道军法吗？大军围城后投降的不赦免！我能因为他是我老朋友我就徇私枉法吗！"[①]

他杀降交完投名状后，曹操对他更器重了。

此次出战之前，于禁的身份是左将军、假节钺，益寿亭侯一千二百户，分其封邑五百户，封一子为列侯。

什么概念呢？"左将军"是原来曹操打广告时给刘备的岗位；"假节钺"是最高级别，跟二爷的配置一样；"一千二百户"是超高的规格，西军总司令夏侯渊被砍死的时候是八百户。

虽说这几年张辽进步迅猛，但于禁目前作为外姓诸将之首仍然没什么异议。

于禁的泰山兵部曲在曹操这里始终是当最精锐的队伍使用，战役中为先锋，撤退时做殿后。

估计曹操入汉中救诸将时，在刘备退守定军山后，仍然"矢如雨下"差点儿把老刘打"光荣"的队伍中，就有这支部曲。

曹操派于禁督七军过来，基本代表着当时北军的最高级别军事梯队来救襄樊了。

平心而论，面对这支百胜陆军，二爷陆战硬拼是很难打过的，二爷在这个时候主动退回了汉水防线封锁襄阳，和于禁对峙，等待战机。

做出这个推断在于以下两点：

1. 曹仁本来已经成"县军"了，但后来于禁屯兵在了樊城西面，说明樊城附近已经成功解围。

2. 解围是因为二爷主动退走，要是于禁打退了二爷，那史书肯定就浓墨重彩了。你都不知道后面徐晃给曹仁解围后史官用了多大篇幅，

---

① 《三国志·于禁传》：诸将皆以为豨已降，当送诣太祖，禁曰："诸君不知公常令乎！围而后降者不赦。夫奉法行令，事上之节也。豨虽旧友，禁可失节乎！"

写得多么细致入微，徐晃作为猛将打了数十年，打李傕、郭汜时就满世界掺和，结果给樊城解围占了一生作战篇幅的三分之一。

双方对峙后不久，时间来到 219 年八月，大霖雨十余日！二爷等来了破局的机会。

汉末三国之前的水攻有很多次。如"晋阳之战""鄢郢之战"，水神韩信的背水一战等。

水攻通常是起到困阻敌人的作用。比如智瑶水漫晋阳，比如曹操下邳掘水灌吕布，这都是引来水把城泡了，然后让对方在里面等死。这种做法通常工程量极大！因为水攻有两个看似简单，实施起来却极度复杂的步骤：

1. 修运河把水引来。

2. 修堤坝不能让水跑了，类似于人工修一个堰塞湖！

运河首先就不好挖，与此同时你还得建一个堤坝！这个操作起来难度极大，通常是有着巨大优势的一方才能这么干。

不仅仅是你要有大量的人力，而是因为这种工程不是你想干人家城里的人就能让你踏踏实实地干的！除非对方已经处于绝对劣势，被困在城里不敢出来了，但恰巧城墙紧固军民抵抗意志还特别强的时候，才会用这种战法。比如智、韩、魏三家晋阳围攻老赵家。

通常的围水灌城都是拿时间做武器，但有的时候，水用好了，也是有强大攻击力的。比如当年杀神白起攻鄢城的时候，引夷水灌鄢城，大水直接冲垮了鄢城的东北角，随后淹死了数十万百姓。[①]

由于二爷在樊城地区战斗很久了，非常熟悉这边的地形，当他发

---

① 《水经注校证·沔水》：夷水又东注于沔。昔白起攻楚，引西山长谷水，即是水也……水从城西灌城东，入注为渊……水溃城东北角，百姓随水流，死于城东者数十万……

现于禁驻扎在了樊城东边的平鲁城时，就知道怎么去打于禁了。

大部分古代的城墙，并非我们看到的紫禁城、南京城那种砖石结构的，那种城墙造价太高了，普及年代也晚，三国时代的城墙构筑都是夯土墙。夯土墙到了秦汉时代技术已经成型，扛冲城车击打、扛抛石机轰炸的能力已经非常强了，还记得我们说为什么长城对于游牧民族来讲这么可恨吗？就是因为它只要一出现，你的马就蹦不过去了！你还没本事毁了它！

这种墙怕什么呢？怕时间老人和龙王爷。并不是说这种墙水一泡就垮了，而是如果长时间浸泡的话，墙体会逐渐瓦解崩塌。

我们的夯土墙技术成熟得很早，公元前453年的智瑶大水围困晋阳，晋阳的城墙一年多都没泡塌！但是，如果城体建造时间太长了，时间老人一发威，通常它就不那么瓷实了！如果这城建得再早些，夯土技术还不那么成熟时，这城就更脆弱了。

比如说于禁驻扎的平鲁城。这座城的前身为公元前800年左右仲山甫所筑的封邑之城，在东晋末年时又被鲁宗之重筑。[①]（见图8-13）

于禁驻扎于此，从战略上来讲没问题，和曹仁的樊城对望为援。但是这座城太老了，距今有千年之久了。

随着219年连续十多天的大霖雨，进攻计划在二爷的脑海中成型了！他要引水灌城！

平鲁城离汉水很近，这省去了修运河的工程。平鲁城的岁数也太大了，大水不必再起泡墙体的作用，而是直接做了撞城锤！

当汉水暴涨之时，二爷找准了角度掘开了汉水堤坝，汉水直冲平鲁城而来，直接冲垮了这座城。于禁的所有给养、兵器、盔甲全都来不

---

① 《襄阳县志》：平鲁城在樊城西。东对樊城，周四里，南半沦水。关壮缪围于禁于此。

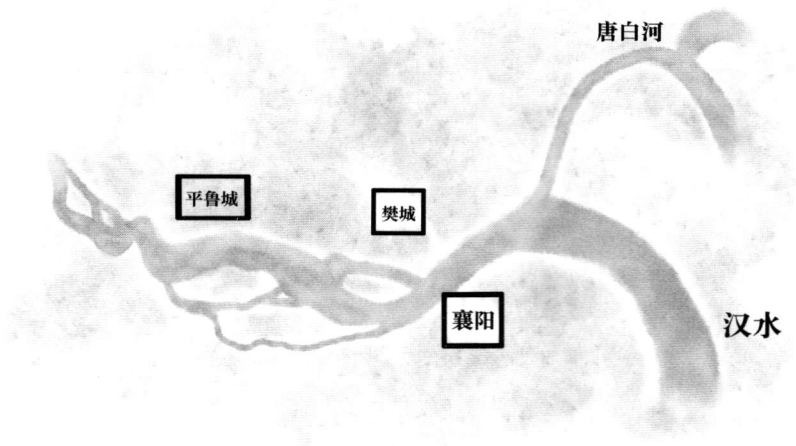

图 8-13　平鲁城位置图

及收敛，三万余人被瞬间打成金鱼！ [①]

城塌了，于禁和诸将匆忙间登高望水，发现二爷已经乘着大船杀过来了！由于军器、战甲、给养全部被冲走，二爷无缝对接得又太突然，曹军失去抵抗能力后投降。

注意！不是于禁一个人投降了！是于禁和他督的各军领导们集体投降了！

二爷搞定七军后，迅速开到樊城。由于主攻点是于禁，所以决口处瞄准的是平鲁城，樊城并没有被冲垮，二爷展开急攻。

此时曹仁是个什么情况呢？

兵力：还剩数千。

---

① 《三国志·于禁传》：会沔水泛溢三丈有余，城陷；秋，大霖雨，汉水溢，平地水数丈，禁等七军皆没。

这个数千人是什么概念呢？就是小几千的意思，因为但凡超过五千，史料按惯例基本都会把数列出来的，通常只有在人比较少时，才会用"数"来打马虎眼。比如刘备入川时是"数万"，后来刘璋补助完才三万人。估计曹仁和满宠此时也就还剩三四千人。更重要的是，这三四千人里还有满宠带过来的汝南军！

由此也看出来在于禁救援之前，曹仁跟二爷独立作战时都惨成什么样了。不然曹操是不会派左将军于禁、汝南太守满宠这一大堆高级领导来支援他的。

樊城的城防状况："城不没者数板。"

和当年晋阳一模一样，马上城就要被灌了，而且有很多地方的城墙已经出现崩坏的情况了。"羽急攻樊城，樊城得水，往往（这里的"往往"，是"处处"的意思，估计也有夸张，真都崩了就守不住了）崩坏，众皆失色"。

樊城的城外战况：二爷已经坐船开到城边现场指导工作了，还围了曹军好几重！内外已经彻底断绝了！粮食就要没了！救兵都成金鱼了！

在这种局势下，部下开始劝曹仁，现在的形势已经不是咱们一不怕苦二不怕死就能挽回的了！趁关羽还没有完全合围，应该赶快夜里乘船逃走，虽然城丢了，但至少咱们为国家保存住了最后的种子。

在这种士气已经接近崩盘的时候，当初在袁绍老家汝南坐镇的狠人满宠说："水来得快，退得也快，现在听说关羽已经派手下将战线推进到了郏县，之所以不敢长驱直入，就是因为怕咱这几千人袭他的后！现在要是真走了，汝水以南就不再是国家所有了。"[1]

---

① 《三国志·满宠传》：山水速疾，冀其不久。闻羽遣别将已在郏下，自许以南，百姓扰扰，羽所以不敢遂进者，恐吾军捣其后耳。今若遁去，洪河以南，非复国家有也……

更恐怖的细节出现了，关羽的势力已经到了郏县。郏县在哪儿呢？离着洛阳和许昌已经很近了！

这个郏县的"关羽别将"，并不是二爷的正规军，而是当地的反曹武装。

而且不仅仅是郏县一个地方，当时梁县、陆浑也都闹起来了！ ①

这个位置离洛阳和许昌都很近，而且去年仅仅只有一个陆浑，今年扩大了一片！（见图8-14）

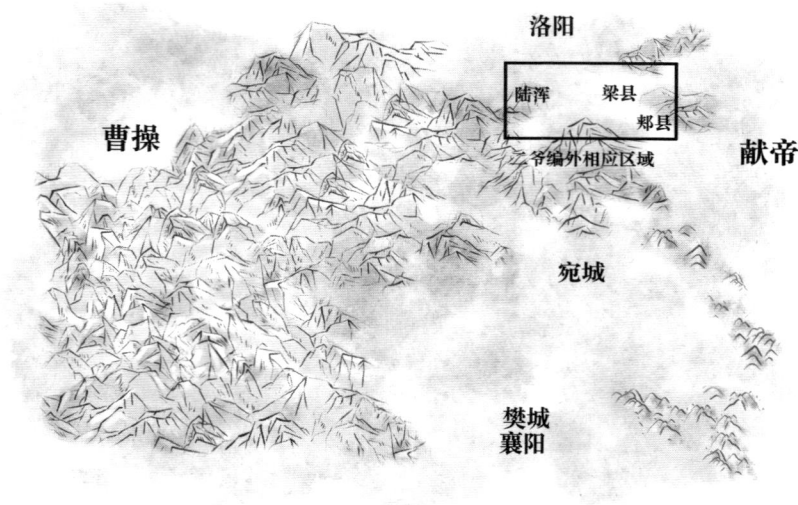

图 8-14　梁、郏、陆浑势力范围图

这也侧面说明曹操这些年打来打去，给百姓带来的负担确实太重了，老百姓看到有机可乘就不忍了！

如果曹仁此时跑了，那曹操打拼了一辈子的家业，也许就真缩水成另一个袁绍了。曹仁激励将士，表示都别难过！我这么高级别的皇亲

---

① 《三国志·关羽传》：梁、郏、陆浑群盗或遥受羽印号，为之支党……

国戚陪着你们死！咱跟关羽拼了！ ①

满宠那边为了拢住自己的手下已经玩起了行为艺术，淹死自己的白马跟弟兄们盟誓 ②："弟兄们！只要闯过这关今后就都是我们家亲戚！"

不过，这仅仅算是略止颓势。

此时已经看不到任何希望了，城外一片汪洋，几千人全都在想后路，曹仁和满宠强行带节奏，又沉白马，又示必死才拢住了这几千人。

二爷看到樊城还有抵抗意志也不废话，朝着城北十里马超当年动产抵押的汉中兵团去了。庞德带着最后的一部分部曲驻扎在了樊城北面十里的位置。

总体来讲，庞德是襄樊战中少数能说一说的曹军将军。他是除徐晃外，唯一一个在襄樊战役中有战斗表现的将领。

庞德之前跟马超投奔汉中，随后被曹操拜立义将军，封了三百户的关门亭侯。为什么对他这么优待呢？因为庞德很能打，而且手中有部曲。

部曲的数量有多少呢？做个比较，李典的部曲是三千人，这些年一直干后勤，军功不大，封侯的时候是二百户。庞德此时三百户，算上奖励的成分，估计庞德的部曲数量也是三千人左右。

庞德在投诚后就归属曹仁督导的荆州方面军了，参与了攻打宛城和讨伐二爷的全过程，据说打得很英勇，一箭都射二爷脑门了，搞得二爷全军都很害怕他。

这段史料也是整个曹仁方面军在和二爷一年多的争斗中唯一被记

---

① 《三国志·曹仁传》：仁激厉将士，示以必死，将士感之皆无二。

② 《三国志·满宠传》：宠乃沉白马，与军人盟誓。

载的。

但有一点是值得怀疑的，要是真射到二爷脑门了，快六十岁的人都被开了天眼了，按理来讲这人应该离死不远了，很纳闷后面二爷怎么又带队鏖战了小半年的？

不怀疑庞德箭法差，也不怀疑确实汉军害怕这位白马将军，更可能的是一箭射二爷头盔了，而不是"射羽中额"。

甭管之前"羽军"是不是"皆惮之"吧，反正现在不"惮"了。

此时庞德和诸将带着队伍正在东岗避水，但是很快地，二爷杀过来了！四面围堤让庞德军享受到了全方位立体环绕的无死角爆射！

庞德离樊城有十里，水势并没有凶猛到冲垮他的地步。庞德还披甲持弓，部曲抵抗的时候还有弓箭和武器，一直打了半天的时间。

庞德不在于禁那七军援军之列，早在围攻宛城时就已经在曹仁麾下了，而且准确地来讲，庞德的马超遗产兵团也不仅仅是他这一路人马！

关羽围攻他的时候，有一个叫董衡的将军准备投降了！①

庞德带着队伍继续抵抗，直到队伍全部失去抵抗能力投降后，他与麾下两将坐小船准备逃往曹仁的樊城，结果被二爷追击拿下。②

此一战，关羽共俘虏三万人押赴江陵！③这透露出来什么潜在的信息呢？

1. 于禁七军带来三万人，庞德那里应该有几千，结果二爷俘虏了三万，这相当于刨除淹死和战死的，曹军基本都没跑了。

---

① 《三国志·庞德传》：将军董衡、部曲将董超等欲降，德皆收斩之。
② 《三国志·庞德传》：战益怒，气愈壮，而水浸盛，吏士皆降。德与麾下将一人，五伯二人，弯弓傅矢，乘小船欲还仁营。水盛船覆，失弓矢，独抱船覆水中，为羽所得……
③ 《三国志·吴主传》：羽以舟兵尽虏禁等步骑三万送江陵，惟城未拔。

2. 二爷此时人手仍然富裕，而且船只极多，能够拨出足够的人手和船只押着这三万人回江陵。

此时只有曹仁、满宠还守着樊城，比刘备还大一岁的吕常守着襄阳。

事态朝着关羽方面更迅速有力地推进。荆州刺史胡修、南乡太守傅方看这战况，居然主动投降了。咱也不知道当时的战况有多吓人，反正一些人对留在邺城的人质都不在乎了。

与此同时，令曹操更加脑袋疼的恐怖事件出现了！二爷水淹七军后不久，九月，他大本营邺城出现谋反叛乱事件：锺繇手下的西曹掾魏讽谋反！

魏讽是沛国人，跟曹操是半个老乡，在邺城相当有影响，被颍川此时的带头大哥钟繇征辟。

二爷在襄樊大胜，曹仁重症监护、曹操人在长安之时，魏讽秘密纠结党徒，与长乐卫尉陈祎谋划袭击邺城。

就在发动政变之前，陈祎害怕，向曹丕坦白，曹丕随后以铁腕方式处理，诛杀了魏讽，被牵连处死的有数千人，革命元勋钟繇因此案被免掉官职！

邺城风声鹤唳！

此次受牵连的官员中，张泉（张绣子）、刘廙兄弟（刘表故吏）、宋忠父子（刘表故吏）、王粲之子（刘表故吏），和荆州方面都有着历史关系！

再算上年埋下的孙狼等游击队开始纷纷蹦了出来，河南尹梁县、弘农郡陆浑、颍川郏县等地陆续有百姓起义响应二爷！

刘家的声势，自189年后，就从来没有这么强的时候！三十年了，似乎刘家要再度复兴了。史载：羽威震华夏！！！（见图8-15）

图 8-15　关羽"水淹七军"后中原局势图

在此形势之下，曹操考虑了一件事：必须得迁都了！

曹操不是要迁自己的都，而是想让献帝搬家，因为许昌离二爷此时的势力范围太近了！他担心二爷真的一路势如破竹地将献帝抢走。

当时的情况，也确实如此。

樊城岌岌可危，本家最能打的司令被困城里了，眼瞅这年是曹家的丧年，继夏侯渊后时隔八个月自己的第二个司令又要光荣了；外姓里面最靠谱的将军都投降了！

而且更重要的是，最精锐的北军三万多人也被俘虏了，整个荆北、河南变成了二爷的粉丝团！

搁谁，都会犹豫！

是这场八月的连绵大雨，最终成就了二爷的千古之名，让曹操产生了自官渡鏖战后唯一的一次自我怀疑！

五、武圣归天，魏武谢幕

在曹操犹豫迁都时，四十不惑的司马懿开始在历史中冒头了。

司马懿和蒋济劝曹操说："于禁七军是被水淹的，非战之罪，并不损害国家威严，倒是关羽此时大胜，孙权不一定会高兴，可暗中派人劝说孙权袭取关羽后方，再承诺割长江以南给他，樊城之围必解。"

曹操认同了，给南方的孙权递去了橄榄枝。一个是急需帮助，一个是早有预谋，双方勾搭上了。

很遗憾，鲁肃已经死了，江东方面，再也没有一个能有全局眼光的大战略家了。孙、刘最终失去了可能会改变历史格局的机会。

当然，继任的吕蒙也是战略家，但战略上，却永远有眼光的高低之分。

整个三国时代，堪称大战略家的，就四个：荀彧、诸葛亮、鲁肃、司马懿。

诸葛亮和鲁肃，都是博弈层面的顶级高手。这两个人都认同一个大的战略层面，就是老二和老三要合起来打老大。任何的三方博弈，只要老大不被削弱，老二、老三被吃掉，就永远是个时间问题。

老三的策略，则是撺掇老二跟老大干，让他们两败俱伤，自己不断壮大抽冷子、捅刀子。

诸葛亮当了一辈子老三，他的每一步战略从来没有违背这个关键点，即便后来几乎完全不能接受的事件出现，孙权称帝想蹭蜀汉的天命流量，丞相仍然压住群臣搁置争议，拽着老二全心全意地打北方。

老二的策略，是拽着老三打老大。要不断地削弱老大，控制老三，老二才有机会。鲁肃当了一辈子老二，他的每一步走棋，也全都走在了点子上。

此时如果鲁肃还在，就一定会帮孙权再次算上一笔账：老三在壮大不假，但现在更关键的是老三牵扯了老大的大部分力量，该我们收割老大了，今年是向北突破的最完美年头！

老二、老三只有这样不断配合，蚕食老大，老大才有可能真正地被拉下马来。

很遗憾，鲁肃在 217 年过早地去世。

孙权后来的这步棋，使他付出了极其高昂的背盟成本和政治代价！他从此彻彻底底地当上了老二，再也没有了坐庄的机会！

最大的损失者，是刘备。因为老二那边再也没有一个能把账算明白的人了。

即便鲁肃死了，继任者吕蒙认为趁着荆州空虚应该偷袭江陵也不要紧，因为江陵哪有这么好偷袭的！不仅城坚，而且领导实在太猛。

鲁肃死后，他的万余部曲被吕蒙继承，吕蒙屯陆口，和二爷接壤，在他刚刚接替鲁肃后，就已经定下拿下江陵的战略目标了。吕蒙上任后的第一件事就是装孙子，因为他知道，硬碰硬打不过二爷。

孙权的外交小动作有很多，后来他派使者与二爷谈联姻事宜，想给儿子娶二爷家闺女，让二爷给骂回来了。

这是非常失礼的外交动作，因为在整个蜀汉政权中，孙权的儿子只能娶刘备的闺女！

孙权使出这招来，二爷要是反应不激烈，就能挑拨到二爷和大爷的关系，让大爷把二爷调回成都，换谁来都比这位爷好下手。

二爷要是反应激烈，孙权就落下了热脸贴冷屁股的委屈样，说盟友看不起他，这么自降身份都被人家骂回来了，将来能作为开战的借口。

这小子在搞斗争方面真是厉害。早在鲁肃死后孙权就下了很多小心思，但二爷心思缜密根本不接招！

吕蒙甭管怎么示弱，二爷仍然不搭理他，因为孙权接到吕蒙的上疏："现在关羽把樊城打得就还剩一口气，但江陵仍屯了很多兵，这是怕我袭他的后！您以大病的名义调我回去，关羽知道后一定抽江陵兵去全力打孤城襄阳，咱们正好趁他空虚偷袭他。"①

这个时候，曹操示好的信也到了。孙权很兴奋，这回又能挤出一部分力量去偷袭江陵了！

孙权四处宣传吕蒙要死，喊他回来，两人开始商量对策。

吕蒙路过芜湖的时候，当地驻防的陆逊赶过来见吕蒙。

陆逊问："领导您怎么回来了？"

吕蒙说："我有病。"

陆逊说："关羽建立如此大功，现在肯定不知道自己姓什么，听见您病了肯定更没有防备了，现在出其不意必可擒之！"②

吕蒙看到陆逊说出了他的想法，随后对陆逊说了不可轻敌的接班人期望：

———————————

① 《三国志·吕蒙传》：羽讨樊而多留备兵，必恐蒙图其后故也。蒙常有病，乞分士众还建业，以治疾为名。羽闻之，必撤备兵，尽赴襄阳。大军浮江，昼夜驰上，袭其空虚，则南郡可下，而羽可禽也。

② 《三国志·陆逊传》：羽矜其骁气，陵轹于人。始有大功，意骄志逸，但务北进，未嫌于我，有相闻病，必益无备。今出其不意，自可禽制。

1. 关羽素来勇猛，咱是打不过的。

2. 关羽在荆州人缘非常好！

3. 现在关羽刚立了大功，整个荆州士气高涨，不好打啊！

等吕蒙到了孙权那里，孙权问："现在谁能替你去当演员？"

吕蒙说："陆逊。这小子想得远，才能大，我看他必成大器，现在没什么名气，关羽不会拿他当回事儿的，让陆逊对外装孙子，对内随时观察时机。"①

随后陆逊继任，小陆上来还给二爷写了封歌功颂德的信："关二爷您太牛了，于禁这帮人都让您逮起来了，我这新来的三十七岁小孩，您将来可得多照顾照顾呀。"

二爷也确实中了吕蒙的计，放松了戒备，将部分守军调往了襄樊前线。

孙权派陆逊上任后，他修书正式向曹操认怂了，表态偷袭荆州，帮曹操解围。

这时候，整个襄樊之战中，曹、孙两家的通气行为被低估了，这一行为改变历史格局的作用逐渐显现出来。

大家都看到了后面孙权是怎么偷袭关羽的，却没有注意为何孙权能那么专心致志地偷袭关羽。因为曹操把淮南前线的兵都调走了。②曹操表态：你不用担心我偷袭你，你麻溜的吧。

孙权迎来了人生中改变历史格局的最好机会！因为不仅张辽诸军

---

① 《三国志·陆逊传》：陆逊意思深长，才堪负重，观其规虑，终可大任。而未有远名，非羽所忌，无复是过。若用之，当令外自韬隐，内察形便，然后可克。

② 《三国志·张辽传》：关羽围曹仁于樊，会权称藩，召辽及诸军悉还救仁。

走了，连豫州和兖州的州军也全都急急匆匆地赶往荆州战区了！①

二爷此时已经把曹军北方能动员的兵力全给吸引过去了！这种倾天下之兵赴一人的场景上一次出现的时候要往上倒四百多年了。西汉开国高祖会战霸王。

曹操也用他人生中的最后一次天大的好运告诉了我们一个道理：千千万万多夸别人！尤其是对手！要不吝惜你的赞美！

生子当如孙仲谋！说得多好啊！他生这一大堆儿子都没孙权懂事。

注意！此时此刻，孙权方偷袭荆州的思路仍然是迷惑关羽，让其减少江陵守军，然后集中全国之兵，准备砸下江陵。

但是，即便江陵又被调走了一部分兵力，孙权方面仍然没有下定决心。十月给曹操发信之后，又过了一个月，他仍然没动静！

因为江陵城坚，二爷手中还带着荆州水军，一旦后方有变，坐着船几天就顺流回来了，曹军的襄樊前线已经被打成狗了，二爷不用担心追击问题，因此，如果孙权方短时间内拿不下江陵，等水神回来了就太可怕了，关二爷轻轻松松地再来个威震东南。

所以说此时此刻，别看曹、孙两家已经勾搭在一起了，但主动权仍然在二爷的手中。

但是！闰十月，孙权突然信心满满地动手了！因为他等来了最神奇的变量因素！

吕蒙先到寻阳把战船伪装成了商船，然后一路顺江水潜入荆州，将二爷设置在沿江岗哨的斥候全部俘虏，封锁江东袭击的消息。②紧接

---

① 《三国志·温恢传》：诏书召潜及豫州刺史吕贡等……潜受其言，置辎重，更为轻装速发，果被促令。

② 《三国志·吕蒙传》：蒙至寻阳，尽伏其精兵䑾𦩍中，使白衣摇橹，作商贾人服，昼夜兼行，至羽所置江边屯候，尽收缚之，是故羽不闻知。

着进兵公安、江陵。驻扎在江陵的南郡太守麋芳和驻扎公安的守将傅士仁不战而降！

这两位的不战而降，成了整个三国的几大谜案之一，因为哪怕他们只要稍微抵抗，二爷都有机会回防，荆北有汉水，沿江而下交通太方便了，江陵城坚，也不是几天就能啃下来的。

这是整个襄樊之战的转折点。

吕蒙占据江陵之后标志着南郡彻底地姓孙了，因为二爷全军将士的家属被控制了，冲这一条后面仗就没法打了。吕蒙立即采取安抚措施，笼络民心、稳定局势，下令军中所有人不得抢掠百姓财物，期间还抓了个典型，吕蒙麾下的一个亲信拿了百姓家的一个斗笠，结果被吕蒙一边哭一边砍了。①

吕蒙随后还大搞形象工程，从早到晚去看老百姓，问问吃得怎么样啊？有没有什么需要我们解决的困难啊？吕蒙还问寒问疾，给衣给药。

陆逊在十一月迅速占据了南郡北面的宜都郡，获秭归、枝江、夷道，还屯夷陵，堵死了老刘救援和二爷回川的路线。二爷的军队在短短的时间里迅速变成了一支孤军。

在二爷的所有作战计划中，再预演一千遍，也不会算到这样的结局。因为守江陵的那个人，是个按常理来说不可能投降之人。尤其是个不可能连抵抗都不抵抗就投降的人。

整个南郡辖区最重要的两座城，江陵和公安分别由麋芳和傅士仁把守。

---

① 《三国志·吕蒙传》：蒙入据城，尽得羽及将士家属，皆抚慰，约令军中不得干历人家，有所求取。蒙麾下士，是汝南人，取民家一笠，以覆官铠，官铠虽公，蒙犹以为犯军令，不可以乡里故而废法，遂垂涕斩之。于是军中震慄，道不拾遗。

江陵自不用说，荆州第一重镇，是江北咽喉，长江、汉江枢纽，代表着江北的归属。

公安与江陵隔江而望，当年刘备就是顶在这里和周瑜隔江相邻的，是南岸重要枢纽，武陵和零陵的物资皆顺各江汇聚于此，再走扬水入汉江北上支援。掐住了这里，长江以南就没了。

这两个位置，可谓重中之重，这两位守将，按理说安排得也没毛病。

糜芳是刘备的小舅子，徐州当地大户，当年拥立刘备入徐州的土豪主力，跟刘备二十多年了。

傅士仁的详细履历史书无载，但《三国志》中说他是广阳人（今河北廊坊一带），这和刘备老家很近，属于刘备出道时的活动范围，很有可能这位名不见经传的将军是当年刘备一路从北方带过来的老兄弟。

这两个重镇极其重要，只有老兄弟才靠得住。结果这俩老兄弟跟对面的曹军老兄弟于禁一样，都投降了。

建安二十四年是个老兄弟集体投降的神奇年份。

投降的理由是什么呢？先说结论：二爷很可能是死在了糜芳和傅士仁的贪腐上。

《三国志·关羽传》是这么说的：糜芳和士仁一向对二爷轻视自己而心怀不满。

自打二爷北伐，就由他们两个总督江南、江北的后勤给养，但这两人总是不能足数足量地交割。二爷说：“等我回去收拾你们！”

糜芳和傅士仁很害怕，这事儿被孙权知道了，于是勾引这两人，糜芳和傅士仁派的人去迎孙权的大军。[1]

---

[1] 《三国志·关羽传》：又南郡太守糜芳在江陵，将军士仁屯公安，素皆嫌羽轻己。自羽之出军，芳、仁供给军资，不悉相救。羽言“还当治之”，芳、仁咸怀惧不安。于是权阴诱芳、仁，芳、仁使人迎权。

《吴录》里面则加了这么一条记载，说糜芳叛变的苗头要更早。估计是二爷北伐之前，南郡城中起了一把很神奇的火，烧了很多军事器材，二爷骂了糜芳一通，糜芳畏惧，被孙权知道了，于是勾搭他，糜芳从此开始和孙权秘密来往，等吕蒙兵到了，他准备牛酒喜迎王师。[①]

这两个说法，给出了孙权是通过两件事引诱的糜芳和傅士仁。

1. 芳、仁供给军资，不悉相救。

这里"悉"是全部的意思，"救"是援助的意思，连起来是不能全部支援的意思。这哥俩供给军粮军械总是凑不齐，然后二爷说回来我办你们，这哥俩心虚了。

2. 初，南郡城中失火，颇焚烧军器。

南郡城中神奇的火灾后烧了一堆军器，二爷责备了糜芳。

这产生了两个疑问：

一是账本上是有这么多粮食的，我让你给我运过来，你总是给我配不齐，粮食都去哪里了呢？

二是军械库怎么莫名其妙地着了一把火呢？

一个凑不齐，一个烧仓库，这两件事凑一块基本可以说明什么呢：军费和粮食早就被你们贪污了！

1. 军粮数量不好查点，你们没料到仗打了这么久，所以军粮跟不上了。

2. 要北伐了，要马上用军械了，时间仓促突然要用，你平不了账了，所以就一把大火给烧了，玩了把死无对证。

这种做法都是摆明的心知肚明，就是拿不到证据办你而已。

二爷是不知道糜芳和傅士仁什么德行吗？怎么可能！二爷"素轻"

---

① 《三国志·吕蒙传》：初，南郡城中失火，颇焚烧军器。羽以责芳，芳内畏惧，权闻而诱之，芳潜相和。及蒙攻之，乃以牛酒出降。

这两个人！

很多人拿"素轻"二字作为评论二爷傲骄的佐证，说二爷连班子团结都做不好。是这样吗？貌似并不是。

吕蒙是三国第一策反王，他对二爷在荆州的人缘解读是什么呢？"已据荆州，恩信大行。"又有恩义，又有信誉，还大行其道地全面铺开。

有"恩"则将士爱戴，百姓拥护；有"信"则令行禁止，一视同仁！快六十岁的人心心念念的仍然都是为了干事业！

史载"羽善待卒伍而骄于士大夫"，二爷对一路拼过来这些年的兄弟们是善待的，他傲视的是那帮世家大族！但刘备集团就没几个世家大族，有的话也基本都在成都了。

这句性格评价，更像是二爷当年和刘备在许昌以及短暂地在曹营的时候，世家大族们的公论！

关羽瞧不起我们，却跟那帮泥腿子关系那么好，够傲的！拿笔来！麋芳是商人世家，傅士仁估计是河北武士，都是几十年跟着刘备一路打过来的老兄弟，二爷按理讲不应该跟你们有过节，但凭什么轻视你们呢？两个经济问题巨大的官员，让铁了心干事业的二爷能高看你们到哪里去呢！

这些年二爷重建了江陵城，为北伐造了好多军用物资，一直没闲着，在为革命事业添砖加瓦。

军队只要有大量采买，通常就会有暗箱操作，过道手薅点儿羊毛可以理解，但麋芳和傅士仁中饱私囊的程度已经到了需要火龙烧仓去毁尸灭迹了！

这二位的黑材料二爷不可能不知道，至少在"火烧军械库"后，双方的矛盾就公开化了！所以二爷对麋芳和傅士仁这两人一直看不起，但人家底子太硬，又没办法办他们！

二爷是错在战前责骂过麋芳的经济贪腐问题后不把他带到前线

吗？并不是啊！麋芳是南郡太守，政务上的很多事需要他统筹全局，把他带走了，后方临时派别的人接手是很难的！而且麋芳是咱老兄弟啊！虽然有经济问题，但关键时刻我不信你还信谁呢？而且仅仅"责"了你一顿你就要叛变吗？责你其实就是告诉你，咱得打仗了！为了咱国家长点心吧！

麋芳害怕吗？也许会害怕，但根本不担心！因为他是革命元勋，他麋家是在刘备最脆弱的时候给兵给钱，还把妹妹嫁了过去，有了麋竺的相助刘备才喘过了最难的那口气！①

老刘是厚道人，对当初跟他雪中送炭的人全都给予了足够份额的回报，他哥哥麋竺在拿下益州的时候拜为安汉将军，你听听这名号，"安汉"。座次在孔明之上。整个集团中的赏赐与优宠是谁也没法比，独一档。②

麋芳作为荆州的二把手，非常明白老刘是个什么人，所以他并不太担心。贪就贪了！你能怎么着！当年为了革命我家都毁了！领导这么重感情的人！我才不怕你关羽！

《三国志》正史在什么时候说这两人实质性叛变"迎"的孙权呢？在他们送军资凑不齐了，二爷说"还当治之"的时候，这两人"怀惧不安"，孙权又勾搭了一把，于是"芳、仁使人迎权"。

二爷这句"还当治之"说错了吗？

很遗憾，历史来到这个神奇的时间段，当麋芳、傅士仁的军粮供不上的时候，二爷无论怎么做，都是错的。

---

① 《三国志·麋竺传》：吕布乘先主之出拒袁术，袭下邳，虏先主妻子。先主转军广陵海西，竺于是进妹于先主为夫人，奴客二千，金银货币以助军资；于时困匮，赖此复振。

② 《三国志·麋竺传》：拜为安汉将军，班在军师将军之右……是以待之以上宾之礼，未尝有所统御。然赏赐优宠，无与为比。

首先二爷要是不表态回去办你，这兵就没法带了！我在前面拼命，后面你连粮草都顶不上！

二爷后面被徐晃突破，很难讲不是军粮顶不上导致战士们饿肚子的原因。军粮供给不利，古往今来这可是无条件无理由重罚的一项。动不动是要军前正法的啊！

就算遇上天灾人祸导致运粮不利，只能说你倒霉，该办你还是办你，因为兵者国之大事，给养又是兵者的生死之道，所以来不得半点儿马虎。什么时候交割，送达什么地方，多少数量的给养，从来都是死任务。

二爷说："回去办你！"这是让你戴罪立功。

你后勤保障没做好，主帅不能什么态度也不表，这样兵就没法带了！

之所以说二爷这句"还当治之"无论说不说都是错的，是因为随着刘备拿下汉中当王爷，给二爷送来了最高级别的"假节钺"后，这成了压死二爷这匹好骆驼的最后一根稻草！

由于"假节钺"的颁发，一切行为逻辑都变了！此时的这句"还当治之"，在糜芳和傅士仁听来，也由出征之前的"他关羽就算知道能奈我何"，突然间变成"这回彻底落他手里了"！

孙权什么时候决定偷袭江陵的呢？很早就有想法了！但自从春天襄樊战役开打，直到八月水淹七军之后，当时的预案仍然不是招降，而是吕蒙装病，蒙蔽二爷调主力北上，他好偷袭攻打。

至少八月的时候，行动预案仍然是乘虚而入地拿下！

但是，二爷在襄樊的战斗力太强了，孙权方面联想起江陵的城防又哆嗦了。随后一直没动静。直到两件事的发生，使得孙权终于迎来了完美时机。

1. 北线首先无压力了。

曹操准备迁都时，司马懿为曹操出招，说你让孙权去偷袭关羽，然后曹操去了孙权那里表达这个想法。

十月，孙权上书，表示我做好准备了！我江东小孙要为魏王讨关羽逆贼了！

随后曹操调走了合肥的张辽等军来救曹仁，并做出批示："望仲谋全心全意落实好偷袭江陵的有关工作。"

2. 大约闰十月的时候，糜芳和傅士仁由于前期贪腐再也凑不齐军粮、军械，突然间混不下去了！

之前关羽责备糜芳烧军械的时候，孙权就勾搭了糜芳，但这一次顶多算是个友好往来。

大概率并不是此时糜芳彻底倒向孙权了；大概率也不是糜芳这些年把军械都倒卖给孙权做军火贩子，让孙权抓到什么把柄了。

因为如果手里攥着糜芳叛国把柄的话，那二爷北上没多久孙权就应该出击了，毕竟万一二爷没打过曹仁退回来，他就失去机会了。

糜芳要是真把军火卖给孙权了，那样孙权根本就不用等大半年之久，吕蒙也不用搞蒙蔽二爷的称病计谋，二爷前脚到襄樊，孙权就去偷袭，糜芳一开城门，孙权大军涌进去就齐活了。

那样稳妥得多，吕蒙那么多年一直在搞间谍渗透工作，真要是抓到糜芳的死穴了，一定会像偷袭三郡时那样搞闪电战。

其实糜芳虽然贪污却始终掌握主动权，他这个身份实在是太特殊了，真不是因为他那妹妹，而是他家当年入的巨股！

这次的勾搭只能是建立了合作的可能性，给糜芳留了一条后路，毕竟糜芳在那边是国舅爷，是创业元勋，糜芳过来你不可能给出更优厚的条件。

直到刘备送过来了那个改变历史的"假节钺"！直到糜芳、傅士仁运粮不利！

吕蒙的间谍终于传来了突如其来的好消息：关羽放话要办他俩了！关羽也有能力办他俩了！

这个时候！孙权再次勾搭他俩！混不下去的傅士仁和糜芳保命要紧，表态我们跟你混了。①

十一月，孙权背刺关羽，糜芳、傅士仁这两位改变历史脉络的高级别丑陋小人物，完成了他们的历史使命。

荆州军区大老虎糜芳的经济问题，使得他不放一炮让出了历代名将死活捍卫的江陵城，让历史在这一刻彻底拐点。

此时二爷在干什么呢？还在兢兢业业地鏖战襄樊。

八月就把曹仁泡在水里了，樊城多处城墙已经崩塌，为什么到了十一月，二爷还没拿下来呢？因为攻城器材都让糜芳烧了！二爷退而求其次，一边等曹仁崩溃，一边利用曹仁做诱饵开始围点打援！

二爷准备打的援军是谁呢？徐晃！

徐晃是曹操派来救援曹仁的第三梯队，此时由于徐晃在汉中战斗太艰苦了，别征马鸣阁道战陈式，突破阳平关击高详，把老兵都打光了，手里都是新兵，驻扎在阳陵陂后就死活不往前走了！

二爷始终在诱惑徐晃："老徐呀，来呀，立不世之功啊！"

徐晃和二爷是河东老乡，哥俩私交非常好！②二爷作为策反高手估计这段时间也没少勾搭徐晃。

老徐意志坚定，而且老兵打光了算是救了他，此时他要是救樊城，准得让二爷给推沟里去！

---

① 《三国志·关羽传》：（自）羽之出军，芳、仁供给军资，不悉相救。羽言"还当治之"，芳、仁咸怀惧不安。于是权阴诱芳、仁，芳、仁使人迎权。

② 《蜀记》：羽与晃宿相爱，遥共语，但说平生，不及军事。

十月，曹操到了洛阳，决定亲征，同志们也说："领导您再不去就都殉国了！"①

这个时候桓阶拉住了曹操，说："您不能再去了！您要居中调度，显示自己还有余力！曹仁他们会拼死守城的！"②

这就是会说话，什么意思呢？你去了要是再败了呢？那中原就该全乱了！大不了南阳不要了！但你不能再给关羽击败你的机会！

于是曹操又给徐晃调了十二个营的兵力，并在先锋部队到徐晃那里报道的时候专门下令："老徐你等得好！接着等！等我拨过来的兵马全到之后你再去解围！"

与此同时，孙权的报效书热情洋溢地送来了："我这就准备偷袭他了！您可千万保守好秘密哦！"

曹操又问部下什么看法，他们说您可得替孙权把嘴闭严了！

这个时候董昭又对曹操说："还保什么密！咱樊城里面的弟兄们不知道有救了，再等一段时间撑不住了怎么办！别再考验人性了！况且这消息不一定会让关羽退兵！江陵是他当工头亲自监制的！就孙权那个尿性你认为关羽会当回事儿吗？"③

曹操觉得对，于是又命徐晃不等了，迅速进军，推进到樊城围处，把这个消息告诉城中！

于是徐晃没有等到十二营齐聚就出兵了，此时关羽的先锋阻击军

---

① 《三国志·桓阶传》：曹仁为关羽所围，太祖遣徐晃救之，不解。太祖欲自南征，以问群下。群下皆谓："王不亟行，今败矣。"

② 《三国志·桓阶传》：今仁等处重围之中而守死无二者，诚以大王远为之势也。夫居万死之地，必有死争之心；内怀死争，外有强救，大王案六军以示余力，何忧于败而欲自往？

③ 《三国志·董昭传》：围中将吏不知有救，计粮怖惧，傥有他意，为难不小。露之为便。且羽为人强梁，自恃二城守固，必不速退。

在偃城驻扎，徐晃先是假装要挖沟断偃城军的后路，关羽先锋烧了偃城的辎重退了回来，直到这个时候曹操的援军才全部到位。[①]

等到徐晃看到二爷的本阵时才发现，二爷这三个月简直是造了个临时堡垒。主营有十重鹿角，旁边又有四座制高点屯兵，反正就是困死你曹仁！

冲城车和箭塔要够的话，至于拿不下来一座几千人的残城吗！

徐晃又喊嗓子又给樊城里射箭，反正就是嚷嚷江陵被人偷袭了，祸乱二爷的军心。

二爷说："别听他瞎说！那城是我筑的！孙权没那个尿性！"

话虽这么说，但荆州军的家属毕竟都在江陵，出来大半年了，难免会嘀咕家里的情况，士气多少会受打击！二爷也感觉到士兵的这种情绪变化。[②]

在这个时候，徐晃攻营来了，先是佯攻主屯，实际猛打四座小山，打算给曹仁打开突破口，二爷随后亲自带五千步骑出战徐晃，然后一路撤退入围，想把徐晃的火力引过来让弟兄们缓口气，但没想到徐晃开启了惊人的操作，跟着追进了二爷的大营，击破了二爷在樊城北部的防线！[③]

曹仁因此发现了逃出去的口子，趁着这个机会终于从樊城中逃出了生天！二爷因为曹仁逃跑而出，于是也将战线回调，撤回了汉水防线，继续围困襄阳。全歼曹军北方主力的目标达不成了，那就划江而治吧。

---

① 《三国志·徐晃传》：贼屯偃城。晃到，诡道作都堑，示欲截其后，贼烧屯走……太祖前后遣殷署、朱盖等凡十二营诣晃。

② 《三国志·吴主传》：使曹仁以弩射示羽，羽犹豫不能去。

③ 《三国志·徐晃传》：贼围头有屯，又别屯四冢。晃扬声当攻围头屯，而密攻四冢。羽见四冢欲坏，自将步骑五千出战，晃击之，退走，遂追陷与俱入围，破之……

曹操后来夸赞徐晃，关羽的围你也敢进去攻？真厉害！我用兵三十余年没听说过鹿角十重还敢进去击敌的！[1]

最后曹操给予了点评，徐将军此次襄樊战役，堪比当年田单复国！将军功劳比孙武和田穰苴还要高啊！

徐晃配得上这样的夸奖！因为二爷这一年确确实实太吓人了！曹仁、于禁、满宠、庞德……要么被俘虏，要么被搞死，要么半死不活。

虽然孙权已经告诉曹操他去偷袭江陵了，虽然给徐晃又派了十二营兵过去，但曹操仍然怕不保险，他不仅调来了张辽的合肥军团，将兖州军团和豫州军团也调过来了！

这场战役，随着刘备回到汉中、孙权背刺卖盟，变成曹操调动几乎整个中国北方的军力驰援襄樊战场，去面对让曹操集团哆嗦的水神武圣！

如果没有孙权方捅刀子，最终的结果估计就是曹、刘方分汉水而治了。如果没有糜芳不战而降，关羽会南下乘船自驾游去保家卫国。

可惜历史没有如果。

十一月，二爷得知孙权已经袭取了荆州，于是率军撤出了襄樊战场。

二爷边撤军边派出使臣跟吕蒙沟通，吕蒙再次使出心理战，厚待来使让其了解江陵情况，来使看到了整个江陵一片安好，将士们家属都安然无恙回去向二爷如实汇报，二爷的军心开始败散。[2]

二爷麾下的荆州军无心恋战，开始逃亡。二爷此时，大势已去。

---

① 《三国志·徐晃传》：贼围堑鹿角十重，将军致战全胜，遂陷贼围，多斩首虏。吾用兵三十余年，及所闻古之善用兵者，未有长驱径入敌围者也。

② 《三国志·吕蒙传》：羽还，在道路，数使人与蒙相闻，蒙辄厚遇其使，周游城中，家家致问，或手书示信。羽人还，私相参讯，咸知家门无恙，见待过于平时，故羽吏士无斗心。

君侯仰首望苍穹，征战三十多年了，也许真的到说再见的时候了。

二爷走到当阳县（今当阳市）的麦城时，孙权已经到达江陵，一面派潘璋、朱然到南郡临沮县切断二爷退路，一面派人劝降二爷。

十二月，二爷弃城而走，一路撤退到临沮漳乡时，走到了人生的尽头。

二爷连同其子关平被潘璋部下司马马忠擒获。父子不降，随后双双被斩。

孙权不费一兵一卒拿下了江陵，他的梦想实现了。但他忘了他杀的这位军神在蜀汉是什么样的地位和人缘！

公元 219 年一整年的汉中会战 + 襄樊会战彻底结束。

曹操方面从里到外出了一身汗，除了幽州方面的边防军之外全国军区全部参战！按照司马懿的说法，此时曹操集团有二十多万士兵，至少损失了四分之一几乎是最精锐的国家野战军。[①]（于禁七军 + 曹仁荆州军团）

孙权方面除了荆北的曹操地盘，囊括了荆州全境，并笑纳了曹操的三万野战军。

刘备方面损失很大，失去了江陵、零陵、武陵三郡，损失了数万人的荆州力量，这一部分力量也基本被孙权方面接收。

孙权此战过后军力暴涨，二爷的汉水陆战队和于禁七军的北国野战军都是当时最悍猛的恐怖力量。

但是！即便手中拿着这么两批精锐军团，随后孙权系的开拓战继续打成了基因里自带的溃败效果。

穿几年吴国军服，啥英雄部队也就都那意思了。

---

① 《晋书·宣帝纪》：今天下不耕者盖二十余万，非经国远筹也。

当然，还是有一点效果的，后来陆逊强攻老刘于马鞍山的部队，估计用的就是二爷的汉水陆战队，不然就吴军那水平，陆逊能攻得动？

当然，刘备、曹操损失的这都是小钱。因为千军易得、一将难求，像关羽、曹仁这种不世出的名将，是可遇不可求的。

关羽死后，整个刘备集团的口碑都被砸下了一大块。

后来整个魏国朝堂对于蜀汉的态度就是：蜀，小国尔，名将唯羽。老刘和三爷的咖位都不够！这就是关云长在整个三国时代的地位！

他让曹操哆嗦到想迁都，他手里就那么点儿兵，怎么就让曹操这么害怕呢？

他让曹操集团的排名前三的名将，能攻、能防、堪称无死角的南军司令曹仁困在樊城中玩沉白马的造型。

他让孙权方面使出了所有的花招，谄媚辱国地报效曹操去精心布置了一个陷阱。

就是这样的一个人，扛着三国时代的腰。

最后，这腰扛折了。

襄樊战役之后，孙、刘永远地失去了再去逐鹿中原的机会，他们最终都会被北方吞并。只是时间问题。因为老二、老三回不到从前了！

老二的基因里根本无法北伐，老三的基因倒是打得动，但最后的那点本钱要找老二报仇来了！

荆州的丢失，也使得三国最后一位逆天改命级别的丞相只能一次次翻越那飞鸟不过的五百里陇山秦岭，最终累死在了五丈原的瑟瑟秋风中！

总之，孙权这把牌打完，老二、老三就都进入了慢性等死阶段。

十月，在曹操到达洛阳收到孙权来信的同时，他派人重修了洛阳北都尉的办公衙署。

他看到了四十五年前，那个梦开始的地方。

当年那个怀揣梦想做征西将军曹侯的热血青年，在中国历史最乱的五十年中，一步步走得不再认识自己，一步步走得根本停不下来！

220年正月，二爷的首级被孙权送到洛阳，曹操以诸侯的规格给二爷办了丧事。同月，曹操崩于洛阳，终年六十六岁。

汉末那颗最炙热的太阳，落山了。这位三国时代最大牌的人物，继武圣回天复命后，也离开了历史舞台。

他死的时间算是没给儿女添麻烦，要是早走三个月，整个时代也许又该掀开新篇章了。

在顶过了最危险的云长北伐后，他将打下的这份家底传给了儿子曹丕，挥一挥衣袖，走人。

他这辈子，一直在摸着石头过河。坚持不懈、奋斗努力到了生命的最后一天！

曾经是调皮捣蛋的大流氓，结交袁绍等不良少年，被叔叔告黑状，满嘴瞎话。

曾经是想干出番事业的中层官员，做剿匪先锋、做讨贼愤青，有一肚子想法，也有干事的能力，但对这个世界的认识还处于初级阶段。

被人家一通枪杆子打明白后，他渐渐地找到了乱世的规则：他要当最大的拳头。

想法很好，但步履艰难，好在他有一个好爹给他各种起步资源和神奇家族；有一个不良少年的好伙伴，跟他本初哥两人背靠背地顶过了最初的难关；老天还派给他了一个王佐之才，帮他带来了集团上市的理论、方针、路线以及人才。此时的曹操，最大的梦想，能当上个一方诸侯，就心满意足了。

人到中年，曹操经历了突如其来的丧父之痛和痛彻心扉的兄弟背叛，几乎失去了人生重来的所有筹码。人生艰难，中年不易。

靠着铁打的兄弟和自己的那位王佐，他渐渐地又重拾了信心，重整了旗鼓，夺回了因背叛而失去的一切，并抓住了上市蓝图最重要的一项资源：傀儡皇帝。

至此，他渐入佳境。

随后他扫袁术、剿吕布、战张绣、抚关中，最终在地狱级鏖战的最后一刻，拿下了袁绍这座自己前半生的大山。

十多年的时间，随着征服白狼山乌桓集团，他统一了整个中国北方，势力到达大城市铁岭，至此，令他没有想到的事情出现了：他居然干成了他之前的历史中，仅仅有几个人干成的事。

但他的身份也非常尴尬，前面几个干成这件事的人，人家身份都是名副其实当之无愧的一把手。他虽然有这个实，但他却没这个名。

人到暮年，他干了很多做一半的事：赤壁大败，他最终抢回了北部的半个南郡；关中剿匪，他定了大局就扔给了夏侯渊；南征汉中，他得陇望蜀，最终被刘备集团反攻倒算；多次伐吴就不说了，跟军事演习差不多。

晚年的他，主业只有一件事，给大汉房本办过户手续。

没办法，那座四百年大山不好推翻啊！没办法，走上了这条路，就再不能回头！

在临终前的几年，他终于将所有文件的手续跑齐了，将签字那一栏，留给了儿子。

他这辈子，有奸雄之才，背奸雄之名，干砸了不认栽，得了好处不卖乖，对他做的英雄事和缺德事都认账。

他的胸怀开创了一个伟大的文学高峰，史称：建安风骨。

这股风，随后刮了两百年，虽然后面变味儿了，但仍是两晋乃至后面南北朝时期风气的引领者。

他救济南万民于淫祀，他徙天下百姓于故乡；他疾恶如仇上书党锢，他忘恩负义逼死王佐；他磊落又奸诈，他爱才宽宏却又小肚鸡肠；忠君讨董的是他，禅让之实的也是他。

这一切的矛盾，看似不可理解，其实是因为他这辈子经历了太多，他的爆棚幸运几乎无可复制，他的努力与坚持又对得起这份洪福齐天。

总结起来，还是刚出道时的那句评语更为贴切：乱世英雄！

东汉末年分三国，随着三国时代咖位最大的两尊神谢幕，历史来到了真正的三国时代。

这轰轰烈烈的公元219年啊！

西部中国烧钱烧到了令人瞠目的境地，东部中国一尊战神吊打北国全明星，随着所有看得见与看不见的一系列运作，永远地书写在了历史的记忆里！

历史永远不会忘记，公元219年，关云长在有限的资源条件下，创造出了继韩信之后时隔四百多年再次重现江湖的投入产出比！

关云长的一生，虽然被史官层层掩盖，但从曹魏群英传中拼凑出来的这些细节，从孙吴都督传里带出来的那些评价，都在将他的能力水平指向上古大神的兵仙一档。

两个人都是能将有限的资源，催动出无穷真气充盈于天地的效果！

项羽灭，西汉立；关羽灭，东汉亡。

随着二爷千古，中原大地那遍地反曹的声浪就此永远地熄灭了。

公元220年，建安作古，魏接汉天命，改元黄初。

千百年后，后世提到这段历史，往往印象中是一个红脸大汉的傲，是一不小心的败，是嘲讽与悲哀的大意失荆州。

虽如此，历史仍然是公平的。

二爷在死后一千八百多年的时间里，儒、释、道三教皆推崇认可，万民叩拜祭祀供养。

作为华人世界的忠义一肩挑，二爷斩妖除魔，教化万方。

二爷走了！带着无限遗憾与千古冤屈走了！

但你所为之千里寻兄的那个大哥最终也让你的在天之灵知道你的一生并没有被辜负！

孙权得罪的那位可真不是什么爱哭的人，正史中爱哭的是曹操！

那位老兵脑子热了连箭雨都不怕！你砍了他三十年的臂膀，他能饶得了你！

三国的魅力之所以五千年独一档，很大程度因为蜀汉基因里的浪漫。

这个政权，人味儿是最浓的！

曹丕篡汉了！老刘开火方向貌似没有了选择！

但什么天命与江山！都随他吧！

云长啊云长！

哥哥来给你报仇了！

夷陵之战：先主伐吴始末，永安举国托孤

一、曹魏代汉

关公、曹操之死，虽然理论上标志着三国时代的正式开启，但却代表着绝大多数人脑海中三国时代的前中期结束。

时代的接力棒传到了三国晚期。

此时牌局上的三个人非常有意思：筹码最多的曹丕三十四岁，牌技上尚显青涩，机会把握欠佳；刚刚抢劫完的孙权三十八岁，出牌逻辑乖张，大有老流氓的趋势；刚过完六十大寿的刘备则让两个小辈儿挤兑得怎么选都是错。

本来是曹丕一把收的牌面，最终却阴差阳错地维持了三足鼎立，来看看这两年多发生了什么吧。

第一件事，曹魏代汉。先来看看曹家少爷的接班问题。

曹丕在上位之初，面临着巨大的压力。

他爹的威望太大了，全世界服他爹但不一定服他，最具代表性的就是洛阳的青州兵和臧霸的徐州兵，不仅高调地表示要返乡，还在洛阳敲了一通鼓！

当年周亚夫平七国之乱时在洛阳击鼓制造影响，这是非常不能容忍的无组织、无纪律甚至可以上升到谋反底线的行为。当时的不少官员就说，影响太坏，必须杀一儆百！

时任谏议大夫的贾逵说："现在是非常时期！千万不能这样，应下令复原全体退伍军人待遇，所过之处各地政府安排食宿！"

他现在根本没时间去立威，因为他要迅速趁着老爹的声威和新王继位后的惯性将大汉的过户文件彻底地签名过户。

整个魏晋时代的历史逻辑，就是禅让机制下演化的一条无可奈何注定走向崩溃的路。

什么叫禅让？听上去高端无比，其实就是名不正言不顺。你为了堵住绝大多数人的嘴，就必须要各种各样的妥协。悲剧，就从这一步步的妥协中开始了。

从古至今，在政权禅让之时，都有三个要解决的问题：一个是国家操作系统，也就是文官集团的支持问题；一个是军队枪杆子的控制问题；一个是老天爷的脸色和进步的功勋问题。

先来看第一个环节，曹魏的文官集团要赶紧跳出来磕头哭闹，求他曹家改天换地。

曹操 220 年正月走人，二月，陈群就拿出来一个议案，大名鼎鼎的"九品官人制"（九品中正制）出场了。这个九品中正制，算是承前启后，接上了两汉的"察举制"，续上了"科举制"，是极其重要的选拔人才的方法。

我们来介绍一下九品中正制。

1. 九品，就是对人才分出了九个档次，上上、上中、上下、中上、中中、中下、下上、下中、下下。这九个档次，对应九品。实际上真正管用的，是中间的二到六品，下品的那三个档次是根本没有入仕资格的。

一品，也就是"上上品"，那是虚的，轻易不给人的，老祖宗都明白月盈则亏这个道理，除了皇帝大人，什么岗位都是不能做到头的。

很多时候，不仅仅是"虚"着点儿，而是事不做绝，话不宜满，福不享尽，这是智慧。

2.中正，就是评价人才的官职，最开始是各郡设中正官，来推举本郡的人才。

问题是，察举制不也是地方太守推荐人才吗？这里有了个改动，"中正制"后，中央要根据中正官的推荐定品做决断。

中正是怎么定品的呢？两个方面：

一个是"家世"，也就是你的出身，要看你爸、你爷爷乃至你祖宗混得好不好，有没有名望。你的父祖辈要是当过官，封过爵位，就是好出身，也是中正官考察的重要方面。

另一个叫"行状"，就是你个人品行才能的总评，相当于小学时班主任给你写的评语，基本上就是四字短语，比如"德才兼备""德优能少""天才英博"等。

然后根据"家世"和"行状"这两方面，给你定品，也就是上面的那九个等级。

举两个例子：刘邦，世代务农，德薄能优，下中品，沛县泗水亭长，哪儿凉快哪儿待着去；王导，琅邪王氏，太保王祥从孙，光禄大夫王览之孙，德才兼备，上中品，尚书郎。

定品原则上依据的是"行状"，也就是你的能力，家世仅作参考。但是，原则这个东西永远是卡普罗大众的，通常在高层次的环节里，原则这个东西变通起来简直太轻松了。

无论再过多少年，"原则的阶级两面性"也永远会存在，咱们不要嫉妒和眼红，这是客观必然存在的规律。

我们要做到的是什么呢？

1.当有一天有资格享受到"原则的变通性红利"后，千千万万别给恩公找麻烦；

2. 对不是一个层次、能量级的人千万要坚持原则，他是管不住他那张嘴的，别把自己害了。

回到陈群的九品官人法，细想也能明白，为什么要加上家世呢？真到了让你定品时，是"德才兼备"更能打动你，还是"这小伙子六世二千石，前几天还和他爸爸、他叔叔、他姥爷、他舅舅一块吃过饭"更打动你呢？

早期还算好说，因为司马家中间也换过一次房本，需要培植自己的势力，传统的世家大族有合作的也有不合作的，凿老曹家房梁的官员有一定量的缺口，所以开过一次上升通道，有一部分命好的寒门抓住了窗口期冲了上来。

比如西晋开国的大司马石苞，家世是寒门，本来任他通天达才，这辈子也就那意思了，但是，作为司马师阴养的三千死士中的核心军官，一朝政变就出头了。

发展到后面，尤其是到了两晋时，就明明白白地"上品无寒门，下品无高门"了。

五品以上的官职全都是圈里人的岗位了，任你能耐再大、水平再高，基本上也就是个六品官了。

陈群搬出来这个"九品官人制"（见图 9-1），主要是突出了"家世"的作用，也就是将今后做官的编制比例大概率地留在了现有的既得利益家族中了。

过去还有一代代地方上逐渐混出来的子弟能够一步步地进入官场，比如当年袁绍家的祖宗，起步时并不算高门，但也被推举孝廉进了官场。今后中下层家族再感动天地、德才通天，也没戏了。你必须得是"重点家庭"的孩子，才有机会走进上层建筑。

九品官人制和"察举制"比起来，区别在于"家世"彻底地从

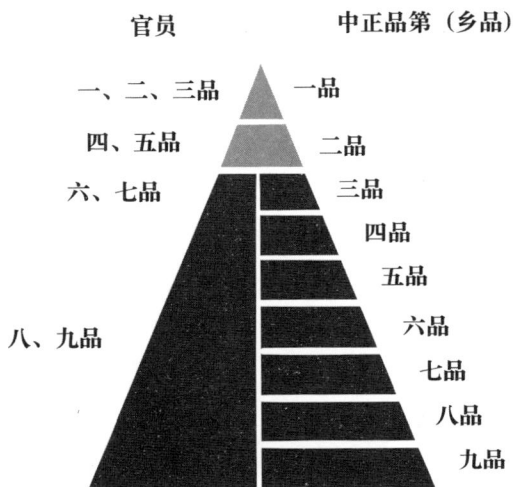

官员　　　　　中正品第（乡品）

一、二、三品　　一品

四、五品　　　二品

六、七品　　　三品

四品

五品

八、九品　　　六品

七品

八品

九品

图 9-1　官员与中正九品对应关系

制度上重点化、资格化、壁垒化了。这也是让曹魏亡国的最大制度性祸根。

各郡的中正官最开始也是由各郡长官推举产生的，还是相当于区域自治。

重大改动，是在曹芳时代，也就是曹操的重孙子那辈，司马懿加了个州中正官制度。这就是大中正官，掌管州中数郡人物的品评，各郡的中正官变成了小中正官。各州的大中正官由司徒推荐，小中正官由州中的大中正官推举，司徒确认任命。

这样一来，地方上的人事权就层层递进地全被中央抓上来了，或者说全被顶级的那几个关键家族抓上来了。

自州中正官设立后，九品中正制逐渐完成门阀化的转变，而最终成为门阀士族的选举工具。

察举制当然还存在着，只不过越来越式微，成为低级士族与寒族非常有限的上升通道了。

将望族利益写进魏国治国方略，这是一种交换。由世家大族、颍川扛旗的陈家掌门陈群提出来，曹丕很明白这是怎么回事。

当年他爹"唯才是举"，那是选边站队培养汉室拆迁队。现在"才"都已经选出来了，汉室已经塌了，曹家已经立起来了，该既得利益阶层分红了。

有理想底线的荀彧死了，但大多数士人并不是靠理想吃饭的，跟着曹家这些年辛辛苦苦打天下，他们是要得到酬劳的！

曹丕盖章签字，文官系统于是认为"天命不于常，帝王不一姓"，老刘家赶紧给老曹家腾地方！

第二个环节，永远要抓牢的枪杆子问题。

曹丕继王位后，对军队进行了如下布置：

中央军方面：前将军夏侯惇升为大将军；都护将军曹洪升为卫将军，迁骠骑将军，这哥俩成了中央军中的总司令。

禁卫军方面：谯县自己人许褚迁武卫将军，都督中军宿卫禁兵；中领军曹休继续为领军将军，后来曹休调整岗位不再担任领军将军，夏侯渊从子夏侯尚迁为领军将军。

南军方面：征南将军曹仁升车骑将军，都督荆、扬、益州诸军事，成为南方总司令；曹休后来调整为镇南将军，负责扬州方面军的事务。

西军方面：夏侯惇之子夏侯楙，也是曹丕的发小，封为安西将军、持节，承夏侯渊处都督关中；曹真为镇西将军，假节都督雍、凉州诸军事；这小一辈儿的哥俩负责西线。

这里面，无一例外都是沛国谯县人。这可真不是什么圈子文化，而是核心军权的岗位必须得掌握在核心圈子的手里！

什么是核心圈子？排个序：自家亲戚＞自己老乡＞自己门生＞自

己提拔的人。

想进别人的核心圈子一定谨记这上面的四重关系去进行规划。

上面那些人，除了夏侯楙之外，全都有过征战经验，全都经历过战事考验，全都是曹操三十年征战后给他儿子留下的又忠心又能干的军事班底！

这帮人意味着什么呢？意味着绝大多数的军官集团被曹家控制着。

举一个例子，许褚。

许褚不是曹家人，但却是曹操的老乡，几十年的保镖，渭水又腰的撑船人从许褚的禁卫军中培养出来的军官，封侯的居然能达到数十人，都尉、校尉的中级领导居然达到了百余人。[①]

这帮人在走上工作岗位后，感恩的是老领导许褚，许褚又是谯县系的铁杆，这些军事集团的枝枝叶叶最终就全都被曹丕控制。

司马懿为何在装死快两年的时候还能一朝咸鱼翻身呢？因为他儿子司马师在干中护军的时候阴养了三千死士！这里面有他培养的大量中下层军官！

外姓诸将也分别都有晋升：张辽迁前将军、张郃迁左将军、徐晃迁右将军……

这些外姓将军担任的职务听上去挺大牌的，但实际上都是被控制的小棋子，他们的部曲中能混出来的军官绑一块也不会有许褚一个人的部曲提拔出来的多！

曹家对军权的掌控力简直稳如泰山！

但是，重要人物的寿命永远是影响历史走向的一个重要砝码。二十年前，中国北方的命运取决于两个大佬的寿命！二十年后，中国未

---

① 《三国志·许褚传》：初，褚所将为虎士者从征伐，太祖以为皆壮士也，同日拜为将，其后以功为将军封侯者数十人，都尉、校尉百余人，皆剑客也。

来四百年的命运取决于两个家族的寿命！

好神奇，自打一辈子刨坟掘墓、屠城徙民的高寿者曹操走了以后，似乎将曹家人的寿命技能包也跟着一块打包带走了……

最后一个环节，祥瑞和功勋问题。

220 年三月，谯县老家据说出现大龙了，还是黄色的。

五行相生是金、水、木、火、土。

汉是火，下一个接天命的就是土了。黄色为土，黄龙就是土龙。

刘秀当年得天下定都洛阳后将"洛"字改为了"雒"。水字边给去了，因为他怕他炎汉这大火苗子让水给浇了。结果改完之后刘家的接班人一个个倒在了三十三岁大关之前。

现在自诩土命的曹丕要把"雒"字改回"洛"，因为土克水完全不忿，水还能滋润土，生长万物。他家自从改了名之后，明显比后汉有提高，继位的皇帝寿命由三十三岁大关提高到了四十岁，整整七岁！

龙出没后一个月，四月，饶安县又报告发现了白化病的鸡！六月，蜀将孟达前来投诚，曹丕迎来了人形祥瑞。

要说说孟达这个人了。

赤壁之战后，刘璋派孟达示好刘备，他和法正都带着两千人来，他是主管领导。

老刘作为混过汉末各堂口的客将徽章收集者，这辈子见的人太多了，眼光非常毒，他见孙权第一面后就从他大长身子小短腿儿上看出来今后不能再见这小子，他是太多次在生门关闭的最后一刻逃出来的主儿，一下子就看出了孟达这个人的底色。

跟孟达来的副手法正成了重点培养对象，孟达却一直在江陵赋闲，彻底干掉刘璋后才被安排为宜都太守。拿下汉中后，刘备命令孟达从秭归北攻房陵，完成对汉水全境的占领。

孟达表现出色，干掉了房陵太守蒯祺，在他即将进攻上庸的时候，刘备开始防着这小子了，派了自己的义子刘封去接管孟达的部队。[①]

老刘为什么这么防着孟达呢？

如果说法正身负大才、郁郁不得志，需要明主给平台，那孟达就是眼观八方、待价而沽，墙头草钻营。

先来看看孟达他爹孟他是怎么混出来的吧。

孟他在汉末的时候，为了求进步，变卖了家产来到了洛阳。

在洛阳的时候，孟他结交了大太监张让的家奴，大方花钱招待，时间长了，那帮家奴都不好意思了，说我们能帮你干点什么呢？

孟他说："我这人就好面子，明天我坐轿子来这儿，你们出来迎我时在大街上给我磕一个头就行。"

家奴们就是干这个的，自然答应，第二天，在大庭广众之下，孟他接受了众家奴的跪拜，进张让府后过了会儿就大摇大摆地回家了。

孟他的这个造型被排在张让家门外送礼的人都看到了，认为这是个手眼通天的大人物，于是纷纷上他家送礼求他办事。孟他笑纳这些礼物后，将这些人的礼物打包买了凉州刺史，进入了汉末官场。

这就是孟达他爹的入仕之路。

从孟达的人生路来看，他老爹一定是将祖传的钻营大法传给了他。

汉中已经拿下，孟达又刚刚打下了房陵，此时形势大好，老刘"阴恐"孟达将来难以控制，新打下来的这三郡和曹操管辖地接壤，他怕曹操那边的出价更高，所以派刘封前去统领孟达的部曲。（见图9-2）

但是，刘封把这事儿给办砸了。刘封到了以后，并没有注重方式方法，和孟达的关系处得非常不好，甚至将孟达的仪仗队都给夺了！

---

① 《三国志·刘封传》：达将进攻上庸，先主阴恐达难独任，乃遣封自汉中乘沔水下统达军，与达会上庸。

图 9-2　孟达势力范围图

你爹让你来是找办法架空孟达，不是让你逼反他，更可恨的是，刘封太狂妄，连二爷的求援都不理！

二爷在围襄樊的关键时刻，人手不够，请汉水上游的友军发兵相助，但刘封、孟达不搭理。[①]

后来刘备弄死刘封的直接原因有两个：

1. 你实在太不会办事。让你去统兵，去架空他，你抢人家军乐团干什么？

2. 你不救二爷！[②]

六月，孟达看出来曹丕那边要走进新时期，二爷之死的影响力又

[①] 《三国志·刘封传》：自关羽围樊城、襄阳，连呼封、达，令发兵自助。封、达辞以山郡初附，未可动摇，不承羽命。

[②] 《三国志·刘封传》：会羽覆败，先主恨之。……先主责封之侵陵达，又不救羽。

太大，刘封还老挤对他，于是给刘备写了封告辞信，带着部曲降魏了。

孟达叛变的时机非常讨巧，他作为刘备方面进献的"祥瑞"，被曹丕开出了天价支票，封平阳亭侯，合房陵、上庸、西城三郡为新城郡，以孟达为新城太守。

孟达靠着祖传的钻营大法，待价而沽地卖出了高价，九年后，他又一次想把自己打包再嫁一回，但是，投机永远有风险，不可能你家的运气永远这么好。

他将非常有幸成为三国时代最后两尊大神"联合"绞杀的劈腿渣男。

后来孟达带着魏军反攻东三郡，魏军开到后申仪叛变刘封，刘封败退回成都。随后刘封被赐死，至此，刘备俩儿子的"封""禅"组合只剩下"禅"了，由刘家封禅的远大理想变成刘家等着送人了。

这个起名字啊，一定要想好了，对家族的美好希望尽量不要拆分在每个孩子身上。你看人家孙坚就会起名字：孙策字伯符；策符。孙权字仲谋；权谋。孙翊字叔弼；翊弼。孙匡字季佐；匡佐。

就算仨儿子都早死，策符、翊弼、匡佐全都没了，那还剩下一个权谋嘛！

曹丕对他爹夸过的这个孙权很来气，继位没多久就命曹休为镇南将军，假节都督诸军事，击破了孙权的历阳军屯，居然还打过了长江，烧了芜湖营数千家。

曹丕就是派曹休教训一下孙权，谁也没想到居然打成了这个效果，早知道就多给曹休拨军队一口气灭了孙权了！

六月，孟达投诚的同时，曹丕开始阅兵南征，高低灭了孙权！

七月，孙权向他认怂送礼，丕哥你快过户去吧。

曹丕至此名正言顺地做好了全部准备。

十月乙卯，汉献帝先是在高祖庙祭祀，报告列祖列宗公司终于彻底地经营不下去了，连牌都挂不了了，随后派代理御史大夫张音带着全套符节捧着皇帝玺绶以及诏书，要让位给魏王曹丕。

曹丕三次上书推辞，随后在繁阳筑起高坛。

十月辛未，曹丕登坛受皇帝玺绶，即皇帝位。燃起大火祭祀天地、山川，更改年号，大赦全国。

至此，汉作为天命的四百年代表，下班了。天命，由秦传汉，再由汉传到了魏！

曹丕合法地接过了天命，使得西南的刘备突然间接了一个巨大的烫手山芋！他这个汉中王政权存续的依据不存在了！

二、老刘伐吴的逻辑链条，两头都堵的无奈选择

早在 220 年年底，曹丕刚篡汉后，蜀中就流传出了一个大新闻：献帝被曹丕弄死了。刘备方一片哗然，跳脚骂街，誓与曹贼不共戴天！

实际上这则报道严重失真，人家献帝活得好好的，而且在封国内还可以奉汉正朔和服色、建汉宗庙以奉汉祀，作为一个被禅位的皇帝，献帝的待遇比后面那些小可怜们强太多了！

那么为什么会流出这样一则报道呢？

因为曹丕用的是"禅让"的形式将献帝的法人资格拿来的，这代表着献帝这个老刘家的末任董事长自己是"心甘情愿"的，是走完一整套程序后让出了"天命"，这是合法的！

曹魏代刘汉，人家有老天爷的认证了。刘氏，国祚尽矣！

这就让刘备很被动了，他这宗亲成匪首了，这辈子最响的"奉诏讨贼"的口号彻底没戏了。刘备必须说献帝被曹丕弄死了，曹丕是篡的汉，曹丕的手续是不合法的，他这个西南角的大汉宗亲才有继续发展自己集团的合理性。他要在谣言穿帮前，把"天命"给抢过来。

两川重峦叠嶂，百姓消息闭塞，说什么都是靠政府大喇叭宣传，本国封锁住消息，谁又能知道真相是什么？

公元 221 年四月，曹丕篡汉后半年，刘备在成都武担山即皇帝位。理论上，汉王朝的倒数第二位皇帝继位了。官方名字叫"昭烈皇帝"，史料普遍称"先主"。

历史是魏晋主流史官书写的，给出的态度很明确，你刘家的江山，真的完了。你是"先主"，益州之主。你不是"先帝"，并非蜀汉之帝。

刘备继位之后，做了件非常出乎意料的事，他没有给汉献帝报仇，而是要给他"寝则同床，恩若兄弟"的关二爷报仇。

这就政治不正确了，因为你刚刚把"天命"夺过来，宣布曹魏是国贼，怎么能掉头就抽跟你有过节的吴老二呢？他吴老二再让你不爽，曹魏可是把你家祖坟刨了的仇人啊！

理论上，自打曹丕篡位后，蜀汉就再没有第二个敌人了，你得忍辱负重，喊上吴老二去打曹老大了！

这就是政治定位问题了，你根本不能选错。结果刘备就是选错了。

先别骂老刘，老刘此时和二爷在拿了假节钺后怎么做都是错一样，国际局势变幻得实在太快，老刘打吴老二是不得不去干的一件事。

老刘在二爷死后又听说了老朋友曹操的离世消息。这两个劲爆消息传来后，老刘做出了令所有人瞠目结舌的一件事：这辈子第一次向反了一辈子的曹操递出了橄榄枝，派使者韩冉带着外交国书前去吊唁，并随了个份子。①

老刘为什么要这样干呢？很明显，他要缓和双方的矛盾，联合曹丕给他家二爷报仇。

但是，他没有想到曹丕此时已经准备代汉了，曹丕命令荆州刺史砍了韩冉，说，我爹都让你家关羽把油熬干了！跟你刘备势不两立！

等曹丕即皇帝位后，第一个打的就是刘备。曹丕迁夏侯尚为征南

---

① 《魏书》：备闻曹公薨，遣掾韩冉奉书吊，并致赙赠之礼。

将军，领荆州刺史，假节都督南方诸军事。夏侯尚带着徐晃和孟达打回了上庸，平东三郡。

曹丕这边作为新升起来的黄太阳，一点儿不给刘大爷面子，双方断绝了任何可以缓和的可能。

曹丕称帝后，孙权方面迎来了第一个好时机，因为刘备和曹丕没有了任何和解的可能。关中方面只有曹真、张郃的兵力，曹魏的兵力全部压在东线，刘备有着非常好的出兵时机，理论上应该是兴兵北伐的。这也就意味着，刘备无论多恨他吴老二，都应该和他恢复盟约，双方继续一致对付北方。孙权也迎来了摆脱之前称臣曹魏的解套机会以及修复与刘备弥天大恨的讨论空间。

从博弈论的角度来讲，孙权应该对老刘示好，继续寻求合作的可能性。

但是，他早已经把路走绝了。他自打背盟偷袭了荆州，就没打算回头，奔着弄死老三的道路一条道走到黑了。

他在拿下荆州后把刘璋封为益州牧，将其放到了秭归，以招降纳叛，当政治符号。

效果很不错，通过诱降等种种方法，干掉了数万人。①

他还在刘璋待的地方专门分出宜都郡的巫县和秭归二县，重新命名为固陵郡，拜潘璋为太守。

什么意思呢？

孙权非常挑衅地在他的国门边也整出来了一个相同的名字。

实在是够嚣张！

---

① 《三国志·陆逊传》：秭归大姓文布、邓凯等合夷兵数千人，首尾西方。逊复部旌讨破布、凯。布、凯脱走，蜀以为将。逊令人诱之，布帅众还降。前后斩获招纳，凡数万计。

史书中已经写明了，孙权想要打到成都去，周泰都被封为汉中太守了。①

在二爷死后，一系列国际局势演化如下：

1. 老刘收到二爷、曹操的丧信，得知荆州被孙权偷袭了。

2. 孙权杀了人、夺了地，还声称要打到成都去，将原来的益州领导放在国门边强力地制造摩擦。

3. 老刘找曹丕方面寻找合作的可能性，被打脸。

4. 曹丕称帝，派兵夺蜀汉的东三郡。

5. 老刘要迅速地将天命接过来，编了献帝被杀的理由，承担了要给大汉报仇的巨大政治压力。

至此，老刘面临着两头堵的尴尬境地！

如果老刘倾全国之兵北伐了，当时的孙权是一口气捅死老刘的架势！孙权这么牛是什么意思呢？大概率是想通过表示强硬，吓唬住老刘：我就杀了你的人，夺了你的城，老子还得抓你这老小子！别跟我来劲！

孙权这样做明智吗？并不明智。

1. 老刘是能吓唬得住的人吗？

曹操这么猛的人，虽然老刘东躲西藏了大半生，但并没有被吓唬住。现在你杀了他最重要的臂膀，你还拿刘璋刺激他，你的种种做法就是在逼老刘出手。如果老刘真来打你了，北面曹丕要是同时发兵浑水摸鱼，你扛得住吗？

2. 曹丕刚刚上位，已经打完蜀了，拿回了东三郡，人家要是再想干出点儿政绩，肯定不会翻山越岭地去打汉中，从军团配置就看出来了，西线只有曹真军团。曹丕更可能的是打你的长江一线，而且一直没

---

① 《三国志·蒋钦传》：后权破关羽，欲进图蜀，拜泰汉中太守……

停止对你开火。

你真的有能力在曹丕陈兵长江一线后，仍然能派重兵上溯长江去消灭刘备吗？几乎不可能！

所以你现在这么刺激老刘，真的不明智。你应该将荆州防线像二爷那样经营成老刘根本不敢动心思的铁桶，然后等老刘死，和下一任领导班子达成和解。六十岁的人了，他还能活多长时间！

221 年四月，老刘当皇帝的同时，孙权发现自己因对老刘的外交过于强势而把自己逼向了非常险恶的境地。曹仁又打回了襄阳，荆北压力骤增。打回了襄阳是什么意思？襄阳不是一直在曹魏手中吗？

曹丕刚即位的时候，因为樊城已经被二爷打残了，所以曹仁屯兵襄阳，但是又担心被孙权在汉水断了归路，而且大战一年后，襄樊已经没有粮食了，曹丕命曹仁带领荆州军撤到了宛城。

孙权作为整个襄樊会战的最大受益者，在二爷死后仍然享受着这份伟大遗产的光辉，中国之腹的第一桥头堡不战而得，孙权派陈邵据襄阳。

这个位置太关键了，卡死了这里，荆州北部的压力将骤减！

但是，一年后，神奇的事情发生了。曹丕称帝后派曹仁去夺回襄阳，曹仁和徐晃轻松拿下，又抢回了这个南下的桥头堡，随后迁走了汉水以南的老百姓们。①

孙权方面"极度轻松"地丢了扼住北军南下的嗓子眼，本来扬州战区就紧张，国境线已经被推到长江边了，现在荆州战区也将面临随时可能出现的曹魏大兵压境！

---

① 《三国志·曹仁传》：诏仁讨之。仁与徐晃攻破邵，遂入襄阳，使将军高迁等徙汉南附化民于汉北。

老刘迎来了虽不政治正确，却极度军事正确的时机。

老刘打曹丕，孙权这小子照着现在这缺德样，大概率会偷袭他；老刘打孙权，基本不用担心北面，因为秦岭是运粮噩梦，曹丕还随时有可能在长江全线对孙权进行打劫。

东面已经被曹魏压到长江边了，已经触及了孙权的底线，倒是西边荆州仍有谈判的余地，还记得当年的湘水之盟吗？老刘当年为什么心甘情愿地谈判了呢？因为担心面临双线作战。

总之，老刘此次出兵，从理论上来讲，不仅没有危机，还有好多潜在利益点：

1. 打击孙权方面的嚣张气焰。

2. 打击孙权荆州的统治力量。

3. 逼孙权走到谈判桌前，吐出部分荆州的红利。

4. 给二爷报仇，出恶气的同时打给兄弟们看！

虽如此，但仍有一部分人在劝谏。比如老兄弟赵云。

子龙很明确地跟刘哥说了："国贼是曹操，不是孙权，灭了魏，孙权自会归顺，曹操死了，他儿子窃国了，我们应当顺应民心，尽早夺取关中，占据黄河、渭水上游，以利于征讨凶顽叛逆，函谷关以东的义士一定会箪食壶浆地来迎王师的。我们不应放弃曹魏去打孙权，打起来就不那么好结束了。"

什么意思呢？老二跟老三打，"不得卒解"之后，就是把国力都搭进去，人家老大轻松地就推了你们俩了！但是，子龙这话就是理论上正确，却并不太符合当时的实际。

因为随着吴老二背刺荆州后的嚣张表现，刘老三根本顾不上什么长远大局了！不仅必须打孙权，而且从孙权的出牌惯性来推断，老刘根本不能再等了！

因为孙权一直对北面跪着舔，对西面吹牛，此时襄阳他已经失手，荆州门户洞开，按照他的做人准则，一定会再度向曹丕服软，联合曹丕攻蜀。

向曹丕可以认怂，因为孙权没有政治压力，刘备可是对孙权有深仇大恨的！而且从心理学上来讲，背信弃义的施暴者往往最为仇视受害人。

这就和当初说庞涓、孙膑时一样，受害人会时刻提醒他们有多丑陋，不要相信良心会发现，良心被拷打后，最直接的反应往往就是怒火中烧、一了百了。

老刘现在也是皇帝，自古天无二日，以孙权的手腕更可能将曹丕诱惑过来打他！一旦曹丕攻打汉中，孙权溯江入川，老刘将面临极其被动的双线作战！

与其这样，还不如老刘先下手为强地表态去打孙权，牵制住孙权的荆州力量，让曹丕看到有机可乘，于是南下伐吴，随后将孙权逼到割地赔款的谈判桌前。而且，万一老刘在荆州大胜了呢！

而且老刘此时已经六十岁了，不能再等了！不光他在变老，这伙百战老兵也在变老，现在打孙权，也许趁着二爷在荆州的恩信大行还能有着民望红利，再等几年，这口气也许就缓不上来了。

综上所述，刘备东伐孙权，根本没有选择！

1.既没有缓和的可能性，因为对面一直嚷嚷着要弄死他！

2.也没有等待的可能性，因为孙权可以投降去换曹丕的合攻蜀汉，越拖越被动，再说他已经六十高寿等不起了！

随着老二不在乎诗和远方后，老三也只能忙于眼前的苟且了！

有些时候，悲哀就在于，弱者无论怎么选，都是错的！

之所以强者恒强，原因就在于弱者只能通过抱团取暖去与老大博弈。这其中只要有一个弱者选错了一步，逻辑链条的推演就开始成为弱者相互倾轧、强者等待收割。

天命这杆政治大旗，有时候真的好神奇。你既然以献帝被害死的名义当上了皇帝，你就没有选择，要顺天而行给你家宗庙社稷去报仇。这样老天跟祖宗的在天之灵才有可能去护佑你，这样全世界的老百姓才有可能觉得你还算是兴复炎刘的王师。

刘备的运气自打一宣布伐吴不伐魏，就开始大盘跳水般地狂跌！

老刘六月宣布御驾亲征去打孙权，刚命三爷带着自己的万人部曲从阆中会师江州，之前被三爷暴力执法的张达、范强就把三爷暗杀了，坐着船投奔孙权去了。

老刘之前经常教育老三："你平时杀伐过重，鞭打完人家还让人接着在你身边，这不是找倒霉嘛！"

三爷打人打几十年了，仗着自己万人敌，孙策怎么被人弄死的教训从来不当回事儿，结果刘备刚要打孙权，人家就把老三弄死了。

你要是打曹丕也许三爷还死不了，因为张达、范强得一路北逃。蜀道有太多关卡了，他们是跑不出去的！现在倒好，他们忍这么多年了早就想杀三爷，你终于跟孙权宣战了，人家找艘船顺着长江就奔孙权去了，速度不仅快，而且中间就白帝城一道关口，你追都不好追。

仇越结越大了！

此时此刻，曹丕也迎来了自赤壁之战后，干掉孙权的最好的一次机会！虽然曹丕最终没有抓住好机会，但不能否认，孙权偷袭荆州的这个决定，其实给了曹魏一次巨大的破局和收天下的机会！

所谓的"三国"，其实刚开始就差点儿玩不下去了！

丞相这个时候在干什么？有什么表态吗？史书并没有说此时丞相的态度，只记载了这样一段话：章武二年，大军败绩，还住白帝。亮叹曰："法孝直若在，则能制主上，令不东行；就复东行，必不倾危矣。"在夷陵大败后，丞相叹息道："要是法正在，就一定能拉住老刘不东行，就算东行，肯定输不了这么惨。"

从这句事后诸葛亮的话中是很难看出丞相当初什么态度的。但此时怎么选都是错了，丞相又能怎样呢？

老刘最后输哪儿了呢？

一个是三爷，三爷要是没死，后面老刘在布阵江北时肯定会让三爷去独当一面，最后一个靠谱的顶级参谋黄权就会留在自己身边，估计最终不会让陆逊偷袭得手，甚至可能以奇谋败敌。

另一个，就是丞相哀叹的法正。220 年算是蜀汉政权的彻底转折，不仅第一神将关云长没了，刘备的贴身小棉袄法正，四十五岁，年纪轻轻的，也走人了。

刘备之所以铸成大错，是因为缺少了法正这样的关键性人物。

他如果在的话，如丞相所说，谁赢谁输还不一定呢！

自从法正加盟刘备后，刘哥的整体技战术水平上了一个台阶。

郑度劝刘璋坚壁清野，法正说刘璋不会干的；在葭萌关宣战后，指导刘备一路战败蜀中诸将南下围攻雒城；军围雒城时给刘璋写信，杀人诛心。

他对于刘备，类似于郭嘉对曹操。知人心、断人性、出奇谋，最后还招领导喜欢。尤其这最后一点，非常重要。

法正在刘哥阶段性革命成功后成为蜀郡太守、扬武将军，外统都畿，内为谋主。掌权后的第一件事，开始了自己人生的反倒清算：哪怕一顿饭的恩情，法正也去报答。哪怕瞪一眼的矛盾，法正也得报复回来。

很多人找到了丞相，说你得管管，跟咱老大提提这事儿，最近我们看到孝直就哆嗦。

咱丞相是古往今来的好眼光，会做人，是这么回答的："我资格老，有一些话语权。老刘这些年太难了，连跟媳妇睡觉都睡不踏实，多亏了人家法正帮着辅佐才让领导飞了起来，怎么能卸磨杀驴呢！"①

这段话最终起到两个效果：

1. 丞相将来在法正这里甭管什么事儿都不会有阻力。

千万别在背后说人坏话，没有任何悬念别人肯定会知道，说了就是结仇！

法正肯定会通过种种环节最终知道这件事，从而体会到丞相对他的尊重与示好。法正会明白，丞相是懂他的价值的！是尊重他的！将来再有什么丞相不好说的事情，孝直肯定会帮忙的。

2. 法正事后会有收敛。

丞相在大庭广众之下表态说："老法继续造！兄弟我挺你！"如果后面法正要是还"于蜀郡太纵横"，丞相也要受连带的名誉责任！

很多事，一个大人物给你面子后，你通常会反过来给人家一个面子，法正这么聪明的人，不会让丞相面子上不好看的。

后面打汉中，是法正力主劝刘哥的；砍死夏侯渊是法正下令黄忠突击的。

曹操到了汉中，很是纳闷刘备怎么能想到变阵定军山、砍死夏侯渊呢？听说是法正的布置，心里安慰自己说：我就说刘备没这个本事，闹半天是有人教的嘛！

虽说这里面有砸老刘咖位的动机，但法正仍然是相当重要的，这么大的兵团打了一年老刘都没送温暖，你说法正有多厉害。

刘备为汉中王后，法正是尚书令、护军将军。身为尚书台和禁军的一把手，是老刘心腹中的心腹。

---

① 《三国志·法正传》：主公之在公安也，北畏曹公之强，东惮孙权之逼，近则惧孙夫人生变于肘腋之下，当斯之时，进退狼跋。法孝直为之辅翼，令翻然翱翔，不可复制。如何禁止法正使不得行其意邪！

结果二爷死后没多久，法正也死了，老刘哭了很多天，随后令人震惊地迅速给了法正"翼侯"的谥号！"刚克为伐，思虑深远"曰"翼"，评价非常高。这也是老刘唯一给谥号的人。

不是说老刘对二爷的感情浅，是因为无论什么原因，丢失国土都是需要问责的。有功必赏，不然黄忠不会到那个位置。有过必罚，二爷这么冤屈、这么大的腕儿，只要你丢了国土，都不能这个时候给谥号。

法正死了，老刘第一时间就送他进名人堂了。

老刘这辈子，最大的优点就是知道这个人的价值有多大！

二爷永远是独当一面的司令；诸葛亮自打入职就当作丞相培养；黄忠和魏延都是他从下层选拔出来的军官立下大功；法正更不必提了，这么难过除了感情的因素在，人家是真有本事的！

曹操和法正的前后脚过世，对六十高寿的老刘产生了不可逆的毁灭性影响。前者让老刘瞬间觉得天下再无敌手，最可怕的那位终于走人了！后者让老刘的大兵团作战和临阵奇谋水平再度回到了建安十六年（211）之前。

关羽（219）、法正（220）、黄忠（220）、张飞（221），大量的顶级人物在夷陵之战前匆忙退场，结果老兵不死的刘备只能自己突击了。

虽然确实老兵不死，但也确实只剩凋零了。

三、刘备真的联营了七百里吗?

刘备发起了著名的三国三大战的最后一战——夷陵之战。

看上去声势很大、历史地位挺高,但这一战真的谈不上是三大战之一,甚至没有什么必要仔细说。因为老二、老三互掐,只会加速老大最终一统天下的节奏。

此战之后,刘备留给诸葛亮一个濒临破产的初创公司,孙权那边则开始了长达三十年的退休养老生活。

之所以被排入三大战,是因为老刘的咖位比较大,以及后面的烂摊子实在够烂,突显了丞相的史上最强反弹传奇,而且老刘的这一仗虽然大败亏输,但最后的谢幕演出还是相当精彩的。他奉献了史上效果最佳的托孤表演。

221 年七月,刘备亲自带队,东进伐吴。孙权终于知道怕了,修书请和,但已经晚了,老刘大怒不许!

孙权派陆逊与李异等屯巫县、秭归进行阻击。

孙权一边备战,一边派使者去曹丕那里认怂称藩,魏国朝堂全都给曹丕道喜,侍中刘晔劝曹丕说:"现在天下三分,咱们十有其八,吴、蜀各保一州,阻山依水,互为联盟才没灭了他们,现在他们自己打起来了，这是天亡他们啊！现在我们应该兴大兵发起渡江战役，蜀攻其外，我袭其内，吴眼瞅着就是完蛋的节奏！吴亡则蜀孤，就算蜀拿下荆州，但只要我们拿下了扬州，蜀还能有什么蹦头！"

曹丕说："人称臣降而伐之，这是疑天下欲来者之心啊！我们应该受吴降而袭蜀之后。"

刘晔说："蜀远吴近，听说咱打蜀，刘备必然回军。现在刘备已怒，要是知道我们也打吴国，他知吴必亡！肯定不会救吴国，咱们是稳赚不赔的买卖啊！"

曹丕在精准判断后，认为刘晔说得不对，于是决定接受吴国的投降，还居然要封孙权为吴王。

刘晔又来劝阻，说："你爹征伐天下，天下兼十分之八，威震海内，德合天地，声暨四远，不是我跟你歌功颂德，你这手续是实打实的世界范围内认同的！

"现在孙权有雄才，但名分上不过就是个故汉骠骑将军南昌侯罢了，现在您要是受他的降，可以赐他个将军号，封个十万户侯，绝对不能封为王啊！

"他要是当了王，距离天子就只差一步了！他现在正好在江东没有合法性，你怎么还能送他名分呢！"[1]

曹丕认为面子重要，八月丁巳，曹丕派太常邢贞持节拜孙权为大将军，封吴王，加"九锡"。

孙权出道二十多年了，终于碰到一个比他嫩的了！孙权在刘备要明确来打他的时候，用了一个称藩的名义进行操作，就换来了曹丕对他的封王！

---

[1] 《三国志·刘晔传》：夫王位，去天子一阶耳，其礼秩服御相乱也。彼直为侯，江南士民未有君臣之义也。我信其伪降，就封殖之，崇其位号，定其君臣，是为虎傅翼也。

曹丕担忧"人称臣降而伐之，疑天下欲来者心"，这在大部分情况下是没错的，但现在的情况很特殊，孙权这个级别的"降者"就还剩一个刘备，问题是刘备连皇帝位都即了，你认为他会投降吗？

就算你接受孙权投降，你可以提条件啊，而且他给你什么了你就上赶着封王啊？

孙权装了人生中收益最大的一次孙子！老曹估计在地底下还得夸"生子当如孙仲谋"，就我那儿子啊……

半年后，陆逊的三峡阻击军扛不住了，孙权又出兵五万，由陆逊总督迎战刘备。陆逊正式挑大梁了。

陆逊，本名陆议，是吴郡陆氏，当年被孙策搞死的庐江太守陆康的从孙。庐江之难，陆康瞅准时机将一部分宗族遣回了老家，十二岁的陆议就在这个名单中。剩下的陆家人，后来大部分都让孙家弄死了。

九年后，二十一岁的陆议陆家人开始入仕孙家，估计在这个时候改名为陆逊。

"逊"是什么意思呢？三种意思：1. 退让。2. 谦恭。3. 差劲儿。

孙权对这个名字很满意，然后把孙策的闺女许配给了陆逊，看看陆逊看到仇人之女的反应。孙权在搞人际斗争上面真的是没辜负他爹给他起名字时的"权谋"期望。

早年间的陆逊一直在山里干剿匪的工作。说是剿匪，其实就是拉壮丁，以至于后来会稽太守淳于式告陆逊的状，说陆逊为了冲绩效、扩势力，把我这里正常的老百姓都抓去给他当兵。

陆逊对孙权说："淳于式可是个有本事的人，您要重用啊！"

孙权问："呦！他可黑过你！"

陆逊说："人家说得对，我就是拉壮丁拉猛了，他是以人为本，正经的好领导啊！"

他第一次在外交场合上露头，是快四十岁的时候。跟吕蒙合计算计关公，随后去装小可怜。已经忍了二十多年的陆逊干起这活儿简直太轻车熟路了！

后来关公被刺、孙权下荆州，吕蒙前后脚蹬腿，陆逊领了宜都太守，成为继潘璋后，荆州方面阻挡刘备的第二道门户。

这个任命，算是孙权最终能够安心开始三十年养老的神仙操作。因为陆逊不仅在宜都地区开始详细地了解当地的水文地貌，还对新占领的荆州展开了进一步的制度吸收。

陆逊大规模提拔荆州新降的官员们，对荆州豪族们的地方势力也给予充分肯定，以安其心。

221 年七月，刘备率诸军伐吴，一直到了 222 年的正月，刘备终于带队攻破了长江峡口，蜀军吴班、陈式军在一系列战斗中攻下夷陵（今宜昌市东南长江北岸），水军夹江东西岸，拿下了出川峡口，开辟了滩头阵地。①

半年的时间，打出三峡了。

但是，拿下夷陵后，老刘做了一个很反常的举动。

二月，老刘并没有在夷陵爆破登陆，而是自秭归率诸军向长江南岸进军，翻山越岭地插到了夷道猇亭（今猇亭区西南，长江南岸）。

随后自佷山通武陵，派侍中马良安慰五谿蛮夷，少数民族们全部响应出兵！

夷陵地区换防，由镇北将军黄权接管督江北诸军，与吴军相拒于夷陵，并提防自临沮（南漳县城关镇）南下的魏军。（见图 9-3）

刘备为什么不从北岸已经拿下的夷陵登陆呢？两个小原因和一个

---

① 《三国志·先主传》：秋七月，遂帅诸军伐吴……将军吴班、冯习自巫攻破异等……二年春正月，先主军还秭归，将军吴班、陈式水军屯夷陵，夹江东西岸。

图 9-3　刘备西征路线图

大原因。

两个小原因：

1. 走北线并不明智，夷陵北上有路通到临沮，那里是魏国的势力范围。（见图 9-4）

2. 荆州的当地豪族大姓与百姓这几年被孙权照料得特别好，吕蒙进江陵时不仅各种嘘寒问暖、给衣给药，还免了当年的租税，后来陆逊开始大规模提拔当地豪族子弟为官吏。刘备策反荆州内乱的可能性不高。

一个大原因：

只有拿下江陵城后，才能谈得上不怕北面曹丕的袭击，不怕孙权的西进，才能以此为重要据点将蜀中的大量人力、物力调过来。但是二爷造的江陵城基本不太可能靠攻坚战打下来，更别说此时孙权方面有着全部准备，所以刘备正面攻坚江陵拿下的可能性太小了！

由老刘费劲儿折腾地走南路来看，基本可以判断出老刘此次的战略意图（见图 9-5）：

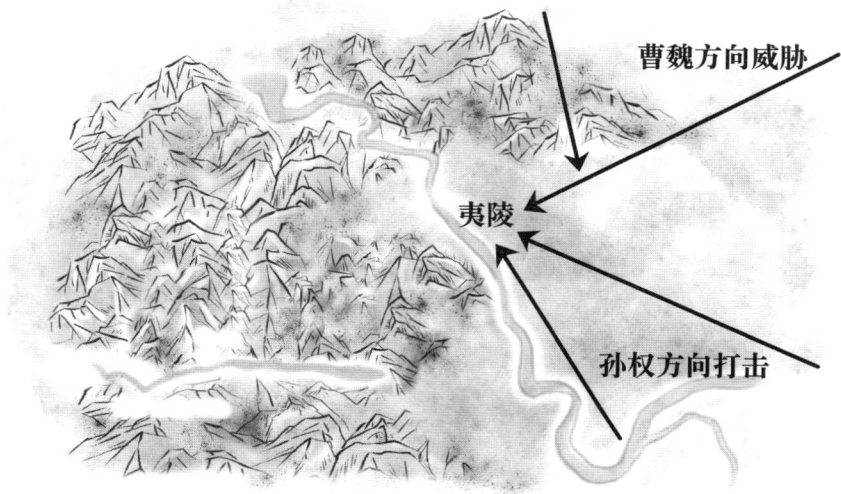

图 9-4　夷陵面临的江北危机图

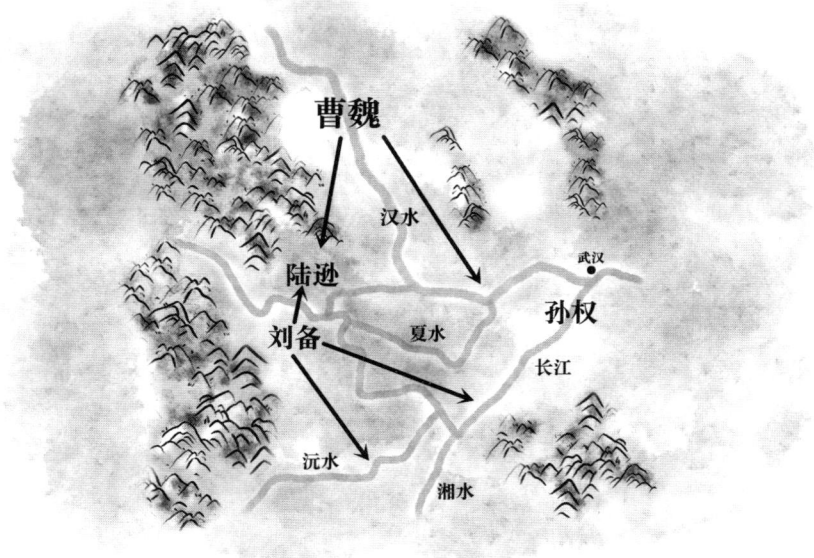

图 9-5　刘备战略预想图

1. 拿下夷陵，保证后勤物资能从蜀中通过长江源源不断地运出来，但是避免在北岸和曹魏产生冲突，夷陵主要是起保护粮道作用的。

2. 突破夷道，拿回公安，将手伸回荆南，和曹丕南北夹击江陵，变成周瑜死之前的局势，和孙权进行谈判，或者伺机武力拿回江陵。

陆逊是怎么布置的呢？长江北岸，他将队伍摆在了夷陵；[①]长江南岸，他将中心放在了夷道。这成为陆逊最后的底线！

夷道以西仍然是狭长的鄂西山地，刘备的主要兵力难以展开，他的陆军优势无法发挥，刘备在猇亭扎营后准确地来讲是前后联营五十余座。陆逊在东岸根据老刘的兵力配比，相应地拉开了长长的防守线。[②]

传统说刘备和陆逊对峙连营了几百里，这并不准确。（见图9-6）

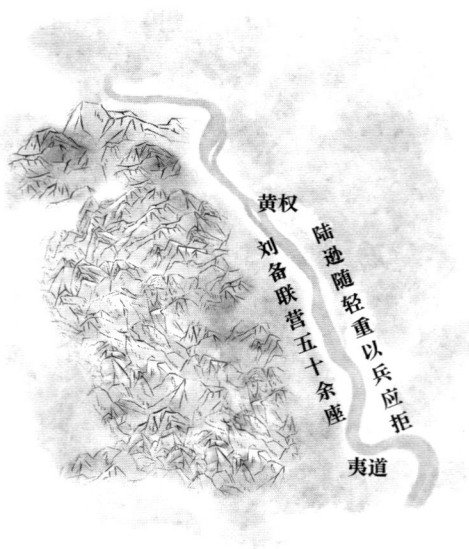

图9-6 刘备联营图

---

① 《三国志·先主传》：镇北将军黄权督江北诸军，与吴军相拒于夷陵道。
② 《三国志·吴主传》：蜀军分据险地，前后五十余营，逊随轻重以兵应拒。

曹丕笑话刘备联营了七百里，他是听说的，还不知道是具体什么时候的操作。[①]

《三国志·陆逊传》中说的"备从巫峡、建平连围至夷陵界，立数十屯，以金锦爵赏诱动诸夷"，更可能是在拿下夷陵之前的半年三峡争夺战中，大军被憋在三峡内的操作。

根据严耕望先生在《唐代交通图考》中的考据，"盖夷陵以上至秭归多行江南，秭归以西盖多行江北"而来。

因为上述联营时"以金锦爵赏诱动诸夷"，然后《先主传》中说，刘备拿下秭归后，陆路开始同行南岸了，武陵五谿蛮夷开始从这个时候遣使喜迎王师了。[②]

夷陵东西岸拿下后意味着三峡全线通航，峡内就不再需要留驻大量兵力了，所以刘备的主力大军应该都在猇亭和夷陵与陆逊对峙。

老刘此次带来多少人呢？

黄权后来被吴军截断退路北投曹魏的时候，有头有脑的有三百一十八人之多，封侯者四十二人，为将者百余人。[③]

这支队伍规模不小。

最开始陆逊根据蜀军兵力多少应对的时候，蜀军是五十余营。结合后面陆逊的最终战果是"破其四十余营"，黄权几乎没有损失地带着江北诸军投降曹魏了，基本可以判断，老刘的兵力配比应该是江北黄权十余营，江南主力四十余营。按当时的惯例，一营兵大约一千人，所以老刘这回带过来的士兵大约五万人。陆逊那边明确是五万人。所以此战

---

① 《三国志·文帝纪》：初，帝闻备兵东下，与权交战，树栅连营七百余里……

② 《三国志·先主传》：吴将陆议、李异、刘阿等屯巫、秭归；将军吴班、冯习自巫攻破异等，军次秭归，武陵五谿蛮夷遣使请兵。

③ 《魏书》：权及领南郡太守史郃等三百一十八人，诣荆州刺史部上所假印绶、棨戟、幢麾、牙门、鼓车。……及封史郃等四十二人皆为列侯，为将军郎将百余人。

双方应该是势均力敌。

陆逊堵在这里，不仅可以借助两岸最后的狭长山地憋住老刘，也可以充分发挥吴军的水军优势。自三峡下夷陵，连山叠嶂，水流湍急，至西陵峡口才开始水流变缓，也就是夷陵。

但是夷陵之东十几里，两岸又开始迅速收紧，水流又变得湍急无比，两岸最近时仅有七百米，也就是荆门、虎牙两山夹于中间，与此同时，虎牙滩礁石遍布，非常容易触礁翻船，直到中华人民共和国成立后才被爆炸清除。出了虎牙荆门江关后，江面才开始江面宽广，水流减缓，船只航行才算得上安全。

这也就意味着，陆逊卡在这个位置，蜀汉的水军几乎是不敢越过湍急的虎牙江关，随后在宽阔的水域和吴国水军作战的。这使得东吴方面掌握了该航段的制水权。

这一点非常重要！（见图9-7）

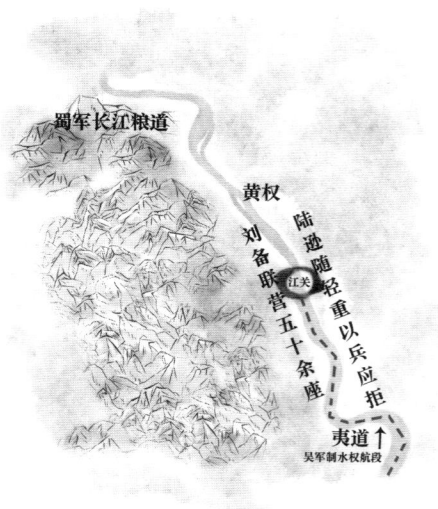

图 9-7　吴军制水权航道图

刘备在夷道站稳脚跟后，以将军冯习为大都督，张南为前部，赵融、廖淳、傅肜等各为别督，先遣吴班带着数千人于平地立营挑战陆逊军。

跟陆逊出来的那帮老部下全都要出去跟刘备打。

陆逊说："一定有问题，咱先看看。"

刘备等了大半天，看见陆逊没反应，于是带出了谷中的八千伏兵。

陆逊说："你看，我说不能打吧，他肯定有问题。"

这弄得吴军班子很不和谐，因为双方兵力大致相等，并没有七十万大军灭吴而来，其实就是五万打你五万来了，你怎么就这么怂呢！

诸将嚷嚷着要跟刘备打，陆逊说："不行！现在刘备被咱们憋在山地，人家屯兵在高处，咱们仰攻很费劲，就算能拿下，人家联营五十屯，很难全部攻下。刘备率军东下，锐气正盛，一旦交战咱们输了，有损我军大势！忘了人家曹仁、张辽的保留曲目了！咱们的陆战向来只要输了第一战，然后瞬间就怂了，随后每天以百分之二十的速度滑坡，一个礼拜连营门都出不去了！现在就一个字，拖！"

跟他出来的这帮老将全都认为陆逊怂，对他心怀不满。

随后就是耗着，这一耗就是半年，陆逊根本不跟刘备打，但陆逊面临的内部压力越来越大。

这帮老将要么是当年跟孙策混出来的，资历特别老；要么就是孙家自己人，本来就看不起你陆逊，现在你人如其名，怂了就更看不上你了！所以陆逊下达的很多军事指令，他们都已经不搭理了。[①]

陆逊没办法，只能使出铁腕政策，拔剑怒吼："刘备天下知名，当年曹操都忌惮，现在是咱的强敌，全都得听我的，齐心打这老家伙，我

---

① 《三国志·陆逊传》：当御备时，诸将军或是孙策时旧将，或公室贵戚，各自矜恃，不相听从。

虽是书生，但受命主上，我忍你们很久了，大伙各司其职，我看谁再敢犯我军令！"

陆逊撕破脸镇压老将的同时也不断给孙权写信，大致内容为：

1. 刘备逆天而行，不在他的洞穴里待着千里迢迢来送人头，我就要弄死他了！

2. 刘备这辈子没打过几次胜仗，千万别拿他当回事。

3. 我最开始害怕他水陆并进，现在他将水军全部放弃了，处处结营，我已经详细地探明他的兵力部署方向，他就这点能耐了，没什么变化了！

总结起来就一句话：您千万踏实住了，我相信现在诸将的怒吼和刘备的间谍会源源不断地给您吹风，但千万相信我，咱就要弄死他了！

陆逊那边极度艰难，老刘这边则颇为沉得住气。论僵持等待，这方面老刘是有着丰富经验的，老刘一辈子就在各种候场，小沛长期不搬迁的钉子户小强集团；荆州八年保安；葭萌、雒城、阳平动辄以年计算。陆逊的思路没错，不过刘备可不是那种能被激怒的。

你不跟我打是吧！我也不气馁，就等下去了。我都等一辈子了，还耗不过你？

但是，此次的等待，跟打汉中时不一样。

上次刘哥身边有法正，在僵持的时候就想出了修定军山粮道然后突然出现定军山反客为主的主动求变之局。这次自己亲自带队，耗了大半年后，六十岁的老爷子脑子已经热迷糊了。等不怕，但一定要有后手，要持续调动对方。

比如说给曹丕写信共同搞孙权啊！

比如派间谍去孙权那里恶心陆逊呀！

比如隔三岔五地埋伏伏兵，挑战陆逊。陆逊打，正好，不打，对面的东吴高压锅迟早要爆啊。

比如再次整出个定军山的策略，修条运粮道上别的山头再次出其不意地吓对方一跳。

老刘在等什么呢？他在等曹丕。不怪你爹夸吴老二啊！我从去年七月就出兵了，都快一年了，你就搁那儿看着啊？你不知道这是你这辈子打孙权的最好的机会啊！

曹丕的看戏叉腰以及老刘的六十岁脑转速使得夷陵之战的走向奔着拼国力去了，看谁的粮食先没，转成拼丞相和孙权的后勤实力了。

时间到了闰六月，陆逊在内部半年的风声鹤唳后，开始实施他的A、B双计划！

四、先主的一生成败，永安的一声叹息

老刘受过大半生专业的候场训练，这一杵，就杵到夏天了。不过刘备觉得无所谓，我是长江上水，军粮用水路运送非常方便，给养不叫事儿，我家丞相是三国"萧何"，我还不跟你打了，我去避个暑，立秋再削你。

陆逊在等什么呢？等每年长江中下游的梅雨季节过去。

梅雨带范围在北纬29度至33度之间（西自三峡口，东到上海滩；南起两湖平原，北至淮河南岸），一般从阳历五月中下旬，一直维持到七月上旬。按阴历来算，应该就是四月到六月。

长江中下游梅雨季结束后，太阳开始发力，进入了炎热的盛夏季节。

闰六月，陆逊觉得等得差不多了，召集诸将准备发动战争。

部下们都说："你别扯了，打刘备应该在最开始他立足未稳的时候，现在人家深入五六百里，已经相持七八个月了，所有的要害人家都防死了，还打什么啊！"①

---

① 《三国志·陆逊传》：诸将并曰："攻备当在初，今乃令入五六百里，相衔持经七八月，其诸要害皆以固守，击之必无利矣。"

陆逊说:"刘备是老兵油子,花样多,再加上刚开始时他锐气盛,所以不能打,现在大半年了,他的士气早就没了。"[1]你们没觉得老头儿这些日子都热傻了吗?弄死这老家伙就在今天了!""犄角此寇,正在今日","这里的"犄角"通"掎角",意思是"作战时分兵牵制、夹击的意思。"谁是他的"犄角"呢?

陆逊派出了孙桓在夷道当集火器,命孙桓出城挑战刘备。刘备方面看见孙桓出击后全军都疯了,主力尽出来搞孙桓。

陆逊打算玩田忌赛马,让孙桓送死,自己去偷营。

蜀军群殴孙桓后,陆逊调集兵力,先打了刘备留守的一个营,打得很难看。(乃先攻一营,不利。)

老将们说:"机智哥,别糟蹋兵了,成吗?"

陆逊说:"此战败得有理!我知道怎么弄死他们了。"(诸将皆曰:"空杀兵耳。")

陆逊发现大半年等待刘备士气低迷的打算基本落空了,人家士气低,自己这里更不行。

陆逊强装镇定,另一边孙桓的求援信号已经发过来了。老刘终于把孙桓给围住了。孙桓求救于陆逊。[2]

老将们说:"赶紧救!"

陆逊说:"不能救!"

老将们再次愤怒:"怎么我们说什么,你都得反着来啊!孙桓是领导亲戚!为你当替死鬼去了怎么能不救呢!"

陆逊说:"孙桓得士卒心,退回城里就没事了,城牢粮足不用担

---

① 《三国志·陆逊传》:逊曰:"备是猾虏,更尝事多,其军始集,思虑精专,未可干也。今住已久,不得我便,兵疲意沮……"

② 《三国志·陆逊传》:别讨备前锋于夷道,为备所围,求救于逊。

心，等我的计划施展后，他那里自己就解围了！"①

老将们问："幽默哥你又有什么计划！"

陆逊说出了 B 计划：现在各军每人手上拿一把茅草，刘备的主力军都在围殴孙桓，守营的蜀军虽然咱还是打不过，但现在梅雨季节过了！咱该烧他的营了！（见图 9-8）

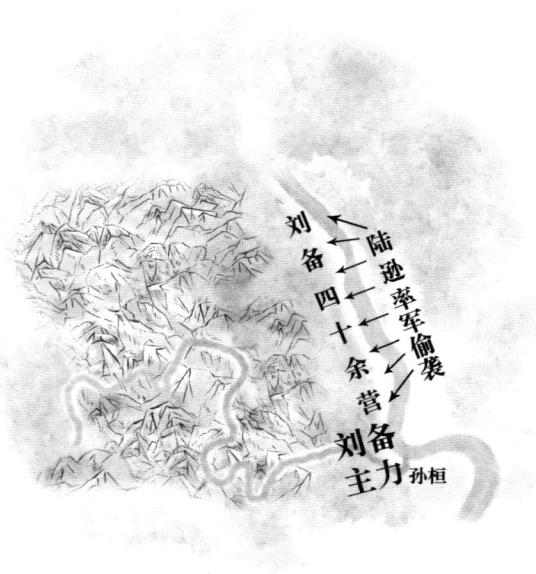

图 9-8　陆逊袭营示意图

吴军开始偷袭烧营，点火成功。

蜀军大乱！整场战役的破局点到了。

这计谋有多高明吗？值钱在这火攻上吗？并不是。

---

① 《三国志·陆逊传》：逊曰："安东得士众心，城牢粮足，无可忧也。待吾计展，欲不救安东，安东自解。"

当初夏侯渊在定军山是怎么被砍死的呢？是刘备主动变阵，是刘备主动烧鹿角，是刘备主攻张郃调动夏侯渊去救援，是刘备主动看准时机下令黄忠老兵突击的。全都是刘备把握着主动权。

《孙子兵法》中有这么一句：善战者，致人而不致于人。

你要调动别人，不能让别人调动你。

其实这些智慧也可以贯通到我们的生活中，当你发现某一段关系、某一件事情，你全程都在被别人调动着走，而且是你一直在付出时，你就要停下来想想是怎么回事了！要么及时止损，要么自己重新立套准则，不能再跟着别人的节奏了。善处世者，致人而不致于人。

老刘这回就全是反的了，论等待的心理素质没得说，但却光搁那儿杵着了。

老刘为什么这辈子大兵团作战总送温暖呢？就是在"致人而不致于人"这句精髓上领悟不透。

当你的队伍多、筹码多之后，你就可以打出很多种排列组合。你要用这些多出来的筹码去调动别人，让他落入你的埋伏圈。

用《孙子兵法》中的话，就是"故敌佚能劳之，饱能饥之，安能动之。出其所不趋，趋其所不意"，用我们伟大领袖毛主席的话就是："敌进我退，敌驻我扰，敌疲我打，敌退我追。"

无论是游击队，还是大兵团，真打起来，精髓处都是那句"致人而不致于人"。

老刘这辈子带着二爷、三爷、子龙能在汉末这么乱的年份越打名声越大，归根结底是令人瞠目的战斗力，关张万人敌的名头也是在这些年的战绩中一点点地攒出来的。

部队人少的时候，拼的是战斗力，是执行度，是那颗将魂，所以老刘通常逮谁干谁。

老刘属于给他一千万他能给你画出三千万的效果，但给他一个亿，分分钟就给你送没了的那种人。

法正为什么这么值钱？

因为他会帮老刘将越来越富裕的家底安排明白了，满世界地去调动别人，让一个亿花出三个亿的效果；再配合老刘这颗勇敢的心，用咱丞相的话讲，那叫一个"翻然翱翔"！

候场一辈子的老刘没能熬得过另一个被孙家驯化的忍者，开始毁灭了。营中着火，蜀军惊了，四散奔逃不成阵形，陆逊开始带领诸军同时攻营，用绝对主力攻打此时大营已经被点燃的少部分蜀军，阵斩张南、冯习及胡王沙摩柯等将，尽攻破其四十余营，刘备的大将杜路、刘宁等请降。

由于后方军营被烧，吴军大胜断了归路，刘备带着他围攻孙桓的主力从夷道退守马鞍山，令全军护卫此山。（见图9-9）

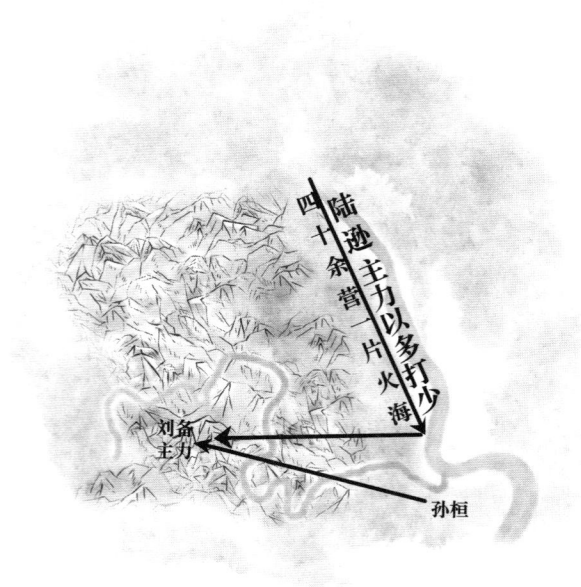

图9-9　刘备退军图

老刘为什么要往马鞍山跑呢？（《长阳县地名志》记载：马鞍山，位于长阳县东南部，为平洛和磨市镇所辖。）

1. 马良在此驻扎，作为联络武陵诸夷的据点。（《长阳县志》载：三国时，连营败后，刘备曾令部将马良驻师马鞍山，慰五溪蛮，由僻径返川。）

2. 自马鞍山北上有僻径返回秭归。（至今这条路仍有老刘的诸多景点。）

老刘陈兵马鞍山，打算做最后的抵抗。

但是，吴军在火烧连营后已经杀红了眼，迸发出了极为罕见的陆战攻坚能力。陆逊调集驻军四面围攻，汉军终于土崩瓦解，当场死者万数。虽无明确证据，但根据吴军过往战绩推测，此次攻坚中应该有于禁的七军和二爷的汉水陆战队参与。

刘备连夜带败军逃跑，令沿路驿站焚烧败军所弃皮铠，塞断道路，逃到秭归后，停下来收合离散兵，然后由步道还鱼复。

快逃到鱼复的时候，吴军追来了，傅肜挡住追兵，老刘接着跑。追他的是孙桓，不仅杀了傅肜，还截断上夔道，堵死了刘备的归路。刘备再次翻山越岭走小路，死命逃入白帝城。

战后看看损失：刘备的南岸军几乎全军覆没。水陆两军的所有物资给养全部被烧毁或被缴获。督北军的黄权由于后路被堵，长江被吴军封锁，只好率北军北上投降曹丕。早先被派往武陵策反少数民族起义的马良在撤退时被步骘截击而死。

此战，刘备几十年攒下的精锐老兵几乎全军覆没。战场上最重要、最关键的，就是老兵。

一个老兵当班长，五千个老兵短时间内就有办法撑起一个还算像样的五万人军团。如果老兵损失殆尽，即便你的征兵系统和效率无与伦比，短时间内也根本整不出一个还算像样的军团拉上前线！

比精锐尽丧更可怕的是，蜀汉人才梯队的断档式毁灭！

张飞，从征三十年的万人之敌，死于出征前的刺杀。

黄权，巴西人，降魏。杀夏侯渊，刘备据汉中不战采用拖字诀，这都是黄权的主要功劳，后来司马懿跟诸葛亮通信时赞叹黄权大才。

马良，襄阳人，丞相关系甚好的弟弟。

冯习，南郡公安人，伐吴大都督。

张南，汉军主力先锋，攻克夷陵。

傅彤，荆州义阳人，战死前大骂"吴狗！何有汉将军降者！"的忠心将领。

程畿，巴西豪族，力战死于长江。

沙摩柯，五溪蛮王，死于火攻之初。

……

这帮人要是不死，就算刘备过早地离开了蜀汉人民，后面丞相北伐，相信结局都会有很大不同。最起码马谡绝对不会绕过他哥哥马良的序列去守街亭！

马良是被刘备单独拎出来去五溪蛮族那里做指导员的，事实证明这个指导员做得很不错，毕竟五溪蛮的老大沙摩柯都跟着刘备出来作战了。刘备这是要培养他做一线指战员的！

看着马家五个孩子从小长起来的当地人对他们的评价是：马氏五常，白眉最良。

此次大败也使得刘备三十年积攒的从他起事时忠心耿耿跟随他的北国精锐和荆州派的将领精锐死伤殆尽，益州派的分量开始重了起来。

无论是老兵的大量死亡，还是将领的断崖式断档，还是随之而来被压迫的益州本土势力抬头，刘备的夷陵大覆灭，基本上来讲，彻底地打没了蜀汉本就微弱的未来。

刘备逃到白帝城后，吴将潘璋、徐盛还惦着扩大战果。好在赵云第一时间从江州赶到，巩固住了白帝城。陆逊又想起了三年前二爷的悲惨事迹，顾忌曹丕背后捅他，于是主动撤兵。

九月，曹丕开始攻吴了，他也许在等待老刘干掉陆逊，结果等来的却是吴军士气高涨。

防守天下第一的吴国人再次将北兵赶了回去，也因此，孙权修书刘备求和，几乎输光了本钱的刘备无可奈何地同意，吴、蜀因此恢复了外交关系。

刘备不像老对手曹操，给儿子收拾完一个大烂摊子，看见二爷脑袋后才走的。他给儿子留下了一个大烂摊子，然后准备走人了。

刘备逃回白帝城后，改名"永安"，然后住这里不打算走了。颇有"天子守国门"的气概，但很大程度上，是老刘走不动了。

半年后，223 年春，刘备要交代后事了。他把丞相从成都叫到了永安，进行了著名的"永安托孤"。

他给儿子写的最后一封信是这样的："我最开始就是拉肚子，后来突然间就不行了，我活六十多了，该知足了。丞相说你聪明、有大器量，我很高兴，有你这样的接班人，我还怕什么呢？平时多读《汉书》《礼记》，闲暇时将诸子、《六韬》、商君的书都看一遍吧，全都是帝王成才必需的。"

刘备对丞相说："你的能耐是曹丕的十倍，一定能安邦定国成大事，我这儿子你看着来，能行就辅佐，不行的话，'君可自取'。"[1]

这个"君可自取"，成了千古疑问。

---

① 《三国志·诸葛亮传》：君才十倍曹丕，必能安国，终定大事。若嗣子可辅，辅之；如其不才，君可自取。

刘备是要让丞相取而代之吗？

一千多年来，太多人说刘备虚伪了，拿话逼诸葛亮表态，甚至阴谋论中说刘备床后有刀斧手，只要诸葛亮表情不对，马上就砍了。

最有发言权的貌似是康熙皇帝，因为人主的思维都是一样的。康熙说三国人嘴里都没实话，用"鄙哉"来形容刘备的托孤，意思是看不上刘备这么装。

刘备到底是什么意思，现在只能猜了。方北辰教授说："刘备的意思是，嗣子要是不行，你从我家的老二、老三中挑。"我认为这是相对来说更合理的一种解释。先主是将废立之权给了丞相，后面先主还下诏让自己的三个儿子"父事丞相"。

就算不是让位，仅仅是废立权，这也是了不得的放权了。霍光当年废了个不懂潜规则的皇帝，即便一生对大汉功劳特别大，两千年来都是个话题人物。

这个权力，在古往今来的托孤中，只有刘备给了。

刘备死后，丞相开府成立自己的班子，领益州牧，这都是在先皇的遗嘱精神下进行的。

刘备这辈子说到底，是个厚道人。他基本上善待了身边的每一个下属：糜芳捅了这么大的篓子，他对糜竺仍然是厚待如初；夷陵大败后，黄权归路被断，最后北降曹丕了，刘备仍然善待其家属，说黄权没办法，不是黄权对不起他，是他对不起黄权啊。

后面丞相鞠躬尽瘁死、而后已的表现，自己道德水准高是一方面，刘备十六年的共事与培养也是极其关键的情感因素。

老刘对儿子的最后一句教诲是："勿以恶小而为之，勿以善小而不为，唯贤唯德，能服于人，你爹德行薄啊，千万别学老爹啊！"①

---

① 《诸葛亮集》：汝父德薄，勿效之。

老刘这辈子德薄的唯一一次，算来算去也就是拿下刘璋。

这位三国时代最仁义厚道、没有屠城劣迹、治下百姓拥戴的领导人，在死前能嘱咐孩子这个，他可能真的觉得对不起刘璋。临终能够表达忏悔，能够说出"汝父德薄，勿效之"，这种人活一世的磊落与尊严，老刘比古往今来那些欺世盗名的英雄们，强太多了。

刘备说孩子成不成你看着来后，丞相哭了："臣敢竭股肱之力，效忠贞之节，继之以死！"强烈表态，要忠贞不贰地死在工作岗位上！他也确实这么做了。《三国志》的作者陈寿说："举国托孤于诸葛亮，心神无二。诚君臣之至公，古今之盛轨。"

我认为，这是非常贴切公道的评价了！这对君臣，心神无二，确实堪称是千古之最了。

其实，又何止丞相和先主"心神无二"呢？我相信先主的官员队伍中，像丞相这种忠贞不二、鞠躬尽瘁的官员不在少数。

后来为什么丞相能够带领刚进过重症病房的蜀汉没过几年就打出了那种堪称不可思议的精气神呢？丞相的《出师表》中对刘禅说得很明白："然侍卫之臣不懈于内，忠志之士忘身于外者，盖追先帝之殊遇，欲报之于陛下也！"这帮兄弟们，都受过你爹的大恩！

《三国志》最终盖棺定论时陈寿评价刘备：先主这辈子，义气、宽容、厚道，待人接物颇有高祖之风，走到哪里都被人看作英雄！但是整体水平，是稍逊曹操的，所以基业相对而言小了点。先主这辈子百折不挠，最终还是成就了一番基业，其实说到底，不是为了有多大出息，就

是因为知道曹操容不了他，一辈子都在努力地避害啊！ ①

上述评价平心而论，刘备的性格、能力，包括最终成功的原因，这说的都是事实。刘备这辈子都在反曹操，为什么呢？自曹操说出那句"天下英雄唯使君与操耳"的话后，刘备就开始了自保的人生道路。这和当初年纪轻轻的孙权因为自己这缺德家庭把路走绝了没办法学刘琮投降一样，都是极端的迫不得已。都是被逼得一步一步地走上人生巅峰。

这很客观，但又并不客观。不客观在哪里呢？缺少点对寒门的宽容度。

刘备代表着自汉高祖开创基业以来，一个寒门子弟从零到称帝的最高功业水平了。自高祖之后，台面上混出来的基本跟寒门子弟都没什么关系了。

每逢天下大乱，寒门的最好归宿，顶多就是凭军功封个侯，或者经历一代代的机缘巧合，成为书香门第，一代代人读书之后开始渐渐地走向仕途。

刘秀是南阳豪族出身，袁绍是四世三公，曹操是巨宦豪门的背景，他们成事的背后，是庞大的阶级认同和入股加成。

刘备有什么呢？

孔明是家道中落的二十七岁不出茅庐的书生。

二爷是河东武人，三爷是涿郡老乡，哥俩是跟随刘备百战后剩下来的北境武人代表。

子龙是常山不被人待见的部曲。

黄忠、魏延是从底层被提拔上来的普通军官。

---

① 《三国志·先主传》：先主之弘毅宽厚，知人待士，盖有高祖之风，英雄之器焉……机权干略，不逮魏武，是以基宇亦狭。然折而不挠，终不为下者，抑揆彼之量必不容己，非惟竞利，且以避害云尔。

法正是因为关中流氓太多而流浪入蜀不被重用的落魄士族。

如果看到蜀汉诸将的履历，我们可以发现，基本上没什么高门大族出身的人。

但是这帮人，在老刘那里，全都得到了在这个世家大族主导的时代里，永远都不可能得到的知遇之恩，并上演了一出中国古代几千年历史中极其罕见的、非常浪漫的、堪称传奇的君臣际遇！

老刘的这伙人，即便跨越了千年，你仍然会为他们欣喜，替他们伤心，拿他们当榜样，为他们传威名！虽然最终失败了，但这伙人的这股子"人味儿"，真的太难找了！

这份魅力，不得不说，是一辈子在颠沛流离、险象环生的境遇下，由拼搏坚持、仁厚爱民的老刘所散发出来的！

假如也像秦末那样，大量的贵族被灭；

假如老刘在一上手时就有个能为其满世界擦屁股的爹，有能打硬仗的丹阳兵；

假如老刘也有在地方官任上可以不计后果砸淫祠，最终收编青州兵的机缘；

假如老刘也在高层混过，在看不顺眼袁绍的荀彧决定换东家后，正好在河北以宗亲名义嚷嚷兴复汉室，接着这位王佐之才；

……

是否老刘的人生会大不同呢？

无论怎样，他更像是我们普通人的一个榜样：身上没什么筹码，但努力地修炼自己，努力地壮大自己的实力，不放过每一个机会，认真地对待身边的每一个人、每一件事，输了只要没死，就继续向前冲，冲到人生的最后一刻就算演砸了，对自己的儿子仍能说出平和的人生经验。

即便自己在这个乱世算是最厚道、最爱民的了，仍能对儿子说：

"老爹这辈子没什么德行，做得很不够，别学我。"人活到这个份上，可以说真的配得上不以成败论英雄了。

刘家天命已尽，如果没有刘备刘玄德，刘家留给人的最后印象，会是董卓暴虐后祖宗皇陵被刨的可怜新闻，会是汉献帝回家路上的叫花子照片，会是曹操赏口饭感恩戴德的安乐死画面。

是刘备刘玄德，即便一辈子被曹操追得鸡飞狗跳，但永远老兵不死！最终带着寒门组成的军团贡献出了刘氏王朝最后也最嘹亮的两次冲锋集结：云长血战汉水襄樊！孔明星落秋风五丈原！

没有老刘的一生坚韧奋斗！刘家不会在中国的历史中谢幕得这么有余烈，这么有尊严！

老刘也该歇歇了，临终前他看着眼前的这个托孤之臣，思绪回到了十六年前：在隆中的那个茅庐中，精神小伙孔明向我这个老县长描绘出了一幅宏伟蓝图。

十多年后，我这个县长变成了省长，又成了皇帝。

我一场大赌，将家底输光了，临死前，我对当年的那个小伙子说："再像当年帮我那样，帮帮我儿子吧，蹉跎大半生，临死发现，当年的眼光没错，你就是我选的接班人！"我手中的大汉虽然人才凋零，但好在还有十六年前，我这辈子最伟大的一次招聘成果！这根十六年前就是大梁的人才，此时已是参天大树！我相信，有你在，就一切还有机会！孔明啊孔明！我煌煌炎汉的终章，就看你的了！

223年，刘备一声叹息，永远地闭上了双眼，随后三国时代来到了晚期。

功臣宿将大英雄的批量退场，将整个舞台让了出来。

现在该丞相拖住后场了。

中国历史中，最伟大、最深入人心的丞相，该你上场了。

第 *10* 战

失街亭： 一步也不能走错的弱者悲哀

一、"先主外出，亮足食足兵"的意义

很多时候，弱者面对强者，通常只有一次机会。

你面对巨无霸的最大一次机会，通常是集中全身之力，去爆破巨无霸没有防备的一个点，随后无限地放大战果。

之所以说只有一次机会，是因为当强者知道你居然想要取他而代之后，强者通常会开始重视你。只要人家重视你了，你就很难再搞死人家了。

你的技战术打法会被研究；你和你将领的履历、习惯会成为人家的作战内参；你的后勤水平会被估算成你出兵的概率和重点方向。总之，你再想搞出血洗人家的一边倒战役，基本上就太难了。当然，并非没有可能，前提要有战神和神仙般的好运气。

整个三国时代，强者被弱者暴打，即便强者超级重视弱者后，正面战场基本仍然没什么好办法的案例只有一次，曹操以举国之力围剿关云长。

二爷的汉水陆战队有一个特殊优势，这种上船能水淹七军，下船能鹿角十重地水陆来回切换的部队实在罕见，曹魏本来就没有靠谱的水军，而且那年十多天大霖雨的加成不可复制。

这就是有战神和好运气的典型代表。

古代战争中，强国面对弱国时，有着很多黑天鹅事件般的随机超大风险，比如项羽灭秦，韩信灭魏、赵、齐，都是一战灭国。

之所以会出现一战国灭的情况，是因为古代的国家动员能力较低，要是真的出现一战将国家精锐打没了的情况，短时间内缓不过劲儿来，人家就兵临城下了。

项羽在巨鹿一战消灭了王离的长城军，随后天下大势颠倒。

韩信在井陉背水封神一战打垮了赵国的精锐，随后整个河北风声鹤唳。

建安末年司马懿给曹操算家底，天下的兵员就二十多万，曹仁的荆州方面军已经被打得仅剩数千，于禁的七军精锐全部报销，徐晃带的是新兵，曹操玩了命地又给调了十二营的兵过去，也不过又派去了一万多人。这一万多人还是曹操前前后后从各地挤过去的，短时间内实在是抽不出兵了。

曹操占领的地盘是如此的广袤，却只有二十多万士兵，襄樊都被打没四分之一了，其实已经到国防崩盘的临界点了。

如果二爷后面没被孙权偷袭，最终蜀、魏大概率会划汉水而治，届时樊城前线不要说再被二爷来个水淹七军级别的战役了，就算是二爷后面在对峙过程中将徐晃新招的那帮生瓜蛋子吃掉，很可能曹魏的整个国防线就坍塌了。

所以说短短时间内，并非弱不能胜强，只要你有项羽、韩信、关云长，并且没有糜芳那种顶级军贪，因缘际会下是会创造奇迹的。

弱者颠覆强者通常有三种途径：

1. 在双方充分重视的情况下，出现大神打哭对手，比如项羽。

2. 强者对弱者不重视，被弱者袭击打爆，随后天下对强者不看好，比如昆阳之战。

3.弱者具有制度性优势，强者无法复制，使得弱通过积累战胜了强，比如秦并天下和关陇集团建隋唐。

历史的车轮正式来到三国时代后，给三国时代扛后腰的丞相其实隐隐然也属于上述的那种军神级人物，而且老天一度也给他短暂地开了逆天的最后一次窗口：曹魏在整个西北无防备。

但是，夷陵精锐尽丧，面对北军信心不足，嫡系将领断档，所托非人等一系列原因，最终使得诸葛孔明并没有抓住那次机会。

随后，整个曹魏不仅开始高度重视帝国西北的边防，并且在丞相"士卒已练，八阵已成"的两次北伐时，调过来了另一位和他一个级别的政治家、军事家、战略家。弱胜强的前两种可能，"大神碾压"和"偷袭不备"就此被封印了。

坦白地说，第三种弱胜强的制度性优势"孔明汉"也有，但是那道五百里秦岭极大地抹平了诸葛治蜀后的国家红利。

还有最关键的一点，寿命上，丞相天不假年。

诸葛一门三方为冠盖，蜀得其龙，吴得其虎，魏得其狗（**忠心功狗的意思，非贬义**），天下荣之；司马一门父子三雄杰，老子搏龙，长子斗虎，次子伏狗。

河内司马氏通过和琅邪诸葛氏的对阵，一步步地走向了家族的巅峰，也开启了三百多年华夏的乱世噩梦。

凛冬将至，长城自毁。华夏大地上的第一次民族大浩劫，就要来了。

223 年四月，刘备病逝永安，丞相诸葛亮受托孤之重任，奉丧回到成都，托孤副手李严留镇永安。

五月，刘禅继位，封诸葛亮为武乡侯，开府，没多久又领了益州牧。

至此，诸葛亮彻彻底底地走上了历史前台，史称："政事无巨细，咸决于亮。"

自 207 年二十七岁隆中出山，到 223 年四十三岁总揽蜀汉政权，诸葛亮由当年的那个荆北口碑青年到独挑大梁的蜀汉一把手，用了十六年的时间。从此，诸葛亮开始了传奇的十二年的丞相之路。

这十二年，他剿抚南中，北伐曹魏，《出师表》流芳千古，无力回天却感人至深。

他用一州之力，让曹魏的西北半壁寝食难安，雍凉不敢解甲，中国无法释鞍，另一位大神司马懿这辈子吃的瘪与羞辱基本上都是在对阵丞相那几年遇到的。哪怕司马懿后来变成司马宣王了，后世的普遍看法仍然是：丞相成就了他。

人们对于司马懿的被羞辱与吃瘪并不是很在意，甚至会产生你真不容易的感觉。因为那时候能让丞相每次都消停回家就很不简单了。你还想漂漂亮亮地把丞相撵回家？简直贪心不足！

魏、蜀、吴的三国史，提到所谓的"蜀"，某种意义上，就是诸葛孔明一个人的独角戏。老刘登基后三个月就打大牌去了，蜀国的基因、风骨、记忆，基本上都是丞相他老人家缔造的。

时代的车轮滚到了现在，该丞相扛后腰了，该说他可歌可泣的十二年主政了，但在说之前，我们还是要提出一个问题：中国数千载以来名相如云，为什么诸葛亮堪称是中国历史上最伟大的丞相？

之前我们说过，《三国演义》的助力很大，不过演义中将孔明先生的主线带偏了。

正史中对于丞相的评价是："治戎为长，奇谋为短，理民之干，优于将略。"

什么意思呢？是说丞相的治国与治军水平，要比战场上出的奇谋计策水平要高。不过不要以为"奇谋为短"就是说丞相没有全面发展，九十分和一百分比那也叫"短"，丞相的奇谋也在九十分以上。

丞相最终从两千多年的股肱之臣中脱颖而出，主要有两个方面：传奇和实力。

刚一出道就给刘备画出了一道宏伟蓝图，还一步步地实现了。

传奇！

老领导临终托孤说出了"君可自取"，自己最终"鞠躬尽瘁"。

传奇！

领一州一地闹得整个北方心神不定，对面那位一辈子没碰见对手的窃国大盗看见他需要玩"千里请战"的把戏。

传奇！

天时已逝，却明知不可为而为之，最终秋风星落五丈原。

传奇！

关于丞相的传奇故事，去掉罗贯中给加的戏，还有很多。这些传奇，成为后世太多人所津津乐道的故事。

不过，传奇都需要实力进行背书。丞相的一系列令后人顶礼膜拜的传奇背后，还有着超强的实力背书。

就像前面我们说的关二爷，云长"亘古一人，忠义无双"的背后，是人家"威震华夏"。

没有实力说话，传奇要么变成神话，要么就渐渐地烟消云散。

丞相对于整个刘备集团来讲，其实并不仅仅是后世大多数的论调那样，在第一代领导班子谢幕后毅然地扛起了蜀汉的大旗。更贴切的是，诸葛亮自打加盟了刘备集团后，除了第一年外，后面承担的都是至关重要的顶梁柱的角色。

最开始，老刘对丞相就是接班人级别的培养，丞相也如别人家孩子般的争气！后面的十二年，丞相是当仁不让的主角。前面的十六年，丞相的重要性至少排在前三。

刘备这份家业，准确地说，没了谁都行，除了丞相。没了人家，老刘真的就只能白白地漂泊这一生了。

首先老刘在刚招聘的时候，丞相就跟他说了《隆中对》中的发展规划。

《隆中对》的重大意义除了指出了荆州、益州的发展方向，还给老刘讲明白了今后不要再给爬山虎代言了，你挺直腰杆，自己长成大树吧！

老刘前半生起点低，遇到丞相已经干了二十年客将了，老刘这辈子东奔西跑，魅力无限，手底下总不缺兵，关、张、赵也都是能独当一面的世之虎将，但是却总想着抱人家的腿，从别人身上汲取养分。

这种抱腿的思路是永远当不了大哥的！

是丞相在《隆中对》中明明白白地告诉老刘：刘大爷！别老琢磨别人了！还有两块地方可以拿下来！你得自己充当顶梁柱地去奋斗！别再给别人当小弟去了！

没有丞相给老刘讲明白了，长坂坡后老刘第一时间准跟着鲁肃给孙权做小弟去了。

历史要是真走到那一步，权谋哥将迎来人生中最致命的一次大考：因为曹爷在外，老刘在内，不琢磨死他就见了鬼了！

《隆中对》外，并不仅仅是丞相当年提出了战略规划那么简单，实际上丞相是蜀汉这个小政权能够持续大功率输出的那个核心马达。

看看丞相这些年的履历吧。

207 年，当了不到一年的新野财务负责人兼外交专员。

刘表家的两个儿子搞权力斗争，老刘在这上面嗅觉向来敏锐，在冷灶刘琦身上下了大功夫，联络员就是跟刘琦有亲戚的孔明。

刘琦在权力斗争中逐渐被边缘化，经常向丞相求计。有一天，刘琦又带丞相逛花园，兴致上来了，两人非要上高楼去喝酒，喝一半刘琦派人把梯子撤了说："你今天别想跑了！现在咱们悬在半空中，别担心了，有什么话你直接说吧。"

丞相说："君不见申生在内而危，重耳在外而安乎？"既然在"中央"混不下去了，为什么不去地方培育自己的势力呢？

刘琦恍然大悟，当时正好赶上黄祖死，刘琦争取到江夏太守的岗位堵孙权去了。

刘琦在这个位置上，为后来刘备上天无路、入地无门的时候提供了最后的避风港。

208 年，二十八岁的诸葛亮被老刘派到江东去搞外交。此时的刘备，在这个生死存亡的重要关头并没有派那些跟了他很多年的人去进行这次关键对话，而是派了孔明这个刚刚入职的小伙子。

丞相也没有辜负他的期望，去了之后将已经成溃军的刘备描绘成了一个盟友，并跟孙权算了下曹操此时外强中干的一笔账。

当然，最终促使孙权做决定的是鲁肃，但我们还是要通过这件事来看孔明在刘备这个老板的眼中所代表的意义。

除了考虑到他哥诸葛瑾在江东能说上话的因素之外，刘备早早地就看出了这条卧龙的真正价值：大事是可以托付的。

会用人的老刘随后对丞相开始了接班人式的培养。

209 年，荆南四郡被刘备趁乱平定了，二十九岁的丞相被任命为军师中郎将，治所临烝（衡阳市），督零陵、桂阳、长沙三郡，负责足兵足食，充实军资。

除了武陵郡这个和南郡接壤的"前线"外，刘备将大后方全交给了上班才两年多的丞相，让他干一件对军阀来说最重要的事：足兵足食，治理地方。

准确地说，诸葛亮自此就当上了刘备集团的"总理"，以后从这个岗上就再也没下来过。

211 年，刘璋"引狼入室"，丞相和关羽、张飞镇守荆州，丞相当了大半个荆州的家。

212 年年底，刘备和刘璋正式开撕。

213 年，丞相与张飞、赵云入川助战，逆江入川并不容易，这里丞相的军事表现史无记载，只看到了最终相当顺利的战绩："亮与张飞、赵云等率众溯江，分定郡县，与先主共围成都。"

214 年，刘璋投降，刘备入主益州，丞相受金五百斤、银千金、锦千匹，任军师将军，署左将军府事。跟原来一样干"总理"，区别就是这回理的事越来越多了，所谓"先主外出，亮常镇守成都，足食足兵"。

这句"足兵足食"通常并不被人们所重视，在这里，我们要特别说一下这四个字的分量。

从 213 年刘备与刘璋开撕后，蜀地战火连绵，基本上就没怎么再歇着了。

215 年老刘终于拿下蜀中，但没多久孙权得知刘备得蜀很气愤，要来抢荆州，老刘赶忙带着五万人从蜀地赶到了荆州要跟孙权比划比划，结果曹操那边南下了，给刘备又吓回去了。

这五万人和马匹来回所需的军粮，不是小数目。

同年，张飞在巴州跟张郃拆迁队开战。

随后好歹算是歇了两年，217 年年底，刘备拉开了汉中争夺战的序幕，张飞、马超夺武都，紧接着刘备亲自带队在阳平关跟夏侯渊进行了长达一年的对峙。

四川往汉中运粮的几条主干道，堪称是中国境内消耗最高的。不仅蜀道难，而且蜀道难的精华全在汉中到剑阁之间。这条烧钱的天路配合着刘备总是在阳平关外苦苦地守候着夏侯渊，使得丞相快被逼疯了！

如此高消耗的庞大观光团谁能养得起！到最后，蜀中男子当战、女子当运，拼了！

耗了一年，刘备突发奇想又蹦到了升级物流难度的定军山，又在这里跟曹操耗了小半年。结果这场长达一年半的高消耗后勤战，丞相作为三国后勤王可是一点儿链子也没掉。

刘备最终圆满地完成收复汉中任务。此时，已经是219年中旬了。汉中、蜀中，刘备的两块地盘都已经达到了战争极限！

与此同时，威震华夏的襄樊之战在中原开打了，半年后，云长过早地离开了蜀汉人民。

又一年半后，221年七月，老刘兴兵伐吴！带着五万精锐来夺荆州了！半年打出三峡后又是半年多的消耗。在夷陵蹲点之战总耗时十三个月之后，最终老刘一把大火全赔了。

这就是诸葛亮自209年开始干丞相的这十四年所经历的全部过程。

这十四年中，前面四年丞相利用荆州的战争动员能力打开东线战场，三路入川帮老刘磕下了四川，并给二爷捋出了一个好底子；后面建江陵新城、伐曹仁于禁，二爷之所以会这么牛，很大程度上要得益于丞相的底子打得好。

后面的十年中，用四川一地的战争动员能力帮着老刘带着全部家底又是长江自驾游又是汉中观光游。除了打完四川和打完汉中分别歇过两年外，有六年是一直在打仗的，而且是那种旷日持久的烧钱战！

关键的问题于是浮现出来了，这根本不是足兵足食这么简单！足兵足食的前提是你得有兵有食！更不要说打仗远不仅仅是把吃的送到战场就可以了。攻城的器械、战士的兵器、冬夏的衣服、伤病的药品，消耗都是极其惊人的。

大家千万不要以为一场战役下来，人均一把兵器就够用了！

就算你满世界溜达从不跟人拼刀，但你总归是要杀敌的，当你刀砍人、枪捅人，一场战役下来刀被骨头崩坏了，枪头卡骨头里这都是常事，每一场战斗，兵器都会出现很大的磨损，对兵器修理部门和兵工厂的需求甚至要比粮食供应部门的需求量还大！

除此之外，战死者的抚恤、战士们的奖金、家属的优抚待遇……太多需要丞相去操心的了！

老刘这种时间、路途、物流难度的"三高战争"，消耗是极其惊人的！四川人民再能干，天府之国再富饶，也是禁不起他连年折腾的。

但是，人家就折腾了，而且人家总理还就帮他买单了！

那时候可没有什么贷款，全是实打实的现结！粮食顶不上去前线士兵就只能饿死！兵器运不到位就只能让别人砍死！

更深层次的问题也浮现出来了，你薅羊毛把四川人民全薅光了，四川人民居然没暴动，就搁那儿让你薅，还随薅随有！还薅得时隔一千八百年仍然在缅怀他！

慢慢能品味出来丞相干的这摊活儿的难度以及他的水平了吗？知道为什么老刘要托孤给丞相了吧！

任何时代，老百姓都不是受虐狂。之所以万民爱戴，是因为身受其利。

来看看整个蜀汉政权的运作机制吧：被史书中忽略的、伟大的诸葛治蜀。

二、"诸葛治蜀"到底高端在哪里?

丞相治蜀,主要通过三个方面:

第一个方面,兴建水利。

丞相自己过日子时就在隆中耕读,前半辈子就一直在跟土地打交道,后来刚一出道就跟农业对上口了。

他的"足兵足食"可并不是单纯地拿着枪顶着人家脑袋说:"你给我交粮!不交打死你!"也不是你收一千斤然后我拿走八百斤。

而是帮助你把蛋糕做大,然后分你利润增长的部分。

丞相是一个哲学家,他看问题是有深度的。

对于治国,他向来是往根上治理的,来听听丞相的劝农心法:"唯劝农业,无夺其时,唯薄赋敛,无尽民财。"

别在老百姓农耕的时候派徭役,天时不能夺,过了日子这庄稼就长不出来了!不要将老百姓的家底都掏空,要按比例征收。不对啊!要是像说的这样,老刘那堆自驾游的"火车票"都是怎么报销的呢?

其实这并不矛盾,丞相在为老百姓的增产方面想足了办法。

比如,他非常重视水利对于农业生产的重要性。

在水网发达的荆州主政时,没有治水的有关记载,但在蜀中,丞相对于都江堰等一系列水利枢纽的治理，都是有具体记载的。

丞相在北伐前夕，对于自家的"工程"不放心，特地专设了堰官进行都江堰的管理维护，并批了一千二百人的编制，专门负责此地的水利保养问题。[①] 这也开创了此后历朝历代设专职水利官员管理都江堰的先河。

在这里，要专门说一下都江堰。

最早的成都平原，根本不是什么天府，而是个水灾十分严重的地方。因为岷江在此流过。

岷江是长江上游水量最大的一条支流，出青藏高原后离成都仅仅一百里，但海拔落差却接近三百米。雨季来时，岷江之水涨落迅猛，水势湍急，只要都江堰地区崩溃，以成都为中心的川西平原就将变成泽国。

秦并巴蜀后，天降圣人，伟大的先贤蜀郡太守李冰开始主修了都江堰，利用鱼嘴、宝瓶口、飞沙堰等堪称神仙招数的奇思妙想将岷江水分成两条，其中一条河道引入了成都平原，这样既分洪，又灌田。

自此，每当洪峰过境，这个伟大的水利工程就开始护佑它的四川百姓，分洪的同时，也使成都平原的上万顷良田获利，天府之国的名声开始打响。

不过，修建好了都江堰并非意味着一劳永逸。治水是旷日持久的。很快，问题出现了。由于都江堰位于岷江由山谷河道进入冲积平原的地方，水流开始相对变缓，大量的泥沙因此沉积，淤塞了河道。这就需要每年去河道中掏沙子，专业术语叫作"岁修"。

到了丞相这里，不仅自己在都江堰下了大力气，还在即将北上时

---

① 《水经注校证·江水》：诸葛亮北征，以此堰为农本，国之所资，以征丁千二百人主护之，有堰官。

不放心，定下了一系列规章制度并令专人看守。

之前对于都江堰的维护，是一些前人约定俗称的总结：比如六字诀"深淘滩（岁修），低作堰"（分洪）；比如八字真言"遇弯截角（岁修时遇河流弯道，在凸岸截去锐角，减轻主流对河岸的冲刷），逢正抽心"（在主河道的中心一定要深挖保证航道正向流动，避免泛流毁岸、淹毁农田）。

中国人民的智慧是无穷的，但中国人民的智慧又是容易断档的。因为我们缺乏"制度连贯落实"与"逻辑步骤记录"来保证智慧的可继承性与可累加性。

举个例子，《营造法式》是一本建筑学的工具书。过去咱们祖先的建筑速度和今天钢筋混凝土的建筑速度比起来并不逊色。唐代长安城的宫殿仅仅十个月就完工了，李世民赏魏徵的正堂是从宫里拆了一个殿，由拆到建用了五天就盖好了。不仅速度快，质量还有保障。

丞相二次北伐打陈仓走故道那叫一个匆匆忙忙，但是一点儿也不耽误丞相去陈仓进行了非常全面的高科技攻城器材展示。

这不是像今天的武器要制作为成品才拉到战场的，而是把一个个零件装到小推车上，推到战场上，迅速组装后再进行攻城。这种速度和技术，到了近代被认为是不可思议的，甚至有人认为史料不准，怎么可能！

结果20世纪我国的建筑界泰斗，梁思成、林徽因夫妇破解了《营造法式》后，一切真相大白了！通过建筑史上的这个重大突破，人们明白了过去是怎么又好又快地完成建筑的！

《营造法式》里说："凡构屋之制，皆以材为祖。"

这里的"材"，是标准材，它的比例关系是木建筑施工技术的核心密码，一座建筑中就算有成百上千个部件，不管形状、大小怎么变化，标准材的比例都是一样的。

我们可以理解为，当时的建材全是比例一定的乐高积木。你根本不用去专门生产什么特殊的材料，而且比例科学合理，标准材截面的高宽比必须是3：2！

因此，建筑整体的尺寸，不管是横宽、进深、高度、坡度，都是标准材的倍数或者分数，而且这个比例很科学，跟现代建筑的力学计算相符，受力更均匀合理，所以至今有很多唐宋古建筑依然坚挺。

但是，到了清代时，不仅谈不上比例一致的标准材了，甚至建筑比例也由科学的3：2变成了6：5甚至5：4，接近正方形。

唐宋到明清，中国历史经历了很多大变化，像诸如《营造法式》这样的技术书籍、那些口传心授的匠人传统和智慧都没能流传下来，相当于核心技术失传了。

梁思成先生最开始看这本书的时候，发现里面有大量的行业术语，根本弄不明白。后来梁思成非常幸运地在天津蓟州的独乐寺中，发现了一座保存极为完好的辽代木构观音阁。

菩萨保修，巨匠出世。梁思成先生和林徽因女士对照着《营造法式》和观音阁的建筑，一点一点地反推书中的密码术语，渐渐地让这些失传的中华神迹重现人间。

直到丞相治蜀时，才将都江堰这些系统的保护、管理、岁修等几百年来的智慧以官方法律的形式确定下来并付诸行动。

丞相干每件工作，特别像今天的德国人，事无巨细，必须可量化，能落实，做饭都跟做实验一样。用句德国人的格言来说："生活是具体的。"

比如丞相对于都江堰的维护详细到了每年清淤工作的日期，挖淤泥的深度是多少，当年丞相设计的用于清淤标记的石标尺直到今天仍然在用。区别是换成不锈钢的了。

从李冰治都江堰到丞相，近五百年的时间里，怎么都没人干这事儿呢？因为重视与理解的程度不同。都江堰不仅仅是一个水利工程，它其实是整个蜀中的命脉！

都江堰出问题了，会有如下链条的问题：

1. 即便整个川西平原的收成完了，还会出现大规模的水灾传染病。

2. 老百姓的粮食馊了、饮水脏了、家园破败了，没有余粮，明年能否熬过去很难说。

3. 粮食少、瘟疫重、人口大规模减少，总体来说，四川的整个军备动员能力就垮了。

这种垮，不是一两年就能恢复的。一年灾，二年缓，三年才能站起来。里里外外，三年就没了，还不算因大灾造成的人口基数减少。

人这辈子有几个三年呢？

五百年来，只有丞相将治理都江堰上升到了国家命脉的角度。一千八百年来，由于丞相的高度重视和严谨治理，无形中消弭了太多次可能出现的洪涝水灾，蜀中因此千年蒙荫。

为什么直到今天，丞相的香火还在四川如此兴旺呢？相信冥冥中和丞相千百年来间接救人无数有着很大的关系。

丞相走到哪里建设到哪里，用老话讲，这叫"救人危急，爱惜物命，兴建大利"。

丞相把对都江堰的管理写进了蜀汉法律，除此之外，他还进行了大量的基础设施建设。

比较著名的有，在成都西北的低洼处修建了九里堤防水，在当时粮食主产地的黄金分割点郫县（今成都郫都区）设置了国家粮仓来汇聚粮食，以减少各种原因可能带来的损耗。

总体来说，丞相的治国思路是依托成都大平原，开发道路、桥梁等各种基础设施，方便老百姓进行大生产并且坚决让老百姓过上不用担心天灾的生活。

将老百姓所有的农耕硬件都给配套好，然后通过科学的设计，将国家的税赋最省成本地收上来。这是大本事。

将堤坝和水堰都修好、建好，然后通过制度性的防微杜渐，把老百姓受天灾的影响降到最低。这是大慈悲。

可以说，正因为有了四川平原这个优质的粮食基地，蜀汉才能以小小的一州之地，与魏、吴抗衡长达四十余年，并进行了多次北伐。

丞相不光在四川平原下了大力气，在生命尾声的汉中七年中，除了北伐外，所有的精力也都放在汉中农业潜力的挖掘上了。

丞相进入汉中后就开始整修汉中的最大水利工程"山河堰"。据李仪祉先生考察得知："山河堰灌褒城田 8 000 余亩，灌南郑县田 30 600 余亩，灌酒县 7 000 余亩，共 46 000 余亩。"

据考古调查统计，汉中地区至今尚保留有汉以来的古堰七十多处，很多当年的堰渠经历代维修，一直沿用至今。

丞相还不断增修了大批的塘、库、陂池等水利设施，仅勉县就增修了能蓄十万立方米的水库三十七个，塘与陂池多达三百多个。

所以别看丞相这些年只北伐了！也别以为是四川人民给面子所以他北伐时不骂街，也别纳闷为什么丞相死后会被两川人民祭奠与哀悼。

说到底，这是个让老百姓能够得到实惠、有饱饭吃的好丞相！

丞相治蜀的第二个方面：发展蜀地的品牌工商业。

丞相在进入四川后，就发现了"蜀锦"这个重大的品牌拳头产品，自此开始了打造品牌之路。

一般来说，古时候主政的领导们多数都是一根筋的。他们普遍认为，重农就得抑商，全都干买卖去了那地就荒了，老百姓一脑袋算盘珠子他们就不好控制，收税还费劲，代表人物就是商鞅。所以大多数时候政府对于手工业和工商业是抵触与抑制的，而且一个好的主政者能将农业整明白了就很不错了。

丞相很显然不是普通得好。他在蜀汉实行了两个拳头出击的"重本不抑末"的政策，在蜀汉范围内全面推广"蜀锦"的生产。

官方资本、民间资本、个体工商户自此开始被鼓励进行奢侈品生产，丞相还亲自在自家的周围种八百株桑树进行榜样示范，号召蜀地百姓大量种桑、养蚕，为奢侈品提供原材料。

丞相在主政后的第一年，也就是 223 年，下达了官方文件《言锦教》，强调："今民贫国虚，决敌之资，惟仰锦耳。"

丞相作为跨时代的政治家，提出了新看法："谁说干了手工业，发展了工商业，这农业就上不去了？"

打敌方的钱，都是从这蜀锦来的！出口去魏国创汇，回来再拿这钱打魏国！

在丞相的鼓励、提倡以及官方引导下，本就口碑驰名的蜀锦开始了国际化品牌进程。当年曹操给亲属和员工发福利时，就派人大规模地从蜀地进口蜀锦，后来蜀锦成为蜀汉的顶级拳头产品，也成为蜀汉外汇收入的主要来源。

曹丕接班后发表政策宣导文章《与群臣论蜀锦书》，称你们这帮败家玩意儿别再买蜀锦了，知道吗，你们买的蜀锦就是咱们魏国健儿的鲜血啊！但好像并不好使，因为他自己就没少穿。

好东西，是能跨越国界的，是能够卖出高价的。所谓"蜀锦"，是"织彩为文"的彩色提花丝织品，是所有丝织品中最为精致、绚丽的珍品。它的制作工艺复杂，耗时费力，为什么叫"锦"？因为音同"金"，自古也有"寸锦寸金"之说。

霍去病打通河西走廊后，这条路上最早火起来的东西，就是丝绸。丝绸之所以会火，有三点属性：物珍贵、耐保存、质量轻。所以它有时候是具有货币的效力的。

蜀锦并不仅仅只是当奢侈品拳头产品卖，更重要的是，蜀锦本身就是货币，你发军饷时、搞奖励时，给将士们发自己国家的拳头商品，广大将士们是认可的。

又因为它的这三个特点，又是国际贸易的宠儿，老百姓放心可劲儿地生产，根本不用担心它会砸手里。

丞相对于蜀锦的大规模生产与推广的品牌化之路，使得蜀锦在三国年间的知名度与产量达到了巅峰。

蜀锦成为丞相送孙权的国礼。曹叡后来送给倭王的国礼中最重要的就是"锦三匹"。在西南丝绸之路和西北丝绸之路上，蜀锦也是顶级的尖货！

还是那句话，传奇指数只是点缀，人家能成为中国历史上伟大的丞相，是有实力背书的！

这还没有完呢！人家还有厉害的呢！丞相治蜀的第三个方面，依法治国。

丞相在刘备入蜀后，先是与法正、刘巴、伊籍等人共同制定了《蜀科》作为蜀汉的官方法律大典，然后开始厉行法治，解决蜀中非常严重的阶级矛盾问题。

过去说刘璋的最大特点是"暗弱"，很大程度上，是他爹留下的私人武装东州兵侵扰地方百姓与当地大户，刘璋又是靠人家救的命，所以根本管不住这帮活土匪，导致四川人民怨声载道。

刚入蜀定方针时，蜀汉高层是想实行类似于当年刘邦入咸阳的约法三章的，是想营造出一种温柔表情面对四川老百姓的。

比如老刘就曾经派法正问孔明："咱是不是狠点了？当年高祖可不是这样干的，咱要不松松？"

丞相是多聪明的人，知道这是老刘的意思，但丞相能够看清问题的关键之处，表态要具体问题具体分析，高祖可以宽宏是因为秦太残暴了，刘璋被咱打失业了就是因为他什么也不管，老百姓看不到公平，所以民心完蛋了。

咱们要树立法治思想，一视同仁，拿法条说话，让老百姓感受到咱们是有章法、靠得住的政府，不是上一届的匪窝子！咱们今天的依法治国，要靠法律树立政府的威严，法律全面推行后，老百姓就知恩感恩。对爵位严控编制，爵位的奖赏就意味着恩荣，要通过法律，将国家拧成一股绳！①

后来贯彻下去了吗？那必须啊！不仅老刘信丞相，法正也是丞相的人，丞相可给孝直兄进行过"随便造"的名誉背书。

《蜀科》颁布后，丞相抚慰百姓，规定礼仪，确立官职，制定制度，开诚布公地面对臣民，不仅如此，他还对官吏反复地进行廉政教育，并定下了一系列的业务操作流程。（作八务、七戒、六恐、五惧，皆有条章，以训励臣子。）

生活是具体的，行政也是具体的，法条更要是具体的。

百姓和州官都只能点灯，谁也不许放火，过去"嗷嗷"乱叫的东州派被丞相收拾得服服帖帖的，刘备政权靠着肃清过去特殊利益集团的坏影响在蜀地迅速站稳脚跟，整个蜀汉的吏制也是在丞相一手搭建的框架下，逐渐地走向了正循环。

蜀汉在法制化道路下变成举国上下"吏不容奸，人怀自厉，道不拾遗，强不侵弱，风化肃然"。

丞相的法制化道路，暂时地压住了刘备集团非常严重的荆州、益

---

① 《蜀记》：吾今威之以法，法行则知恩，限之以爵，爵加则知荣；荣恩并济，上下有节。为治之要，于斯而著。

州、东州三股势力的矛盾问题。

一碗水端平，拿法条说话！

这为我们提供了一个非常好的借鉴思路：当所领导的团队中有多股势力互相不服气，该怎么办呢？最好的办法，就是公平对待各种势力，与此同时将工作量推上去，让所有人心里无怨言而且没空无事生非。

重视农业、兴修水利、扩充基建、倡导工商、依法治国，丞相的治蜀最终效果是："田畴辟，仓廪实，器械利，蓄积饶，朝会不华，路无醉人。"

只有我们捋明白丞相在四川和汉中都干了些什么，我们才能顺理成章地理解为何后面丞相在十二年主政中居然干了这么多的事。

益州在丞相的治理下，内政清平，物资动员能力极强，蜀国这个一州之地已经不仅仅是当时人们旧有眼光所说的："蜀小国，一州之地耳。"

过去将益州这一大片划成了一个行政区最大的原因是不发达。但现在已经不是了。丞相要拿自己一手调理出来的天下最大的州，去实现他的梦想了。

三、平定南中真的是靠"攻心为上"吗?

丞相主政的十二年,头两年歇着,丞相下达命令,关闭国门好好生产、休养生息,打扫完屋子再请客,全心全意地恢复实力,因为老刘留下的这摊子太烂了。

刘备死前,南中已经不消停了,益州郡的地方豪强雍闿杀死了太守正昂,通过交州政府跟孙权勾搭请求归附,又把新派来的益州郡太守张裔抓起来献给孙权,孙权任命雍闿为永昌太守。

刘备死后,建宁豪族雍闿、越巂夷王高定、牂柯太守朱褒全都反叛了。此时南中四郡只有永昌郡在吕凯、王伉的艰难抵抗下封锁边界,坚守城池。

面对这种情况,丞相一边办国丧,一边严守边界,并没有发兵征讨。丞相在克制,是因为东边有更迫在眉睫的事情要处理。

丞相派邓芝去访问吴国,说咱不打了,换领导人了,新仇旧恨就都不提了,咱们继续结盟吧,你吴老二不找我刘老三你能好吗?

至此,孙权终于卸下了当年贪嘴吞荆州的军备压力以及沉重的政治包袱。他这些年给曹丕装孙子装得那是相当难受。关键问题在于,他目前名义上是臣服于魏的。这也就意味着他对吴国的统治其实是有着巨大政治风险的。因为是他自己承认吴国是魏国的下属。

孙子装一年是装，装十年就成真孙子了。

蜀汉的求和示好帮助孙权终于可以卸下向曹魏装孙子这个政治大包袱了。但问题又来了，蜀汉那边人家也登基当皇帝了。天无二日，国无二主，我不能换个盟友还装孙子啊！况且你又是被我打趴下的。

孙权希望能够两国对等，哪怕将来灭魏后，也是二主分治。也就是说，双方要承认对方也是天子。

这是个极大的难题，因为上千年的中国政治逻辑演化出来的"天命论"是：有，且只有一个天命！

曹家的天命是从刘家这里合法得来的。

蜀汉的天命已经很牵强了，但人家仍然能喊得出去，他是单方面说曹家弑君非法后，靠着宗亲血缘把刘家的天命给接过来的。

孙权呢？他前两天还是曹家的手下呢！

孙权这边对蜀汉也有企图，他是希望挂靠蜀汉天命这个"高仿货"玩平等，随后偷换概念将来自己也稀里糊涂地跟着上市。

丞相派过去的外交官邓芝当场给出了非常棒的回答："咱先好着，并魏之后，如果您还不认可我们的天命，咱到时再打。"①

孙权非常欣赏邓芝的坦率，给丞相的回信中说道："和合二国，唯有邓芝。"

其实这么大的问题，邓芝这个外交官敢贸然答应吗？肯定是丞相提前就算明白吴老二这小子干什么都得见到好处，提前就沟通了己方的回答底线。

两国再度携手后，孙权单方面跟曹丕提出分手，我不跟你过了。

---

① 《三国志·邓芝传》：夫天无二日，土无二王，如并魏之后，大王未深识天命者也，君各茂其德，臣各尽其忠，将提枹鼓，则战争方始耳。

这让曹丕很没有面子。225 年，曹丕兴兵伐吴。

趁这个机会，丞相在休养两年后，着手处理南中问题。

这次南下出兵前，参军马谡送行时对丞相说出了自己的看法，迎来了自己人生的最高光时刻，他貌似准确地说出了避免把云南战争变成越南战争的方法：心战为上，兵战为下，想办法让他们心服吧。

这段故事在三国历史中可谓家喻户晓，也确实有据可依，但是这个根据却距离事发源头比较遥远，原文出自《襄阳记》。

这段记载说了两件事：

1. 马谡说出了南方险远，想要一劳永逸一定要攻心为上，兵战为下，让他们心服。[①]

2. 丞相听了他的话，赦免孟获让南方心服，然后丞相有生之年南方没再复叛。

根据后面的事实发展，并不怀疑马谡真的说出了这句"心战为上，兵战为下"的话，但《襄阳记》中所记述的"亮纳其策"和"故终亮之世，南方不敢复反"都是不准确的。

中国几千年的历史，汉族与异族"相安无事"的方式是什么呢？无非是两种："和亲"和"互市"。

"和亲"的本质就是打不过、打不起的时候送人家钱和人。"互市"的本质就是打得过对方的时候让他觉得老老实实做生意的成本低。其实也可以延伸来看，无论是汉族对异族，还是中国对外国，说到底，都是

---

① 《资治通鉴·魏纪二》：南中恃其险远，不服久矣，虽今日破之，明日复反耳。今公方倾国北伐以事强贼。彼知官势内虚，其叛亦速。若殄尽遗类以除后患，既非仁者之情，且又不可仓卒也。夫用兵之道，攻心为上，攻城为下，心战为上，兵战为下，愿公服其心而已。

利益！再过几千年也还是这个意思！

所谓理想化的民族融合，是在以武力威慑为前提下，双方逐渐融合生活方式并进行通婚，几代后渐渐地变成了一家。

现实中的大多数民族融合，都是在强者击败了弱者后，杀其男子，奴其女子，渐渐地让被征服的民族内化到征服者中。比如北美洲和南美洲，欧洲人登陆后，进行了血腥屠杀，用武力征服了大片土地。

真正能够让两个民族融合的是什么呢？是生活方式和文化认同。

汉文化在融合民族方面天下无敌，时至今日汉族成为我国的主要人口，但是在融合的过程中，仍然经历了三百年的民族大乱的摸索，石虎肆虐和冉闵屠羯的惨剧一再上演。

当双方的文化、习惯全都不一样时，民族乃至国家的沟通合作永远是看谁欺负谁的成本低。所以毛主席的那句名言永不过时："以斗争求团结则团结存，以退让求团结则团结亡。"

诸葛丞相是有大智慧的人，所谓的"心战为上"根本就是童话故事！他要是真这么干了，这辈子都没工夫北伐！

丞相南下后兵分三路，主力军扑向闹得最凶的越嶲夷王高定，派李恢和马忠两路进兵益州郡和牂牁郡。

丞相进入越嶲郡后，先是攻克了高定的根据地，随后还逮了这位夷王的家属。丞相开始打算以此迫使其投降，结果夷王高定纠集了残部两千余人，杀人盟誓，放出话去要和丞相死战到底！然后丞相就具体问题具体分析地干掉他和他的两千武装了。

东路军马忠成功地干掉牂牁太守朱褒，随后对当地进行了安抚，东路军颇为顺利。

中路的李恢在益州郡则并不顺利。李恢杀到益州郡后就发现坏事了，这个匪窝子把他彻底地围住了。李恢兵少，于是以益州本地人的身份开始说瞎话："我没粮食了，这就打算走了，咱都是乡里乡亲的，还真跟我打啊！我准备跟你们一块闹革命了！"[1]

结果他的老乡们就信了，在一个防守松懈的日子，李恢出击将老乡们暴打了一顿，然后玩命扫荡他的老乡，最终和丞相声势相连。[2]

总体来讲，丞相的南中诸战，并没有搞什么"攻心为上"，而是"兵战为本"！而且打得毫不客气！

著名劝降大使谯周后来劝刘禅投降，不能抱有抵抗幻想的时候，说了一句这样的话："南方远夷之地，平常无所供为，犹数反叛，自丞相亮南征，兵势逼之，穷乃幸从，是后供出官赋，取以给兵，以为愁怨，此患国之人也！"

这句话透露出来两个重点：

1. 南中是被丞相打服的。

2. 过去没让他们上税的时候还反叛呢！现在又逼人家上税，又出兵源，早就恨死咱了！

不仅没有"攻心为上"，而且非常深入人心的"七擒七纵"也大概率不是真的。

关于孟获和"七擒七纵"，史书中的争议很多。

最大牌的记录是《资治通鉴》，确实说了七擒七纵孟获这事儿，《汉晋春秋》里面也写了。

先来看一下《资治通鉴·魏纪二》中的原文：

> 亮至南中，所在战捷。闻孟获者，为夷、汉所服，募生致之。

---

① 《三国志·李恢传》：时恢众少敌倍，又未得亮声息，绐谓南人曰："官军粮尽，欲规退还，吾中间久斥乡里，乃今得旋，不能复北，欲还与汝等同计谋，故以诚相告。"

② 《三国志·李恢传》：南人信之，故围守怠缓。于是恢出击，大破之，追奔逐北，南至槃江，东接牂牁，与亮声势相连。

既得，使观于营陈之间，问曰："此军何如？"获对曰："向者不知虚实，故败。今蒙赐观看营陈，若只如此，即定易胜耳。亮笑，纵使更战，七纵七禽，而亮犹遣获。获止不去，曰："公，天威也，南人不复反矣。"

丞相到了南中就成功地逮捕了当地黑社会头目孟获。丞相非常大度地让孟获参观了蜀军的内部阵营，问："吓不吓人？"孟获说："再来回试试？高低打死你！"丞相大笑，后来把孟获逮了七次。孟获终于不好意思了，代表南方表态我们再也不闹腾了。

孟获这个人大概率是存在的，因为后面有史料进行佐证，但是否逮了七次却很难讲，丞相是"五月渡泸深入不毛"，然后秋天就收工了，相当于两三个月就把孟获逮了七次，平均十天就得逮一回，拿孟获当野兔子了。

一百多年后晋人著的描写西南地理历史的《华阳国志》，倒是也有孟获的事儿，但前面跟《三国志》说的一样，雍闿、高定那三个人是造反头子，等丞相出兵时，雍闿已经被高定的部曲给干掉了，孟获是接过了雍闿的反叛的大旗。

总体来讲，《资治通鉴》想表达的是一个观点：丞相是通过征服了孟获的心，从而摆平了对南中少数民族。

这里是大儒司马光想通过诸葛亮这个超级 IP，寄托儒家对世界大同、抚化万邦的制度性理想。

这段故事，追根溯源，其真实性有待商榷。

比如第一手的资料《三国志》中就根本没提孟获这个人，南中的反叛头子是益州郡大姓雍闿、夷王高定、牂柯郡守朱褒，却在多人传中都有提及。

陈寿是一个非常尊崇丞相的史官，以至于在《诸葛亮传》中的笔法都能看出老陈实在是太不容易了，唯恐把写丞相的话写过界了，引起本朝大佬们的不满，最终结尾来了句"臣寿诚惶诚恐，顿首顿首，死罪死罪"。

如果丞相真的有这么高光的事迹，作为第一手资料收集者的陈寿是不会给丞相遮过去的。据现存的丞相遗文中，对高定、雍闿等人均有所及，也单单不见孟获。

相反陈寿倒是非常客观地写了丞相对南中采取的一系列稳定措施。绝不是对孟获"七擒七纵"，而是采取了让孟获无力再反抗的措施。

对于高定，一次不投降丞相就干掉他了。李恢作为当地人更是一点儿不讲老乡情面，杀得那叫一个狠。

战后还让他自治？还不留兵？当然不是，而是规规矩矩地在蜀汉的武力范围下被看管！

此次南征后，总督南中的军事长官庲降都督的历任人选分别是：

1. 李恢，益州郡人，南中汉族大姓，当初刘备刚打刘璋的时候就北上投降，是联络马超的介绍人。

2. 张翼，犍为郡人。

3. 马忠，巴西郡人。

4. 张表，蜀郡人。

5. 阎宇，南郡人。

除了第一位李恢是政治过硬的南中当地豪族，后面四位全都不是南中本土人。

再来看看南中诸郡的太守：

建宁郡（益州郡改名）：李恢（南中本土人）、杨戏（犍为人）、霍弋（南郡人）。

越嶲郡：龚禄（巴西郡人）、张嶷（巴郡人）。

牂牁郡：马忠（巴西郡人）。

云南郡（*南征后新置，分永昌、越巂*）：吕凯（*南中本土人*）。

永昌郡：王伉（*蜀郡人*）。

兴古郡（*南征后新置，分牂牁、建宁*）：太守人选史书无载。

除了李恢和吕凯这两个有过坚决抵抗意志的南中本土人外，全都是由外地人做长官。

丞相对南中的处理办法是：

1. 划成分。

南中有什么成分呢？无非两种，汉族人和少数民族。

2. 分清朋友和敌人。

谁是我们的朋友呢？

把当地的汉族人当作朋友，都认同祭祀祖先，儒家经典，与他们沟通起来应该是顺畅的，出现矛盾就是在利益分配上。

3. 发展进步势力、争取中间势力、反对顽固势力的策略，对顽固势力开展"有理、有利、有节"的斗争。

怎么发展当地亲蜀汉的汉族进步势力，争取当地的大姓汉族支持，拉着当地汉族对付当地少数民族顽固势力。

找准方向后，丞相通过以下四个办法肢解南中病根：

1. 将当地牛人拉到中央去上班。

比如《华阳国志》中说的："亮收其俊杰建宁爨习、朱提孟琰及获为官属，习官至领军，琰辅汉将军，获御史中丞。"

孟获其实不是少数民族，而是南中的汉族大姓。这里面还提到了孟获，还当上了御史中丞，在《宋书·百官志》里也有相关佐证："孟获为建宁大姓，平南后官至御史中丞。"

2. 将打服的少数民族交给当地汉族大姓支配，让他们当地内部消化矛盾。

《华阳国志》记载，南中有焦雍、娄爨、孟量、毛李等四个大姓，丞相在平定南中后将其中弱小的少数民族部落分别配给了当地的汉人豪强为部曲。① 还有些少数民族并不弱，野性大，根本不理当地大姓，丞相又令地方豪强们出钱给这些少数民族发工资收买其为雇佣兵。②

3. 认为当地消化不了的凶猛部落，丞相直接解决。

对于比较猛的青羌部落，丞相使出了铁腕政策，将青羌万余家移民到了蜀郡，并从中抽取了五部精壮，组成了一支部队，叫作"无当飞军"。③

4. 拿走南中反政府武装和少数民族的反叛资源。

丞相战后从南中收了一大笔税，以至于这一战不仅没赔钱，还兵源大涨、国库猛增。④

无论怎样包装，从种种的史料中看，丞相对于南中四郡的反叛，用的手法都不是什么"攻心为上"，而是让南中从兵源和资源上无力再反抗。

一系列的打法分别是：

1. 武力消灭抵抗者。

2. 控制地方核心官员。

3. 对南中汉族大姓采取分红与合作的方法，让顶级大族去蜀国上班。

4. 有战斗力的少数民族被移民收编，压榨少数民族承担蜀军军费并被当地汉人大姓看管。

这样真的会让南中服气吗？汉族大姓的孟获们确实是服气了，因为他们的利益没怎么受损，还得到蜀国扶持，后面的所有反叛再没看到汉族大姓的身影。但是，传统意义里我们认为从此温顺的少数民族算是

---

① 《华阳国志》：分其赢弱，配大姓焦雍、娄爨、孟量、毛李为部曲。

② 《华阳国志》：出金帛，聘策恶夷为部曲……于是夷人贪货物，以渐服属于汉。

③ 《华阳国志》：移南中劲卒青羌万余家于蜀，为五部，所当无前，号为飞军。

④ 《三国志·诸葛亮传》：军资所出，国以富饶。《华阳国志》：出其金、银、丹、漆、耕牛、战马，给军国之用。

跟蜀汉结下了血海深仇。自打丞相走了以后，南方就没完没了地叛变，但被南中的政府军一次次地打击和削弱。

比如丞相前脚刚走，少数民族就闹起来了，还杀了丞相留下的守将。已知跳反的就有越巂郡、云南郡、牂牁郡、兴古郡。①

但是，这股反叛势力被此时的南中总督李恢带队拿下，而且不仅将反叛的士兵全部干掉了，还将其领导人全都逮到了成都，命他们定期出兵出钱保卫和供养蜀国。②

南中后面还反叛了好多次，每次蜀汉基本都是去了就杀，杀完就烧，最后搬东西回家。③

总体而言，丞相南征后的多次反叛，主角都是"南夷、叟夷、獠种、夷獠"这帮少数民族，当地大族已经被中央拿下开始合作共赢了。

《隆中对》中的"南抚夷越"，变成了"南抚大姓，剥削夷越"。在这一点上，丞相并没有免俗，和曹操对乌桓的铁腕、陆逊对山越的压榨一样。性质上都是武力剥削。

《三国演义》中有一段故事相当客观，是说丞相火烧藤甲兵后，自己叹道："吾虽有功于社稷，必损寿矣！"一个人的功是功，过是过，这都是他。

其实读历史读到深处，会对所谓的"功业"看得很淡然。你面临

---

① 《三国志·张嶷传》：越巂郡自丞相亮讨高定之后，叟夷数反，杀太守龚禄、焦璜。《三国志·吕凯传》：以凯为云南太守……会为叛夷所害。《益部耆旧传》：平南事讫，牂牁、兴古獠种复反。

② 《三国志·李恢传》：恢身往扑讨，鉏尽恶类，徙其豪帅于成都，赋出叟、濮耕牛战马金银犀革，充继军资，于时费用不乏。

③ 《三国志·马忠传》：十一年，南夷豪帅刘胄反，扰乱诸郡……忠遂斩胄，平南土。《三国志·盍弋传》：时永昌郡夷獠恃险不宾，数为寇害，乃以弋领永昌太守，率偏军讨之，遂斩其豪帅，破坏邑落，郡界宁静。

着一个超级烂的摊子，你还想干比天还大的事业，就算你长袖再善舞，你仍要面临种种不得已的选择和代价。

我相信丞相手中要是有足够的时间，足够的人才、足够的兵力，他是能做到如他入职时说的那句"南抚夷越"的。

丞相千百年来受蜀中万民祭祀怀念，是他对蜀地汉民族的功；丞相五十四岁壮年而卒，是他在很多地方的"不得已"的过。

一饮一啄，皆有来因。这都是为了他的理想和功业，他所要承受的代价。

"其文直，其事核，不虚美，不隐恶，故谓之实录"，这是对于太史公的盛赞，我认为陈寿一定意义上也担得起这句话，在南中诸将的传记中，他详细地写明了丞相南征的政策和后续。并没有童话故事般七擒七纵的心服口服，而是落后就要挨打！

四、"亮正严副"隐藏的剧情线

226 年，平南中后的丞相准备北伐了，粮草先行，需要好好经营汉中了。这一年，蜀汉政权出现了这么一件事：托孤的二号人物李严移驻江州，留陈到驻军永安，归属李严指挥。

这一年，国际上发生了这么一件事：五月，曹丕驾崩。

这一年，招聘市场中发生了这么一件事：魏将孟达开始和丞相与李严通信，表示自己当初失身于贼是很无奈的。

这三件事连起来后，开启了诸葛亮时代非常隐性的一条线："亮正严副。"

要说说刘备当年留的这个副手了。刘备临终时，尊丞相为相父，行"君可自取"之权；李严为中都护，统管内外军事，留镇永安。

这是个什么布置呢？表面上看，李严地位很高，统管内外军事，着实威猛。实际上，后面那个"留镇永安"才是重点。

老刘这个天子没法守国门了，总不能让丞相帮他守吧，里里外外那么一大摊子事，丞相也忙不过来。所以将永安这个益州祸福之门的关键位置以及留守永安的兵权，给了他之前就选拔好的第二届领导班子成员，李严。

李严年少时就作为郡吏入仕，以才干出名，最早在刘表那担任过基层的好多岗位。曹操南下荆州时他主掌秭归，刘琮降曹后李严抛弃掉如日中天的曹操，逆着长江跑刘璋这里来了。

刘璋听说过李严的治郡水平，上来就让他干成都令，结果李严名副其实，干得特别好，确实是个人才。

刘备一路南下击破刘璋安排阻击的五路大军，刘璋重点培养的李严被任命代为护军，去绵竹抵抗刘备。

李严再次站队，降了。他作为刘璋护军却投降刘备，对于刘璋集团的军心和军力起到了巨大的破坏作用。

这两次站队连一块是什么寓意呢：我李严是降刘不降曹的！但二刘当中我认可刘皇叔！无论是政治选择，还是站队立场，李严都是旗帜鲜明地跟随刘备。

刘备定蜀后，李严被任命为犍为太守、兴业将军，级别高了一大块。

令刘备欣喜的是，政权建立之初，治郡出名的李严还展现出了法律才华，丞相牵头制定的《蜀科》，也有他的一份功劳。

218 年，刘备正跟夏侯渊在汉中比赛晒太阳，盗贼马秦、高胜等在郪县起兵，短时间内居然煽动起数万人一路打到了资中县。李严在此时又展现出了军事之才，紧急带着本部兵五千人成功剿匪。

不久，前面说的南中三反将中的越巂夷王高定也跳出来了（这人是个老流氓，有点儿动静就跳，所以丞相南征的第一人就是他），被李严再度痛打，老实了。

两战皆胜后，老刘加李严为辅汉将军，领郡如故。听听这名字，已经属于重点培养的人物了。

在犍为太守任上，李严凿通天社山，修筑沿江大道等基础设施，给老百姓办了不少实事，人家治郡的老本行也没放下。

综上所述，李严进入了最高领导层的眼中。这是一个政治上可靠、才能上过硬、军事上靠谱的优秀人才。关键是，人家还特别会来事儿。

刘备登基之前，得有天意呀！结果在犍为太守李严的治所武阳发现了一条大黄龙在赤水里泡着，连泡九天才撤。听说大黄龙都来洗澡了，老刘觉得不能再等了，于是登基当了皇帝。

刘备被陆逊烧回来后，马上就把李严召进永安，任他为尚书令，让他熟悉内廷操作，并调他的兵马保卫永安。

半年后，刘备走人，安排丞相和李严并受遗诏辅佐少主；李严被提拔为中都护（*孙策托孤时周瑜干的岗位*），统内外军事，留镇永安。这其实就是官方确认李严的二号辅政地位，安排他看东大门。

刘禅继位后，封丞相为武乡侯，开府治事，领益州牧；封李严为都乡侯，假节，加光禄勋。

丞相开府，自己有行政班子，领益州牧，总揽军、政、财所有大权。此时蜀汉只有一州，也就是益州。也就是说，整个蜀汉都是丞相的地盘了。

老刘给李严此等安排的意思，是认可他的能力，所以将东部的国家安危交给他了，给他的位置拔得那么高，是希望他不被孙权诱惑。

但是刘备把所有的权力都给孔明了，李严这个副手受孔明的节制，工作就是看好东大门，或者退一万步，成都有事甭管是外敌入侵还是诸葛亮造反，李严去勤王。李严这个副手，更像是保险，而并非真正意义上的副手。因为自古托孤无论一正几副，这帮人全都是要在中央的，而且基本托孤编制都是四个人起步的。

刘备托孤的真实含义，就是把国家完完全全地交给丞相了。但李严并没有参透这个含义。

刘备死后，国家所有权力都归了相府，这让当初同是作为托孤大臣的李严很不爽。

226 年,丞相已经搞定了南中,以大把的资源和兵力充实了国家,下一步准备北伐了。此时蜀汉跟东吴已经重归于好了,东线的压力骤然降低,丞相让李严去镇守汉中。李严推脱不去。

多方沟通后,丞相妥协,永安由刘备在徐州时加盟的老兄弟陈到接手,但要归李严辖属,李严移军到了江州。

丞相其实一直在安抚、照顾李严。因为老刘死后,蜀汉这个小政权中的复杂成分开始出现各种各样的问题,老刘生前对于李严等非荆州派的看重让很多老人不服,代表人物是原长沙太守廖立。

廖立是武陵人,在丞相的口中是能和庞统齐名的良才。[1] 刘备当汉中王时,任命廖立为侍中,等后主继位时,廖立做了禁卫统领的长水校尉。这让廖立觉得自己大材小用了,在他眼中他是仅次于丞相的人物,现在竟居于李严等人之下,心里一直不痛快。

这位爷后来发表了不团结的言论,比如说刘备不打汉中去争三郡,差点儿把益州都玩丢了。[2] 比如说关羽仗着自己猛,光知道往前冲,结果全赔了吧。[3]

……

廖立对李严的不服几乎是指名道姓,后面丞相撤他职的时候,罪状之一就是他在公开场合发表"国家不任贤达而任俗吏"的言论。

谁是"贤达"?他廖立呗。谁是"俗吏"?少为郡职吏,以治郡、立法起家的李严。

---

① 《三国志·廖立传》:亮答曰:"庞统、廖立,楚之良才,当赞兴世业者也。"

② 《三国志·廖立传》:昔先(帝)不取汉中,走与吴人争南三郡,卒以三郡与吴人,徒劳役吏士,无益而还。既亡汉中,使夏侯渊、张郃深入于巴,几丧一州。

③ 《三国志·廖立传》:是羽怙恃勇名,作军无法,直以意突耳,故前后数丧师众也。

不服李严的廖立最终被丞相废为民，徙汶山郡。丞相公开表态，对这种影响团结的官员予以坚决打击，哪怕他是荆州派老人也不成！

　　在处罚廖立的奏表中，丞相用了这么一句话："羊之乱群，犹能为害，况立托在大位，中人以下识真伪邪？"

　　温顺的绵羊中出现"乱群"的羊时都能成为祸害，更何况廖立在这么重要的岗位却天天不团结他人！

　　"乱群"是什么意思呢？就是在同事之间制造事端，一个人搅和得所有人都惶惶不安、心浮气躁。

　　廖立是第一个触及蜀汉特别敏感的新、旧官员成分问题的人。丞相树立典型后不久，又一个人明目张胆地蹦出来了。

　　蜀汉政权中的大佬，东汉开国元勋来歙的后人，司空来艳之子，刘璋的亲戚来敏挑拨新旧之争，公然叫嚣："新人有何功德而夺我荣资与之邪？"丞相评论道："来敏乱群！比孔文举还能祸害人！"

　　孔文举就是爱演讲的孔融，让梨的那位，在北海被袁谭打得只剩几百人，城破前还读书谈笑，城破后抛妻弃子逃跑的行为艺术家。到了曹操那里依然作为时政评论小能手特别能耐地满世界喷，最终在唯才是举的浪潮中被"咔嚓"。

　　丞相对于蜀汉基因里的派系问题采取了铁腕政策，谁敢挑拨是非就处理谁，并对李严等老刘安排的托孤掌权班子表示了维护和尊重。

　　但是，李严作为被维护之人，并没有给丞相面子。李严不去汉中，而是给丞相写了封拍马屁的信，说领导天天太辛苦啦，您受个"九锡"吧。

　　"九锡"自王莽后开始符号化、制度化了，尤其前几年曹操的榜样在前面，如果不是大佬的心腹提出来，基本上就是政治骂街的意思。即便是心腹提，也得是领导暗示后，才能张嘴！因为这属于非常敏感的政治表态！

李严的这个做法非常过火。无论他的意思是政治骂街，还是真想帮丞相往前拱一步方便自己要待遇，他都触碰了绝不能碰的政治边界！

丞相随后很良苦用心地给怼回来了："要是把老曹家打跑了，帝还故居，和大伙儿一块进步，我十锡都能受！现在你扯这干什么？"[1]

丞相照顾李严的情绪，表态一切都会有的，不要急，咱们是利益共同体。并表达自己对于此次事件的愤怒！

李严很快扯出了他心中的想法：他要求丞相划分五个郡成立巴州，让他担任巴州刺史。由此看，他写这封信的目的就是想捧丞相随后方便自己进步。

丞相再次否决。

两人自此开始出现大裂缝了。

李严不上道地乱试探，随后明目张胆地要待遇，这就很过分了。

丞相是非常罕见的那种心中只装着理想与天下的领导。他有自己的政治纲领，还有具体方针路线以及步骤目标，最关键的是，人家放哪儿都是顶级的通才。跟这样的领导干，你必须也得是放眼天下和有大局的。

看看诸葛亮用的这些人吧，像后面《出师表》中提到的蒋琬、费祎、董允、向宠，全都是那种不蓄钱财、大公无私的人才。

蒋琬在丞相离开汉中后，一直在干丞相原来干的活儿。从性格与能力看，蒋琬都类似于低配版的丞相，是丞相早早地就选定的接

---

① 《诸葛亮集·答李严书》：若灭魏斩睿，帝还故居，与诸子并升，虽十命可受，况于九邪！

班人。①

蒋琬的接班人费祎，谦和廉洁，管家极严，也是武侯遗风。②

董允因为为人公正，被丞相培养为内宫的总管，丞相北伐后迁为侍中，领虎贲中郎将，统宿卫亲兵。终董允一生，黄皓等后来乱政的宵小都没能跳出来。

诸葛亮、蒋琬、费祎、董允，被后人称为"蜀汉四英"。

这一群被后世肯定的蜀汉官员，都是丞相一手提拔起来的。丞相这辈子的人事任命，除了马谡那儿打眼了，其他人真的是无可指摘。

在《后主传》中，陈寿对刘禅盖棺定论的总评第一句，说的就是刘禅用贤相时，那就是明君在朝；用宦官佞臣后，整个国家就垮了。③

蜀地确确实实是小政权，而且关上门过日子久了非常容易让人丧失奋斗之心，所谓少不入川。

天险确实不假，但堡垒往往都是从内部被攻破的，后面的桓温入蜀仅仅用了一万来人就灭了成汉，刘裕派手下两万人就打平了四川。这点儿兵力打一座城都不见得有那么轻松，能想象到这是灭天下巨防的四川政权吗？

天府之国有种酒不醉人人自醉的魔力，千千万万要铆足杀出去的一股劲儿！丞相主掌四川的这段时间，堪称是四川史上最有精气神儿的十二年！李严想进步有没有办法？必须有啊！咱团结协作把凉州和关中打下来，作为先帝托孤之人，你去领雍州牧，谁能说什么！

现在蛋糕就这么一点儿，不是丞相一个人吊住蜀汉这口精气神儿，

---

① 《三国志·蒋琬传》：亮数外出，琬常足食足兵以相供给。亮每言："公琰托志忠雅，当与吾共赞王业者也。"密表后主曰："臣若不幸，后事宜以付琬。"

② 《祎别传》：雅性谦素，家不积财，儿子皆令布衣素食，出入不从车骑……

③ 《三国志·后主传》：后主任贤相则为循理之君，惑阉竖则为昏暗之后。

这个国家早就垮了！蜀汉亡的公认原因，就是丞相千古以后，整个国家的魂就渐渐地散了。

在此危急存亡之秋，你不想着干事业光想着自己那点儿小九九，这是丞相所看不上的。

李严被丞相怼了以后也没有什么办法，只能蔫着，不过时局变化很快，同年国际大动荡，曹丕驾崩，孟达的恩主死了。这让李严看到了希望。

该说说孟达了。

孟达七年前投降的时机赶得特别好，曹丕刚刚上位，他这位弃暗投明的老兄成了曹丕打造的天下楷模。

按理讲曹丕春秋正盛，而且孟达特别会钻营关系，在魏国又埋下了多条线，荣华富贵拈之即来啊，结果遇到了黑天鹅事件。谁也没想到曹丕四十岁就没了，与此同时，孟达在中央交的高段位好朋友桓阶、夏侯尚这两年也都去世了。新关系还都没打点呢！你们倒是再挺两年啊！

孟达又想到了老办法：带着手下的三郡当嫁妆再把自己嫁一回。

此时丞相也开始经营汉中，有要北伐的打算了，孟达的这一献礼将再一次弃暗投明！况且二把手李严还是当年自己的老兄弟。孟达于是跟丞相和李严都开始通信了。

孟达的算盘打得是不错的，按当时的趋势来看，他将再次顺利过关，成为炙手可热的弃暗投明之人。但问题是，他这回并没有深入地做新公司的内部调研。

对面的二把手李严当然热烈欢迎他回到故国怀抱，不过这位过去的好兄弟希望孟达回来，是多一股力量帮他制衡一把手。

在二人的通信中，看一下《三国志》中陈寿的原文描述吧：李严说："吾与孔明俱受寄托，忧深责重，思得良伴。"

陈寿著的这本《三国志》各方面的水平是很高的，比如他说刘备死是"殂"，说主流正统的曹操是"崩"，到了孙权那儿，就是"薨"了。一个字就把自己的深情全含进去了。

中国几千年下来，等级制度是非常完善的，什么人得什么待遇都是有章可循的，陈寿作史时，晋是接魏的天命，天命只有一个，所以曹操过世是皇帝专业用词"崩"。

刘备呢，陈寿没敢用"崩"，但用的是"殂"。"崩殂"作为一个词组，这俩字暗地里其实是一个级别的，所以陈寿用了比较隐晦的方式致敬了故国老领导。孙权就不费劲了，直接"薨"了，你就是个诸侯嘛。

李严给孟达写信不可能就一句话，陈寿却就摘了这么一句，我们分成三部分看看什么意思。

第一部分，我跟孔明都是被托孤之人。（吾与孔明俱受寄托）潜台词：我俩是一个级别的。

第二部分，我的责任很大啊。（忧深责重）潜台词：我权力很大啊！

第三部分，我需要你这位"良伴"。潜台词：你来了是良伴，是合伙人。

一句话，陈寿把李严这堆小心思全兜出来了。

李严这面跳着脚地欢迎孟达，但孟达跟对面这位一把手是没什么交情的，尤其这位一把手对道德属性要求较高。更关键的一点是，对面的二把手跟一把手实力差距太大。所以说，这次孟达的算盘从最开始就打错了。

但是，丞相这边却依旧跟孟达进行了热情洋溢的来往通信，是丞相想利用孟达把李严从江州引到和新城接壤的汉中来吗？并不是，李严是建兴八年（230）曹真攻蜀时才被以军情紧急的名义调到汉中的。

丞相既不会让孟达成为李严分权的助力，也不会试着感召这位眼观六路大事不妙就给自己找下家的"水性杨花"之人。他这颗棋子，丞相另有妙用。

虽说孟达这回打的算盘从基本面上看又是稳赚不赔的，但是，投机有风险，跳槽需谨慎。

这回孟达的家运到头了。

五、《出师表》流传千古之谜

227 年，丞相北驻汉中，临行前，留下千古名篇《出师表》，这是当顶梁柱时需要的人生智慧。

《出师表》说了十一件事，给大家分析一下每件事背后丞相的意思。

1. 原文：先帝创业未半而中道崩殂，今天下三分，益州疲弊，此诚危急存亡之秋也。

意：夷陵那仗输得太惨了，这都五年了，咱蜀国还没调理过来呢，孩子，咱还远没到能喘口气休息的时候，还得继续奋斗啊。

2. 原文：然侍卫之臣不懈于内，忠志之士忘身于外者，盖追先帝之殊遇，欲报之于陛下也。

意：先帝伟大，我们这帮人都是受过你爹大恩的，咱们的班子斗志足。

3. 原文：诚宜开张圣听，以光先帝遗德，恢宏志士之气，不宜妄自菲薄，引喻失义，以塞忠谏之路也。宫中府中，俱为一体，陟罚臧否，不宜异同。若有作奸犯科及为忠善者，宜付有司论其刑赏，以昭陛下平明之理，不宜偏私，使内外异法也。

意：孩子你要志向高远，多听劝谏，咱蜀汉成分多、派系杂，必须依法治国，千万要一视同仁，连皇帝也不能例外，这是咱的立国之本。

4.原文：侍中、侍郎郭攸之、费祎、董允等，此皆良实，志虑忠纯，是以先帝简拔以遗陛下。愚以为宫中之事，事无大小，悉以咨之，然后施行，必能裨补缺漏，有所广益。

意：这套宫里的班子是你爹留给你的，是你相父认可看好的，这套宫里的班子是你的操作说明书，我走了以后有什么事问他们就出不了问题。

5.原文：将军向宠，性行淑均，晓畅军事，试用于昔日，先帝称之曰能，是以众议举宠为督。愚以为营中之事，悉以咨之，必能使行阵和睦，优劣得所。

意：你这辈子没领过兵，没打过仗，军事问题不明白，这个向宠是在夷陵惨案中全身而退的好将军，碰见军事问题不要想当然，军事使用说明书我也给你找好了。

6.原文：亲贤臣，远小人，此先汉所以兴隆也；亲小人，远贤臣，此后汉所以倾颓也。先帝在时，每与臣论此事，未尝不叹息痛恨于桓、灵也。侍中、尚书、长史、参军，此悉贞良死节之臣，愿陛下亲之信之，则汉室之隆，可计日而待也。

意：不能忘了咱刘家是怎么兴怎么衰的啊！我给你配的这些说明书都是让汉室兴隆的贤臣啊！孩子千万用好了啊！

7.原文：臣本布衣，躬耕于南阳，苟全性命于乱世，不求闻达于诸侯。先帝不以臣卑鄙，猥自枉屈，三顾臣于草庐之中，咨臣以当世之事，由是感激，遂许先帝以驱驰。后值倾覆，受任于败军之际，奉命于危难之间，尔来二十有一年矣。先帝知臣谨慎，故临崩寄臣以大事也。受命以来，夙夜忧叹，恐托付不效，以伤先帝之明。

意：你爹对我有大恩，这些年我也一直是你家最特别的存在，我会为了你家鞠躬尽瘁，拼上这条老命的。

8.原文：故五月渡泸，深入不毛，今南方已定，兵甲已足，当奖率三军，北定中原，庶竭驽钝，攘除奸凶，兴复汉室，还于旧都。此臣所以报先帝而忠陛下之职分也。

意：汉贼不两立！王业不偏安！咱们是正经天命！打到两京去是我现在的首要工作！

9.原文：至于斟酌损益，进尽忠言，则攸之、祎、允之任也。愿陛下托臣以讨贼兴复之效，不效，则治臣之罪，以告先帝之灵。若无兴德之言，则责攸之、祎、允等之慢，以彰其咎。

意：不是相父不辅佐你了，再次重申说明书都给你配好了，放开大胆地用他们，要是使着不顺手相父再给你调整。

10.原文：陛下亦宜自谋，以咨诹善道，察纳雅言，深追先帝遗诏，臣不胜受恩感激。

意：一定在家好好地听话啊！

11.原文：今当远离，临表涕零，不知所言。

意：我要走了，我爱你孩子。

通篇看完，有没有觉得思路特别清晰？

《出师表》牛在四个地方的综合叠加：

1. 明确了"汉贼不两立，王业不偏安"的政治纲领和出兵制高点的天命正当性。

2. 明确了依法治国、一视同仁、消灭派系隔阂与党争隐患的蜀汉立国之本。

3. 详细的治国理政说明书，文、武、内、外，相当明确。

4. 通篇没有一句废话，没有一句可以删的句子，没有一句舞文弄墨地在炫技，而是实实在在地叙述事情。

全文分十一个段落，丞相明明白白地表达了十一件事，却仅仅用了七百四十一个字。

丞相的这篇《出师表》，因为文法简洁、主旨清晰以及鞠躬尽瘁的传奇性，历经岁月洗礼后愈加散发芬芳，跨越千年不过时。

不逢乱世，不懂《出师表》。丞相的这篇千古名文也成为此后汉民族每当陷入黑暗时的呐喊样本！

227 年三月，丞相上表后率诸军北驻汉中，使长史张裔、参军蒋琬统留府事。

这一年，他的长子诸葛瞻刚刚出生。但丞相这一走，就再也没有回来。

只要他人在汉中，整个雍凉就不敢解甲，偌大中国就不敢释鞍，天下就始终觉得刘家天下还有希望！只要他在！这口精气神儿就在！

丞相军令如山，断不可能让家属前往汉中探视！这也就意味着，丞相除了看到过襁褓中的小诸葛瞻外，再没见过自己的这个孩子。丞相独此一妻一子，古时夭亡率高，说句实在话，丞相真的在忠贞不贰上做到了极致。自己的子嗣已经顾不上了，满脑子都是刘家的天下了。

为什么蜀汉这个小政权在中国数千年历史长河中如此璀璨呢？

老刘的厚道、二爷的传奇、丞相的忠贞，凑一块儿了！

当然，还有那侵入骨髓的悲剧感！

如果二爷没丢荆州呢？如果老刘没毁灭在夷陵呢？如果几十年攒下来的忠臣良将都还在，丞相是否不至于如此孤单？

没关系，还有丞相在！

有丞相在！汉家这戏就还没演完！

六、蜀汉无史官之谜

丞相屯兵汉中后，消息传到了新登基的曹叡那里。曹叡是小年轻，气比较盛：我刚上位你诸葛亮就蠢蠢欲动，什么意思？

曹叡将想法告诉了散骑常侍孙资，孙资是这么回答他的："当年武皇帝取汉中冒很大风险才拿下来。后来救夏侯渊的败兵走了五百里斜谷道，说南郑简直是'天狱'，走褒斜道就像是钻了五百里的洞。咱武皇帝这么善于用兵，却眼看着蜀贼在山岩上蹦跶，吴虏于江湖中流窜，这是不争一朝一夕的得失，能打才打，不能打就等。

"咱要是打汉中，不仅要调兵运物资，还得防备着吴国的水上进犯，没有十五六万士兵下不来，这还没算更多的随行兵役。[1]防守就省钱多了，咱们养精蓄锐几年，那五百里褒斜道让他们跑，烧钱烧死他，没几年他们自己就完蛋了。"

曹叡被拉回来了。

---

[1] 《三国志·刘放传》：今若进军就南郑讨亮，道既险阻，计用精兵及转运镇守南方四州遏御水贼，凡用十五六万人，必当复更有所发兴。天下骚动，费力广大，此诚陛下所宜深虑。

秘书长孙资劝住了小年轻曹叡，大家记住这个人，因为他最终影响了历史的走向。

之所以说刘家气数已尽，是因为当最后一个大神试图逆天改命的时候，不仅各种天时不再，还安排了一个非常罕见的、极其刚烈英武的第三代接班人来作为他的对手：魏明帝曹叡。

曹叡是当年曹操击败袁尚拿下邺城后，曹丕向老爹致敬，敲寡妇门拿下袁熙媳妇甄氏后生的孩子。

关于曹叡是不是曹丕的孩子历来颇有争议，因为曹叡的生日年份陈寿给了两个说法。

1."年十五，封武德侯；延康元年（220）五月戊寅，天子命王追尊皇祖太尉曰太王，夫人丁氏曰太王后，封王子叡为武德侯。"

2."景初三年（239）帝崩于嘉福殿，时年三十六。"

古人都是按虚岁算，生下来就算一岁，所以两种说法给出了曹叡的两个生辰年份，一个是 206 年，一个是 204 年。

生在 206 年就过关了，但要是生在 204 年就说不清了。

那是个什么年份呢？那一年是建安九年，曹操八月攻破了邺城，如果曹叡要是这一年生的，那历史就非常神奇地变成曹操打拼了大半生，最后便宜袁绍孙子的狗血故事了。

古往今来人们普遍攻击陈寿著史不严谨。要是仔细地品味曹丕、曹叡的父子关系，其实曹叡的身世有着相当大的可疑性。

更重要的是，以陈寿写《三国志》的水平，他可不是"轻易"出错那么简单，他有他的深刻目的。

首先说一下陈寿写《三国志》的情况。

《华阳国志》的作者是东晋时期五胡之一的成汉的常璩，里面说了一下《三国志》的来源："吴平后，寿乃鸠合三国史，著魏吴蜀三书六十五篇，号三国志。"

常璩说得比较明确，陈寿汇集了三国的史料编的书。注意，按常璩的说法，三国都有史料。

陈寿自己是怎么表态的呢？他在《后主传》中非常明确地说，蜀国不置史，注记没有官，所以史料全都没了，不是我不写！诸葛丞相虽然什么都能想到，结果这事儿忘了。①

他这话是什么意思呢？不置史就不置史，把丞相捎着干什么呢？

是他在甩锅给丞相吗？并不是，他对丞相那叫一个推崇备至！那为什么后面要加上"诸葛亮虽达于为政，凡此之类，犹有未周焉"这句话呢？

因为他想用一个超级大 IP 吸引住大家的注意力，随后发现他说的"又国不置史，注记无官，是以行事多遗"是不得已而为之！

丞相是什么人？是具体到极致的政治家！国家史料这种意识形态的事情怎么可能不作为流传千古的重点项目进行布置！

而且同在《后主传》中，陈寿又蹦出来了这么一句话："景耀元年，姜维还成都。史官言景星见，于是大赦，改年。"不是不置史吗？这白纸黑字的史官是干什么用的呢？

陈寿通过自己犯低级错误以及说丞相不置史来表明一个态度：老刘前面大半辈子越打越天下闻名，你们看见的却全都是鸡飞狗跳，看不见的都是我不敢写的！

二爷在襄樊什么战绩没有，曹仁这个荆州总司令却躲在樊城需要于禁去救，那也是我没办法写的！你们自己推理去吧！

三爷和二爷同为万人敌，为什么本传中第一次露面的时候都到长

---

① 《三国志·后主传》：又国不置史，注记无官，是以行事多遗，灾异靡书。诸葛亮虽达于为政，凡此之类，犹有未周焉。

坂坡了呢？因为他们都不是主角！因为他们都在很大程度上让主角下不来台！因为我想身不由己地活下去，也希望这部史书能够流传！所以我什么都不能写！但是，我可是给你们线索了！

同样，在《曹叡传》中，陈寿盖棺定论，写的这笔"三十六岁"，大概率也并非是单纯地算错了，他貌似还是有话要说。

首先曹丕和曹叡这父子俩的关系实在是让人没办法不遐想。

曹叡几岁的时候就已经得到了曹操的青睐，曹操甚至说过这么一句话："看见这小子我踏实了，看来第三代败不了家了。"①

曹操经常让小曹叡跟随左右，曹叡也在跟着爷爷四处征战的时候开拓了普通孩子无法见识的眼界，在宫廷跟着天下最牛的官员学习治国理政。②

按理说这个孩子应该是曹丕的骄傲，而且也是和他兄弟曹植竞争世子大位时的重要砝码，但曹丕貌似对自己的这个儿子并不喜欢。

曹丕在代汉后，不仅没立太子，还将当初非常喜欢的甄夫人给杀了。按理来讲，曹叡如此优秀，在曹丕诸子中一骑绝尘，剩下的都病病歪歪的没什么出息，甄夫人此时应当母以子贵了，怎么会突然被杀了呢？

官方给出的理由是甄夫人被郭后算计了，曹叡对曹丕有怨言。但这个行为非常反常。曹魏刚刚承接天命大赦天下，没多久居然赐死了生下优秀皇子的后妃，而且甄夫人的死法极其恐怖：以发覆面，以糠塞口。

有一种说法是曹丕连阴状都不想让她告，希望某些秘密到了另一

---

① 《魏书》：帝生数岁而有岐嶷之姿，武皇帝异之，曰："我基于尔三世矣。"

② 《三国志·明帝纪》：生而太祖爱之，常令在左右。《魏书》：每朝宴会同，与侍中近臣并列帷幄。

个世界都不能被公开。

下面的内容仅为对于曹丕对曹叡母子凉薄的一个推测：

有可能曹丕知道这孩子不是自己的，但因为老爹喜欢这孩子，而且自己还没办法生出再让老爹喜欢的孙子，所以必须让这孩子一直给自己充门面。

曹丕生了九个儿子，活到成年的只有曹叡和曹霖。曹操要是知道曹叡不是他曹家的孩子，在曹丕和曹植的太子抉择中，可能会想得更深一些。

曹丕弄死甄夫人后立了郭氏为皇后，但是生殖能力很不错的曹丕和这个皇后生不出孩子来。

曹叡虽然一枝独秀，但曹丕永远不提立他为太子这茬。

对于曹叡的接班原因，《魏末传》中引了一个故事：

曹丕爱打猎，经常带着曹叡，看到鹿妈妈和鹿宝宝，曹丕一箭就干掉了母鹿，随后让曹叡射死那个小鹿。曹叡哭着说："陛下已经杀了它妈了，我实在不想再杀人家孩子了。"[①]

因为这句话，曹丕决定立曹叡为太子。[②]

曹叡这话怎么解读呢：你已经把我妈杀了，留我一条命吧，我将来不会害你的孩子的。

但是这段话细推起来是有待商榷的！这段话并没有如文中所说的那样，曹丕因此"树立之意定"，只是曹叡的一个承诺和求饶，真正立曹叡当皇太子的时候，曹丕就要死了！[③]

---

① 《魏末传》：帝常从文帝猎，见子母鹿。文帝射杀鹿母，使帝射鹿子，帝不从，曰："陛下已杀其母，臣不忍复杀其子。"因涕泣。

② 《魏末传》：文帝即放弓箭，以此深奇之，而树立之意定。

③ 《三国志·明帝纪》：七年夏五月，帝病笃，乃立为皇太子。

直到生命的最后时刻，曹丕才无可奈何地让曹叡上位。

再次重申，上述仅仅是一个推测，并不代表着曹叡的真实身份。

同样，作为一个蜀国人，隔了几十年大概率也不会接触到如此隐秘的甄妃秘史。

他的动机大概率有两个：

1. 替晋朝恶心曹魏。

2. 为从小就非常优秀，被曹操看重，甚至在争储大位上给曹丕有重大加分帮助的曹叡，却始终不被曹丕待见，找一个相对来说更合理的解释。

说这些，就是想表明一件事：曹叡这些年被他爹压制得相当厉害！

曹丕防曹叡到了什么地步呢？曹操当年带着曹叡天天在身边教导，但到了曹丕上位后，曹叡和所有的朝臣都没办法接触了。

直到曹丕死，群臣们都不知道曹叡水平的庐山真面目。数天之后，曹叡才单独叫侍中刘晔去谈话，一谈就是一天。等到刘晔出来后群臣们问："新领导怎么样？"刘晔说："除了才干稍欠，堪称秦皇汉武的级别。"[1]

虽说刘晔有夸自己领导的成分在，但这位深得曹操喜爱的孙子应该并非寻常之君。曹叡自幼聪明，在爷爷耳提面命下见识广阔，却始终被打压、被提防，不被当作继承人，直到老爹生命的最后一刻才终于拿下皇位。

这样一位有能力、有见识，成长过程中却一直郁郁不得志的接班

---

[1] 《世语》：帝与朝士素不接，即位之后，群下想闻风采。居数日，独见侍中刘晔，语尽日。众人侧听，晔既出，问"何如"？晔曰："秦始皇、汉孝武之俦，才具微不及耳。"

人，一旦得到了上位的机会，他要干什么事呢?

证明自己的能干！兑现自己的才华！让你知道我究竟有多么厉害！

丞相的整个北伐过程，面对的就是这位领导！

丞相继遇到最难开局、最难蜀道、最难秦岭之后，又遇到了一个高难度问题：曹叡这位极其英武的曹魏第三代领导人！

七、被武都大地震改变的炎汉国运

时间来到 227 年的年底，丞相准备北伐了。

大战之前，先回顾一下四百年前的一个知识点：天池大泽。

同样都是汉家在汉中北伐，天运问题就在"天池大泽"上体现出差别了：天池大泽在，四百年前的刘邦北伐，物流根本不受困扰而且速度飞快；天池大泽不在了，此时此刻的丞相北伐，物流就出现了大问题！

在此回顾一下四百年前汉中入关中的路线图。（见图 10-1）

最早祁山道和陈仓道实际上是如图 10-1 般依托西汉水和嘉陵江的，全程可通航。这也就意味着再难走的秦岭山脉，韩信的运粮渠道并不艰难，可以通过一艘艘大船做到使命必达。

这是此时丞相要走的河道路线。（见图 10-2）

在这中间，汉水断了，西汉水最终和嘉陵江源头汇入了今天的嘉陵江。粮草、辎重无法再通过水路直接通到祁山道和陈仓道了。

嘉陵江不是可以直接通往四川吗？从四川发水路直接走不是一样吗？不一样，因为虽然那里确实有河，但却是无法通航的。

先来看这次河流改道的原因，在刘邦出汉中的二十年后，发生了

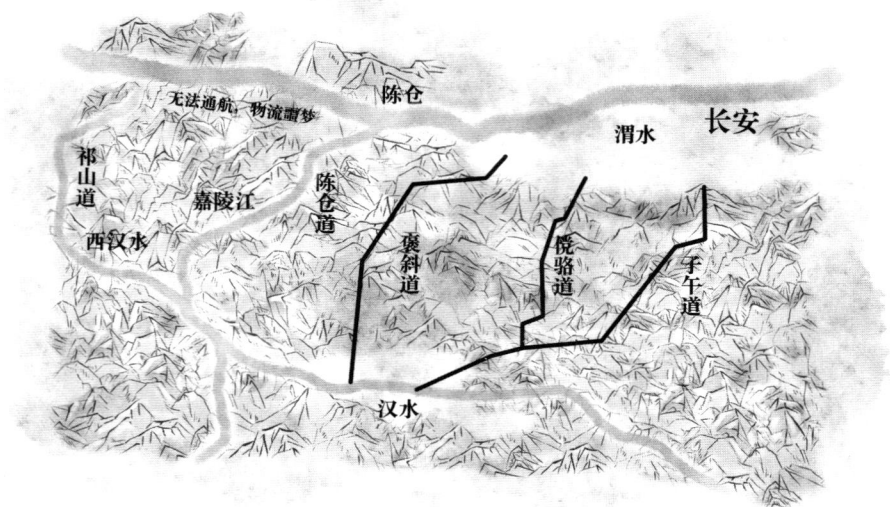

图 10-1　西汉开国时的秦岭诸道图

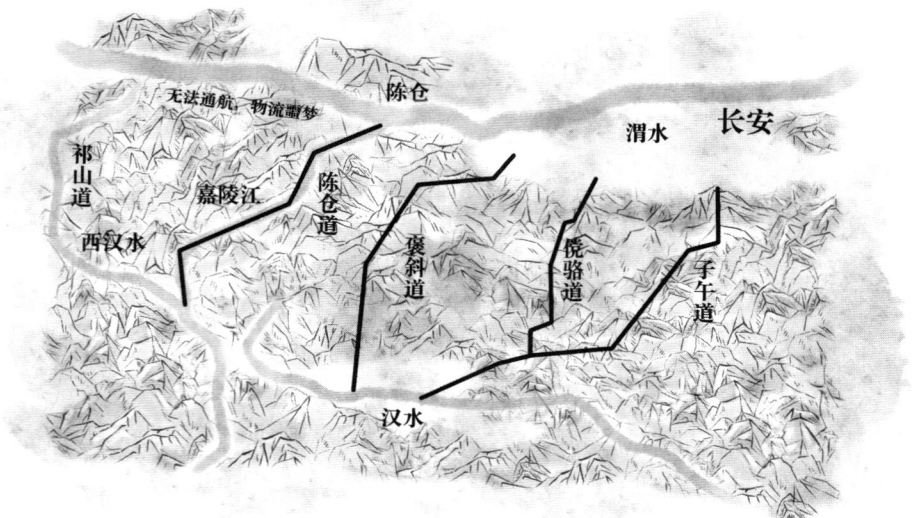

图 10-2　丞相北伐时的秦岭诸道图

一次著名的武都大地震。在那次地震之前，今天的略阳地区原是一个大湖泊，叫作"天池大泽"。（见图10-3）

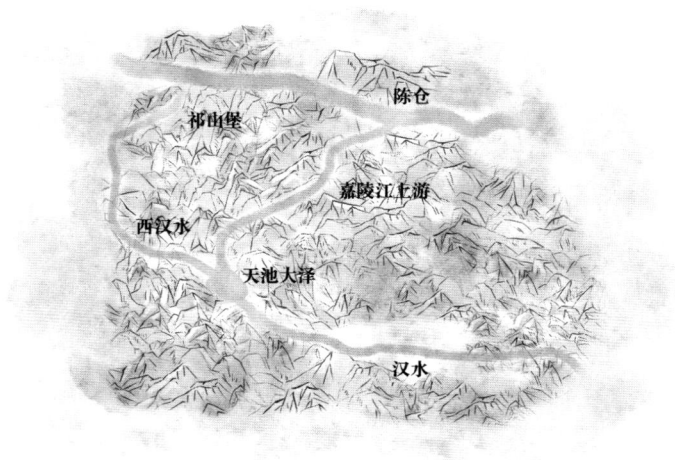

图10-3　天池大泽位置示意图

这个大泽就相当于一个大水库，使得西汉水和嘉陵江上游的水位高涨，水流速度变缓，也将祁山道和陈仓道同汉中平原贯通了起来。

但武都大地震后有了两点巨大改变：

1. 改变了河道，汉水被截断了。

2. 保证上游能够通航的关键大水库——天池大泽被震没了。

这相当于在西汉水和嘉陵江上游失去了一个缓冲、拦截的水库。

这又导致了两个巨大变化：

1. 上游水位降低，大船难以溯江而上了。

2. 水流的流速变得湍急，小船几乎无法航行。

这最终都成为丞相北伐的运粮噩梦。

后来著名的"木牛流马"中的"流马"，实际上就是最后一次北伐时，应对褒斜道航行河道水流湍急而发明的运粮艇。但艇和船，这两种运输工具一比，效率不知差了多少。

兵仙和丞相同是"武庙十哲"，导致两个人有截然不同的最终战绩，很大程度上还是国运问题。

仅仅一次大地震，从此天差地别！刘邦的"还定三秦"成为西南政权问鼎关中的绝响！从此以后，这个窗口永远地关闭了！

本来秦岭南北的比拼就是"汉中经济体"和"关中 + 河东经济体"的较量。汉中本就没什么机会，因为物资生产能力与关中的差距太大了！唯一的机会就是关中局面乱 + 汉中有大神，就像四百年前那样。

现在粮道也给震没了，丞相要北伐了，发现过秦岭的五条道都一个德行，区别就是没有最烂只有更烂！基本上会让所有蜀汉人都产生堕入冰窖般的寒冷。

悲，莫过于绝望！哀，莫大于心死！

为什么丞相之后的蜀汉主政者（姜维非关键人物）都没再嚷嚷北伐呢？因为丞相通天大才尚且功败垂成，这其实已经预示了这是一条注定能看到结局的路。

丞相的北伐既是蜀汉的最后一剂强心针，同样也是蜀汉自知天命的最后一道休止符！该认命了！能扛到什么时候就扛到什么时候吧！

在丞相准备北伐之前，召开了战前班子会，大将魏延提出了著名的"子午谷之谋"。

过秦岭，大军主要走的是陈仓道和褒斜道，傥骆道和子午道由于太险太窄，并不适合大军行走。

魏延说："现在镇守长安的是夏侯楙，他是夏侯惇的废物儿子，您给我精兵五千，扛粮食的五千，我走子午谷用不了十天就能神兵天降，到达长安。① 那草包听我降临必定弃城逃跑，长安城中唯有御史和京兆太守，没有抵抗能力，长安城中的粮食够我们吃的。② 等到魏国再调大军来最少得二十多天，到时您也接应过来了，这样，咱一口气就把咸阳以西拿下来了。"③

魏延的这个提案，成为千百年来众多军事爱好者讨论的一个大课题，因为魏延眼睁睁说的听起来是挺有意思的，再结合丞相后来北伐那么多次却全都失败了，为什么当初不赌一把呢？

站在丞相的角度琢磨这件事，我们就会明白为什么丞相不赌这一把。

1. 算上扛粮食的就一万人去，最关键的一点，夏侯楙万一不跑呢？拢共这一万人想占领四百年古都长安？

最关键的设想点，如果建立在对手的决策上，预期他会怎样做，这种预案上来就失败百分之九十了！即便成功了，那是魏延运气好，谈不上魏延有本事。

2. 魏延的最大能动性是占住长安，然后等丞相来支援，丞相这大军能不能准时赶来支援是个很大的问题。

要知道大军走的可是过秦岭的恐怖道路，中间但凡有点儿突发情况，时间一耽误，魏延就彻底地成孤军了。

3. 哪怕支援魏延来了，你们以长安做据点跟魏国援军决战靠不靠谱？

纵观古往今来的关中争夺战，焦点都在黄河与潼关，关中这个大

---

① 《魏略》：闻夏侯楙少，主婿也，怯而无谋。今假延精兵五千，负粮五千，直从褒中出，循秦岭而东，当子午而北，不过十日可到长安。

② 《魏略》：楙闻延奄至，必乘船逃走。长安中惟有御史、京兆太守耳，横门邸阁与散民之谷足周食也。

③ 《魏略》：比东方相合聚，尚二十许日，而公从斜谷来，必足以达。如此，则一举而咸阳以西可定矣。

平原更适合的是块头更大、实力更强的魏国铺开优势兵力，长安城基本上并没有成功阻击过大规模的攻坚战。

有人猜测，魏延的意图也许是为了向东堵住潼关，将整个关中包饺子，但这有三个问题。

1. 魏延没那么说，他自己说的最终目的是拿下咸阳以西，他的终极任务是偷袭长安。

2. 就算他堵住潼关，人家关中还有驻军呢，他打算用五千人横扫关中无敌手吗？再说当年曹操入关也不是从潼关进的，而是走的蒲津渡。

3. 如果魏延堵了潼关，那么黄河呢？

综上三点所述，按照魏延的这一整套方案操作下来，基本去多少人死多少人。

不过即便如此，很多人也在说，丞相这辈子太谨慎，赌一把，万一成功了呢？不就一万个人嘛！

这就有点儿《三国演义》的思维了，书中动不动就七八十万大军，所以大家对一万人并不当回事。实际上这一万人至少相当于蜀汉当时所有武装力量的十分之一了。

魏延要的一万人里面还有五千精兵，去了基本就是死，你说丞相能给吗？抛开这一万兵不说，还要搭上魏延，此时蜀中人才凋零，像样的将军不好找啊！

诸葛一生不用险，好的军事家是先为不可胜，再胜别人。

丞相是怎么回应的呢？丞相说你这种孤军打法太悬了，不如跟着我踏踏实实地取陇右，那几乎是百分百的成功率。[1] 丞相从最开始就没

---

① 《三国志·魏延传》：亮以为此县危，不如安从坦道，可以平取陇右，十全必克而无虞，故不用延计。

有将战略重点放在关中，而是放在了西北的凉州。

丞相作为历史级的战略家，在《隆中对》失败后，巧妙地制定了下一个战略方针：由"横跨荆益"，变成"纵跨凉益"。

这样，孙、刘联盟的实力壮大了，老大曹魏受损了，孙权还不吃亏。

这是国际实力平衡上的算计。

更重要的是，陇右对于关中有着战略上的优势。

1. 自关中平原往陇山打，海拔突然高了大约一千五百米，这种仰攻作战，首先就很艰难。

2. 真爬上了陇西高原，又要面临六盘山险恶的地貌环境，山势迅速地就达到了四百米以上的落差，峡谷处处是悬崖峭壁，极为险峻。

3. 陇山东坡陡峭，西坡和缓。（见图10-4）

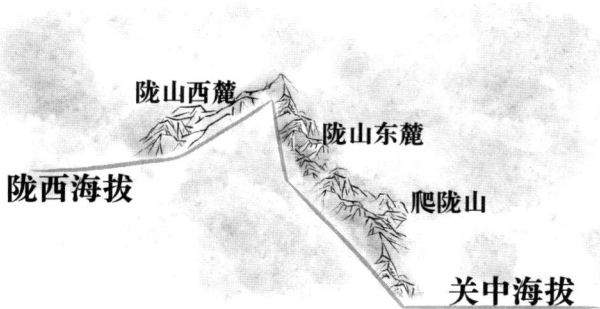

图10-4　陇西与关中的地势对比图

凉州和关中交界的这道陇山跟秦岭比较像，除了比秦岭窄一块以外，基本就是个小号的秦岭。不仅非常险，而且和秦岭一样并没有给人们留下几道可以走的正经路。

两百多年前，西北枭雄隗嚣靠着这道陇山，和摧枯拉朽平定天下的刘秀耗了整整五年。丞相是读过历史书的。

不仅隗老前辈在激励着丞相，丞相这位算账的大当家还看到了凉州的整体战略地位。

从汉中往关中打，是从南往北打，这叫逆天而动，还得过恐怖的秦岭，光一路的物流成本就给你弄神经了。

要是从凉州往关中打，过陇山比过秦岭的难度要降一个维度，而且是从西往东打，大河向东流，这叫顺天而动，还是居高临下压下来，想想就气势汹汹。关中要是往凉州讨伐就是仰攻，当年刘秀带着云台核心将星出征陇西都那么费劲。所以，丞相将目标瞄准了凉州，今后基本一直在践行这个方针。

丞相这边开拔北伐，另一边派了一个人去干一件很重要的事。他派的这个人，叫郭模。去的地方，是魏国的魏兴郡。

干什么去呢？诈降，捎带脚告密。

郭模去和孟达有矛盾的魏兴太守申仪那里诈降请求归顺，投名状就是孟达通敌的重大机密，摆事实讲证据的举报你们孟达太守跟我们眉来眼去很久了。

丞相的目的是什么呢？官方解释是帮助孟达下决心：别琢磨了，反吧，我把你退路断了，看你还三心二意。

实际上，要是丞相帮孟达下决心，为什么大军不在汉中，这样在告发孟达时能随时支援他？出兵帮助孟达巩固住东三郡啊！

丞相的目的，是为他的北伐凉州，扔出孟达这个吸引火力的集火点。

226 年年底，丞相同时扔出了三个剧本：

1. 自己率主力走岐山道北伐陇右。

2. 令赵云、邓芝出褒斜道，据守箕谷作为疑兵混淆曹魏的判断。

3. 与此同时，派郭模向魏兴太守申仪泄露孟达的通敌证据。

丞相打算搞出这样一种效果：曹叡的办公桌上在同一时间收到两

份军情急件：一份是蜀军主力出现箕谷，关中告急；另一份是新城太守孟达又反水了，东三郡告急。

曹叡迅速调动关中军区和宛洛军区分别平叛，过不了多久，接到最新战报，孟达和箕谷蜀军都不好弄，陷入僵局。曹叡派中央军去分别支援。再过几天又收到战报：陇右丢了。

丞相为了编造这个剧本可谓煞费苦心。不过他算错了三个人。这三个人，让他断送了他一生中最好的一次机会。

第一个人，是司马懿（**算错的另外两人后文再讲**）。

丞相镇汉中的同年六月，司马懿被安排都督荆、豫州诸军事，率所领军镇宛城。司马懿终于走到台前了，这是他这辈子第一次掌大军区军权。

好巧不巧，他在这个时候驻防荆州了！他这次恰到好处地驻军宛城，破坏了丞相的一石二鸟之计。

司马懿是跟丞相平级别的帝国大才，也和丞相一样，都是特别会算账的人。

司马懿这辈子有一个最大的优点，就是根据自身的情况具体问题具体分析。

申仪向司马懿汇报孟达里通外国后，按常理讲，这种地方大员级别的通敌案件是要交到朝堂上让皇帝亲断的。

你怎么就能确定是孟达造反而不是申仪栽赃呢？司马懿能！

司马懿在当年孟达投降过来的时候就断定了这小子有问题，而且多次劝谏过曹丕，不能对这小子委以重任！此时已经是三朝元老并有托孤威望，这份资历使得对孟达早有预判的司马懿做出了决定："来不及报告了！先斩后奏！迅速解决孟达！"

当初孟达给丞相的信中，这么写道："宛城距洛阳八百里，距我所在新城一千二百里，听说我起兵，自然要向曹叡报告，单单中央批示的往返时间就要用一个月的时间，那时我的城池已防守坚固，各军也做好充分的准备了。"

孟达在突然得知申仪告密后开始做反水的准备了，但没多久他收到了司马懿的来信，说里面有误会，谁的话我也不信，你别想不开。[①]

孟达当然知道这是拖延之词，他已经开始向蜀与吴两国分别求救了。没错，还有吴的事。买卖人孟达并没有把全部希望压在蜀那边，在跟蜀通信时，跟吴也有联系。[②]

这老小子多油啊！不过他并没有料到司马懿会来得这么快。

史书中说司马懿八天走完一千二百里闪击孟达，来夸他是闪电部队在前进，我们说过这种几百里的强行军赶到战场是不太可能的，赶到了也都累死了。

司马懿在给孟达写信的时候，已经开始星夜兼程地急行军了，司马懿并没有向洛阳报告等请示，这就省了来回走一千六百里的时间，等到正月孟达官方宣布造反的时候，司马懿已经快到了，随后仅仅用了八天就到达了上庸城下。这让孟达比较蒙圈，怎么会这么快？

司马懿率军迅速赶到有什么效果呢？迅速截断了吴与蜀的支援路线，将孟达的上庸城变成一个无法逃脱也无人支援的孤城。

孟达体会到当年老长官关羽的感受了。

随后就是连续十六天的八个方向的猛攻，一月底，上庸城破，孟达被杀，新城被司马懿解放。

值得说一句的是，孟达并非是被打败的，孟达是被亲戚和手下背

---

① 《晋书·宣帝纪》：蜀人愚智，莫不切齿于将军。诸葛亮欲相破，惟苦无路耳。模之所言，非小事也，亮岂轻之而令宣露，此殆易知耳。

② 《晋书·宣帝纪》：达于是连吴固蜀，潜图中国……吴蜀各遣其将向西城安桥、木阑塞以救达……

叛当投名状了。司马懿千里行军，新城已被孟达经营多年，真打起来是很难拿下的。

物以类聚，人以群分。此君的结局对照他的人生喜感非凡。

司马懿迅速拿下了孟达，使得曹叡收到西北告急的文件时，司马懿已经把平叛成功的战报往回送了。

曹叡因此可以专心致志地面对西北危机了。

八、街亭之战前，曹魏真正的幕后英雄是谁？

228 年正月还没过，孟达这边就迅速尘埃落定了。

虽说东边的计划没能达到预期，但丞相在西边的进展却可以用"形势一片大好"来形容。

丞相率蜀汉子弟兵在陇西亮相，军容整齐、号令严肃，再加上自打刘备拿下汉中后这已八年了，陇西根本就没见过兵火，突然看到丞相兵出祁山，魏国朝野上下恐惧，雍州的天水、南安、安定皆反叛响应丞相，关中震动。

丞相的这次北伐，堪称其人生当中的最好一次机会。因为此时他手握两项巨大优势：

1. 魏国方面根本就没有防备。

魏国本来只是提防刘备的，但是随着老刘被烧崩了，几十年的精锐全部赔进去后，魏国就再也不担心了，再加上蜀汉好几年都没动静，魏国根本就没想过会有人讨伐。①

---

① 《魏略》：始，国家以蜀中惟有刘备。备既死，数岁寂然无声，是以略无备预。

2. 魏国在战略层面上出现了巨大失误，陇西无重兵。

魏国对蜀汉无防备，使得他们在国防层面并没有积极对待，隔着那道堪称天险的陇山，居然并没有将陇西方面进行行政区的单独划分，而是统归为雍州管辖。（见图10-5）

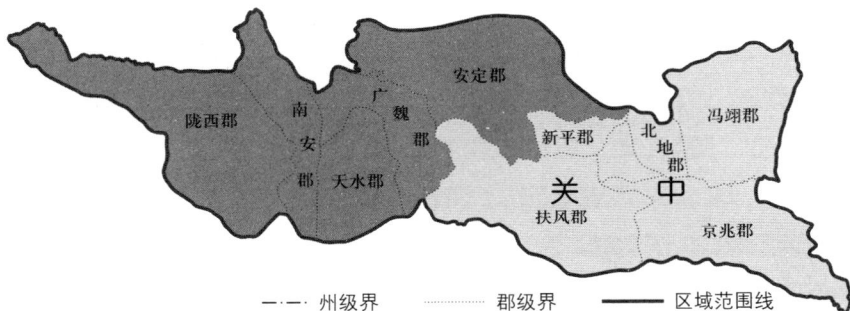

图10-5　陇西诸郡图

魏国也根本就没有想到蜀军会打陇西，因此把布防都集中在关中。

夏侯惇的儿子夏侯楙此时为安西将军、持节都督关中，驻扎在长安。

雍州刺史郭淮的治所也在长安，所统率的州兵也在三辅驻扎。

丞相在战后进行总结时承认了此次出征战败是责无旁贷的，因为己方的准备要比魏国充分太多了，最起码人数是多过对手的。[①]

此时的形势好到什么地步呢？

陇右三郡在听说丞相来了以后，除了陇西太守游楚，领导们第一时间扔了岗位都跑了，更不要说支援祁山了。

困守的游楚其实也快混不下去了，他是怎么对手底下的人说

———————

[①]《三国志·诸葛亮传》：大军在祁山、箕谷，皆多于贼，而不能破贼为贼所破者，则此病不在兵少也，在一人耳。

的呢？

游楚说："那几个郡的太守因为对手下没有恩德，听说蜀兵来了以后都跑了，我为了国家守边疆，已经决定与此城誓存亡了，谁要是想拿我的脑袋谋富贵我绝不拦着。"

手下的人说："咱们是有感情的，我们和您生死与共。"

游楚说："你们真够意思！咱这样，我也给你们想个出路，现在东边的南安、天水两郡都已经投降了，蜀兵必来。咱们先守着。如果国家救咱来了，蜀兵必退，咱们是战斗英雄；要是国家救兵不到，蜀兵攻城又太猛，你们就把我绑了投降，我绝对不连累大家，成不成？"[①]

手下的人于是和游楚达成君子协定，大家开始专心守城，后来投降的南安郡郡守果然当导游带着蜀军来了。

游楚对内几乎是哀求了，对外也并没有把路走死，听说蜀兵来了之后在城头上喊："对面的大帅，你要是能断陇，使东兵不能上陇，用不了一个月整个陇西就都投降了；要是不能断陇，纯属白费劲，别跟我这逗闷子了，快去干正事吧！"[②]

游楚几乎明码播报了投降的条件：你们快断陇去吧！

那后来丞相完成了断陇了吗？并没有！

为什么呢？因为一个人的关键抉择问题！并非马谡，他仅仅是最终崩盘的环节！这个关键人物比张郃和马谡对于此次战役的影响都要大！

---

① 《三国志·张既传》：卿曹若不愿，我为卿画一计。今东二郡已去，必将寇来，但可共坚守。若国家救到，寇必去，是为一郡守义，人人获爵宠也。若官救不到，蜀攻日急，尔乃取太守以降，未为晚也。

② 《魏略》：楚闻贼到，乃遣长史马颙出门设陈，而自于城上晓谓蜀帅，言："卿能断陇，使东兵不上，一月之中，则陇西吏人不攻自服；卿若不能，虚自疲弊耳。"

继司马懿飞车斩孟达后，丞相在陇西又遇到了非常罕见的黑天鹅事件！整个一出祁山战役中，最大的胜负手出现在了曹魏这里。

丞相在陇西遇到了一个并不逊色于此役独享大名的张郃级别的人物：雍州刺史郭淮！就是在汉中之战最关键时刻依然泡病假，夏侯渊一死就迅速挑大梁的那位。

郭淮自汉中之战镀金后没多久曹丕就继位了，有着曹丕背景的郭淮转为镇西长史，行征羌护军，开始全面负责陇西工作。

在此期间和张郃、杨秋讨山贼郑甘与卢水叛胡等立有战功，曹丕代汉后，提拔郭淮领雍州刺史，封射阳亭侯。

郭淮在雍州刺史任上干得极其出色，每有羌、胡来降，郭淮都详细地做好各部落的情报工作，等到和对方见面后突然说出来对方的秘密，以此达到自己半仙的效果，少数民族们被郭淮整得很伏贴。①

《三国志》中，对于郭淮，给出了"方策精详，垂问秦、雍"的极高评价！

丞相为什么挑了天寒地冻的正月来打陇西呢？就是为了躲这位郭淮！因为按常理来讲，郭淮此时应该在去洛阳汇报工作、看望人质家属的途中！②

魏延为什么在子午谷之谋的时候判断夏侯楙一定会跑呢？也和长安城中没有郭淮这个主心骨有着巨大关系！整个蜀汉军界在此次战役推演中，都没打这位郭淮的预案。

但是，谁也没想到，郭淮在这年的这个时候极其反常地进行突击巡查来了！《魏略》："天水太守马遵将维及诸官属随雍州刺史郭淮偶

---

① 《三国志·郭淮传》：淮辄先使人推问其亲理，男女多少，年岁长幼；及见，一二知其款曲，讯问周至，咸称神明。

② 《后汉书·百官志五》：初岁尽诣京都奏事。

自西至洛门案行"，"案行"，是指中央及地方总督领导的定期巡视制度。

郭淮大正月的带着巡视组去天水了！之所以说这次是突击巡查，是因为按常规来讲，每年的"案行"时间通常在八月！ ①

是魏国的间谍部门收到什么消息了吗？极大概率并非魏国方面收到蜀军要北伐的确切消息。因为整个曹魏的朝野反应和军事部署在最开始非常被动。郭淮的反常，极有可能是自己作为雍州刺史的单方面判断。通过丞相这半年多的北驻汉中，他大概率感觉到了大战在即，于是开始紧锣密鼓地进行边疆巡查和军事准备。

最终，郭淮成为丞相北伐继司马懿后第二个算错的人！

丞相北上后一路势如破竹，直到到了祁山后，丞相遇到了硬骨头。

曹叡在中央强调他爷爷对天下三座第一档要塞的重要性时曾经说过这么一句话："先帝东置合肥，南守襄阳，西固祁山，贼来辄破于三城之下者，地有所必争也。"

这句话把祁山的地位捧得很高。

准确地说，祁山的全名叫作祁山堡。《水经注》中记载："祁山在蟠冢（今天水齐寿山）之西七十许里，山上有城，极为严固，昔诸葛亮攻祁山，即斯城也。"

祁山堡位于礼县东，祁山乡以西，西汉水北岸，距离县城二十多公里，所在的山峰地势陡峭，为宽阔平川上突起的一座石质孤峰，山围六七里，高八十米左右，四面绝壁，如斧劈刀削，易守难攻。

别看貌似挺险绝的地方，山上面其实没什么可利用的地势，山顶面积仅有数十丈，大约两千多平方米，仅仅有三分之一个足球场大小。算上宿舍和屯粮的地方，在山上驻防千人都费劲。

---

① 《后汉书·百官志五》：诸州常以八月巡行所部郡国，录囚徒，考殿最。

祁山堡作为战略阻击点的能动性和地位跟襄阳与合肥根本没法比。襄阳与合肥的背后都有水路直通超大都会宛城和寿春。一旦襄阳与合肥出现战事，后方可以迅速调集大规模兵力和粮草去支援。祁山堡则没有这个待遇。

此时凉州驻防的部队都是郡兵，基本都在渭水河谷一线，广魏郡治临渭（今甘肃天水市东），天水郡治冀县（今甘肃甘谷县东），南安郡治源道（今甘肃陇西县东），陇西郡治襄武（今甘肃陇西县），它们与祁山堡之间有北秦岭相隔。（见图10-6）

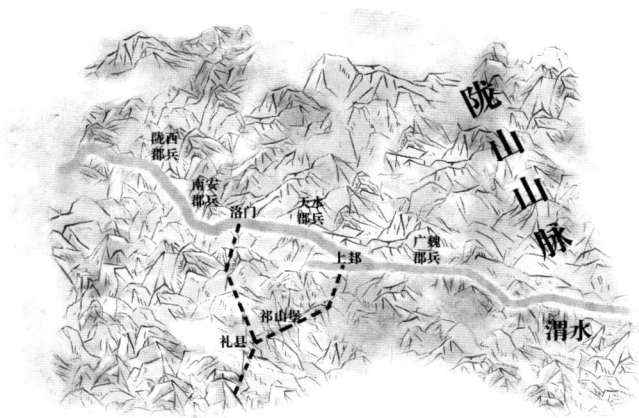

图 10-6　渭水河谷路线图

渭水河谷南下只有两条路：一条自上邽南下，一条自洛门南下。离祁山堡路途最近的是上邽（天水市秦州区），相距也有一百里。其实祁山堡对于整个北伐战局并没有太大的影响，因为孤悬在外而且能动性有限。拢共就千把来人，而且山围很小，几千人围住山脚，能掀什么风浪？

但是，丞相因为第一次上陇，各方面比较谨慎，在祁山堡耽搁了几天的时间。就是这几天的时间，某种意义上改变了整场战役的最终结果!

丞相到了祁山被绊住后，蜀军北伐的消息开始迅速传遍陇右，此时郭淮正和陪同着的天水郡各领导巡查到了洛门（今洛门镇），听说丞相已经到了祁山，郭淮对天水太守马遵说："要坏！"

此时郭淮和丞相的位置分别在这里。（见图 10-7）

图 10-7　丞相与郭淮位置示意图

郭淮在得知丞相已经到了祁山后第一时间就往上邽赶！ [1]

理论上来讲，丞相和郭淮距离上邽的路是差不多的，而且在时间上，丞相占有先手！郭淮得到消息的时候，丞相至少已经到祁山几天了。

但是，祁山堡耽误的这几天时间，使得郭淮最终抢先进入上邽，堵住了丞相继续突破的口子。

---

[1] 《魏略》：天水太守马遵将维及诸官属随雍州刺史郭淮偶自西至洛门案行，会闻亮已到祁山，淮顾遵曰："是欲不善！"遂驱东还上邽。

虽然南安、天水军民响应，蜀军自阳溪支道进入，成功拿下二郡，但丞相断陇的战略目标，因郭淮抢入上邽而无法实现了。这也为后来的张郃上陇，争取了极其宝贵的时间！（见图10-8）

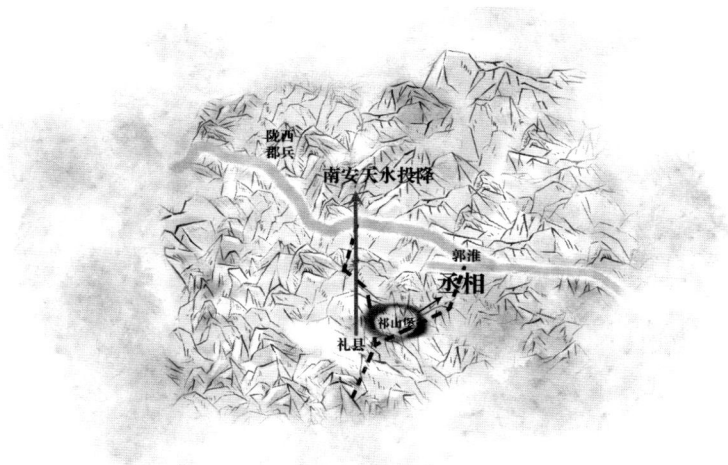

图10-8　郭淮阻拦蜀军示意图

整个逻辑链条是这样推演的。

第一种可能：

如果没有郭淮巡视组突然回头看，南安、天水不战而降后，上邽会轻松地被蜀军拿下，祁山堡作为孤山坚持不了多久，丞相将迅速断陇拿下陇西。

第二种可能：

1. 即便郭淮巡查，如果没有祁山堡的阻击，丞相会第一时间迅速兵分两路推进到洛门和上邽。

2. 身处洛门的郭淮不仅没机会抢入上邽，甚至会被蜀军东西夹击。

3. 丞相可以迅速布置兵力断陇，并沟通响应的陇东安定郡一起参加革命。

4.等到张郃救兵上陇的时候很可能就会面对丞相本人的亲自阻击。

第一次北伐很有可能就此圆满成功!

结果因为郭淮这一个人的突然存在,使得祁山堡这个战略支点有了意义,丞相虽然赢了先手,却给了人家缓一口气的机会!

此时陇右仍有上邽、陇西、祁山三地坚守,这不仅分散了丞相的兵力,还使得蜀军因为上邽的存在没能及时断陇。(见图 10-9)

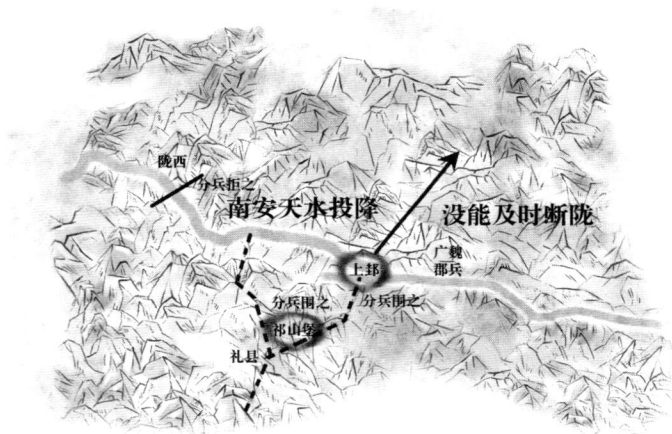

图 10-9　蜀军北伐前期战略示意图

郭淮这位雍州刺史已经在能动范围内做到最好了,剩下就看中央的了。

魏国朝堂接到报告后,诸臣比较慌,拿不出个好建议。

时年二十四岁的曹叡在全都懵圈的时候展现出了不同于他这个岁数的睿智与英明,反应非常迅速,开始往西北调兵遣将。

1.意识形态上高调打气,诸葛亮本来在洞里待着咱打不着他,现在他出来就是送死,大魏必胜!

2. 派大将军曹真去长安接替夏侯楙，督中军和关右兵去堵箕谷之敌。

3. 派右将军张郃上陇去解救陇西危机。

4. 自己去长安坐镇，表明高度关注西北战事，为将士们助阵。

曹叡的这个部署虽然从战略上非常积极，但是也可以看出，曹叡的战略目标是保住关中不失，凉州保下来最好，保不下来也认了。

为什么这么说？因为此时丞相与赵云的两路部队均已亮相，不难判断出丞相的方向才是主攻的位置，蜀汉的目标是凉州。但是曹叡此次却是令级别更高的曹真带着部分中央军和关中军去堵赵云并平定陇东反叛的安定郡；派右将军张郃带领部分中央军去完成更艰巨的任务：支援陇西，打通陇道。这在战略上比较明显是保一望二了。

关中绝不能丢，曹真坐镇郿县，南堵赵云，北平安定；张郃此行的目的，更像是占领陇道，等待曹真的后续支援，甚至是堵住陇道防止丞相顺势东进下陇山抢关中。

因为天水、南安两个最核心的陇右郡已经表态叛变了，丞相神兵天降已经到凉州了，过陇山又是仰攻。此时此刻，丞相的战略目的，几乎已经达到了。但是，由于郭淮的坚守上邽和蜀汉自身的实力原因，蜀军并没有来得及封锁陇道！

从上邽到洛阳，按汉魏的"里"来计算，有一千五百里！

按孟达计算他造反的消息传到洛阳，然后等来正式剿匪批文需要一个月时间来计算。[①] 丞相攻陇右的消息需要半个月左右的时间传到洛阳，但张郃从洛阳带着中央军绝对半个月到不了陇西！

这一来一回相当于至少一个多月的时间，丞相没有完成断陇！

---

① 《晋书·宣帝纪》：宛去洛八百里，去吾一千二百里，闻吾举事，当表上天子，比相反覆，一月间也……

这是为什么呢？国力问题！盘子太小了！

丞相此次北上，由于不知魏国强弱，所以一步步走得极稳。

史载当时丞相的基础打得极牢，先为不可胜以待敌之可胜，数万人干出了数十万人的工事效果。[1]

丞相此次出陇西的兵力并不多，数万而已！但丞相要干多少事呢？要分兵围祁山，要分兵围上邽，要分兵堵陇西郡。而陇道并不是一条，有四条道。（见图 10-10）

图 10-10　陇山诸道示意图

所以理论上来讲，丞相是无法再分兵上诸道断陇了。

丞相这段时间在扎扎实实地营建营盘，并且全力围攻祁山堡和上邽城两个关键点！只要把这两个战略位置拿下来，整个陇西将连成一

---

[1] 《袁子》：亮率数万之众，其所兴造，若数十万之功，是其奇者也。所至营垒、井灶、圊溷、藩篱、障塞皆应绳墨……

片，这数万人就能聚拢回来，集中力量办大事了！

祁山堡守将高刚已经快不行了！后来二伐时郝昭在陈仓喊话表示誓死抵抗就举了他的例子。[①]

听说张郃率中央军前来驰援后，丞相这里仍然有主动权。

因为魏军上陇后，无论走哪条陇道，都要经略阳地区南下上邽。只要堵住这里，魏军的支援就过不来！

在这个时候，丞相这辈子最大的一次，甚至是唯一的一次用人失误出现了！这是丞相此次北伐算错的第三人。他派了嫡系马谡去堵了那个最关键的口子，略阳地区（今秦安县陇城镇）。

京剧中的著名桥段"失、空、斩"，就要上演了。

---

① 《元和郡县图志·关内道二》：曩时高刚守祁山，坐不专意，虽终得全，于今诮议不止。

九、街亭之战到底输在了哪里？

赵括的"亲弟弟"，中国史上最臭名昭著、眼高手低的"聪明人"马谡登场了。

马谡要是有赵括的如下本事：

1. 能在战国第一档的武将白起合围下，将赵军拢住四十六天不崩盘。

2. 能逼得秦昭王亲赴河内，将河内所有老少爷们全都赐爵赶到长平战场去包饺子加固合围。

3. 在断粮一个半月后仍能有效组织起突击队，而且是有章法，有套路地分四个队，正兵、奇兵地轮番冲杀，最后自己战死。

4. 能将杀神白起打的最后心有余悸地说"惨胜"。

咱丞相此次的北伐已经圆满成功了，马谡即便浪上了南山，也会在表彰大会上主席台前排就座。

如果说赵括的"纸上谈兵"多少有点冤，那马谡的"言过其实"则根本没得洗。

马谡在老刘时代是作为治郡之才使用的，干过绵竹成都令、越巂太守，"才器过人，好论军计"，丞相对他非常器重。

刘备临死前曾经专门对丞相说："马谡这小子言过其实，不可大用，你可千万得想好了。"

老刘这辈子看人眼光极其毒辣，他单单挑出来了这么一句话嘱咐丞相，其实是已经预感到了丞相将来要大用马谡。丞相你干什么我都放心，但这小子真不是这块料，千万别让他挑大梁。

丞相在老刘死后将马谡引为参军，开始并没有给他太大的施展空间，但马谡比较能侃，经常一宿一宿地跟丞相进行头脑风暴。

相信丞相对马谡的感觉很有可能和曹操对郭嘉是一样的：

1. 发自内心地喜欢。

2. 小伙子满脑子的奇思妙想。

郭嘉说："咱五百里奔袭，偷袭乌桓人去！"

曹操被撩得兴奋了，道："走！打他们去！"

结果喜提"天寒地冻进东北＋两百里路没有水"的地狱难度大礼包，曹操杀马数千匹、掘井三十丈，才叫花子般地走到了白狼山。在上辈子拯救地球的好运气下，曹操是碰上对面比他还浪，这才平安回来。

形成鲜明对比的是，丞相这辈子就没碰上过好运气。

1. 年少丧父，生逢乱世，家乡遇到了百年未曾一见的屠城狂魔曹操。

2. 学有所成却天下已定，被落魄县长敲窗户。

3. 上班不到一年被拆迁强制流浪，并被当世最精锐的虎豹骑追击。

4. 随后辛辛苦苦地干了一辈子，其实就是给老刘擦了一辈子屁股。

5. 北伐这年才生了这辈子唯一的儿子，临终难见一面。

6. 这辈子没有一次"别人送"的好运气，除了自己能掌控的之外，对手肯定会把最强难度的问题给他"精装修"后送过来。

说句实在话，丞相这种运气是消费不了郭嘉这种类型的参谋的。

丞相对马谡的重用除了马谡可能真的是位好参谋之外，还有一个原因：他是丞相的嫡系，自己人中的自己人。

马谡的哥哥马良，是丞相异父异母的"亲弟弟"。马良是襄阳宜城人，离丞相耕读时的隆中不远，刘备领荆州后参加革命，后来丞相去跟老刘打刘璋，马良留荆州辅佐二爷，经常给丞相写庆功信，信中管丞相喊"尊兄"。[1]

刘备拿下成都后，马良入蜀进入刘备班子成为左将军掾，后来出使吴国，做过外交大使。

老刘称帝后，马良为侍中进入核心圈，东征夷陵的时候马良被作为重点对象培养，独当一面地入武陵招纳五溪蛮夷。马良干得相当不错，指挥少数民族部队那叫一个得心应手。[2]

但是马良在马鞍山之役遇害，老刘亲自选中的这颗好苗子白培养了。

丞相这么喜欢马谡，相信和马良有着非常大的关系。丞相也打算培养几个军事上的嫡系，所以在听说张郃援军即将上陇后，破格提拔马谡作为总指挥统领先锋军去阻击。

当时宿将还有不少，大家觉得像守汉中的魏延、掌东州兵的吴壹都是好选择，但丞相却执意选了马谡。[3]

为什么要这样呢？举个呼声最高的魏延的例子吧。

魏延是当年被老刘破格提拔起来的，汉中之战后当了汉中太守，当时"一军尽惊"，出乎了所有人的预料。这也就意味着，魏延永远是

---

① 《三国志·马良传》：闻雒城已拔，此天祚也。尊兄应期赞世，配业光国，魄兆见矣。

② 《三国志·马良传》：蛮夷渠帅皆受印号，咸如意指。

③ 《三国志·马良传》：时有宿将魏延、吴壹等，论者皆言以为宜令为先锋，而亮违众拔谡，统大众在前……

刘备的人，永远有着巨大的政治优势，张飞都得靠边站，由魏延来守汉中！

这位先主破格提拔的猛将有三个特点：

1.威风实在是比较大，除了丞相之外的人看见魏延都得躲着走。

2.自视比较高，每次出征，都打算分兵单独行动，拿自己当刘邦的兵仙韩信、刘备的二爷关羽了。

3.经常背地里发牢骚。

魏延还没怎么着就已经这么牛了，如果他拿下了北伐第一功，会闹出什么动静呢？他再嚷嚷分兵的底气就更足了！蜀汉这点儿小体格，禁不禁得起分兵呢？

不怀疑魏延的能力，但是真实的世界不单单只考察能力的。战略家有战略家的考虑，当盘子太小时，必须聚拢所有力量在最高水平的人的指挥下，全局一盘棋！

丞相提拔嫡系，是进一步提高自己在蜀汉军界的威严。就是为了让魏延这种心里野，还表现出来的人今后把嘴闭上！

这是没有错的，错在他看错了马谡这个人！

客观来讲，丞相之所以会选马谡，也是因为给马谡的任务并不艰巨。因为二百年前来歙曾经在比马谡还凄惨的条件下立下了大功。

公元32年，刘秀与西北狼隗嚣鏖战陇山时，来歙独自带领两千本部军开始了孤胆之旅，一路穿山越谷，伐林开道，躲过番须等陇坻诸要隘，突然出现在战略要冲略阳城下，躲过了所有保安，抽冷子挥军入城斩杀守将金梁，成功夺占了陇西心脏略阳城。

随后刘秀把来歙给放弃了，让来歙在略阳自生自灭地消耗隗嚣。

隗嚣也如刘秀所料，紧急令王元率军防守陇坻，行巡防守番须口（陕西陇县西北），王孟塞鸡头道（宁夏隆德东），牛邯防守瓦亭（宁夏固原南），在防线部完后，亲率数万大军反攻略阳。

陇嚣数万人，拿不下来歙两千兵守的略阳城。强攻不下后，陇嚣又劈山筑堤，截断河水，引水淹城，玩起了水攻。但陇西的水势肯定没有二爷淹于禁的汉水猛，陇嚣水攻冲不垮略阳城，来歙则水来土掩，拼死固守，打到后面箭都用光了，便拆毁房屋，造箭接着打。就这样，来歙的两千孤军在略阳坚持了四个月，略阳城岿然不动。

两百年后，略阳城附近有个景点，叫作街亭。丞相命马谡阻击的地方，就是这么个战略要地。

略阳是今天秦安县陇城镇，地理位置并未在陇山隘口上。

为什么丞相把阻击点放在这里呢？为什么不再往东走直接堵在陇山口上呢？因为它是陇山诸道南下的关键交汇点！

关陇道、番须道、鸡头道、瓦亭道南下全都会经过略阳地区。

陇山有诸多要塞关隘，陇道其实众多。游楚说的那句想拿下陇西的必需条件是"断陇"。从战略层面上，要是想实实在在地保证"断陇"，就必须把上述陇道全部守住，才能彻底地"断陇"。

如果此时丞相手中有十万人，他大可以把四条陇道都堵死。但以丞相此时的兵力，是无法完成既包围上邽的郭淮和祁山的高刚，又去堵这么多的陇山隘口的。所以他才退而求其次地选在了南下汇总点略阳地区。

略阳地区的职能从来就不是拦住大军的去路，而是所有陇道最终南下的汇总点，钉在这个地方能断粮道！敌军因此不敢南下。

东面大军上陇后，来到略阳，会有四种选择：

1. 直接迈过去这座城。

那后续给养路线肯定就会被略阳守军破坏，大军被饿死。

2. 留少部分兵力围住略阳，大部队偷渡过去。

那样略阳城守军很可能会把围城军吃掉。即便吃不掉，少量围城军也很难达到保护漫长粮道的作用。

3. 留大量士兵围城，少部分先锋军南下支援。

确实是不用担心略阳了，但先锋去了就让南边打死了。

4. 老老实实地把略阳城轰下来，粮道通后再踏踏实实地南下。

但凡打过仗的将领，都会选择第四种。

如果兵力足够，"断陇"实际上还是要阻塞陇山诸道为上。如果兵力不足，守住了这座城，实际上也起到了把援军堵在略阳的效果。

丞相令马谡"统大众在前"，此时马谡面对的比当年来歙的局面可好太多了！

1. 手中的人绝对比来歙的两千人要多出好几倍！

2. 张郃的援军也绝对没有主场作战的隗嚣实力强！

而且丞相明明白白地交代了任务：要求马谡去守城！！！

后来马谡的罪过是：

1. 谡违亮节度，举动失宜。

2. 谡依阻南山，不下据城。

马谡上山不据城，违背了丞相的节度安排。

这里有两个疑问：

1. 此时的街亭并非当年的略阳城。

没错，街亭城并非原略阳城，街亭全名是街泉亭，归属略阳地区管辖。

《后汉书·郡国志》："略阳县有街泉亭。"

《大元混一方舆胜览》："街泉故城，后汉省入略阳，为街泉亭，今秦州陇城县。"

《秦安县志》："断山，其山当略阳南北之衡，截然中起，不与众山连属，其下为连合川，即马谡覆军处。"

但是，正因为这点，才将一个谜底揭开：丞相并非是匆忙去抢街亭，而是早有预案！

因为从常理来讲，丞相安排的"据城"任务，应该是当年的英雄景点略阳城。但最终选在同一区域不远处的街亭城，极大可能是丞相在围攻郭淮的时候已经进行过勘察，认为此时的略阳城在阻击条件上比不上街亭城！略阳城年久失修，而街亭城没问题！

丞相数万人干出了数十万人的工程量，如果略阳城和街亭城都不堪重任，他可能不去修吗？就差这点儿活就干不了了？

街亭城应该是丞相早就选好的预案，丞相判断这座城是能够担当重任的。蜀汉的战略就是集中全部力量围攻上邽和祁山，一旦救援来了，就及时派兵占领街亭，堵住略阳地区！

这座城是丞相的预案！不是城破烂！不是不能防守！不是没经过勘察！不是没跟马谡交代明白！

要是两眼一抹黑的话，丞相肯定会让马谡去守略阳城，而不会是之前史书中从未记载的街亭城！

街亭城在治军顶级的丞相眼中，是足以担当狙击任务的！

2. 第二个疑问：万一街亭城就是残破不适合防守呢？丞相就是没勘察，然后教条主义地想当然让马谡守城了，所以马谡一看不对就上山了。

即便出现这种不太可能的情况，举个半年多后的例子就清楚了。丞相二次北伐打陈仓，陈仓守将郝昭手中仅仅有千余人，丞相手中有数万人，攻城到最关键时期，郝昭能够临时筑墙来抵挡蜀军进攻！①

就算城残破也并非不能整修，时间上绝对不会来不及！丞相都用高科技手段轮番攻城了，郝昭照样不耽误临时筑墙！而且修城绝对比从山上从无到有地搭工事要省时省力得多！

---

① 《魏略》：亮乃更为井阑百尺以射城中，以土丸填堑，欲直攀城，昭又于内筑重墙。

张郃千里驰援其实更像是强弩之末，仓促间攻城器材是否带了都很难讲。

丞相命马谡"统大众在前"，实际上是将一件难度并不大，却功勋极大的任务给了自己要培养的嫡系！

没让你攻坚城！没让你野战胜！就是仅仅钉在那里！拖住张郃！祁山就要打下来了！等张郃疲惫了，我拿下祁山后再汇拢大军来收割他！

但是，丞相这辈子就算错了这么一次！

派其他任何一个人去，都不敢违背治军极严的丞相军令，让守城肯定守城！不然回来肯定军法从事。就算是魏延也不敢，因为他不是嫡系。他需要打好这一战增加自己的功勋，将来好找丞相提分兵的事。

丞相就是为了杜绝魏延的这种小心思才会"违众拔谡"，让自己的嫡系去拿这个功劳。

结果他千算万算，却继司马懿和郭淮后，算漏了整场战役的第三个人：他的嫡系马谡！

马谡不怕违背丞相的军令，因为他是领导的铁杆嫡系，丞相跟他"每引见谈论，自昼达夜"的过程中没少夸他！所以他"统大众在前"后，觉得自己有资本、有能力具体问题具体分析，他觉得在城里当缩头乌龟已经不过瘾了！上了陇西就是围城，现在好不容易能野战了！他要阵斩张郃！夺下北伐第一功！

马谡到了前线根本不搭理丞相前面的布置，根本不去守城，而是上了南山。他放着城不守，就是想复制类似于赵奢在阏与之战时，秦国援军立足未稳，赵军从山上冲击大胜的案例！

他不想阻敌，而是歼灭！

当时马谡的先锋王平就对他说："你就算不据城，你也不能舍水上山啊！最起码大军守着河水驻扎，将少量伏兵安排在山上去啊！"

那哪儿行！在河边，我怎么能够将重力势能转化为动能！我得高山落大石地砸死他！

马谡上山后，开始了各种各样的布置，下达了很多烦扰的命令，王平多次劝谏，马谡继续不搭理。[①]

山上什么都没有，营寨要新建，各营的布置要安排，举措要是不烦扰就见了鬼了！

就这样，马谡信心满满地迎来了千里迢迢赶来的张郃。

张郃到了街亭后高兴得都哭了。老天终于睁眼了！人家张辽在合肥一次次地被孙权送温暖，我这大半辈子都在西北鏖战，上司夏侯渊是那种拿我当炮灰不眨眼的老鸡贼，打仗碰上的不是老刘就是蛮夷，从来没有中大奖的时候！这辈子终于也有给我刷封地的人了。

马谡不是没安排守水道的，但是他的兵力如王平所说有问题。因为张郃到了街亭一眼就看见这个弱点下手了。[②]

打一辈子仗了，什么情况一打眼就知道怎么置你于死地了。等给马谡断了水之后，张郃再打，蜀军就崩了。

马谡败在了哪里呢？败在了大家对他失去了信心。

本来一向一碗水端平的丞相这次突然搞圈子文化就让大家很不爽了！

结果本来部署去守城的，你非得自作聪明上山，丞相的话你都不听了！瞅给你能的！上山就上山吧，你自己不去保护水道，还进行各种各样的烦扰的部署！

最终被张郃打哭的时候是个什么状态呢？诸军大溃败，只有仅带

---

① 《三国志·王平传》：谡舍水上山，举措烦扰，平连规谏谡，谡不能用。
② 《三国志·张郃传》：谡依阻南山，不下据城。郃绝其汲道，击，大破之。

一营兵千余人的王平鸣鼓稳住阵脚，吓唬住了张郃，收敛败兵撤了回来。①

后来丞相在问赵云部撤退战况的时候说："街亭战败，军队指挥系统已经失灵崩溃了。"②这种崩溃战役在治军极严的丞相带兵生涯中也是唯一的一次！

就算马谡被断了水道，他要是有本事拢住部队，也不至于"众尽星散"，丞相仍然有翻盘的机会，因为丞相已经带着后军就要赶到街亭了！丞相估计是听说了马谡的布置，知道坏事了，于是紧赶慢赶地往街亭奔，还剩数里的时候听到了噩耗：马谡那边已经被张郃打花了！③

就差一步啊！

丞相回来救马谡匆忙到什么地步呢？被围在上邽的郭淮随后就出城攻打高详，大破之。高详事后没被追责，仍被重用，估计是丞相带着所有人来救马谡了，高详这里已经没什么阻击力量了。

丞相听说马谡崩溃后并没有急忙前去解救，而是原地整顿，张郃被王平唬走了，不久又追过来了，丞相下令徐行接战，随后魏军退。

前军大损，士气被打爆，丞相之前的所有努力全都白做了！如果马谡能在街亭和张郃僵持住，丞相内功极稳，南安天水已降，丞相营垒的数万人干出了数十万人的效果，完全具有打持久战的可能性。

随后就是拼后勤了。魏军需要自关中翻陇山调粮，蜀军虽然从汉中调粮也不容易，但同时还能从南安天水就地取粮，谁能撑得久不言而喻。

---

① 《三国志·王平传》：大败于街亭。众尽星散，惟平所领千人，鸣鼓自持，魏将张郃疑其伏兵，不往逼也。于是平徐徐收合诸营遗迸，率将士而还。

② 《云别传》：街亭军退，兵将不复相录……

③ 《袁子》：袁子曰：亮之在街亭也，前军大破，亮屯去数里……

但是这一战，前军被张郃打崩，士气沦丧，整个陇西的大势已经颠倒了。不仅陇西诸郡会墙头草般地抛弃蜀汉，而且马谡带走的部队不是小数！他"统大众在前"，结果"众皆星散"，相当大比例的部队已经丧失战斗意志了。

丞相面临着军队士气和陇西行情的双输局面！本来总量就不大，这一败就更翻不了盘了！求稳的丞相开始退军，拔西县千余家，还于汉中。

战后清算，最可恨的是马谡还跑了，[1]被逮回来后，丞相杀掉马谡以平众怒。

丞相哭了。哭什么呢？这辈子可能就这一次没按原则办事，结果却捅了这么大的篓子！

回汉中后，子龙那路也退回来了，在箕谷被曹真击败，子龙虽敛众固守，不至于大败，但仍被贬为镇军将军。

丞相又诛张休、李盛这两个街亭战中表现特别差的将军，把将军黄袭的兵权夺了，只有在临阵有大将之风的王平受到了封赏！[2]

实践是检验真理的唯一标准。靠谱的王平后来又一次遇到了张郃，在丞相交给狙击任务后，完美地扛住了张郃的进攻，为丞相攻打司马懿提供了关键的战略保障！

战后丞相总揽全责，自贬三等，为右将军，行丞相事，所总管事务如前。

丞相赏罚分明，挽回军心，也给自己的工作继续加量加码，逐渐

---

① 《三国志·向朗传》：朗素与马谡善，谡逃亡，朗知情不举，亮恨之，免官还成都。
② 《三国志·王平传》：丞相亮既诛马谡及将军张休、李盛，夺将军黄袭等兵，平特见崇显，加拜参军，统五部兼当营事，进位讨寇将军，封亭侯。

将民心、军心从这次失利中带出来。①

但是，天时已去！

此战后，郭淮就开始一直在陇西办公，将所辖州兵带到了陇右，作为常驻军。曹真在督战关中时命郝昭重修了陈仓城，自己也受命代替草包夏侯楙常驻关中。

天水、南安、安定三郡领导分别被整肃，坚守的游楚被封侯，受到表彰。陇西再也不会出现那么轻易响应的机会了！

丞相这辈子可能就这么一次违心的人事安排。但弱者的容错率是极低的！错过了，就永远错过了。

---

① 《三国志·诸葛亮传》：于是考微劳，甄烈壮，引咎责躬，布所失于天下，历兵讲武，以为后图，戎士简练，民忘其败矣。

三国争霸

渤海小吏 著

下

中国大百科全书出版社

图书在版编目（CIP）数据

　　三国争霸 . 下 / 渤海小吏著 . -- 北京：中国大百
科全书出版社，2022.11
　　ISBN 978-7-5202-1231-1

　　Ⅰ . ①三… Ⅱ . ①渤… Ⅲ . ①中国历史—三国时代—
通俗读物 Ⅳ . ① K236.09

　　中国版本图书馆 CIP 数据核字（2022）第 202904 号

出 版 人	刘祚臣
策 划 人	赵　易
责任编辑	赵春霞　鞠慧卿
封面设计	末末美书
责任印制	魏　婷
出版发行	中国大百科全书出版社
地　　址	北京市阜成门北大街 17 号　　邮政编码　100037
电　　话	010-88390969
网　　址	http://www.ecph.com.cn
印　　刷	三河市宏达印刷有限公司
开　　本	710 毫米 ×1000 毫米　1/16
印　　张	65.25（全三册）
字　　数	844 千字（全三册）
印　　次	2023 年 1 月第 1 版　2024 年 4 月第 10 次印刷
书　　号	ISBN 978-7-5202-1231-1
定　　价	178.00 元（全三册）
审 图 号	GS（2022）4812 号

本书如有印装质量问题，可与出版社联系调换

第 **11** 战

秋风五丈原：鞠躬尽瘁，死而后已

一、一步赶不上，步步赶不上

从理论上来讲，无论面对多强的对手，都会有胜利的机会！通往胜利的大门通常在时间这条路上。

一个落后的民族或国家，当明确对手后，只要将时间无限拉长，终归大概率会反超先进民族或国家的。

如果双方差距非常大，还想在短时间内取得反超，所能寄希望的就只能是小概率事件了。比如超级天灾，像公元 219 年的大霖雨；比如露出了罕见致命的弱点，像曹操攻打乌桓的白狼山奔袭。

对手即便强如灭霸（*漫威漫画旗下的超级反派*），在一千四百万种可能中，仍然有一次胜利的机会。

电影中，一个人鞠躬尽瘁后通常会拯救地球。要是没有拯救，那就是还有续集。不会有例外，因为人性受不了如此巨大的付出还没有收获。

但真实的人生却是残酷的。无论什么事业，一旦需要最牛的人鞠躬尽瘁这一步时，通常结果都不会太好。

成功过的朋友应该都有如下感觉：你的成功肯定非常艰辛，需要你付出极大的努力，甚至某些关卡会让你多少夜无眠。但是，你基本上会得到同样多的正反馈和好运气。

年轻的朋友们请记住：当你累死累活却始终得不到什么正反馈，甚至人家步步走在你前面，你千万要停下来想一想，最好的选择是换条赛道重新起跑。

时代进步了，我们今天的选择有很多。不像一千八百年前，根本没得选。

街亭战败后，北伐的成功窗口已经被关上了。因为整个西北开始高度紧张，而且驻防的都是高质量大才。郭淮，这位扭转乾坤的幕后英雄开始常驻陇西。关中也不再是魏延口中草包的夏侯楙了，而是曹家第二代的靠谱人才，被《三国演义》黑了很久的曹真。

曹真是曹操从兄弟曹邵之子，曹邵在当年曹操刚起步的时候就被豫州牧黄琬干掉了。这份情谊曹操很珍惜，养曹真为义子，视同己出。曹真长大后作战勇猛，曹操于是将特种部队虎豹骑交给他指挥。

这是一个相当不得了的人事安排。

虎豹骑由于是百里挑一的天下精锐组成，在曹纯死后，一直是由曹操亲自管理的。[①]

虎豹骑的指挥岗位，史料记载只有曹纯、曹休、曹真这三个曹家亲贵担任过，曹休和曹真也是曹操亲自选拔培养的曹家第二代军事顶梁柱。

汉中之战时，曹真开始领中领军，进入禁卫将军级别；夏侯渊死了以后曹真作为征蜀护军，督徐晃等击破阳平关外的高详，打通了陈仓道，并至武都迎曹洪等还屯陈仓，总体来讲表现相当不错。

---

① 《魏书》：纯所督虎豹骑，皆天下骁锐，或从百人将补之，太祖难其帅。纯以选为督，抚循甚得人心。及卒，有司白选代，太祖曰："纯之比，何可复得！吾独不中督邪？"遂不选。

曹丕继王位后，曹真被封为镇西将军，假节，都雍、凉诸军事，讨破张进等酒泉造反集团，不久又督军荡平河西，斩获极丰！[1]

黄初三年（222），由于刘备已死，西北安宁，曹真被调还中央为上军大将军，都督中外诸军事，假节钺。

曹丕死，曹真与陈群、司马懿受遗诏辅政，明帝即位，曹真迁大将军，成为魏国军事第一领导人。

曹真在《三国演义》中高调为傻子代言，其实真实历史中并非如此。

此次丞相北伐，曹真负责解决出褒斜道的赵子龙一路以及安定郡的叛乱。

安定郡没什么悬念，匪首听说曹真来了迅速就投降了。但子龙老将军的人生终战，却充满了疑惑。三份史料给出的情形完全不同。

《三国志·赵云传》中说，曹真方面兵力多出很多，所以子龙在箕谷失利，但是老将军敛众固守，没受大损失。

《三国志·诸葛亮传》中，丞相则将箕谷战败作为一项重要论据在自己上疏请罪的时候一块端上去了。疏曰："臣以弱才，叨窃非据，亲秉旄钺以厉三军，不能训章明法，临事而惧，至有街亭违命之阙，箕谷不戒之失，咎皆在臣授任无方。臣明不知人，恤事多暗，春秋责帅，臣职是当。请自贬三等，以督厥咎。"

上面这段话中的"箕谷不戒之失"有两种说法：一个是子龙没有防备，所以被打败了；一个是"戒"通"诫"，意思是错在丞相没有反复叮嘱劝告。

我个人倾向是子龙没有防备，两方面原因：

---

① 《魏书》：镇西将军曹真命众将及州郡兵讨破叛胡治元多、卢水、封赏等，斩首五万余级，获生口十万，羊一百一十一万口，牛八万，河西遂平。

1. 常理来讲，丞相的部队不会出现不交代明白的情况，不会出现"不诫"的。

2. 前面那句"街亭违命之阙"说的是马谡的抗命情况。作为对仗，"箕谷不戒之失"也应该是子龙部的战况，而且后面跟上的那句"咎皆在臣授任无方"，说明了丞相揽责两路出兵战败时都是归咎自己用错了人。子龙很可能被曹真偷袭了。

《汉晋春秋》中的说法更不客气。

丞相在战后总结的时候说："大军在祁山和箕谷的时候兵力全都多于对手，没有输在兵，而是输在将上了。"①

看上去后两种说法和《赵云传》有些矛盾了。

《赵云传》中说的是对面人数多所以输的。《诸葛亮传》中说的是自己无防备所以输的。《汉晋春秋》中说的是箕谷开战的时候自己的兵力就多，并非是人家人多势众打败的。

再配合《水经注》中的一段原文：前赵子龙退军，烧坏赤崖以北阁道，缘谷百余里，其阁梁一头入山腹，其一头立柱于水中。今水大而急，不得安柱，此其穷极，不可强也。

应该是非常窘迫狼狈，子龙才会着急到将褒斜道烧了阻敌退军。

总体分析来看，当时最可能的情况应该是：

曹真派了小股部队偷袭子龙将军，子龙此时兵多于敌方。曹真前期用计谋蒙蔽了子龙，让子龙认为周边无魏军，随后无防备地被偷袭了。紧接着曹真大军得势不饶人地前来赶子龙。子龙看到对面人多势众翻不了盘了，于是亲自断后撤退，没吃大亏。由于曹真追击太猛，大有入汉中的趋势，以至于子龙仓促下烧了褒斜北道。

① 《汉晋春秋》：亮曰："大军在祁山、箕谷，皆多于贼，而不能破贼为贼所破者，则此病不在兵少也，在一人耳。"

总体来讲，征战一生的子龙在阻击战中吃了曹真的大亏，人生终战有些狼狈。此次出征归来后不久，子龙老将军就病逝了。很难讲与此战失利的悲愤没有关系。

子龙为人严肃沉稳，一身是胆，在长坂坡之战、入西川之战、定军山之战都是经过考验的，最终的总评是"黄忠、赵云强挚壮猛，并作爪牙"，是一员虎将。此战失利并不能说明老将军水平不够，更像是曹真的水平更高。

史载曹真每次出征都与将士同劳苦，军赏不足就散家财补齐，士卒皆愿为用，而且从《三国志》全系列传记中对照后，人家终其一生未逢一败！

子龙没有料到，他烧毁褒斜道产生了巨大的蝴蝶效应。曹真战后做了如下判断：诸葛亮这回在祁山失利，整个陇西大整风，郭淮又常驻陇西，应该无须再担心。赵云撤退的时候又把褒斜北道给烧了，此一路也无须再担心。下次诸葛亮再兴兵作乱的话肯定走陈仓道！

曹真随后派郝昭、王生守陈仓，整修城池。①

这个英明判断，在不远的未来将让丞相品味到什么叫"一步赶不上，步步赶不上"。

挫败了丞相的北伐后，曹叡要打开国的第一战了，他听从了司马懿的建议，选了吴国下手。九月，陆逊在石亭大败曹休。（**石亭之战具体在司马家专场时细讲，非常有意思。**）

十一月，远在汉中的丞相听说了孙权在东面又一次打赢了自卫反击战，曹魏的东线元气大伤，而且张郃配合司马懿作战把关中军都调走

---

① 《三国志·曹真传》：真以亮惩于祁山，后出必从陈仓，乃使将军郝昭、王生守陈仓，治其城。

了，于是再次上表："汉贼不两立，王业不偏安，咱得继续讨贼！"

此次上表中，丞相写了很多，有一条让人相当心酸："自打臣到了汉中的一年多时间里，赵云、阳群、马玉、阎芝、丁立、白寿、刘郃、邓铜等及曲长屯将已经过世七十多人了。手中的賨叟、青羌散骑、武骑等一千多人全都是数十年之内所纠合四方之精锐，不是咱本土自产自销的。再过几年，又该死一批，咱想打也打不动了。"

丞相心里很明白，最好的机会已经过去了。越往后越难打了。

为什么这么说呢？

因为他在上疏中说："老臣鞠躬尽瘁，死而后已，活一天，就努力一天吧，至于最终的结果，以臣的水平是无法猜测的了。"①

十二月，丞相率军来到陈仓，看到了刚刚整修完毕的陈仓城（今宝鸡市代家湾村）。（见图 11-1）

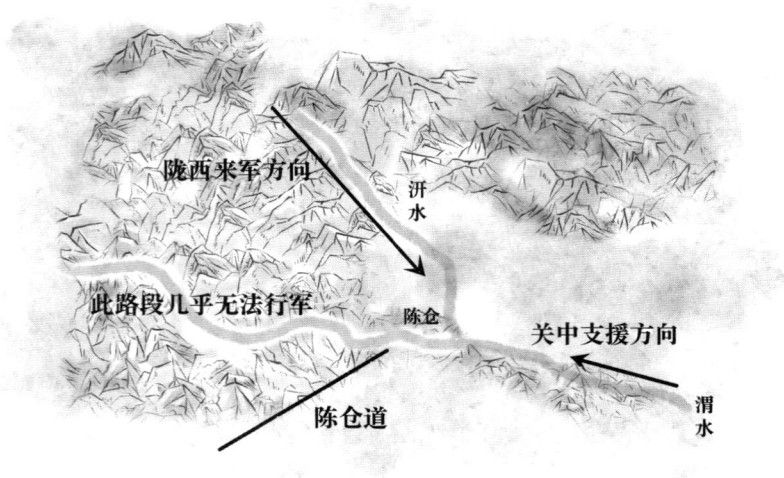

图 11-1　陈仓城的战略位置图

---

① 《汉晋春秋》：臣鞠躬尽力，死而后已，至于成败利钝，非臣之明所能逆睹也。

丞相这次的战略思路，是通过占领陈仓城达到在关中断陇的目的。（见图 11-2）

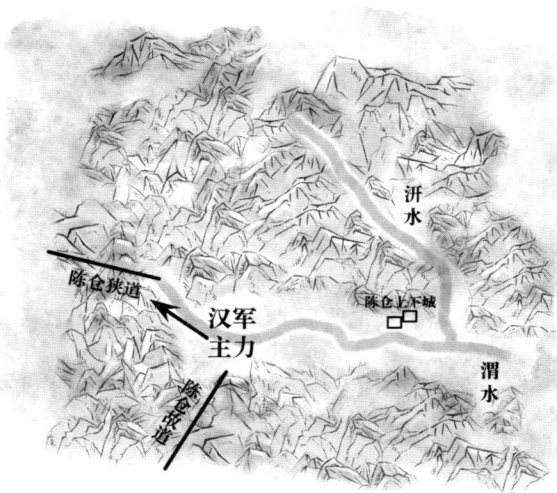

图 11-2 断陇示意图

陈仓城是此次丞相出招的关键布局，因为陈仓城有两项优势：

1. 地势险要，城防坚固。①

2. 陈仓城位置关键，紧邻渭水和汧水，当年秦文公因此地是位置枢纽，所以在此筑陈仓城。

这里是到关中和陇西的必经要道！

此路之外，其实自渭水上游还有一条，叫作陈仓狭道，但基本无法行军。

上一次罕见的成功案例是夏侯渊自己蹲在后面总督粮草，逼着张部当炮灰进行自杀式驰援。

---

① 《元和郡县图志·关内道二》：亮本闻陈仓城恶，及至，怪其整顿……

张郃之所以能成功是因为运气爆棚！当时马超已经处于强弩之末，张郃搭半条命从陈仓狭道艰难上陇后，马超带着数千氐羌雇佣兵来逆战张郃，但少数民族一看见魏军正规军来了还没打就都跑了。

由于陈仓狭道的出口同样也是陈仓故道的出口，所以丞相在留兵保护这里粮道的同时就捎带脚把这条道封死了。

丞相此次的战略目标如下：

1. 突然袭击拿下陈仓城。

2. 随后以陈仓城为阻击点，吸引关中援军甚至陇西援军奔袭支援，自己在陈仓城防守反击，歼灭敌军有生力量。

但是到了陈仓以后，丞相发现坏了：短短几个月的时间，本来就险要的陈仓城被进一步加固整修，还有镇守河西十多年的太原名将郝昭专门驻守！ [1]

郝昭在陈仓驻防的这半年多，生生又在原有的基础上盖了一座城出来（有二城相连，上城秦文公筑，下城魏将郝昭筑）！其实和二爷新筑江陵城是一个意思，就是一座城要打两遍了。

郝昭新修的这个下城在《宝鸡县志》里是这么形容的："后倚原麓，前横高岸，据势建筑，可容兵马数千，诚异境也。"

怎么突然间变出来了这么个东西呢！丞相先是围住陈仓，随后派郝昭的老乡靳详在城下游说。

城上的郝昭说："老乡啊！魏国法律你是知道的（我家人现在都是人质），我深受国恩（我不是马超那种坑爹坑子的），咱就别废话了，你让你家丞相来打吧。"

---

[1] 《太平寰宇记·关西道》：亮本闻陈仓城恶，及至，怪其整顿，闻知昭在其中，大惊愕。孔明素闻昭在西有威名，念攻之不易。

丞相不气馁，再派老乡进行阵前策反，说你肯定打不过啊！你就千把来人，我们有好几万人呢！

郝昭说："我认识你，箭不认识你。"

之后，就是蜀汉在陈仓城外进行当世最高科技的进攻武器专题展示：丞相先是架云梯，被郝昭火箭烧了。丞相上冲车，被郝昭用绳子系上石磨的原始手榴弹砸榻。丞相架高塔往城里射箭，用土填了护城河，还想直接从高塔上运兵进去。郝昭找来工程队在城内又修了墙。丞相随后挖地道，郝昭又在城内掘横沟进行破坏。

郝昭的千把来人就这样靠着这个关中要塞跟丞相的数万大军扛了二十多天。

此次丞相的战略意图是什么呢？并非要去抢关中。其实就是陈仓，他想占领这个进入关中的滩头阵地，随后依此打阻击。（见图11-3）

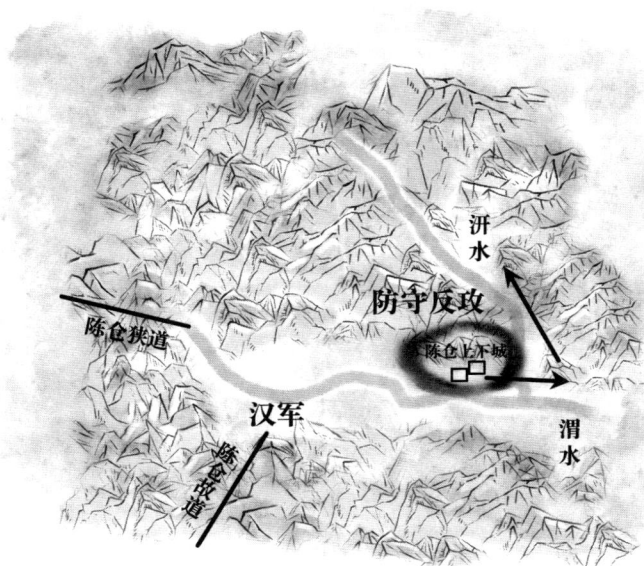

图 11-3　陈仓城阻击示意图

看到郝昭的威力了吗？不仅仅是这个小伙子棒，更重要的是一座险峻的要塞很多时候是可以打出很多阻击手法的。

这次的郝昭修新城有多大的战略意义呢？

工程英雄郝昭被封侯就自不必说了，连之前判断丞相出陈仓派郝昭去修城的曹真都被增加封邑了！①

丞相这边打郝昭，曹真也在派费曜等去援救郝昭。

曹叡再派第一次有伟大表现的张郃去救火。

曹叡命张郃放下方城的驻防部队，赶紧上洛阳来，准备好了京师的南北军三万人和武卫、虎贲全都拨付给张郃，让他火速驰援陈仓。

曹叡摆酒给张郃饯行，问："你到时，诸葛亮会不会已经拿下陈仓了呢？"

张郃很有经验，说道："甭担心，诸葛亮也就还有十天的粮食，估计我到那里时诸葛亮已经跑了。"

张郃在哄领导，除非他知道汉中的粮仓家底，否则他怎么可能算得出来丞相的汉中后勤储备呢。

丞相最终撤退的原因是什么呢？是因为陈仓打不下来，费曜的救兵又来了，所以退了。②

《诸葛亮传》中说是因为粮食没了才退回来的。但实际上，没有粮食的可能性非常小，更像是一种无功退兵的借口。因为紧接着丞相的大军并没有闲着，又进行了同样遥远的祁山道征伐，粮食可是一点儿没掉队。

---

① 《三国志·曹真传》：真以亮惩于祁山，后出必从陈仓，乃使将军郝昭、王生守陈仓，治其城。明年春，亮果围陈仓，已有备而不能克。增邑，并前二千九百户。

② 《魏略》：昼夜相攻拒二十余日，亮无计，救至，引退。

丞相要是这一战再无功而返，甚至被费曜打退，后面就没办法再带兵北伐了！只能宣称，我来得仓促，粮食不够了，要不你们就完蛋了！

丞相撤军，王双率骑兵追击，被丞相反杀。

丞相在憋着反杀王双的时候，已经命陈式执行备选方案了。

陈式率领二队攻击武都、阴平二郡，郭淮迅速引兵来救，但是没多久发现不对了。（见图 11-4）

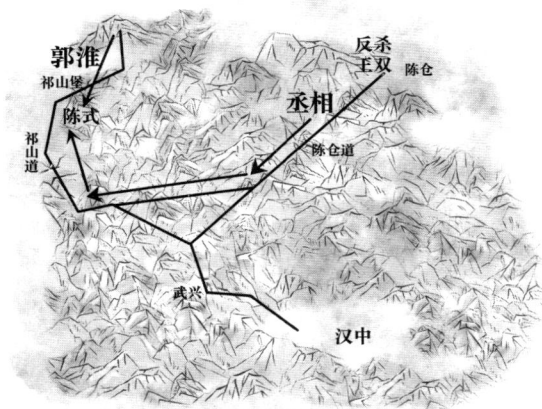

图 11-4　陈式攻击武都、阴平路线图

丞相主力走完一半陈仓道，也拐祁山道方向跟陈式一块抽郭淮去了。

郭淮一看丞相来了，于是赶紧往家跑。丞相顺利拿下武都、阴平二郡，然后回军了。

历史上管陈式拿下武都、阴平叫作第三次北伐。

实际上，从时间上来看，第二次伐陈仓和第三次伐武都、阴平应该是一次收工的。

十二月的时候，丞相已经围住陈仓了。① 丞相打了二十多天。

这时候应该是正月了。紧接着这年的春天，陈式就已经拿下武都、阴平了。②

《诸葛亮传》中记载得更细，陈式出击后，郭淮被引过来了，随后丞相亲自出击到建威，这才最终平定二郡。③

从时间上来讲，不太可能出现丞相先派陈式出击，自己回汉中，随后听说郭淮来了再折腾到祁山道的情况。最可能的是陈仓撤军时先命陈式出击，调动出郭淮后，自己正好半路去支援陈式。

说到底，丞相仍然没忘拿下凉州的战略，这次又推进了一步。但回来后，他遇到了一个比较挠头的问题：229 年，孙权登基称帝了。

这是一个很大的政治问题，因为天无二日、国无二主，一个天下怎么能有两个天子呢？当然，曹叡那个天子是不被蜀承认的，但承不承认吴老二呢？

孙权的称帝其实是很无厘头的，因为但凡称帝，是需要有手续的。

比如说魏那边，曹丕是献帝禅让的，属于走了全套的法律程序把房本过户的。

比如蜀这边，"总公司"虽然完蛋了，但刘家有所谓的汉家血统，然后自己宣布，天命没走，我"分公司"给接上了。就是这样，刘备集团还得编出来献帝让曹丕弄死了的谎言来宣布自己接续天命的合法性。

孙权呢？不仅血统、手续什么的都没有，这辈子还头衔众多：刚

---

① 《三国志·明帝纪》：十二月，诸葛亮围陈仓，曹真遣将军费曜等拒之。

② 《三国志·后主传》：七年春，亮遣陈式攻武都、阴平，遂克定二郡。

③ 《三国志·诸葛亮传》：七年，亮遣陈式攻武都、阴平。魏雍州刺史郭淮率众欲击式，亮自出至建威，淮退还，遂平二郡。

出道时是曹操表奏的"讨虏将军，领会稽太守"；后来喊曹贼后又成刘备表奏的"行车骑将军，领徐州牧"了；喊大耳贼后又变回曹操的"骠骑将军，假节领荆州牧，南昌侯"了；老刘急眼后又给曹丕当了大魏的吴王。

先天不足的孙权是上赶着巴结蜀汉这边，说咱并称"二帝"。

打个比方吧：曹魏那是"可口可乐"，蜀汉这是"百事可乐"，孙权那就是"非常可乐"。

孙权就是想自己这个"非常可乐"跟"百事可乐"兑一块儿来跟"可口可乐"打擂台。

"百事可乐"是不愿意的，好歹也是国际化大品牌，诸多大臣都说咱跟孙权断交吧！丞相针对这种情况，是这么回答刘禅的："非常时期，非常对待，'非常可乐'的罪过咱自己知道就完了，不宜过分张扬，先搞定'可口可乐'再说。"

蜀汉随后派陈震去东吴祝贺，并约定平分天下，魏国的"豫青徐幽"归吴，"兖冀并凉"归蜀，算是提前瓜分了"可口可乐"的市场份额。

在丞相的力主下，一件外交原则性的大事件被压下来了，不过陈震这个外交官出发前，他对丞相说了这么句话："李严腹有鳞甲。"

这位陈震是李严的南阳老乡，这句话的意思是"李严有发动军事政变的可能"。这句话使得丞相开始着手要解决李严的问题了。

230 年七月，曹真伐蜀。

起因是这年曹真去洛阳朝见，对明帝说："诸葛亮连年骚扰我们，咱得怒一把，这次抽他一回！"

秋七月，诏大司马曹真、大将军司马懿伐蜀。

曹真率主力走子午谷，另一部走褒斜道，司马懿自汉水走西城，郭淮自陇西出动。四路大军围剿汉中。

丞相派魏延去堵陇西方向，并调动了在江州疗养了好几年的李严。

大敌压境下，李严仍然不愿动弹，而是跟丞相讲条件，说司马懿那边都开府了。

丞相将李严的儿子李丰封到了江州接他的班，他才带着两万部队到了汉中。

曹真属于胆子比较大的，敢率大部队走子午谷，结果他刚一入秦岭，就连下三十多天大雨。

司马懿自西城斫山开道，水陆并进，溯汉水而上攻拔新丰县，到了丹口时，也遇到了超长时间的大雨。

这三十多天中，曹真才走了一半路，基本工作就是在没完没了的雨中抢修栈道，结果朝内大臣开始纷纷建言："别打了，等啃到汉中，这兵也打不了仗了。"

九月，曹叡下令班师。

这边退了，那边魏延在祁山方向开始战略性反推，大败郭淮、费曜于阳谿。

不到半年后，时间来到了 231 年二月，丞相兴兵第三次北伐（**上一次魏延属于自卫反击**）。

这次北伐的原因在于，魏国刚刚虚耗了大量的粮饷，陇西又被魏延大败，更重要的是，曹真自从子午谷退回去后就得了重病，眼瞅就不行了！

西北梁柱崩塌，无奈之下曹叡将司马懿调到了西北战区救火，总督张郃、费曜诸将。[1]

就这样，三国后期的两位顶级大神终于在其中一个谢幕的三年前，相遇了。

---

[1]《资治通鉴·魏纪四》：于是大司马曹真有疾，帝命司马懿西屯长安，督将军张郃、费曜、戴陵、郭淮等以御之。

二、汉丞相和司马宣王在祁山到底谁胜谁负？

231 年春，丞相的北伐大军再次围住了老景点祁山堡。（232 年，丞相寇天水，围将军贾嗣、魏平于祁山。）

走马上任的司马懿第一件事就传口令，命陇西州军只留四千精兵守上邽，其余全去救祁山！

司马懿带着队伍往前线赶，此时官阶仅次于他的张郃建言："应该分兵把守入关中的各谷口，防止诸葛亮有后手。"

张郃为什么这么判断呢？因为前两次丞相北伐全都变出后手了。

司马懿说："祁山前线要是能挡住诸葛亮，将军就说对了，如果前线挡不住，咱这还分军，当年英布造反时就这样把楚国的三个军团消灭了。"

司马懿于是进军隃麋（今陕西千阳县东），准备翻山上陇。

然后，史料中的差别来了哈！

《诸葛亮传》中此次出征，全程就一句话："九年，亮复出祁山，以木牛运，粮尽退军，与魏将张郃交战，射杀郃。"

以我们对陈寿的了解，这又是非主流把主流弄得不好看了。

《汉晋春秋》中的说法是：丞相分兵留着打祁山堡，自己带着兵奔上邽来了。先是击破了司马懿部署的救祁山方面军，随后疯狂收割上邽之麦。等司马懿赶到后，双方在上邽东接阵，司马懿防得无懈可击，丞相回军祁山。（亮分兵留攻，自逆宣王于上邽。郭淮、费曜等徼亮，亮破之，因大芟刈其麦，与宣王遇于上邽之东，敛兵依险，军不得交，亮引而还。）

《晋书·宣帝纪》里面的说法是：丞相听说司马懿来了，自率主力来收割上邽的麦子。大伙都害怕，宣王很淡然：诸葛亮肯定什么都安排好了以后才抢麦子，咱两天时间玩命赶绝对耽误不了！随后卷甲而趋，丞相看见我大宣王就吓跑了。①

《晋书》里面除了描写大宣王的淡定和机智外，没有提两件事：

1. 下令驰援祁山的军团被打爆这事被删了。

不过从侧面还是能看出端倪，因为丞相"自帅众将芟上邽之麦"后"诸将皆惧"。这意味着陇西州军已经被打爆了，蜀军收割麦子很从容，这战斗力好可怕。

2. 丞相收割麦子成功没成功《晋书》没提。

《汉晋春秋》说他"敛兵依险，军不得交，亮引而还"，《晋书》说他"卷甲晨夜赴之，亮望尘而遁"。一个说丞相不跟他打，一个说丞相吓跑了。

这里面的重点在于上邽的麦子。

上邽地区的麦子是陇西非常关键的军粮，陇西高原地形支离破碎，干旱少雨，大部分土地不适合农耕，上邽处于渭水南岸支流河谷，气候温润，土壤相对肥沃，是陇西很少见的农业基地。

---

① 《晋书·宣帝纪》：亮闻大军且至，乃自帅众将芟上邽之麦。诸将皆惧，帝曰："亮虑多决少，必安营自固，然后芟麦，吾得二日兼行足矣。"于是卷甲晨夜赴之，亮望尘而遁。

上邽之麦决定了丞相这回北伐的成功可能。因为不仅仅可以"食敌一钟当吾二十钟"地给自己方面减负，而且司马懿将面临陇西无粮，他在自己主场需要千里运粮的不如意局面。

《晋书》中没提麦子这事儿，但是《魏书》中有提及，说曹叡派人保护了麦子，后来司马大宣王和丞相相持的时候是靠了此麦为军粮。①

一个说丞相收割了好多麦子，②一个说司马懿靠这麦子当军粮。③这两个说法矛盾吗？其实不矛盾。

丞相割走了一大半，然后宣王来了，仗没能打起来，丞相也割不了麦子了，剩下的那一小半让大宣王吃了，确确实实当了军粮了。

为什么这么推断呢？因为最权威的史料《三国志·郭淮传》里面穿帮了。

后面蜀军出卤城时陇右已经没粮食了，司马懿准备让关中调粮食了，最后是郭淮剥削羌胡少数民族出的军粮。④

《华阳国志》里面在描写丞相和李严问题时写道，七月份丞相顾虑军粮问题时，司马懿连剥削少数民族的粮食都吃没了。"亮虑粮运不继，设三策告都护李平曰……时宣王等粮亦尽。"

所以说，双方第一回合，《汉晋春秋》记载得更真实：

1. 丞相打爆了郭淮陇西军。

2. 汉军去上邽抢了大部分麦子。

3. 司马懿带着中央军上陇后非常被动。

这事儿掀篇之后，史料中更大的不同又出现了。

---

① 《魏书》：前后遣兵增宣王军，又敕使护麦。宣王与亮相持，赖得此麦以为军粮。

② 《汉晋春秋》：亮破之，因大芟刈其麦。

③ 《魏书》：宣王与亮相持，赖得此麦以为军粮。

④ 《三国志·郭淮传》：五年，蜀出卤城。是时，陇右无谷，议欲关中大运，淮以威恩抚循羌、胡，家使出谷，平其输调，军食用足……

《晋书》中说：我大宣王进军汉阳，和丞相相遇了，刚一接阵又把诸葛亮吓跑了，一直追到祁山，诸葛亮屯兵卤城（盐官镇）负隅顽抗，据南北二山断水为重围，被我大宣王击破，诸葛亮接着跑，又被我大宣王追击，死一万多人，我大宣王领导的陇西卫国战争圆满落幕。[1]

《晋书》不靠谱，有两个证据：

1. 卤城之战此时是五月，而李严喊丞相退军的时候是六七月份的秋夏之际。

曹叡封赏的日子是七月份。[2]这距离卤城之战过去了近两个月，时间上和宣王的赫赫战绩对不上。

2. 丞相最终退军时射杀张郃的地方在木门道，在卤城的北面。

什么意思呢？

后面近两个月的时间里，丞相又将战线向北推进了一大块！这哪里是《晋书》中的所谓的被砍死了一万多人！

《晋书》里对于此次司马懿"河内人在陇西"的剧本进行了大量删改，说句实在话，很没必要。

宣王全程并不丢人，而且总会有别的史料将当时的原貌拼凑展现出来。

《资治通鉴》后来就选取了《汉晋春秋》中更为合理的版本。

在上邽时，由于郭淮刚刚大败，所以司马懿并没有跟丞相开战，而是展开了贴身紧逼战术，丞相于是引军南退。

---

① 《晋书·宣帝纪》：进次汉阳，与亮相遇，帝列阵以待之。使将牛金轻骑饵之，兵才接而亮退，追至祁山。亮屯卤城，据南北二山，断水为重围。帝攻拔其围，亮宵遁，追击，破之，俘斩万计。

② 《三国志·明帝纪》：秋七月丙子，以亮退走，封爵增位各有差。

丞相一退，司马懿马上跟上，继续贴身紧逼，丞相走哪儿司马懿贴身紧逼到哪儿。

跟到卤城时，张郃建言："咱现在应该在此屯兵，甭追了，祁山守军知道我们来了必然军心稳定，我们再派一路奇兵去断诸葛亮的后路吓唬他，他肯定跑。[①]咱现在一路贴身紧逼，老百姓都看着呢！咱以后搁这儿就没法混了！这陇西最看不起懦夫！"

司马懿不搭理张郃，继续贴身紧逼，贴身后又不打，赶紧占据险山扎营坚守。[②]

司马懿这一路的贴身紧逼全军都看着了，跟到后面所有人都明白司马懿是什么战术了：害怕人家有什么变化，所以一路跟着人家；害怕打不过人家，所以一直不跟人家打。智力、战力双怂。

这就让大魏将士很没面子了。我们好歹是大国，是天下第一陆军，还是主场作战，你就让人家在自家主场这么随意地穿插盘带啊！

守祁山堡的贾栩、魏平多次请求出战，司马懿说："给我老实待着去！"哥俩比较愤怒，说："您畏蜀如虎，简直让天下人取笑！"

司马懿一听，直接得病了，宣布：都别跟我说打仗的事儿，我都得病了！大家不答应，继续请战！

一连两个月，到了五月中旬，司马懿觉得差不多了，再不打就该闹军变了，于是派出憋了很久的士气高昂大魏棒小伙子去向丞相进攻。

司马懿这辈子干什么事都能因地制宜，不是他不会进攻，而是自己还没上陇，郭淮的州军已经被打爆了，麦子被人割了，已经"诸将皆

---

① 《汉晋春秋》：宣王寻亮至于卤城。张郃曰："彼远来逆我，请战不得，谓我利在不战，欲以长计制之也。且祁山知大军以在近，人情自固，可止屯于此，分为奇兵，示出其后……

② 《汉晋春秋》："不宜进前而不敢逼，坐失民望也。"……宣王不从，故寻亮。既至，又登山掘营，不肯战。

惧"了，这个时候开战就违背"致人而不致于人"的兵家心法了！

司马懿随后利用不战来消磨汉军的士气，积攒本方的愤怒值，将第一回合的不利局面消化掉。司马懿玩了把王翦灭楚的套路，先都搁那儿憋着，然后等憋急眼了再撒出去咬人。

五月辛巳日，司马懿认为憋够了，踌躇满志地命张郃带兵攻南围，自带中路大军来找丞相对打！

王平带着少数民族的无当飞军勇猛地挡住了西北第一战神张郃的进攻！ [①]

丞相则带着主力，派魏延、高详、吴班堂堂正正地野战逆击，干掉魏军三千多人，拿下一堆军用物资，司马大宣王撤回军营（丞相"获甲首三千级，玄铠五千领，角弩三千一百张"）。

要专门说一下"获甲首三千级，玄铠五千领，角弩三千一百张"是什么概念。

"甲首"是指砍死披甲的战士三千人。（还有一种说法，"甲首"是军中的"伍长"，基层军官要是都死了三千，那基本就成覆灭级的战役了，这就太可怕了，所以按损失小的算，砍死了披甲战士三千人。）

"玄铠"是指铁甲，按照"甲首三千级"的说法，相当于此战除了被砍死那三千人外，还有两千铁甲军是扔了盔甲快速跑的。

这说明魏军被打崩了。是大溃败！

"玄铠五千领"是个什么概念呢？袁绍的界桥之战，麹义临阵斩其冀州刺史严纲甲首千余，随后公孙瓒就崩了。当年吕布麾下大将高顺有个大名鼎鼎的"陷阵营"，据说"每所攻击无不破者"，其实不过七百多人，就已经牛成这样了。

---

① 《三国志·王平传》：九年，亮围祁山，平别守南围。魏大将军司马宣王攻亮，张郃攻平，平坚守不动，郃不能克。

曹操当年在说他太不容易时说："袁绍有铁甲万领，我就二十领，得亏我脑子好！"①

所有军械中，最值钱的就是"玄铠"，因为制作起来复杂，造价高，而且在战场上的威力大！

这"玄铠五千领"只要装备上，那就是顶级精锐。

卤城之战，司马懿大败亏输。

此次卤城之战给司马懿留下了极为深刻的印象，他憋了两个月的大招，全军士气高昂，还是当面锣对面鼓地跟人家堂堂开战。最终战绩就是他发现大魏已经不是天下第一陆军了。对面阵法已成，士卒已精，太可怕了。

再算上郭淮和费曜第一回合被丞相一顿暴打，丞相还割了麦子，两战彻底把司马懿打虚了。

此战过后，一生在战场上侵略如火的司马懿，碰见诸葛亮时再也不提进攻的事了！

《晋书》在这段历史中做了大量的篡改，实际上根本没必要。因为司马懿对战诸葛亮的所有表现都在证明他是个顶级的军事家！

《孙子兵法·军形篇》中有一段精辟的话：

"昔之善战者，先为不可胜，以待敌之可胜。"善战者先把自己守得无懈可击，随后再等待敌人出漏洞。

"不可胜在己，可胜在敌。"让你不输，在你自己；让你胜利，取决于敌人是否露出马脚。

"故善战者，能为不可胜，不能使敌之必可胜。"善战者能保证自

---

① 《曹操集·军策令》：袁本初铠万领，吾大铠二十领；本初马铠三百具，吾不能有十具。见其少遂不施也，吾遂出奇破之。

己百战不败，却不能保证百战百胜，因为敌人也许像你一样是高手。

最精辟的一句："故曰：胜可知，而不可为。"胜利是提前可以判断的，对方一定是露出了明确的败亡信号，这是"胜可知"；胜利不是你能操纵强求的，这是"不可为"。

整个《孙子兵法》中，其实最核心的一点就是等待。司马懿和诸葛亮这两位大神的谋略与《孙子兵法》的精髓遥相呼应。

等到"道、天、地、将、法"的"五事"大比分领先；等到"主孰有道，将孰有能，天地孰得，法令孰行，兵众孰强，士卒孰练，赏罚孰明"的"七计"大比分领先；等到对手出现漏洞；等到对手掉入你的陷阱里……

当遇到各方面都比你强的对手时，一定要承认自己的差距，随后等待！最关键的就是不要乱动！等待对方心烦意乱！等待对方粮草短缺！等待天时出现帮你抹平差距！

司马懿前面憋着士气和蜀军开战，这是在通过时间来扭转开局不利，这叫"致人而不致于人"！

等到堂堂而战后却打出了一边倒的效果，发现己方战斗力比不过对方后就坚决不再出手，这叫"先为不可胜，以待敌之可胜；胜可知，而不可为"！

这种顶级的精明、自知与自制，其实是司马懿和诸葛亮过招时最核心的底色！

我们调侃之余，其实要发自肺腑地尊敬这套人生算法。

只关注司马懿被诸葛亮打得脸都没了其实一点儿意义都没有，这段历史对我们真正的助力是仔细品味司马懿的具体问题具体分析、审时度势后的实事求是，以及确定目标后的坚决贯彻执行！

司马懿和丞相差在哪儿了呢？其实仅仅是"练兵"水平，也就是阵法和战斗力。剩下的政治、军事、治国等所有技能点，这两个人几乎没有什么差距，和双胞胎一样。既生孔明，何生仲达啊！

时间在推移，丞相此次拿下凉州的天平开始往汉这边倾斜。因为司马懿此时已到强弩之末，陇西已经没有储备粮草了，上邽的麦子又被丞相割走，连郭淮剥削少数民族的粮食都吃没了。①

郭淮逼着人家交粮食的"恩威"，真的可能有"恩"吗？② 少数民族会甘心吗？

丞相只要再坚持坚持，希望与转机就会到来。司马懿就算再不犯错，他巧妇也难为无米之炊！

丞相也害怕运粮不及时，于是专门去跟李严沟通："现在我有三计，上计断其后道，中计与之持久，下计还住黄土。你是后勤大队长，你感觉现在你还支持得起我哪种战术要求？"③

就在司马懿一筹莫展、丞相准备断其后道之时，后方收到李严的情报，说军粮不够了，班师吧。

六月底，丞相无奈班师，司马懿派张郃追击，并斩钉截铁地说："诸葛亮粮尽，追敌必大获成功！"

张郃说："不能追啊！军法里面说归军勿追啊！咱又打不过人家，前年王双追孔明就被宰了，他就爱玩反杀，不能追啊！"

结果司马懿不听，你必须死，你威望太高，对我威胁太大，我坚守不战的政策想要贯彻下去，军队里面必须只有一个领导！只要你在，我说不能打的时候，不服的人就会倒向你这个老革命，队伍就会分成两派！

---

① 《华阳国志》：时宣王等粮亦尽。

② 《三国志·郭淮传》：淮以威恩抚循羌、胡，家使出谷，平其输调，军食用足……

③ 《华阳国志》：亮虑粮运不继，设三策告都护李平曰："上计断其后道，中计与之持久，下计还住黄土。"

司马宣王在斗争上向来手段狠辣没有余地，这种追击战，基本上按惯例都是派个小弟去追。对面有反杀高手，让这么高级别的将领去亲自干这个活儿，实在有些歹毒。

张郃无可奈何，以二把手的高级别去追归军。[①] 在木门道，丞相布置了一大堆弓弩手，把张郃军射得像刺猬一样，张郃右膝被射中，拉回去就感染死了。

丞相回到汉中后，比较神奇的场景出现了，李严惊讶道："咦？军粮够啊？怎么就回军了呢？"李严还要杀督运粮的岑述来给自己脱罪。

不过丞相有着良好的办公习惯，拿出了所有的书信证据，里面写的跟李严说的矛盾重重。李严无法抵赖，低头认罪。

李严为什么会干这样一件小丑般的事，千年来众说纷纭。动机上就不用猜了，唯一的可能就是通过丞相的无功而返来削弱丞相的威信，方便自己这个二把手上位。

众说纷纭的是他蹩脚的做法，因为丞相手中是有他的公文证据的！比较大的可能，是李严早就安排了毁掉公文的人，但是最终没有毁掉！

无论他是怎么想的，总之他的做法最终漏了一个太大的尾巴。李严随后被丞相上表奏明后主，罢掉官职，削去封爵和食邑，流放到梓潼郡。

至此，刘备托孤的第九年，因为这些年的权力之争而将自己的前途和蜀汉的未来彻底断送。丞相也失去了人生中的最后一次大好机会。

对面打也打不过，就快被饿死在陇西了，实在想不出办法时，老

---

① 《魏略》：亮军退，司马宣王使郃追之，郃曰："军法，围城必开出路，归军勿追。"宣王不听。郃不得已，遂进。

天却让李严来了这么一出。只能说天佑司马啊！

短短半年时间，曹真和张郃都死了，再加上之前曹休的病逝，曹叡只好命最后一位军事大神司马懿全权负责雍凉地区。

多神奇啊！这才几年啊，第二代的曹家司令曹真、曹休、夏侯尚就都壮年而亡了！

司马懿这次被丞相弄得差点儿现眼，痛定思痛思考战胜丞相的方式就是把他耗走，不跟他打。司马懿开始给中央打报告，要求调人来进行大生产，为他下次的贴身紧逼攒粮食。

司马懿的报告打到中央后，时任度支尚书的弟弟司马孚在内部也帮着使劲儿，不仅从冀州调了五千农民去上邽屯田，还建议将朝廷的中央军挤出两万常驻关中，防备诸葛亮。[①]

与此同时，司马懿在关中也开始了大生产运动，穿成国渠，筑临晋陂，溉田数千顷；大屯田的同时又兴建京兆、天水、南安三地的盐池和冶铁，秋冬习战阵，春夏修田桑。

总之，全力开动关中大生产，为诸葛亮的下一次北伐储备物资。

丞相也在汉中进行了认真的物资储备，在斜谷设了大粮仓，并在此处修建了超大规模的武器制造厂，由名匠蒲元主持生产军火，又发明了流马（**轻快高速的运粮艇**），认认真真地进行了两年多的战争准备。

234 年开春，可能是丞相察觉到了什么，约吴国同时大举，亲率大军再次出征北伐。

炎汉最后的赤星，就要来到最后的战场了：公元 **234** 年，五丈原。

---

① 《晋书·列传第七》：孚以为擒敌制胜，宜有备预……宜预选步骑二万，以为二部，为讨贼之备。又以关中连遭贼寇，谷帛不足，遣冀州农丁五千屯于上邽……

三、陨赤星，汉丞相谢幕归天

234 年初，丞相率大军十余万，踏上了人生中的最后一次北伐之路。这是蜀汉政权有史以来出兵人数最多的一次，空前绝后。

丞相算是押上了自己的所有家底，要跟司马懿搏一次了。

丞相此次的战略，放弃了出祁山、断陇右的方案，也放弃了再从陈仓围点打援的想法。因为陇西现在被司马懿建设得已经可以打消耗战了，陈仓更是啃不下来的坚城，每一次的北伐，都比上次还要艰难。

第一次折在马谡的纸上谈兵；第二次败在曹真的基建意见；第三次毁在李严的利欲熏心。

似乎每一次，老天总在你努力到极致的时候，给你扯一下后腿。但就这一下，就足够使你功败垂成！

当年曹操一浪好多年，屠徐州坑爹，跟刘备喝酒玩风趣，走卢龙道五百里无人区，却依然可以挥鞭扫北。

老天真的在帮他。方方面面都在帮他。

但是轮到丞相时，却有一种寒冷到骨髓的无力感：方方面面都要考虑到，即便如此，只要有一个小环节出错，就会满盘皆输。

自从北伐以来，他发现，运气没有一次站到他这边！

没有当年韩信水利穿插的陈仓水道了！没有关张马黄赵的人才支持了！没有汉魏禅代时的混乱政局了！

面对的不是失人心的章邯，不是没见识的赤眉，不是搞内讧的李傕、郭汜，是一辈子不犯错的司马懿！指着以一己之力搏苍天，实在太难了！

丞相这次北伐，走的是褒斜道。

褒斜道南起褒谷口北至斜谷口，即沿汉水支流褒水及渭水支流斜水（今石头河）河谷而行。

这两条河流皆以太白县的五里坡为发源地，行程贯穿褒、斜二谷，长四百七十里。

褒斜道的大规模整修和使用起于武帝时期，天池大泽被震没之后，陈仓道由于没有水路，路途实在是太长了，因此张汤主持了拓宽褒斜道和疏通漕运的工作。张汤的想法是再造一个水路通达的"陈仓故道"，结果修完之后发现确实是省了路途，但并没起到降低物流负担的作用，因为水路还是借不上力。褒、斜二水湍流激荡，根本无法行船。①

不过到了丞相这儿，老天爷不赏脸这事儿被搞定了。丞相又鼓捣出来了适应特殊河道的"流马"做物流工具。②

除却十项全能外，丞相还是顶级发明家。③

此次北伐，蜀军出动了有史以来的最大规模兵团，却没再受到粮食问题的困扰。

老天也许真的怕他再搞出些跨时代的发明去抹平国力差距，所以得让他尽快走人了！

_____

① 《史记·河渠书》：发数万人作褒斜道五百余里，道果便近，而水湍石，不可漕。

② 《三国志·诸葛亮传》：十二年春，亮悉大众由斜谷出，以流马运……

③ 《三国志·诸葛亮传》：亮性长于巧思，损益连弩，木牛流马，皆出其意。

四月，丞相来到了战场。

曹叡极度焦虑，汉丞相已经快把这位魏天子弄神经衰弱了！尤其上一次出祁山，己方最强的解题方案差点儿崩溃了，要不是对面出现了神仙队友，己方肯定是全军覆没。司马懿不仅打不过人家，按人家的设想是要断其后路，把司马懿活活憋死在陇西的！

就这人家还反杀了张郃，曹魏西北功勋最卓著的将军！

司马懿在西北吃了败仗，曹叡不仅不怪罪，反而战后对全员进行封赏！

理由在《明帝纪》中写得明明白白："秋七月丙子，以亮退走，封爵增位各有差。"死精锐、丢装备、折大将，这都不叫事儿！只要把丞相熬走，就是立了大功。

这回丞相又一次出兵，《晋书》司马懿的本传中也难得地描写了一下当时丞相给整个魏国带来的无形压力："天子忧之，遣征蜀护军秦朗督步骑二万，受帝节度。"

还没怎么着，曹叡就怕司马懿扛不住，又派过去两万人！当时的情形真的是若此人不亡，则雍凉不敢解甲，中国无法释鞍，太吓人了！

知道丞相要来之后，司马懿故作高深地对诸将说："诸葛亮如果从武功出兵，依山而往东，那确实可怕；如果向西前往五丈原，咱们就没事了。"

这句话司马先生说得比较风趣，给大家看一下图。（见图11-5）

丞相要是去了武功，褒斜道口这个蜀军运粮的生命线非常容易被司马懿掐断。东去武功只有可能去威胁长安。长安有那么好打吗？

司马懿先生给我们举了个好例子，大战之前先说一些对方肯定不会做的片汤话显示自己的高深，增加己方的信心。还是那句话，不要以

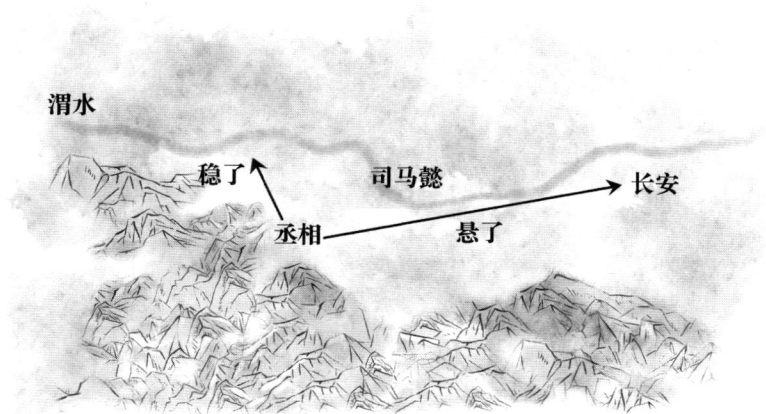

图 11-5　司马懿解说图

看不起的态度观察司马懿，他身上有着太多的人生智慧了，比如这招就很香、很管用。

战略分析会上，诸将建议司马懿在渭水北岸列阵。大家全都害怕了！司马懿其实也害怕，但为什么说人家是大战略家呢？因为人家所有的账算得特别明白，他表示要保护广大渭南居民的财产，孔明要是得了渭南的辎重，就更没日子把他耗走了！

司马懿带着曹军渡过渭水在南岸背水为垒。

诸将中，郭淮说了一条很有建设性的意见："诸葛亮的意图是连兵北山，断绝陇道，肯定会夺北原，应当先去占据此地。"

此次会战，司马懿从陇西把郭淮也调回来了！从中央到边疆，能打的全都拉到关中战场了！真的是以倾国之力围堵诸葛亮啊！

郭淮这些年在陇西打了太多次仗了，他总是判断丞相在瞄着凉州，想什么都是断陇。按照郭淮的说法，丞相真的是要断陇吗？（见图11-6）

占领北原后确确实实能断渭水的东西漕运，但是陇西是不需要输血

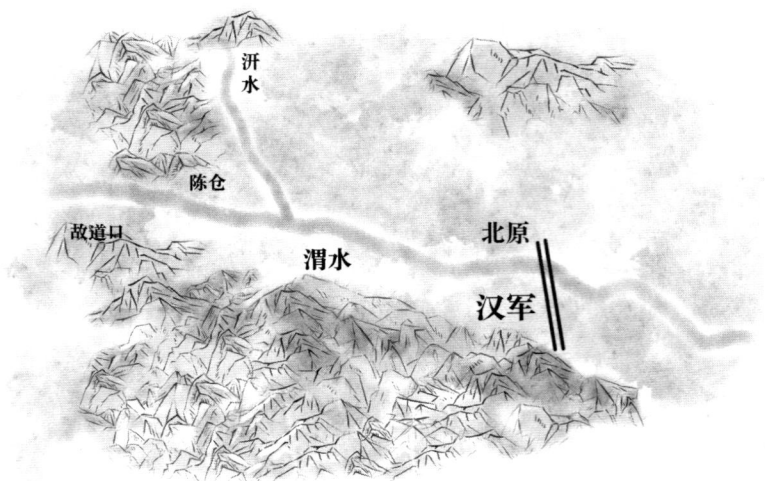

图 11-6 占领北原截断渭水示意图

的。丞相和司马懿大军在此地对峙的同时，能够再拨出一部分兵力去收割陈仓和陇西吗？这几乎是不可能的！但是丞相确确实实攻打北原了。

司马懿同意郭淮的看法后，郭淮在北原的营垒还没筑成，汉军大部队已经强渡渭河而来，郭淮靠着先手的准备，惊险击退汉军。[1]

丞相的目的是什么呢？是为了占领北原高点并截断渭水，将司马懿的东、西两军隔离，随后将其各个击破。（见图 11-7）

郭淮守住北原后不久，丞相声西击东地打阳遂时，司马懿在西面部署了军队。[2]

由此也全面推导出了司马懿的战略思路，就是三面立体环绕式地不让丞相溜达，然后说破大天也不跟你打！

---

[1] 《三国志·郭淮传》：宣王善之，淮遂屯北原。堑垒未成，蜀兵大至，淮逆击之。
[2] 《三国志·张郃传》：后数日，亮盛兵西行，诸将皆谓欲攻西围。

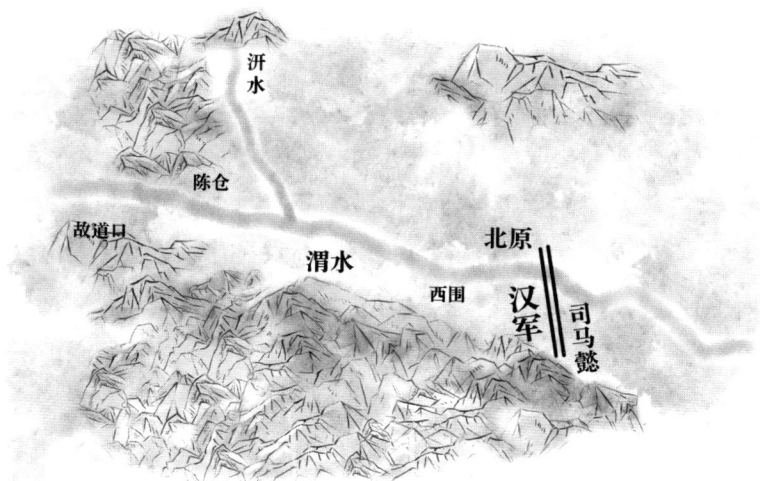

图 11-7　三面包围丞相示意图

面对司马懿的又一次贴身紧逼，丞相开始屯田，准备长期驻军了！ ①

丞相种的是什么呢？不是上邽的麦子，因为麦子要秋天种，来年夏天收，而是小米。

夏播的小米一般在六月上中旬播种，到收大约一百天左右。

丞相也许还打算等小米收获后再种小麦，来年夏天收，踏踏实实地打持久战。

一百多天过去了，丞相各种挑战，司马懿就是不伸脚！

丞相使出了超级大招，把蜀锦给司马懿送去了，表示你也没事干，给我们代代言吧。

非常有意思的是，史料上根本没有诸将的大怒反应！是司马懿自

① 《三国志·诸葛亮传》：亮每患粮不继，使己志不申，是以分兵屯田，为久驻之基。

己不干了！ ①

也许是三年前在陇西的印象实在太过深刻，大家全都由血气方刚的小伙子变成理智青年了，毕竟又没让我代言！

司马懿害怕被人羞辱的消息传出去让基层士卒们的士气崩盘，摆造型派人跟曹叡千里请战："我必须得打诸葛亮这老小子，太欺负人了！"

曹叡看到司马懿这辈子居然第一次神奇的战时来请示，觉得形势已经非常不对了：司马懿平时主意最大了，这些年什么时候打问过我的想法吗？打孟达的时候他请示了吗！这就是让人家挤兑得快混不下去了，拿我当挡箭牌来了！

曹叡为什么说他英武呢？他自幼就经常被曹操带在身边，知道战场上瞬息万变，一个人多么英明都不见得比当事人的判断好！

他知道陇西大败后给全体封赏，他知道全力支持不外行指导内行，他知道司马懿请战后要贯彻不打的制敌方针。

曹叡派了三朝老臣辛毗持符节来前线督战："我看谁敢动弹！都给我待着！让他自己走！" ②

这是一对伟大的君臣组合。古往今来能够做到这个水平的是很罕见的。大多数时候，为将者根本不会如此冷静；就算是名将知道避其锋芒，但领导人通常不会这么清醒。最著名的就是安史之乱时的潼关对峙，因为种种原因，李隆基不断催促出战，连杀高仙芝和封常清，哥舒翰"恸哭出关"，最终潼关失守，李隆基南逃四川。

辛毗到了以后，姜维对丞相说："唉！司马懿是跟咱打不了了！"

丞相也叹道："他但凡有办法能赢得了咱，还用得着千里请战吗！"

---

① 《晋书·宣帝纪》：数挑战，帝不出，因遗帝巾帼妇人之饰。帝怒……

② 《三国志·明帝纪》：诏宣王："但坚壁拒守以挫其锋，彼进不得志，退无与战，久停则粮尽，虏略无所获，则必走矣。"《三国志·诸葛亮传》：使卫尉辛毗持节以制之。

司马懿在收下丞相的蜀锦的同时，问了使者这么一个问题："你家丞相最近吃饭睡觉怎么样啊？"

使者认为没有涉及军事机密，于是说："我们丞相大劳模，罚二十杖以上的事都会亲自审阅，吃得倒是不多。"使者想表达的是我们汉军在丞相的治理下无懈可击。司马懿却从中听出了另一种味道：就你们丞相这种工作强度，他估计活不长了。

丞相确确实实遇到了一个神对手：他是全才，对手也是全才。

诸葛治蜀将四川汉中打造成了一台战争机器，对面的那位也是走到哪儿建设到哪儿，三年的时间将关中修理一新。

双方都是绝顶高手。司马懿刺探情报单单算你的工作量就猜出来了个大概。

司马懿在给他弟弟司马孚的信中比较风趣地说："亮志大而不见机，多谋而少决，好兵而无权，虽提卒十万，已堕吾彀中，破之必矣。"

意思是说诸葛亮哪儿哪儿都不行，别看来了十万人，已经掉入我的计划里了！他完蛋啦！这个计划是什么呢？就是等诸葛亮死。

司马懿说得没错，丞相确实不行了。他选在这一年开春出征，还带出了全部家底，原因可能也在于他感到了生命流逝的速度在加快，他没有多少时光了。

八月，入秋，就在屯田的小米快要收获的时候，就在持久战思路即将让对面贴身紧逼大队感到绝望的时候，老天最后一次表态了：孔明，你可敬！可叹！你对刘家已经做到人臣的极致了！天意难违！别再为难自己了！跟我回天听封复命吧！

后主派尚书仆射李福前来问接班人问题。丞相说："蒋琬。""蒋琬后呢？""费祎。""费祎后呢？"

丞相不再说话。

234 年八月二十八日夜，有星赤而芒角，自东北向西南坠于汉营。

赤星坠地，丞相病逝于五丈原军中，年五十四岁。

杨仪随后率汉军有序撤退，司马懿兴奋直追，汉军猛回头，司马懿扭头跑，汉军入谷后发丧。"死诸葛走生仲达"成为关中老百姓茶余饭后的笑料，他们对于这位七年内两入关中的敌国丞相，似乎要比那位可笑的本国将军更加亲近。

历史是由胜利者书写的，这句话没错。但如果你赢的姿势奇丑无比，就不要怪老百姓们戏谑。

仲达是奇才，对于丞相这位神对手，他已尽力。

换其他任何一个人都很难扛得住丞相最后三年的征伐。

丞相走了，他用他的一生，兑现出了千古盛名！

司马懿很快也要迎来自己的选择了。

丞相遗命将自己葬在定军山，表明继续看后人北伐建功。

后主罕见地在臣子死后的第一时间就给了谥号，赐丞相谥号"忠武"，算是这位蜀汉丞相的一生写照。

文臣武将的谥号一般分别以文，武开头：

文后通常跟正、贞、成、忠、端、定等字；武后通常跟宁、毅、敏、惠、襄、顺等字。还有一种，是综合性更全面的文武大臣通用的谥号，叫"通谥"。

丞相的"忠武"就是通谥。

丞相之后，"忠武"谥号从此也就约定俗地成为人臣的最高级别谥号。

这位中国历史上，堪称最伟大、最传奇的丞相，谢幕离开了舞台。

他几乎在每一个方面，无论做人还是主政，都无可指摘！

他上表死后不加封族人，家有桑树八百株，薄田十五顷，足以衣食保暖。

他用人公允量才，除了错用了一次马谡，他这辈子从来没在人事问题上打过眼。

在他手中，压住了蜀汉派系庞杂的内乱苗头，拢住了所有人去集中干事业。

杨仪和魏延，都是有才但几乎无法沟通相处的刺头，他死后，二人迅速互撕，最后均无善终。没有了丞相，这二位分分钟都控制不住自己的性格缺陷。

李严自打被托孤就找不准定位，蜀汉是小国，攥成一个拳头还打不死人呢，哪有条件搞分权呢？

这位和他明里暗里斗了八年的李严，哪怕最终拆北伐的台，让他错失了最好的一次机会，他最终也仅仅是将其罢官流放。

对于有罪于国的政敌，丞相的宽宏大量算是几千年中国史中少见的。而他一生之敌的司马懿，对政敌可是出了名的手黑。

他所提名的蒋琬与费祎，在他死后二十多年中没有把蜀汉这艘船带翻；他当年看中的姜维，成为比他还要执着的那个坚持者。

他遇到了最难的开局、最难的蜀道、最难的秦岭、最难的君臣搭配，以及最难的防守大神！最终的失败，非人力能及，天数也。

丞相所待过的每一个地方，全部兴建水利焕然一新，百姓安居乐业，汉中四川的诸多民生项目功在当代，利在千秋。

丞相刚刚千古之时，各地就已经自发请求为丞相立庙祭祀，百姓自发地逢年过节便会于路边祭祀丞相。[①]

因为老百姓吃得上饭，活得有尊严！"亮之治蜀，田畴辟，仓廪实，器械利，蓄积饶，朝会不华，路无醉人。"

---

① 《襄阳记》：亮初亡，所在各求为立庙，朝议以礼秩不听，百姓遂因时节私祭之于道陌上。

时至今日，武侯祠仍然香火鼎盛，朝拜的人络绎不绝。

中国人的信仰向来"灵"者为先，但这位蜀汉丞相却罕见地成为百姓不求办事也要祭祀的伟大神仙。

他连年兴兵，但益州不疲敝；他严刑峻法，但百姓无怨言；他提弱卒数万，东屯渭水，天下震动！

司马懿以十万之众抗之，坚壁不敢出！

论文章，《出师表》名垂千古，简洁文风成为千年来干实事的标杆。

论武功，他著有《南征》《北伐》诸多军事著作，"八阵图"名留千古，唐时入选"武庙十哲"。

丞相用兵，不动如山，进退如风，兵出之日，天下震动而人心不忧。

起巴、蜀之地，蹈一州之土，提步卒数万，长驱祁山，慨然有饮马河、洛之志！

司马懿据天下十倍之地，据牢城，拥精锐，无擒敌之意，务自保全而已，使彼汉家丞相来去自如！

司马懿在蜀军撤走后，行丞相营垒，观其遗事，赞叹曰："天下奇才！"

他听到"死诸葛走生仲达"不仅没急，而是慨叹自己不容易，说："我能在他生前不出错就不错了！"

司马懿肯定不止一次地对身边人表达过对这位神对手的崇敬，因为三十年后，他儿子司马昭在灭蜀后专门部署了一项任务：搜寻丞相当年的治军典籍用来操练禁军！①

论政务，他治下政治清平，法度严整。

---

① 《晋书·职官》：帝为晋王，委任使典兵事。及蜀破后，令勰受诸葛亮围阵用兵倚伏之法，又甲乙校标帜之制……

论治国，他所治理之处，百姓安居乐业，无不大台阶跨步跃进。

他有道德、有理想、有蓝图、有风骨、有能力，堪称千古完人！

受六尺之孤，摄一国之政，事凡庸之君，专权而不失礼！

行君事而国人不疑！行法严而国人悦服！用民尽其力而下不怨！

他所主政的这十二年，几乎是中国历史几千年来四川人民知名度及自豪感最高的十二年！四川这片古老的天府之国似乎从此也被武侯注入了挽救汉民族危亡的魂魄！

蒙古人鞭笞欧亚大陆时，钓鱼城的川军死死地一步不退，唯一一位战死沙场的蒙古大汗就殒身此地！

日军侵华时，四川成为全中国最后的希望，川军贡献出了挽救民族危亡的洪荒之力！

丞相千古，也标志着三国时代彻底地进入晚期了。

这个世上，唯一一个可以和司马仲达等量齐观的天下大才走了。

舞台上，只有一个主角了。

三国何其多才，诸多星宿大神纷纷降世。最后一位大神用一生中五十年的时间，向我们展示了一个文官如何在天下大乱中在连续三任英才之主下，一步步地完成了蛇吞象的谋国之路。这是中国历史上的唯一现象。

当初你装病，被曹操揪过来开始了你的剧本，司马宣王，该你再一次装病了。

第 **12** 战

高平陵之变：三百年大悲哀的逻辑原点

一、司马懿必然兴旺的家族密码

司马懿这位中国历史上剧本综合性堪称第一的篡臣代表，将为我们展示一个职场青年，是如何用四十三年的时间，完成了一个小秘书为篡国奠基的基本过程的。

由于司马懿这辈子最后翻转的名气太大，对手诸葛亮又是中华民族的文化图腾与脊梁，而且哥俩曾经正面对抗过，这就让这哥俩在人们脑海中的形象不仅截然相反，还喜感爆棚。

人们对于司马懿，往往呈现的是两种极端的看法：要么是不屑，老小子太阴了，活活等死了多少人啊；要么是崇拜，老爷子太牛了，憋屈了这么多年然后一杆清盘。

两种极端态度下，人们对于他人生底色的认识其实殊途同归，这就是隐忍！

司马懿的人生道路，为我们提供了一种非常值得玩味的人生哲学：最大程度地保全自己，并扩大自己家族的利益。穷，则独善其身；达，则壮大其族。

你无法说这种人生观是错的，你也不能说司马懿完全就是个极端的利己主义者，人家也是走到哪里，提拔到哪里；主政哪里，哪里就搞全民大生产。

从功能上来说，他和丞相对于一个政权的效果是一样的。

诸葛亮从一出道就作为丞相培养，最终用不大的舞台跳出了世界巨星的效果；司马懿则是一步一步地走完职场生涯，并在解决各种问题的过程中磨炼了自己，最终挑大梁。

两个人，都是己方政权的建设者、努力者，以及顶级救火队员。

同时代的最终为吴国殉国的大臣张悌说过这么一段话："诸葛、司马二相，遭值际会，托身明主，或收功于蜀汉，或册名于伊、洛。丕、备既没，后嗣继统，各受保阿之任，辅翼幼主，不负然诺之诚，亦一国之宗臣，霸王之贤佐也。"

张悌的立场已经算是比较客观了，在当时人看来，除了司马懿最后那一哆嗦之外，他和丞相一辈子干的事确实是一个级别的，连人设都基本一致！

诸葛、司马两位帝国大才的唯一区别，在信仰方面。

由于丞相早年丧父，少年颠沛流离，自己早早地就顶家过日子，我们无从知道丞相早年的心路及成长经历，我们只知道，他一出山的时候，就是完整型人格，然后一辈子践行自己的信仰，直到鞠躬尽瘁，死而后已。

司马懿这辈子，却大多让人猜不透，比如他到底是真的不想去曹操那里上班吗？比如他什么时候对东家动的心思？等等。

人们对于他这辈子能肯定的就是最后这一哆嗦，老阴谋家一出手，曹家就没有！

前面，全是谜。不过，在这重重迷雾之中，我们还是能看出端倪的。这个端倪，是父亲的教育。

我们一旦将司马懿的父亲司马防拽进来一块品读，司马懿的种种抉择，就好懂得多了。三国乃至中国历史中最会布局赛道的家族非司马家族莫属。

四百年前，有一个赵国的年轻将军出身武术世家，刚上班没多久，国就被灭了。这个年轻将军叫作司马卬。

这个时代比较匆忙，司马卬没失望太久西楚霸王就出山了，他看准大腿纵身抱上，成为灭秦的前期元老，还带兵平定了河内郡，成为项羽分封天下的十八个诸侯王之一。

又没过两个月，刘老三从汉中窜了出来，迅速平定关中，雄赳赳气昂昂地跨过函谷关，作为兵家必争之地河内郡的王，司马卬迅速地又抱上了刘邦的腿，成为剿灭前大哥项羽的所谓五十六万联军的出资股东。

之后就是震惊天下的彭城之战了，项羽的三万骑兵把刘邦的五十多万兵马打得七零八落，这次司马卬还没来得及再抱腿，就很遗憾地死在战场上了。

司马卬很遗憾没能看到后面几年华夏大地精彩绝伦的剧本，他的家族也没有赶上西汉的开国封王红利。

事实证明，也挺好的。赶上的那帮异姓王后来连人带族地都让刘邦一锅端到地府去了。

"祸兮福所倚。"司马卬算是死了他一个、保全他一家，司马氏在河内郡开始了积累与蛰伏。这一蛰伏，就是三百年。

东汉中晚期，他家又出来了一个将军，征西将军司马钧。此时是汉羌战争，少数民族很凶猛，能过招的基本都得是人家关西本土将军，混出来的凉州三明人家都是关西人。

司马家可能基因里面就跟陇西犯克，"河内人在陇西"的戏从来就唱不好，司马懿在陇西品尝了人生最大失手。后来司马炎提起这片土地也是一脑门子官司，老祖宗司马钧先生几乎以零胜率的战绩成为羌族人民喜闻乐见的口碑将军，并最终因在 115 年的作战不力被问罪后自杀。

司马钧在战场上没有继续进步，但也没有祸及子孙，他的儿子司马量官至豫章太守。这个司马量，是司马懿的太爷爷。

虽然豫章郡在当时属于老、少、边、穷地区，但司马量好歹也算是一方首脑了，司马家从此时开始往文官转型。没办法，祖上的鲜活例子就是司马家尽量还是要离刀兵远一点。

到了司马量的儿子司马儁，也就是司马懿的爷爷时，司马家迎来了小爆发，司马儁当上了颍川太守。

颍川人才库帮助魏武打天下，这个地方在当时属于中国的文化中心，有能量的士族超级多。

司马氏的老家在河内郡，这个地方有点儿类似于超级重要的战略位置，物资储备样样丰富但却缺乏人才底蕴，士族大户比较少，跟颍川根本没法比。

司马儁在这个时间段恰到好处地成为颍川一把手，为今后自己家族的上升埋下了重要的伏笔。没有颍川的关系，基本上是没什么可能在曹魏时代混出头来的。

更重要的是，司马家最关键的家族优良基因从此有据可查了。司马儁自 113 年一直活到了 197 年，活了整整八十四岁，历经八朝。

司马儁肯定不会想到，他司马家祖传的长寿基因五十年后将永远改变历史的走向！

到了司马懿他爹司马防这辈儿时已经官至京兆尹了，这个级别按说和司马儁比算是又进步了，都干进中央了，不过这还不算什么，司马防这辈子最大的功绩还是对于小一辈儿的教育与栽培。

他生了八个儿子，老大叫司马伯达，老二叫司马仲达，老三叫司马叔达，老四叫司马季达……因为过去管"一二三四"称为"伯仲叔季"，所以司马防老爷子的意思就是：司马大达，司马二达，司马三达，司马四达，以此类推。

直到老八司马敏行冠礼的时候，司马防老爷子为其起名司马幼达，表示金盆洗手，下了这辈子就努力到这儿的决心。

司马防不仅高质量地产出了"八达系列"，为后面政变亲兄弟、禅代父子兵的前赴后继提供了巨大的人才保障，还在中央担任尚书右丞的职位时，举荐了一个二十岁的洛阳不良少年，这个人我们很熟悉了，就是人狠话更多的曹孟德。

司马防老爷子的所有历史贡献就到此为止了。后面的这些年，就堪称如何在最乱的世道保全自己和家族的金牌教科书了。

袁绍导完皇权崩塌的大戏票房被董卓全部抢走后跑了，朝局落入奸贼之首，接下来开始上演洛阳"官场现形记"，各路人物开始粉墨登场：有认贼作父的，有逼良为娼的，有曲意逢迎的，有奋起反抗的，有暗中憋招的，台上那叫一个精彩。

司马防属于最后一种，人家什么也没干，就搁那儿看着，按时打卡上下班，取消所有娱乐活动，闭目养神。后来董卓迁都长安，司马防二话没说乖乖地跟着走，你让我干什么我就干什么。虽然一面温润柔软，但另一面，司马防开始暗地里布局家族的第一轮乱世大选择。他安排长子司马朗率家眷回老家，自己光杆司令般地跟着献帝来到长安。

再后来董卓死，李傕、郭汜对打，郭汜挟持百官当人质，司马防乖乖地当人质。

再后来献帝东归，被一路各种阻击，百官受了大罪，司马防平安归来。是多么艰苦的一条路啊，各种豺狼虎豹导致死亡率极高，但瞅瞅人家司马防这体格！

再后来，曹操迎献帝于许昌，身为汉臣的司马防开始养老退居二线，但与时俱进地推出了自己的大儿子司马朗去曹操那里上班，二儿子司马懿却被摁在家里称病疗养。

这个时候你就看出来司马家押注的艺术了，永远不在一个盘口上押上全部。

老爷子世受皇恩，是标准的大汉遗老，跟皇室同生共死过。曹操现在把献帝接走了，老爷子仗着当年对曹操有恩开始养老，防止将来曹操干出什么乱七八糟的事，把他扯进去。

如果将来大汉缓过来了，我可是有履历与丰碑故事的。

老大司马朗去曹操那里上班，毕竟当年我是你小子的推荐人，也该你投桃报李照顾我儿子了。

老二你先等等，曹操这小子最后混成什么样还不一定，袁绍虎视眈眈，你先别表态。

司马防这辈子最大的成功，在于家庭教育。他家的那"八达"，看见他那叫一个规矩，老爹不让坐绝不敢坐；老爹不提问，谁也不敢说话。[1]

司马防老爷子一辈子满脸严肃，从不开玩笑，喝酒吃宴席的时候都威仪不减！业余爱好就是看《汉书》中的名臣列传，据说熟到能背。

以史为鉴是没错的，西汉这两百年中剧本极其精彩，自刘邦开始几乎每个皇帝都特点鲜明；自萧何开始，大多数名臣的人生阅历也极其丰富。

以史为鉴中，司马防看到了周勃、陈平如何通过隐忍掀翻了吕氏；看到了霍光如何通过隐忍最终成为废帝的最牛大臣；看到了王莽如何通过隐忍成为全民的道德楷模。

司马防以身作则地为家族子弟们树立起了家族信条：做人，要耐

---

[1] 《三国志·司马朗传》：诸子虽冠成人，不命曰进不敢进，不命曰坐不敢坐，不指有所问不敢言，父子之间肃如也。

得住寂寞，要忍得住屈辱，要扛得住打压。所有笑到最后的，全是忍到最后的。所有半路现眼的，全是没忍住的。

198 年，曹操拿下河内郡，正式地跟在老家的司马"八达"接触上了，在官渡之战前期，司马家第一达出山。

在这里专门说一下司马大达司马朗。

司马朗在这个超级大乱世干了什么呢？他被老爹部署回老家后，能够花钱找门路逃出来，顶着家门过日子。[1] 他能准确地判断出来天下即将大乱并找到出路，迁全家去了有军队关系的黎阳。[2] 他对乡亲们提出预警，非常有乡土大族的责任感，虽然后来只有同县赵咨跟他一块儿去了，但他做到了仁至义尽。

几个月后，河内大屠杀上演了。

需要注意的是，这回祸害百姓的锅不能甩给董卓手下那些人，而是关中联军干的。[3]

当时驻军河内的领导是袁绍。某种意义上，这也是后来司马朗没去袁绍那里的一个重要参考。

曹操和吕布打上拉锯战后，司马朗又带着全家回了温县，在全国性大饥荒的两年，司马朗尽了最大的努力去保全宗族，教育弟弟们，并

---

[1] 《三国志·司马朗传》：朗知卓必亡，恐见留，即散财物以赂遗卓用事者，求归乡里。

[2] 《三国志·司马朗传》：到谓父老曰："董卓悖逆，为天下所仇，此忠臣义士奋发之时也。郡与京都境壤相接，洛东有成皋，北界大河，天下兴义兵者若未得进，其势必停于此。此乃四分五裂战争之地，难以自安，不如及道路尚通，举宗东到黎阳。黎阳有营兵，赵威孙乡里旧婚，为监营谒者，统兵马，足以为主。若后有变，徐复观望未晚也。"

[3] 《三国志·司马朗传》：后数月，关东诸州郡起兵，众数十万，皆集荥阳及河内。诸将不能相一，纵兵钞掠，民人死者且半。

没有因为天下大乱看不到希望就忽略了对家族的教育。[①]

这仅仅是个二十出头的小伙子！

司马懿、司马孚就是在这样的环境下，在大哥的庇护下，成人、成才！

司马朗眼光长远，知道趋利避害，明白教育对于家族的意义，知道世道崩坏但家道不能凌乱，再结合司马懿、司马孚对于子弟的培养教育，我们可以清晰地看出来，一个家族的门风对于家族的壮大有多么重要！

是二十岁的司马朗年纪轻轻就大彻大悟，知道怎么做人了吗？怎么可能！这其实是祖训家风的耳濡目染和有章可循后的系统性成才。

司马防之所以能够放心地将家族托付给这个长子，也是因为对自己的家教心中有数！知道这孩子扔出去肯定没问题！

去曹操那里的前十年，司马朗作为治郡之才一直帮助曹操治理与袁家势力交界的地方。司马朗政策宽惠，爱民勤政，深受百姓爱戴。

208 年，司马朗被曹操征辟为丞相主簿，进入中央参与国事，正式成为曹操的心腹之臣，在这个任上，司马朗提出了州郡领兵的军制建议。[②]

这是个非常关键的基石性国策！

因为这项国策，曹魏的州郡兵招募与培养被纳入地方大员的工作考核项中。比如裴潜作为襄樊会战中曹操最后的预备队赶到摩陂后，因为治军优异被专门提出表扬。

---

① 《三国志·司马朗传》：时岁大饥，人相食，朗收恤宗族，教训诸弟，不为衰世解业。

② 《三国志·司马朗传》：以为天下土崩之势，由秦灭五等之制，而郡国无蒐狩习战之备故也。今虽五等未可复行，可令州郡并置兵，外备四夷，内威不轨，于策为长。然州郡领兵，朗本意也。

这也是曹魏在三国时代这个超级乱局中，虽然经常四面八方火起，却通常火势就地被迅速扑灭的根本原因！

像孙权时不时蹦跶那几下，豫州地区基本上就本土消化了，都用不着中央军前来帮场。

更加重要的是，曹魏州郡领兵的制度确定后，整个中国北方的少数民族，如乌桓、匈奴、西羌在被曹操打哭后，全都被边境州郡有效地控制了。

小冰期在三国时代达到了冰点，曹操在这个史上最崩盘的"宗教造反＋军阀混战"的夹击下突围而出后，将本该应运天时大爆发的民族问题全部武力解决了！

汉末崩塌后，南匈奴一度饮马到了黄河边，乌桓成了东北边境的超级大势力，羌、氐大股份入股了西北数十军阀，并霸占了整个关中凉州。

但是，曹操五百里浪袭乌桓，亲手肢解匈奴为五部，打崩关中数十部的汉羌民族联军，氐族更是被拆迁得满世界流浪！

后面所谓乱华的那五胡，在这个时代连台面都上不去！谁来也不好使！两晋时期的五胡却能把中原大地搅翻天？因为有太多的制度、引以为傲的风骨被两晋集中引爆毁灭了，比如说司马家自己提出来的州郡领兵制度！

二、五胡乱华的逻辑根源

司马朗做丞相主簿提出州郡领兵一段时间后，被调到曹操的起家之地兖州当刺史，这是曹操要对其重点培养了。在兖州任上，司马朗又是赢得朝野上下的一片好评。

217 年，已经被曹操作为全能人才培养的司马朗随夏侯惇、臧霸征东吴，碰上了瘟疫，司马朗由于身兼治军任务，在以身作则巡视军营时染病，不久命终。

司马朗这种级别的人才，无论是在吴还是在蜀，都是要被当作第二届领导班子核心进行培养的。

吴和蜀给人的感觉，是禁不起死人才。就那几个，死一个就少一个！这一年鲁肃死了，吴彻底地失去未来；夷陵之战时，马良死了，最后街亭之战丞相上的是马谡。

司马家的走向复兴并没有随着已经成为曹操高管的司马朗的离去而戛然而止。因为在十年前，他家二小子司马懿也出山了。

208 年，司马懿来到曹操家打工。《晋书》是这么说自家宣王的。

201 年，曹操让司马懿来上班，他认为汉室国运已衰，不想屈节于曹操，借口风痹病，身体不能起居而拒绝了曹操，①随后开始长期装病。

期间据说曹操还没出息不死心，派人刺探过这位瘫痪小伙，被司马懿装死成功地糊弄过去。

208年，曹操已经当丞相了，再次调司马懿来上班。这次曹操对手下有交代："再废话，给他绑过来！"②司马懿在这种高压态势下，勉强就职。

这段历史，基本上古往今来的看法是：编的。

第一次他装病的时候曹操正忙着平定河北，而且曹操天天最大的困扰就是自称人才太多，辨别起来费工夫，连县长刘备听说有个人叫"卧龙"的时候最开始还惦着让徐庶带过来面试，但曹操可没功夫搭理他。

第二次就更搞笑了，司马师小朋友在这一年都出生了。

司马懿夫人怀孕这事儿在当时看来不仅仅是"身残志坚"的故事，这对于司马家的声誉将是极大的损害！真要有这一出，估计早早就成爆炸性新闻了。司马宣王这么谨慎的人，对阵诸葛丞相贴身紧逼不下脚的主，怎么可能在媳妇身上刹不住车！肯定是决定入仕了，才会主动地放飞自我。

为什么此时就能入仕了呢？因为此时中国北方已经清晰，袁家已经完蛋，此时司马懿入仕并不存在鸡飞蛋打的情况，这是符合司马家的家族规划的。

---

① 《晋书·宣帝纪》：魏武帝为司空，闻而辟之。帝知汉运方微，不欲屈节曹氏，辞以风痹，不能起居。

② 《晋书·宣帝纪》：魏武使人夜往密刺之，帝坚卧不动。及魏武为丞相，又辟为文学掾，敕行者曰："若复盘桓，便收之。"

更重要的是，司马懿第二次来上班可不是被恐吓来的，是当时的集团二把手、颍川掌门人荀彧举荐的。[①]

司马懿终其一生都感激荀彧的这份情，当他回首这位大汉曾经的顶梁柱、被曹老板逼死的合伙人时，感慨地说过："算上书里面的人物，这一百几十年的都算上，也没有人能比得上我当年的这位恩师推荐人！"[②]

司马懿后来报恩提携荀氏家族，颍川荀氏也迅速地倒向了司马氏，这两个家族的政治结合意义非凡，以荀彧子荀顗为首的颍川荀氏为西晋的开国立下了汗马功劳，算是间接地报了当年老爹被逼喝药的仇。

总体来说，司马懿腰不酸、腿不疼，生孩子也有劲儿了的原因是以下三点：

1. 此时曹操已经大概率地终结乱世。

2. 上班的岗位是去给曹操当文学掾。

3. 举荐人是集团的二把手荀彧，和颍川集团搭上了关系。

那么为什么晋史要来这么一段呢？因为这位司马宣王作为一个打工的，把人家家业给偷了嘛！

史书只能写最开始宣王是不想去曹操那儿的，跟曹操最早就不对付，不相为谋，曹操非得让他去，还几十年不放心他，他为曹家辛辛苦苦那么多年，曹操却一直说他有狼顾之相，实在是太欺负人了！最后他彻底对曹家寒心了，然后一怒之下，把曹家踹一边了。

基本上曹操一朝，我们看到的司马懿的记载就是趁热灭蜀、勾结

---

① 《后汉书·荀彧传》：彧又进操计谋之士从子攸，及钟繇、郭嘉、陈群、杜袭、司马懿、戏志才等，皆称其举。

② 《彧别传》：书传远事，吾自耳目所从闻见，逮百数十年间，贤才未有及荀令君者也。

孙权这种贾诩般的判断精准，以及曹操一个劲儿地提醒曹丕"司马懿这小子不是个好东西，你千万要小心""这小子扭头像狼，我做梦梦见三马食一槽，太吓人了……"

其实曹操如果真梦到了所谓的"三马食一槽"，真的在乎司马懿的"狼顾之相"，他是不会把这个人留给自己儿子的。更不可能放心让司马懿从一上班就一直作为曹丕的近臣帮他搭班子。

曹爷这辈子杀人就没眨过眼！曹操死前，杀的是曹植的杨修，而并没动曹丕的司马懿。在他看来，杨修这个四世三公的反对派是他接班人的祸害，而司马懿并不是。

总体来说，在这么难伺候的一个主面前，司马防、司马朗、司马懿这爷仨给曹操留下的印象是相当棒的。

所谓的"狼顾之相"与"三马食一槽"更多像是后世的杜撰。目的就是为了给"无可奈何"的司马宣王创造理由。因为司马家族的此次篡权是前面从来没出现过的孤例。

他家登顶缺乏两项关键背书：

1. 天下不是司马懿打下来的。

2. 篡权的时候，司马懿没有王莽那样的超级品德。

别说跟高祖、王莽和光武相比了，他跟曹家也真的比不了，首先大半天下是曹操亲手打下来的。更关键的是，汉室崩塌后献帝叫花子的模样是有目共睹的，是所有人都公认汉家气数已尽了。所以曹魏继承天命时，至少"天命论"还是能说服别人的。也就是说，刘家失德让天下大乱，曹魏终结了乱世是大功德，是能者代之！

自司马懿开始，放出了第一个魔鬼。这个魔鬼叫作："原来拿下所谓的天命只要牢牢控制住权力就可以了！"皇帝真的没有什么神秘的！谁都可以当！

过去是外戚牛了以后，可以呼风唤雨，但只要皇帝还是姓刘的，实际上对整个国家的内耗不大，东汉晃晃悠悠一百多年都没事，人口总量近五千万。

一旦权臣准备自己当皇帝了，就要开启两个模式：

1. 对帮着自己篡权的势力，要大规模地分红。

2. 对敌视自己篡权的势力，要大规模地消灭。

前者会让中央的权力分散并冒出更多庞然大物的家族。后者会让原本庞大的总量在内耗后被大大地减弱。

再往后的推演就是：

1. 那些渐渐变成庞然大物的家族，也会做你今天的梦。

2. 随后一轮轮的内耗会把原本蕴含巨大能量的汉民族变得一次比一次虚弱。随后，少数民族的势力开始有能力胡马南下了。

司马懿一入仕，就进入了第二梯队的曹丕团队。[①] 更有意思的是，在他进入曹丕团队后不久，家里的老三司马孚也入仕了，去的是曹植的团队。[②]

再算上此时在第一梯队曹操那里，大哥司马朗也是大红人，也就是说，司马家的四个人，分别在四条线路上进行了站队：

老爷子司马防站在大汉那边；

大儿子司马朗跟着曹操；

二儿子司马懿跟着曹丕；

三儿子司马孚跟着曹植。

就这家族规划，就问你服不服！

可得好好学历史啊！司马防老爷子的《汉书》不是白背的！生殖

---

① 《晋书·宣帝纪》：于是，使与太子游处，迁黄门侍郎。

② 《晋书·司马孚传》：魏陈思王植有俊才，清选官属，以孚为文学掾。

能力和历史知识结合到一起后是能改变家族命运的！全都谨言慎行！全都好好念书！全都成为好产品，去不同的赛道下注！每条线都有信心长成参天大树，这是多么自信的产品投放思路。

更加可怕的是，老三司马孚在工作中得到了曹植的认可，但太子之位决出胜负后，司马孚居然无缝对接地又跳回到了曹丕这条线上！①

跳回来不难，难的是这位"有前科"的司马孚居然在小心眼儿的曹丕上位后深得重用！

品出来这是一个多么可怕的家族了吗？

当你身边卧着这样一个家族的时候，你怎么能靠一个人的生病与否就判断他们家族已经大势已去了呢！

当干系重大之时，深读一个人要品他和他家族的履历与过往，而不要看他现在的表现。无论是择偶还是选关键伙伴，切记！

司马懿这些年的履历，基本就是得到了重量级人物（崔琰、荀彧）的夸奖，以及废寝忘食的工作，曹操不断地诋毁，曹丕不断地维护，然后就是几次精准的判断。

215 年，曹操征张鲁，司马懿随军，在拿下汉中后，司马懿劝曹操，赶紧趁机拿下蜀地，曹操没听。

219 年，曹丕已在两年前成为太子，司马懿升任太子中庶子，"每与大谋，辄有奇策"，成为东宫第一参谋，与陈群、吴质、朱铄并称"四友"。

这一年，司马懿开始上前台建议，说荆州刺史胡修粗暴、南乡太守傅方骄奢，他们都不应驻守边防，曹操又没听，结果关老爷一打过来，这二位果然投降了。

---

① 《晋书·司马孚传》：魏陈思王植有俊才，清选官属，以孚为文学掾。植负才陵物，孚每切谏，初不合意，后乃谢之。迁太子中庶子。

关老爷威震华夏后，曹操准备迁都，司马懿和蒋济都说："迁都后整个淮河汉水一线就人心尽丧了，现在关羽做大，孙权肯定不高兴，让他们咬去吧。"[①]

司马懿的这次关键建言，在曹魏政权的紧要关头，起到了至关重要的作用。

没过两个月，220年开春，曹操病逝，司马懿被任命管理丧葬诸事，内外肃然，迅速地安定了人心。

司马懿的春天到了。因为曹丕是典型的"自己人我就爱死你，谁得罪过我我就弄死谁"的人格。

除了甄妃以外，当初所有帮他的、让他喜欢的人，他全都给予了至情至性的回报。而所有当初得罪过他的人，全都没有好下场！

曹植就不说了，举个最恐怖的例子，他当年找曹洪借过钱，曹洪不开眼舍命不舍财，结果曹丕仇恨的种子播种了好多年，上位后找碴，居然以宾客犯法的名义要杀掉这位救过他爹命、倾家荡产支持革命的叔叔，最后还是卞太后玩了命说情才给救回来的。[②]

司马懿作为当初帮助领导出谋划策的谋士，在曹丕即魏王位后受封河津亭侯，转丞相长史。

十一月，魏受汉禅的关键时刻，曹丕任命司马懿为尚书，不久转

---

① 《晋书·宣帝纪》：是时汉帝都许昌，魏武以为近贼，欲徙河北。帝谏曰："禁等为水所没，非战守之所失，于国家大计未有所损，而便迁都，既示敌以弱，又淮沔之人大不安矣。孙权、刘备，外亲内疏，羽之得意，权所不愿也。可喻权所，令掎其后，则樊围自解。"
② 《三国志·曹洪传》：始，洪家富而性吝啬，文帝少时假求不称，常恨之，遂以舍客犯法，下狱当死。群臣并救莫能得。卞太后谓郭后曰："令曹洪今日死，吾明日敕帝废后矣。"于是泣涕屡请，乃得免官削爵土。

督军、御史中丞，封安国乡侯。转年，免督军官职，升任侍中、尚书右仆射。

都是关键岗位啊！

222 年和 224 年，曹丕两次伐吴，司马懿开始以后方大当家的身份坐镇许昌，又被封为向乡侯。

225 年二月，再升官，任抚军大将军，假节，领兵五千，加给事中、录尚书事。

司马懿人生中第一次碰到了军权。

司马懿对于这个封赏是很小心的，开始辞让，曹丕说："我就是想让你一天到晚地给我干活，这可不是什么荣耀，是为我分忧罢了，别客气了。"

曹丕对司马懿曾经深情地写过这样的诏书："曹参有战功，但国以萧何为重，以后我在东面，你总管西面，我在西面，你总管东面。"①

曹丕在位的这六年中，司马懿基本上就是在后方干大总管的活，类似于当年刘备托孤前，丞相在成都干的那一摊儿。司马懿也尽忠职守，干得非常棒，你让他这个时候动老板的心思是不太可能的。此时曹家牛人太多，分分钟拍死他！

不过，上天开始惩罚曹家。曹操戎马一生，最后六十六岁走人，自他走后，他的儿子全部没有活过四十岁。后来这个规律延续到了他的孙辈。壮年而亡的宿命甚至扩散到了他的整个家族！

曹家本来人才辈出，但短命的宿命开始莫名其妙地给历史强行改道。

① 《晋书·宣帝纪》：吾深以后事为念，故以委卿。曹参虽有战功，而萧何为重。使吾无西顾之忧，不亦可乎……吾东，抚军当总西事；吾西，抚军当总东事。

曹家的崩盘不局限于洛阳，是全国各地顶梁柱的集体崩盘，所有曹操一手带出来，选拔出来的曹家人才没有几年都以各种各样的原因走人了。

　　就不说曹操屠城的那些暴行了，单说一条，还记得当年，他在兖州、豫州大肆盗墓的事情吗？

　　曹操作为中国历史上唯一一个以四战之地兖州为根据地杀出来统一中国北方的大神，背后的物质基础，就是靠军屯与盗墓，分别解决了军粮和军饷的问题。

　　他干的最大一票，是盗了梁孝王刘武的墓，盗得金银财宝数十万斤，曹操干出甜头后设置了发丘中郎将和摸金校尉的职位，专门负责盗墓，辖区内"无骸不露"。

　　曹操这一辈子实用至上，解决问题的方法向来简洁易行、成效显著。

　　不过，有的禁忌，确实是不能碰的。刨坟掘墓从古代传统来讲，会断子绝孙。

　　几千年来，中国人都讲究入土为安、人死为大。几千年来，凡是国祚长久的，没有一个政权敢在这种事上开玩笑。

　　刘邦当年那么流氓，楚汉争霸打得这么艰难，都不敢打坟墓的主意！

　　要知道，他大本营的不远处就是震古烁今的始皇陵，而且前面已经有过挑头的了，项羽就把始皇陵刨了。

　　刘邦不仅没跟着刨，后来还派人专门给没大他几岁的嬴政兄看坟。

　　曹操死后，下令要薄葬。他知道，厚葬会被盗。他也怕自己遭报应。

　　你靠挖死人墓发的家，你死后的遗产自然也会被别人挖走。人家可不仅仅惦记着你那墓，人家要的是你这辈子的所得。

有句话叫作"菩萨畏因，凡夫畏果"。大多数人都是倒霉了的时候才想起来当初不应该；大智慧的人则时时刻刻地提防着那个不善的"因"，因不善，果必不善。

在做每一件认为欠妥的事之前，你就应该仔细地问问自己，在绝不空过的报应到来之时，你悔不悔？

三、石亭之战中司马宣王的角色扮演

226 年五月，四十岁的曹丕驾崩，临终时，托孤曹休、曹真、陈群和司马懿辅政，对儿子曹叡说："这是老爹给你选的黄金阵容，千万别猜忌。"①

最早，在曹丕的构想中是这么布置的：由宗室中的曹休掌管江淮军权，曹真掌管雍凉军权，夏侯尚掌管荆豫军权，以此保证军权在曹家人手里；陈群作为三朝元老、颍川大族代表，做文官之首，当形象标杆；司马懿作为干实事的核心骨干，保证魏国的日常运转。

这个布置，算是极其豪华。

但是他没有料到，他布置的掌握军权的曹家的这个黄金阵容的成员距离和他再次见面没有几年了，甚至还有去前面等他的！

曹丕死前两个月，都督荆豫的夏侯尚壮年而亡，曹丕还没缓过神来再做安排自己也死了，然后孙权趁着曹魏国丧出兵夏侯尚辖区的襄阳，司马懿因此临危受命被推向了前线，生涯首战击败诸葛瑾，斩张

---

① 《晋书·宣帝纪》：及天子疾笃，帝与曹真、陈群等见于崇华殿之南堂，并受顾命辅政。诏太子曰："有间此三公者，慎勿疑之。"

霸，拿下首级千余闪亮归来，迁骠骑将军。

人是有命的，比如你是曹魏的将领，军事生涯如果开启在东线则是非常美妙的职业起步；要是在西线就糟糕了，基本上整天担惊受怕的，真打起来不求有功，但求无过。

司马懿就挺有福气，由于夏侯尚的突然死亡，曹家的人才培养阶梯被打断，短时间内找不到一个能够挑大梁的。无奈下，曹叡将军权放给了司马懿这位最靠谱的外姓人（**别笑，此时此刻司马懿就是曹丕留给他最靠谱的存在**）。

227年六月，司马懿人生中第一次染指了大军区级的司令职务，驻扎宛城，加督荆、豫二州诸军事。

接下来没多久就赶上了孟达预谋自己的下一次"出嫁"，被汉丞相借刀杀人后，司马懿拉开了他侵略如火的军事生涯序幕，孟达"很有幸"地成为三国两位大神人物合力干掉的投降积极分子。

曹叡登基后先是嚷嚷着要打蜀汉，结果被孙资劝住了，既然西边比较猛，不好打，那还是找"孙十万"练级吧。

曹叡决定打孙权其实有两个关键的原因：一个是物流方便，沿途各路都有水系；另一个，则是因为对面有源源不断的"脱南者"。

曹叡上位的第一年，韩当的儿子韩综就投降过来了。

韩当是谁呢？自孙坚时就跟着孙家混的老将军，孙策东渡时就能独自带两千兵平三郡，一辈子功勋卓著，征刘勋，破黄祖，讨山越，战赤壁，袭江陵，战夷陵，老将军一个没落下，全是主力。

这么牛的老革命，结果在他死了不久后，儿子韩综就投降曹魏了，而且从此成为反孙权的先锋军。具体原因是什么呢？史书上是韩综淫乱不轨，有叛乱的意愿，虽孙权因为他爹是韩当没说什么，但记载韩综害怕了，于是带着娘家的部曲投降曹魏了。①

这个原因其实非常牵强，因为淫乱不叫罪名，不轨没有理由，韩综叛变的原因大概率不是这个。

孙权这辈子从来没吃过哑巴亏，赔本之后老孙依样画葫芦，要赚曹休一笔。韩综叛变的转年，孙权的鄱阳太守周鲂也给曹休送信了，表示希望归附。

曹休为什么要相信周鲂呢？三个原因：

1. 韩综的榜样在前，这都成反攻江东的主力了，江东众叛亲离了。

2. 周鲂给曹休写了七封情真意切、有理有据的投降信。

3. 最关键的一点，孙权频繁地派中央特派员去周鲂那里搞巡查、做督导，彻查了周鲂及其手下，最终逼得周鲂剃发谢罪。

其实很有可能不久前韩综的叛变也是这种原因。

孙权要在老一代走人后进行中央集权的尝试了，所以频繁地找碴。这回以此为蓝本赚一把曹休。

曹叡开战之前专门咨询了司马懿。

司马懿是这么说的："夏口（武汉）跟东关（鄂州）是江东的心喉，如果派陆军攻打皖城，引孙权主力东下，我这边带着荆襄水军向夏口，乘其虚而击之，这就是神兵天降，孙权就完蛋了。"②

司马懿是什么意思呢？就是让东线的曹休去配合他作战，打皖城将夏口的水军调走，随后他顺汉水而下去偷袭夏口。（见图12-1）

---

① 《三国志·韩当传》：权征石阳，以综有忧，使守武昌，而综淫乱不轨。权虽以父故不问，综内怀惧，载父丧，将母家属部曲男女数千人奔魏。

② 《晋书·宣帝纪》：吴以中国不习水战，故敢散居东关。凡攻敌，必扼其喉而摏其心。夏口、东关，贼之心喉。若为陆军以向皖城，引权东下，为水战军向夏口，乘其虚而击之，此神兵从天而坠，破之必矣。

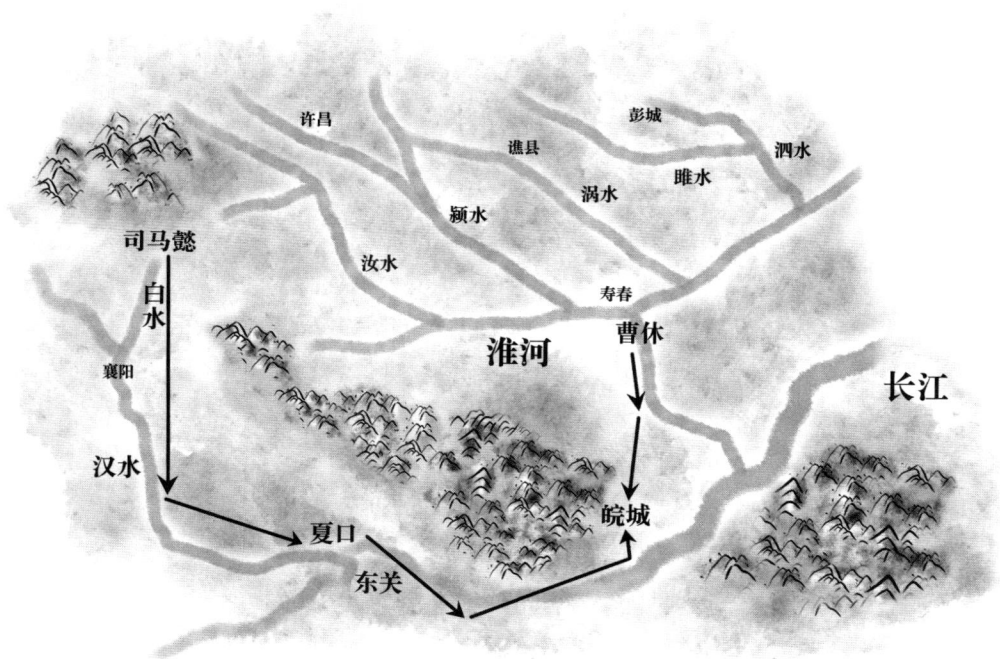

图 12-1　司马懿伐吴构想图

曹叡这孩子是多么英明：你已经擒孟达立下大功了，怎么可能再让我曹家的元帅给你打配合！

曹叡下令三道征吴，遣司马懿自汉水、扬水而下打江陵，曹休督诸军向皖城，贾逵督四军向东关。（见图 12-2）

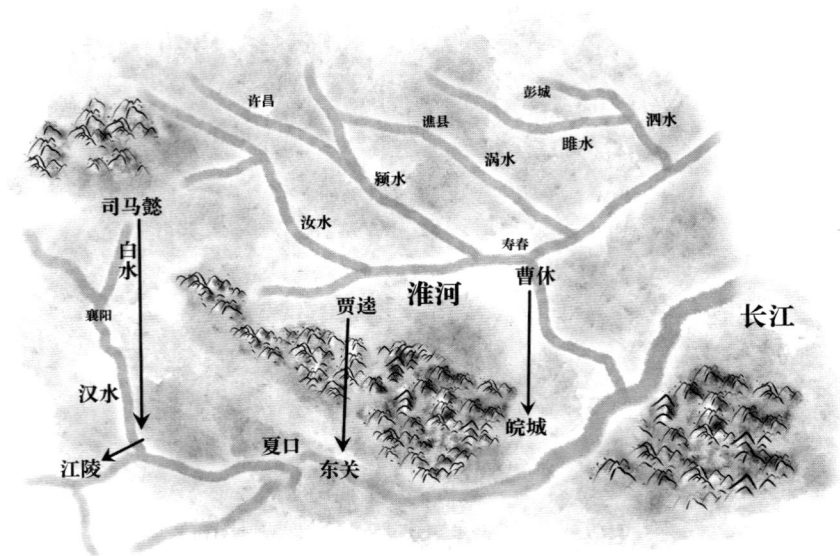

图 12-2　曹叡伐吴部署图

三个人谁也别玩牵制，谁打下来是谁的。

此战，曹叡可谓倾国而来，东西两头全都是大兵压境，曹休那边精兵十万，司马懿这边曹叡加派了张郃督关中诸军受司马懿节度。

曹叡打算一口气打死孙权！但是，他其实还不如不给司马懿派张郃。因为司马懿的西路军很有意思，他以等张郃的名义根本没出发，没出军的理由是冬天水浅船不得行。①

---

①《三国志·张郃传》：至荆州，会冬水浅，大船不得行，乃还屯方城。

要知道曹休那边秋九月在石亭都大败了，此战最初的布置肯定是在夏秋之际甚至更早。那时候可并非冬天水浅，二爷淹于禁那可是秋天。

司马懿磨磨蹭蹭的，什么意思呢？在等曹休那边的战报。

人家之前就说了，让"陆军以向皖城，引权东下"嘛！曹休要是赢了，孙权会举国之力驰援，水再小他也会南下；曹休要是输了，就赖冬天水小。

司马宣王人生的精髓就是一本《孙子兵法》，这出戏叫作"先胜后战"。

千万别瞧不起这些小算计，《孙子兵法》用了非常大的篇幅讲解战前的庙算："夫未战而庙算胜者，得算多也；未战而庙算不胜者，得算少也。"

只不过司马懿庙算的角度不是国家，而是自己而已。

石亭之战，吴国大胜，魏国大败，大概说一下此战的情况和幕后的故事。

吴国胜利有以下两个方面：

1. 曹休拿吴国不当回事。

曹休自曹丕继位后开始来到东南，牛刀小试地击破了孙权的历阳屯，还打过了长江，烧了芜湖营数千家，取得了谁也没想到的战果。

曹休开始全权负责东南战区，此后的战绩全都是"破之"。

从张辽时代开始，曹魏的东南方面军就从来没再拿孙权当回事。只要你下了船，就是你还跑不跑得了的问题！

曹休此次带大军走了没多久，其实就已经知道孙权算计他了，但是根本不当回事！

2. 吴国运气特别好。

曹休深入大战后没打动陆逊还吃了亏，随后退还石亭。

注意，此时并没有大败，但是这天夜里，军中惊了，于是吴军趁乱开始收割大追击。[①]

吴国此次本来有机会一雪前耻，本有机会断曹休后路，但最终战果却仅仅"斩获万余，牛马骡驴车乘万两，军资器械略尽"，并没有给曹魏造成毁灭性的打击。

这里面也有两个原因：

1. 吴国的基因问题。

吴国从最开始就都是将领自己出部曲的，都是私兵，比如陆逊从大山里抓土著去当兵，那都是自己的财产，孙权主政都多少年了，根本没整理过户籍呢！

此战前夕，朱桓进计，说："曹休是关系户，脑子不好使，肯定会败，败退必走夹石、挂车两险道，要是在这里埋伏上一万人，咱就妥妥地赢定了！我请求去带队断其后，弄死曹休，随后取寿春，割淮南，打到洛阳去！"[②]

正理来讲，这是个绝对的好战略规划。但是陆逊不同意，孙权随后拍板否了。

是孙权和陆逊脑子都有毛病吗？怎么可能？一个算计别人一辈子没吃亏，一个忍了一辈子满世界怼人。

陆逊否决的原因很简单：凭什么让我当炮灰阻击曹休，你去干断

[①] 《三国志·曹休传》：休深入，战不利，退还宿石亭。军夜惊，士卒乱，弃甲兵辎重甚多。

[②] 《三国志·朱桓传》：休本以亲戚见任，非智勇名将也。今战必败，败必走，走当由夹石、挂车，此两道皆险厄，若以万兵柴路，则彼众可尽，而休可生虏，臣请将所部以断之。若蒙天威，得以休自效，便可乘胜长驱，进取寿春，割有淮南，以规许、洛，此万世一时，不可失也。

后打劫的活儿?

孙权为什么听陆逊的呢?万一大家心里不平衡了不尽力了呢?万一挡不住人家曹休呢?这可是陆战啊!多少年没赢了!

2. 魏国的基因问题。

曹魏的国防是中央军,为中坚力量,各地州郡兵和建国初期的各将部曲军为辅。总体来讲,兵更多的是国家的,所以使唤起来不心疼。

比如后来救曹休的豫州刺史贾逵,两个人本来关系不怎么样,但是因为后来被曹叡诏命与曹休合兵,曹魏军制有着战败会受连累的原因,贾逵就表现得特别不计个人得失,玩了命地驰援救曹休。[1]要是没有贾逵,曹休这回基本上就没救了。[2]

此战后,由于受了诈降在智商上被黑了一把,再加上陆战居然被吴国大胜,以及救自己的居然是跟自己关系一直不善的贾逵。三料打击下,曹休这肚子窝囊气活活地把自己气死了。

就这样,继夏侯尚后,又一位曹家宗室将领过早地离开了。

曹真顶了曹休的缺,司马懿爬到了军界第二人的位置。

两年后,即230年,由于丞相多次北伐,曹真上书请求伐蜀,曹叡批准,要给蜀点儿颜色看看,升司马懿大将军,加大都督,假黄钺,配合大司马曹真一起伐蜀。

曹真走子午谷,司马懿走汉水,曹真和司马懿分别遇到了大雨,都是生生地把大军给浇回来了。

但是神奇的事情再次发生了,曹真回去就病了,没多久也死了。曹叡的两次征伐,分别搭进去了他的两位好叔叔。

---

① 《三国志·贾逵传》:乃兼道进军,多设旗鼓为疑兵,贼见逵军,遂退。逵据夹石,以兵粮给休,休军乃振。

② 《三国志·贾逵传》:及夹石之败,微逵,休军几无救也。

曹真刚死，汉家丞相就出动了。

就这样，231 年，司马懿作为救火队员前去救火，并在强大敌人的威慑下获得了西北的兵权。①至此，司马懿分别在曹魏三大军区的两个，有了一把手的履历与资源。

一提到司马懿，往往印象都是此人在西北培植了自己的势力，其实人家总督荆州、豫州也干了五年。这份履历在后面他换曹家房本的时候同样非常关键。

随后就是司马宣王被汉丞相的各种埋汰，司马懿碰到了人生中的最强对手，丞相在陇西把司马懿打得根本张不开嘴，而且粮也断了，眼瞅要憋死在陇山！

后来靠着蜀汉后方李严的神助攻，司马宣王得到救赎等走了汉丞相，随后他派一再提建议的二把手张郃继续贴身紧逼搞追击。结果军界资历上比他丰富的张郃意外地被诸葛亮反杀。至此，老将们都死绝了。

此时距离曹丕死，仅仅过去了五年！

司马懿成为整个魏国的军界台柱子。

---

① 《晋书·宣帝纪》：天子曰："西方有事，非君莫可付者。"乃使帝西屯长安，都督雍、梁二州诸军事……

四、为什么首都定于边境是一柄双刃剑?

陇西惨案后,司马懿惊魂未定的同时彻底地活明白了,思考出了与丞相对战的密码,他开始抓紧时间在关中和陇西搞大生产运动,为下一次贴身紧逼做准备,而身在汉中的丞相也在攒粮食准备发大招。

秦岭南北,同时代两个中国顶尖的综合型人才在各方面展开了角力。

234 年,诸葛亮在五丈原的秋风余晖下名垂千古,司马懿则成为两件历史大流量事件的笑料主角。一个是丞相送来的时尚女装大礼;一个是丞相遗命的雕像退敌大礼。

其实仲达先生很不容易,把孔明先生都熬死了,一点儿地方没丢,还想怎么着?

随后司马懿在关中算是享了三年的福,算上之前的三年多,在这六年多的时间里,司马懿在关中提拔、笼络、培养了一大批力量,将整个西部的武官资源攥在了手中。这股力量,虽然并没有在他的那场惊天政变中起到什么作用,但却造福了子孙。

他死后,生前没有经略过的淮南地区问题层出不穷,但雍凉地区却永远是司马家的铁票仓,在司马师、司马昭大脑袋的时候,从来没给两位公子添过乱，而且在司马换房本的关键时刻，平西蜀的表现亮眼、突出！

237 年，已经实际统治辽东半个世纪的公孙家族的第三代掌门人公孙渊跟孙权眉来眼去，还对魏公然不敬。曹叡震怒，派荆州刺史毌丘俭出任幽州刺史前去讨伐，毌丘俭不利而还。

随后公孙渊背叛魏国，自立为燕王，置列百官，定都襄平，南通孙权，联络鲜卑扰乱北方。

公孙家在当了半个世纪的东北王后，出了个不安分的舵手。很遗憾，他碰上了一个不好惹的领导人。

七月，曹叡诏青、兖、幽、冀四州大造海船。半年后，船差不多了，238 年正月，曹叡自关中召回司马懿，命他搞定东北叛匪。

走之前，曹叡问司马懿："估计多久能回来？"

司马懿说："走百日，战百日，休六十日，返百日，整一年。"

曹叡在此次出征中，对司马懿表示了完全的尊重与信任，不设副官，任由司马懿随便打。

其实司马懿此时是非常痛苦的。他已经感觉到了曹叡对他的不信任以及削权的布置，朝廷里对他的非议一直就没断过。

六十岁的老头儿了，不仅仅要把他从西北调出来，还要千里之外地征伐辽东去消耗他的生命和精力。

曹叡表面上给出了超级待遇，不仅全面信任地让司马懿随便打，还命司马孚、司马师陪他到温县老家给他抖威风。

司马懿是什么反应呢？给了曹叡一个完美的回答。

他写了一首歌："天地开辟，日月重光。遭遇际会，毕力遐方。将扫群秽，还过故乡。肃清万里，总齐八荒。告成归老，待罪舞阳。"

表示自己一定好好地干。最后一句话，干完这一票，我就去封地待罪。领导您放心，让我平稳着陆吧，我这辈子为了你家不容易啊！

你说他此时有篡曹家的想法吗？怎么可能！

曹叡是少见的英武之君，此时年富力强，还让他去东北玩命，他此时满脑子想的都是如何平稳着陆。但是，谁也没想到，这是他最后一次看见站着的曹叡。

辽东为什么难打呢？因为入辽东的这几条道都不好走，而且辽东郡西面还有泥泞遍地、无法通行的辽泽。（见图 12-3）

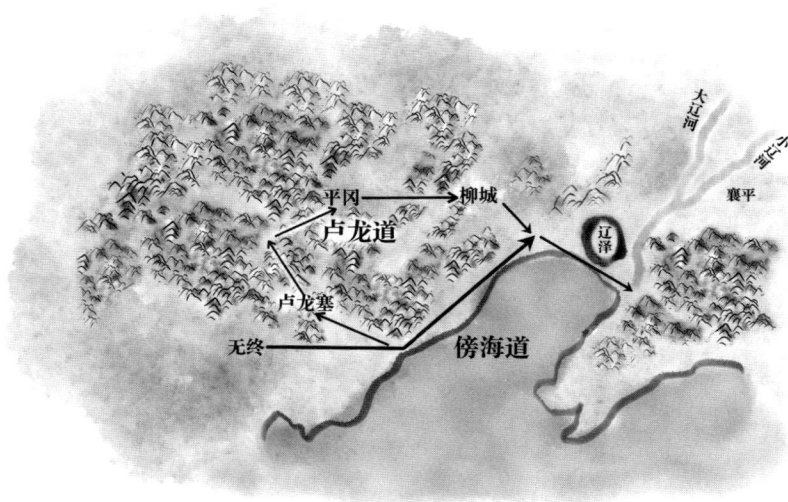

图 12-3　入辽东路线图

卢龙道我们就不用说了，有年头没走了，三百里没有水，当年曹操就是差点儿死在那里。

理论上来讲，大军基本上只能经傍海道入辽。因为沿路粮食可以由海船随时补给，给养成本低。

但是傍海道经常被大雨或者海浪冲毁，大军根本没法走，这条路直到辽宋时期随着海平面的下降和人们活动范围的扩大才算彻底成型。

疑问又来了，你可以等非雨季傍海道干燥的时候去打他啊！很遗憾，那里是东北，西伯利亚冷空气常年是驻场嘉宾，除了夏天基本上仗还没打士兵就会冻死一半多。

这种恶心人的路况和夏天的短暂窗口期使得辽东一旦形成了割据势力，对于中原政权来讲就非常难受！

这一年运气不错，司马懿走傍海道，成功入辽。

最开始，公孙渊听说司马懿来了，于是向孙权求救，孙权搞了搞军事演习，还给公孙渊送了封信："司马公善用兵，变化若神，所向无前，深为弟忧之。"

孙权的主要目的就是告诉公孙渊：你就别乱打了，老老实实地待着吧，千万别跟他野战。

公孙渊的对敌办法是步骑数万，阻辽隧（辽宁海城市高坨子镇），坚壁而守，距司马懿南北六七十里。

其实从司马懿的战前规划来讲，只要他成功地走到辽水边上，这仗就赢了一大半了。

司马懿先是声东击西地向南将公孙渊大军调走。随后偷渡辽水直接奔袭襄平。

诸将问司马懿的作战思路，他说："贼坚营高垒，是打算磨咱们的士气，现在跟他野战则正中其计，这成当年王邑在昆阳给刘秀送礼了！现在他大兵都在这里，老窝一定空虚，咱现在要攻其所必救，直指襄平则敌军恐惧，恐惧就会求战，我就把他调动出来了！"

司马懿整阵而过直奔襄平。

公孙渊军看到情形不对，果然玩命地往司马懿那边赶。结果被司马懿野战狂屠，三战全胜！

两百年前，岑彭晃过秦丰偷渡汉水拿下制高点阿头山后，并没有以阿头山为汉水南岸的"诺曼底登陆点"去等秦丰来夺，也并没有稳定阵线后去西面找襄阳的麻烦打通南下通路，而是令士兵在山谷中伐木，开辟出了一条小路，又放弃了阿头山，扑向了秦丰的大本营黎丘。

岑彭的神奇基本不具备可复制性，谁学他保准又变成了一个"背水一战"的失败模仿者。

看上去风骚走位、帅气无比的岑彭，此时犯了两个兵家大忌：

1. 他放弃了所有退路。

2. 他失去了稳定的给养。

司马懿现在也是如此，他奔袭襄平实际上是放弃了退路和粮道！

不过，岑彭和司马懿看似找死，实际上是捅了对手的死穴。死穴在于对手的"定都"和阻击点选得有问题。

岑彭根本不用担心给养不够的问题，因为秦丰肯定会被他牵着鼻子，迅速地找他来决战，胜负很快就能见分晓。

为什么秦丰一定会迅速地来找岑彭决战？

因为如果秦丰不迅速出现，自黎丘以南就都会得到这样一个消息："汉军已经打到咱老窝了，老大生死未卜，汉军已经占领大半个中国了，哪儿的饭不是吃啊！咱快换个老板吧。"

秦丰政权面临土崩瓦解。

此时公孙渊的死穴也一样，大本营离着前线太近了，在国防战略层面上根本没有缓冲。近到司马懿可以短期内忽略粮道问题直接扑向他的老窝，而他一定会跟着来！

司马懿出征之前，跟曹叡庙算的时候说，公孙渊的上计是带着队伍逃跑。他要是真蹿了，我们不可能永远驻军于此，等我们一走，人家就收复失地了。

司马懿围城襄平后（见图12-4），城里人会认为：

1. 前线的大军完蛋了。

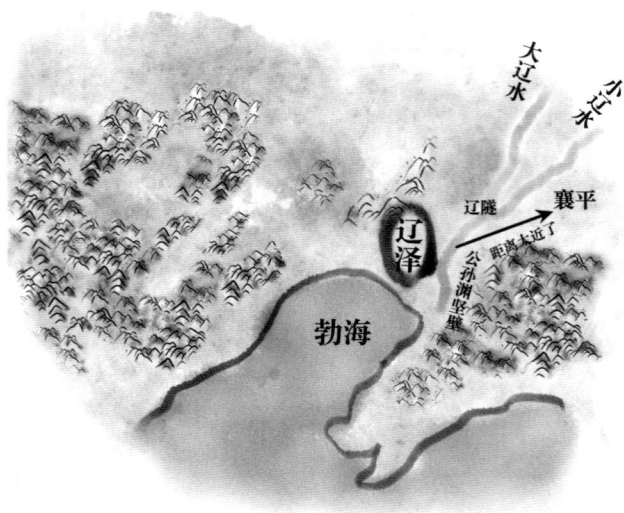

图 12-4　襄平位置图

2. 别抵抗了，没意义了。

由于辽东军的所有家属和家底全在襄平城，所以此时被司马懿甩在身后的公孙渊全军无论如何都要紧紧地跟上司马懿！

1. 要让城内的守军知道：大军并没有完蛋，不要投降。

2. 要让队伍里面的人放心：自家的老小都还在，不要崩盘。

3. 最重要的一点：领导人都在城里。

但是，公孙渊被司马懿调动出来了。公孙渊不再坚壁高垒了，运动战能打得过见过太多世面的天下第一陆军吗？

延伸一下，丞相为什么没办法调动司马懿呢？因为魏国太大，没有所谓的攻其所必救！要是曹魏定都长安，司马懿无论怎样都得被调动！

理论上来讲，不搭理司马懿，饿他一个礼拜，公孙渊必胜！但是，不存在这种理论上的可能，因为战争是一种以国力为基础，由人性、权力、信心等综合因素叠加在一起的游戏。根本就由不得你！

再延伸说一下，帝制时代，首都定在边境线上永远是一柄双刃剑。优的一方面在于边境线永远是国家最强力量所在；劣的一方面在于国运一旦不行或者出现强大对手的时候，战略层面将非常被动！

政治问题、经济问题、民心问题一旦通通掺杂进军事部署要考虑的决策环节时，很多兵法中的妙招将全部失灵，无法使用！

因为那里是首都！

三战全败后，公孙渊率败军退回襄平，司马懿进军围城。

这个时候大雨来了，平地数尺深。三军大恐，全都建议移营，司马懿表示，敢说移营者斩！都督令史张静犯令，斩之，军中乃定。

襄平城中仗着大水，出城砍柴放牧。诸将表示要打一仗，司马懿根本不听。

军司马陈圭说："咱当年攻上庸，八部并进，昼夜不息，结果十六天拿下孟达，现在怎么换了风格呢？"

司马懿说："当年孟达人少而他的粮食能吃一年，咱们的人四倍于孟达而咱们的粮食却吃不了一个月，以一月图一年，怎么能不玩命地打！现在贼众我寡、贼饥我饱，区区大雨，早晚得退，怕什么！我现在不担心贼与我对战，就怕他逃跑，跑了我就得在东北长期剿匪了！现在对面粮已经快没了，咱劫他的牛马就是逼他逃跑，咱们身陷大水中，他跑了咱又追不上！"[①]

雨停了以后，曹军合围，公孙渊跑不了了。

司马懿起土山地道，楯橹钩橦，发矢石雨下，昼夜攻城。城中粮

---

① 《晋书·宣帝纪》：今贼粮垂尽，而围落未合，掠其牛马，抄其樵采，此故驱之走也。夫兵者诡道，善因事变。贼凭众恃雨，故虽饥困，未肯束手，当示无能以安之。取小利以惊之，非计也。

尽，出现了人吃人的现象，将军杨祚等降。

与此同时，夜有长星自襄平城西南流于东北，坠于梁水，城中震慑。公孙渊大惧，派自封的相国王建、御史大夫柳甫乞降。司马懿不许，把这几个人抓起来全砍了。

司马懿给公孙渊送了个信："能战当战，不能战当守，不能守当走，不能走当降，不能降当死耳！你甭跟我耍心眼儿了！你不来亲自投降就是不打算活了！"

公孙渊穷途末路，率数百骑兵攻南围突出，被司马懿纵兵击败斩首。

司马懿入城后，杀死公孙渊任命的所有公卿和将军毕盛等两千余人，男子年十五岁以上的约有七千余人全被杀，随后筑成京观（**死尸金字塔**），震慑东北。

不久，辽东、带方、乐浪、玄菟四郡皆平。

剿平公孙渊后，司马懿在襄平城中梦到了曹叡枕在他膝上，说："视吾面。"他一低头，发现曹叡脸色已经不对了。

后来回军的路中，司马懿接到了一个反常的诏命，让他直接回去镇守关中。[1] 如此灭国大胜，司马懿连回洛阳的资格都没有，而是直接让其回关中。司马懿已经开始感觉到了不对劲，曹叡那里肯定出事了！

但是，诏书明明白白地写着让他走！他又没办法抗旨，司马懿只能听旨。

当走到白屋时，又有诏书召他火速回京。接下来三天内，中央五次诏书飞奔而来。[2]

---

[1] 《晋书·宣帝纪》：诏帝便道镇关中……
[2] 《晋书·宣帝纪》：及次白屋，有诏召帝，三日之间，诏书五至。

曹叡手书说："间侧息望到，到便直排阁入，视吾面。"赶紧来，到了直接进宫，见面说！

司马懿看到曹叡的手书终于明白自己的那个梦和去关中的任命是什么意思了！曹叡快不行了！

本来没他的事儿，都给他支关中去了，但此时不知为何又要对他托孤了！

虽不知发生了什么情况，但他此时已经在权力角逐上躺赢了！

权力的修罗场上向来瞬息万变，司马老爷子害怕再有什么变化，急乘追锋车昼夜兼行，一夜飞奔四百多里，赶到曹叡床边。[①]

六十岁的老头儿，以当时的路况一夜狂奔四百里，居然没给颠死，你说年轻时不养个好身体行吗！人家远征了一趟东北，在大雨里面也跟着泡着，来回一年的时间就在路上颠簸，最后又玩了把"极品飞车"。什么事业，拼到最后都是拼身体。

曹家受到的诅咒再度开启了，曹叡年三十六，也不行了。

司马懿不知道，他这辈子权力场上第二凶险的时刻，就是在他此次回军的路上！这也是他人生中唯一的一次，命运并没有掌握在自己手中。

历史差一点儿就把他的剧本彻底地夺走。曹叡其实早就对他有防备了。

丞相离去后，曹家整个西半部开始集体大松心，雍凉解甲，中国释鞍。体现在曹叡这里，就是丞相死后转年的开春就赶紧上马工程盖宫殿！爷们儿可得享受享受了！

曹叡的名臣、"祥林嫂兼半仙儿"高堂隆开始了对曹叡的各种规劝。

曹叡大兴土木，取回长安大钟，高堂隆上疏说："从前周景王不沿

---

① 《晋书·宣帝纪》：乃乘追锋车昼夜兼行，自白屋四百余里，一宿而至。

遵文王和武王的德行，不理会周公旦的制度，既铸造了大钱，又建造大钟，周朝国运因此而衰弱，这些都记录在史，作为永久的借鉴。现在有小人劝您好好地享受生活，这是迷惑您啊！求取大钟这样的亡国之器，劳民费时，有伤于德政，这是自取亡国，可不是什么振兴礼乐啊！"

不得不说好神奇，自打曹叡开始玩命地盖宫殿后，苍天就开始各种各样的示警，又是着火又是出现彗星的。后来崇华殿遭火灾，曹叡问高堂隆："这是什么灾祸呢？"

高堂隆说："上不节俭，下也不会节俭，所以会引来大火，君王大修高台，天火作灾，老天爷在示警啊！让灾异告诉陛下，陛下应该尊崇人道，爱惜民力，以顺天意。"

高堂隆一直在说，曹叡那边一直在听，当然，仅仅是听，该造的园子一点儿不见少，看见老高顶多不好意思，老高也不气馁，反正只要有个由头，就一直在曹叡边上嘟囔："咱不能再盖了，要爱惜民力，您快歇会儿吧，苍天又示警了……"

曹叡上马陵霄阙工程后，有喜鹊在上面筑窝，曹叡比较好奇，又问了高堂隆："这个又预示什么呀？"

高堂隆再次引经据典："《诗经》说：'喜鹊筑窝，鸠鸟居住。'现在兴建宫室，盖陵霄阙，喜鹊筑窝，这是宫室未盖成，陛下不能居住的征兆。老天在说，您在为别人家盖这个宫殿呢！"[1]

高堂隆的这次劝谏，可以名留青史了，政治寓意非常深刻，"鸠占鹊巢"是什么意思谁都明白，在政治圈子里面，这是非常高端的隐喻。

因为高堂隆这次吓唬得比较厉害，曹叡确确实实走心了！[2]

后来高堂隆病重了，已经无法写字了，只能口述示警了，又对曹

---

[1] 《三国志·高堂隆传》：天意若曰，宫室未成，将有他姓制御之，斯乃上天之戒也。
[2] 《三国志·高堂隆传》：于是帝改容动色。

叡说了这么一段："本朝开天辟地之初，上苍曾发出警告，宫里燕子巢穴中发现有一双怪鸟全身艳红，应该严防鹰扬之臣，以免祸起萧墙。①赶紧布置你曹家自己人去把住军权啊！你现在太单薄了！"②

估计是知道自己快不行了，高堂隆开始不怕得罪人了，直接明码示警了！

高堂隆几乎就是明白地告诉曹叡："小心司马懿那老小子呀！"

曹叡听进去了吗？

听进去了！

---

① 《三国志·高堂隆传》：臣观黄初之际，天兆其戒，异类之鸟，育长燕巢，口爪胸赤，此魏室之大异也，宜防鹰扬之臣于萧墙之内。

② 《三国志·高堂隆传》：可选诸王，使君国典兵，往往棋跱，镇抚皇畿，翼亮帝室。

五、怎样才叫真正控制了皇权呢？

司马懿在西北这些年，把大西北弄得服服帖帖的，在一些曹魏忠臣眼中，他已经成为隐患了。

高堂隆死后不久，曹叡就把司马懿调去打辽东了。

都是出来混的，自然都有各自的信息渠道。司马懿当然知道朝中的这些传言，他心中其实是有准备的，也常以忠臣状表态，比如他给曹叡献鹿，比如出征辽东前高水平的拍曹叡的马屁："当年周公为成王营建洛邑，萧何为高祖造未央宫，现在让您没地方住是我的责任啊！要打仗了，您还是先缓缓再上马工程吧。"①

一句话包含了两个信息点：

1.间接将自己比作周公和萧何。这两个人有两个特点，一个是能干，一个是忠心。这是夸他自己呢。

2.让您没地方住都是我的问题，现在为了国家我要献忠言，为了打仗您先不要大兴土木建宫殿了。

①《晋书·宣帝纪》：昔周公营洛邑，萧何造未央，今宫室未备，臣之责也！然自河以北，百姓困穷，外内有役，势不并兴，宜假绝内务，以救时急。

反复表达的就是自己的忠心耿耿、大公无私。

他荣归故里时唱的那首"告成归老，待罪舞阳"是什么意思呢？再次向全世界表态，全心全意地认怂并希望平稳着陆。

他绝对是知道自己的政治前途已经阴云密布了，这次出征就是人生终战，要么累死在辽东，要么功成后回来养老，不会再有什么机会了。

不过谁也没想到，他去东北探险的这一年，年纪轻轻的曹叡先不行了！

曹叡卧病在床时，已经感到自己时日无多了，他在第一次安排后事时，安排了燕王曹宇、曹爽、曹肇等宗室大臣辅政。

曹宇是曹叡的叔叔，曹操的儿子。曹爽是曹真的儿子。曹肇是曹休的儿子。曹叡自己的三个儿子都早早地死了，曹家的帝室一脉不仅寿扛不住了，连孩子都养不活了。

曹叡虽然不行了但却没有糊涂，他的顾命大臣中，都是清一色的宗室子弟。篡不篡权的已经顾不上了，只要最后杀出来的还是曹家人，只要魏国的权力还是在自家人的血脉下传承，就不算辱没了祖宗。

接下来的故事，提醒我们，人无论何时，不到真真正正地攥紧了权力后，永远不要嘚瑟地说狠话。你要做的，要像司马懿一样，一直忍！忍！忍！忍到自己彻底成为那个掌控大局的人为止！

这帮宗室托孤大臣中，除了自幼谨慎稳重的曹爽之外，剩下的人都和老臣集团有纠葛。

曹家的老臣们都早早地随曹丕而去了，但很多外姓的老臣却一直硬硬朗朗的，这帮曹家的年轻人总认为老臣应该麻溜地把手中的权力给让出来，但权力这东西，谁愿意撒手啊，这就使他们之间产生了巨大的矛盾。

有矛盾很正常，权力过渡向来血腥，不过这帮新生派比较狂，夏侯献和曹肇有一次看见大殿前的一棵树上飞来一只鸡，怒道："这鸡也嘚瑟太久了，看它还能活几天！"①

他们的这句话，后来传到了很多人的耳朵中，有两个关键人物也听到了，他们的命运也即将被改变。

曹操时代就掌管机要的秘书刘放、孙资已经掌权二十年了，他们判断这帮小年轻将来会收拾他们，于是决定自我拯救。②

被托孤的一号人物曹宇自从曹叡要不行了以后就始终陪着曹叡，时间一分一秒地过去，刘放、孙资的机会越来越小。

甲申日，曹叡要咽气，曹宇下殿喊曹肇去商议曹叡死后的权力分割问题，仅仅留了曹爽一个人随时观察情况。③

这个时候，同样在曹叡身边的刘放迅速地喊来了孙资商议。

孙资说："咱还是别拼了。"

刘放说："怂没有用！咱哥俩就要进油锅了！还犹豫什么！"

两人突然跪到曹叡那里，哭道："您要是有个三长两短，天下托付给谁啊？"

曹叡说："你们不知道我安排给了燕王吗？"

刘放说："陛下忘了先帝诏敕藩王不得辅政了吗？况且陛下刚病，曹肇、秦朗等便与才人侍疾者言戏，燕王拥兵南面连臣等都入不了内了！您才寝疾数日就已经内外隔离社稷危殆，臣等实在是太痛心了！"

曹叡急火攻心，怒问："那谁行啊？"

---

① 《世语》：殿中有鸡栖树，二人相谓："此亦久矣，其能复几？"

② 《汉晋春秋》：中书监刘放、令孙资久专权宠，为朗等素所不善，惧有后害，阴图间之……

③ 《汉晋春秋》：甲申，帝气微，宇下殿呼曹肇有所议，未还，而帝少间，惟曹爽独在。

当时曹叡身边只有曹爽。曹爽跟谁都不为敌，从小就谨慎、厚重，老爹曹真的人缘也很棒，于是刘放、孙资说："曹爽！"

曹爽吓得汗流满面，老臣们马上踩曹爽示意谢恩，随后二人又推荐了老同事司马懿共同辅政，平衡宗族与外臣的势力。①

刘放、孙资出去拿印鉴，这个时候诸曹那边也得到信了，曹肇闯进来开始没完没了地哭，曹叡突然醒悟了，曹爽这小子肯定搞不过司马懿，于是让曹肇赶紧去叫停孙资、刘放。②

曹肇出门去喊那两位，刘放、孙资也得到了信，躲开了曹肇又回到了曹叡身边再次没完没了地劝谏！关键时刻，做了几十年领导秘书的孙资、刘放再次说服了曹叡维持原议。③

但是这一次两个老臣建议曹叡立刻下诏，曹叡说："我太累了，不能写字，歇会儿再说。"④

刘放于是爬上龙床，抓住了曹叡的手，强行帮曹叡勉强下诏，然后马上出宫公布文件，罢免曹宇等人官职，令其不得在宫中停留。⑤

就这样，司马懿在别人的殊死政变下，在最后时刻赶上了末班车，第三次进入了曹家的常委班子。

人在重病的时候，生命的所有精华都在保最后那口气，什么判断力、思考力，就全都顾不上了。

重病的曹叡在一次次的拉抽屉中丧失了自己的判断，将最后的托孤变成了最危险的二元结构！

———————

① 《汉晋春秋》：放、资乃举爽代宇，又白"宜诏司马宣王使相参"，帝从之。

② 《汉晋春秋》：放、资出，曹肇入，泣涕固谏，帝使肇敕停。

③ 《汉晋春秋》：肇出户，放、资趋而往，复说止帝，帝又从其言。

④ 《汉晋春秋》：放曰："宜为手诏。"帝曰："我困笃，不能。"

⑤ 《汉晋春秋》：放即上床，执帝手强作之，遂赍出，大言曰："有诏免燕王宇等官，不得停省中。"

无论安排几个人，托孤的最终结局也只会是角逐出一家独大，而二元的权力结构通常是用时最短的！

接班人不像自己当年二十二岁登基能迅速地接管朝局，而是仅仅八岁的孩子啊！

这也就意味着，曹家的天下未来注定要被控制在曹爽和司马懿这两个人手中！

如果是曹爽，最起码他是曹家人。如果是司马懿呢……

景初三年（239）正月，魏明帝曹叡驾崩，曹爽、司马懿二人共同辅佐年仅八岁的少主曹芳，二人均假节钺，都督中外诸军事，录尚书事，各统精兵三千人，共执朝政。

此时司马懿已经六十一岁了，这也是他入朝的第三十一个年头。

此时他距离时代巅峰，只剩下一个对手了。

要介绍一下曹爽了。

这孩子自幼厚重，深得曹叡喜欢，在曹家第三代中算是顶尖的翘楚了，而且并不简单：从他自幼得曹叡欢心能看出来；从他和老臣集团的关系能看出来；从他和司马懿的前几年对弈中也能看出来。

总体来讲，这小子的权力之路走得相当有章法，只不过碰见神演员了。

曹芳刚即位时，曹爽和司马懿还是二人开班子会的，对老前辈司马懿，曹爽还是相当尊重的，但是他内部的班子成员何晏等人说，曹家的大权不能给别人啊！ ①

曹爽在班子内部讨论后，尊司马懿为大司马，让司马懿在官位上

---

① 《三国志·曹爽传》：初，爽以宣王年德并高，恒父事之，不敢专行。及晏等进用，咸共推戴，说爽以权重不宜委之于人。

高于自己以显示尊崇。①

结果这个议案扔出去后，曹爽又操纵舆论，表示这个岗位太不吉利了，之前几位都死在任上了，于是司马懿被再次提高了一格，成为太傅。

由于太傅的级别太高了，从来都是虚职，这么大的官再去掺和具体工作就有失国家体面了，司马懿因此被高规格地挤出了尚书台。②

司马懿的权力不是一口气被剥夺的，此时他统领禁军的权力还在。③曹爽随后又给出了一系列养老政策：入殿不趋、赞拜不名、剑履上殿，以及一系列家属善后政策：嫁娶丧葬取给于官、以世子司马师为散骑常侍、子弟三人为列侯，四人为骑都尉。

司马懿辞让，子弟也皆不受官，以表示低调（帝固让子弟官不受）。无可奈何地吃了哑巴亏。

241年五月，孙权四路伐魏，司马懿以六十三岁高龄主动申请主持了对吴的作战。可能有两方面原因：

1. 鞠躬尽瘁、死而后已地奔着和孔明未来并称"绝代双骄"的剧本去了。

2. 通过为国征战保证自己"持节统兵都督诸军事如故"的军权不被曹爽找碴夺走。

六月，司马懿督诸军南征，还没到前线，吴军就吓跑了，魏军追上砍了一万来人，缴获了一大堆军用物资。

天子遣侍中常侍劳军于宛；秋七月，增封食郾、临颍，并前四县，

① 《晋书·宣帝纪》：爽欲使尚书奏事先由己，乃言于天子，徙帝为大司马。

② 《三国志·曹爽传》：丁谧画策，使爽白天子，发诏转宣王为太傅，外以名号尊之，内欲令尚书奏事，先来由己，得制其轻重也。

③ 《三国志·三少帝纪》：太尉体道正直，尽忠三世，南擒孟达，西破蜀虏，东灭公孙渊，功盖海内……其以太尉为太傅，持节统兵都督诸军事如故。

邑万户，子弟十一人皆为列侯。

司马懿达到了人生巅峰，但此时他异常地小心与低调，即使看到官爵比自己低的老乡前辈，也要下拜。

司马懿经常教育子弟，告诫子弟月盈则亏，千万要低调！ ①

瞅瞅人家这内功，什么时候都不飘啊，要不人家最后能窃国呢！人家有这个器量！

司马懿击退吴军进攻后开始与自己提拔的邓艾着手创建淮南、淮北的军屯。242 年三月，正式上奏，穿广漕渠，引河入汴，溉东南诸陂，这算是为后来自己的孙子司马炎灭吴提前奠定好了物质基础。

曹爽则在司马懿搞建设的这一年的七月，将司马懿的老哥们儿蒋济晋升为太尉，趁机免去蒋济原执掌禁卫大权的领军将军一职，改任其二弟曹羲为中领军，完成了对司马懿权力争夺战碾压的最关键一步！

先来说一下，这场权力的游戏中最具代表性的有三个关键职位。

第一个：武卫将军。

这个职位是曹操时代才有的，不过这个新生的职位却极其重要。

由于丞相这个官职早就没了，因此曹操复活丞相一职并自己担任后只能创造出了这么一个官职来负责自己的安全，相当于曹操的保安团的团长。

第一任的武卫将军是大名鼎鼎的许褚，当年曹操在渭水"叉腰"就是他全程护卫的。

武卫将军负责都督中军，宿卫禁兵，属于禁军中最重要的一支力量，一般来说非绝对信任的人，是不会得到这个职位的。

---

① 《晋书·宣帝纪》：恒戒子弟曰："盛满者道家之所忌，四时犹有推移，吾何德以堪之。损之又损之，庶可以免乎！"

曹爽受托孤前的岗位就是武卫将军，也由此可见他跟曹叡的关系，后来这个位置他给了三弟曹训。

第二个：中领军。

这个职位是禁军中的最高统帅，负责统领五校尉以及武卫、中垒、骁骑、中坚、游击等新禁军，总统所有内军。资历深、威望高的，可晋升为领军将军，与中领军职责相同。[①]

曹爽挤走蒋济，安排他二弟曹羲为中领军。

第三个：中护军。

中护军这个职位在秦时就有，当时叫护军都尉，后来大汉间谍头子陈平也干过这个差事。

曹操将护军改为中护军，总统外军进一步拓宽了职能，掌管选拔武官，隶属于中领军。资历深、威望高的，可晋升为护军将军，与中护军职责相同。[②]

这个岗位既掌握着护卫洛阳城的兵权，又有选拔控制中下级武官的权力（可选拔的将军品级并不高，管一二百人的水平：故蒋济为护军时，有谣言"欲求牙门，当得千匹；百人督，五百匹"）。不仅容易受贿，还能因为自己的人事特权，培养自己的力量。

这个岗位是司马家族最终能翻盘的关键。

此时这个岗位的长官是曹爽的表弟夏侯玄。

大体上，中领军和中护军的权责范围如图 12-5 所示：

---

① 《宋书·百官下》：领军将军，一人，掌内军……文帝即魏王位，魏始置领军，主五校、中垒、武卫三营。

② 《宋书·百官下》：护军将军，一人，掌外军……魏初因置护军，主武官选，隶领军。

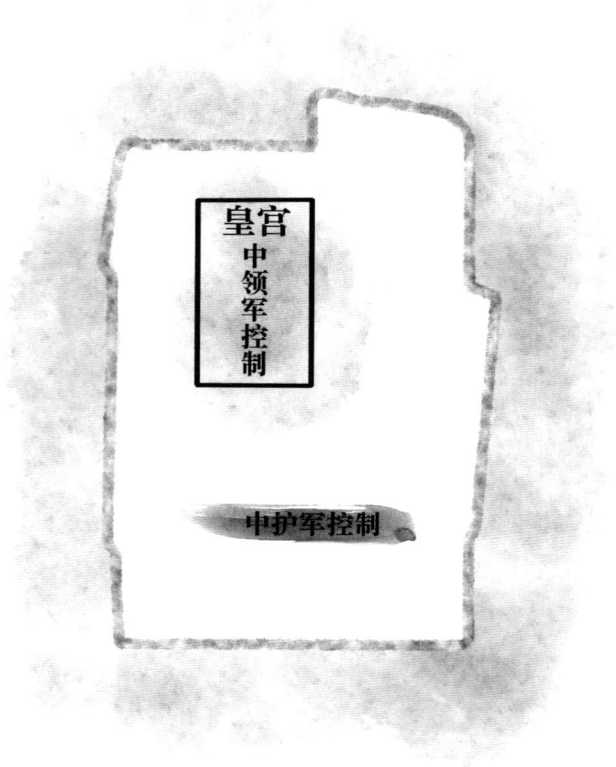

图 12-5　中领军与中护军各自职能范围图

职责上，中领军类似于汉朝的"郎中令 + 卫尉"；中护军类似于汉朝的"中尉"。

再回顾一下曹爽的人事安排。

他将司马懿尊为太傅，剥夺了他"录尚书事"的资格，但此时老爷子手中还是有禁军力量的（以太尉为太傅，持节统兵都督诸军事如故），此时的这个权力应该是由亲信蒋济的领军将军来控制。等到 242 年七月把蒋济也给"尊"起来后，蒋济手中最值钱的"中领军"职位也给弄走了。

这是曹爽夺权的最关键的两步。

什么叫把持了朝政呢？在皇权时代，把持朝政有两点关键：

1. 你有掌握权力的输出能力。

2. 你有掌握权力的巩固能力。

权力的输出能力，录尚书事，就意味着国家的政治决策等关键的拍板权，被握在手中了。权力的巩固能力，这就是军权的范畴了。

国家的军权中，哪个军种的重要性最高呢？是禁军。禁军往往是国家各大军种中人数最少的，但往往是最精锐的。

它的重要性并非因为精锐，而是因为它的任务是保卫皇权！

以魏国举例，司马懿当初在雍凉做大军区一把手时，能造反吗？不能。因为两点：

1. 荆州军区和淮南军区两大军区是保皇的，中央可以直接调兵去勤王，来跟你对打。

2. 更重要的是，所有重镇军区的带兵大员都是有家属在首都做人质的，司马懿只要造反了，大概率是被手下人干掉的。

你的威望再高，也不会有人抛家舍业地跟你去搏这一把！

但是如果司马懿掌握了所有禁军，也就是曹爽现在的这个位置，那么他造反就有着极大的概率。因为，掌握了禁军，也就控制了皇帝，也就有了掌控整个官僚结构的政治手段。

我准备造反了，然后我进宫了，禁军都是我的人，我下令封锁洛阳的内城和外城。然后，我进宫把皇帝弄死，弄一个五岁的上位，说是新皇帝，在我的淫威之下，将所有程序盖章合法走全。

控制中央后，我再跟各地的军权势力做交易，拥护我的，封官许愿给好处；不拥护的，拿京城的家属威胁你，然后再釜底抽薪地宣布你是反动派。那么你最好的结局，就是带着少数的铁杆亲信投奔外国。如果在大一统时期，你连跑都没地方跑了。这就是禁军的作用。

我们常常说一个皇帝能够掌控住大权是什么意思呢？

1. 尚书台里的人拿意见，最终要等这个皇帝拍板。

2. 禁军的各将领均被皇帝有效地控制。

只要控制着这两点，这个皇帝就是大权在握的！只要这两把刀在，皇帝的权威与力量就都在！地方不是说出不了祸患，而是出了祸患也大概率地能被平下来。

所以曹爽利用老臣们最大的年龄"弱点"，在打出尊崇老前辈的一连串组合拳后，司马懿虽然位已至尊，但已经被排除出权力的核心了。

太傅并非就是个吃干饭的，司马懿这个太傅手中还有非常多的权力，比如选拔人才的中正权，比如都督地方军区去平叛淮南，等等，但这些权力并非能决定生死存亡的！

综上，我们再次阐述了皇权核心的两要素：政务拍板权和皇帝保安团的掌控权。

六、曹爽为什么要带着所有的兄弟跟他出城?

曹爽在拿下"录尚书事 + 禁军"这两项核心权力的同时,任用了一些曹叡在位时被打压的浮华子弟,像何晏、邓飏、李胜、丁谧等,被曹爽招为心腹,担任了朝中的要职。

丁谧、何晏、邓飏被封为尚书,何晏还掌管了人事大权,负责选拔官员,李胜被封为河南尹、毕轨被封为司隶校尉(持节,掌察举百官以下及京师近郡犯法者,有一定军权)。

这都是次一级的核心官职,可以用心腹了,但像前面提到的禁卫官职,必须要用自己的亲戚,最开始毕轨在中护军担任领导职务,但后来曹爽就把这个职位调整为表弟夏侯玄了。

243年秋九月,被从权力中枢排挤出来的司马懿又督诸军击诸葛恪,结果大军刚到舒城,诸葛恪就跑了。

嚷嚷得挺凶,但司马懿表示没有任何压力,他此时已经混到了令对手"闻其名望风逃窜"的老艺术家境界。

此次来到淮南,在邓艾的建议下司马懿确定了灭贼之要在于积谷的战略方针,开始大兴屯守,广开淮阳、百尺二渠,又修诸陂于颍水南北万余顷。

从此淮北仓庾相望，自寿春到洛阳，农屯和官屯的生产兵团连成一片了！

司马懿和诸葛亮，这两位大神有一个永恒不变的命题，就是走到哪儿就建设到哪儿。

司马懿在关中时搞屯田鼓励生产，南下平叛时间不长又利用自己的权力推动了两淮地区的建设。

这是有大功于国家的。司马懿这辈子一直没有停止对曹魏的建设与添砖加瓦，如果他这辈子最后不造反，历史的身后名应该是"大魏诸葛亮"的。

总体来讲，一生于魏国有大功啊！

本来，历史的车轮大有架着司马懿往忠义名臣的方向上走的，但在曹爽把持朝政的四年后，出现了一个小小的转机。司马懿准确地抓住了它。

曹操时代的老臣赵俨闹着喊着不干了，赵俨是曹爽安排接替司马懿督关中的角色，曾是他爹曹真的大司马军师，现在要告老还乡。

估计这次赵俨闹腾回家养老有两方面原因：一是岁数确实大了；二是关中诸将指挥不动。

赵俨不干了，必须得有一个人顶上去，曹爽派了自己的表弟夏侯玄去。

夏侯玄这一走，中护军的关键位置就空出来了，比较意外的是，这个位置是司马师递补的。[①]

这中间到底是如何运作的，史书无载，比较可能的推理是，曹爽让夏侯玄去督关中，让司马懿老爷子给撑撑腰，让年轻无外放资历的夏侯玄可以在关中站稳脚跟，因为曹爽还有伐蜀的下一步动作，司马懿则提出作为交换：你得让我儿子有个进步的空间。

---

① 《魏略》：玄既迁，司马景王代为护军。

双方互相妥协下，此次人事变动遂顺利达成。

这成为最后要曹爽命的关键人事任命，因为司马家的嫡系接班人在禁军中楔进了一颗相当致命的钉子！

这个人事动作，也基本说明司马懿开始准备反击了。因为第一次尊他为太傅，剥夺他"录尚书事"时也给了他家很多政治待遇，但司马懿全都辞了。这回却安排他儿子进入重要岗位了。

老艺术家开始磨刀了。

244 年，曹爽力主夏侯玄伐蜀。

一般来说握大权后要立大军功，才算是一整套组合拳打完了，因为毕竟需要有说得出去的功劳才能堵住整个阶层的嘴。

曹爽在邓飏、李胜等人的怂恿下，在吴、蜀这两个方向选了蜀。这就是没有常识了，蜀那是能轻易打的吗？蜀地的天险是闹着玩的吗？

对付蜀地，自古基本上都要等它内部乱了、虚弱了才好下手，此时蜀中蒋琬主政，武侯遗风尚在，你能打得动吗？

当然，也有一种可能，是曹爽为了借这次动兵的机会，将水都泼不进的关中彻底地松动松动。往往军队的归属感和人事调整是要通过一次次的战斗与演习才能完成的。

曹爽要在关中施加自己的影响力。

于公于私都不能让司马懿去打，不过曹爽不听。

伐蜀的结果非常不理想，曹爽被此时已经挑大梁的蜀将王平悍拒。

伐蜀军被阻，后方军粮也供应不上，牛马大量死亡，成都方面费祎等援军亦相继到达，曹爽无奈回军，还被蜀军截击，苦战之下才退回来，伤亡惨众，还惹得关中一片怨声载道。①

曹爽铩羽而归后一年多，245 年八月，废掉了中垒、中坚营（见图 12-6 ），把两营兵众统交中领军曹羲率领，司马懿援引先帝旧例制止，曹爽再度不听，司马懿还是没有办法。②

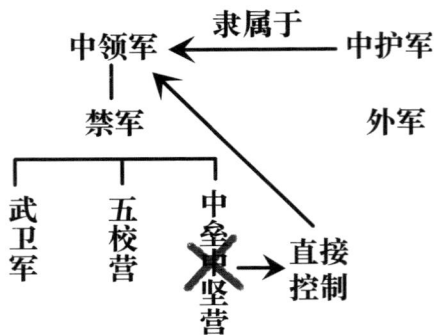

图 12-6　曹爽废中垒中坚营示意图

理论上来讲，这两个营是归中领军控制的，但由曹爽的这个举措可以看出来，禁卫兵权里的中垒、中坚两营领导很可能是司马懿的嫡系，是当初直接隶属于司马懿托孤时"都督中外诸军、录尚书事，与爽各统兵三千人"中的最后力量！此举意味着司马家族在禁宫内的所有力量都被驱逐了。

247 年四月，司马懿的老伴死了，司马师守孝去了，司马懿连中护军的外军兵权和主武官选举的人事权也没了。

同月，曹爽趁司马师下岗守孝，迅速对司马家族展开了总攻，把

　　① 《三国志·曹爽传》：关中及氐、羌转输不能供，牛马骡驴多死，民夷号泣道路。入谷行数百里，贼因山为固，兵不得进。费祎进兵据三岭以截爽，爽争岭苦战，仅乃得过。所发牛马运转者，死失略尽，羌、胡怨叹，而关右悉虚耗矣。
　　② 《晋书·宣帝纪》：六年秋八月，曹爽毁中垒中坚营，以兵属其弟中领军羲。帝以先帝旧制禁之，不可。

郭太后迁到永宁宫，断绝了其和小皇帝见面的机会。

247年四月这两件事的同时发生，使得司马懿被曹爽挤兑得彻底混不下去了！

五月，当了一辈子劳模的司马懿老爷子时隔四十年第二次生病了，从此不再问政事。

关于司马懿离去的原因官方记载是这样的："曹爽用何晏、邓飏、丁谧之谋，迁太后于永宁宫，专擅朝政，兄弟并典禁兵，多树亲党，屡改制度，帝不能禁，于是与爽有隙。"

要知道，此时曹爽已经挤兑司马懿八年了，为何此时司马懿才与曹爽"有隙"？

司马师的中护军下岗倒是其次，最关键的是郭太后这最后一根司马懿楔进权力中枢的钉子被拔走了。

郭太后是曹叡正妻，对曹芳有监护权，会对曹爽最终的决策有一定的影响力。郭家跟司马家是有关系的，郭太后的从父郭芝后来可是司马家的排头兵，给司马师进言废掉了曹芳。

郭太后被曹爽赶出了权力中枢，也就标志着司马懿对于权力内部的所有消息来源与影响力全失去了！不仅刀没有了，现在连防弹衣都让人扒了，失去了所有保护自己的力量！所有的主动权都攥到曹爽手里了。

已经"全裸"的司马懿此时选择了生病。这是一种政治表态，老头子我认怂了，您饶过我全家人的性命吧。

此时的司马懿家族，基本上处于停盘状态了，曹爽已经获得了全面胜利。不过意得志满的曹爽不知道，有的顶级对手，他一天不入土，这场权力的游戏都不算完！

有些功力，经历不够就永远发挥不出来；有些见识，岁数不到就永远体会不明白。

曹爽虽然"少以宗室谨重",虽然已经斗败了老艺术家,但他也可以说是一辈子没受过委屈、没吃过亏的人生赢家,这辈子就是一直上涨的股票。

所有人生的智慧与经验,都是在无数次打掉了牙咽到肚子里的泪水后刻入基因里的!

人生的那些受益终生的大道理中,归结起来就是一些极其浓缩的短语,比如:谦卑,谨慎,不可纵欲,人要低调,要团结,除恶务尽,等等。这每一个词语,都需要用一生去品味、去实践。

没有吃过亏,没有亲身体验与历练过,是很难在大富贵降临后不出问题的!因为大权大贵会有一个如影随形的巨大衍生品:诱惑!

曹爽本是谨慎、厚重的人设,但在天下无敌后,终于扛不住这顶级的诱惑了。

曹爽在司马懿彻底被打倒后,开始变得肆无忌惮,他的心腹何晏敢强行将洛阳、野王典农的数百顷桑田和汤沐地作为自己的产业,又窃取官物,仗着自己主掌官员选拔向其他州郡要好处费,一些得罪了曹爽心腹集团的大臣都因小事而被免官或调整了。

曹爽也开始了各种各样的不正之风,他的饮食、车马和服饰都与皇帝的类似;甚至私自带走了曹叡的七八个才人回家做妾;擅取太乐乐器,调武库禁兵建造华丽的会所,与何晏等心腹在其中饮酒作乐,极尽奢华。

权力的大饼向来是你多吃我就少吃。不过生活奢华大概率还是不会犯众怒的,因为一朝天子一朝臣,都在这个圈子里混,你只要说得过去,大家还是默许的。多吃多占犯众怒往往是另有别的原因,比如说嘚瑟!

人不患寡患不均,你家里几千亿我们看不见,我看见你住三居室,一个媳妇，过正常人的日子，你虽然把要紧岗位全安排了，但一个个还都能露出虚伪的谦虚表情，其他人是可以接受的。你看人家司马懿，邑万户，子弟十一人皆为列侯，人家见谁还都鞠躬呢！

你要是占据了所有上层建筑然后跟我们可劲儿地嘚瑟，我们就太不平衡了！

更可怕的是，曹爽一伙动了太多老臣的既得利益！老臣集团开始公开反抗了！

比如老臣孙礼，和曹爽的关系有裂痕后，被调整为并州刺史，在去司马懿家里串门时公然说曹爽祸国！①

孙礼边说边哭，司马懿是这么回答的："别哭了！不能忍也得给我忍！"

少府孙观因为秉公执法得罪了极尽奢靡的曹爽集团，随后被调整为太仆。②

太尉蒋济在被从领军将军给挤到闲职后，借着日食的理由上疏抨击曹爽擅改法度！③ 蒋济公然表态："别瞎折腾了！"

这些老臣的公然愤怒，都被司马懿看在眼里。（注意这些名字，后面有关键戏份。）

这些曹操时代就混迹江湖的老革命，此时还生龙活虎呢！几十年

---

① 《三国志·孙礼传》：本谓明公齐踪伊、吕，匡辅魏室，上报明帝之托，下建万世之勋。今社稷将危，天下凶凶，此礼之所以不悦也。

② 《三国志·王观传》：大将军曹爽使材官张达斫家屋材，及诸私用之物，观闻知，皆录夺以没官。少府统三尚方御府内藏玩弄之宝，爽等奢放，多有干求，惮观守法，乃徙为太仆。

③ 《三国志·蒋济传》：曹爽专政，丁谧、邓飏等轻改法度。会有日蚀变，诏群臣问其得失，济上疏曰："昔大舜佐治……夫为国法度，惟命世大才，乃能张其纲维以垂于后，岂中下之吏所宜改易哉？"

来的利益网络盘根错节，曹爽这么生硬草率地进行得罪，还配合着骄奢淫逸，这就犯众怒了！

曹爽这个集团中也是有明白人的，比如说二号人物、时任中领军的曹羲。曹羲看到大哥被这帮狐朋狗友带歪之后甚为忧虑，曾多次劝谏曹爽："大哥咱别这样了，成由勤俭败由奢，人们都看着咱了。"

曹爽不搭理他。

曹羲随后又写家训三篇，内容主题为"骄奢淫逸对家族的巨大危害"，明面上教育的是弟弟与子侄，实际上是侧面提醒他哥，曹爽又不傻，当然知道，非常不高兴，给曹羲甩大脸子。曹羲很伤心，经常被曹爽气得涕泗横流。[①]

曹爽心中很不屑：你又没玩过那些御用品，你知道什么啊！

248 年，曹爽想去看看已经"病"了一年多的老对手司马懿，于是派心腹李胜去探病。

李胜去后就看到了这样的场景：司马懿已经老得没法要了，喝粥撒一身，一句话喘半天，耳朵半聋眼半瞎。

李胜回去将见闻报告给了曹爽，曹爽认可了。司马懿马上就到七十了，那是古来稀啊！人快到尽头了是大概率事件啊！

曹爽如果看了司马家族的履历就知道了，人家司马家是祖传的好体格，活七八十岁向来当玩一样。而且当年，司马懿是受过专业训练的，用装病都把曹操这个人精给糊弄过去，曹爽你小子还蒙不了？

曹爽开始迷恋上权力所带来的美好，很多时候，城里已经装不下

---

① 《三国志·曹爽传》：羲深以为大忧，数谏止之。又著书三篇，陈骄淫盈溢之致祸败，辞旨甚切，不敢斥爽，托戒诸弟以示爽。爽知其为己发也，甚不悦。羲或时以谏喻不纳，涕泣而起。

他了。他时常玩起出城自驾游，基本上一出去，就是带着所有的亲信组团。他的同乡大司农桓范曾经劝过他："你们兄弟掌握朝政和禁军，不宜一齐离开，一旦有人在城内闹政变，你们无法入城掌握大局。"

曹爽是不当回事的，因为目前全部的实力被他们家族抓在手里，司马懿又是马上开追悼会的节奏，政变哪是那么好搞的？

其实此时此刻，曹爽担心自己的兄弟，要远远担心那些反对势。

此时，所有的禁军与皇帝本人都被他抓在手中，他是逮谁灭谁的节奏，政变的发动有三个关键点：一个是军队，一个是威望，一个是皇帝。

这三点外人是都没有的，唯一有威望的那位司马懿黄土都埋到脑门了，倒是他家的兄弟们是要防范的对象。

目前，所有的禁军掌握在他们哥几个手中，他掌握大部分，他弟弟们掌握小部分。

虽然说是一家子，但自古兄弟间反目的可从来就不是少数，尤其在天下第一的权力面前。如果说可能政变的话，最大的可能性，反而是自己的兄弟！

尤其曹爽已经明确知道了，弟弟曹羲对于他的生活方式是看不惯的！

谁知道旅游时，这个弟弟会不会把我踢一边去呢？所以，不好意思，旅游的兴致我是不减的！但所有掌握权力的兄弟们全都得跟我一块组团开路！

曹爽的这个心思与已经成为套路的旅游模式被身在床榻上每天表演流哈喇子的司马懿看了个通通透透！

所以说，并不是曹爽兄弟们大意最终被司马懿钻了空子，而是曹爽日渐膨胀的旅游欲望与防范自家弟弟篡权的全家出动模式被司马懿早就盯上后做的精心布置！

曹爽心里的算盘打得其实是没问题的，因为此时所有明面上的军力全部在他手中掌控着。但是，他有一点算漏了。司马师！

虽然司马师守孝在家，但是他当过三年的中护军！司马师这个中护军的职位权力，是可以提拔下级武官的！这也就意味着，司马师可以利用这个权力培养自己的铁杆力量！

当年蒋济当中护军的时候，贪污腐败太严重，传言："欲求牙门，当得千匹；百人督，五百匹。"

司马懿和蒋济关系好，有时拿这个调侃老蒋。蒋济说："老哥哥别逗我了，洛阳这物价多高啊。"哥俩说完哈哈大笑。

到了夏侯玄为中护军的时候，选拔的都是世家大族的子弟。夏侯玄家不缺钱，还是宗亲，所以不像蒋济满脑子都是钱，人家就拿这个岗位作为培养、拓宽上层人脉的机会了。

但是，到了司马师干这个岗的时候，套路全变了！司马师罕见地杜绝了金钱开道和关系开道，一切拿军中的功劳说话，整顿法令，所有人都不敢再搞不正之风了。[①]

这样做的好处是什么呢？

所有过去家里没钱、没背景、本来人生永无出头之日的绝望的官兵们，在这个金钱与关系至上的时代，突然间有一个人给他们开了一扇窗：只要你努力，只要你忠诚，你就能完成阶层跃迁。

司马师为什么要这样做呢？

因为给你送钱的人，将来不会为你所用；因为走关系的人，将来只会拿关系来还你的情。

---

① 《魏略》：玄代济，故不能止绝人事。及景王之代玄，整顿法令，人莫犯者。累迁中护军，为选用之法，举不越功，吏无私焉。

这种人脉，人家的选择和退路太多。不可能跟你干玩命的活儿！

只有那种本来没有机会、没有未来的人，被你提拔起来后，才会对你感恩戴德！他们知道他们的机会全都在你这儿，所以你指哪儿他们就会打哪儿！他们除了听你的安排没有别的选择！他们的人生本就没有什么退路！

司马家族的预谋，有迹可循的开始，大概率是在司马师 244 年成为中护军时开始布局的！

244 年到 247 年，司马师用这三年的时间，布置了怎样的一股力量呢？《晋书·景帝纪》：帝阴养死士三千，散在人间！

七、司马懿是如何用有限的力量撬动权力核心的?

公元 **249** 年，正月癸巳日，司马懿决定出击了。

政变前夜，他和他的接班人司马师密谋合计。[1]

司马懿道："明天就是先皇的忌日了，皇帝和曹爽没有悬念地都会去高平陵祭祀，咱们该动手了，让你的三千死士明早集合现身，去把你弟弟和三叔叫来。"

司马孚和司马昭被召唤过来，司马懿将计划事无巨细地跟这两个人说了。

随后的这一夜，改变了中国的历史。并非说曹爽被赚，而是司马师的表现。

总说司马懿是个预谋已久的篡国阴谋家，实际上，司马懿这种算计到极致的人精，会单纯仅仅有机会了就去搏一把的吗?

摆在他面前的有两条路。

1. 干掉曹爽，走篡国之路。

2. 干掉曹爽，恢复自家和老兄弟们的政治权力，以周勃的形象名

---

[1] 《晋书·景帝纪》：宣帝之将诛曹爽，深谋秘策，独与帝潜画，文帝弗之知也。

垂青史。

截至此夜之前，我相信司马懿的心中仍然是持第二种想法的。因为篡国这种事不是他一个人能干的！一旦走了这条路，将面临太大的难度，要经受太多势力的反扑，此前在统一王朝篡位成功的只有王莽一人。

如果说再把条件放苛刻一点，司马懿会惊喜地发现，统一的新兴王朝中，篡国成功的记录是零！

这一年他已经七十岁了！他是绝对完不成这个事业了！如果走篡国的路，那就将再无退路！如果过程中出现了一点点纰漏，整个家族将万劫不复！

接他班的人，有他的本事吗？

深夜，司马懿派人去二位公子的窗外偷窥：司马师鼾声如雷，司马昭辗转反侧。①

司马昭的表现可以理解，毕竟刚刚知道明天要去玩命的消息，去他那里看一眼就是看看有没有意外惊喜。

考察的重点，是司马师！

司马师婴儿般的睡眠使得中国历史在这一夜彻底转舵，司马懿知道了他长子作为接班人的器量！他要用这四十年的功力和身后之名去走那条最难的路了，因为这小子接得住！

第二天，司马师的三千死士如地里面长出来一样全部就位。②三千人的地下组织，司马师完成了一个几乎不可能的任务！

1. 三年的时间他居然阴养了三千人！

2. 这三千人居然召之即来！

---

① 《晋书·景帝纪》：既而使人觇之，帝寝如常，而文帝不能安席。

② 《晋书·景帝纪》：帝阴养死士三千，散在人间，至是一朝而集，众莫知所出也。

3.这三千人居然这一夜没有一个人告密！

4.这三千人聚集后居然没有惊动遍地是眼线的洛阳城！

这是种什么样的组织能力！这是种什么样的人格魅力！

大家记住司马师这个人，如果说给中国历史上被低估的大人物列一个榜单，司马师一定是排到最前列的那一档！

第二天清晨，曹爽旅行团出城后，司马懿家族迅速行动。

通过此次司马懿及其家族的行动，我们能够更深刻地领会国家权力部门的重要性。

司马懿第一时间带着整个家族和三千死士前往重中之重的武库！①这是最重要的一个点，所以需要一号人物司马懿亲自带队孤注一掷！这个地方拿不下来，剩下的就都别提了。

为什么这个地方如此重要？因为这里面有武装军队的兵器。

别看禁军大权全在曹爽的手里，但大部分禁军手中是没有兵器的，只有当天宿卫皇宫的禁军手中才有兵器。没有武器，那两营禁军就是两营傻老爷们儿。

但是，此去风险极大。武库在洛阳城东北，曹爽家离武库不远，到达武库前要经过曹爽家。（见图12-7）

事实上司马懿军团在往武库冲的时候，曹爽府上已经有警觉了，门楼上已经严阵以待了，曹爽家的保安团以为司马懿是奔他们家来了，于是狙击手在司马懿带队靠近时，已经瞄准司马懿了。

司马懿的政变军就这样暂时僵在那里了。

大将军府的常备军不可能有很多，司马懿却僵在这里了，因为他并不具备攻坚曹爽炮楼的能力。

———————

① 《三国志·曹爽传》：宣王部勒兵马，先据武库。

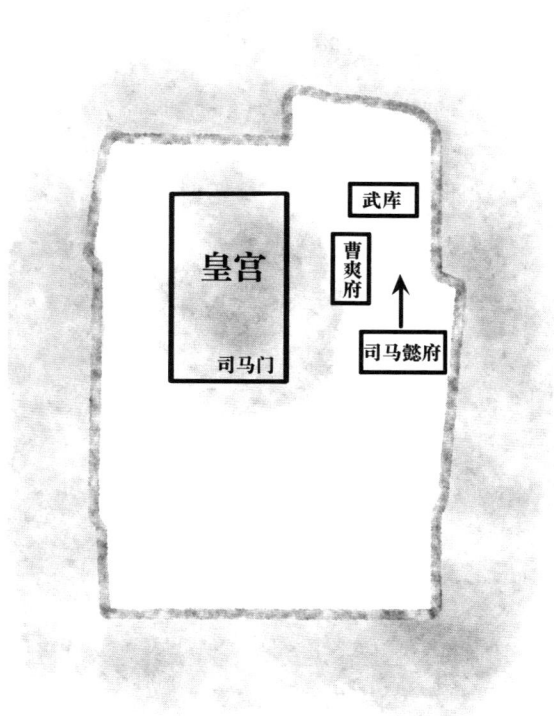

图 12-7　武库与曹爽府位置示意图

　　由此也看出司马师虽然阴养了三千死士，但武器和铠甲的问题是没有解决的！尤其是铠甲，是决定士兵战斗力的最关键武器装备！

　　就在此时，曹爽府中一个叫孙谦的将领，按下了狙击手，说了句耐人寻味的话："天下事未可知也，别把路走绝了。"[1]

　　有可能是司马懿用他"大魏战神"的名头惊险地唬住了曹爽府的阻击军。不过更有可能的是，这个孙谦是司马懿安插在曹爽府的

---

　　[1]　《晋书·宣帝纪》：爽帐下督严世上楼，引弩将射帝，孙谦止之曰："事未可知。"三注三止，皆引其肘不得发。

卧底!

司马懿趁曹爽府狙击手犹豫的时候迅速咬牙通过,来到了武库前。

正常来讲,拿下武库是需要天子诏书的,此时皇帝在曹爽那儿了,所以理论上来讲,司马懿是接管不了武库的。

摆在司马懿面前的只有两条路:要么强打,要么矫诏!

具体怎么拿下的武库史书无载,我倾向于司马懿利用自己的巨大威望以矫诏方式骗取士兵开了武库,随后袭击攻占。

占领了武库后,司马懿完成了政变的最关键环节:武装团队开始全副武装升级,断绝了曹爽方面可能的武装升级。

三千死士在进行武器装备后,那就太可怕了。因为禁军的数量总共不过六千人。当年曹叡托孤曹爽和司马懿时史书专门写了两人各统兵三千。[1]

这六千禁军不是每天都全副武装上岗的,此时还有一部分跟着去高平陵了,所以司马师的这三千武装在洛阳城中与禁军足以势均力敌,甚至是最大的一股力量了!

武库拿下后,下一个关键,是司马门。

留下足够的人手守武库后,全副武装的死士们在司马师、司马孚的带领下扑向司马门。

司马门位于皇宫的南门,门前宽阔,可以屯兵,是禁军设防的核心。

此时曹魏的禁军设置,已经由两汉的南、北军变成了中、外军。司马懿和曹爽受托孤的时候都有一个头衔,叫作"都督中外诸军事"。所谓中外之分,指的就是司马门外是外军,司马门内是中军。一旦司马门突然被拿下,司马门关闭,外面的部队是一点办法都没有的。因为不

---

① 《晋书·宣帝纪》:都督中外诸军、录尚书事,与爽各统兵三千人……

知道里面到底发生了什么，只能在外面等着，不能有任何动作！有动作就是诛全族的造反！

所有的权力输出指令都是由里面的皇帝完成的，皇帝不在，最大的权力输出者就是太后。

谁堵住司马门意味着谁对此次政变活动拥有最终解释权！

如果说占领武库是此次政变的物质基础，那么占领司马门则事关此次政变的成败！因为它标志着司马懿是否能拿到合法的皇权文件来控制整个官僚集团！

但是，此时摆在司马懿面前的还有一个关键点，司马门因为位置干系重大，日常是有相当数量的禁军驻守的，而且明明白白地是曹爽的人！

司马懿派出了司马孚和司马师去强杀！这是司马懿家族最惊险的一次战斗！

具体过程还是史上无载，结果就是，司马师拿下了司马门，而且拿下得非常漂亮！

因为司马懿看到司马师"镇静内外，置阵甚整"的表现后说了一句："这小子到底没让我看错！"[1]

整场高平陵之变，司马师全程顶级输出，交出了改变中国历史的满分答卷！

拿下司马门后，司马昭立刻进宫盯住最大牌领导郭太后，随后，拿下了合法文件。至此，司马家族的政变貌似合法化了。

虽然还差得很远，因为皇帝还在曹爽手中，但对于司马懿来说，已经足够了。

此次政变，在司马懿眼中，最关键的有三个地方：

---

[1] 《晋书·景帝纪》：宣帝曰："此子竟可也！"

1. 武库处。

2. 司马门处。

3. 太后处。

至于曹爽与曹羲手中的禁军力量，在司马懿看来，远没有上述三个方面重要，后面派司徒高柔行大将军事，领曹爽营；太仆王观行中领军，摄曹羲营，是在本家族完成对上述三核心要点的占领后，才部署占领的。

高柔和王观是不可能提前被告知政变计划的，因为做这种万劫不复的事，谁都不能信任！

万一曹爽走之前接到告密就全完了，就连司马懿亲儿子司马昭也仅是前夜才知道。一定是司马家拿下上述三个重地后，才会去找过去的老兄弟们。老兄弟们看到司马家族确实已经成功大半了，才会去接手那两个禁军的军营。

所以说，在最初的计划中，司马家族将所有的希望全部放在了上述三个重地上，而这三重地的归属，也成为所有元老确定司马家族成功与否的信号。

司马懿作为四朝老臣的巨大威望开始发光发亮，他召唤出了同是四朝老臣，历任护军将军、领军将军，身为三公的太尉蒋济和他坐一辆车驾！

为什么这个蒋济地位如此之高，都坐到主席台上去了？因为蒋济历任护军和领军，在禁军关键领导岗位上干了十多年，威望甚高，蒋济一同站出来可以消减禁军潜在的抵抗力量！

司马懿召唤自己的故吏、太仆王观行中领军事，接管曹羲的禁军营；召唤出了司徒高柔假节代理大将军事接管曹爽禁军营，并对高柔说："你现在就是咱大魏的周勃！"

此次政变，司马懿资历老、面子大是一方面，但司马家之所以一呼百应地召唤出了这么多老家伙一块跟他们搞政变，从司马懿对高柔说的那句话就可以知道了。

君为周勃！你就是四百多年前，匡扶刘家天下、铲除巨祸吕家的那个帝国柱石！

在曹爽多年的奢靡之风影响下，老一辈大臣在司马懿的突然发难并有了政治合法性后，纷纷站了出来主持公道！在他们眼中，此时此刻，他们正在干一件名留青史的伟大事件！

他们并不知道，对权力已经领悟到精髓的司马懿、已经对接班人进行了终极考验的司马懿，在一系列天时、地利、人和以及大幸运下，开始将时代强行改道了。

所有的人，最终都成为司马懿的棋子！

在完成对洛阳城内的控制后，司马懿与蒋济带队占据洛水浮桥，关闭洛阳城门，拿出了早就写好的弹劾奏疏，送往了高平陵。

走了一半路程的曹爽接到弹劾表，将天子车驾留在伊水之南，砍伐树木建成鹿角，征发屯兵数千人护卫。

注意，曹爽此时仍然没崩盘哦，还知道做鹿角布防，调数千屯田兵自卫。

这个时候，他迎来了两个人：大司农桓范与大将军司马鲁芝。

那个鲁芝并不重要，重要的是桓范。因为他手中有大司农印，可以调动天下粮草。

很多人会说，司马懿百密一疏啊！他怎么能让这么重要的人跑了啊！司马师要是阴养死士三万，我相信以司马懿的水平，一个也跑不了。但司马懿手中的所有筹码仅仅是三千人！

桓范逃跑后，蒋济也虚了，对司马懿讲："智囊跑了！"

司马懿说出了对曹爽的人生评价："驽马恋栈豆！跑了也没用！"

智囊桓范见到曹爽后，力劝他带皇帝到许昌，以皇帝之名号召全国兵马反击司马懿。

曹爽犹豫未决。

桓范一看曹爽不坚决于是又劝曹羲："就算是一个匹夫抓着一个人质还得玩命地求活呢！皇帝在你们手上，号令天下谁敢不从！有什么可怕的！"[1]

桓范又给出了具体方案，对曹羲说："大量的武装在城外，你中领军是总指挥，洛阳典农的治所也在城外，赶紧去调他们来跟我们去许昌，现在去许昌转天夜里就能到，许昌也有武库足以武装这批力量，粮食也不用担心，我带来了大司农印！"[2]

这是个明白人啊！

此时此刻，司马懿仍然是未知成败的。甚至可以说，仍然是败多胜少的！

因为皇帝在人家手上，是天命所在之处，自己就是个假冒伪劣的，时间一久，自己就该被市场发现了。

禁军之所以牛，是因为保卫着皇帝！如果皇帝逃到了许昌，那兖州刺史的武装自然就成了新的禁军，到时候再诏令三大军区勤王剿灭司马懿也是有可能的。

虽然诸将家眷都在洛阳，但那是皇帝啊！况且时间久了司马懿能否压得住洛阳内的人心骚动呢？毕竟曹爽兄弟已经主掌国家十年了！

更重要的是，曹爽要是想去许昌，沿途一路平原没有关卡，路还特别近，司马懿追都追不上！甚至可以大胆点儿说，曹爽只要一念之差

---

[1] 《三国志·曹爽传》：爽兄弟犹豫未决，范重谓羲曰："当今日，卿门户求贫贱复可得乎？且匹夫持质一人，尚欲望活，今卿与天子相随，令于天下，谁敢不应者？"羲犹不能纳。

[2] 《三国志·曹爽传》：卿别营近在阙南，洛阳典农治在城外，呼召如意。今诣许昌，不过中宿，许昌别库，足相被假；所忧当在谷食，而大司农印章在我身。

狠了心，历史很可能就是另一番模样了！

司马懿是怎么消除这个巨大的不确定性的呢？

他拿着自己攒了四十年的赫赫威名及顶级信誉，先后派侍中许允、尚书陈泰诱劝曹爽，指洛水为誓允诺曹爽只要交出兵权，便可保留他的爵位及财产。不要他的命，只是看不过去他的奢靡之风，只要他的权力！

司马懿这边指洛水发誓，被绑到一辆战车的蒋济也开始写信，从一个好叔叔的角度告诉曹爽："大侄子，你司马懿叔叔只想剥夺你们兄弟的兵权，不会伤害你们，毕竟你们的爹是曹真，跟我们那都是多好的关系啊！"①

不久，曹爽的心腹殿中校尉来了，告诉曹爽一个消息："司马懿真的指洛水为誓了！"②

这是司马懿锁定结局的最关键大招！没有这个大招，成败未可知！

此时此刻，曹爽会怎么想？

1. 司马懿这辈子没办砸过事，自己反抗的胜算能有多大？

2. 司马懿积累了数十年的名声指洛水为誓不会伤害他！

3. 多位魏国元勋写信作保为证。

既然我的命和爵位肯定能保住，我这十年的大将军难道白当了吗？你司马懿还能活几年？我就不会学你吗？天明，交枪，请皇帝罢免自己，向司马懿认罪投降。

当曹爽解下印绶时，主簿杨综说："您挟天子握大权，难道还要上

---

① 《世语》：济书与曹爽，言宣王旨"惟免官而已"。

② 《晋书·宣帝纪》：帝又遣爽所信殿中校尉尹大目谕爽，指洛水为誓……

赶着砍头去吗？"

桓范等人把上下几千年的权力斗争全都给曹爽摆了一遍，当年吕家全都被灭门了，连皇帝都被弄死了！当年巫蛊之祸，汉武帝可是亲爹，手却一点儿都没松啊！但是曹爽最终信司马懿指着洛水发的那个誓言。

桓范大哭道："曹子丹如此英雄，生了这么堆瘪犊子！我们都要因为你被灭族了！"

曹爽为什么放弃了本该有着巨大翻盘可能的反击呢？因为两点：

1. 司马懿这辈子的不败经历。

2. 司马懿指洛水发的那个誓言。

最关键的，其实就是那个指着洛水而发的誓言！因为司马懿当着魏国官员和山河大地日月星辰的面，做了绝对的保证。

几千年来，中国人对誓言通常是举头三尺有神明，对其极度敬畏的。普普通通举手盟过的誓那都是一定要算的，更不要说指着千百年来流过的大江大河！你不指洛水发誓，权力斗争向来斩草除根，曹爽因为怕死大概率最终会跟你鱼死网破！

司马懿用他这七十年的人生和千年骂名做了一次巨大赌注！赌他的儿孙能够颠覆曹家天下！

曹爽回到洛阳家中后，司马懿在曹爽府四角起高楼，命人日夜监视。曹爽开始害怕，向司马懿借粮，司马懿借了。他以为司马懿不会赶尽杀绝，实际上，司马懿是在紧锣密鼓地编排证据。

不久，曹爽的心腹黄门张当供出曹爽兄弟及其心腹欲谋反。正月初十，曹爽家族及心腹被屠灭三族，牵连被杀者多达五千余人！

司马懿为什么如此不择手段？因为他知道只要留着曹爽，后面与曹家的过招就远没结束！

曹爽的势力太庞大了，自己的家族仍然不一定能笑到最后，所以什么洛水之誓就顾不上了，必须迅速斩草除根！

司马懿自此永载中国历史的耻辱柱上，用自己人生终章书写了影响极其恶劣的一笔！后世的丑陋小人发现居然还可以这样玩！越来越多的宵小开始以司马懿为偶像，践行他们可怕、可耻的丑陋人生。

此时被灭族中的一个"小人物"家族中跑了一个人，历史将来会相当玩笑地调侃司马家这个以卑劣手段窃国的大盗家族！

至此，曹魏的权力被司马懿开始全部把控，司马家谋国的第一步，走完了。

这仅仅是第一步？

没错，自秦并天下以来，所有权力的改换除了王莽那次以外，全部都是打下来的江山。司马家作为第一个成功篡权并"巩固"住的家族，后面实际上还有很多步要走。

他的家族，最终经历了他们爷孙整整"四世"的权力交割，才算真正地拿下了魏国的这套房子的产权证。

四十年了，孟德老板，谁在为谁打工？

司马家族开始蒙上中国史上几乎是最可怕的家族诅咒，祖孙三代谋国成功后不久就迅速在不肖子孙的互杀祸害下将华夏民族带入中国历史上几乎是最动乱的三百年！

华夏的国运在司马懿身后开始流星坠地般陨落，三百年大乱的齿轮在此刻正式启动了。最寒冷的冬天，就要来了。

第 **13** 战

淮南三叛：人事、利益、威慑、恐吓、荣耀等的
政治博弈算法

一、为什么不能得罪老上司？

三国的最后这三章，展现在我们面前的，是如何从一个员工一步步地将别人家的公司拿在自己手中的全过程。这是中国历史上第二次出现这样的情况。

上一次是王莽。

你可能会有疑问，曹操呢？这位爷也是把大汉的房本给换了的啊。

不太一样，人家曹操这天下，是真的一步步地自己打出来的。

当然，没有两汉四百年的伟大积淀，曹操是不见得会腾飞起来的，但这种积淀都是隐性的。这就好比品牌的估值，虽然影响巨大，但那是看不见、摸不着的。而且，在你一步步地从县长打成郡守乃至最后打成万岁爷的过程中，你已经完成了权力的整合与祸患的消除了。

曹操的前大半生，伴随着统一中国北方，他建立起了一个非常稳固的以谯沛老乡为核心的军事支柱，以颍川集团为核心的文官系统，自赤壁之战后用了十多年的时间不断地敲大汉的房梁，并在惊天动地的公元 219 年顶住了以关云长为震中核心的最后一次凶猛反扑。

大汉的最后那口气，在曹魏和孙吴的联合绞杀下，彻底地散干净了。

曹魏代汉后，基本上听不到什么人心思汉的事了，曹丕最后对献帝给了"行汉正朔，以天子之礼郊祭，上书不称臣"的超高规格下岗待遇，其实也和曹魏的自信有关。

此时的曹魏政局，已经是一个非常稳固的权力结构了。司马懿要走的这条路，就是从曹魏这个已经比较稳固的权力结构中，一步步地爬到山顶，并踢开老东家的荆棘之路。

这其实是极难的。因为这一路要触及曹家当年建公司时的很多权力基石。

上一个成功的是王莽，但那是不可复制的，是此后中国历史舞台上再也没有的孤例。

儒家道德楷模、全国流量超巨、全阶层的无限拥护，这种手腕是不可复制的。

这两战我们看到的，是史上第一次完完全全以权力的游戏为主导的，历经祖孙三代不断钻营后走完的谋国之路。

上一章中，我们看到了司马懿是怎样用有限的力量去部署，最终撬动了权力的最核心。

要断绝"内外"，控制"禁中"，也就是司马门的最终归属。关上了司马门，内外就隔绝了，外面的兵是不敢贸然行动的，因为谁也不敢被扣上攻打大内的帽子。

控制了司马门，也就意味着控制了皇宫，控制了里面的皇帝和玉玺等一系列权力下发凭证。

下一个问题，你要如何控制司马门？

如果你控制禁军，那就省事多了，比如北宋开国之君赵匡胤。你如果没有控制住禁军，那你就只能打下来，没有别的办法。

要控制司马门，你就面临着两个问题：

1. 要有足够的武力打下来。

2. 不能让对手的援军过来。

这就推理到了下一个，也是最重要的环节：武库！

控制了武库，不仅可以全方位武装自己，还能阻断别人的武装升级。司马懿就是抓准"武库"和"司马门"这两个支点，撬动大魏政权的。

说到底，司马懿的高平陵之变，解决了什么问题呢？解决了国家机器中最核心的环节：政治合法性的制高点。

皇权最重要的两方面是：

1. 录尚书事。

2. 禁军归属。

当初司马懿就是"领尚书事"和控制三千精兵的"督中外诸军事"，成了唯二的辅政大臣。

现在，司马家连带曹爽的份额全拿回来了，变成了"独领尚书事＋六千精兵"，手中就算是抓住皇权了。

不过，高平陵之变仅仅是司马家族走的最险、最重要的那一步，他后面还有很长的路要走。

除了皇权的政治合法性以外，帝国的权力大厦还有以下四个环节构成：

1. 文官系统。

2. 国家粮权。

3. 国家财权。

4. 各大军区军权。

先来说一下文官系统。

文官系统是一个帝国的血管网络，是完成整个帝国运作的手脚，对于国家来讲最重要。但通常在权力运作轨迹中，百分之九十五的官僚系统是不被皇帝重视的。为什么呢？因为绝大多数岗位上的官员都是路人甲，对于皇帝来讲除了表彰先进典型的时候念念名字，一辈子都懒得管谁是谁。（见图 13-1）

皇帝

相国

大司马　司徒　司空

中领军　都水台　御史台　秘书省　中书省　尚书台　　　少府卿　大司农卿　宗正卿　大鸿胪卿　廷尉卿　太仆卿　卫尉卿　光禄勋卿　太常卿

都水使者　水衡都尉　治书执法　治书侍御史　御史中丞　秘书监　秘书丞　中书监　中书令　尚书监　尚书令　尚书仆射

度支尚书　五兵尚书　客曹尚书　左民尚书　吏部尚书　　　河南尹（魏）　司康校尉

皇帝在乎的5%

州　刺史

治中　别驾

郡　太守

都尉　郡丞

县　县令

县尉　县丞

乡

三老　有秩

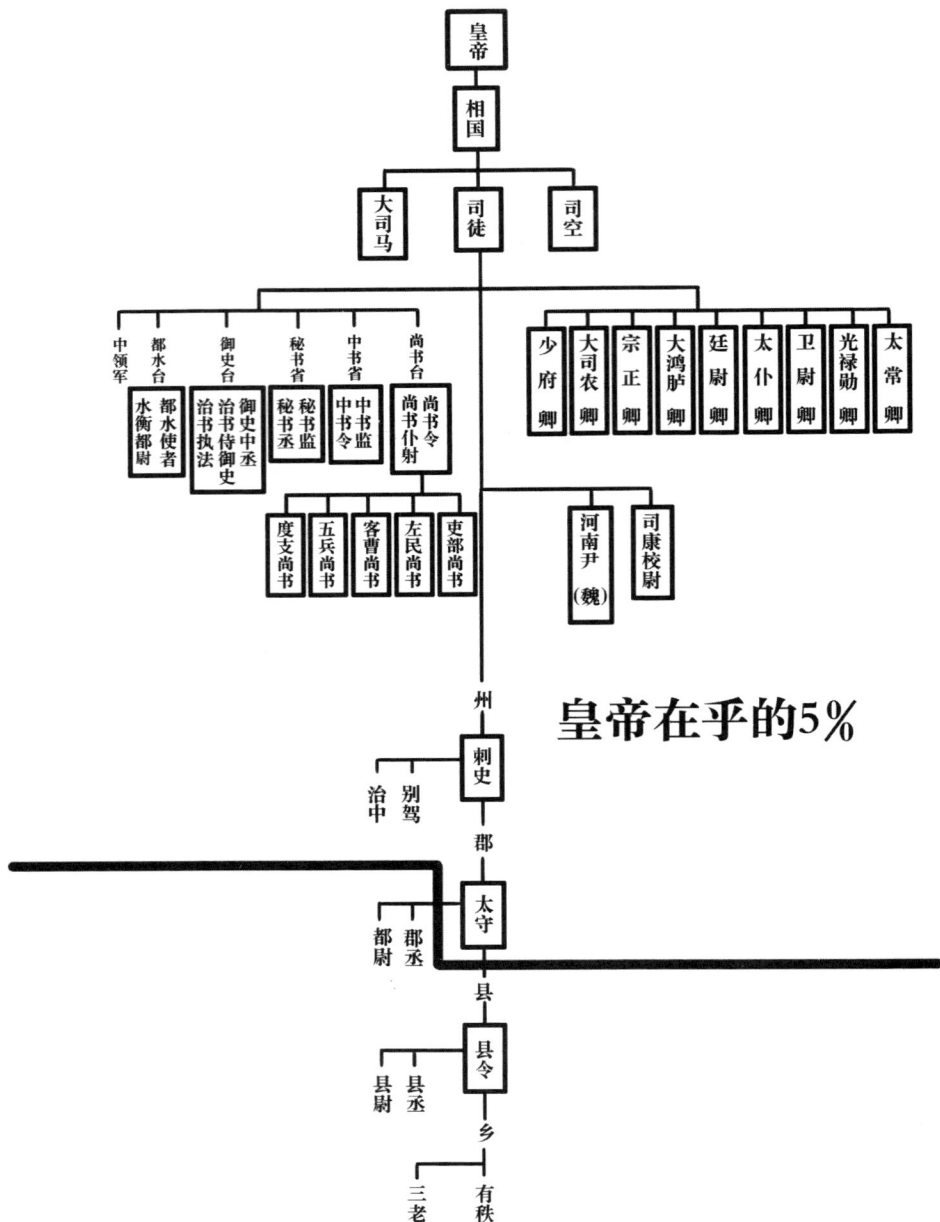

图 13-1　皇帝重视的官僚岗位图

皇帝通常只考虑两个群体就可以了：一个是老臣；一个是未来要接替老臣的储备官员。

这两个群体中，哪个更重要呢？是老领导。

这次司马家之所以一举拿下曹爽，有很大一部分的助力，是老臣给的。几十年的宦海生涯，威望与资历都是相当有震慑力和煽动性的。

比如司马懿政变中最关键的外姓人物蒋济，后来司马家的不肖子孙在互相砍的时候总结前人伟大斗争经验时有这么关键的一条：昔宣帝废曹爽，引太尉蒋济参乘，以增威重。

为什么司马懿单单要把蒋济拉到自己的车驾前排就座呢？因为蒋济自228年就干护军将军了，239年转成了领军将军，直到242年才被明升暗降到了太尉的位置。

相当于中间十四年的时间里，蒋济一直是掌管中下层武官选拔、控制禁军的核心岗位领导，在整个禁军中拥有着盘根错节的人脉关系。

蒋济和司马懿坐在一辆车上发动政变，禁军中即便有很多潜在反对司马家族的力量，当看到老长官蒋济上了车后也会掂量掂量。这一掂量掂量，就帮司马家族争取来了最关键的时间！

曹爽之前将老臣和固有利益阶层全部得罪，让司马懿最终渔翁得利。

一个高级官员背后的人事关系深不可测，你知道他这辈子对多少人有知遇之恩？

司马师三年中护军就阴养了三千死士！司马懿在关中七年就把大西北弄成了铁票仓！

这种人要是有三四十年的职业生涯，你说得多可怕！

官僚仕途是充分利用了时间红利的行业，所以老领导们千万不能得罪。

曹爽这些年大力提拔年轻官员，对老臣们不在乎、不尊重，结果事实也证明了，在老臣们都伸胳膊伸腿的时候，年轻人并不好使。

司马懿在政变中打得旗号很有欺骗性，把曹爽比成了当年的吕家。这帮老臣则是再造大魏的周勃、陈平。所以老臣们是怀着强烈的荣誉感、使命感去搞这次政变的。

这帮老家伙怎么也没有想到，比他们还老的那个都掉了渣的老狐狸居然心会这么大！司马懿这个老臣中的老臣，在政变成功之后，是这样处理老臣问题的：主体思路就是给富贵、给待遇、给尊重，但不给核心权力。

蒋济因功进封都乡侯，还没来得及再领嘉奖就羞愧而死了，因为司马懿洛水发誓时候他是担保人。[①]

蒋济也算是从山脚干到山顶的顶级官僚了，心理素质应该是杠杠的，但因为做了个担保就没脸活着了。不是每个人都有司马懿指水发誓，不畏苍天的心理素质的。

高柔进封万岁乡侯，继续担任司空的闲职，后迁转为太尉。

王观封关内侯，复任尚书，加驸马都尉。

孙礼为司隶校尉，后迁任司空，封大利亭侯。

……

司马懿是什么思路呢？给待遇都供起来，哄着都不要闹，但不能再给核心权力了，防止第二棵大树再长起来。

这帮老臣，全都是心向大魏的。你怎么办？你只能做事小心不刺激他们，等他们自然而然地走向"光荣"。

司马懿政变后一直传达的态度就是：我可什么想法都没有，天子

---

① 《三国志·蒋济传》：初，济随司马宣王屯洛水浮桥，济书与曹爽，言宣王旨"惟免官而已"，爽遂诛灭。济病其言之失信，发病卒。

给我加封丞相我可不敢要，天子给我加九锡，我也不敢要，老兄弟们不要激动。①

等老臣们盖魏旗光荣之后，下一梯队的干部也就是他们的子孙通常没经历过和曹家艰苦创业，风里来雨里去的革命情感，那个时候再进行大的动作，压力就会小很多了。

比如大魏的忠臣标杆贾逵，死前慨叹受国厚恩，恨不得斩孙权提着他的脑袋下去见先帝，丧事一律从简，死后豫州吏民追思刻石立祠，曹叡、曹髦全都专门凭吊嘉奖过，就这样的顶级忠臣，他儿子贾充后来却成为司马家禅代之路上的最凶功狗。

这个环节，只能交给时间。时间到了，大势自然水到渠成。所以司马懿任何实质性的动作都没做。

曹爽就是不明白这一点，最终被老臣之首给灭族了。

搞定、安抚老臣们，对于整个官僚系统的把控是极其重要的，这帮人有威望、有能量，仍然有力量去影响很多人的前途与选择。

第二方面，财粮权。

财权跟粮权可以统一，因为曹魏的钱粮在整个三国年间基本上都是以屯田制为主来供应的。也就是说，抓住了屯田，也就抓住了钱粮。

此时曹魏的几大屯田区都在哪里呢？洛阳地区、邺城地区、许县地区、关中地区、陇西地区、淮南地区。除了前两块并非战区外，后面四块屯田区全都是支援战区的。

放眼望去，无论东南还是西北，所有的战区屯田都是在司马懿的主导下建设完成的。

---

① 《晋书·宣帝纪》：天子以帝为丞相，增封颍川之繁昌、鄢陵、新汲、父城，并前八县，邑二万户，奏事不名。固让丞相……冬十二月，加九锡之礼，朝会不拜。固让九锡。

只剩下了最后一个方面：军权，也就是曹魏的几大军区。

先来看司马懿的西北老根据地。此时的关中一把手是谁呢？曹爽的表弟，夏侯玄。

当初曹爽命夏侯玄为征西将军、假节，都督雍、凉诸军事，夏侯霸为讨蜀护军、右将军，打算瓦解司马懿在关中的势力。就是因为这次部署，夏侯玄的中护军一职给了司马师，埋下了司马家族反扑的最后火种。

如今司马懿第一时间着手雍凉地区的人事调整，召夏侯玄、夏侯霸二人回朝，结果夏侯玄回来了，夏侯霸逃到蜀汉了。

夏侯玄这个关中一把手没有做任何抵抗就回来了，其实原因比较明显，司马懿在关中的根子扎得很硬，夏侯玄乱不动。

接替夏侯玄的是郭淮，他是司马懿旧部。接替郭淮雍州刺史的是陈泰，老哥们陈群的儿子；跟司马师、司马昭是哥们儿，高平陵之变站队成功。

魏国西线被司马懿重新控制。

再来看中线。也就是荆襄前线。

自227年六月，曹叡命司马懿驻扎宛城，加督荆、豫二州诸军事，一直到231年，这五年时间里，司马懿都是坐镇荆、豫的一把手。

这期间他打退了吴国来犯，闪电斩过孟达，配合曹真西线伐蜀，是拢起荆豫力量干过事业的。

要知道，关中仅仅待过七年就铁票仓效果了，荆州这五年，司马懿会虚度光阴吗？而且更重要的是，现在的荆豫一把手王昶，是当年他一手提拔起来的。

王昶父王泽为东汉代郡太守；伯父王柔，东汉任护匈奴中郎将、雁门太守。

世家大族出身的王昶少年成名，在曹丕时代就属于重点培养官员。

236年，曹叡下诏求贤，卿校以上，各举一人。时任太尉的司马懿保举的是王昶。

曹爽时代，王昶又被封为武观亭侯，迁征南将军、持节，都督荆州、豫州诸军事。

这个人和多方势力都有交集，走得还特别稳，在曹爽倒台后又上奏表态抑制浮华，拥护老领导司马懿的路线，活得明白啊。

在王昶之后，司马懿派王基去当荆州刺史，这位也是当年司马懿看上的，曾对其征辟，后来曹爽也看上了这个人才，奏请其担任从事中郎，迁安丰太守，后边防有功加讨寇将军。

这个人的政治立场很有意思，虽然曹爽一个劲儿地提拔他，但曹爽为首的"正始风气"却很让王基看不惯，王基还写了篇《时要论》来讥讽时事。

高平陵之变前夕，王基被征召为河南尹，高平陵之变后，提拔他的曹爽被打倒，王基被免官。不过后来司马懿迅速召回王基，让其担任尚书，并于来年调任荆州刺史。

西北和荆豫，司马懿都控制得比较踏实。唯一有漏洞的，是东南战区。这些年，司马懿对此处从未真正伸过手。

前几年倒是出征过几次，总是还没打对面就撒丫子了，唯一的一次就是派邓艾去两淮屯田。

该说说这个邓艾了。

邓艾家在南阳，出身平民家庭，自幼丧父，但母亲秉持着再穷不能穷教育的理念，让小邓艾并没有断了书本。

看到这个姓和这个出生地，大家联想到了什么吗？这应该是当年光武开国时，新野邓氏的后裔，不然老邓家此时都破落了，为什么还能有见识供孩子去读书呢？

208 年，曹操拿下荆州后，强行将当地人民北迁，这是曹操的惯用做法，对新占领地总不踏实，邓艾全家被强迁到汝南作屯田民。小邓艾开始了放牛娃的生涯。

邓艾十二岁的时候，又随母亲来到了颍川，后来凭才学当上了都尉学士。邓艾终于因此摆脱了农民的身份，当上了基层官员。

不过邓艾有一个巨大的弱点：口吃，这严重地阻碍了他本就没什么希望的仕途。最终邓艾被打发做了稻田守丛草吏。

这是一份闲差事，深处乱世，邓艾工作之余，每见高山大川，都要在那里勘察地形，指划军营处所。身边的人都在嘲笑他，你个磕巴小吏，装什么大尾巴狼啊！

燕雀安知鸿鹄之志。就这样，邓艾平平淡淡地度过了二十年，总算熬成了典农功曹的一个小官，能够有机会参与管理屯田了。

此时，已经是曹芳时代了，邓艾也已经四十多岁了。大好年华匆匆流走，建功立业的好时代也已经过去了，三国鼎立的态势已经很多年了，自己仍然是个基层小吏。

人生就是这样，也许你有大志、负大才，但就是等不来剧本。千百年来，多少才俊老于窗下啊。

眼下已来到正始年间，九品中正已然稳固，时代的大舞台，跟邓艾这个寒门子弟真的没什么关系了。但就在这个时代对寒门子弟即将关门的一刹那，邓艾作为几乎是最后一拨的寒门大才，冲上了历史舞台！

239 年，他得到了去洛阳汇报工作的机会，见到了他的恩主，太尉司马懿。

琢磨了一辈子人的司马懿，在一次磕磕巴巴的汇报声中，在那些断断续续的内容里，在那些回答问题的重点中，看到了一块瑰宝。

邓艾汇报完工作就没走，成为太尉府的掾属，后又升任了尚书郎。

曹叡 239 年正月初一去世，司马懿四百里踩风火轮赶到，随后被托孤，又因为每年正月各地都要来中央汇报工作，司马懿作为太尉主管典农工作正好在这个时间段看见了结结巴巴一肚子能耐倒不出来的邓艾！

邓艾一生中唯一的一次窗口期，仅仅是一个多月的时间！因为司马懿在被托孤仅仅一个多月后，就被尊为太傅了，邓艾就没有资格向识货的司马懿汇报工作了！

三分能耐，六分运气，一份贵人扶持。命也！时也！运也！

蹉跎半生的邓艾阴差阳错地登上了时代舞台。

二、为什么说人事即政治?

邓艾进入太尉府后不久,司马懿就逐渐地被挤出权力中心了,但司马懿仍在为国家的建设做准备。241 年,孙权四路北伐时,司马懿前去做了总督导,他带上了邓艾。

他认为邓艾是治郡之才,非幕僚之属。

在随司马懿大军南下直到寿春的巡视中,邓艾一路走一路考察,并在巡视后交出了自己的汇报论文《济河论》。

在淮北、淮南实行大规模的军屯吧,这片尚好的土地荒着太可惜了,开凿河渠、兴修水利,以便灌溉农田,提高单位面积产量和疏通漕运,两淮将是鱼米之乡。

曹魏立国后,总是有这样一种思路,就是尽量使得与敌国接壤的地区,人口少点儿,条件差点儿。

为什么是这个思路呢?

1. 将边境人民大量迁走,这样敌人打来了,首先人口损失不会很大。

2. 敌人不会因粮于我,不会出现打过来后吃我的粮食的情况。

《孙子兵法》中说过金句:"吃敌人一斤的粮食相当于自家运二十

斤粮食上前线，这将大大减轻国家的国力。"

反过来讲，让敌人吃不上自己的这一斤粮食，那就需要对方亲自运那二十斤上来了。这对于敌人来讲，战争成本将变得非常高。

3. 我是有着国力优势的，并不怕和吴、蜀打消耗战，可以在大后方搞生产，然后将粮食源源不断地运到前线上去。

吴、蜀二国是跟我拼不了国力的，同等条件下我浪费得起，他们浪费不起。

4. 即便边境地区被吴、蜀打下来，短期内他们也没有能力将这个地方巩固住，因为没有人口、没有粮食，我随时有卷土重来的机会。

在这个大战略下，当时的荆襄和两淮的大片土地实际上是荒芜的，这造成了极大的资源浪费。

好庄稼把式邓艾看到后是痛心疾首的，向司马懿建议，咱得在两淮搞大生产了，这将会诞生很多个鱼米之乡。两淮这地方土地肥沃，可惜目前水利设施不多，应当开挖河渠，引水灌溉，开通拓宽南北漕运的水路。

邓艾说："每次大军南征，仅用于运输兵力的消耗就占去一半，劳役繁重。可以在淮北屯兵二万人，淮南屯兵三万人，按十分之二的比例轮休，保证常有四万人在屯田戍边。这种好水好地，在风调雨顺时，收成可达西北的三倍，扣除兵民的费用，每年可有五百万斛作为军资。六七年间，可以在淮河上游积蓄三千万斛粮食，这些粮食够十万军民吃上五年。有这个物资量级垫底，灭东吴指日可待！"

司马懿同意了。

自 241 年起，在司马懿的大力推动下，魏国在淮南、淮北广开河道，大举屯田，开始了经济大开发。淮水流域共挖掘了三百多里长的水渠，灌溉农田两万顷，从而使淮南、淮北连成一体。

几年之后，整个魏国的东部开始全部连成一片，东南不再有所谓的战略缓冲区，此后每当东南有战事，中央军便可乘船而下，直达江淮，当地就有粮，到地就开打。[1]

自此时开始，司马懿冥冥之中为今后自己的子孙平定江东以及未来偏安一隅奠定了最关键的基础。两淮后来强大的自给自足能力，尤其是淮南地区的大开发，成为东晋能够最终保命的最关键战略缓冲地带！

此时此刻，司马懿已经被挤出了权力中心，两淮也不是自己的地盘，他这标标准准地是在为他人作嫁衣裳。

这样的战略部署，意味着将对淮南军区派发红利，标志着魏国要对江东动心思了。但即便有战功，也不会是司马懿的。

就是这样比较"无私"的一次举措，却成为司马懿为子孙留下的天王保命丹。

而此次脱颖而出的邓艾，成为司马家族换房本走到最关键一步、最较劲时候的神来之笔！

很多时候，你机关算尽，最终报应不爽；很多时候，你无心插柳，最终后辈蒙荫。

你下场了，子孙还在；子孙不在了，青史依然在；人这辈子，其实是场无限游戏。

两淮的大开发，使得淮南战区实力再次大跨步上升，这也成为司马懿在政变后平稳政局的最重要的一个环节。

整个两淮的局势非常微妙，虽说没有一个司马懿的自己人，但是，曹爽的前期布局，因缘际会地给了司马懿非常好的解题基础。

---

[1] 《三国志·邓艾传》：正始二年，乃开广漕渠，每东南有事，大军兴众，汎舟而下，达于江、淮，资食有储而无水害，艾所建也。

先来说此时两淮的军区一把手，王凌。

王凌出身于太原王氏，是标准的大户，他叔叔是做局干董卓的王允，后来王允被李傕等反攻了长安，小王凌和其兄王晨翻城墙逃出跑回老家太原，成为王家仅剩的火种。

由于家门已经破败，而且袁绍和朝廷方面的关系一直很尴尬，导致了王凌一直没机会走入仕途，直到曹操统一北方后才被并州刺史梁习所荐。由于参加革命晚，而且长辈都死了，跟颍川派也没什么关系，所以王凌起步时非常低微。

从发干县长做起的王凌后来没多久就犯了事，但王凌命比较好，扫大街的时候恰逢曹操路过，曹操得知他是王允的侄子，于是免其罪命他干了骁骑主簿。①

王凌此后开始触底反弹，渐渐地展现出了才干，有政绩迁中山太守，被曹操调入丞相府，当了丞相掾属。

从政治上升的角度来讲，王凌此时有些尴尬，因为他已经四十多岁了，在老领导的这条路上走得算不上深远，还没有搭上新领导的那趟车。

王凌并没有像司马懿那样进入第二代的核心层。220 年，曹丕上位后，王凌开始任兖州刺史，在此任上，破吴将吕范，以军功封侯。后王凌又历任青州刺史、扬州刺史、豫州刺史、所到之处，法度严谨，得军民欢心。②

自 220 年曹丕上位到 239 年曹叡驾崩，这十九年中，司马懿在中

---

① 《魏略》：凌为长，遇事，髡刑五岁，当道扫除。时太祖车过，问此何徒，左右以状对。太祖曰：“此子师兄子也，所坐亦公耳。”于是主者选为骁骑主簿。

② 《三国志·王凌传》：凌布政施教，赏善罚恶，甚有纲纪，百姓称之，不容于口。仍徙为扬、豫州刺史，咸得军民之欢心。

央完成了两轮托孤大臣的蜕变。

王凌则历任兖、青、扬、豫四州刺史，将魏国东南全部走了一遍。

王凌在曹家还有关键功勋：当年曹休在石亭之战现眼后，是王凌拼死将曹休带出来的！

能力没问题，立场没问题，然后寿命还没问题。

王凌居然比司马懿还大七岁！王凌也用自己的人生证明了一个铁律：前半辈子走得慢，一路上没搭上车没关系，只要你有能力、寿命长，你早晚会站在时代的最前沿！

对了，前面这句话忘说了一个前提，差点就成毒鸡汤了。

王凌出身太原王氏。王允诛灭董卓名满天下，即便全族被杀，但王允永远活在人们的心中，太原王氏的门楣地位也是永远被主流认可的。

王凌当初为什么犯事了仍然能咸鱼翻身？因为曹操听说了他是王允的侄子，是名门忠勇之后，不可辱啊！① 所以说王凌的人生对普通人来讲，依然没什么参考价值。

有参考意义的是邓艾：二十多年打磨自己的那"三分能耐"，随后时刻准备着等待自己的"六分运气"，直到迎来那鲤鱼跃龙门的"一分贵人扶持"。当然，等到了最好，等不到也别悲哀。青史几行名姓，北邙无数荒丘。人生的成功有很多种，要以平常心对待。

王凌这个名门之后、曹操时代的老人，用自己的能力二十多年历任兖、青、扬、豫东南四州刺史，实打实地成为曹魏的东南第一大神。

239 年，曹爽上位，一是为了拉拢这位地方老臣，二是为了稳固东南战场，将王凌提为征东将军、假节，都督扬州军事。

至此，王凌正式掌管东南兵权。随后这十年，王凌一直守在东南

---

① 《魏略》：此子师兄子也，所坐亦公耳。

一线。

曹爽的这个部署，相当于将王凌这个四朝老臣，放在整个帝国最重要防区后再也没动。这并非是个好决策。因为王凌这个自曹魏立国后就待在帝国东南的老臣，这几十年培养了巨大的关系网络。这个网络，同样开始散布魏国各个地方。

不过这也不能赖曹爽失智，因为他刚掌权时，王凌已经快七十了。虽说魏国官员的医疗政策和疗养效果是比较靠谱的，但曹爽认为东南卑湿水热，还总有征战，王凌也许蹦跶不了几天了。没想到最后还是老头儿送的他。

当司马懿主政后，迅速进王凌为太尉，假节钺，来安抚这位资历相当深厚，比自己还大七岁的老同事。

司马懿在安置完西北和荆州后，惊人地发现，自己看重的、委以重任的下属们，在老王大哥这里也有关系。

比如他的老下属，此时的西北一把手郭淮，是王凌的妹夫。

比如荆州军区一把手王昶，是王凌的太原老乡，当年王昶是兄事王凌的。

比如此时的荆州刺史王基，是当初王凌干青州刺史时征辟的别驾，一直爱才作为心腹来用，连朝廷的征调都不理。

所以司马懿自打发誓搞死曹爽之后，眼睛一直就盯在了淮南，盯在了王凌的身上。

人是非常容易以己度人的，尤其对同一种人。

不过司马懿在往淮南放眼望去的时候，惊喜地发现了九泉下捂着鼻子的曹爽留在淮南的高妙的人事遗产。

曹爽跟王凌也没什么交情，所以也在一步步地动手控制淮南，他在王凌的身边安排了老乡文钦担任庐江太守。

文钦为曹家龙兴之地的谯县人，他爹文稷就是跟曹操起家打天下的，曹叡时代文钦在禁军里干五营校督，后来因为性情刚暴无礼，傲上凌下，满世界的得罪人，曹叡把他踢到了淮南当庐江太守，结果被王凌弹劾了，曹叡又把文钦调了回来。

曹爽上位后，为了遏制王凌，于是将文钦封为冠军将军后又遣回了庐江当太守。

安排完文钦后，曹爽又提拔了自己的圈里人诸葛诞为扬州刺史。

这个安排很有学问，因为诸葛诞的二闺女嫁给了王凌的儿子，两家有亲戚关系，诸葛诞不至于被王凌排斥，但诸葛诞又跟曹爽集团有着非常近的圈层关系，曹爽对诸葛诞又有着知遇之恩，所以本质上诸葛诞是曹爽的人，但因为亲戚关系又能够打入王凌的内部，监视、刺探王凌的一举一动。

别再瞧不上曹爽了，他就是个低配版的袁绍，老大当久了以后该豁出命的时候哆嗦了，在别的方面他的手腕还真挺高的。

之前的布局本就被曹爽设计得非常精妙，司马懿选择了照单全收。

司马懿看到淮南的人事部署后惊喜非凡，不仅不像关中那样立刻把夏侯玄调回来，还没对扬州的人事做任何调整，在安抚王凌的同时，又加封文钦为前将军。

文钦虽然是曹爽的人，但他跟王凌是死对头，所以利用价值巨大。

诸葛诞虽然和曹爽是一个圈子的人，虽然王凌是他亲家，但诸葛诞的大闺女嫁的是司马懿的三小子司马伷，所以诸葛诞与司马懿也是亲家。

人事即政治，权衡人事是权力布局的高级智慧，最显一个人的政治功底！

人事安排有三个层次：

最高级别：通过人事安排使得自己能够继续往上走，通过人事安排使得敌人不能往上走（这两个并列，权重与先后需要具体问题具体斟酌）。

次一级别：通过人事安排使得自己的权力触角有所扩大。

最次级别：通过人事安排使得自己的经济、心理层面获得补偿。

判断一个人是否是顶级政治家，很重要的衡量点在于观察他的人事手腕通常是哪个级别。

顶级牛人基本上都是前两个级别，通过人事布局完成、贯彻了自己的政治主张和战略目标；最次的那个级别属于搂草打兔子，占总权重的比例并不高。

249年二月，曹芳任命司马懿为丞相，增繁昌、鄢陵、新汲、父城为其封邑，食邑二万户，特许奏事不名，司马懿辞丞相之职不受。自从曹丞相后，丞相这个职位也有着符号含义了。

曹芳既然封司马懿为丞相，说明是受到了某种政治裹挟，不然他不可能犯这个错误。

司马懿辞这个丞相，也是一个政治信号：我已经有实力给老曹家换房本了，但我却选择稳定的政治态势，我不会胡搞乱搞。这是专门安抚大魏遗老们的手段。

如果不是这个原因，司马懿会迅速启动丞相、九锡、称公等一系列篡权运作模式，因为此时他的威望天下无二，只有他有资格将这份家业巩固下来。如果司马懿没有走到称公这步，将来权力传给司马师的时候在合法性上就有着巨大的漏洞！

即便将来司马师接班时的隐患巨大，但司马懿依然为了大局选择了隐忍！

所有的老臣也都如温水煮了青蛙一般，除了一个人：王凌。

司马懿以小博大的例子强烈地刺激了王凌：你人都进重症监护

了！结果你蹦起来又玩了一把，还居然就成了。我这个东南一把手，难道就没有机会吗？

当然，也有一种可能，就是王凌真的是大魏遗老，他要拯救大魏江山。具体什么动机就不讨论了，司马懿在发动政变时很多人也认为他是救江山的。

王凌也打算动手了，他找到了自己的外甥令狐愚开始密谋。他的这个外甥时任兖州刺史。令狐愚之所以能干上兖州刺史，原因在于他是曹爽的人，曾在曹爽手下干大将军长史。

令狐愚这个兖州刺史为什么没被司马懿调整呢？因为令狐愚现在驻屯平阿（今平阿山），和他舅王凌一起统兵于淮南，两个人离得太近了，司马懿担心贸然的人事调整把舅舅、外甥这两人逼急了。[①]

瞅瞅老头儿的心思都飞走了。

不过事实也证明了，当司马懿也和丞相一样开始方方面面谨慎小心，一步也不能错地用脑子用到极致后，他也活不了几天了！

事烦而食少，岂能久乎？谁能比谁强多少。不过就是看人挑担不吃力罢了！

[①] 《古谣谚·卷七》：凌外甥令狐愚以才能为兖州刺史，屯平阿。舅甥并典兵，专淮南之重。

三、司马懿的一生完成了什么历史使命？

老领导曹爽被司马懿诛杀后，令狐愚和他舅舅王凌开始了不同原因的不谋而合。令狐愚怕被司马懿反倒清算，王凌惦着搏一把，这两个人开始了密谋。

王凌派心腹去洛阳把想法告诉他做人质的儿子王广。

王广的回复是：曹爽咎由自取，失去民心，司马家深不可测，现在正大规模地派发红利，修改之前被曹爽改的法令，深得人心，况且父子掌兵权，还是别动心思了。①

王凌不认可这份来自洛阳的市场调查，说，我都快八十了，再等等就开追悼会了。

王凌的打算，是拥立在兖州的楚王曹彪。

249 年九月，令狐愚开始和曹彪接触，结果十一月，天有不测风

---

① 《汉晋春秋》：今懿情虽难量，事未有逆，而擢用贤能，广树胜己，修先朝之政令，副众心之所求。爽之所以为恶者，彼莫必改，夙夜匪解，以恤民为先。父子兄弟，并握兵要，未易亡也。

云，令狐愚病死了。①

令狐愚的死因极度可疑。除非是猝死，否则怎么可能要死的人还有精力掺和谋反的事。既然是猝死，怎么会那么巧！

无论怎样，外甥死舅舅前头了，这让王凌的计划陷入了僵局。不仅此时令狐愚的兵要被别人夺走，而且关键王凌投资这部戏的男主角曹彪在兖州。

令狐愚之死延迟了淮南叛乱的爆发，而且令司马懿有机会破解王凌的"电报密码"。令狐愚死时，他的幕僚杨康在洛阳汇报兖州政务，听到令狐愚病死后非常害怕，向司徒高柔举报，揭发了王凌、令狐愚的计划。

高柔又迅速地向司马懿报告，司马懿决定静观其变，并派"无党派人士"黄华出任兖州刺史。这个黄华是当年在河西闹叛乱时的降将，和谁都没有背景交集。

这是司马懿钓鱼执法的重要人事安排。

250 年的春天，司马懿病了。他已经不上朝了，每遇大事，曹芳亲自到他府中去征求意见。

王凌也在琢磨，司马懿又病了，真的假的呢？这是不是又装死呢？

很有可能，毕竟他的密码都让司马懿破获了。

王老爷子又忍了一年，当然，司马老爷子也在府上又宅了一年。

时间来到 251 年，这一年司马懿七十三岁，据说司马懿又快不行了。

251 年似乎是老臣集中出问题的年份，吴国寿星佬儿孙权在长达半个世纪的不吃亏后也闹了一次悬，年初孙权怕自己有什么不测死后吃

---

① 《三国志·王凌传》：嘉平元年九月，愚遣将张式至白马，与彪相间往来……其十一月，愚复遣式诣彪，未还，会愚病死。

亏，封锁涂水，国家进入一级战备。

王凌好歹算是等来了长江对面孙权这个老家伙的动作，王老爷子决定不等司马懿，上书请中央发大兵，由他教训吴国！

司马懿不批准，瞎折腾什么！谁说孙权那是挑衅，明明是"装孙子"！

王凌做出这个动作后，相当于已经打出了第一招，后面的动作必须跟上了，无奈只能派心腹杨弘去说服兖州刺史黄华和他共同举事。

楚王曹彪住在二爷的成名地白马，属于兖州刺史的管辖范围内，这是王凌政治合法性的关键环节，所以王凌必须要拿下兖州这关。

不过老王看走了眼，自己的心腹杨弘要么是间谍，要么就是个识时务的；而黄华是个隐性司马派，被司马懿安排来就是让他心存侥幸地以为能争取，随后抓他把柄的！

黄华和杨弘第一时间联名上奏王凌要反。

这个时候，医学史上的奇迹又出现了。251年四月，在家躺了一年多的司马懿再度走出家门调集中央军从水路南下，先下达赦免王凌之罪的命令，然后又写信安抚王凌千万别想不开。

还是同样的配方，还是同样的味道，九泉之下的孟达满含热泪啊。司马懿再次使出用了一辈子的神行百变，用九天时间迅速地推进到了甘城（颍上县北），距离寿春不到百里了。

此时的王凌同样满含热泪，司马懿咋又活了呢！

由于司马懿来得太突然了，王凌完全没预料到，这回连逃跑吴国都来不及了！

王凌一琢磨，也甭抵抗了，求饶吧。王凌亲至武丘负荆请罪，到司马懿船前投降。老王在小船对大船上的老司马喊："我如有罪，公可用半片竹简召回，何苦亲自率领大军前来呢？"

老司马回答："因为你不是竹简能调回来的人啊！"

王凌又喊道："太傅对不起我。"

司马懿说："我宁可对不起你，也不能对不起国家。"随后遣步骑六百押王凌回洛阳。

王凌知道自己罪重，于是派人找司马懿要棺材钉子，试探下司马懿。

司马懿送去一大筐。王凌知道必死，走到项县时决定自杀，死前看到好友贾逵的祠堂在岸边，大呼道："老贾啊！我是大魏忠臣啊！你要是真上天了你肯定知道啊！"

王凌死后，司马懿把王凌、令狐愚的尸体挖出示众三日，所有参与政变者均诛杀三族。倒霉蛋曹彪也被迫自杀。

借着这个机会，司马懿又把曹氏诸王全都迁到了邺城软禁了起来，防止再有实权派以此为由头威胁他们家。①

王凌死后，司马懿进行了相当精妙的人事安排：征东将军被司马懿安排给了老下级胡遵，这是当年跟自己平公孙渊的铁杆；儿女亲家的诸葛诞，被提拔为镇东将军、假节，都督扬州诸军事；顶替诸葛诞扬州刺史的是万人嫌、跟谁都不对付的文钦。

如此安排有如下意义：

1. 总督东南四省的最大领导变成了自己的嫡系胡遵。

2. 诸葛诞和文钦虽然都是曹爽故旧，但是在王凌叛乱时立场无懈可击，必须作为榜样给予表扬。

3. 但二人都要在寿春办公了，由于两人互相不对付，这样互相牵制容易内耗，方便自己控制调动。

---

① 《晋书·宣帝纪》：悉录魏诸王公置于邺，命有司监察，不得交关。

王凌死后的两个月，即251年六月，司马懿又不行了。

这回是真的，据说梦到了贾逵和王凌索命。

又两个月后，秋八月，在一生中太多时段闹悬的司马懿终于彻底地走了，年七十三岁。估计是老天实在看不过眼了，这个坎儿坚决不能再给他盖章了！

天子素服临吊，丧葬威仪依汉霍光故事，追赠司马懿相国、郡公，司马孚代表他哥辞让了郡公及辒辌车。

当年九月庚申，司马懿被葬于河阴首阳山，谥"文贞"，后改为"宣文"，遗命简葬，作顾命三篇，敛以时服，不树不坟，不设冥器，无比低调。

司马懿将自己一辈子的低调包装到了坟墓里，但是他以为自己装得挺好，实际上见笑于后世，偷钟时捂着耳朵，以为大家听不见，憋着心思偷人家的皇位，以为世人看不见，后人又不是傻子。

这是后来李世民专门为《宣帝纪》做史论的时候亲笔写的：虽自隐过当年，而终见嗤后代；亦犹窃钟掩耳，以众人为不闻；锐意盗金，谓市中为莫睹。

司马懿这辈子，人生中的诸多跃迁都是躺在床上完成的。这位爷，躺在床上等到了中原形势拨云见日，并在关键时刻上船搭上曹丕的关系。一辈子稳步上升，国之栋梁，专业灭火队员，并保养了一个好身体。晚年又拾起装病的老套路。

司马懿终于完成了这辈子的所有使命：

1. 顶过了凶猛的孔明北伐，熬干了蜀汉的志气。

2. 将曹魏政权攥在司马氏手中。

3. 将所有不服的老臣通通带走。

4. 将淮南的隐患拆除到了一个可控的级别。

5. 将曹氏所有宗亲软禁起来，解决了未来的宗室隐患。

6. 将关中、陇西、荆豫、两淮全部建设一遍，为子孙后代统一天下奠定物质储备。

人家躺在床上的时候，是在憋大招；人家下地溜达的时候，是在搞建设。

虽说干事无数，低调一生，但总体来讲，他盖棺定论的时候，历史对他的评价极低。

举个最基本的例子吧，连他自己的子孙都看不起他。

半个世纪后残晋东渡，偏安江左，权柄落入门阀世家之手，晋元帝活活地被琅邪王家的王敦逼宫气死，晋明帝登基后打算重振基业问自家的英雄故事，琅邪王氏的族长王导给他讲了他祖宗的创业事迹，臊得明帝一头扎在床上哭道：真如您所说，晋朝的国祚怎么可能长得了呢！①

明帝的"晋祚不长"成为著名的后世笑料、调侃包，这也是非常罕见的，自己的子孙耻于祖宗开创基业的行为。

其实谁愿意埋汰自己的祖宗呢？但看到大好华夏沦于蛮夷之手；看到老爹复振朝纲却被王敦逼宫气死；自己想恢复祖宗荣光却被权臣怼得无言以对；古往今来中华正统头一次从自家手中被夷狄抢走！当皇族接班人开始反思自家的罪恶，这该是多么痛的领悟呢？

司马懿，若你知道最终如此结局，你这生涯的终章是否还会如此弹唱呢？

司马懿临死之前，将丰硕的遗产交给自己的长子司马师。他相信，这个在颠覆曹魏政权的雷鸣前夜仍能呼呼大睡的大儿子、这个在司马

---

① 《晋书·宣帝纪》：明帝时，王导侍坐。帝问前世所以得天下，导乃陈帝创业之始，用文帝末高贵乡公事。明帝以面覆床曰："若如公言，晋祚复安得长远！"

门镇静内外毫无纰漏的接班人，最终不会辜负他这辈子的艰辛隐忍的。

他没有看错！

但是，司马家祖传的高寿，在司马懿的所作所为后，老天开始收回了。

司马师此时比当初曹丕接班的处境要艰难得多。表面上风平浪静，全国重要岗位已经全都被把控，实际上却暗流汹涌，复杂至极。

曹操死前，已经是和天子完全一样配置的魏王了，他把所有的手续都跑齐了，曹丕只要最后签字就行了。

司马师却因为手续不齐、资历不够这两点而步履唯艰。

手续不齐，也就意味着他在接班时面临着巨大的合法性问题。曹丕能接班，是因为他爹曹操是魏王，所以父死子继，没问题。

司马师呢？你要想接过你爹的位置，则需要魏国皇帝的任命，因为自古臣下的权力是要从君主手中获得的。

当然，皇帝会任命你的，因为刀把子攥在你手上，但是这就会让很多老资格与蠢蠢欲动的人不服气！

这就涉及第二个问题了。

你爹是四朝元老司马懿，他怎么样谁也说不出来什么，因为老爷子资历一摆出来就能把人吓死。但你司马师刚四十多岁，前面什么也没干过，军功、政绩全没有，凭什么由你把控朝政？就因为你爹是司马懿？

没错，你司马家逆袭成功你居功至伟，但那是你对你家有大功！你对大魏又有何功勋呢？你的履历实在不够看！

所以按理来讲，应该是下一个有着足够威望的大臣进行递补，而且曹芳这一年已经二十一岁了，完全可以亲政了。

无论怎样，司马师还是以老子英雄儿好汉的"伊尹既卒，伊陟嗣事"理由接班了，嘉平四年（252）春正月，迁大将军，加侍中，持节，都督中外诸军，录尚书事。

至此，司马氏之心，彻底挑明了。因为最高权力在权臣家族内部交接了！

上位不久的司马师就迎来了第一次考验。

七十一岁的孙权终于离开吴国人民了，临终托孤给了丞相的侄子，诸葛瑾之子诸葛恪。托孤重臣诸葛恪辅政后在东兴征集人力，重修了以前孙权因攻打合肥废掉的东兴堤，并左右依山各筑城一座，随后诸葛恪就撤了。（见图 13-2）

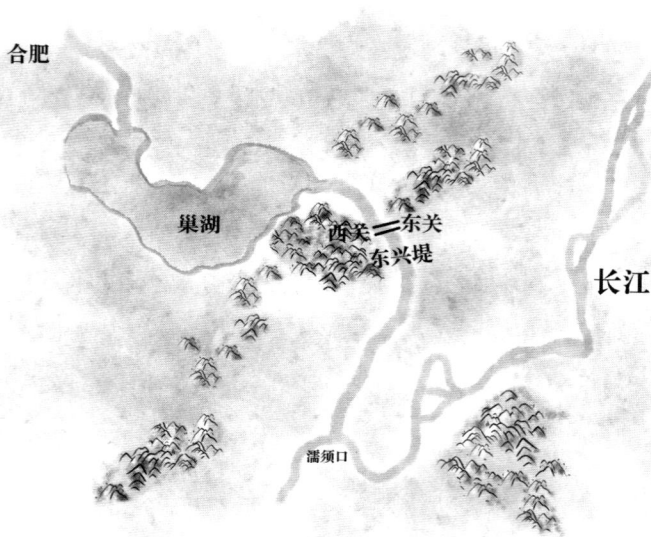

图 13-2　东兴堤位置图

这让刚上位不久的司马师比较被动，因为这块地盘此时属于魏国。

诸葛恪也是前后脚上位的辅政大臣，人家刚上位就把栅栏修你家院子里来了。诸葛恪这招比较讨巧，我也没动兵，我就是推进了一码，我回去好交代，你们看看，爷们刚一上来就把他们老曹家的门给端了。

司马师这边必须得还击了，因为这属于根本没办法忍的事情。挑衅的要是蜀汉，司马师完全能不搭理，因为汉丞相当年北伐把司马懿打得都不能还嘴，王平悍拒曹爽后让整个关中叫苦连天，司马师的无所动作还能被朝野视为新领导靠谱懂得克制。

挑衅的要是吴国，你就不能不搭理了，因为吴国前些年让司马懿吓得根本不等见面就望风而逃，结果司马懿刚死不久就给你下马威，这不是明摆着拿你不当回事嘛！

你要是不踹回去，本来就暗流汹涌的政局更没法交代了。司马师没有任何选择，必须铁腕攻吴。接下来，比较有趣的一幕就出现了：征南大将军王昶、征东大将军胡遵、镇南将军毌丘俭、镇东将军诸葛诞几乎同一时间上书要打东吴，且各有各的方案。

最终司马师拍板，按诸葛诞的计策：派王昶逼取江陵，派毌丘俭攻向武昌，牵制住吴国长江上游的兵力，然后挑选精锐兵力进攻东兴两城，等到他们救兵赶到，我们已大获全胜了。

252 年十一月，司马师趁着严冬水少，下令三路袭吴。

十二月，王昶进攻南郡，毌丘俭进攻武昌，胡遵、诸葛诞率七万大军攻打东兴。

诸葛恪率兵四万星夜来救，这些年对吴国的一系列不战而屈人之兵让魏国队犯了轻敌的大忌，城还没打下来先喝上了，连防都不设！ [①] 最终胡遵等大意被突袭，死者数万，吴国时隔二十四年再次获得了对魏国的大胜。

这一战后，诸葛恪那边坐稳当了，司马师这边风雨飘摇，朝臣讨

---

① 《三国志·诸葛恪传》：时天寒雪，魏诸将会饮，见赞等兵少，而解置铠甲，不持矛戟。但兜鍪刀楯，保身缘遏，大笑之，不即严兵。

论要把诸将罢官降职，司马师总揽全责，说这都是我的责任，和弟兄们有什么关系，削去了做监军的弟弟司马昭的爵位。

司马师为了应对东南未来可能出现的边防压力，迫不得已调整了扬州的军事结构，令诸葛诞与血洗东北的猛将毌丘俭互换：诸葛诞为镇南将军，都督豫州；毌丘俭为镇东将军，都督扬州。

骁勇的毌丘俭和文钦组合虽然解了近渴，但却破坏了之前扬州互锁的权力结构。这也为淮南的第二叛埋下了伏笔。

失去了牵制王凌和诸葛诞的任务，万人嫌的文钦就没有了意义，时间长了，他这位曹爽老乡就该自动寻找出路了。

毌丘俭虽是司马懿平辽东时的乖下属，但他还有几个朋友，此时在洛阳正酝酿着对司马家的下一场风暴！

四、权力场上的"攻其所必救"是什么招数？

毌丘俭是将门虎子，其父毌丘兴在曹丕时代为武威太守，因开通河右、讨灭叛胡有功被封高阳乡侯。

后来毌丘俭袭父爵位，因为跟曹叡在做皇子时经历过风雨，所以曹叡即位后对自己这位当年的好哥们儿相当厚待。

毌丘俭官运一路亨通，做尚书郎，迁羽林监，为洛阳典农，迁荆州刺史，最开始辽东不服的时候，曹叡是派毌丘俭率幽州诸军去平叛的。

曹叡对这个哥们儿有多看重呢？毌丘俭去幽州的配置几乎总揽东北所有军权："幽州刺史，加度辽将军，使持节，护乌丸校尉。"

不过战况不好，被公孙渊逆战击败。曹叡随后千里调司马懿加中央军四万，令毌丘俭为副手，率幽州军再战辽东。

这次大捷，毌丘俭在老艺术家的加持下进封安邑侯，食邑三千九百户。虽无具体表现，但根据封邑数量可以看得出毌丘俭此战军功不小。

曹爽时代，由于辽东出现了权力真空，高句丽开始骚扰叛乱，打算变成新一届东北一哥。但很遗憾，被司马懿加持过的毌丘俭开窍了，整个远东迎来了最可怕的杀手。

毌丘俭督幽州诸军、步骑万人出玄菟讨高句丽，高句丽王相当重视，打算一战打出高丽雄风，御驾亲征，率步骑二万人迎战。在以众击寡的优势下，高句丽被干死一万八千人。

毌丘俭随后一路打到了高句丽的首都丸都山城（**通化丸都山**），顺利拿下都城，焚毁宫殿，杀其官吏，屠城回军。

后来没过几年，高句丽再度不服，此时辽北著名狠人毌丘俭仍然在岗，本着履职尽责的义务再度出征。高句丽此战后基本名存实亡，被打得差点儿灭了国，所有附庸势力也被彻底瓦解，大魏北疆直指海参崴，朝鲜半岛的当年汉四郡全境也被全部收复。

司马家拿下政权后，已经隐隐然大魏第二将星的毌丘俭被曾经的老领导司马懿安排假节，监豫州诸军事，领豫州刺史，后转为镇南将军。

没多久，由于东关大败，毌丘俭又被公子爷安排去扬州看场子去了。

毌丘俭被安排到扬州，虽说帮助司马师渡过了难关，但也为司马师的英年早逝埋下了伏笔。

253 年春，刚刚获得自卫反击战大胜的诸葛恪志得意满地打算趁势伐魏。想法很振奋人心，但是他也不想想，就东吴那基因，怎么可能会得到同僚的支持！

同僚都说不行呀，最近累呀，诸葛恪不听；中散大夫蒋延因为劝领导没注意方式方法被诸葛恪下令拖出会议室。

诸葛恪一看大家都不服，于是写了一篇文章给他们传阅，大体来讲理由就是：天无二日，国无二主，刘表当年那么牛，看着曹操灭了诸袁最后欺负他儿子不说，还得听人家骂自己生的是瘈犊子；秦国当初国土那么小，最终得了九州天下，不就是因为敢想敢干嘛！司马老贼刚死，司马小贼幼弱，咱们得打他去！

大家一看学术论文都搬出来了，再说就该扣帽子了，于是都闭嘴了。

估计是有人找了门路，不久，诸葛恪的老朋友丹阳太守聂友给诸葛恪写信了，表示："咱上次大胜其实是因为官兵们英勇，再加上孙权先生搁天上罩着咱们，哥哥咱可得知道怎么回事啊！① 现在打算冲出长江走向世界天时未到，弟弟我替哥哥担心啊！"

把"天时"搬出来也不好使，诸葛恪回信："你小子没看我的学术论文，回去补笔记去！"

总之，诸葛恪将反对意见都放在了一边，吴、蜀两国相约共同起事，姜维出兵数万攻狄道（临洮），诸葛恪大举二十余万官兵进攻淮南，江东史上的最大规模出兵战役打响了。

诸葛恪本打算迅速推进淮南吞并人口，但诸将不同意，说："咱去了人家也都跑了，捞不着油水，还是围困合肥吧。"②

诸葛恪同意了，率军开始围攻合肥。

东西两路军同时扑来，司马师面临着执政以来最为严峻的形势。

司马师问计虞松："现在东西两线吃紧，诸将无士气，怎么办？"

虞松说："当年周亚夫坚壁昌邑后吴楚自败，现在诸葛恪尽起全国之兵足以肆虐淮南，但却围困合肥新城，不过就是想调动咱们去救援而

---

① 《三国志·诸葛恪传》：将士凭赖威德，出身用命，一旦有非常之功，岂非宗庙神灵社稷之福邪！宜且案兵养锐，观衅而动。

② 《三国志·诸葛恪传》：恪意欲曜威淮南，驱略民人，而诸将或难之曰："今引军深入，疆场之民，必相率远遁，恐兵劳而功少，不如止围新城。新城困，救必至，至而图之，乃可大获。"

已！放心让他打，合肥他打不动，等他兵疲师老之后自己就该跑了！①

"姜维虽然有重兵但却是远来孤军，现在正吃着咱们边防军的麦子呢！这是无粮之敌，认为咱们大军全都在东面，西方必然空虚所以才敢这么嘚瑟地突进，现在要是让关中诸军驰援，活活地吓死他！他肯定跑！"②

司马师认可了这个战略方案，令郭淮、陈泰尽起关中之众解狄道之围；令毌丘俭等原地不动，把合肥扔给诸葛恪当靶子打。

姜维听说司马师来真的了，在陈泰率关中军赶到洛门时就迅速跑了。气势汹汹的东西并进很快地就变成了诸葛恪举国之力围攻合肥。

司马师一面令毌丘俭坚守待援，一面抽调了二十万大军在自己德高望重的老叔叔司马孚的带领下来到了寿春，但依然秉承老思路，看着诸葛恪打合肥。

合肥这地方注定是孙吴的丧地，从来没有顺的时候，城中本来拢共就四千多人，东吴连着三个月都没打下来。

进攻不利的同时，诸葛恪军中还闹起了大规模传染病，士兵病了一大半，死伤遍地。

其实，某种意义上这事儿得赖诸葛恪自己。他将东兴大堤建起来后，不仅船没办法再从长江开到合肥了，而且巢湖的水位大涨。大夏天的本来就热，又加上泥泞潮湿，还得步行出军，传染病肯定容易横行。

诸将都说传染病越来越厉害，快点儿撤兵吧。诸葛恪知道自己的兵就这德行，只要过了长江就跑肚拉稀，于是表示谁再废话他就杀谁！（见图13-3）

---

① 《汉晋春秋》：今恪悉其锐众，足以肆暴，而坐守新城，欲以致一战耳。若攻城不拔，请战不得，师老众疲，势将自走，诸将之不径进，乃公之利也。

② 《三国志·三少帝纪》：姜维有重兵而县军应恪，投食我麦，非深根之寇也。且谓我并力于东，西方必虚，是以径进。今若使关中诸军倍道急赴，出其不意，殆将走矣。

图 13-3　东兴堤断流后导致上游水位上涨示意图

时间一天一天地过去，诸葛恪越来越愤怒，有一次将军朱异串了几句闲话，诸葛恪立刻就把他的兵夺了！都尉蔡林数次建言不被搭理后策马投奔寿春。

司马孚知道吴国大病后，开始进军。

合肥城此时也到了强弩之末，在坚守三个月后，城墙终于被吴国打出了大口子。

结果守城的牙门将张特给诸葛恪写信，说："我早就不想打了，但是魏国的法令是被攻百日后投降才不连坐家里人，现在这都九十多天了，不差几天了，要不你们再等等，我做做将士们的工作，过两天就投降。"随后连自己的官印都扔城外了。

诸葛恪松了一口气。

张特则连夜拆屋补城，将被攻破的口子堵上，转天嚷嚷："我是大魏的将领！有本事弄死我！"[1]

此时魏军也大规模地前来了，诸葛恪在损失惨重之后引军而去。司马师终于靠此战功坐稳了位置，而且江东罕见的鹰派诸葛恪此战后由于大失众心，引发政变被诛杀，东南边境的战事危机也就此降级了。

虽然如此，朝中对于司马家族独掌权力的反击，仍接二连三地到来。

254年二月，中书令李丰、曹芳岳父光禄大夫张缉，试图拥立太常夏侯玄辅政。之所以要将李丰摆在前面，是因为这哥们儿是中书令，也就是当年司马家恩人孙资干的那个岗位，掌握政治资源的关键岗位之一。李丰前些年一直在曹爽和司马懿间游走，并没有明显表态，他的儿子娶了曹芳的公主，司马师后来提拔了他做中书令。

这次阴谋政变，从亲家到老丈人，曹芳的最核心小集团要拥立夏侯玄，其实可以看作是曹芳要夺权的一个信号。

不过此次政变尚未发动，就已经被耳目通天的司马师知道了，所有参与者均被诛灭三族，张皇后被废。

由于曹芳已经亮了刀子，撕破的脸算是缝不回去了。政变后半年，254年九月，司马师废掉了曹芳！

这次李丰等人的政变预谋，将司马师的很多动作都逼得提前了。因为废帝这种事情，基本上万事俱备时才能干，也标志着要改朝换代了！

此时司马师掌握大权才三年，还有很多不安稳的地方！

司马师废帝的行为，立刻激起了曹家最后势力的反对。问题还是出在淮南：毌丘俭和文钦反了。

---

[1] 《资治通鉴·魏纪八》：特乃投夜彻诸屋材栅，补其缺为二重，明日，谓吴人曰："我但有斗死耳！"吴人大怒，进攻之，不能拔。

毌丘俭是个心向大魏之人，王凌叛司马懿时，司马懿是德高望重的老领导，而且政局趋于稳定，连夏侯玄这种顶级政敌都没动，所以他并不觉得自己应该反司马家。

但司马师将故友夏侯玄、李丰等人彻底清洗，随后又废了对自己有大恩的曹叡的接班人，毌丘俭爆发了。

他的长子毌丘甸在洛阳给他发来了"你咋就眼睁睁看着"的痛苦指责信，毌丘俭觉得他要做些什么了。①

文钦的动机则没那么高，自从王凌被搞掉，诸葛诞被调离，他的意义就不大了，再加上他过去有黑底子，总是冒领军功，杀十个敌人恨不得报一万个，被铁腕的司马师一再回绝。②

文钦觉得再往后不会有自己的好，毌丘俭为了造反又对文钦示好，两个人就这样走到了一起。③

曹芳被废四个月后，255年正月，毌丘俭、文钦看到大扫把星起于吴、楚之分，数十丈砸向西北，认为大吉，于是开始准备政变。

毌丘俭先派人联络豫州刺史诸葛诞，因为诸葛诞、夏侯玄和自己都是一个圈儿的，希望这位老兄弟也跟着拔刀相助，匡扶社稷。

不过诸葛诞的成分实在复杂，他和毌丘俭有故交不假，但又和司马氏是亲家，而且还和文钦关系极其不对付。

所谓的"淮南三叛"，当初曹爽安插的这个文钦可谓从头搅和到尾，堪称是司马家最终解题成功的最关键神队友。

---

① 《世语》：齐王之废也，甸谓俭曰："大人居方狱重任，国倾覆而晏然自守，将受四海之责。"俭然之。

② 《三国志·毌丘俭传》：曹爽之邑人也，骁果粗猛，数有战功，好增虏获，以徼宠赏，多不见许，怨恨日甚。

③ 《三国志·毌丘俭传》：俭以计厚待钦，情好欢洽。钦亦感戴，投心无贰。

诸葛诞在权衡后决定站队司马家，斩来使，将毌丘俭的图谋布告天下。毌丘俭和文钦无奈，只能迅速起兵，矫太后诏，于寿春举兵讨伐司马师。

他们将淮南屯驻的所有将领拘在了寿春城内，于城西筑坛，歃血为盟，分老弱兵守城，兴兵五六万渡淮河，自西北进到项城。[①] 同时，向天下发出公告，揭露司马师的罪恶并将儿子及宗族子弟四人送入东吴为质，以求外援。

司马师此次面对的堪称继高平陵之变后，司马氏最凶险的一次危机。因为两点：

1. 毌丘俭此前荡平东北，脚踢高句丽，阻击合肥，堪称此时魏国的第一战神。

2. 毌丘俭的讨贼文书堪称经典。

毌丘俭在对天下的公告中，历数了司马师的十一条大罪：《春秋》之义，一世为善，十世宥之。懿有大功，海内所书，依古典议，废师以侯就第。弟昭，忠肃宽明，乐善好士，有高世君子之度，忠诚为国，不与师同。臣等碎首所保，可以代师辅导圣躬。太尉孚，忠孝小心，所宜亲宠，授以保傅。护军散骑常侍望，忠公亲事，当官称能，远迎乘舆，有宿卫之功，可为中领军。

翻译一下：

1. 司马懿，大大的好人。

2. 司马昭，大大的好人。

3. 司马孚，大大的好人。

---

① 《三国志·毌丘俭传》：迫胁淮南将守诸别屯者，及吏民大小，皆入寿春城，为坛于城西，歃血称兵为盟，分老弱守城，俭、钦自将五六万众渡淮，西至项。俭坚守，钦在外为游兵。

4. 司马氏全家就司马师不是东西。

5. 我们折腾这一通就是为了废掉司马师，让司马昭辅政。

为什么说这讨贼文书堪称经典呢？因为司马师眼部长了瘤子，刚刚完成手术。这封檄文却挑拨了司马氏内部的团结，让刚刚眼伤未愈的司马师没有了选择。

造反的消息传来，司马师本来打算派叔叔司马孚前去平叛，但是心腹傅嘏、王肃、钟会全都说不行！明面上的理由是：毌丘俭能打，手下兵厉害，你得亲自去，派别人去要是输了就大势已去了！① 其实这根本不是理由，因为被毌丘俭裹挟造反的淮南军区都是北方人，司马师攥着大把的人质，派谁去都一样。

关键的是毌丘俭的那封讨贼檄文，是支持除了司马师以外的司马家所有人！

万一司马孚带兵去平叛，结果最后合兵毌丘俭来消灭司马师来了呢？

毕竟司马懿也死了，如果司马孚突然希望这革命果实落到他那这一支呢？这世道谁还能信呀，当初废曹芳的时候，司马孚可是带头嗷嗷哭着送别的。② 谁知道现在他心里到底怎么想的！

这世道已经没有什么下限了！

毌丘俭这就是非常高明的"攻其所必救"，逼得司马师眼伤未愈来跟他决战！司马师不得不亲自上战场去平这淮南第二叛！

我们之前讨论过为啥郭嘉的计谋并不能算最高级的那一档，因为选择权通常并不在他自己的手中：你咋知道孙策就一定会被仇人暗杀

---

① 《三国志·傅嘏传》：淮、楚兵劲，而俭等负力远斗，其锋未易当也。若诸将战有利钝，大势一失，则公事败矣。

② 《三国志·三少帝纪》：帝受命，遂载王车，与太后别，垂涕，始从太极殿南出，群臣送者数十人，太尉司马孚悲不自胜，余多流涕。

呢？就算是你亲自安排的杀手，你咋知道一定能成功呢？万一不成功人家被你激怒，迅速来捅你的背后呢？万一人家那天打猎就是带着保镖了呢？为什么太史慈碰见孙策的时候，韩当、黄盖等十三个特种兵围得就严严实实呢？五百里奔袭乌桓，你怎么知道人家一定不设防呢？你怎么没算到中间三百里没有水，杀马数千匹，叫花子般才到的白狼山呢？

上述的这一堆问号，没有一个主动权是在郭嘉手里的。不是说郭嘉不厉害，只能说距离最高档次还差一个段位。

而毌丘俭这次的手段就是最高段位，提前就将司马师所有的退路都给封死了。

我推了你一步，无论往哪个方向退，你都得亲自来跟我决战！因为你根本算不准，也不敢赌你叔叔、你弟弟内心中到底有多黑暗！

司马师此去还不知道，老天就要推倒对司马家反噬的第一道多米诺骨牌了。

五、司马家族崩塌的第一块多米诺骨牌

司马师自率中外军南下，令诸葛诞督豫州诸军从安风进攻寿春，征东将军胡遵督青、徐诸军，出于谯、宋之间，断绝叛军归路，三路扑毌丘俭而来。

司马师屯兵汝阳后，派监军王基督前锋诸军据南顿等毌丘俭来打，下令诸军皆坚壁不战。这是为什么呢？他在等毌丘俭叛军的自我崩溃。

曹魏边防军的异地户籍驻防制度虽然会出现一定程度的水土不服，并在返乡休假时会被人抓空子，孙权的历次北伐，通常都是趁边防军轮换返乡的时候搞的，但这确确实实是提升战斗力以及堪称防范叛乱的良方。

还是《孙子兵法》中的密码：在自己家门口打仗叫作"散地"，不会有什么斗志，光想着保护自己的老婆、孩子了。玩命打仗就能活，不玩命就得死，这种地方叫作"死地"，必须要往死里打！

"异地户籍驻防"配合着"人质制度"，完美地结合了"散地"+"死地"的理论。让你去陌生地方当兵，就是避免你人在"散地"心里牵挂多；让你去边境的"死地"当兵，如果敌人入侵你投降，那你家属就会被杀掉，不玩命打仗就会被敌人杀掉，所以逼得你必须往

死里拼。

司马师坚守不战，时间拖得越久，对面的"叛军"就越担忧自己的家人和未来。

果然没多久，毌丘俭军出现了大量的士兵叛逃，只有淮南新抓的壮丁还听指挥。①

为什么"淮南新附农民"还听话呢？因为他们的家乡在淮南，此时身处"死地"，而且人质被毌丘俭扣在寿春。

战争的核心永远是利用人性的两端：要么极度利用士兵的贪欲和特殊年龄段的激素水平；要么极度攻击士兵的弱点和他不能承受的代价。无论时代怎么演变，包装得多么花里胡哨，核心都是这个意思。

司马师在对面出现大量叛逃士兵后，已经官至兖州刺史的邓艾督泰山诸军万余人到乐嘉示弱诱敌，自己悄悄地跟进，准备一举歼灭毌丘俭。

不过就在这次轻兵奇袭中，发生了黑天鹅事件。

双方在乐嘉突然相遇了，文钦之子文鸯极其雄健，认为此时司马师还未安营，应该趁此遭遇战打他一家伙，于是分为两队开始夜袭。

文鸯此战打得极具恐怖效果，军中大惊，司马师则因为此次突如其来的夜袭，急火攻心，把手术伤口侧的眼珠给惊掉了！②

按照常理讲，文鸯即将名垂史册。因为接下来的走向通常就是司马师军中大乱，自相践踏，四散奔逃。甚至司马氏的政权会在司马师重伤以及此战大败后迅速地走向自我崩溃。

但是，司马师作为司马懿愿意为了他被永远钉在耻辱柱上的接班

---

① 《三国志·毌丘俭传》：俭、钦进不得斗，退恐寿春见袭，不得归，计穷不知所为。淮南将士，家皆在北，众心沮散，降者相属，惟淮南新附农民为之用。

② 《晋书·景帝纪》：鸯之来攻也，惊而目出。

人，这位司马家最狠的角色，在罕见的爆睡后居然将自己的脑袋用被子捂住，随后死死地咬住了被子不发出任何声音，连身边的人都没有看到异样。所有人只能看到他嫌吵蒙着脑袋躺那里继续很淡定地睡觉！

虽然这是司马师的第一次外出征战，但他却如古之名将一样，展现出了夜惊的最完美解题方案——坚卧不动！这还是在他突然重伤的情况下完成的判断！

要知道，"夜惊"可是让诸多名将折戟沉沙的最难考题，比如曹家的千里驹曹休，石亭之战最终就是败在夜惊上。

因为司马师的镇定，军队指挥系统迅速恢复了正常，不仅没有乱阵脚，而且在文鸯冲进军阵后反复冲杀三通鼓的时间里居然顶住了文钦的接应部队，让他冲不进来！

张辽附体的文鸯看到如此情况，带着队伍从司马师军中冲了出来开始撤退。

最危险的时刻过去后，司马师掀开被子露出真面目，强忍疼痛命令诸将："文钦要跑，给我追！"

诸将看到司马师的造型都被吓傻了，表示咱先别追了，但司马师展现出了精准的判断："一鼓作气，再而衰，三而竭，文鸯三鼓文钦都抢不进来，其势已屈，赶紧给我追！"

当初将司马懿的洛水发誓传话给曹爽的那位心腹尹大目，看到司马师突然重伤只剩一只眼，心中盼望着能为曹爽复仇，于是请求去说降逃跑的文钦，随后司马师放行。

尹大目只身追去，远远对着文钦喊道："君侯何苦若不可复忍数日中也！"这几乎是明明白白地通知文钦再坚持几天，司马师不行了！

文钦平时光知道贪污喝酒了，脑子进水了根本听不懂什么意思，大骂道："你是先帝身边的人，不报恩反而为虎作伥，必遭天谴！"张弓欲射尹大目。

司马师遣左长史司马琏督骁骑八千追击，使将军乐林等督步兵继其后，追到沙阳，彻底冲垮了文钦的军阵，文钦军投降，文钦父子与麾下逃亡东吴。

毌丘俭听说文钦战败，大恐，连夜撤退，众将星散，逃到慎县时毌丘俭只剩亲近两人，被安风津都尉部民张属就射杀，毌丘俭和文钦所迫胁将士全部归降。

这淮南的第二叛，某种意义上完成了它的历史使命。因为司马家族最重要的资产司马师，由于眼珠崩裂，此时不行了！司马懿最寄予厚望的长子，仅仅掌权四年多就要找他报到去了。这也是司马家族政权崩盘的第一块多米诺骨牌。

司马师在执政的这四年多里，完成了以下几件事：

1. 成功地耗死了江东最大鹰派诸葛恪。

2. 通过提拔和笼络，让大量曹魏的第二代大臣站队到了自己麾下。

3. 通过李丰案将中央几乎所有的敌对势力一网打尽。

4. 最后在毌丘俭"只反他一人"的"顶级阳谋"后，刚刚做完手术的他给出了完美回答，顶住了这最凶险的淮南第二叛。

可以这么说，自司马懿奠基后，消灭中央和地方的绝大部分反对势力并建立自己的拥护力量，完成改朝换代的最终格局，全是在司马师这一届完成的。

自阴养那三千死士开始，司马师几乎是司马家最终能够拿下天下的最关键人物。老爷子奠基谋篇布局那自另当别论，但真正完成突破的，其实都是他这个儿子。

司马师的巨大威望与开国勋劳也为今后西晋的大乱埋下了伏笔。因为他弟弟司马昭跟他比起来差得太远。也正因为如此，后来在司马氏第三代的接班人选择上，出了怎么选都是错的大问题！

英明神武的司马师不仅意外早死，而且没有生出儿子来。不是他没有能力，他在二十六岁之前跟结发妻子夏侯徽生了五个孩子。全是闺女！

对于这个不逊其父司马懿的顶级大才来讲，世上无难事，除了生儿子。他发妻死了以后，之后的二十二年，司马师死活再也生不出一个孩子来了。

高平陵之变，是个关键时间点。洛水发誓后不久，司马家阴差阳错的报应开始神奇地、接二连三地出现！

基业雏形出现了，下一届接班人司马师过继了弟弟司马昭的二儿子司马攸为自己的接班人。

司马昭有两个儿子，长子司马炎和次子司马攸都非常优秀，尤其司马攸，更是被读了一辈子人的司马懿相当看重。

司马攸长大后并没有辜负他爷爷的眼光，性格好、学问好、能力强，堪称世间楷模，口碑、威望比他哥哥司马炎还要高。[1]

司马师过继司马攸，这里面应有司马懿的意思。按照司马懿的思路，司马家族寿命通常七十岁起步，司马师死的时候司马攸已经三十多岁了，这个被看好的第三代接班人完完全全地能接司马师的班了。

但是，谁也没想到，司马师会在接班后眼上长了瘤子。更没有想到毌丘俭会使这么毒的"阳谋"。更更没有想到，文鸯会万夫莫当地搞这么惊悚的夜袭！

司马师比司马家族人均寿命短了二十年，死的这一年，司马攸仅仅八岁，司马攸的哥哥司马炎却已经二十岁了。

---

[1] 《晋书·司马攸传》：及长，清和平允，亲贤好施，爱经籍，能属文，善尺牍，为世所楷。才望出武帝之右……

司马昭一直是有自知之明的，上位之后经常挂在嘴边的一句话是："这是我哥哥打下来的天下。"[①]

司马昭貌似挺明白，但后面真正选下一任接班人时，就费劲了。一方面是"此景王之天下也"，接班人司马攸还"为世所楷，才望出武帝之右"。一方面是司马炎"宽惠仁厚，沈深有度量"又配上个"发委地，手过膝，此非人臣之相也"的外表。

这两个孩子哪怕有一个是傻子，抉择起来都不用这么费劲。

如果司马炎是傻子，那他就规规矩矩还政二儿子司马攸，本来宗法上也叫还政景王一系，名正言顺，自此晋朝统序回归正常。

如果司马攸是傻子，那就无可争议，大儿子司马炎接班，国家不能托付给傻子，我哥哥功勋再大也得为天下着想。

结果偏偏两个孩子都非常优秀，最终司马炎因为岁数大、笼络的政治资本多从而上位。但是，司马师的威望无双配合着司马攸的超级素质从此成为司马炎头顶上永远提心吊胆的无形枷锁。这也导致了最终司马炎的一系列让人慨叹"因果不爽"的权力打法变形！

西晋自立国之后我们所有看不懂的权力运作，全是围绕司马炎防他弟弟展开的。两个高水平接班人撕扯终生的"炎攸暗战"，也成为后面西晋之亡的最大导火索！

先来看此时此刻司马家的第三代权力交接局面。

司马师在击溃毌丘俭后下令让在洛阳监控朝局的司马昭火速赶来接班！

闰正月二十八日，司马师没见到他弟弟就死了。随后司马师身边的尚书仆射傅嘏和典知密事的钟会秘不发丧，隐瞒死讯，最终等来了司马昭。

---

① 《晋书·武帝纪》：每曰："此景王之天下也，吾何与焉。"

司马昭到后不久，著名猛壮士皇帝曹髦以东南新定的理由命司马昭镇守许昌，令傅嘏率大军回京师。

曹髦看到了这关键的时刻，决定搏一把。此时如果曹芳还在的话，如果李丰、夏侯玄等潜在反对司马家族的势力还在的话，这次司马师出事很有可能帮曹家重新夺回政权。

因为三点：

1. 皇帝在洛阳，年龄也正好亲政，拥有最高合法性。

2. 李丰、夏侯玄等有足够的力量去接手司马家在洛阳的布局。

3. 所有出征军官、将士的家属在洛阳。

但是，此次叛乱又恰恰是因为曹芳系的人被连根拔起，所以毌丘俭才决定拼命，最终惊爆了司马师的眼。

此时曹髦刚刚继位不到三个月，自己什么势力都没有！虽然貌似有着最高合法性，虽然出征将士家属都在洛阳，但是他没有在短时间内换掉司马氏控制宫禁、尚书台等核心部门的能力。

所以当傅嘏的报告打来，说我们在司马昭先生的带领下要一块回洛阳，在洛水南驻军，您看着办的时候，曹髦迅速妥协了，拜司马昭为大将军，加侍中，都督中外诸军、录尚书事，辅助朝政。

就此，来到司马家创业的第三代了。虽然有一点点小惊险，但司马昭接班后发现，摆在他面前的，似乎没有什么阻碍了。

256 年春正月，司马昭加大都督，奏事不名。

夏六月，进封高都公，地方七百里，加之九锡，假斧钺，进号大都督，剑履上殿。司马昭固辞不受，完成了第一轮加九锡运动。

第一轮固辞九锡后，心腹长史贾充建议派人下去慰劳征东、征南、征西、征北四将军，观察这四位将军的政治意识。

贾充作为特派员，亲赴最要紧的淮南巡查。回来后司马昭得到汇报，征东大将军诸葛诞不合格！

淮南的最后一叛，也是最大规模的曹魏内战，随着贾充斩钉截铁地预警，即将打响。

六、有时候，历史要比剧本敢想、敢干得多

诸葛家族比较神奇，在司马家族事业腾飞的关键时刻，诸葛家族都在扮演着点炮的角色。

当年丞相在给司马懿带来无限羞辱的同时，也让司马懿在关中干了近七年的总督。司马懿一点儿没糟蹋地利用这近七年的时间，将关中打造成了自己的铁票仓，还利用丞相的万丈光芒树立起了只有他司马懿能撑住危局的璀璨人设。

诸葛家的第二杆旗是诸葛亮的侄子、诸葛瑾之子诸葛恪，这位爷虽然把司马师吓唬得够呛还首战告捷，却最终在三国最大规模会战中败下阵来，为司马师稳定接班局势投了最大的功业票。

现在到丞相的族弟诸葛诞了，他成了第三个点炮手。诸葛诞从心底很可能早就想反，但造反他想造最大的！

淮南二叛时，毌丘俭与文钦在寿春起兵，派使者联络豫州刺史的诸葛诞，结果因为恶心文钦，诸葛诞不仅斩杀了他们的使者，还在平叛的过程中第一个冲进了寿春城。

诸葛诞表态后，作为最后一个在淮南有着多年经验的老人，重伤的司马师迅速封诸葛诞为镇东大将军都督扬州，令他防范东吴的趁火

打劫。

诸葛诞调防寿春后不久，江东的打劫团伙就来了，孙峻、吕据、留赞等看到寿春已经有了防备于是撤退，反而被诸葛诞一通追击并干掉了将军留赞。

这次的政治站队，使得诸葛诞成为司马家的好帮手，诸葛诞因此获封高平侯，邑三千五百户，迁征东大将军。

不过诸葛诞的此次叛变，颇有点儿三国杀里间谍杀反贼向主公邀功的感觉。从他后面的动作来看，他早就有企图和预谋。

他成为东南一把手后，在当地开始收买人心，蓄养了数千死士。一年后，诸葛诞又以东吴有意进攻为由，向朝廷要求增兵十万并沿淮河筑城抵御。①

这和当年王凌的借口是一样的。

贾充之所以建议司马昭要去巡查四征将军，是因为组织淮南专案组太明显了，那三个人都是幌子，主要查的就是征东大将军诸葛诞。

贾充作为特派员专门去的淮南，考察回来之后对司马昭说："赶紧把诸葛诞调回来，此人在淮南有大威名，已经是民望所归，现在调回来就算他狗急跳墙但仍然属于可控范围，要是再晚就该出大祸了！"②

257 年五月，司马昭做好了全部准备，下诏升诸葛诞为司空入朝任职。

诸葛诞马上叛变，杀治所同在寿春的扬州刺史乐綝，调集十五万

---

① 《三国志·诸葛诞传》：甘露元年冬，吴贼欲向徐堨，计诞所督兵马足以待之，而复请十万众守寿春，又求临淮筑城以备寇，内欲保有淮南。

② 《三国志·诸葛诞传》：充还启文王："诞再在扬州，有威名，民望所归。今征，必不来，祸小事浅；不征，事迟祸大。"

淮南将士和近一年的粮饷据守寿春，派吴纲领自己的小儿子诸葛靓到东吴请求援兵。

六月，司马昭带着曹髦和太后一块御驾亲征。

七月，司马昭调青、徐、荆、豫及关中游军，令皆会于淮北；司马昭驻军丘头，共二十六万大军空国扑来。

此时吴国主政的是宗室孙綝，孙綝派出将军全怿、全端、唐咨等人领兵三万，与上一次投降过来的文钦一起去救援诸葛诞。

东吴救援赶到，魏军先锋阻击不利，将军李广临敌不进，泰山太守常时称疾不出，这二位被司马昭斩首并向全军展示。

见血后的魏军开始醒盹儿，镇南将军王基开始督诸军围寿春，救援的文钦、全怿看到魏军来真的了，于是在魏军尚未合围完成前从城东北，因山乘险突入寿春城帮助诸葛诞固守。

吴国援军进入寿春，王基统诸军的四面合围彻底成型，魏军在寿春城外搞了两层包围工事，开始日复一日地加固施工，将寿春城围若铁桶一般。

在王基围寿春的同时，司马昭派心腹奋武将军监青州诸军事的石苞统领兖州刺史州泰、徐州刺史胡质的精兵作为游军自由人，阻击吴军增援。（见图13-4）

文钦等率兵数次突围，杀不出来。

吴将朱异再率兵万余人来救诸葛诞，留辎重于都陆，轻兵渡黎浆水后遇到了石苞的阻击军。试探地碰了碰，发现根本打不动。新上任的泰山太守胡烈则以奇兵袭击都陆，焚其粮草，石苞、州泰再攻朱异，大破之。

孙綝让朱异再次出战，朱异以粮乏兵疲为由，拒不出战。一败再败的吴军已经是强弩之末了。

孙綝最终杀了朱异领兵回到建业，摆出一种姿态："诸葛诞你要加

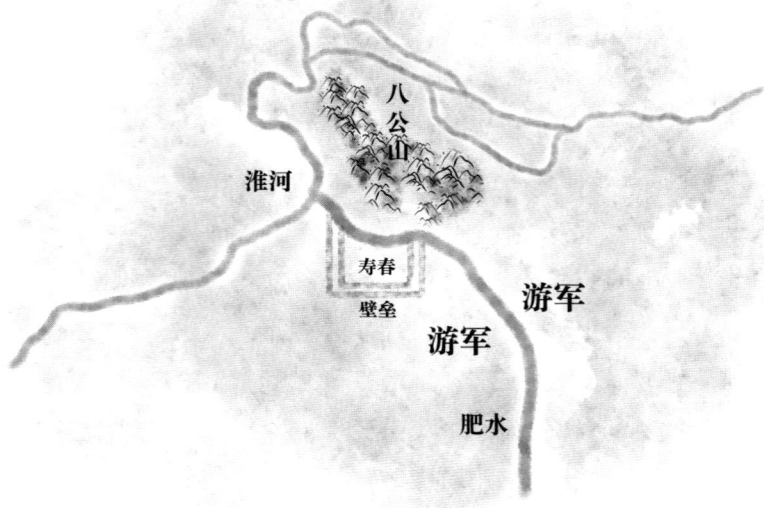

图 13-4　魏军围困寿春示意图

油啊！那个不努力救援的被我杀了！我回去叫人去了！你等我。"

　　这招被司马昭看穿了，内部讨论会上就成了共识：朱异救不了寿春不是他的罪过，被杀不过是为了坚诸葛诞之心，咱们正好顺势而为，温水煮青蛙地把寿春城的粮食耗尽，不能让诸葛诞现在兵强马壮地跟咱拼命！司马昭开始放出自己缺粮的消息，并不断派间谍向寿春城内散播吴国救兵将至的消息。

　　诸葛诞因此并不注意节省粮食，总是举办各种活动激励士气，但是过了很久发现吴国救兵也不到，而且城外的军队并没有出现虚弱的迹象，诸葛诞开始慌了。

　　其实司马昭怎么可能比他先缺粮！

　　自许昌到寿春的军屯已经被他老爷子建设得连成了一片，整个中原乃至黄河以北的物资可以通过汝水、颍水、涡水、睢水、泗水源源不

断地走淮河汇聚到寿春，如果没有江东的支援输血，怎么可能耗得过他！（见图 13-5）

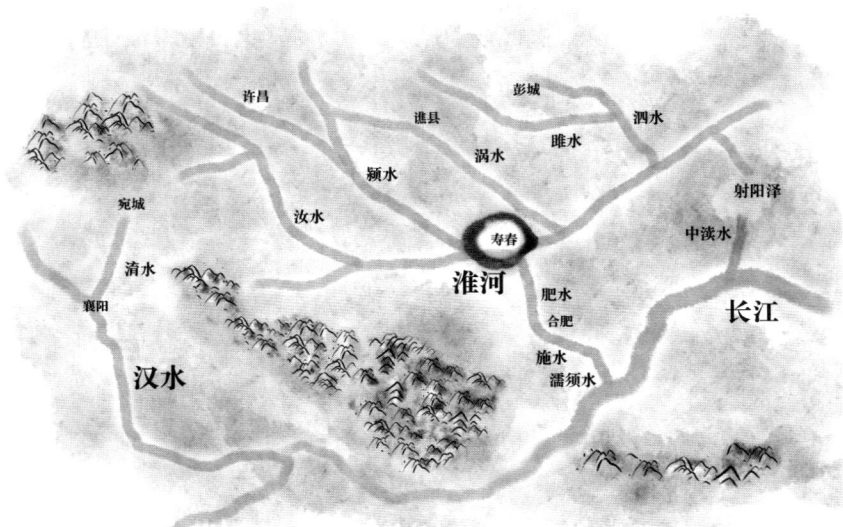

图 13-5 寿春枢纽位置图

司马昭只要卡死了南下来支援的肥水交通线，诸葛诞跟司马昭拼消耗就是死得早晚的问题。

其实诸葛诞是有战略预案的，最开始他之所以拥有十几万人却选择在寿春城中固守待援，直接放弃了城外驻防，是因为寿春每到雨季必定淮水泛滥，大水直接淹到寿春城下。[①]

司马昭围城的时候正好是夏秋之交每年淮水最泛滥的时节，诸葛诞是诚心诱惑司马昭前来围城的。[②]

所以说，司马昭的作战指挥水平其实相当一般，身边也确实缺

---

① 《晋纪》：初，寿春每岁雨潦，淮水溢，常淹城邑。

② 《晋纪》：故文王之筑围也，诞笑之曰："是固不攻而自败也。"

乏淮南专家进行参谋，这个战略部署其实相当危险。搞不好是要当于禁的！

不过有时候天意真的好神奇，也许是曹氏真的国祚将尽，也许是诸葛诞在之前淮南两叛的表现实在不让老天爷待见，结果谁也没想到，自打司马昭来了，就再也没下过一滴雨。[1]

困守半年后来到冬季，不会再有水攻助力了，诸葛诞的心腹蒋班、焦彝建言："别等了，雨水是来不了了，东吴也以发兵为名坐观成败不会再来了，现在趁着众心尚固，士卒思用，并力决死，攻其一面，虽然不能大胜，但咱们是能够保全有生力量的！"

文钦说："诞公你现在举十余万之众内附，我文钦与全端等陪着你在死地驻防，这帮人的父子兄弟全都在江东，就算孙綝放弃我们，那帮人的亲戚能干吗？现在北面军民并疲，已经守我们半年多了，已到强弩之末，咱们应该再等等！"

诸葛诞认可了继续固守的想法。

蒋班、焦彝仍然在不停地劝谏，文钦开始管不住自己的脾气大怒，诸葛诞也被烦得想杀了蒋班，做死战到底的坚守表态。二将一看情况不对，十一月，出城投降司马昭。

恰巧在这个时候，吴援军中的全怿家属在江东犯事了，全端的侄子全祎、全仪带着全怿他妈及全家逃奔魏国来了。钟会令全祎、全仪手书劝降全怿，不久城中的全怿率数千人出城投降。

寿春城中士气开始向下，这只被煮的青蛙跳出来的可能性越来越小。

258 年正月，又坚持了一个季度后，城中的粮食储备已经快见底

---

① 《晋纪》：及大军之攻，亢旱逾年。

了，诸葛诞死心了，知道吴国援军真的不会再来了，开始大做攻击武器，昼夜五六日连续攻击南围，打算突围而出。

结果诸葛诞的城中军在这几日的突围过程中被南围守军成功阻击，魏军的投石车和火箭将诸葛诞的攻围器械击毁，投石车和弓弩齐发，诸葛诞在连续数日的死伤惨重后放弃了突围的想法。

此番回城后，文钦劝诸葛诞将北方人的士兵全都放出城去减省粮食。这帮人的家属都在北方，都在司马昭手中，本来也是被胁迫不会尽力，还不如全都散出去，增加司马昭的给养负担，光留吴国援军在这里坚守就够了。

诸葛诞不听，这十几万北军是他的筹码，双方因为这个问题谈不拢开始想起了过去的那些不愉快的日子。

一旦互不信任的齿轮开始运转，双方的关系开始迅速恶化，最终诸葛诞先下手为强，杀了文钦。

文钦之子文鸯和文虎此时带兵在寿春小城内坚守，听说他爹让人杀了，准备带兵去找诸葛诞拼命，但吴军不为其所用，文鸯和文虎逃出城去，投奔了司马昭。

小弟们看到司马家天字第一号的仇人、爆睛惨案制造者的文鸯来了，纷纷要求迅速为司马师报仇。

但文鸯的这个时机选择得太好了，司马昭根本没有选择，必须大度，赦免了间接杀兄的文鸯，这成为一个巨大的广告牌，随后司马昭令文鸯带着几百骑兵巡城高喊："文钦之子尚且不被杀，其余之人有什么可顾虑的？"

在文鸯牌广告车的大喇叭投放下，寿春城内士气开始暴跌。

司马昭亲自来到包围圈，见城上持弓者不发箭，说："可以攻城了。"

魏军攻城之时，士气和军粮跌到谷底的寿春城内已经无人出力了。①

诸葛诞看到大势已去，率领最后的死士们突小城而出，被司马昭的大将军司马胡奋部兵逆击斩首。

258 年二月乙酉日，魏军攻克寿春城，诸葛诞被夷三族。

城破那天，大旱了近一年的淮南开始狂降暴雨，司马昭的围垒全部被浇垮了。②

诸葛诞和文钦再挺几天，不就都冲出去了吗？但谁能想得到雨季滴雨不下，二月份居然会狂降暴雨。

历史有的时候真的是比剧本还夸张。

至此，淮南第三叛，也是最大的一叛落幕。诸葛家族为司马家族完成了最后一次点炮。

司马昭凭此巨大军功，加速了自己换房本的最后一个步骤，五月，"封晋公，加九锡，进位相国，晋国置官司"的加封就已经喷薄而出了。

司马昭照惯例推辞了第二次加九锡之礼，最终增邑万户，食三县，诸子无爵者皆封列侯。

七月，司马昭为老臣们的子弟要待遇，大规模地讨好老臣集团。

转年六月，司马昭分荆州置二都督，王基镇新野，州泰镇襄阳；陈骞都督豫州；钟毓都督徐州；宋钧监青州诸军事，将最重要的扬州交给了家族铁杆的石苞。全国的所有军区，就此紧密地团结在了以司马昭为核心的大将军周围。

---

① 《三国志·诸葛诞传》：城内喜且扰，又日饥困，诞、咨等智力穷。大将军乃自临围，四面进兵，同时鼓噪登城，城内无敢动者。
② 《晋纪》：城既陷，是日大雨，围垒皆毁。

又过了一年，260年夏四月，天子再提晋公加九锡之事，司马昭完成了第三次加九锡的推辞。没办法，就这剧本，王莽、曹丕一路都是这么来的。

不过不会再有第四次了，因为前戏已经足够了。谁都知道下一步是什么了。司马昭之心，早就路人皆知了。

看上去，马上就要"晋、蜀、吴"三足鼎立了。

就在这个重大历史关头，一步步按部就班的司马家再次迎来了巨大的变量，曹家房本的名义所有人要跟司马昭拼了。

此时的魏主曹髦，是个爷们儿。当初废掉曹芳后，司马师的打算是立曹操之子彭城王曹据为帝。此时的曹据已经一把年纪了，为什么司马师要立一个成年人，而不是立一个好摆弄的小孩子呢？因为司马师打算从根上否定曹丕这一脉，另立新山头。

曹家所有的皇恩浩荡都是围绕曹丕、曹叡、曹芳这一系盖章签字的，整个官僚系统都是感恩曹丕这一系的曹家皇帝，皇帝的亲孙子和皇帝兄弟的孙子对于下属来讲完全两个分量。

曹家所有的诸侯王自曹丕继位后就全都被防得像贼一样，曹据对所有人都没有恩典，也就谈不上有像毌丘俭对曹叡那种豁出命去报答曹据的人了。

一叛时，王凌的革命动机一直被怀疑也是因为他打算立的是曹操的另一个儿子楚王曹彪，立这个曹彪并不能调动起潜在拥护曹家的更多资源，相反便于革命成功后他能够控制。

政治博弈这种最高级别的人类智慧，每道题的具体解法，都是无法拿公式生搬硬套的。每遇到一件事，都有人际关系、利益、奖励、威慑、恐吓、荣耀、诚实、欺骗……软、硬、增、减等近乎于艺术范畴的解题方法和整体规划。

一直配合司马家的郭太后不同意，曹据的辈分比她还高，那样她这个太后就没有名义再干下去了，最终多方沟通后立了曹丕庶子东海王曹霖的在世庶长子曹髦。继承曹霖东海王爵位的嫡子曹启被排除在外了，因为嫡子的政治资源和声望相对来讲威胁会更大一些。

结果司马师千算万算后，还是算漏了一招，还不如立那个嫡子呢！

曹髦，这位可能是曹家的最后一位好儿郎，就这样被阴差阳错地挑选出来了！

还是那句话，历史要比剧本敢想、敢干得多！

这位曹髦不仅是个爷们儿，还是个正经的大才。文章、政论、绘画，那都是在中国历史中有号的。

向来以挑剔眼光看人的著名文化人钟会后来这么评价曹髦："才同陈思，武类太祖。"

虽说有夸的成分，但用曹植、曹操来比，实在是说明曹髦不得了。

这位才同陈思、武类太祖的曹髦，在司马氏谋国走到最后一步的时候，爆发出了曹家最后的余烈与光辉！

靠着极其可怜的资本，曹髦亲手引爆了司马家谋国道路上的最大危机，并用自己的生命将司马家的国祚进行了诅咒与封印！这也间接衍生出了史上最神奇的入川演出。

自袁绍 189 年八月革命的一声炮响，弹指一挥间，七十载春秋寒暑来去匆匆，多少英杰雄烈上场，纵横驰骋，谢幕回首，恍然如梦。风云散尽尘埃定，变了时空，滚滚长江东逝水的三国时代，最后三位狠角色，该你们上场了！

第 **14** 战

二士争蜀：史上最传奇的入川演出

一、天子之血对司马氏的诅咒

历史的车轮，来到三国系列的终章了。

灭吴呢？灭吴要等到《两晋悲歌》了。不仅如此，灭吴之战仅仅是司马炎和他弟弟司马攸的宫斗戏中的一出戏，根本谈不上主角。

所谓"天下大势分久必合"的最关键一战是灭蜀之战，因为这一战，帮助司马家渡过了最后一个超级大危机。

不仅如此，我们还将看到一部不合时宜的作品对于一个国家的统治基础来讲，会起到怎样的摧毁效果。这段故事也将为我们展现，在我们国家几千年的历史中，从文化上完成内部瓦解的很罕见的案例。

整个灭蜀的过程，从谋篇布局到文化瓦解，从人杰斗智到兵行险着，极其精彩，堪称史上最神奇的入川表演。此战作为精彩纷呈的三国时代的收官之战，也算得上是够分量的压轴之作。

此战之所以会早早在公元263年打响，起因于曹家最后的勇烈之人曹髦。

曹髦被选拔出来代替曹芳为帝，十四岁的孩子就知道在百官迎接的时候下车回拜百官。

礼仪大臣说："你不用拜他们。"

曹髦说："我现在也是臣子，那些人都是栋梁长辈，必须拜。"

到了止车门后曹髦下车，左右说："你不用下，那是让大臣们下车开始步行的位置。"

曹髦说："我被皇太后喊到洛阳，还不知道干什么呢，必须跟长辈们一步行。"

这趟见面礼下来后，曹髦取得了什么效果呢？所有当天参与全程的官员们都非常开心，感到非常荣幸。

曹髦仅仅十四岁，这是种什么政治天赋？这孩子特别知道怎么拿一分钱不用花的规矩和尊重为自己加码。从这些细节也能看出来为什么曹髦后来能在水泼不进的禁军系统中安排了肯为自己卖命的死士。

这个人贵为天子，你是个禁军的小官，虽然天子是纸糊的，但当他表现出了对你不同寻常的尊重时，你是否会觉得内心中升起了一种使命感呢？当你看到这么年轻有为的天子被人欺负得喘不过气来，你是否认为应该为了天下苍生做些什么呢？

有句老话，叫作士为知己者死。

教孩子懂规矩是为了什么？是通过行为规范的引导，让孩子习惯成自然地散发出来尊重人、理解人的气场，然后让身边的大多数人发自内心地想帮你。

社会中，极大比例的资源是掌握在四十到七十岁的人手里。这个岁数的人都具有丰富的阅历，会看重一个年轻人什么呢？想明白这个道理，很有必要。

越高级的贵人，挑人时越往本质看。你是否会知恩图报，你是否会利益分享，你是否会背信弃义……咋看出来的？通过每件事去品？贵人哪有那么多的时间！而且更重要的是，根本用不着太长时间！判断一个人通常短短几分钟就足够了，声音、语气、表情、面相、站姿、坐相、一两个小问题的回答方式，基本八九不离十。所谓的面试，永远考的是你前面人生的一个基本功。

曹髦继位不到半年，司马师死于许昌，司马昭去接班，曹髦迅速下令司马昭镇守许昌，命尚书傅嘏带六军回洛阳。

司马昭没有就范，曹髦迅速又听话地让司马昭接司马师的班。

在几乎什么资源都没有的时候，趁着这个机会敢做试探，如果司马昭怂了一点儿，曹髦任命别的德高望重的人接班，哪怕就是让司马孚上位，司马氏都将陷入内乱之中。一击不成，迅速认怂，继续合作，这份胆气和套路，真的不像一个十五岁的孩子。

曹髦在位时，政务已经全部归了司马家，但他利用最后的能动性一直在搞最高级别的学术论坛。年纪轻轻的曹髦跟天下顶级的那帮人精辩论夏少康和汉高祖的高下，并最终定少康为优，那些所谓大儒们还都心悦诚服。[1]

少康领导复国成功，开创过"少康中兴"。

曹髦在尽力地占领思想高地，力所能及地日拱一卒，让曹氏天子这块招牌仍然有存在感和影响力。

这个十几岁的孩子在位的这几年，每一步都在"力所能及"的范围内走得漂亮无比。

时间来到260年四月，曹髦在胁迫下再提晋公受九锡之事，司马昭完成了第三次受九锡的推辞。

自254年代替曹芳，曹髦虽然一直在日拱一卒，但司马家明显拱得更快。司马昭已经把他摁在地上摩擦五年了。眼瞅司马氏建晋的步伐已经势不可当，曹髦决定，进行最后的行动：260年五月初六夜里，曹髦让冗从仆射（宫中侍卫主官）李昭等部署甲士，准备趁第二天朝会干

---

① 《资治通鉴·魏纪九》：帝宴群臣于太极东堂，与诸儒论夏少康、汉高祖优劣，以少康为优。《魏氏春秋》：于是群臣咸悦服。

掉司马昭。①

注意，这一夜中并没有泄密！结果转天却下起了大雨，有司奏事被改日了，天不佑曹魏！

曹髦最开始的计划，一直被人们忽略了。他是想在殿中安排死士，趁着司马昭上殿的时候搞死他。

如果司马昭突然被杀，司马氏建国的步伐就将停滞，司马炎此时仅仅二十四岁无任何政治资本，很有可能司马孚一脉将和司马懿一脉针对后面的权力分割图穷匕见，这种局面，将非常有利于曹家伺机重新恢复皇权。

只要你不封公建国，没办法名正言顺地将政治权力以遗产的形式传下去，后面曹家的皇族就仍然有机会。

霍光这么有能力，死了之后刘病已恢复皇权成功。东晋这么弱，但世家大族彼此制衡，只要没有到封公建国这份上，头把交椅就得大族们轮着坐。

这突如其来的大雨，把曹髦的希望浇灭了。因为一夜能够保密，但保密更长时间就太难了，隔墙有耳，人心难测，时间越久，情况越复杂。

曹髦大概率这个时候决定以身殉国！之所以这么说，是因为曹髦后面的所有行为逻辑，根本不再是奔着找司马昭拼命去的，而是尽最大可能地去扩大影响！

曹髦看到尚书王经、侍中王沈、散骑常侍王业后，将这哥仨喊过来做了战前演讲，说出了那句著名的话："司马昭之心，路人皆知！"②

---

① 《魏氏春秋》：戊子夜，帝自将冗从仆射李昭、黄门从官焦伯等下陵云台，铠仗授兵，欲因际会，自出讨文王。

② 《魏氏春秋》：会雨，有司奏却日，遂见王经等出黄素诏于怀曰："是可忍也，孰不可忍也！今日便当决行此事。"帝见威权日去，不胜其忿。乃召侍中王沈、尚书王经、散骑常侍王业，谓曰："司马昭之心，路人所知也。"

曹髦表示，我要带着你们哥几个去干死司马昭！ ①

尚书王经建议："甭费劲了，要认清形势。"

曹髦表示："不忍了，死了也比这样活着强，况且还不一定谁先死呢！"说完，自己去找太后报告去了。②

曹髦的这一整套打法，目的就是让宫中的人去给司马昭报信。

王沈和王业都是司马家的死忠，太后更是司马家的人！

曹髦前脚走，王沈、王业后脚就向司马昭报告去了。司马昭开始紧锣密鼓地进行准备。③

随后，曹髦拔剑誓师，敲战鼓搞出了最大噪音，率领自己可怜的数百人去讨伐司马昭！ ④

他前天夜里就已经秘密武装完卫队了，如果还打算搞死司马昭，应该偷偷地带着这帮武装去偷袭司马昭，而不是通知了司马氏的所有眼线还敲锣打鼓地整这一出。

在皇宫外，他偷袭成功的可能性几乎为零。曹髦的唯一目的，就是把影响搞到最大，让局面彻底地不可收拾！

随后，中国历史上很神奇的一幕出现了：一个皇帝亲自带一小队人去打被禁军团团保护的一个大臣的家。

曹髦驾着天子车辇大喇叭广播要讨伐有罪之人，敢有骚动抵抗者灭族。

第一波阻拦的是司马昭的弟弟屯骑校尉司马伷，司马伷的手下被

---

① 《汉晋春秋》：吾不能坐受废辱，今日当与卿等自出讨之。

② 《汉晋春秋》：帝乃出怀中版令投地，曰："行之决矣。正使死，何所惧？况不必死邪！"于是入白太后。

③ 《汉晋春秋》：沈、业奔走告文王，文王为之备。

④ 《汉晋春秋》：帝遂帅僮仆数百，鼓噪而出。《魏氏春秋》：入白太后，遂拔剑升辇，帅殿中宿卫苍头官僮击战鼓，出云龙门。

曹髦吓跑了。这次没阻拦成功，使得曹髦达成了此次政变最伟大的战略目标，闯出了皇宫！

因为《魏氏春秋》中写明了曹髦的路线地标：帅殿中宿卫苍头官僮击战鼓，出云龙门。

关于云龙门的位置，有一种说法，是皇宫内。

但经过同时代的史书对照后，我们就能发现，曹髦战队冲出了皇宫，进入了洛阳城！

司马炎死后，贾南风搞政变夺权的时候，当时的外戚实权一把手杨骏在曹爽故居得到了消息，他的手下给他出的关键一招就是"烧云龙门"，既示威，又能打入宫去。[1] 如果云龙门在皇宫内部，此时在宫外的杨骏是无法进行放火示威的。

所以云龙门的位置，一定是皇宫的外门，如图 14-1 所示。

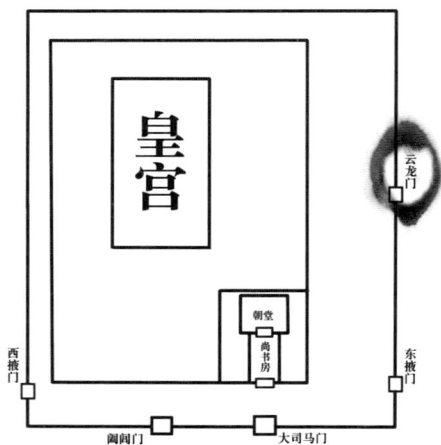

图 14-1　云龙门位置图

---

[1] 《晋书·杨骏传》：时骏居曹爽故府，在武库南，闻内有变，召众官议之。太傅主簿朱振说骏曰："今内有变，其趣可知，必是阉竖为贾后设谋，不利于公。宜烧云龙门以示威，索造事都首，开万春门，引东宫及外营兵，公自拥翼皇太子，入宫取奸人。"

这个位置也符合曹爽府到皇宫的位置，云龙门是最近的一个门，杨骏手下建议火烧示威时最便捷。

除此之外还有一个侧面的证据，司马昭对他的小弟，满宠之子，大将军掾满长武的态度。

司马昭派了一波又一波的人去拦曹髦，司马干带兵打算从阊阖掖门进的时候，被大舅子满长武拦住了，说这里不能进兵，没有先例，妹夫去走东掖门。[①] 因为司马干的这次迟到，曹髦冲出去了。（见图14-2）

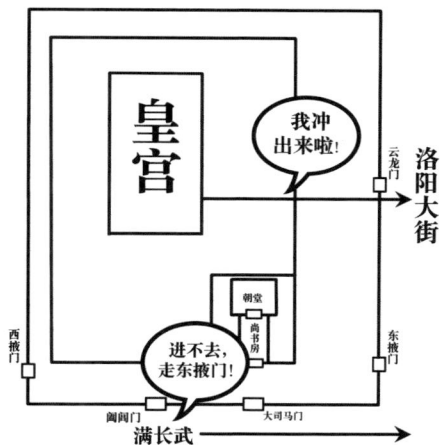

图14-2 曹髦冲出皇宫示意图

司马昭事后将这位跟自家有亲戚的超级将门之后收监活活地打死了。

司马昭为什么这么生气呢？因为曹髦跑出皇宫后的影响实在太坏了！老百姓们可以全程围观了。

等到中护军贾充赶到的时候，曹髦一行已经冲到南阙了，大概相

---

① 《世语》：高贵乡公之难，以掾守阊阖掖门，司马文王弟安阳亭侯干欲入。干妃，伟妹也。长武谓干曰："此门近，公且来，无有人者，可从东掖门。"

当于东掖门的位置。①

贾护军治军严谨，没让曹髦吓跑，但曹髦以他祖宗曹操手刃数十人杀出重围的气概亲自拿出宝剑拼杀。

毕竟那是天子，在当时人看来，那就是神啊！你司马昭拿神不当人是因为你也是神，我们这帮大头兵在训练的第一天就没接到过这样一份预案：天子会来跟我们比画。况且我们存在的意义就是保护天子的啊！

在这群人懵圈之时，太子舍人成济问贾充："该怎么办啊？"

贾充说出了著名的那句话："司马公平时养活你们，正是为了今天！今日之事，有什么可问的！"②

太子舍人成济一矛将曹髦捅了个对穿。成济的这一矛，刺出了中国历史上一个前无古人的第一：他是第一个在大庭广众下杀掉自己的皇帝的人。

过去的权臣也有干掉皇帝的，比如顶级跋扈外戚梁冀，他毒死过皇帝，但这事儿谁也没看见啊！第二天大臣们光知道有那么回事儿，但谁有证据？老百姓三个月后才知道又换皇帝了。

成济的这一矛，算是刺出了人神共愤，司马昭面临着巨大的民意风险。

下一个要当皇帝的人，他的手下居然在光天化日之下刺杀当今的皇帝！实在是太可恶了！你们司马家吃着曹家的，用着曹家的，一切都是曹家给的！结果现在你们不仅搞人家的江山，还搞掉了人家的命！还是光天化日之下捅死了人家！

---

① 《汉晋春秋》：中护军贾充又逆帝战于南阙下……
② 《三国志·三少帝纪》：畜养汝等，正谓今日。今日之事，无所问也。

司马家陷入了巨大的危机之中，因为他们的终极目标，是撬掉大魏的江山！而撬掉人家江山的途径只有一个，叫作"承接天命"！必须得是司马家品德太高、功德太厚，老曹家忒不咋样，所以老天让司马家承接天命做天下的主人。

结果司马家光天化日之下杀了皇帝，司马家还怎么接这个天命？

司马昭在听到这件事时，说："天下人该怎么议论我啊！"

是啊，你把天子捆起来带走多好，完事后说天子犯神经病得赶紧换人，天下哪能由精神病人领导呢！

是贾充擅自做主吗？不可能！

因为司马昭后面对贾充待遇极高，而且这么大的事，司马昭必定事前交代了处理底线，所以贾充才敢下达必杀令的！否则就贾充那个顶级机灵鬼，他敢背这个锅，开玩笑。（**记住贾充这个人，下季开篇很关键**）

单就这一点，就决定了司马昭和他哥哥司马师的天差地别。

司马师在高平陵之变前夜能够呼呼大睡，在军中突然夜惊的时刻能够咬紧牙关坚卧不动地安定军心，都是超高难度考核，司马师全都保质保量，动作不变形！

现在给司马昭这么一个小小的突发事件，他就掉进了一个二十岁孩子的陷阱里。

曹髦自始至终都是奔着求死去的！只要他死了，曹家的天下某种意义上可能会转危为安！司马昭肯定是篡不了国了，等司马昭死后，他的儿子还有司马懿、司马师、司马昭这三位如此巨大的影响力吗！

出道即巅峰的司马昭本来顶着平灭大魏最大规模叛乱的超级功勋光环的，结果在曹髦事件后一夜之间跌落谷底。

司马昭善后时专门找了名门望族子弟陈泰（**陈群之子**）商议，说："老陈，咱该怎么办啊！"

陈泰说："只有腰斩贾充，才能交代！"

司马昭也不傻，他怎么能杀给他卖命的人呢，要不今后谁还给他卖命！最终处理结果是，只有成济三族被灭。

曹髦被一通埋汰，官方宣称神经病，皇帝封号被剥夺，本来应该按照民礼安葬，但司马家宽宏大量，还是以王礼安葬。随后司马昭另立燕王曹宇之子常道乡公曹璜为天子，改元景元。

给曹髦下葬的时候虽然没有搞任何大型仪式，草草了事，但在洛阳西北三十里的地方，百姓们纷纷前来观看，并说这就是前几天被杀的那个天子，还搁那儿哭这孩子。①

"司马昭之心，路人皆知"和"司马昭之行，路人皆见"，效果反差是巨大的。

耳听永远起不了实质性的作用，眼见才是真格的！这也使得司马昭在他这辈子没戏接天命了，甚至连下一道身份认证都没办法获得了。就你这德行还封公加九锡？不可能！

那怎样才能抹平老百姓对于他这个领导的坏印象呢？司马昭在痛定思痛后只能树立起另一种形象：强者得天下！

这颠覆了四百多年来"德者得天下"的重要理念。

"德""忠""孝"是统治华夏思想的三根支柱，司马家在先天不足的"忠"这根柱子被砍掉后，"德"也被砍掉了！本来"德忠孝"三足鼎立，结果司马家的统治大厦从还没有立国的时候，就变成独角兽！

"忠"你不敢谈，因为你得国不正；"德"你不敢谈，因为你光天化日之下弑君；光靠"孝"，是统治不了中国这片神奇土地的。

如果说曹家失天命，是因为遇上了小概率和大意外；那司马家最

---

① 《三国志·三少帝纪》：丁卯，葬高贵乡公于洛阳西北三十里瀍涧之滨。下车数乘，不设旌旗，百姓相聚而观之，曰："是前日所杀天子也。"或掩面而泣，悲不自胜。

终走向衰亡，是从最开始就埋下了伏笔。

至此，你只有靠你的强大，摁住所有不服的人，才能维持你的统治！但是，你真的能一直强大下去吗？威猛如老刘家，东西两汉的后半叶，皇权可都谈不上强大！虽如此，但不耽误老百姓在东西两汉的后半叶将人口稳步涨到五六千万。

说到底，因为"德"被天下相信，"忠"被百官认同，"孝"被百姓遵从。

背洛水誓言是无信！父子三代谋国是不忠！光天化日之下弑君是无德！

司马家仅仅用了十一年的时间，就将中华帝国千年建立起来的统治根基轰塌了！自司马家之后，天子不再神圣，权臣不再忍耐，夷狄不再敬畏。华夏大地将用长达三百年的血泪去重建秩序！

司马氏开创了一个两步走的流派：第一步："何为天子，强权掌兵者为之。"第二步："我死以后，哪怕洪水滔天！"

司马昭弑君后，摆在他面前的只有一条路了：他要灭国！他要通过灭掉另一个所谓也"承接天命"的国家，来完成自我的救赎！

就这样，三国终战，提上日程了。

二、费祎为什么每次北伐只给姜维一万兵？

时隔近三十年，来看一下蜀汉的政局吧：丞相仙逝后，后主以丞相留府长史蒋琬为尚书令，总统国事。蜀汉来到了丞相之后蒋琬时代。

蒋琬是零陵人，弱冠知名，以州书佐随刘备入蜀，革命成功后被派做广都长进行历练。

后来刘备到广都的时候顺带视察了一下工作，发现蒋琬并没有把老百姓放在心上，啥事不管天天就知道喝酒。老刘大怒，准备给蒋琬放放血。

时任军师将军的丞相说话了，告诉老刘："蒋琬是当丞相的材料，别让他干'百里'的活儿，这小子的能力在于安定万民，不爱搞虚头巴脑的事，先别杀，你再品品这孩子。"①

蒋琬因为被丞相赏识，不仅留了一条命，还开始步入升职的快车道：不久去做了什邡令，老刘拿下汉中后，蒋琬进入中央做了尚书郎。

---

① 《三国志·蒋琬传》：军师将军诸葛亮请曰："蒋琬，社稷之器，非百里之才也。其为政以安民为本，不以修饰为先，愿主公重加察之。"

老刘崩后，丞相开府，蒋琬进入了丞相的班子为东曹掾，不久迁为参军；丞相北伐驻汉中后，蒋琬与长史张裔留成都，统丞相府事。

张裔死后，蒋琬代为长史加抚军将军，成为成都行政的一把手，干的是当年丞相干的那摊活儿。

丞相在汉中经常公开发表言论，说蒋琬是和他一块儿为王业努力的好官员。这么做的目的，就是为了增加蒋琬的威信，为将来接他的班做准备。

丞相不仅经常公开树立蒋琬的威信，私下给刘禅的密表中也做过顶级背书："我死以后，就是他了！"

丞相死后，刘禅不再设丞相，再也没有人配得上这个岗，国家最高权力机构由丞相府恢复成了尚书台，蒋琬做尚书令领益州刺史开始总统国事；次年四月，迁大将军，录尚书事，封安阳亭侯，半年的时间完成了接班。

丞相归天是整个蜀汉天塌下来的大事，丞相都离开我们了，这日子还怎么过！整个蜀境躁动不安。

这时候，所有人都盯住了蒋琬这位丞相选定的接班人。所有人也因此再次追思了丞相的英明。

蒋琬作为百官之首，既不伤心于丞相仙逝，也不喜色于自己得托一国，跟平时一样该干什么干什么。渐渐地，蜀汉安下心来，蒋琬也因此开始成为众望所归的主心骨。

我们不得不佩服丞相当年的眼光，为什么要让蒋琬接班呢？丞相早就明白，他死之后，蜀汉将地动山摇，足够分量的老臣都没有了，不要说再有人能接得住他这一摊儿了，就连能否带领蜀汉走出空窗期都是问题！

再品品他当年劝老刘刀下留人的那句话："蒋琬，社稷之器，非百里之才也。其为政以安民为本，不以修饰为先，愿主公重加察之。"

丞相早早地就品出了这个"为政以安民为本，不以修饰为先"的大器之才，随后用了近二十年的考察，彻底地认定了蒋琬能挑大梁！

蜀汉本该地动山摇的权力交替，被蒋琬不动声色地接了过来。相当显功力。

蒋琬接班安定了蜀汉人心后，面临着下一个政治难题。丞相的政治纲领是"汉贼不两立，王业不偏安"，目前一个曹魏，一个刘汉，虽说这两个天命互相说对方是反动派，但实际上，蜀汉这个天命随着时间的推移越来越站不住脚。

因为蜀汉说献帝被弄死就不靠谱，献帝跟丞相同一年走的，献帝的孙子干山阳公也干得好好的，而且自古天子居北方，没说在四川待着的。

弱者的假货如何与强者的真货竞争呢？你必须时刻嚷嚷着对方是假货，你是被迫害的，你是有志气的，来不断蹭真货的流量来打造你们是一个级别产品的人设。

丞相始终在汉中待着，就是以此强烈的表明势不两立的态度，北伐是蜀汉政权存续的理由。

接班的第三年，238 年冬十一月，蒋琬北赴汉中。

这是个什么时间节点呢？司马懿在一个月之前，已经平叛辽东了。司马懿是在 238 年的正月远赴辽东的，也就是说，天下已经大变近一年了，蒋琬才晃晃悠悠地去了汉中。两月后，更大的天下大变传来了，曹叡死了。蒋琬仍然没什么动静。后面又过了两年，还是没动静。

估计实在说不过去了，蒋琬在 241 年提出了这样一个战略方案：出秦川道路艰险，拿不下来，要不顺汉水东下去打东三郡。[1]

---

[1] 《三国志·蒋琬传》：琬以为昔诸葛亮数闚秦川，道险运艰，竟不能克，不若乘水东下。乃多作舟船，欲由汉、沔袭魏兴、上庸。

随后，蒋琬得病了，没来得及走。为什么要得病呢？因为要等大家全都不让他去。

他提案的那条路并不比秦岭好走，看上去有水，船却根本走不了，那破地方打下来还没收益，所有人都不会同意的。

兵出东三郡从战略上来看只可能是襄阳方向，但即便超级顺利地拿下了襄阳，随后将面临荆州的曹魏增援和背后"憨态可掬、温暖纯真"的吴老二。

果然蒋琬的这个预案反响强烈，所有人都说赶紧打住，成都方面甚至派了费祎和姜维专门去喊停。

最终，在243年，蒋琬上疏给出了自己的终极想法：

1. 魏国太大、太强，速胜不易。

2. 蜀、吴一块使劲儿，才有希望。

3. 就吴老二的德行，还是别指望了。

4. 我和费祎等在商量中得出了共识，今后的主攻方向是凉州。

5. 派谁去呢？姜维的老家在那里，小伙子干劲足，让他去打，如果形势大好，我再赶过去帮场子。①

6. 大军屯兵汉中现在意义不大了，涪水四通八达，屯兵涪城就可以，如果汉中有难，我赶过去也方便。

蒋琬随后自汉中撤兵回了涪城，与此同时，费祎迁大将军，录尚书事；侍中董允亦加辅国将军；镇南中的马忠加镇南大将军；镇汉中的

---

① 《三国志·蒋琬传》：而众论咸谓如不克捷，还路甚难，非长策也。于是遣尚书令费祎、中监军姜维等喻指。今魏跨带九州，根蒂滋蔓，平除未易。若东西并力，首尾掎角，虽未能速得如志，且当分裂蚕食，先摧其支党。然吴期二三，连不克果，俯仰惟艰，实忘寝食。辄与费祎等议，以凉州胡塞之要，进退有资，贼之所惜；且羌、胡乃心思汉如渴，又昔偏军入羌，郭淮破走，算其长短，以为事首，宜以姜维为凉州刺史。若维征行，衔持河右，臣当帅军为维镇继。

王平加镇北大将军；督江州的邓芝迁车骑将军；特殊政治需要的姜维迁镇西大将军，领凉州刺史，开始正式登上高级舞台。

在这里要提前说一下姜维，传统印象中，姜维是丞相的接班人，但实际上，姜维是丞相发现的一棵好苗子，丞相给予他一定的空间，夸他的那封信也是写给自己真正接班人蒋琬的。①

姜维在丞相死后一直是蒋琬的小弟，姜维真正的大进步，是在跟蒋琬大哥的路上。②

蒋琬回屯涪城，费祎升大将军明确接班，四个方向的四镇大将军确立，全是在这一年。

这个行动表明了蒋琬及其同僚的政治态度：依然要北伐，但仅限于小打小闹，就是一杆政治旗帜。

此次调整之后没几个月，曹爽看到了汉中的空虚，兴兵十余万，进行了大规模的入蜀作战。

汉中此时仅仅三万人，由于涪城离汉中较远，得知曹魏入蜀，最开始是举国震动的。但结果我们也知道，王平悍拒曹爽，刚刚上任的大将军费祎率诸军救援，魏军大败。

曹爽的大败也证明了汉中驻军堵口，川军紧急支援的蒋琬预案是来得及、行得通的。

此战蒋琬并没有露面，而是将指挥权交给了费祎。这既有蒋琬的身体开始不好的原因，也有蒋琬开始大公无私地放手交权于费祎的原因。由此可见，丞相当年的接班人顺序仍然算数，这种听从过世老领

---

① 《三国志·姜维传》：亮与留府长史张裔、参军蒋琬书曰："姜伯约忠勤时事，思虑精密，考其所有，永南、季常诸人不如也……当遣诣宫，觐见主上。"

② 《三国志·姜维传》：十二年，亮卒，维还成都，为右监军辅汉将军，统诸军，进封平襄侯。延熙元年，随大将军蒋琬住汉中。琬既迁大司马，以维为司马，数率偏军西入。六年，迁镇西大将军，领凉州刺史。

导、有条不紊地传位异姓接班人的政治生态也算是相当罕见了。

蒋琬在自己身体出现问题后，开始为身后事做打算，捅破了不再大规模北伐的窗户纸，明确了蜀汉政权国家层面上的战略转舵，将蜀汉从驻防汉中的军备压力下，调整为主力退往涪城，汉中少量守军，零星嚷嚷北伐的战略。

自此之后，直到费祎遇刺身亡，整整十年的时间里，蜀汉一直都是沿用的这个战略思路。什么也别耽误，但总体思维是省力、省钱。

姜维在蒋琬死后开始不乖了，觉得兵少了，总希望调大兵去实现自己的抱负，但总是被费祎死死地卡住，每次出兵都遵循着刮彩票的思路，一万来人打打看。①

费祎这样对姜维的理由是："我们不如丞相，丞相当年都不能北定中原，何况我们呢！还是保境安民别折腾了，不要希望成败在此一举，毕其功于一役。"②

蒋琬和费祎为什么要这样做呢？单纯因为丞相都不行，我们更不行吗？并不是，其实根本原因在于国力基础已经不允许再打丞相那种级别的国家级战役了。更深层次的原因，是很多问题丞相在的时候都不是事儿；丞相不在了，一切就变得都是事儿了。

还记得丞相难得的所谓黑材料，说丞相不会分权活活累死的那句"诸葛公夙兴夜寐，罚二十以上，皆亲揽焉"吗？丞相不会分权？丞相事必躬亲？

---

① 《三国志·姜维传》：维自以练西方风俗，兼负其才武，欲诱诸羌、胡以为羽翼，谓自陇以西可断而有也。每欲兴军大举，费祎常裁制不从，与其兵不过万人。

② 《三国志·姜维传》：费祎谓维曰："吾等不如丞相亦已远矣；丞相犹不能定中夏，况吾等乎！且不如保国治民，敬守社稷，如其功业，以俟能者，无以为希冀徼幸而决成败于一举。若不如志，悔之无及。"

并不是，丞相将国家机器捋顺之后，在太多方面进行了大规模的放权。

宫里的事儿全部交给了董允。

蒋琬在成都总统相府之事，保证了整个四川的后勤输送。

看上费祎有大才的时候，平南中后百官迎接，丞相单独把此时还是普通官员的费祎拉到车上给他抬威望。

丞相去汉中后，命费祎为参军，身兼两个职务：一个是赴吴国外交大使，一个是矛盾调解员。魏延和杨仪早就到了动刀子的地步，最终各司其职地发挥了最大作用，真以为是丞相亲自调解的？那都是费祎居中调解的功劳。[①]

丞相远征的时候仍然把最重要的军粮事项交代给李严，还将战略思路写信告诉李严，李严说没粮了就规规矩矩退回来了。

这也叫事必躬亲？

丞相事必躬亲的只有一种事：处罚！[②]

丞相为什么要将蜀汉几乎所有的中级以上官员的处罚全揽到自己身上？

蜀汉虽说是依法治国，但实际上除了丞相之外，再没有一个集威望、德行、才能、资历、手腕于一身的人了。只有丞相亲自处罚的，对方才会心悦诚服，对方才会放弃报复，对方才会发自内心地悔过。这种神级处罚效果，换谁都没戏！

被丞相定性为"乱群"的廖立，在听说丞相过世后，哭着说我这

①《三国志·费祎传》：值军师魏延与长史杨仪相憎恶，每至并坐争论，延或举刀拟仪，仪泣涕横集。祎常入其坐间，谏喻分别，终亮之世，各尽延、仪之用者，祎匡救之力也。

②《魏氏春秋》：诸葛公夙兴夜寐，罚二十以上，皆亲揽焉。

辈子没希望了。顶级混蛋的李严听说丞相仙逝，也失去了活下去的希望，因为他知道如果自己还有机会的话，一定是丞相对他开恩。

这是顶级政敌对丞相过世的态度。品味出丞相的伟大和不凡了吗？上下五千年，再找不到这么一位全技能点到达伟大级别的人了！

在丞相治下，可以"赏罚必信，无恶不惩，无善不显，至于吏不容奸，人怀自厉，道不拾遗，强不侵弱，风化肃然"，说到底，因为那是丞相！

丞相仙逝后，史书中评价蒋琬、费祎这两人主政的时候，是这么说的：这哥俩由于全都遵循着当年丞相的成规，所以边境安全，国家无事，但是很多所谓的小事情已经控制不住了。①

蒋琬和费祎为什么"咸承诸葛之成规"后却"然犹未尽治小之宜"呢？

因为丞相无论干什么所有人都心悦诚服，罚你都能罚得你静思己过，但蒋琬和费祎没有这种威望和能力。

事实上，丞相刚走不久，藏匿户口、士兵逃逸这种事情就开始抬头了。②

再来看一下蜀汉顶梁柱们的户籍。

蜀汉三英：蒋琬，零陵；费祎，江夏；董允，南郡；清一色的荆州人。

蜀汉四镇将军：马忠，巴西人；邓芝，新野人；王平，巴西人，

---

① 《三国志·姜维传》：蒋琬方整有威重，费祎宽济而博爱，咸承诸葛之成规，因循而不革，是以边境无虞，邦家和一，然犹未尽治小之宜，居静之理也。

② 《三国志·吕乂传》：蜀郡一都之会，户口众多，又亮卒之后，士伍亡命，更相重冒，奸巧非一。乂到官，为之防禁，开喻劝导，数年之中，漏脱自出者万余口。

降将背景；姜维，凉州人，降将背景。

即便是在后孔明时代，蜀汉的高层中仍然是荆州派为顶端，巴郡派为辅，益州本土派受限。

益州大族在土生土长的地方，政治地位却一直被挤压，高级岗位一个也进不去，一个魏国降将就因为跟着蒋琬都当上了镇西大将军！

政治层面得不到突破，通常就会在经济层面上寻找补偿，益州本土大族和政治势力在丞相死后进行了巨大的反弹：我们就是想踏踏实实挣大钱，藏户口，搞垄断，谋发展，丞相在时我们觉得能把关中打下来给我们分红，现在丞相不在了，就你们这帮人还北伐，赶紧别瞎折腾了！

当有冲突和矛盾时，蒋琬和费祎就只能遵循丞相的依法治国路线，碰见不配合的人就必然要按规章制度法办，但益州本土派会因为他们的执法越来越愤怒，社会矛盾陡然而升！

因为本质上蜀汉是一个益州人的政权，益州本土派只服诸葛孔明！你们算什么！

蒋琬和费祎没有足够的政治威望和行政力量压制住益州本土派了，搞不好曹魏还没打过来自己先内讧崩盘，为了安抚益州本土派，蒋琬和费祎只能在两方面妥协：

1. 减少军费开支和出兵规模。

蒋琬为什么要屯兵涪城并明确小规模北伐？就是为了明确减少军费开支，并将军队带到成都北部，震慑益州的不服势力。

2. 通过大赦天下，对依法治国后引起的愤怒情绪给予安抚。

蒋琬和费祎主政的十九年时间，蜀汉居然大赦了六次！分别为234年、238年、243年、246年、249年、251年。后面居然罕见地达到了三年就大赦一次！

丞相时代，仅仅在刘禅继位的时候大赦过一次天下，丞相对于大赦是这么理解的：治世应该以大德的规则，不是小恩小惠，总搞大赦只

会让犯罪的成本降低，刘表和刘璋都爱用大赦，治理的那都是什么！ ①

当犯罪分子明确地知道犯罪的刑期最多三年后，会什么办？那肯定就是按最大的量刑去犯罪！

作为丞相钦点的接班人，蒋琬和费祎是不懂这个道理吗？不会的，只是不得已。砍完人家要妥协搞平衡，要不高压锅就炸了。

北面曹魏的优势越来越稳固，北伐无论是从人才能力上，还是从统治基础、行政基础上，都不可行了。

现在一国仅仅一州，蜀汉的最终过渡方向，其实就是东面的孙吴，走本土化的路线。但是，能够瞬间把权力交给益州本土派吗？不能，因为这样做荆州派会被清算，刘禅的皇位做不做得稳都不一定了。

孙权也是在孙氏落户江东的第三十年，直到 225 年，才以江东大族顾雍任丞相为标志，逐渐完成了江东化的转型的。

所以这是一个渐进的、缓慢的过程。

蒋琬、费祎在外，能够知道克制地驾驶着蜀汉这艘成分复杂的小船；董允在内，能够正色匡主，弹压奸佞，所以蜀汉在蒋琬主政一朝，在蜀汉三英的鼎力协作下，尚过渡平稳，边境无虞，邦家和一。

变化出现在了丞相死后的第十三年。246 年，蒋琬和董允在同年去世。蜀汉的妖魔们被解除封印了，三英去二，费祎一人开始撑不住局面了，妖魔出笼了。

后主开始自摄国事。实际上就是换了个说法。后主宠信的陈祗和黄皓开始弄权，王朝末年的妖孽纵横再次出现了。但是，有费祎在中间

---

① 《资治通鉴·魏纪七》：丞相亮时，有言公惜赦者，亮答曰："治世以大德，不以小惠，故匡衡、吴汉不愿为赦。先帝亦言：吾周旋陈元方、郑康成间，每见启告治乱之道备矣，曾不语赦也。若刘景升、季玉父子，岁岁赦宥，何益于治！"

调和，一切都还说得过去。

随着 253 年费祎遇刺身亡，蜀汉的最后一道保险被撤掉了，不仅妖魔开始纵横，益州本土的文化人也开始肆无忌惮地搞文学创作，从意识形态上瓦解这个外地人控制的国家。

与此同时，还有一个有着超级大理想的人也失去了所有的束缚。这个人，就是姜维。

姜维的职业生涯一开始就是做武官，从来没有过治郡经历。这也就意味着，他根本不明白"兵马未动，粮草先行"后面是怎样的不当家不知柴米贵！

当你有能力和理想，却并不具备为理想买单的政治环境和物质条件，你反而还岁岁大举的时候，这种理想在史书中就叫"玩众黩旅"了。

为姜维理想买单的，不仅仅是那些不考虑国力条件和政治环境的穷兵黩武，还有为了实现理想，那些要为最终覆国负责任的赌注和算计。

三、蜀汉是如何被一篇论文从内部瓦解的？

该系统地说说姜维了，这个人比较复杂。

姜维是天水郡治的冀城人，自幼丧父，和母亲相依为命长大的。家中应该在当地有些势力，因为姜维他爹原来为天水郡功曹，在羌戎叛乱时保护领导而壮烈殉国，所以为姜维搏了一个官中郎，参本郡军事的编制，就此姜维开启了自己作为军官的一生。

幼年丧父的姜维还可以读得起书，甚至阴养死士，总体而言家庭条件应该不错。

他养死士的史料是"傅子曰：维为人好立功名，阴养死士，不修布衣之业"，位置在"姜维字伯约，天水冀人也，少孤，与母居，好郑氏学"之后。说明姜维在很年轻的时候，就有这个爱好了。

这个人的性格、志向、气概少年即成，眼光很远。

时间来到 228 年，丞相北伐，当时姜维和太守马遵在陪郭淮巡查，在洛门时听说丞相来了，太守马遵要跑，姜维说："领导您还是跟我们回冀城吧。"马遵说："你们都是大坏蛋。"遂自行而去。

姜维回到了冀城，被冀城人民推举出来去投降蜀军。①

那一年姜维二十六岁，投降蜀汉后，丞相辟其为仓曹掾，加奉义将军，封当阳亭侯，后来又被丞相安排训练五千虎步兵。

魏国反攻时，马谡兵败如山倒，蜀军急退，姜维没来得及接母亲。后来身为人质的老母亲给他写信，说儿子你回来吧。姜维说："良田百顷，不在一亩，但有远志，不在当归也。"

人各有志，当然不可强求，不过姜维"少孤，与母居"，魏国这些年最厉害的就是人质处罚制度，你在敌国当将军，老娘给你写了信都不理，你老娘可能会有好下场吗？

有的人说姜维这是心存汉室，所以老娘什么的就都顾不上了。

在这里要专门说一下，姜维生于 202 年，那一年袁绍都死了，大汉的牌匾早就使不上劲儿了，而且姜维的出生地是百年羌乱为主、大汉存在感最弱的陇西，姜维也一直是在凉州大族和羌氏自治的环境中长大，所谓他对大汉的认同感其实谈不上。

姜维为什么老娘不要了也不再回故国了呢？因为这边的发展空间，对面永远给不了。

魏国已经开始实行九品中正制，像姜维这种小地方出身，混一辈子也没多大可能混成哪怕一个小地方的太守。但是到了蜀汉这边，伟大的诸葛丞相封他做奉义将军，当阳亭侯，还让他练兵五千，这是他在魏国永远也得不到的待遇。

再来看看开篇姜维对的那句评价："维为人好立功名，阴养死士，不修布衣之业。"姜维是一个胸有大志的人，最在乎的是有没有辉煌的未来！

---

① 《魏略》：维亦无如遵何，而家在冀，遂与郡吏上官子修等还冀。冀中吏民见维等大喜，便推令见亮。二人不获已，乃共诣亮。

这种人极其可怕，他自幼相依为命的老娘都拢不住他那颗狂野的心，什么金钱、什么亲情，这都没有他实现干大事的抱负重要。看明白这一点，才能捋明白他后面做所有事的抉择算法。

丞相死后，姜维跟大哥蒋琬一路进步飞快，在243年的时候当上了蜀汉四镇大将军之一的唯——一个有进攻权限的镇西大将军。

蒋琬在的时候，姜维表现得特别好；蒋琬死后一年，姜维作为蒋琬的好小弟迁卫将军与大将军费祎共录尚书事，开始有资格参与最高级别的政治了。随后，就有想法了。

姜维认为自己有能力和才干，希望诱诸羌胡人为羽翼，完成丞相未能完成的事业，断陇西对凉州开炮，经常希望兴兵大举，结果被费祎控制，每次仅可带兵万人。①

魏国一直没有什么变化，在老艺术家司马懿的带领下连淮南一叛都是兵不血刃地拿下的。

253年，风云突变。这一年正月，司马师、诸葛恪两个新上位的总理在合肥战区展开拼杀，与此同时，蜀汉大将军费祎遇刺身亡。

费祎之死史学界一直疑点重重，姜维貌似有着巨大的嫌疑，因为他是巨大的受益人，而且他还爱养死士，更巧的是刺杀费祎的郭修也是被姜维俘虏的。

我的观点是：证据不足，不好妄言。

总之，天下终于变了，也终于没有人再束缚姜维了。

当年夏天，姜维率领数万人出石营围攻南安，响应诸葛恪的东方战区。

司马家开始了各种各样的处理内患，天下年年都有大新闻，姜维

---

① 《三国志·姜维传》：维自以练西方风俗，兼负其才武，欲诱诸羌、胡以为羽翼，谓自陇以西可断而有也。每欲兴军大举，费祎常裁制不从，与其兵不过万人。

也年年不闲着。

253 年，姜维军数万出石营，粮尽军退。

254 年，姜维率大军出陇西大胜，拔河关、狄道、临洮三县民还。

255 年，姜维出狄道大胜，大破魏雍州刺史王经于洮西，杀数万人。

256 年，姜维升为大将军，与镇西将军胡济两路出兵，约定在上邽会合，但胡济没来，姜维在段谷被邓艾打败，星散流离，死者甚众，把255 年赢得的那些又赔进去了。

257 年，诸葛诞反淮南，姜维数万出骆谷，司马望与邓艾坚守不出，后来姜维听到诸葛诞兵败，也引兵回成都。

连着五年，姜维年年大兵出击，算是过足了征战的瘾，两次大胜，一次大败，总体来讲战绩算是说得过去。

姜维这些年理论上就输了一次，却已经闹得民怨沸腾，姜维只好引咎自贬以平众怒。

不仅如此，每次几乎均有斩获的姜维在蜀中已经悄然成了反面典型。因为一个文化人：蜀中第一半仙，谯周。

谯周自幼勤奋好学，饱读经书，知晓天文，是蜀中的文坛领袖。在姜维段谷大败后，谯周于 257 年写下了著名的《仇国论》。

这篇论文一经发表，迅速激起千层大浪！这篇论文讲的是：

有个小国叫"因余"，有个大国叫"肇建"，两国世为仇敌。（因余之国小，而肇建之国大，并争于世而为仇敌。）

因余国人高贤卿者问伏愚子："现在国家上下劳心，过去那些以弱胜强的案例都有什么先进经验呢？"（因余之国有高贤卿者，问于伏愚子曰："今国事未定，上下劳心，往古之事，能以弱胜强者，其术如何？"）

伏愚子说："我听说，大国往往懈怠傲慢，小国处于忧患往往励精图治，比如周文王养民，所以以少取多；勾践体恤民众，所以以弱胜强。"（伏愚子曰："吾闻之，处大无患者恒多慢，处小有忧者恒思善；多慢则生乱，思善则生治，理之常也。故周文养民，以少取多，勾践恤众，以弱毙强，此其术也。"）

高贤卿说："当年楚强汉弱，打了好多年，项羽打算分鸿沟为界休息百姓，张良说一旦老百姓歇下来再收拾项羽就没戏了，于是穷追猛打，终于干掉项羽。（贤卿曰："曩者项强汉弱，相与战争，无日宁息，然项羽与汉约分鸿沟为界，各欲归息民；张良以为民志既定，则难动也，寻帅追羽，终毙项氏。"）这一路折腾也是取胜方法，为啥要用周文王那套呢？（岂必由文王之事乎？）况且现在'肇建'国有病，咱得趁他病，要他命啊！"（肇建之国方有疾疾，我因其隙，陷其边陲，觊增其疾而毙之也。）

伏愚子说："殷、周时代，王侯世尊，君臣阶层上千年固化，在那个时候造反，哪怕汉高祖也没戏。（伏愚子曰："当殷周之际，王侯世尊，君臣久固，民习所专；深根者难拔，据固者难迁。当此之时，虽汉祖安能杖剑策马而取天下乎？"）一定得是秦朝把天下折腾坏了，土崩瓦解了，统治者走马灯天天换，老百姓不知所措，才会豪强并争，虎裂狼分。谁能折腾谁吃肉。（当秦罢侯置守之后，民疲秦役，天下土崩，或岁改主，或月易公，鸟惊兽骇，莫知所从，于是豪强并争，虎裂狼分，疾搏者获多，迟后者见吞。）

"现在我国和肇建都已经立国很久了，不是秦末天下鼎沸的时代，而是六国并立的形势，所以还是要用文王的方法，汉高祖那套就没戏。（今我与肇建皆传国易世矣，既非秦末鼎沸之时，实有六国并据之势，故可为文王，难为汉祖。）

"如果老百姓疲劳，那么不好的情形就会出现，上层傲慢，底层暴烈的土崩瓦解之势就又该兴起了。老话说得就很好，'射多次不中，不如瞄准了再打'。（夫民疲劳则骚扰之兆生，上慢下暴则瓦解之形起。谚曰：射幸数跌，不如审发。）

"所以智者不会因为一时小利就转移目标，而是等到时机才出动，所以商汤、周武能不战而胜。（是故智者不为小利移目，不为意似改步，时可而后动，数合而后举，故汤、武之师不再战而克，诚重民劳而度时审也。）如果穷兵黩武，土崩瓦解的势头出现，那么即便有智者也没有办法了。（如遂极武黩征，土崩势生，不幸遇难，虽有智者将不能谋之矣。）

"至于那和大力出奇迹、铁掌水上漂、渡河不用船的超人们就要另当别论了，那种人就不是我所能评论的了。"（若乃奇变纵横，出入无间，冲波截辙，超谷越山，不由舟楫而济盟津者，我愚子也，实所不及。）

这篇论文引经据典，谯周虚构了两个人物和两个国家，写出了一段治国理政的思路方针，是篇好论文，在蜀汉引起了巨大轰动。为什么？写实且反讽。写实是他写的那个故事确实有理有据，也确实适合当前蜀国的发展方针。蜀国是小国，当年丞相尚且不敢年年出兵，现在真禁不起姜大将军年年这么折腾了。

不过古往今来是从来不缺好思路和好奏章的，为什么这篇《仇国论》暴得大名了呢？因为谯周运用了文学创作中的反讽和落差。

先来说反讽。

"因余"国是什么意思呢？剩下来的国。

"肇建"国是什么呢？新建立的国家。

剩下来的小国叫"因余"，说的就是蜀。新建立的大国叫"肇建"，说的就是魏。"因余国"提问的人叫高贤卿，又高又贤。各种机智回答的叫伏愚子，趴下的傻子。

那个"又高又贤"说谁呢？主战派！那个"趴下的傻子"说谁呢？谯周！

通篇文章，总嚷嚷要打要杀的"又高又贤"被"趴下的傻子"给教育了。

最后这句"不由舟楫而济盟津者"是总反讽，不用船就能渡河，这么厉害的人，我实在是比不了。

通篇是教育蜀汉别瞎折腾了，老老实实地待着吧。实际上内在的深意是：你这个老不死的小蜀国是比不上新出生的大魏国的，你这个国家立国之本的北伐讨贼叫作逆天而动，实在不值一提。

这样一篇全文反动却无证据，通俗易懂却寓意深的政策论文，开始叩开了一个个蜀汉高层的心。

是啊！我们就是四百多年来剩下的那个小国家啊！

是啊！对面的那个国家确实是新建立的大强国啊！

是啊！我们这么牛的丞相都出师未捷身先死了啊！

是啊！天下已经稳定了，却一直有人在穷兵黩武啊！

是啊！老百姓被这连年的征伐累得直不起腰来啊！

这一切汇集后，蜀汉高层产生了一个想法：我们这个国家没戏了。这种思想开始由高层蔓延到中层，再蔓延到读书人那里，最终传到了田间地头。

《仇国论》不光从心气上瓦解了蜀国，从合法性上也瓦解了蜀国。谯周用"天下已稳而并立"偷换了"汉贼不两立，王业不偏安"这个蜀汉政治上必须坚持的概念。因为北伐不仅仅是军事行动，更是政治符号。蜀国立国的根本，就在于别人把大汉的天命夺走了，蜀国名义上接过来了，但正主汉献帝还好好地在那里，你们要讨伐那个窃取天命的国家。

蒋琬和费祎为什么总让姜维去刮彩票？就是因为讨伐曹魏，蜀汉才有合法性。

虽然每次征伐都意思意思，但政治意义相当大，姜维并没错在他不该打，而是错在打得规模太大了，频次太多了。

结果这篇论文认为应该彻底停战，接受天命并立，也就说明蜀汉和曹魏都是天命，那么曹魏待着的中原就不再是汉室的天下了，蜀汉作为汉室的继承者，对于中原也就没有合法性了，而自古以来，中原才是天命所在。

从地理位置的角度来讲，天下合法的那个法人，是肇建的魏国。至此，"因余"的蜀汉政权的合法性支柱也被凿塌了。这样的一篇论文，将蜀汉的政权合法性与国家自信心全部瓦解了。

最可怕的事情出现了。

刘璋时代，哪怕他暗弱，哪怕他的"东州兵"扰民，在刘备打进来后，即便兵临成都，刘璋治下的老百姓还是群情激奋、意志顽强的。原因在于，整个蜀中，是认可刘璋做领导人的。在老百姓看来，这是合法的。

但自打《仇国论》发表后，蜀汉便有了一种自上至下的信心崩塌。

这个国家的合法性，已经堪忧了。

257 年《仇国论》发表，258 年诸葛诞兵败，姜维罕见地从前线回到了成都。

260 年五月，曹髦在大街上被捅死，天下震动，顶级的天下大变出现了，姜维却没有出兵。

姜维自回成都后，连续四年没再出兵。

《仇国论》的观点已成为蜀汉的主流舆论。

按理说军人是渴望战争的，因为自家的富贵全是从打仗中得来的。但当 262 年，姜维时隔四年再次出兵的时候，资历相当老的廖化已经公然反对姜维北伐了。

廖化说得很难听："用兵不知收敛，必将自食恶果，说的就是他姜维啊！智谋超不过敌人，力量比敌人要弱，但用兵却没完没了，这样怎么可能还能立国下去啊！"①

这就是《仇国论》的忠实读者。

诸葛瞻，丞相的儿子，也认为姜维穷兵黩武瞎折腾，在姜维此次出征后，上书刘禅，建议夺姜维的兵权。②

更可怕的是，谯周不光发表论文，还大搞迷信言论。他说："先主讳备，其训具也，后主讳禅，其训授也，如言刘已具矣，当授与人也。"

翻译下：刘备名"备"，这是"准备好了"；刘禅名"禅"，这是"该送人了"。连起来，蜀汉从帝王的名字上就暗示了：我们准备好了，该送人了。

262年，宫中大树无故自折，谯周在壁柱上写下："众而大，期之会；具而授，若何复？"

曹者，众也。魏者，大也。具者，是说刘备的那个备字。授者，是说刘禅的那个禅字。"众而大"的曹魏，终将统一天下。"具而授"的刘备、刘禅怎么可能恢复汉室！

谯周作为蜀中的元老，在《仇国论》发表后再上一层楼，公然写下了自己的最新研究成果。

谶语，作为统治者的好朋友再次出现了。但很遗憾，这次谶语罕见地成了胳膊肘往外拐。

丞相及蜀汉三英主政的时代，是出不了这种谶语和"可怕"的

---

① 《汉晋春秋》：景耀五年，姜维率众出狄道，廖化曰："'兵不戢，必自焚'，伯约之谓也。智不出敌，而力少于寇，用之无厌，何以能立？"

② 《异同记》：瞻、厥等以维好战无功，国内疲弊，宜表后主，召还为益州刺史，夺其兵权。

《仇国论》的，丞相和蜀汉三英能够给老百姓以信心。

262 年，姜维最后一次率军出征魏国，再次被邓艾所击败。随后，姜维退驻沓中屯田。沓中在哪儿呢？今甘肃舟曲县到迭部县一代，看一下这个位置。（见图 14-3）

那片土地可不是长粮食的好地方，而且地理位置远离蜀汉的关键核心区。

姜维对外宣称是紧贴国境线伺机出动，伺机出动没问题，在汉中待着也不耽误伺机而动啊，丞相在汉中就打了不少闪电战。姜维在沓中的最大目的，其实史书中说得很明确：避祸。[①] 当时宦官黄皓已经想要废掉姜维，培植右将军阎宇了。[②]

姜维不敢回成都，却也并没有回汉中，而是攥着蜀国三分之一的军力驻扎在遥远的沓中屯田。政治上的姿态很明确：你们别逼我，逼急了我可狗急跳墙。

我们并不怀疑姜维的政治操守，但他的政治信号表达的就是这个意思。姜维往沓中的这一蹦，暴露出了蜀汉一个巨大的战略隐患。

本来汉中的守军在姜维"放进来打"的战略后满打满算就一万来人！结果姜维大军屯田沓中，路途难走并且遥远，根本无法支援汉中！

这一年，是 262 年。司马昭听到姜维把蜀汉的大部队带到了沓中避祸，高兴得哭了：我司马家虽然缺德，但对面的国运比我家更惨，列祖列宗保佑，我终于能甩锅了！

---

① 《华阳国志》：维说皓求沓中种麦，以避内逼耳。

② 《三国志·姜维传》：维本羁旅托国，累年攻战，功绩不立，而宦官黄皓等弄权于内，右大将军阎宇与皓协比，而皓阴欲废维树宇。维亦疑之，故自危惧，不复还成都。

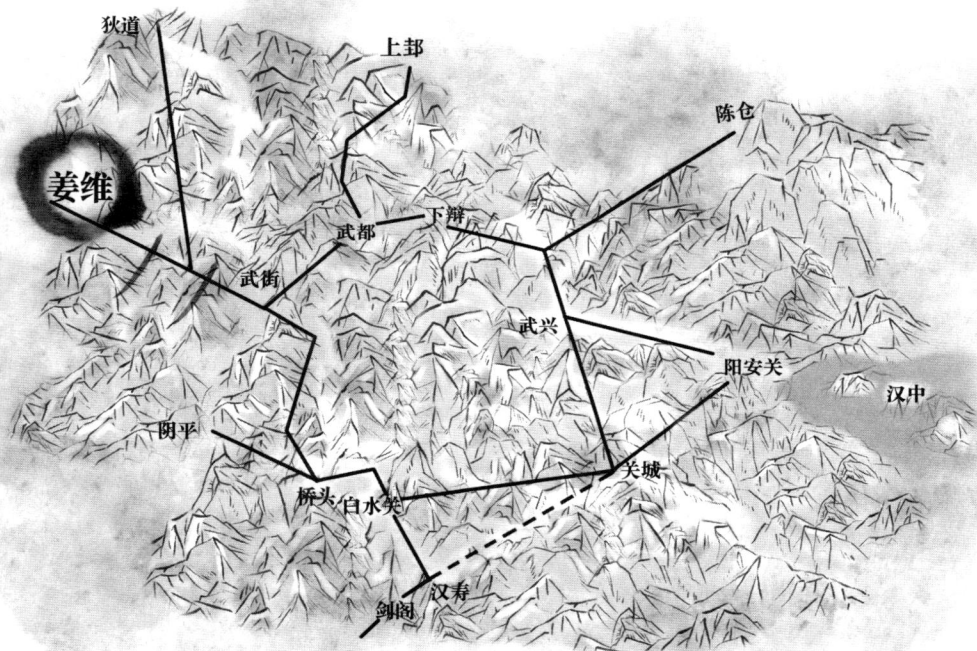

图 14-3　姜维屯兵位置图

四、姜维的可怕算计，司马昭的天赐良机

"弑君门"事件发生后，司马昭想要洗白自己的途径只有一条：要立无上的功勋，要灭国！

天下三个皇帝并立已经很多年了，都说自己有天命、有认证，最靠谱。司马昭要灭哪个呢？他要灭蜀。

从成本上来看，吴国比较强，疆域比较大，灭起来投入会更多。看起来还是灭蜀划算。

司马家立国的重要环节就是搞平了淮南三叛，他家对于东吴是有心理优势的。蜀是那么好灭的吗？

曹太祖当年把老刘一辈子当野兔子打，终场吹哨前让老刘在汉中给撅回来了。曹丕时代根本就没提往蜀中打的事。曹叡时代是诸葛丞相封神的时代，蜀中威名达到华夏五千年之巅。后来曹真、曹爽父子两次伐蜀，连门都进不去。

司马家正式掌权后，从大魏天水叛逃的基层官员姜维居然动不动就捅大魏一刀，战绩一直还颇为好看。

综上所述，魏国一提起蜀国来是比较闹心的。

但是，闹心也得打，有三点：

1. 司马昭现在面对的局面很严峻，只有把难打的对手踩脚底下，才能显示出自己的巨大实力，翻身效果才强烈。

2. 蜀汉跟大魏的天命，其实是一个。

魏当年从汉手上合法地接过天命后，蜀单方面不承认，说魏是非法的，然后强把天命赋予自己了。等于这些年，魏和蜀在同一片天地下互相指责对方是假冒伪劣的天命。

东吴就不用提了，他那个皇帝根本不具有合法性。

司马昭之所以有灭蜀的积极性，是因为他要打掉蜀这个假天命，才能顺理成章地接过魏的这个真天命。

3. 蜀国现在出现了巨大的战略漏洞。

姜维在最后一次出征魏国不利后率领着三万左右的蜀国军队在沓中屯田，与汉中远隔崇山峻岭。不仅回防路途艰辛、遥远，而且魏军还能从上邽和狄道两个方向对他进行阻击，事实上后面魏军也是这么做的。此时的汉中，拢共不到两万人。（*见图14-4*）

天赐良机！

汉中为何就这么少的人？也是姜维的军事提案。

258 年，姜维提出过这样的建议，叫作"敛兵聚谷"。什么意思呢？就是敌人如果打过来了，将汉中所有力量聚敛到汉、乐二城，并锁死阳安关（*原阳平关*），在武都、阴平二郡则有西安、建威、武卫、石门、武城、建昌、临远诸围作为前沿警戒，堵死陇西下来的通道，放开汉中平原，有困难时，他的机动部队再出来趁机而动。①

敌人打不动，野外无粮食，千里运粮自然疲惫，等敌人退的时候，

---

① 《三国志·姜维传》：不若使闻敌至，诸围皆敛兵聚谷，退就汉、乐二城，听敌入平，重关镇守以捍之。有事之日，令游军并进以伺其虚。

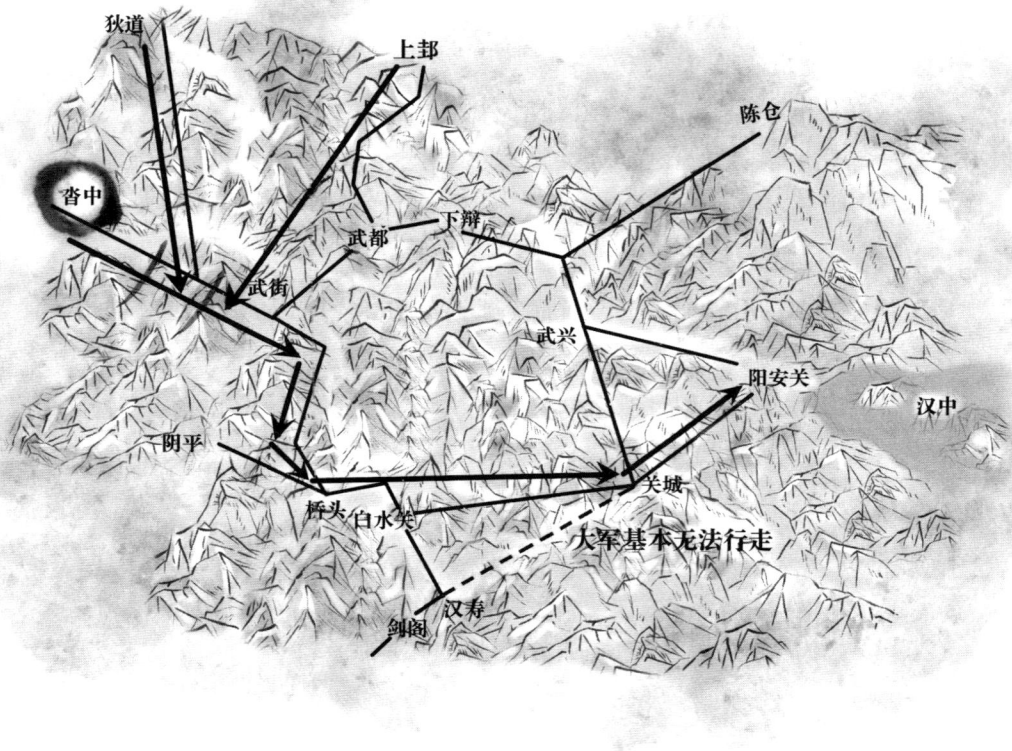

图 14-4 魏军阻击姜维路线图

咱再诸城并出，和机动部队全力杀敌。

那么之前是什么战术呢？叫作"错守诸围"。就是把秦岭通道各出口堵死，让敌人根本进不了汉中盆地，当年魏延做汉中太守时是这样干的；诸葛丞相也是这个思路，还在此之上修建了"汉、乐"二城，作为犄角后援团；后面的王平也是这个思路，靠着三万兵就在此悍拒曹爽。[①]（见图14-5）

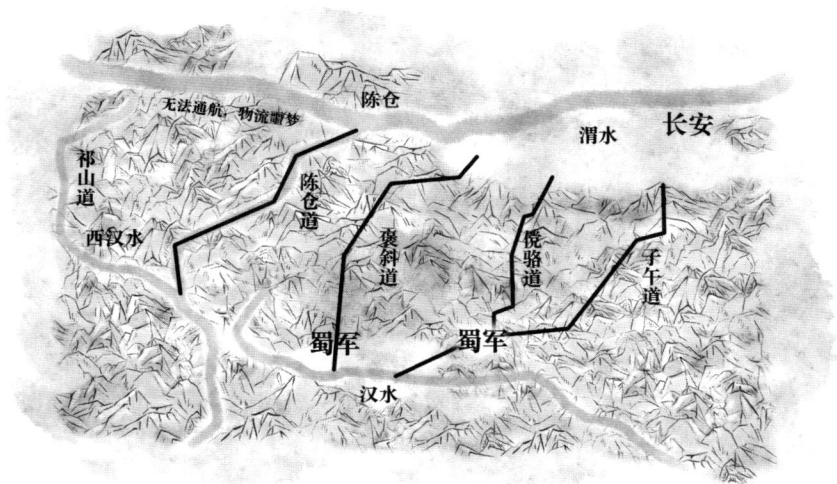

图14-5　"错守诸围"示意图

这是套经过历史考验的打法。但姜维为什么要换呢？

他是这么说的："错守诸围，虽合《周易》重门之义，但是只能御敌，不获大利。"姜维的意思是，这样虽然能御敌于门外，但我们获不了利啊！得把他们放进来，最后咱包他们饺子。

---

①《三国志·姜维传》：初，先主留魏延镇汉中，皆实兵诸围以御外敌，敌若来攻，使不得入。及兴势之役，王平悍拒曹爽，皆承此制。

这种思路无所谓对错，只有合理与不合理。总体推算，非常不合理。最大的一个原因是难度太高。

所谓的汉中天险，有两个：一个是阳安关，一个是秦岭天险。放弃了秦岭各谷口把人放进来，堵住阳安关然后打算把人家包饺子。这个思路不错，但有一个前提：蜀汉的军力要和人家差不多时，才能实施这个战略。（见图14-6）

图14-6 "敛兵聚谷"示意图

司马懿每回打防守反击时可是有多少人带多少人的。蜀汉亡国的时候一清点账本，拢共十万两千人，这还是全国布防的总兵力，除去成都、永安、南中等关键地区的布防，能用于汉中防守的不过五六万人左右。司马昭在战前的参谋会上就说："计蜀战士九万，居守成都及备他郡不下四万，然则余众不过五万。"

魏军每次南下是多少呢？通常十万起步！

蜀汉就几万人的体量，把十几万人放进来，把整个汉中盆地让出去了，魏军人多的优势马上就体现出来了。

1. 魏军万一跟好榜样诸葛丞相那样玩上屯田，跟你打持久战呢？

2. 魏军万一掠夺你汉中的人口呢？

3. 就算你把整个汉中的人口全部迁入城内不让魏军抢掠，那可是非常多的人，一旦人家大军进入汉中盆地，全员无法生产，你的粮食要养着大量的百姓，到底是谁的粮食先没呢？

4. 就算你成功地耗走了魏军，万一魏国将丞相当年呕心沥血的那些基础设施全给你毁了呢？汉中有大量的水利设施，有蜀汉最大的兵工厂，这要是被毁掉了，得多少年才能弥补回来呢？

5. 再说你的那几座寄予厚望的坚城雄关要是出了意外或叛徒呢？

所以说，这一战略的设想并不现实。

因为对己方的能力要求太高的同时，大量的主动权都掌握在对手的手上。更关键的是，有些事情是属于原则问题的。你永远不能拿你输不起的东西做赌注。

刘备当年为什么在汉中跟曹操拼了？因为汉中作为四川的缓冲屏障实在太关键，万万不可失！

不过即便如此，哪怕你汉中空虚，就像你所说的那样，实行放进来包饺子围攻的战术，也需要你手中的机动部队不能离汉中太远。

姜维自己说过，游军的角色很重要！① 蜀汉一直实行的是"错守诸围"战略，蒋琬屯兵涪城，后来费祎的部队又向北推进了一步，屯兵汉寿，也就是蜀汉的革命老景点、老刘的疗养胜地葭萌关。这样距离汉中并不算远，而且蒋琬撤走的时候，王平在汉中仍然有三万人保底！

在姜维的建议后，此时的汉中仅仅只剩下一万多人！而姜维的游军，远隔崇山峻岭！

---

① 《三国志·姜维传》：有事之日，令游军并进以伺其虚。引退之日，然后诸城并出，与游军并力博之……

263 年，姜维收到情报，钟会开始治兵关中，于是上表刘禅，要派遣张翼、廖化分别驻守阳安关口和阴平桥头防患于未然。

姜维不是不知道哪些地方关键。阳安关口是汉中咽喉，阴平桥头是他姜维的归路。

来看一下蜀中命脉的具体地图。（见图 14-7）

如果阴平桥头丢了，阴平、武都二郡和他姜维的归路就没了；如果阳安关丢了，理论上蜀汉就只能退保白水关和汉寿去坚守了，整个汉中乃至武都就都是魏军的了。（见图 14-8）

曹操平张鲁如此，刚打下来张鲁就跑了；刘备之所以后来跟曹操又耗了这么长时间，关键原因就是阳安关始终在曹操手上，刘备的大部队无法源源不断地从蜀中进来。

只要阳安关在，整个蜀中和汉中，就是一个防御整体，就是一块铁板。整条汉中防线，最关键的就是阳平关！钟会在关中治军，姜维应该第一时间带队回防！

来看一下司马昭的战前分析会：

1. 情报部门给出了蜀汉的总兵力是九万，和最终刘禅投降时十万两千的账本基本一致。

2. 在这九万人中，守成都、永安等各郡的兵力为四万左右。

3. 剩下的守汉中的兵力和姜维的兵力为五万左右。

4. 咱们要将姜维绊在沓中，然后直扑空虚的汉中，就算蜀军分守险要，那点儿兵力也首尾不能相顾了！ ①

结合后面汉、乐二城明确各有五千人之外，再算上阳平关的守军，

_____

① 《晋书·景帝纪》：计蜀战士九万……居守成都及备他郡不下四万，然则余众不过五万。今绊姜维于沓中，使不得东顾，直指骆谷，出其空虚之地，以袭汉中。彼若婴城守险，兵势必散，首尾离绝。

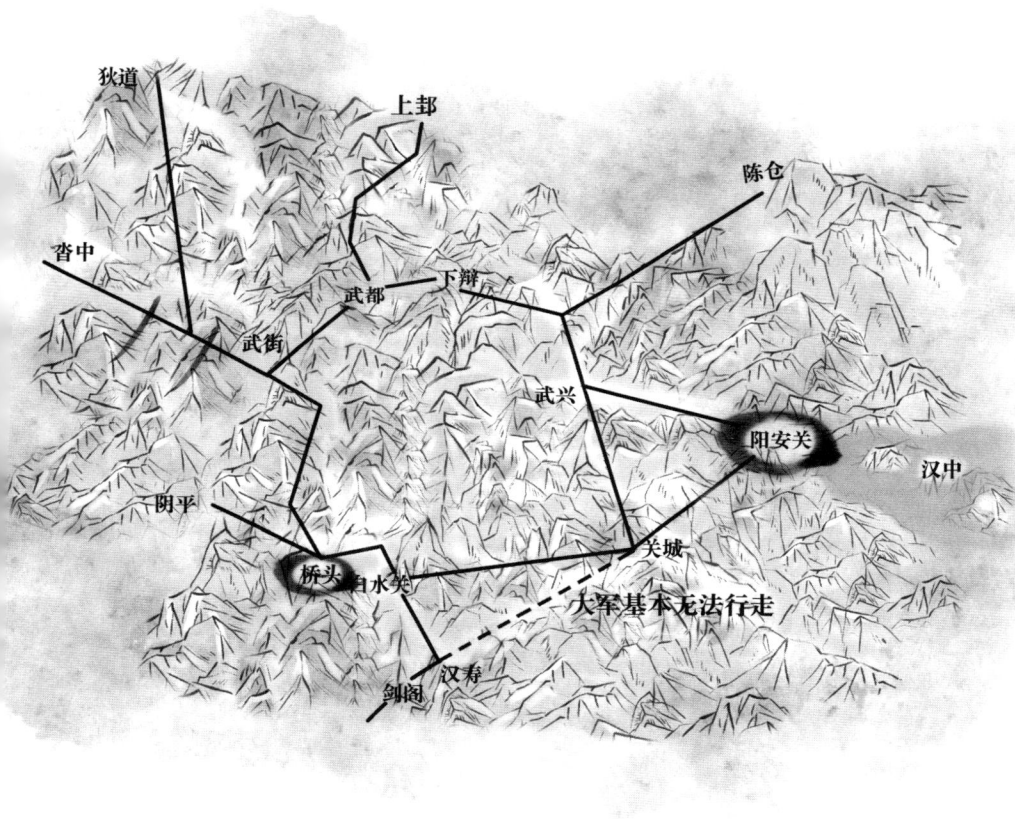

图 14-7　蜀道命脉图

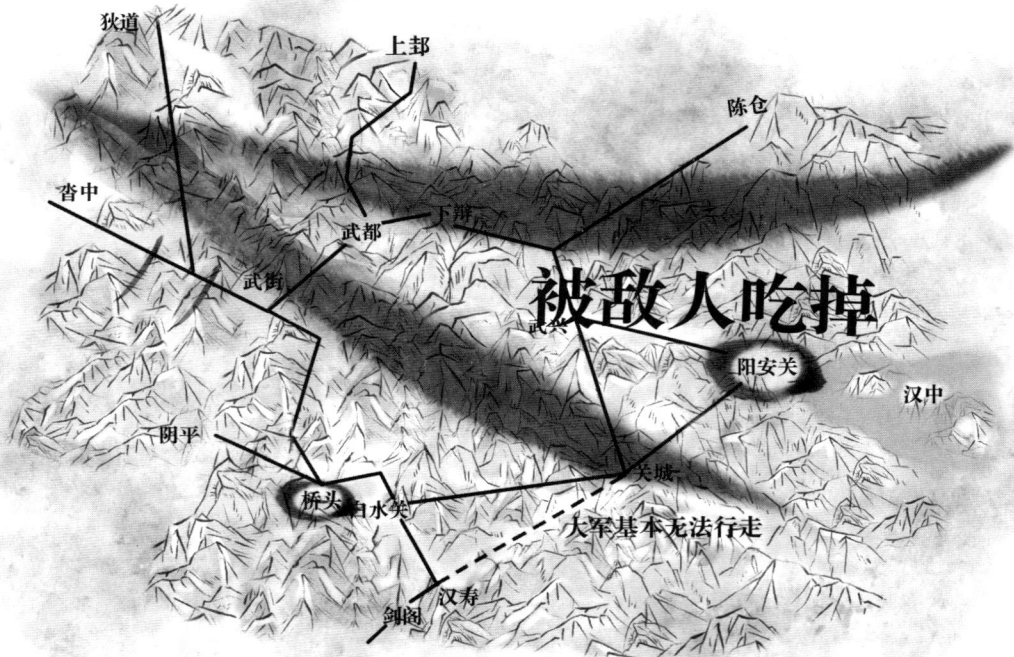

图 14-8 阳安关丢掉后的战略推演图

汉中此时的兵力应该在一万五千至两万之间。

这也就意味着，姜维手中的兵力应该在三万人左右，而成都加各郡备兵不过四万人。

手中有三万人的姜维听说关中的魏军要打他了，第一反应不是带着队伍回到能随时支援的白水关或直接蹲点阳平关去，反而嚷嚷让已经捉襟见肘的中央继续增兵去堵险要关口，他自己那一亩三分地是不能动的，他这几万人是有用的！[①]这是杀敌兵，不是防守军，你朝廷赶快派部队去堵缺口去！

结果史书上说黄皓听信鬼神，告诉刘禅敌军不会到来，别再担心这件事儿了，就把这事儿给摁下了。[②]

史书在描写这段的时候，说的都是黄皓祸国，实际上，后主是知道这事儿的！最终决定也是后主下的！

后主是什么意思呢？他在给姜维表明一个立场！还想把队伍给我往北调？你要是再拉到大西北屯田去呢？你赶紧给我回防！

就这样，司马昭想要的天赐良机就在这二位的推诿扯皮中出现了：一边是你赶紧增援！一边是你赶紧回防！赌注是国家的安危。结果双方互相绷着，谁也不搞实际动作。

后主无能昏庸是有目共睹的，他也犯了巨大错误，因为汉中根本输不起！那是他家的江山！但后主也有他的苦衷，谁知道成都此时有多少人打算趁着魏国进攻憋着造反呢！国家就那点儿兵，都调走了，南中和永安要是有突发事件呢？蜀中的大族要是突然搞政变呢？

本质上，错在姜维：

[①] 《三国志·姜维传》：维表后主：闻钟会治兵关中，欲规进取，宜并遣张翼、廖化督诸军分护阳安关口、阴平桥头以防未然。

[②] 《三国志·姜维传》：皓征信鬼巫，谓敌终不自致，启后主寝其事，而群臣不知。

1. 你手握重兵。

2. 你明确知道人家要来打汉中了。

3. 你在沓中待着不回防，继续拥兵自重！

你的所作所为，已经凌驾于国家安危之上了！

国家的安危难道不是头等大事吗？先烈们倾尽蜀中资源，一年多血战阳平关，变阵定军山熬下来的汉中基业难道不值得你姜维放在最重要的位置吗？

这个时候，无论后来的史书或演义类作品对姜维评价怎样，他都不值得有一个很高的历史地位！

就这样，司马昭强力推动伐蜀了。总指挥是钟会。

司马昭的这次伐蜀是很累人的，他任命钟会为总指挥也和此次伐蜀一样，颇受诟病。很神奇的现象出现了，大量的司马昭圈内人提前就预言到了钟会会反。

邵悌（司马昭幕僚）说："会单身无重任，不若使余人行。"

羊祜（司马师妻弟）说："他日钟会之出，吾为国忧之矣。"

钟毓（钟会哥哥）说："钟会挟术难保，不可专任。"

王皇后（司马昭妻）说："会见利忘义，不可大任。"

王戎（钟会推荐）说："非成功难，保之难也。"

这都是司马昭亲近的圈内人，当然，钟会也是圈内人。同为圈内人，都对司马昭表示出了不看好另一个圈内人。两个原因：

1. 凡出兵大将，全是要在洛阳留下家中子弟做人质的。

钟会未成婚，养兄子钟毅为后。不是自己亲生的谁也不心疼，他真反了，砍了无辜的孩子他连眼泪都不会掉。

2. 钟会的野心早就显露出来了，都在高阶层混，谁看不出来谁是怎么回事儿啊！尤其是有才的年轻人，能瞒得过谁啊！

但是司马昭没办法，他必须要用钟会。因为钟会是唯一的一个有能力，并支持他伐蜀的圈内人。

来说一下钟会的履历吧。

钟会是颍川大族钟家的孩子，第一任西北总司令钟繇是他的老父亲。钟会出生于 225 年，那一年钟繇老先生已经七十五岁高龄了。

钟会他妈张氏是太原人，据说也是出生于高门，修养很好，但父母早亡，流落到了钟家。

钟繇的妾孙氏因为竞争上岗搞不过张氏，于是对张氏下毒。张氏当时已经怀了钟会，结果估计是肚子里的小钟会自带莽牯朱蛤体质，帮他妈把毒逼出来了，张氏仅仅眩晕了几日。

后来老钟开除了孙氏，钟会生出来后，老钟愈发宠爱这个张氏，级别提升为夫人。

由于此时钟繇已经是顶级的太傅了，而他这个夫人的出身太不门当户对了，卞太后令曹丕劝钟繇别这么干。

钟繇作为全天下最高级的贵族，直接表示爷不活了，嚷嚷满世界买毒药，爷死给你们看！

被钟老浓烈情感创造出来的钟会自幼聪敏异常，五岁时，老钟繇带着他去串门，蒋济惊道："此子，非常人也。"

钟会长大后，博学多闻，精通玄学，是有名的大才子。

245 年，二十岁上班，担任秘书郎。

247 年，二十二岁迁尚书郎。

249 年，二十四岁任中书侍郎，成为皇帝的高级秘书。

也是在这一年，司马懿发动政变，作为同一个圈儿的功臣子弟，钟会开始得到司马师的赏识。

255 年，毌丘俭、文钦淮南二叛时，司马师眼部刚做完手术，大多数人认为让老爷子司马孚前去平叛就可以了，只有傅嘏、王肃和钟会给司马师算明白了这笔账，告诉他一定要亲征。司马师随后南征，钟会随行，主管机要。

司马师死后，曹髦打算夺权，钟会与傅嘏密谋，让傅嘏上表，和司马昭一同出发，退到雒水南屯兵驻守。在武力威慑下，曹髦服软。

257年，诸葛诞反，钟会正在服丧，但由于能力太强，被司马昭喊去平叛。在此役中，钟会使出了离间计，成为平定淮南第三叛的关键功臣，三十二岁的他已经得到"大魏张良"的外号了。

262年，听说姜维带着队伍屯田沓中后，司马昭迅速地意识到洗刷自己污名的机会来了。结果除了钟会之外，没一个人搭理这茬！

司马昭自打捅死曹髦后，就发现时间在和他为敌！时间过得越久，他家再进一步的可能性就越小，身边越来越多的眼睛不再单纯，看热闹和取而代之的气氛越来越浓重。比如钟会，虽然貌似很忠心，但几乎所有圈内人都看出来他想取司马氏而代之了！这是岁数浅，内功还不够深，让大伙看出来了。司马昭更害怕的是他爹那种级别的忍者神龟！

伐蜀为什么没人搭理他？侧面来讲，这更像是整个曹魏统治阶层的非暴力不合作！

幸好还有这位可爱的钟会告诉他："老板，该出手时就出手！"随后还跟司马昭定战略方案。虽然知道钟会的狼子野心，但在种种权衡下，司马昭还是力主钟会担当灭蜀总指挥。

262年冬，钟会被封为镇西将军，假节，都督关中军事，将大规模的南征兵源与物资开始向关中汇聚。

就在钟会即将出兵时，对蜀一线作战最大牌的邓艾仍然在反对。邓艾这些年虽然对姜维的战绩颇为亮眼，但对于伐蜀这事却并不积极，最后司马昭派心腹师纂当邓艾的军师并传达最高思想，邓艾才从命。

对于钟会，司马昭也不是没有留后手，他命廷尉卫瓘持节监钟会、邓艾军事，行镇西军司，并给兵千人。这就相当于卫瓘畜率领了一支独立的军队。

263 年秋八月，洛阳召开誓师大会，军中其实依然有反对的声音，将军邓敦公开表示蜀未可伐，被司马昭杀之祭旗。

就此，司马昭终于排除了万难，启动了灭蜀之战。此战若失败，司马氏未来很难讲会是什么结果，因为所有人事先都不同意你的作战计划，你现在又现眼了，你还好意思再提什么封公加九锡吗？血性的曹髦用自己的天子之血做成的封印即将彻底箍死你丑陋的司马氏！

但是，汉丞相和蜀三英已逝，悍拒曹爽的王平也见先帝去了。直到钟会大军已经进入汉中土地的消息传到沓中时，姜维才决定回军。①

一切都晚了！

---

① 《三国志·邓艾传》：维闻钟会诸军已入汉中，引退还。

五、蜀汉亡在了哪里？

263 年秋，钟会统兵十余万，分别从斜谷、骆谷进军汉中；征西将军邓艾率所部三万余人自狄道至沓中去牵制姜维；雍州刺史诸葛绪自祁山率州军三万余人向阴平桥头截断姜维的退路；魏兴太守刘钦带东三郡两万人出子午道与魏军主力会师。（见图 14-9）

除了陈仓道之外，魏军每条路都下注了！

西边六万人堵姜维，东边十余万分三条路奔袭汉中，本来姜维全力回援都不一定堵得住魏军的雷霆万钧，现在到了"有事之日，令游军并进以伺其虚"的时候了，姜维的"游军"呢？您倒是回来呀？

局面如此危急，姜维仍然不回来。

钟会带兵入了骆谷，邓艾带兵进入沓中。刘禅认怂了，发兵派廖化去沓中救姜维，不能让他投降；派张翼、董厥等去阳安关。[①]

刘禅方面终于憋不住了，姜维啊姜维，算你狠！

一切都晚了。

---

① 《三国志·姜维传》：及钟会将向骆谷，邓艾将入沓中，然后乃遣右车骑廖化诣沓中为维援，左车骑张翼、辅国大将军董厥等诣阳安关口以为诸围外助。

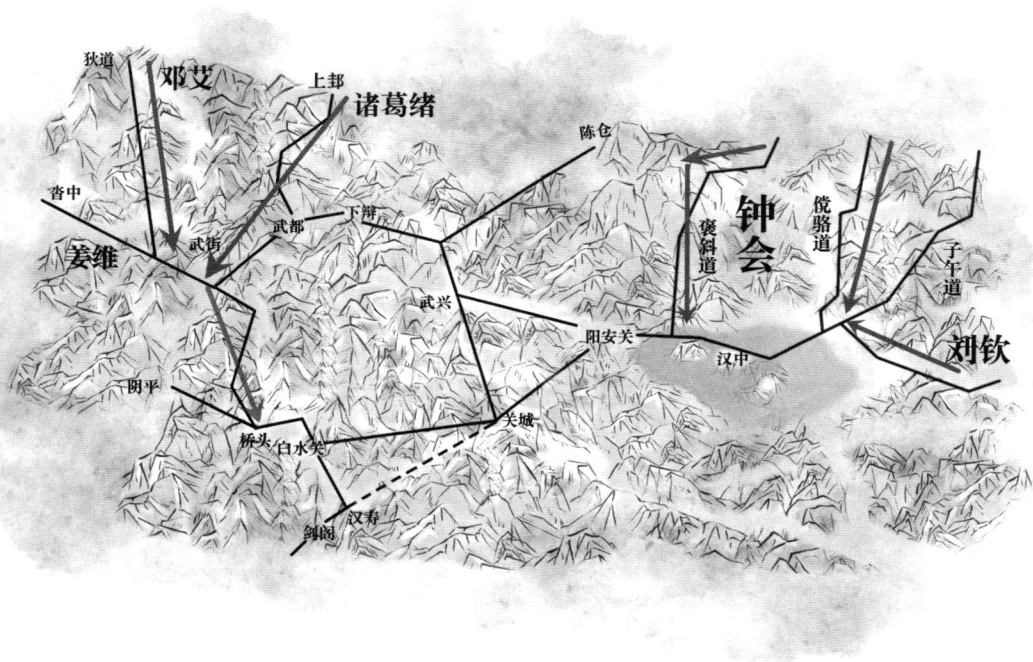

图 14-9　魏军南征图

汉中守军有一万来人，哪怕拼命御敌于门外，都没办法堵住三路齐进的魏军。蜀军只好如姜维布置的那样，收缩防守退至汉、乐二城。

钟会进入汉中盆地后根本不在这两城上跟蜀军做纠缠，而是派李辅带一万人围住乐城的王含，派荀恺带一万人围住汉城的蒋斌，自己带十余万人迅速朝阳安关而来。

阳安关守将关中都督傅佥政治相当过硬，但之前在武兴被撤过职，现在过来给傅佥当副手的部将蒋舒怀恨在心，把傅佥给坑了。

钟会大军来了，蒋舒带着队伍嚷嚷出战，傅佥不同意，蒋舒说："现在贼人来了却闭城自守不是个事儿啊！"

傅佥说："任务就是守城！这是第一要务！"

蒋舒说："你以保城为第一要务，我以杀贼为第一要务，咱各过各的吧！"

蒋舒随后就带了兵出城，出去一溜烟儿地找魏军先锋胡烈投降了。胡烈乘虚袭城，傅佥最后战至一兵一卒而死，阳安关失陷。傅佥他爹是当年老刘在夷陵现眼时，殿后死战大骂吴狗的傅彤！父子英烈！

阳安关是天险，胡烈是怎么乘虚袭击的呢？

当年曹操大军硬凿凿不动，靠着山神助攻才阴差阳错地拿下阳安关。当年刘备鏖战阳安关一年多，即便斩了夏侯渊，仍然没有拿下阳安关。蒋舒作为一个副手不可能把大部分守军都带走，阳安关的防务应该还是顶得住的。

最大的可能是胡烈命蒋舒带路，令魏军换了蜀军的军服趁蜀军不备骗进城去的。

阳安关几乎可以说是汉中的命脉所在，蜀汉的将领安排却如此儿戏：居然命一个没有战功、被降级的人前来当副手！总之，汉中天险被攻克了。姜维所谓的"放进来打"的战略彻底破产。

钟会发布《移蜀将吏士民檄》劝蜀地军民投降，此时除了汉、乐二城以及黄金戍等围守，汉中基本上全面投降。钟会根本不理围在炮楼里的蜀军，全速前进，南下而来。

蜀军东线全面崩溃了，说一下姜维那里吧。

邓艾命天水太守王颀、陇西太守牵弘、金城太守杨欣，分别从东、西、北三面进攻沓中的姜维。姜维收到魏军已经进入汉中的消息后，终于开始决定撤离沓中。要是按《晋书》中的说法比这更过分，钟会打破阳安关后，姜维才挪屁股。①

姜维早干什么去了呢！早走一个月，都不是这番结局！

姜维率军开始撤退，但邓艾的追兵此时也已经咬上来了，王欣等在强川口追上了姜维，大战后姜维败退。

狼狈的姜维边走边撤，惊悚战报不断传来：退路已经被截断了。诸葛绪早已带着三万人堵在了阴平桥头！②（见图14-10）

刨除东线的汉中战场不说，即便局部的武都、阴平战场，姜维都负有不可推卸的责任。

这都让诸葛绪捅到哪儿了！

姜维随后抖了人生中倒数第二个小机灵，带着部队从孔函谷绕到诸葛绪后方，意思是要断诸葛绪的粮道并从武都方向撤退。

诸葛绪慌了，紧急后退三十里去赶姜维。姜维趁机猛回头，越过了阴平桥头，等诸葛绪察觉上当时，姜维已经走了一天了。（由于未找到当时该地区的详细路线地图，因此暂不知道姜维猛回头的具体路线。）

姜维从桥头南撤后在阴平遇到了北上增援他的廖化，本来还打算

---

① 《晋书·景帝纪》：会直指阳安，护军胡烈攻陷关城。姜维闻之，引还……
② 《三国志·邓艾传》：欣等追蹑于强川口，大战，维败走。闻雍州已塞道屯桥头……

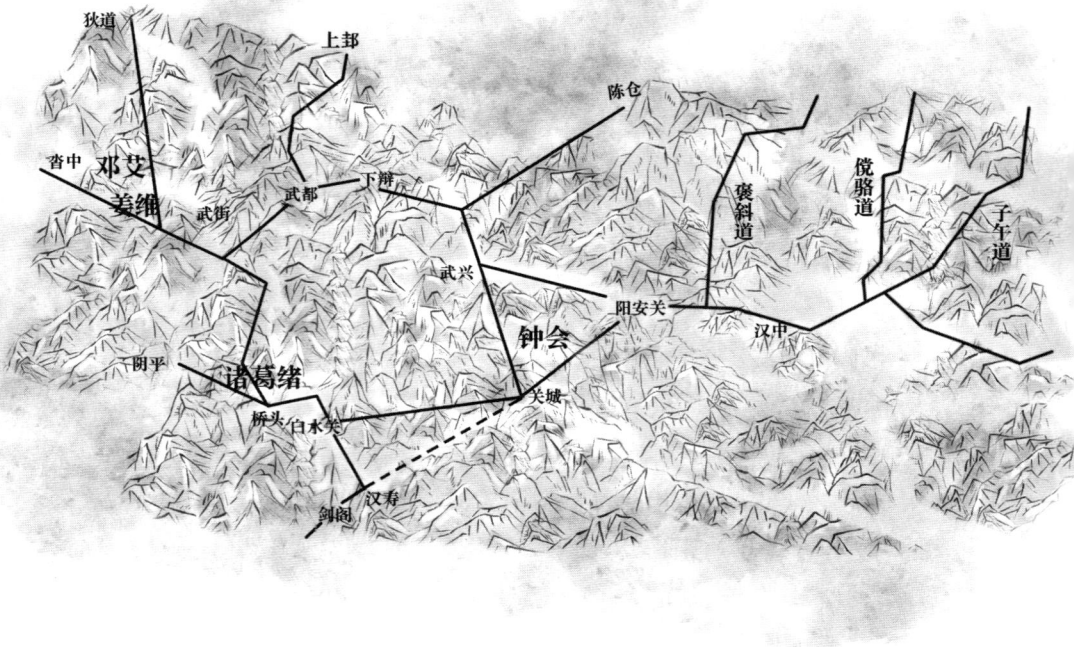

图 14-10 诸葛绪堵阴平桥图

赶往阳安关，结果半道上听说了噩耗，阳安关丢了！①

魏军占领阳安关后，西面通往武兴，南下金牛道逼白水关，此时北面已经彻底没有希望了！蜀汉的武都、阴平二郡以及关键点武兴等蜀汉经营数十年的要塞全部被攻克了！

姜维同廖化退回白水关（见图 14-11），另一路救汉中的张翼、董厥此时刚刚赶到汉寿（葭萌关），哥几个一合计，去剑阁守最后一道关吧！②这个时候，姜维又犯了一个巨大的战略错误：他放弃了白水关和汉寿（葭萌关）！

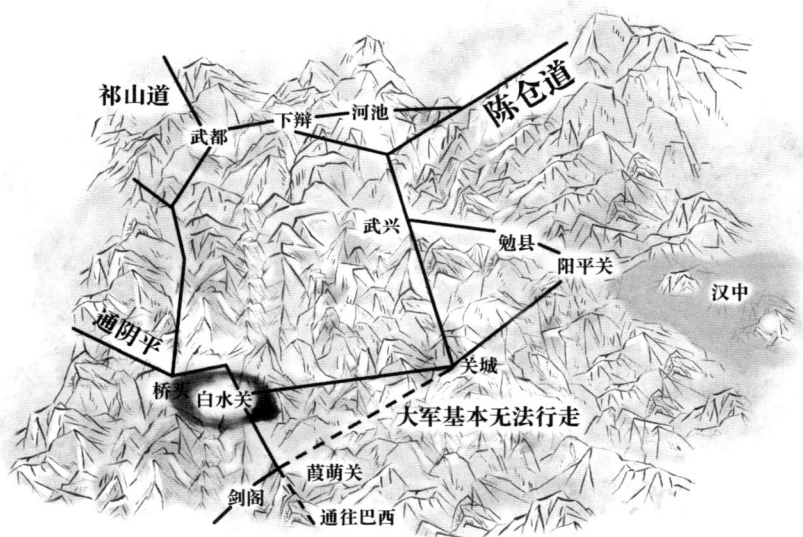

图 14-11　白水关示意图

———————

① 《三国志·钟会传》：姜维自沓中还，至阴平，合集士众，欲赴关城。未到，闻其已破……

② 《三国志·姜维传》：翼、厥甫至汉寿，维、化亦舍阴平而退，适与翼、厥合，皆退保剑阁以拒会。

刘备入川时我们讲过，无论自关中、汉中、武都南下，还是自阴平西进，最终都要经过白水关。

图 14-11 虚线处，汉中方向到葭萌关其实也有一段路可以走，但是山谷险峻，水流湍急，三国时代并不将其作为正规选择。

白水关也称"关头"，收拢所有常规入蜀线路，和永安（白帝城）共称"益州祸福之门"。

当年刘璋让刘备去葭萌关疗养，没把白水关给刘备就是因为这个位置太关键了。

这么重要的一个关卡，结果姜维主动放弃送人了，直接奔四川的最后一个天险剑阁去了。[①]

白水关如果在手上，至少阴平桥头是能始终保持威慑力的，后面邓艾从阴平偷袭就不会那么肆无忌惮！

至此，蜀汉从汉中至阴平绵延千余里的领土丧失殆尽，设在岷山、摩天岭、米仓山以北的外围防线悉数落入敌手。（见图 14-12）

九月，钟会打到剑阁。

十月，各路军捷报频传，曹奂以春秋晋国的故地共十郡封司马昭为晋公，进位相国，加九锡。

司马昭迅速点头，终于突破了曹髦天子之血的封印！司马昭的目的达到了，拿下了汉中也是大功一件，此时的灭蜀之事，并不那么迫在眉睫了。

但是，对蜀之战一路作为牵制力量的邓艾并不过瘾，他追剿姜维收复了阴平，听说姜维已经入了剑阁，于是他冒出了一个惊人的想法：

---

① 《三国志·钟会传》：姜维自沓中还，至阴平，合集士众，欲赴关城。未到，闻其已破，退趣白水，与蜀将张翼、廖化等合守剑阁拒会。

图 14-12 汉中陷落图

绕过剑阁，走阴平道进入江油，扎进成都平原。（见图 14-13）

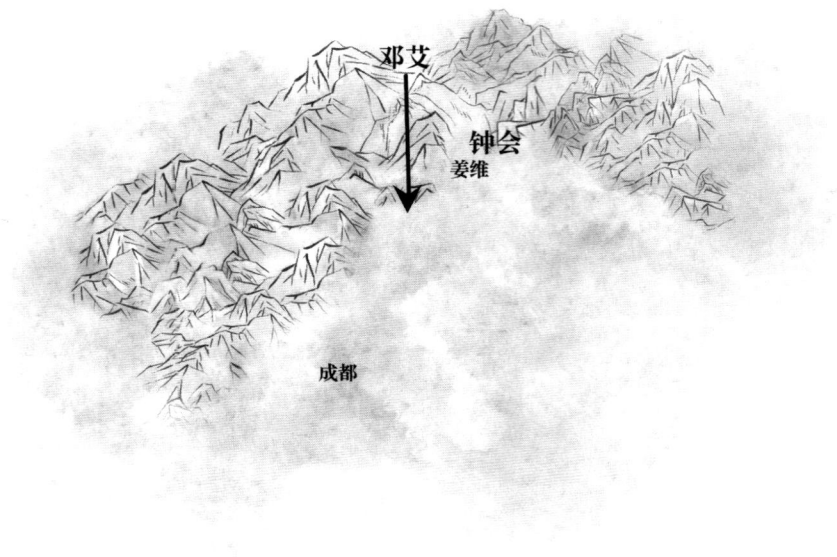

图 14-13　邓艾偷渡阴平示意图

阴平道，准确地说，是"阴平陉"。"陉"的字面意思，是山脉中被自然力量拦腰砍断后呈现的笔直断口。道是连续的，但"陉"却不一定！

在中原文明很早开化的太行山脉，千年走下来，那些孔道依然叫"陉"。

邓艾邀诸葛绪一同走阴平道，诸葛绪没理他，因为那几乎是不可能的事情。阴平道七百里无人烟，崎岖难行，根本就走不了！道路对于行军来讲何其重要！军队是很脆弱的。道路不通，沿途也无补给，那根本就是死路。

邓艾为什么敢走这条死路呢？

1. 由于姜维主动放弃了白水关，剑阁北方千里已经再无威胁，所以后路绝对不会被断。

2. 钟会十余万大军云集剑阁，此时蜀汉的全部增援军队都在赶往剑阁，邓艾只要插进成都平原，那就是出其不意！

3. 邓艾自诩身负大才，他和姜维是一样的人，此时已经六十好几岁了，要立大功，青史留名。

邓艾在此次出征的时候本来是不同意的。为什么呢？因为收割汉中的是钟会，他的任务是拖住姜维。这破活儿难度高还没功劳，所以邓艾一百个不愿意，是司马昭专门派了政委他才点头的。现在钟会立了大功，邓艾还没把姜维绊住让他窜回了剑阁，他这回最多是个功过相抵。

司马昭已经完成了封公加九锡，后面肯定一切趋向于稳，全力换曹家房本，邓艾还等得到下一次灭蜀的机会吗？所以他要在这生命即将燃烧到尽头的时候赌一把。他要拿着自己这三万将士的命，去赌一个微乎其微的可能性。

他是干屯田出身的，他是发表《济河论》的建设型人才，他不是不明白行军和路况对于战斗力的降低和损害，他不是不知道这种行军古往今来几乎没有成功的案例，他不是不知道全军覆没的可能性极大，但他还是赌了。

本质上，他和姜维是一种人，都是在拿 1% 的可能性去搏命。只不过姜维拿了根本不能赌的底线作为赌注，邓艾赌了自己和三万将士的性命。

再往深里说，姜维式的人，对于大集团、大优势、大体量的组织来说，可以负担得起。对于弱势底子薄的组织来说，最好敬而远之。

《孙子兵法》里讲的精髓之处：先胜后战！

即便弱者，也是可以不断积累局部优势去蚕食强者的。弱欲胜强，需四点：一需天变；二需上下同欲；三需战略正确；四需自身资源汲取调动能力强。

每一条，都是内功的慢功夫！每一条，都是需要耐着性子等待！

弱者最忌讳的就是赌，赌就是个死！但古往今来，赌徒的另一个称呼叫作理想主义者，有着不见棺材不掉泪的一面，只是有的被包装成了坚定与执着典范。

诸葛一生不弄险，司马装病以年计。时间真的是朋友，等待真的是恩人。

诸葛绪把邓艾扔下后进军白水关与钟会会师，结果还不如跟邓艾走呢，因为他被钟会阴了。钟会密报说诸葛绪畏缩不进，然后将他押进囚车送洛阳了，直接收编了诸葛绪的部队。

钟会手中的兵力达到了近十五万，在听说邓艾有想法后观望了起来。

梦想家邓艾在即将壮烈表演前上书司马昭："如今贼寇大受挫折，我们应乘胜追击。从阴平沿小路，经汉德阳亭，奔赴涪县，距剑阁西有百余里，距成都三百余里，派精悍的部队直接攻击敌人的心脏。姜维虽死守剑阁，但在这种情形下，他一定得引兵救援涪县。此时，钟会正好乘虚而入。如果姜维死守剑阁而不救涪县，那么涪县兵力极少。兵法说道：'攻其不备，出其不意。'今进攻其空虚之地，一定能打败敌人。"[1]

邓艾此时仍然把姜维当作重要的战略对手，但最终他会发现，其实他还是高看了姜维这个人。

十月，邓艾率军自阴平道开始了勇敢者游戏，中国古代史中堪称最伟大的孤军深入敌后的故事上演了。

---

[1] 《三国志·邓艾传》：艾上言："今贼摧折，宜遂乘之，从阴平由邪径经汉德阳亭趣涪，出剑阁西百里，去成都三百余里，奇兵冲其腹心。剑阁之守必还赴涪，则会方轨而进；剑阁之军不还，则应涪之兵寡矣。军志有之曰：'攻其无备，出其不意。'今掩其空虚，破之必矣。"

邓艾行军，攀登小道，凿山开路，修栈架桥，一路绝粮，几乎到了全军饿死的地步。①走到马阁山，道路彻底断绝，再也走不动了，邓艾身先士卒，用毛毡裹身滚下山坡。就这样，邓艾的丐帮团队越过七百余里无人烟的险域，伤亡近半。

十一月，本来所部三万人的邓艾率领剩下的一万多人出其不意地直抵江油。②守将马邈投降。

按理来讲，一万多"叫花子"能攻克城池吗？还是那句话，《仇国论》已经完成了对蜀汉信心的瓦解，守将看见人家来了，赶快投降了。

邓艾神兵天降江油后，整个蜀中开始失禁，紧急调最后的力量，蜀国卫将军诸葛瞻（丞相之子）从涪城回到绵竹，列阵等待邓艾。

诸葛瞻背后是当年刘备啃了一年多的雒城，他不去守城，为何偏偏在城外摆阵呢？因为诸葛瞻感觉到雒城会像江油一样出现叛徒投降，这最后的兵力是自己唯一能控制住的，还不如在此决战一场！

蜀已形同鲁缟，魏如强弩之末。这是一场双方濒临绝境的战役。邓艾派其子邓忠攻打诸葛瞻的右翼，师纂攻其左翼。邓忠、师纂失利，退回，对邓艾说："贼兵坚守牢固，很难击破。"邓艾大怒，说："生死存亡之际，全在此一举！我砍了你俩！"

二将策马奔回，挥军再战，邓艾也亲临督战，终于强弩之末破鲁缟，蜀军破。

本来邓艾看到诸葛瞻时也心虚，修书一封派使者给诸葛瞻，保证上表诸葛瞻为琅邪王，让他荣归故里，结果诸葛瞻斩来使，最后死于战场上。

---

① 《三国志·邓艾传》：艾自阴平道行无人之地七百余里，凿山通道，造作桥阁。山高谷深，至为艰险，又粮运将匮，频于危殆。

② 《晋书·景帝纪》：十一月，邓艾帅万余人自阴平逾绝险至江由……

这个没怎么见过自己父亲的孩子，虽然没有得到过父亲耳提面命的教诲，但到底是武侯之后！虽然苍天有意绝炎刘，但诸葛氏忠魂永绕川蜀！丞相满门忠烈！

邓艾预想中会来驰援的姜维在干什么呢？邓艾拿下江油的时候，姜维没搭理。邓艾南下的时候，姜维继续没搭理。

直到诸葛瞻都战死了，姜维才有了反应！非常可怕的是，姜维并没有分兵去围剿邓艾，而是带领军队让出了剑阁。他是全军回防追邓艾了吗？并没有！他东向去了巴中的广汉！ ①

钟会手下近十五万人，姜维放他进剑阁！邓艾已经战败了诸葛瞻，姜维就算回军也要赶紧往绵竹去救急，去什么广汉！

结果钟会的十几万人涌入了成都平原，进驻涪城。

姜维彻底地失去了最后的机会：

1. 自"敛兵聚谷"、放进来包饺子的战略。

2. 到远赴沓中屯田露出战略大漏洞。

3. 到听说钟会治军关中仍然不挪屁股却喊中央增兵。

4. 到敌军弓入汉中盆地才率军回防。

5. 到主动让出"益州祸福之门"的白水关。

6. 到邓艾插入江油后继续不分兵救援直到诸葛瞻战死。

7. 到最后率领四五万大军让出剑阁，放钟会十几万人进入四川平原。

姜维的这"七步"，为蜀汉的覆灭要承担多大责任，不好评价，但

---

① 《三国志·钟会传》：维等闻瞻破，率其众东入于巴。《三国志·姜维传》：维等初闻瞻破，或闻后主欲固守成都，或闻欲东入吴，或闻欲南入建宁，于是引军由广汉、郪道以审虚实。

钟会和邓艾付出了堪称史上最小的成本，完成了中国最艰难的地狱级征伐路线——自北入川。秦岭诸围、阳安关、白水关、葭萌关、剑门关，这一个个堪称中国顶级的关隘，基本上兵不血刃地被魏军拿下了。最吊诡的是，他们的对手还是蜀国最梦想建功立业的将军。

理想与现实，私欲与国家。所有的选择皆有成本，但以一个国家的基业来支撑自己的梦想，成本是否太过高昂了呢？

绵竹陷落后，蜀军全线崩溃，邓艾继续往前走，当初挡住刘备整整一年的雒城也投降了，邓艾轻轻松松拿下。映入邓艾眼帘的，是天府成都。

蜀国的朝堂此时讨论的已经不是该怎么打了，而是该如何投降。有零星意见说要不去南中？要不去东吴？

一听这个，谯周站出来了，蜀亡的理论煽动者再次大谈天命有授，人心皆去，趁着还有筹码快降了吧，还能获爵得土。蜀国的高级官员最大的疑问是："人家要是不准咱投降怎么办？"

谯周开始狂拍胸脯打包票："您放心投降！他们要是将来敢亏待您，我亲自去洛阳找他们理论！"

刘禅没费太大劲儿就下定决心了，他儿子刘谌打算死社稷见先帝，刘禅没搭理。

此时此刻，论民心，蜀汉比当年的刘璋可差太多了。

刘璋政权在雒城能够坚守一年多，在成都被围后军民尚欲死战，但此时此刻刘家想死社稷没问题，但你带不走别人了。

整个蜀汉，自上至下，早就自认为是伪政权了。不然在七百里阴平道后，江油不会向邓艾投降的。诸葛瞻不会不驻守英雄景点雒城。纵使不驻守，也不会以逸待劳地打不过这一万多"叫花子"。纵使阻击失败，雒城不会不战而降。

蜀道难于上青天的蜀汉与其说是被邓艾的神兵天降打蒙了，不如说是内部早就完成了自我瓦解。

邓艾这史上最精彩的入川之所以会成功，不过是在合适的时间，出现在了合适的地点。正如谯周一再说的那句话："天命有授，人心皆失！"终于有外力帮我们捅破这层窗户纸了。

刘备不扰不挠地折腾了一辈子。丞相出师未捷身先死地坚持了一辈子。辛辛苦苦打下的江山你就崽卖爷田不心疼地这么送人了。

从国家政权角度看，谯周算是最大的祸国之贼。对于谯周，说和平解放善莫大焉也好，说于国于社稷千古罪人也罢，还是要任后人去评说。

谯周嚷嚷投降后的成都，并没有避免预想中的兵火。任何被打倒的国家，都是人家刀俎上的鱼肉！成都城里的大多数人，也亲眼看到了覆灭他们国家的三个大才未得善终。

六、姜维、邓艾、钟会，三英授首

刘禅递降表后，邓艾军至成都，刘禅绑好自己，率领太子、诸王、群臣六十多人抬棺至军营拜见。邓艾手执符节，解开绑缚，焚烧棺材，接受投降并宽恕了他们。邓艾约束部众，进城后没有发生抢掠，安抚投降的人员，使他们复任旧业，受到蜀人的拥护。

在巨大胜利面前，他开始懵圈。他忽略了最重要的方面，权力的运行规则：一切要听领导的！

他擅自依东汉邓禹故事，以天子的名义任命大批官吏，他拜刘禅行骠骑将军、蜀汉太子为奉车都尉、诸王为驸马都尉；对蜀汉群臣则根据其地位高低，或任命他们为朝廷官员，或让他们成为自己的官属。任命师纂兼领益州刺史，任命陇西太守牵弘等人兼领蜀中各郡郡守。

他派人在绵竹把作战中死亡的魏国战士跟蜀兵死者一起埋葬，修筑高台作京观用以宣扬自己的武功。

邓艾常道："诸位幸亏遇上我，所以才有今日，如果遇上像吴汉这样的人，你们早被杀掉了。"谈到老对手姜维时，他说："姜维是一时的雄杰，但与我相遇，所以穷途末路。"

你的叫花子大军碰见姜维了？并没有。

此时这位雄杰在哪儿了呢？投降钟会了。钟会手中已经有近二十万人了。

十二月，司马昭的奖励下来了：封邓艾为太尉，增加封邑二万户，封其二子为亭侯，各得封邑千户；钟会进位司徒，增邑万户，其二子也都封为亭侯，各得封邑千户。

邓艾的太尉比钟会的司徒高，而且邓艾的封赏比钟会多。这让钟会开始从心里感到强烈的不平衡！本来是我独领风骚的！这风头都被你抢走了！

也是赶上邓艾作死，灭蜀后，邓艾迅速给司马昭写了一篇平吴论文。

"领导您好，现在本来应该凭借定西蜀的声势乘势伐吴，但大举用兵之后，将士都已疲惫，此时应先留陇右兵二万人、巴蜀兵二万人，煮盐炼铁，屯田造船，为灭江东做准备，战备做完后，布告天下，吴国吓都吓死了。

"今厚待刘禅，是为了给吴帝做榜样，如果将刘禅送到京城，东吴的人认为这是软禁，这会让他们有顾虑，最好先让刘禅继续留在蜀地，等平吴后再挪窝，估计来年秋冬，吴国也就平了。"①

邓艾是国之良将、治郡大才，他基本上是秉承了老领导司马懿的思路，走到哪里建设到哪里，永远都是兵马未动，粮草先行。但邓艾做的这些事，却成了正确的错事。

正确是因为哪件事都特别对，错的是身份不对。

1. 你对蜀地的前皇帝和官员私自进行了册封。

蜀地感的是你邓艾的恩，那将来司马昭还怎么买好？对于大领导

---

① 《三国志·邓艾传》：今宜厚刘禅以致孙休，安士民以来远人，若便送禅于京都，吴以为流徙，则于向化之心不劝。宜权停留，须来年秋冬，比尔吴亦足平。

来讲，这是个巨大的政治成本浪费！将来司马昭得再多给多少红利才能让蜀地拥护他？

2. 你对蜀地前皇帝的去留做了建议。

谁知道你邓艾心里到底怎么盘算的！这都不是你一个领军大将所能达到的级别。邓艾说的依据，是依"邓禹故事"，邓禹是谁呢？东汉大军师，从龙元勋，刘秀小学弟，光屁股上任的倾家追随者，平天下大策提出者。总体上一句话，那叫自己人。

你邓艾呢？不是自己人。

准确地说邓艾是南阳破落户、汝南屯田客，能发迹是因为司马懿老爷子慧眼识才赏饭吃，这说明你仅仅是老爷子的人。你和少爷司马昭的距离，就差着一大块儿了，不然也不会一把年纪给你扔陇西去。

司马昭的内部核心圈，是曹魏功臣子弟，这帮大院里从小长起来的才是自己人！比如诸葛诞，哪怕他反了，由于他是士家大族混出来的，闺女还嫁了司马懿三儿子司马伷，所以后来司马炎贵为皇帝还是要主动找诸葛氏消除矛盾。钟会作为老钟家的人，即便后面反了，但仅仅是灭了养子一族，别的子弟都没受到牵连，司马昭最后还恩准给钟会收尸。

邓艾最终的结局就很惨，哪怕你有千古大冤，也是到了司马炎时代，在多次奏请后，才仅仅给平了反，象征性地给了其幸存子孙一个郎官当。

你不是自己人，千万不要干那些干系巨大的事，躲还躲不及呢！风险太大了，而且会有人眼红捅你的刀！比如说已经不平衡很久了的钟会。

邓艾的所有书信都要过剑阁，中间都被钟会看了，而且钟会不光看，还运用自己的临摹大才去改。具体改成什么样不知道，只知道将邓艾的口气改成了傲慢无礼。

你邓艾抢了另一个自视太高的人的风头！从偷渡阴平开始你就绕过我直接上书！你从那一天就打算抢我的功！你还抢成了！太可恨了！你灭蜀后什么事都不跟我商量自己把官都封了，"从邓禹故事"按理说是我这个"自己人"干的事啊！风头都让你抢了！把我往哪儿放！

邓艾从偷渡阴平开始，就注定走上了一条死路。道路崎岖艰险是看得见的。看不见的，是这背后的人心。

司马昭传书给了监军卫瓘，告诫邓艾："此事应上报，不宜马上实行。"这透露出了两个信号：

1. 我给卫瓘传旨，说明你不是我的人，而且你别忘了我派过去的监军是干什么去的。

2. 灭吴这事儿应该上报，这不是你这级别能干的。现在赶紧都叫停！听中央的统一安排！

邓艾再次没听懂，上书："我受命征讨，有皇帝的符策。敌首既然已经投降，应当按照旧制予以官职，以便安抚他们，这是符合时宜的。

"《春秋》有这样的话，大夫出守边疆，如果遇有保卫社稷、有利国家的事，专断是可以的，现在吴国未服，与蜀相连，不能拘泥于常理而失去时机。[①]《孙子兵法》中说：前进不是为了名誉，后退不怕罪责。我邓艾虽没有古贤人的风范，但还是不想因为自己而损害国家的利益！"

我怀疑这是钟会篡改过后的版本，如果是邓艾自己写的那他死的真不冤。不过即便没有钟会改信的事儿，邓艾也已经犯了众怒，极大概率是在灭国后实在不知自己姓什么了，牛气哄哄地得罪了太多人。因为

---

① 《三国志·邓艾传》：春秋之义，大夫出疆，有可以安社稷，利国家，专之可也。今吴未宾，势与蜀连，不可拘常以失事机。

最终是钟会、总监军卫瓘、派到邓艾处的军师师纂等所有灭蜀高级领导共同上书说邓艾要造反的！ ①

朝廷随后下诏书派监军卫瓘逮捕邓艾父子，用囚车将其送到京都来。邓艾仰天长叹："我是忠臣啊，居然到这种地步，白起的境遇，于今又重现了。"邓艾这位三国末期的第一名将，最终死于政治斗争中。

总体来讲，邓艾死得比较惋惜，但并不意外，更谈不上什么冤枉。因为他貌似特别忠君为国，实际上犯了非常硬伤的政治错误。

不过对于邓艾，值得再往深说一层。邓艾一路从基层走过来，文武全才堪称小号司马懿，但是由于他的家族已经没落了，出身草根的他根本不明白混最高层的那些必死的禁忌和潜规则！

《春秋》中告诉他将在外，要根据社稷和国家的需要独断专行，不能拘泥于常理，但却没告诉他什么样的身份碰见什么样的领导，遇到什么样的时机才可以这样做。

那都是司马防老爷子在家里教育司马八达时的私房课，你一路干实事上来不假，你能够摸索出做成一件事的规律和路径，却难以洞悉高级人精博弈时的技巧与算法。

邓艾这个人其实对最广大范围的人民群众有着相当贴合实际的教育意义：

1. 再穷不能穷教育。

2. 即便身处管稻草的闲职，也要坚持开发这个时代最有用的核心能力。

3. 关键时刻豁得出去。（不值得推广，死的概率极高，人家是快七十活够本儿才拼的。）

---

① 《三国志·邓艾传》：钟会、胡烈、师纂等皆白艾所作悖逆，变衅以结。《晋书·卫瓘传》：瓘自以与会共陷艾……

4. 成大功后要知道收敛，要知道自己这辈子走到了本不属于自己的高阶级后，需要稳稳当当地巩固。

一辈儿人有一辈儿人的任务，要知道进退。很多时间上的工夫永远省不得。

此时此刻，钟会手中已经是近二十五万的大军了。钟会握有这巨大的兵力优势，心中的欲望再也无法遏制！与此同时，他新交的好朋友姜维也看出了他的心思。

姜维很开心，剧本还没完，于是怂恿钟会："你从淮南三叛开始就算无遗策，现在灭蜀功高镇主，赶紧学陶朱公和张良隐退去吧。要是舍不得这人间大舞台，爷们儿还有一个办法，咱别犹豫了，干吧！"

钟会权衡后，要夺取老领导的天下。

钟会为什么敢这样呢？

1. 征蜀的所有魏军都在他的手中。

2. 姜维为核心的蜀军可以为他所用。

3. 立了大功，害怕回去被报复。

4. 最重要的一点，是因为司马氏父子三人已经做了最好的表率。

作为同一个圈子里的人，钟会全程近距离地观摩了司马氏父子的权谋打法，全程看到了所谓天子在兵强马壮者手中可随意更换。司马氏的江山还没坐呢，继淮南三叛后，又一个兵强马壮者的反噬来了！

司马家亲手一路提拔的核心，觉得自己力量强大到一定地步后，迅速就想取司马氏而代之了！在西汉，周勃、陈平敢吗？在东汉，邓氏、梁氏敢吗？

就算你司马昭拿天子不当回事儿，但除你之外的所有人都拿天子当回事儿，你阻力太大！你只能当个高端的掌权者，还得时时刻刻地提防着别人阴你。

现在是全世界都拿天子不当回事儿。所有人都在衡量自己的实力大小。

你知道你司马家这十几年一步步走得有多么颠覆全世界的思维吗？自秦并天下后，华夏大地开了三次大脑洞：第一次，是始皇帝的"废分封，为郡县"；第二次，是汉武帝的"天人感应，君权神授"；第三次，就是司马氏的"弑天命，废敬畏"了。

但是，钟会还是忽略了一点，司马昭早在他出征之前就盘算好了底牌。

心腹邵悌在钟会出征前提出担忧后，司马昭说："败军之将没有士气，亡国之臣不会为他所用，亡国之民不会受他驱使，所以钟会亡蜀后不会从蜀汉借到力；得胜的军队都希望回家受赏，更不可能跟他造反，所以钟会虽然有狼子野心，也不足为惧啊！"[①]

很多顶级的人杰，并非不聪明。但当他们建功立业的野心大到极致后，总会推己及人地认为别人也如此。钟会到了四十岁满脑子建功立业顾不上娶妻。姜维一生不蓄钱财，不好女色，不搞娱乐，钱财过手就散。实现价值、兑现剧本是他们毕生的追求，也是唯一的追求。不过他们愿意为了建功立业付出所有的代价，别人也愿意吗？

其实已经有极其相似的一件事在给钟会预警了，最开始司马昭怕邓艾反抗，命监军卫瓘在前颁旨，命钟会进军成都施压，结果卫瓘拿出司马昭亲手谕旨通报全军后，邓艾全军乖乖地把兵器扔了，随后邓艾才被痛痛快快地装进囚车。

邓艾同甘共苦地养士卒尚且如此，钟会比邓艾强很多吗？

---

① 《三国志·钟会传》：凡败军之将不可以语勇，亡国之大夫不可与图存，心胆以破故也。若蜀以破，遗民震恐，不足与图事；中国将士各自思归，不肯与同也。若作恶，祇自灭族耳。

司马昭战前就已经推演好的逻辑结局，其实并不难懂。只不过两位人杰全都已经被功业之火烧得欲罢不能！

钟会打算派姜维率蜀兵出斜谷，占领长安，再派骑兵经陆路、步兵经水路走渭水入黄河，五日即可到孟津，与骑兵会洛阳，夺取天下。①

在钟会准备起事时，他突然收到了司马昭的信："我担心邓艾不服命令，今派遣中护军贾充率步兵和骑兵万余人入斜谷，驻扎在乐城；我亲自率十万大军驻扎在长安，我们不久就可以相见了。"

司马昭猜出了钟会的想法。

钟会得信后大惊，对亲信说："仅仅抓获邓艾，相国知道我一人就能做到，他领大军而来，必是发现异状，我们应当迅速出发。如果顺利，可以得到天下。如果不顺，还可以退回蜀地学刘备！自战淮南以来我从未失策，已天下闻名，我这样功高震主的情况，哪能有好的归宿呢！"

其实哪里是什么功高震主，他从出征就被司马昭料定了！

钟会于正月十五到成都，押走邓艾。十六日，召请护军、郡守、牙门骑督以上的将士以及蜀国的旧官，在蜀国朝堂为魏明帝、郭太后发丧，并假借郭太后遗命，起兵废掉司马昭。

哪里有那么好叛变的？所有人都立了大功，正想着回去拿封赏，再说了，所有人的家属都在洛阳，怎么叛变？

手下的将士开始非暴力不合作。于是钟会把他们都关在益州各官府中，派兵严加看守。被关押的高级将领们开始大量散播谣言，说钟会

---

① 《三国志·钟会传》：欲使姜维等皆将蜀兵出斜谷，会自将大众随其后。既至长安，令骑士从陆道，步兵从水道顺流浮渭入河，以为五日可到孟津，与骑会洛阳，一旦天下可定也。

要坑杀大家，人心开始剧烈浮动。

这时，姜维对钟会建议道："应把牙门骑督以上的官吏全都杀死。"

钟会犹豫不决，都杀了，我怎么造反啊！

正月十八日钟会决定杀这些官吏，开始给姜维部铠甲兵器，但已经晚了。当天中午，成都爆发内乱，基层军士们开始暴动，钟会与姜维双双死于兵变之中。

据说姜维想先杀魏将，再杀钟会，然后复国，给后主那儿都去信了："愿陛下忍数日之辱，臣欲使社稷危而复安，日月幽而复明。"

正史《三国志》中不见记载，《汉晋春秋》中确实提了他撺掇钟会造反，但是并没有提复国的事儿。

这段复国的记载，见于《华阳国志》。[①]

是否属实，学界有争议。我认为是真的。因为姜维不是会给钟会当小弟的人；他也没有号召力自立炉灶。以他的性格，绝对不会就此认命。只要还有筹码，他生命的火焰就永远不熄。摆在他面前的剧本，是田单复国！

根据史料记载，姜维的打算是：

1. 怂恿钟会杀掉魏将。

2. 随后找机会干掉钟会。

3. 最后尽数坑杀十几万魏兵，复活蜀汉。

如果成功，姜维是蜀汉兴灭继绝的再造之臣，同时也将大权独揽，再无一人能去阻止他未来继续实现理想！但是，这又和"放进来打"的汉中战略一样，每个环节没有一丝丝容错度。一招错，满盘输。

他《三国演义》中的老师诸葛亮是一生不弄险。

---

① 《华阳国志》：维教会诛北来诸将，既死，徐欲杀会，尽坑魏兵，还复蜀祚，密书与后主曰："愿陛下忍数日之辱，臣欲使社稷危而复安，日月幽而复明。"

他的一生都是惊悚动作片。

我敬公之气魄，敬公之才干，却敬而远之公之"理想"。

因为无论何时，战争是政治的延续；而并非政治是战争的附庸。

本末倒置者，非知兵之将，非生民之司命，非国家安危之主也。

志为国器者，三思之；怒我怨我者，看淡这满纸荒唐言。

钟会死后，魏军开始烧杀淫掠，整个四川大乱，百姓死伤狼藉，生灵涂炭。

邓艾部下追上囚车欲迎回邓艾，但由于邓艾是特派员卫瓘和钟会联合下的黑手，卫瓘害怕邓艾报复，又想独揽灭钟会之功，于是派和邓艾有仇的田续杀掉了邓艾父子。

邓艾因为失去了最后申辩的机会，最终被定为谋反罪，邓艾在洛阳的诸子也都被杀，其妻和诸孙被流放西域。

卫瓘现在冤死了邓艾一家，将来也会以同样的方式满门被另一个狠角色冤杀殆尽。

大乱都抢痛快后，官职最高级别的卫瓘开始约束诸将。成都之乱平息。

钟会虽然大罪，但司马昭还是下诏，念及钟繇、钟毓的功劳，仅处死钟会养子的钟毅和钟邕诸子，赦免了钟家的其他支脉，像钟峻、钟迅等有官爵者待遇不变。司马昭后来又默认向雄给钟会收尸。

司马昭并蜀后，蜀汉刘禅这个安乐公和东汉献帝的孙子刘康这个山阳公在洛阳相会。

自公元前 202 年立国，大汉的国祚，在四百六十五年后，终于彻彻底底地走完了自己的终章。

264 年三月三十日，魏元帝曹奂下诏拜司马昭为王。265 年八月，司马昭病死，葬于崇阳陵；九月，被谥为文王。

刘备父子的名讳连起来是"准备好了送人"；蜀汉被灭当年的最后一个年号是"炎兴"。司马昭之子，叫司马炎。多么的凑巧。这也成为司马炎代魏的天意依据之一。

265 年十二月，司马炎代魏称帝，国号"晋"。

滚滚长江东逝水的三国时代，结束了。

在这七十多年中，一个个英雄豪杰、妖魔鬼怪、擎天梁柱、鬼才神仙纷纷出场，谱写了中国古代历史中堪称最精彩、最好看，也最难下笔的时代。

这段波澜壮阔的历史，也是时候告一段落了。

再回首，这大福大报的乱世奸雄；

这千年来最有人味的古代政权；

这最乱时代的最强守成少年；

这浪漫主义传奇的忠义无双；

这献祭一切决战到最后一秒的双雄鏖战；

这史上最高投入产出比的人才招聘；

这最传奇的冬天里的一把火；

这最臭名昭著的背盟偷袭；

这最壮烈的两汉终章；

这最心神无二的君臣两相宜；

这最扼腕击节的功亏一篑；

这最让人肝肠寸断的一生叹息；

这最隐忍的政变夺权；

这最阴差阳错的奇袭天险；

这最壮烈的无力回天。

中国史上的诸多传奇，在这短短的几十年间浓缩爆炸登场，两汉的头和尾，即楚汉和三国，也成为中国历史中堪称最璀璨的两颗明珠，永远闪耀在华夏子孙的心间。

三国的剧本，也为后面佛法的东来和本土道教的生长以及儒教在两汉癫狂后的阶段性反思，提供了痛彻心扉的教材，也为接下来三百年中国思想艺术的大探索、大融合提供了丰厚的土壤。

在浪花淘尽英雄后，指洛水盟誓的司马懿终盘出手，三分天下归司马，终结了乱世，收尾了三国时代。

当司马炎代魏受天命的时候，这个新兴的王朝却如同一轮即将落山的夕阳，于始日薄西山。历史即将进入著名的"两晋时代"。仅仅四十多年后，此时烈火烹油的司马氏就落得个白茫茫一片大地真干净。

司马氏在史无前例的全族大混战中，裹挟着华夏民族走向了黑暗的深渊。司马氏亲手废掉了一条又一条雄踞华夏的神龙，北境开始奴役着华夏民族去肆虐神州。北境开始一次又一次地尝试着将灵魂注入华夏的躯壳。

凛冬已至，长城自毁。

中国历史上，时间跨度最长、程度最剧烈、民族维度最宽广的大动乱三百年，即将拉开序幕。

永嘉之乱、石虎暴虐、冉闵屠羯、前燕南下、苻坚霸北、慕容复国、拓跋建魏，一个个你方唱罢我登场，胡人跑马踏中原。

放眼南国，苟延残喘的东晋权柄自"王与马共天下"后就开始落入高门大姓之手，进入中国历史中非常特殊的政治时间段：长达百年的门阀时代。

在一次又一次的胡骑肆虐下，在一次又一次的亡国灭种危机前，飘摇的江左政权又将交出怎样的历史答卷？

附录

读懂三国的 376 个问题

从头捋了一遍本书的所有文章要点，列出了 376 个问题，这些问题基本上涵盖了三国历史的疑问和难点，也全部与原文链接，方便读者朋友们从原文中寻找答案。

序

1. 在古往今来的所有历史小说中，为什么《三国演义》会脱颖而出？

2. 为什么说《三国演义》对三国的"演义"是恰到好处的？

第 1 战　群雄讨董：璀璨纷杂的时代

一、曹嵩生的败家儿子

3. 曹家起步的关键阶段是谁做的背书？

4. 为什么说曹操的人生是无法复制的？

5. 什么是人生的"试错空间"？

21. 注定袁术人生悲剧的关键抉择是什么？

22. 孙坚一路向北攻伐后的两位巨大受益者是谁？

23. 孙坚战洛阳的原因是什么？

七、孙坚横死，袁绍夺冀

24. 袁术和袁绍兄弟决裂的标志是什么？

25. 为什么孙坚又调头去打荆州？

26. 为什么说孙坚是性格决定命运的典型代表？

27. 袁绍是怎样恐吓冀州的？

28. 最早是谁提出"挟天子令诸侯"的纲领的？

八、袁绍的至暗时刻

29. 同是瞄准大河之北，袁绍和刘秀比，最终差在了哪里？

30. 幽州牧刘虞和辽北第一狠人公孙瓒的矛盾究竟是什么？

31. 为什么河北地区的人强烈看好公孙瓒打死袁绍？

32. 袁绍刚拿下冀州后，局面惨到什么程度？

九、界桥会战

33. 古代弓兵箭阵为什么要"左射右，右射左"？

34. 在"奇兵"预备队的运用上，为什么骑兵的效果往往是最好的？

35. 袁绍是怎样布阵以抵消掉公孙瓒的战略优势的？

36. 骑兵的战略效果是什么？为什么说骑兵要省着用？

37. 弩兵的优势与劣势分别是什么？

38. 袁绍被内外数层兵马包围后，其"死中求活"操作是什么？

39. "兵无常势，水无常形"是什么意思？

第2战 兖州风云：青州兵收降始末，兖州境叛乱真因

一、魏王佐之才上场

40. 荀彧为什么离开袁绍去投奔曹操？

41. 为什么说荀彧堪称萧何与张良的结合体？

42. 为什么说在曹魏的创业初期，曹操的颍川系 > 袁绍的河北系 + 颍川系 + 南阳系？

43. 为什么说"远观忠，近观敬"？

二、董贼死，汉末"陈平"毒计乱长安

44. 为什么说"强梁者不得其死"？

45. 在政变成功后，王允犯下的巨大错误是什么？

46. 三国的剧情推动师是谁？

47. 为什么说自李傕、郭汜乱长安后，关中作为战略基地左右历史进程的价值就不存在了？

三、收编青州兵

48. 曹操入兖州的关键恩人是谁？

49. 青州黄巾军在汉末的行进轨迹是怎样的？

50. 曹操入兖州的条件是什么？

51. 曹操为什么能够从兖州绝处逢生？

52. 为什么说在兖州收编青州兵是曹操事业发展中最大的一次质的突破？

53. 曹操收编青州兵的物质基础是什么？

54. 为什么军屯只有在天下大乱的时候才能正向输出能量？

55. 曹操和青州兵之间带有宗教色彩的军事盟约是什么情况下的

产物?

第 3 战　挟天子令诸侯:曹操巅峰升级的公元 196 年

三、献帝东归：扯掉大汉皇权最后的遮羞布

88. 西凉军在关中火并的内在原因是什么？

89. 为什么李傕的部队构成注定会分崩离析？

90. 汉献帝一路如叫花子般地东归，对于那个时代来讲意味着什么？

四、"令诸侯"的真正含义，荀文若的"四方生心"

91. "挟天子令诸侯"，令的真正群体是谁？

92. 为什么黄巾之乱对东汉的士族集团造成了沉重打击，使之大伤元气？

93. 为什么那个时代治理国家一定要依靠士族集团？

94. 为什么曹操要排除万难迎回汉献帝？

五、献帝都许，颍川立业

95. 为什么说"屯田制"是曹操制度建设的最伟大的构想？

96. 颍川集团获得政治分红后，荀彧帮曹操招来了多少顶级人才？

六、宛城丧子损将，徐州转让谜因

97. 损失典韦对曹操来讲意味着什么？

98. 曹操因偷情张绣的嫂子被张绣暴打，之后曹操奠定了什么样的直指人性的制度？

99. 东汉末年刘备的流浪轨迹是什么？

100. 陶谦表刘备为豫州刺史是什么算计？

101. 为什么说"陶谦让徐州"是"袁绍夺冀州"的番外篇？

七、过路财神刘玄德，作死称帝袁公路

102. 刘备为什么会被吕布偷袭了徐州？

第4战 官渡之战：汉末双神最后一秒的巅峰对决

第5战　火烧赤壁：真相到底是什么？

第 6 战　刘备入川：曹操"换房本"之路上的"点炮"盛宴

第9战　夷陵之战：先主伐吴始末，永安举国托孤

第10战 失街亭：一步也不能走错的弱者悲哀

容易断档的?

第11战 秋风五丈原：鞠躬尽瘁，死而后已

一、一步赶不上，步步赶不上

293. 无论什么事业，一旦需要最牛的人鞠躬尽瘁时，通常结果都不会太好，这是为什么？

294. 曹真是什么级别的司令员？

295. 为什么说丞相一步赶不上，步步赶不上？

296. 为什么说丞相二次北伐和三次北伐是一次战役？

297. 什么原因促成了三国晚期顶级双神丞相和司马懿的相遇？

二、汉丞相和司马宣王在祁山到底谁胜谁负？

298. 上邽的麦子到底被谁割了？

299. 为什么说《晋书》中的司马懿战绩不靠谱？

300. 卤城之战对于司马懿和曹魏整个西北军区意味着什么？

301. 司马懿为什么安排张郃去追击？

302. 司马懿在战后做了怎样的准备？

三、陨赤星，汉丞相谢幕归天

303. 丞相通过怎样的科技创新解决了秦岭南北地狱级的物流难度？

304. 司马懿的战略对阵布局是什么？

305. 诸葛丞相对于中国历史的意义是什么？

第12战 高平陵之变：三百年大悲哀的逻辑原点

时候？

第 13 战　淮南三叛：人事、利益、威慑、恐吓、荣耀等的政治博弈算法